The Royal Treasuries of the Spanish Empire in America
Volume 2. Upper Peru (Bolivia)

The Royal Treasuries of the Spanish Empire in America
Volume 2. Upper Peru (Bolivia)

John J. TePaske
Herbert S. Klein

Duke University Press   Durham, N.C.   1982

© 1982, Duke University Press

Printed in the United States of America

Library of Congress Cataloging in Publication Data

TePaske, John Jay
    The royal treasuries of the Spanish Empire in America.

    Vol. 1: With the collaboration of Kendall W. Brown.
    Includes bibliographical references.
    Contents: v. 1. Peru -- v. 2. Upper Peru (Bolivia) --
v. 3. Chile and the Río de la Plata.
    1. Finance, Public--South America--History. 2. South
America--History--To 1806. 3. South America--History--
Wars of Independence, 1806-1830. I. Klein, Herbert S.
II. Brown, Kendall W., 1949-   . III. Title.
HJ891.T46   336.8   82.2457
ISBN 0-8223-0486-4 (set)   AACR2

(volume 2) ISBN 0-8223-0531-3

Contents

Introduction

Development of the Royal Treasury System
(Real Hacienda) *in Upper Peru*

Spanish expansion into Upper Peru (present-day Bolivia) followed quickly upon the heels of the Spanish conquest of Peru, gaining special momentum after the discovery of the silver mountain at Potosí in 1545. Earlier in the century, as a way of establishing fiscal and administrative control over newly conquered areas and of overseeing collection and disbursement of royal revenues, Charles V had found royal treasuries *(cajas)* extremely useful.[1] Not surprisingly, therefore, he had royal treasury officials functioning at Potosí as early as 1550 to insure himself his rightful share of the taxes imposed on the rich lodes of silver extracted from the *cerro de Potosí,* the richest mine in the Indies in the sixteenth century. As new strikes were made in the Potosí area at Las Salinas de Garci Mendoza, Tatasi, Ocuri, Chocaya, Tomahavi, Esmoraca, Esmocuco, and San Antonio del Nuevo Mundo, the *caja* of Potosí became even more indispensible for the crown as the clearing house for royal silver taxes. Potosí thus became and persisted as the focal point of the royal treasury system in Upper Peru, the most important *caja* of the region.[2]

As the production and export of silver increased and Potosí's ties with Lima and Spain grew stronger, a new *caja* was established on the coast at Arica in 1587.[3] Initially, this *caja* had little importance. The south Peruvian Spanish city of Arequipa and the port of Quilca sixty miles away on the Pacific Coast had become the exchange points for Upper Peruvian silver and European goods coming from Lima, also for the transfer to Upper Peru of the mercury being mined at Huancavelica.[4] At the opening of

---

1. For a brief discussion of the royal treasury system, the role of royal treasury officials, and other general details of the function and place of the royal treasury in Peru, see the Introduction to John J. TePaske and Herbert S. Klein, *The Royal Treasuries of The Spanish Empire in America: Peru* (Durham, NC: Duke University Press, 1982).

2. Peter J. Bakewell, "Registered Silver Production in the Potosí District, 1550-1735," *Jahrbuch für Geschichte von Staat, Wirtschaft und Gesellschaft Lateinamerikas,* 12 (1975):86-87.

3. For any *caja* the actual date of establishment or the date at which it began functioning is difficult to determine. For the purposes of this volume, we assume that the *caja* began functioning close to the time that the first account appeared, unless we have firmer evidence on the date of founding or the time in which a treasury began operating. For the *cajas* of Potosí and Oruro, Peter J. Bakewell has established the dates 1550 and 1607 respectively as the years they began operation. Kendall W. Brown has established the date 1587 for the *caja* of Arica. See Kendall W. Brown, *The Economic and Fiscal Structure of Eighteenth-Century Arequipa* (Ann Arbor, Michigan: University Microfilms, 1979), p. 17.

4. Ibid., p. 7.

the seventeenth century, however, when it became clear that Arica was a more conveni-
ent entrepôt than Arequipa, this *caja* assumed a new importance as a treasury district,
although its status was always closely tied to conditions at Potosí. As mining production dropped at Potosí, Arica floundered; as increasing amounts of bullion began
flowing eastward from Potosí to the Río de la Plata region in the late seventeenth
and eighteenth centuries, Arica virtually lost its *raison d'etre*. In fact, sometime
in the early eighteenth century, the *caja* moved inland for a time to Tacna, which was
more defensible and less vulnerable to attack from the sea by enemy corsairs. In
1774 or 1775, however, the *caja* moved back once again to its proper place on the coast,
where it functioned until the end of the colonial period.[5]

The seventeenth century saw the addition of four new *cajas* in Upper Peru: Oruro,
La Paz, Carangas, and Chucuito. The pattern here was much the same as it was in other
parts of the Spanish empire in America, where new treasuries arose in productive mining
areas, major ports, administrative-market centers, important defensive outposts, and
densely populated Indian areas. As might be expected for a silver producing region,
three of the four new *cajas* were set up in mining centers. The first, Oruro, situated
about 220 kilometers northwest of Potosí, began operation in 1607 in the wake of rich
silver strikes and quickly became the second most important treasury of Upper Peru.[6]
In the 1650s the mines of Carangas and Chucuito began producing enough silver to
become official treasury districts as well, although never as important as Potosí or
Oruro. Located about 350 kilometers directly west of La Plata (present-day Sucre)
close to the present Chile-Bolivian border, the *caja* of Carangas produced its first
accounts in 1652. A second *caja* district arose in Chucuito in 1658 largely because of
the silver deposits discovered at the mines of San Antonio de Esquilache about fifty
kilometers southwest of Puno.[7]

The date for the establishment of the *caja* of La Paz is difficult to determine. Its
first extant account appeared in 1624, but probably the treasury came into existence
earlier.[8] Situated on the *altiplano* four hundred kilometers northwest of Potosí, La

---

5. Ibid., p. 17. The evidence seems strong that the *caja* of Arica may have ceased
operation entirely during certain periods. The only extant account for this treasury
in the seventeenth century is for 1634. One account was uncovered for 1736-37, but
then there is a gap of more than twenty years until 1759. Possibly Arica was like the
caja of Campeche in New Spain which functioned only sporadically until the eighteenth
century.

6. Bakewell, "Registered Silver Production in the Potosí District," p. 90. The
first account for the *caja* of Oruro in this volume is for 1609. Professor Bakewell
indicates that the first account appeared in 1607.

7. Cosme Bueno, *Geografía del Peru Virreinal (Siglo XVIII)* (Lima, 1951), p. 125.

8. In the 1970s William Jowdy, then a graduate student in history at the University
of Michigan, was developing a dissertation topic on the Indians of the La Paz region
in the late sixteenth century. In his research he uncovered a great deal on the tribute payments of these Indians, indicating that La Paz may well have had a *caja* prior
to 1624, although he may well have obtained his figures from the Potosí accounts which
served as the clearing house for most surplus tribute collected in the sixteenth and
early seventeenth centuries in Upper Peru.

Paz was important as a market center with a large Indian population, as the site of a bishopric established in 1609, and as the halfway point between Cuzco and Potosí. Unlike the mining *cajas* which relied primarily upon income from mining taxes, the La Paz treasury depended instead upon tribute, tithes, sales taxes, and other sorts of commercial and agricultural imposts levied on the white, Indian, and mestizo populations. By the end of the seventeenth century, therefore, six *caja* districts dotted Upper Peru: four in the mining areas of Potosí, Oruro, Carangas, and Chucuito and two in the commercial-market centers of Arica and La Paz.

Over a century passed before the crown expanded the treasury system in Upper Peru. Unlike Lower Peru where Philip V established a number of new *cajas* at the beginning of the eighteenth century, Upper Peru saw no changes until the 1770s when a wave of reform swept through the region. One of the first changes for the *real hacienda* in Upper Peru was creation of the new *cajas* of Cochabamba and Charcas in March, 1773. Hitherto, both had been subsumed within the Potosí treasury, but in 1773 each area got its own set of royal treasury officials and new status as a separate treasury district. Located 260 kilometers due north of Potosí in a fertile valley, Cochabamba was like La Paz, an agricultural-market center with a heavy concentration of Indians and mestizos in the district. Charcas or La Plata had gained distinction as the seat of an *audiencia*, established in 1559, and also of an archbishopric, erected in 1611,[9] but for some reason--most probably the proximity of Potosí only eighty kilometers away--Charcas never became a separate *caja*, despite its eminence as a religious-administrative center. In 1773, however, Charcas finally became a treasury district in its own right, achieving the fiscal independence from Potosí which it had lacked during most of the colonial period.

One last *caja* district was created in Upper Peru in 1789--Santa Cruz de la Sierra--but was never significant and apparently functioned as a sub-treasury of Cochabamba. Situated about 350 kilometers east of Cochabamba in the lowland jungle, Santa Cruz was important as a bishopric, created in 1605,[10] and as a mission outpost for the Jesuits operating in the Chiquitos region. Establishment of the bishopric, however, was obviously more for the prestige it gave the church in this thinly populated, un-Hispanicized infidel region than for the need of a bishop to perform diocesan responsibilities. Ultimately, the same was true for the *caja* of Santa Cruz, which gave new status to the region but little else. In fact, the *caja* seems to have lasted only a short time until 1802 when it evidently closed down after only fourteen years of operation.[11]

---

9. Cosme Bueno, *Geografía,* pp. 16, 18.

10. Ibid., p. 18.

11. The relative importance of Santa Cruz can be seen from the amount of tribute sent to the *caja* of Potosí in 1751. That year total remissions from Santa Cruz to Potosí amounted to 2,900 pesos; those from Cochabamba were 22,300 pesos, over seven times as much as that remitted from Santa Cruz de la Sierra.

Changes in the size of the revenues collected in the various treasuries of Upper Peru reflected developments in the region. Not surprisingly, Potosí was the most important treasury throughout the colonial period. Even with the decline in mining production in the seventeenth and eighteenth century, Potosí remained preeminent. In the early seventeenth century silver strikes vaulted Oruro into second place while La Paz was third. At mid-century these rankings had not changed: Potosí was still first, Oruro second, La Paz third, and the new *cajas* of Chucuito and Carangas fourth and fifth respectively. Although the opening of the eighteenth century found income into the Potosí treasury less than half of what it had been in 1600, that *caja* still ranked first. Oruro was still second, although pressed by La Paz, which was producing almost as much tax revenue. Although production of silver fell at Chucuito, it still managed to hold fourth place, while Carangas was last. Fifty years later there were few changes, except for a widening gap between second-place Oruro and third-place La Paz and the reappearance of the accounts for the *caja* of Arica, which surpassed Carangas in revenues generated.

Rankings at the opening of the nineteenth century, however, reveal some surprising changes in Upper Peru. Potosí still produced the most income (approximately 650,000 pesos annually) but only a bit more than second-place La Paz (about 580,000 pesos). Chucuito had risen to third place, Charcas to fourth, Cochabamba to fifth, with Oruro falling to sixth, producing only a bit more in tax monies than seventh-place Arica. Despite a gradual rise in income from mid-century, Carangas ranked eighth, and the tiny *caja* of Santa Cruz de la Sierra last. The most obvious changes were the rise in importance of La Paz and Chucuito and the sudden demise of Oruro. This first phenomenon can be explained by the rapid increase in the Indian population of Upper Peru in the last half of the eighteenth century and the ability of Spanish officials to levy new taxes and tribute on these Indians, despite serious revolts in both the Chucuito and La Paz areas in the 1780s. For Oruro the drop in silver production was primarily responsible for the decrease in revenues, combined with the fact that the Oruro *caja* collected tribute in only two districts, Oruro and Paria. Important also was the increase in the type and variety of taxes being imposed in Upper Peru, as the various *cajas,* especially those in mining areas, relied less on silver taxes and more on other imposts for their income.

Ties binding the various *cajas* of Upper Peru together or to *cajas* in other parts of Spanish South America changed dramatically during the colonial period. For the first two hundred years to 1750, the treasuries of Upper Peru maintained strong links with Lima and Lower Peru and were dominated by the matrix treasury of Lima. The *cajas* of Arica, Carangas, Chucuito, La Paz, Oruro, and Potosí all sent surplus revenues to the City of Kings to be disbursed by the viceroy and his aides, who remitted the monies to Castile or allocated them for imperial defense, the pious and educational work of the clergy, or the salaries of imperial bureaucrats in Lima and elsewhere. In fact, until about 1700 revenues from Upper Peru and the various *cajas* of Lower Peru provided Lima with over half of its total annual income. After 1700, however, the pattern changed

somewhat. Most important, the *cajas* of Upper Peru simply produced less tax revenue
and sent less to Lima. Silver production had dropped all over the region, and after
caja officials paid salaries and expenses in their districts, little remained for
shipment to Lima. Also, the initial destination for remissions of surplus revenues
out of Upper Peru changed. Prior to 1700 all surplus revenues went first to Lima,
from which they were then disbursed for viceregal needs or sent on to Castile. After
1700, however, these surplus revenues often went directly to areas where they were
needed rather than to Lima first, most particularly to Huancavelica for repair and
refurbishing of the mercury mines and to Chile for the military subsidies *(situados)*
of Santiago, Concepción, and Valdivia. Thus, although the *cajas* of Upper Peru still
maintained their ties with Lima in the early eighteenth century, these ties grew weaker
and more tenuous as the century wore on.

The most significant change in the relationships between the *cajas* occurred in the
1760s when the focus for the treasuries of Upper Peru shifted away from Lima and the
Pacific Coast to Buenos Aires and the Atlantic, a change that greatly affected the role
of the *caja* of Potosí. Prior to the 1760s surplus revenues from the various treasuries
of Upper Peru went directly to Lima, Huancavelica, or Chile without being funnelled
through Potosí. As Buenos Aires became more important, however, Potosí became the
transfer point for all surplus revenues emanating from the treasuries of Upper Peru.
The *caja* of Potosí was transformed, in effect, into the intermediate matrix treasury
for the surplus tax monies of Carangas, Charcas, Cochabamba, Chucuito, La Paz, and
Oruro, monies which ultimately found their way to the Río de la Plata. On the Pacific
coast Arica remained closely tied to Lima, but otherwise the *cajas* of Upper Peru became
a major source for the development, defense, and maintenance of the Buenos Aires region
in the last half of the eighteenth century. In Lima, meanwhile, the viceroy could no
longer rely on royal tax monies from Upper Peru and had to look to other sources for
support and maintenance of the viceroyalty.[12]

Royal Accounts as an Historical Source

The royal accounts in this volume constitute a vital source for understanding the
economy and society of Upper Peru and for determination of Spanish imperial policies
during the colonial epoch. The account summaries *(sumarios)* come from the ledgers
kept by accountants *(contadores)*, who served in the *cajas* of Upper Peru. The accountant
normally kept two kinds of accounts, the *libro manual* and the *libro mayor*. The *libro
manual* was a day book in which he listed daily tax collections and disbursements, in
effect keeping a day-by-day record of the royal *caja*. In the *libro mayor* the accountant

12. On this change of focus from Lima to Buenos Aires, see Guillermo Céspedes del
Castillo, *Lima y Buenos Aires: repercusiones económicas y políticas de la creación del
Virreinato del Plata* (Sevilla: Escuela de Estudios Hispano-Americanos, 1947) and
Herbert S. Klein, "Structure and Profitability of Royal Finance in the Viceroyalty of
the Río de la Plata in 1790," *Hispanic American Historical Review* 53 (August, 1973):440-
469.

kept his ledger by sections or *ramos*. For example, all tribute collected was posted in the *libro mayor* in the *ramo* of *tributos*, sales taxes in the *ramo* of *alcabalas*, import-export taxes in the *ramo* of *almojarifazgos*, etc. Expenditures were posted in the same way. Then, at the end of an account period--until 1765 in most *cajas* of Upper Peru an accounting year ran from May 1 to April 30--the accountant closed his books by adding the entries for each *ramo* together and summarizing all the totals at the end of the *libro mayor*, the *sumarios*, also called *tanteos* or *relaciones juradas* This summary thus listed all revenues and expenditures by *ramo* with a total for each one. The extant summaries of the accounts for the nine treasuries of Upper Peru are contained in this volume.

Entries on the *cargo* or income side of the accounts reveal a great deal about economic activity in each *caja* district. For example, income items listed taxes on gold and silver production (*1.5% y quinto del oro, 1.5% y quinto de plata, 1.5% y diezmos de plata*, etc.) and minting and assay taxes (*senoreage* and *ensaye*). Sales tax collections (*alcabalas* of all sorts) reflected commercial activity in the treasury district. Port taxes (*almojarifazgos*) for Arica, when the *caja* was not functioning inland at Tacna, provided an index to traffic in this coastal port. Ecclesiastical officeholders paid a salary tax and a subsidy to the crown including the *media anata eclesiástica, mesada eclesiástica,* and *subsidio eclesiástico*. The church hierarchy bore other tax burdens as well by contributing portions of income from major and minor ecclesiastical benefices (*vacantes mayores* and *vacantes menores*), income from the sale of the liquid wealth of a bishop who had left office (*espoleos*), and two-ninths of one-half of the tithe reserved as crown income (*novenos*). Toward the end of the eighteenth century, bishoprics contributed fixed assessments to the crown for support of the Real Orden de Carlos III, referred to also as the *pensión carolina*. Payment for the sale, renunciation, or rental of civil offices (*oficios vendibles y renunciables*) by royal treasury officials, members of the *cabildo (regidores)*, public scribes (*escribanos*), and other lesser servants was another source of income as was the tax of a half-year's salary for the first year in office (*media anata*) levied on virtually all royal officials.

Revenues from a host of other sources helped fill the royal exchequer in Upper Peru. A myriad of royal monopolies provided funds for most royal *cajas*. These included such things as alum (*alumbre*), snow (*nieve*), playing cards (*naipes*), copper (*cobre*), cock-fighting (*juego de gallos*), bull fighting (*plaza de toros*), stamped legal paper (*papel sellado*), salt (*sal* and *salinas*), lotteries (*loterías*), leather (*cordobanes*), tobacco (*tabaco*), and the all-important mercury (*azogue*) used in the amalgamation of silver. The sale of indulgences (*bulas de santa cruzada* and *bulas cuadragesimales*) was another lucrative source of income as were monies paid for legalization and sale of land titles (*composición de tierras*), taxes on foreign residents (*composición de extranjeros*), and store licenses (*pulperías*). Indians were exempt from many taxes, but they paid tribute (*tributos*) and other assessments such as the *tómin de hospital, medio real del hospital,* or *contribución de hospital* to support Indian hospitals in the region. At the end of

the eighteenth century it was common also for assessments to be made on the salaries
of civil, military, or ecclesiastical officials for pensions for widows, orphans, and
retirees *(montepío de ministros, montepío de oficinas, inválidos, montepío militar,*
etc.). *Extraordinario* was another category reserved for income from sources for which
there was no *ramo*. For the *cajas* of Mexico and Lima these were very large sums, but
for Upper Peru the monies collected in any *caja* for *extraordinario* were not significant.

Entries on the income side of the ledger were not always revenues, but sometimes
included only temporary infusions of money into the royal *caja*, which was not treasury
income at all. Sometimes these were sums left over from the previous year or years—
existencia or *alcances de cuentas*; sometimes these were sums deposited as guarantees
(depositos) which could be removed when obligations were met; sometimes these were
loans set down as *préstamos, préstamos patrióticos, emprestitos, suplementos de real
hacienda,* and *imposiciones de capitales*. Sometimes accountants listed as income debts
still owing but as yet uncollected: *debido de cobrar, debido de cobrar años anteriores,
debido de cobrar esta cuenta*, etc. Sometimes monies entered the treasury only briefly
for exchange into coins, and in such cases equal amounts were usually listed on the
data or expenditure side of the ledger. For Potosí in the seventeenth century the
most common of these was *reales labrados de barras*.

On the *data* or expenditure side entries are as revealing as those on the income
side. Expenditures included salaries of all public officials serving in the *caja*
district such as the *oidores* and *alcaldes del crimen* of the royal *audiencia* at La Plata,
regidores, royal treasury officials, porters, guards, and a host of other civil officials assigned to Upper Peru. The summaries also included expenses of these same
officials for pen, paper, and ink *(gastos del escritorio* or *gastos de real hacienda)*
as well as the rental or repair of the quarters they used *(alquiler de casas reales* or
reparos de casas reales). Salaries and expenses for military and naval purposes fell
under such categories as war *(guerra)*, military salaries *(sueldos militares)*, militia
support *(milicias)*, regular troops *(tropa arreglada)*, arms *(sala de armas)*, and similar
items. Also included were remissions to other treasuries such as Lima, Huancavelica,
Chile, and Buenos Aires.

Treasury support for religious, charitable, and educational activity also appeared
in the accounts, but in smaller sums than defense. These included funds allocated to
the clergy for parish or mission work *(sínodos, sínodos de doctrinas, sínodos de
misiones, limosnas del vino y aceite, mercedes y situaciones,* etc.) Sometimes officials
serving in Upper Peru whose families remained in Spain provided them a regular income
with a salary assessment called *asignaciones para España*. Widows, orphans, retirees,
and invalids received support from the *montepíos, inválidos,* and other pension funds.
In some cases, particularly in the sixteenth and seventeenth centuries, royal revenues,
even those from Upper Peru, went for pious works in Spain such as the palace of San
Lorenzo del Escorial, San Isidro de Madrid, or the building of the Palacio del Oriente
in Madrid in the early eighteenth century.

In most cases expenditures from a specific *ramo* normally indicated the costs of

collection for that *ramo*. For example, in most cases the listing of *alcabala* expenditures indicates costs of collecting that tax. But this was not always true. In some
cases *alcabala* entries on the *data* side signified what was spent from that *ramo* for
salaries, war expenses, and general expenditures from the royal *caja*. The same was true
oftentimes for tribute and other large *ramos*. Sometimes, therefore, expenditures may
not be for costs of collection at all, simply what was expended from particular *ramos*
for the needs of the *caja* district. After 1786, however, the expenditures for salaries
were generally listed specifically within categories--civil, military, and ecclesiasti-
cal--or as *sueldos y pensiones*.

Another problem sometimes arises over the vagaries of accounting methods which
differed from treasury to treasury and accountant to accountant. Some record keepers,
for example, listed only net income on the *cargo* side, only the sum remaining after
all expenses and salaries had been paid from a certain *ramo*. Sometimes also, accountants
ignored the carry-over categories such as *existencia* and listed monies collected in
previous years as current income for each *ramo*. Sometimes too, names of entries were
shifted into different categories. After 1787, for example, the entry for sales taxes
(alcabalas) completely disappears from the Potosí accounts. As *aduana* or customs house
income, it was included in the entry *venido de fuera* (coming from other *cajas*), just
as if it were surplus income from some other treasury destined for Potosí. The collection for sales taxes that year, therefore, is lost in the aggregate figure for *venido
de fuera*. A problem also in determining both income and disbursements was the common
practice of lumping them both all together in one category, *real hacienda,* an aggregate
sum for both revenues and expenditures, particularly in the seventeenth century. The
only recourse for determining specific sources of income or disbursements in such cases
is to consult the *ramo* of *real hacienda* for the individual account.

Double-entry bookkeeping began in Upper Peru in 1787 and initially caused chaos among
imperial record keepers until the system became standardized about 1790 or 1791.[13] One
innovation brought in with the advent of the double-entry method was the addition of a
new *ramo, real hacienda en común*. For the accountants of Upper Peru, the *ramo* meant
different things. To some, it was a category representing sums available for disbursement after expenses were paid from each *ramo*. In other words, if income from mining
taxes was 100,000 pesos and disbursements were 50,000 pesos, the 50,000 pesos would be
placed also in the *ramo* of *real hacienda en común*. All such sums were then added
together and appeared in the summary as that category. On the *data* side *real hacienda
en común* consisted of the total of disbursements for which there were no *ramos* on the
cargo side or disbursements which exceeded expenditures on the *data* side. For example,
treasury officials' salaries *(sueldos de real hacienda)* had no entry on the income side
of the ledger and were placed in the *data* entries twice, once as *sueldos de real hacienda*

13. Pedro Santos Martínez, "Reforma a la contabilidad colonial en el siglo XVIII (El método de partido doble)," *Anuario de Estudios Americanos* 17 (1960):525-536.

and again in the *real hacienda en común* category. In some treasuries, however, *real hacienda en común* served either as the catch-all *ramo* like *extraordinario* in the seventeenth and early eighteenth century or as a carry-over category such as *existencia*.

Closely tied to the establishment of double-entry bookkeeping was the breakdown of the *ramos* within each account into three divisions--*ramos* of the royal treasury *(ramos de real hacienda),* special *ramos (ramos particulares),* and assigned *ramos (ramos agenos).* These distinctions prevailed through much of the eighteenth century, but were more clearly differentiated by colonial accountants after the advent of the double-entry system in 1787 or 1788. *Ramos de real hacienda* were the major sources of income for imperial use in Upper Peru and were mining taxes, tribute, sales taxes, sales revenues from some royal monopolies, import-export taxes, some fines, and other general royal exactions. Revenues from this *ramo* supported royal officials in Upper Peru, paid the expenses of the bureaucracy, supported some mission and charitable work, and maintained the military in time of war or rebellion. *Ramos particulares,* labeled also second-class *ramos,* consisted of taxes allocated by the crown for specific purposes, revenues which could not be used as general operating funds by royal treasury officials. In Potosí and elsewhere, these included such taxes as the *media anata eclesiástica, mesada eclesiástica, vacantes mayores, vacantes menores,* mercury sales from Almadén, revenues from the sale of playing cards and tobacco, and discounts from soldiers salaries used to support those incapacitated or retired *(inválidos).* The third category of *ramos agenos* was for revenues allocated for specific purposes either in Spain, Peru, or Upper Peru. Among these were the Royal Order of Charles III assessed on each Upper Peruvian bishopric, the sales of the liquid wealth of a retiring or deceased prelate, the payment of the *tómin* for the Indian hospitals of Upper Peru, pension funds, and a *senoreage* tax of one *real* on each mark of silver *(real en marco de minería),* set aside exclusively for the promotion and development of mining. In theory and by law, revenues from *ramos particulares* and *ramos agenos* could not be used to bail out the treasury districts of the viceroyalty when funds were exhausted in the *ramo de real hacienda:* they were assigned specifically to the crown or to certain institutions, individuals, or purposes. In actuality, however, they were often shifted into the *ramo de real hacienda* when the need arose, at first as loans and then as permanent contributions to the royal treasury, particularly in the early nineteenth century when a greater need arose to cover mounting imperial expenses incurred during the wars of independence.

The accounts for Upper Peru in this volume in some cases are virtually complete, in fact remarkably so; in other cases there are considerable gaps. Royal accountants in Upper Peru normally kept three sets of their *libros mayores* and *libros manuales:* one to be retained in the seat of the royal treasury, one to be sent to the Tribunal de Cuentas, the viceregal auditing bureau in Lima; and a third for the Contaduría Mayor of the Council of the Indies in Spain. Thus, at one time or another, three sets of accounts should have existed. For Potosí this was indeed the case, and the series for this important mining center are remarkably complete. In fact for the Potosí accounts which run from 1560 to 1823, only twenty accounts are missing. Some of the extant accounts do not have expenditure listings, but there are accounts for all but twenty years. This series is so complete, largely because of the work of Professor Peter Bakewell, who in many cases pieced together the accounts uncovered in the Potosí archives by using the *libros manuales* or list of daily income and expenditures as his source. He is actually responsible for providing about a third of the Potosí accounts, most of those for the first half of the seventeenth century. For the other *cajas,* however, greater gaps exist, primarily for the seventeenth century, where there are similar lacunae for the Peruvian accounts. Some may yet turn up in Argentine, Bolivian, Chilean, Peruvian, or Spanish repositories, but some have undoubtedly been lost forever. Still, the records which are extant provide a wonderfully rich source for the reconstruction of the fiscal structure of Upper Peru.

Money of Account

Colonial accountants and their aides in Upper Peru kept their accounts in a variety of monies. Unlike Mexico where the *peso de ocho* (peso of eight *reales*) was the standard accounting unit for the entire colonial period, Upper Peruvian accountants used the *peso de ocho, peso ensayado, peso del oro, peso ensayado de 12-1/2 reales,* and *peso corriente.* In most cases, however, except for Potosí to ca. 1580 when the *peso corriente* was a common account listing, *pesos ensayados* and *pesos de ocho* were the most common unit employed in the *caja* ledgers. The La Paz accounts used the *peso del oro* a bit at the opening of the eighteenth century, but as a general rule *pesos ensayados* in the seventeenth century and *pesos de ocho* in the eighteenth century predominated, and by 1743 *pesos de ocho* were the common accounting unit for all *cajas* of Upper Peru.

In Spain and the Indies *maravedís* were standard units for accountants. Monies shipped from the Indies to Spain, for example, were always listed at Sevilla or Cádiz in *maravedís* to enable peninsulars to convert the value of colonial coins or bullion into units of currency used in Spain. In the Indies throughout the colonial period a *peso de ocho* was 272 *maravedís* and a *peso ensayado* normally 450 *maravedís,* although toward the end of the seventeenth century *peso ensayados* of 12-1/2 *reales* circulated in Peru and Upper Peru and appeared in the accounts. For the first decades of the Potosí ledgers *pesos corrientes* were common. These were worth 400 *maravedís* to 1574 but dropped in value to 288 *maravedís* by the end of the century.[14] For conversion, therefore, eight *reales* equalled one *peso de ocho* of 272 *maravedís;* one *real* contained 34 *maravedís.* One *peso ensayado* equalled 450 *maravedís* or 1.6544 *pesos de ocho.* *Pesos del oro* appear in the La Paz accounts from 1689 to 1721. A peso of gold of 22-1/2 *quilates* during this period valued 850 *maravedís* or 3.125 *pesos de ocho,* although the value of gold pesos varied greatly from region to region. For the accounts in these volumes different types of monies of account have all been converted to one of the three currencies. For the late seventeenth century, however, it is difficult to know at times if the accountants were using *pesos ensayados* of 12-1/2 *reales* or of 450 *maravedís.* Since pesos of 450

---

14. Bakewell, "Registered Silver Production in the Potosí District," pp. 72-74.

maravedís were far more common, however, all accounts are assumed to be of 450 *marave-dís*.

In terms of fineness of gold and silver coins, the crown tampered surprisingly little with the value or content of colonial monies. In fact, royal officials in Spain never devalued the *peso ensayado* or *peso de ocho* in the Indies, and both remained at 450 and 272 *maravedís* respectively. The crown did, however, debase silver specie but not until the eighteenth century, after keeping the fineness of a *peso de ocho* for over two centuries (1525-1728) at 25.561 grams of fine silver. Cheating, mistakes in weighing or assay, clipping, and other problems surrounding the minting and circulation of money caused a wide variance in the fineness of coins coming from certain colonial mints, but by law the amount of fine silver in a *peso de ocho* was precisely established, and to 1728 this was 25.561 grams of fine silver. In 1728, however, Philip V ordered the first debasement of the *peso de ocho* to 24.809 grams. From 1772-1786 its fineness was reduced further to 24.433 grams, and after 1786 to the end of the colonial period in 1825 to 24.245 grams. Thus, from 1728 the silver content of a *peso de ocho* decreased by about 1.3 grams or about four percent.[15]

Methods Used to Compile the Accounts

The account summaries in this volume were compiled by a team of researchers working with documents found in the Archivo General de Indias in Sevilla, the Biblioteca Nacional and Archivo Nacional del Perú in Lima, Archivo General de la Nación in Buenos Aires, and the Archivo Histórico de Potosí in Potosí. Starting in Spain, this team first examined all bundles of documents *(legajos)* with any prospect of containing an account summary. Those with summaries were microfilmed, or in some cases copied by hand if they were kept in double-entry style or badly smeared. The resulting material was then coded in the following way. Each tax entry in each summary was assigned a code number, differentiated in a separate codebook into *cargo* (income) and *data* (outgo) categories. Income from *alcabalas reales*, for example, became 19C, outgo from the same *ramo* 13D; for *tributos reales* 8845C indicated *cargo* and 8844D *data*. Ultimately the codebook grew to some 8,000 separate income and outgo tax entries for the sixty-seven *cajas* for which data were collected. Coding sheets also listed the location of the document and the bundle number, inclusive dates of the account summary (month and year), a tax code number of the entry followed by a *C* or *D* for *cargo* or *data,* the amount of the entry in *pesos de ocho, pesos ensayados,* and *pesos del oro,* depending upon the account unit used by the royal accountant, and a grouped tax code, which assigned over 8,000 account entries to one of forty-four tax or expenditure categories. Computer cards were then punched from these sheets and summaries reproduced in machine-readable form on computer printouts, including also a computer total *(total computado)* to aid in the checking process. Each printout was then compared with the copyflow reproduction of the original

---

15. Of the many articles on colonial coinage, the two most valuable are by Humberto Burzio, "El 'peso de plata' hispanoamericano," *Historia* (Buenos Aires) 3 (1958:9-24; and "El 'peso de oro' hispanoamericano," *Historia* (Buenos Aires) 4 (1956):21-52.

xviii

for errors. Mistakes were noted, new cards punched to replace those with errors, and a new printout produced. The same process was then repeated four or five times until the computer summary conformed exactly to the original account.

The account summaries in this volume are thus exact replicas of the original accounts with only a few minor changes. First, the original accounts were in pesos, *tómines (reales)*, and *granos* with eight *tómines* equalling one peso and twelve *granos* one *tómin*. The printed accounts, however, were rounded off to the nearest peso, eliminating the *tómines* and *granos*. For example, if an entry appeared in the original account as 16 pesos 5 *tómines 6 granos,* it would appear as 17 pesos in the computer summary. If an entry was 26 pesos 3 *tómines* 8 *granos,* it would be listed in the printout as 26 pesos. Entries of four or more *tómines* were rounded off to the next peso, explaining in part the small discrepancies between the accountants' original totals and the computer totals. Second, to assist the researcher, entries have been placed in alphabetical order; the originals were not in that form. Third, wherever possible, entries have been standardized. Although this was not always possible, it occurred whenever it was most obvious. For example, new indulgences providing the crown with income in the late eighteenth century were called *bulas cuadragesimales* but sometimes were referred to as *bulas de carne,* since they provided exemptions from the prohibition on eating meat during Lent. *Bulas de carne* are always listed in these accounts as *bulas cuadragesimales*. A fourth change was necessitated because of programming restrictions limiting the length of character entries which created the need for abbreviations. A List of Abbreviations follows this introduction. A fifth difference was the need, in a few cases, to aggregate certain entries. Sometimes account summaries listed the individual salaries of each official and soldier within a *caja* district. In such cases salaries were aggregated into their more general categories. A final innovation was to add a computer total *(total computado)* for every account on both the income and outgo sides of the ledger. Where the computer totals and the accountants' totals do not agree or could not be reconciled, the differences have remained. Where there is no accountant's total, the account summary is incomplete for some reason. Basically, however, the summaries are in their rawest form as originally set down by the accountant and his aides in the royal *caja* district.

Besides the entries and amount of revenue or disbursement, the printed summaries provide other information. In the upper left-hand corner of each account are numbers or letters preceded by an *S, L, B,* or *P*. An *S* indicates the original account is located in Sevilla in the Archivo General de Indias, an *L* that it is in the Archivo Nacional del Perú or the Biblioteca Nacional in Lima, a *B* that it is in the Archivo General de la Nación in Buenos Aires, and a *P* that it reposes in the Archivo Histórico de Potosí. Thus, P249 indicates that the account is found in Potosí and numbered 249 in one of the sections of that archive. For documents in Sevilla, the letter *S* comes first and is followed by the *legajo* number. To ca. 1760 the summaries come from the Contaduría Section of the Archivo de Indias; after ca. 1760 they may be found either in the Audiencia of Charcas or Audiencia of Lima Sections of that same archive. The accounts for

Upper Peru are found in various Contaduría *legajos* numbered between 1795-1850, and after the mid-eighteenth century in Audiencia of Charcas, *legajos* 627-671 and Audiencia of Lima, *legajos* 1301 and 1415. For Potosí the accounts provided by Peter Bakewell for the first half of the seventeenth century are from the Cajas Reales Section, *legajos* 100-376, of the Archivo Histórico de Potosí. For the *cajas* of Arica, Cochabamba, La Paz, Oruro, and Santa Cruz de la Sierra scattered accounts came from Section 13 of the Archivo General de la Nación in Buenos Aires and the Real Hacienda Section of the Archivo Nacional del Perú, both the catalogued and uncatalogued sections.

Also included in the printed summaries are the inclusive dates for the accounts, rounded off to the nearest month. Although they were kept by calendar year in Potosí and the rest of Upper Peru after 1770, the accounting year in Upper Peru normally ran from the first of May to the thirtieth of April for most of the seventeenth and early eighteenth centuries. If an account was for an irregular period, however, it was rounded off to the nearest month. If an account ran for fifteen or more days a month, that account was listed as being for a whole month. If it ran for less than fifteen days, it was not included as part of the account period. Thus an account which ran from May 17, 1685 to May 4, 1688, reads 6/1685-4/1688; one which ran from May 12, 1590 to May 28, 1592, reads 5/1590-5/1592.

In conclusion this volume is a part of a larger project to compile and publish the account summaries for five regions of the Spanish empire in America: Mexico, Peru, Upper Peru (Bolivia), Chile and the Río de la Plata (Argentina, Uruguay, and Paraguay). For Mexico three volumes of account summaries for the twenty-three *cajas* of Mexico have been published by the Secretaría de Hacienda in Mexico City. At the same time, for those who wish to use these data in machine-readable form, the accounts are available in various data banks throughout the United States. These repositories are Duke University, Columbia University, University of Wisconsin--Madison, University of Florida, and the Inter-University Consortium for Political and Social Research at the University of Michigan. We view these accounts as fundamental for the understanding of the development of the Spanish empire in America over time and space and of the regional economies within that vast structure. These data should also significantly increase our understanding of the world economy and the world economic system in the early modern period.

Acknowledgements

A large project calling for the compilation and checking of over a quarter million pieces of numerical data demands a great deal of financial and personal backing. This project was no exception. Fortunately we had the strong support of a number of institutions and individuals. First and most significant was the financial assistance of the Tinker Foundation and the National Endowment for the Humanities, whose very substantial help made the compilation of these account summaries possible. Other support came from the Duke University Committee on International Studies and the Duke University Research Council, whose grants made it possible to determine the feasibility of the project and to carry on some of the early research. To round out the project, the American Philosophical Society provided assistance to Professor TePaske for research in Sevilla to work out the differences in accounting methods, the meanings of certain entries and tax rates, and some other questions which the work of compilation had left open. Both Duke University and Columbia University provided ample amounts of monies for card punching and computer time essential to the project.

A large number of individuals contributed to the work of the project. In Spain Rosario Parra, Director of the Archive of the Indies, and her entire staff cooperated in every way, both in the work of compilation and in allowing permission to microfilm the account summaries. In Sevilla also, Dr. José Jésus Hernández Palomo of the Escuela de Estudios Hispano-Americanos, his wife Mariluz, and Dr. G. Douglas Inglis served as liaison consultants when problems arose during the course of compilation and checking. In Lima Dr. Guillermo Durán Flórez of the Archivo Nacional del Peru, Graciela Sánchez Cerro, Director of the Sala de Manuscritos of the Biblioteca Nacional, and their staffs assisted greatly in uncovering accounts not found in Sevilla. In Bolivia, Dr. Mario Chacón Torres and his staff at the Archivo Histórico de Potosí provided a great deal of help, while in Buenos Aires the staff of the Archivo General de Nación did the same. In the United States a multitude of colleagues, students, family members, and friends labored over various aspects of the project. Dr. Miles Wortman directed the team of researchers which began the initial work of compilation in Sevilla in 1975-1976, a team consisting of Kenneth Andrien, Dr. Josefina Tiryakian, and Kendall W. Brown. For this volume in particular Eileen Keremitsis was responsible for uncovering a large number of missing accounts for Upper Peru in the archives of Buenos Aires and deserves a special accolade. Kathy Ames, Pamela Landreth, Ellen Thompson, Nancy Smith, Neomi TePaske, Marianna TePaske, Susan TePaske-King, and Michael Jones aided in the tasks of coding, card punching, and interminable checking of the printed summaries with the original accounts. Marion Salinger of the Duke University Center for International Studies helped in innumerable ways throughout the life of the project, and Dorothy Sapp, always a helpmate and friend, provided assistance in a variety of tasks and was invaluable in preparing the volumes for publication. At the Duke University Computation Center, Heath Tuttle, Gary Grady, Andy Beamer, Amy McElhaney, Ellen Lenox, Mildred Phillips, and Neal Paris gave generously of their time, advice, and expertise over a long period to guarantee the success of the technical aspects of the project. At the Duke University Press, Anne Poole, John Menapace, and Ed Haynes helped immeasurably. A subsidy from the University Research Council of Duke University made possible the publication both of this volume and the other two in the series. For the errors which will inevitably occur--and in a work like this they are bound to occur--we are solely responsible.

John J. TePaske, Duke University
Herbert S. Klein, Columbia University

Abbreviations

A - Antonio, armada
ADEL - adelantado
ADM - administración
ADMIN - administración
AGTE - aguardiente
AGUAR - aguardiente
AGUARD - aguardiente
AL - alcalde, alcaldes
ALCAB - alcabalas
ALEJO - Alejandro
ALMAC - almacenes
ALMO - almojarifazgo, almojarifazgos
ALMOJAR - almojarifazgo, almojarifazgos
ALMON - almoneda, almonedas
ALMOS - almojarifazgos
AMORTIZ - amortización
AN - anata, anual
ANT - anterior, anteriores, Antonio
ANTE - anterior, anteriores
ANTER - anterior, anteriores
APL - aplicado, aplicados
ARB - arbitrio, arbitrios
ARBIT - arbitrio, arbitrios
ARZO - arzobispal, arzobispo
AS - Aires
AUD - audiencia
AUM - aumento
AV - avería, averías
AZ - azogue, azogues

B - Bartolomé, bienio, buen, buena, buenas, bueno, Buenos
BART - Bartolomé
BEN - beneficio
BIEN - bienes
BOT - botilla
BS - Buenos
C - capitán, consejo, costa
CA - capellanía, capellanías
CAP - capellanías, capitán
CAV - cavallería
CIA - compañía
COBR - cobrada, cobradas, cobrado, cobrados
COL - colonel
COM - comandante, comercio, comisión, comiso, comunidad, comunidades
COMP - composición, composiciones
COMU - comunidades
CON - consejo, consulado, contador
COND - condenación, condenaciones
CONF - confirmación, confiscaciones
CONMUT - conmutaciones
CONQUI - conquistadores
CONQUISTAD - conquistadores
CONS - consejo
CONT - contador, contaduría
CONTR - contribución, contribuciones
CONTRIB - contribución
CORR - corriente

CORREG - corregidor, corregidores
CORREGID - corregidor
CORRTE - corriente
CREC - crecimiento
CRIST - Cristóbal
CRZA - cruzada
CRZDA - cruzada
CUAD - cuadragesimales
CUADR - cuadragesimales
CUART - cuarto
CUEN - cuenta, cuentas
D - Diego
DEPEN - dependencias
DER - derecho, derechos
DESCAM - descaminadas, descaminos
DEST - destinado
DEVUELT - devuelto
DIF - difuntos
DIN - dinero
DIR - dirección
DISP - dispensaciones, dispensables
DIST - distrito
DIV - diversa, diversas
DMO - diezmo, diezmos
DN - don
DUQ - duque
DZMO - diezmo, diezmos
DZO - diezmo, diezmos

ECLES - eclesiástica, eclesiásticas, eclesiástico, eclesiásticos
EDO - estado
EFTOS - efectos
EMB - embargada, embargado, embargo
EMBARG - embargado
EMPL - empleados
ENC - encomendados, encomienda, encomiendas
ENCO - encomienda, encomiendas
ENCOM - encomendadas, encomendados, encomienda, encomiendas
ENCOMEN - encomendados
ENR - Enrique
ENS - ensayador
ENTER - enterado
ENTRA - entrada
ENV - enviada, enviado
ESCR - escribanía
ESP - España, especie, especies
EXC - excelentíssimo
EXCMO - excelentíssimo
EXP - expedición
EXPED - expedición
EXT - exterior, exteriores
EXTRA - extracción, extraordinaria, extraordinarias, extraordinario, extraordinarios
EXTRAC - extracción
EXTRANJ - extranjero, extranjeros
EXTRAORD - extraordinaria, extraordinarias, extraordinario, extraordinarios
F - Felipe, Fernando, Francisco
FAB - fábrica
FEL - Felipe
FIL - Filipinas
FON - fondo, fondos
FOND - fondo, fondos
FORASTER - forasteros
FR - Franciscanos

FRAN - Francisco
FU - fuego
G - general, generales, Gerónimo
GAST - gasto, gastos
GAL - Galicia
GEN - general, generales
GER - Gerónimo
GOB - gobernador, gobernadores
GOBERNAD - gobernador, gobernadores
GONZ - Gonzales
GUADALC - Guadalcázar
GUISP - Guispihuanca
H - hacienda
HAC - hacienda
HCDA - hacienda
HUAMANP - Huamanpalpas
HUANCAVEL - Huancavelica
HUMANP - Huamanpalpas
IMP - imposición, imposiciones
IN - Indias
INC - incorporada, incorporado
IND - Indias, indio, indios, individual, individuales
INT - interior, interiores, interno, internos
INTEGR - integrado, integrados, íntegro, íntegros
INV - inventariado, inventario
J - José, Juan
JURIS - jurisdicciones
JUSTIC - justicia
L - Luis
LAB - labrada, labrado
LEO - León
LIB - libres
LIBR - libranza, libranzas
LIBRA - libranza, libranzas

LIC - licencia, licencias
LIM - limosna, limosnas
LNZ - lanzas
LZ - lanzas
M - magestad, Manuel, María
MAGRED - Magreda
MAI - maíz
MAJ - majestad
MARQ - marqués
MAY - mayor, mayores
MER - mercadería, mercaderías
MERC - mercadería, mercaderías
MERCAD - mercadería, mercaderías
MES - mescal, mescales
METROPOL - metrópoli
MIL - milicia, milicias, militar, militares
MIN - ministro, ministros
MON - moneda
MRS - maravedís
MSTR - ministros
MUJER - mujeres
MUL - mulatos
MVDS - maravedís
N - Nicolás, nuestra, nueva, nuevo
NA - nuestra
NAC - nacional
NATU - naturales
NOV - noveno, novenos
NRA - nuestra
NUE - nueva, nuevo
NUM - número
OB - obispado, obispados, obispo, obispos
OF - oficial, oficiales
OFIC - oficial, oficiales
OFICIAL - oficiales
ORD - ordinada, ordinario, ordinarios

P - papel, peso, pesos, pipa, pipas, puerto
PAG - pagada, pagado
PAR - parroquia
PARROQ - parroquia
PART - particular, particulares
PAS - pasada, pasadas, pasado, pasados
PASAD - pasada, pasadas, pasado, pasados
PED - Pedro
PERT - perteniciente, pertenicientes
PLAT - plata
POL - político, políticos
PR - principal
PRES - presidio, presidios
PRIME - primero
PRIN - principal, principales, príncipe
PRINC - principal, principales, príncipe
PROC - procedente
PROTECT - protectores
PROV - provincia, provincias
PUB - pública, públicas, público, públicos
QUART - quarto
QUINT - quinto
R - real, reales
RE - reintegro, reintegros
REC - recibido, recibidos
RECEPT - receptor, receptores
RECONC - reconocido, reconocidos
REDIT - rédito, réditos
REG - regidor, registrado, registrados, registro, registros
REINT - reintegro, reintegros
REM - remitida, remitidas, remitido, remitidos
REMIS - remisiones
RENUN - renunciable, renunciables
REP - reparto
REPAR - reparos

RESTABLEMTO - restablecimiento
RET - retenido
REZAG - rezago, rezagos
RL - real
RLS - reales
RNO - reino
RNOS - reinos
S - San, Santa, Santo, su
SA - señora
SC - santa cruzada
SEB - Sebastián
SEBAS - Sebastián
SEC - secretaría
SECR - secretaría
SEGUN - segundo
SEN - senoreage
SERV - servicio, servicios
SF - San Francisco
SIR - sirviendo
SIT - situado
SM - su majestad
SN - San
SNRA - señora
SOSNTE - Sosonante
SR - señor
SRA - señora
SRES - señores
SUBROG - subrogaciones
SUBS - subsidio
SUE - sueldo, sueldos
SUELD - sueldo, sueldos
SUP - superintendencia, superintendente, superior, supremo
SUPL - suplido
SUPLE - suplemento, suplementos
SV - servicio, servicios
TEMP - temporal, temporales, temporalidades

TEN - teniente
TENTE - teniente
TERCE - tercero
TES - tesorería, tesorerías, tesorero, tesoro
TESTIMON - testimonio
TIERR - tierra
TRANS - transversales
TRIB - tributo, tributos
TRIBS - tributos
U - unión, universidad
UNIV - universidad
V - valle, villa
VAC - vacaciones, vacante, vacantes
VC - Veracruz
VEN - venido, venidos
VEND - vendible, vendibles
VES - vestido, vestidos, vestuario
VEST - vestido, vestidos, vestuario
VINAG - vinagre
VITAL - vitalicio

Accounts of the Royal Treasuries of
Upper Peru (Bolivia)

SUMARIO GENERAL DE CARTA CUENTA DE ARICA

L 186 — 4/1634- 4/1635

CARGO

CARGO	OCHO	ENSAYADOS	ORO
ALCABALAS REALES	5200		
ALMOJARIFAZGOS	4671	2629	
BIENES DE DIFUNTOS	1250		
CAJAS DE COMUNIDAD	13864		
COMPOSICION DE PULPERIAS	508		
DONATIVO A SU MAJESTAD	427		
DONATIVO GRACIOSO	2390		
NAIPES	1084		
OFICIOS VENDIBLES Y RENUNCIABLES	3720		
PLATA DE POTOSI ORURO Y LA PAZ	892883	801971	
REAL HACIENDA	914		
TRIBUTOS NEGROS Y MULATOS LIBRES	65		
TRIBUTOS REALES DE INDIOS	181		
TOTAL	927155	804599	
TOTAL COMPUTADO	927157	804600	

DATA

DATA	OCHO	ENSAYADOS	ORO
ALCABALAS REALES	5200		
ALMOJARIFAZGOS	4671	2629	
BIENES DE DIFUNTOS	1250		
CAJAS DE COMUNIDAD	13864		
COMPOSICION DE PULPERIAS	508		
DONATIVO	427		
DONATIVO GRACIOSO	2390		
NAIPES	1084		
OFICIOS VENDIBLES Y RENUNCIABLES	3720		
PLATA DE POTOSI ORURO Y LA PAZ	892883	801971	
REAL HACIENDA	914		
TRIBUTOS NEGROS Y MULATOS LIBRES	65		
TRIBUTOS REALES DE INDIOS	181		
TOTAL	927155	804599	
TOTAL COMPUTADO	927157	804600	

S 231 — 5/1736- 4/1737

CARGO

CARGO	OCHO	ENSAYADOS	ORO
ALCABALAS REALES	1776		
BULAS DE SANTA CRUZADA	700		
ENCOMIENDAS DEL MARQUES DE LARA	1500		
MEDIA ANATA	270		
PAPEL SELLADO	199		
TRIBUTOS REALES DE INDIOS	387		
VACANTES DE CURATOS	303		
VENTA DE TIERRAS	25		
TOTAL	5160		
TOTAL COMPUTADO	5160		

DATA

DATA	OCHO	ENSAYADOS	ORO
REAL HACIENDA	3817		
TOTAL	3817		
TOTAL COMPUTADO	3817		

S1300 — 5/1759- 5/1760

CARGO

CARGO	OCHO	ENSAYADOS	ORO
ALCABALAS REALES	4854		
ARRENDAMIENTO DEL PUERTO IQUIQUE	2010		
ENCOMIENDAS DEL MARQUES DE LARA	4810		
OFICIOS VENDIBLES Y RENUNCIABLES	433		
TRIBUTOS REALES DE INDIOS	10314		
TOTAL	22421		

DATA

DATA	OCHO	ENSAYADOS	ORO
REAL HACIENDA	9508		
REMITIDO A LIMA	12913		
TOTAL	21421		

ARICA   5/1759- 5/1760

CARGO	OCHO	ENSAYADOS	ORO	DATA	OCHO	ENSAYADOS	ORO
TOTAL COMPUTADO	22421			TOTAL COMPUTADO	22421		

S1300

CARGO	OCHO
ALCABALAS REALES	6737
ARRENDAMIENTO DEL PUERTO IQUIQUE	850
ENCOMIENDAS DEL MARQUES DE LARA	3207
EXTRAVIOS	1950
TRIBUTOS REALES DE INDIOS	9201
TOTAL	21945
TOTAL COMPUTADO	21945

5/1761- 4/1762

DATA	OCHO
REAL HACIENDA	11536
REMITIDO A LIMA	10409
TOTAL	21945
TOTAL COMPUTADO	21945

S1300

CARGO	OCHO
ALCABALAS REALES	5290
ARRENDAMIENTO DEL PUERTO IQUIQUE	850
ENCOMIENDAS DEL MARQUES DE LARA	3207
MEDIA ANATA	134
OFICIOS VENDIBLES Y RENUNCIABLES	405
PAPEL SELLADO	403
TRIBUTOS REALES DE INDIOS	9201
VACANTES DE CURATOS	903
TOTAL	20392
TOTAL COMPUTADO	20393

5/1762- 4/1763

DATA	OCHO
REAL HACIENDA	5164
REMITIDO A LIMA	15228
TOTAL	20393
TOTAL COMPUTADO	20392

S1300

CARGO	OCHO
ALCABALAS REALES	5250
ARRENDAMIENTO DEL PUERTO IQUIQUE	850
ENCOMIENDAS DEL MARQUES DE LARA	3207
MEDIA ANATA	134
TRIBUTOS REALES DE INDIOS	9201
TOTAL	18641
TOTAL COMPUTADO	18642

5/1763- 4/1764

DATA	OCHO
REAL HACIENDA	5543
REMITIDO A LIMA	13099
TOTAL	18641
TOTAL COMPUTADO	18642

S 632

CARGO	OCHO
ALCABALAS ANTIGUAS	3900
ALCABALAS DE CABEZON Y VIENTO	4250
ALCABALAS DE TARIFA	557
ARRENDAMIENTO DEL PUERTO IQUIQUE	850
COMPOSICION Y VENTA DE TIERRAS	243
ENCOMIENDAS DEL MARQUES DE LARA	3207
MEDIA ANATA	33
OFICIOS VENDIBLES Y RENUNCIABLES	2000
PAPEL SELLADO	375
TRIBUTOS REALES DE INDIOS	9201
TOTAL	24615

5/1765- 4/1766

DATA	OCHO
ALCABALAS REALES	1196
ARRENDAMIENTO DEL PUERTO IQUIQUE	567
DEBIDO DE COBRAR	2062
ENCOMIENDAS DEL MARQUES DE LARA	2207
PAPEL SELLADO	140
REMITIDO A LIMA	9858
TRIBUTOS REALES DE INDIOS	7587
TOTAL	24615

S1300   ENSAYADOS   ORO

ARICA 5/1765- 4/1766

CARGO	OCHO	ENSAYADOS	ORO	DATA	OCHO	ENSAYADOS	ORO
TOTAL COMPUTADO	24616			TOTAL COMPUTADO	23617		

S 632 — 5/1766- 4/1767

CARGO	OCHO	DATA	OCHO
ALCABALAS DE CABEZON Y VIENTO	3351	ALCABALAS REALES	2807
ALCABALAS REALES	2062	ARRENDAMIENTO DEL PUERTO IQUIQUE	567
ALCANCES DE CUENTAS	3	BULAS DE SANTA CRUZADA	3118
ARRENDAMIENTO DEL PUERTO IQUIQUE	850	ENCOMIENDAS DEL MARQUES DE LARA	3207
BULAS DE SANTA CRUZADA	3118	MEDIA ANATA	2101
COMPOSICION DE TIERRAS	16	REMITIDO A LIMA	8465
ENCOMIENDAS DEL MARQUES DE LARA	3207	TRIBUTOS REALES DE INCIOS	4031
MEDIA ANATA	2101	TOTAL	24299
TRIBUTOS REALES DE INCIOS	9201		
VACANTES DE DOCTRINAS	391		
TOTAL	24299		
TOTAL COMPUTADO	24300	TOTAL COMPUTADO	24300

S 632 — 5/1767- 4/1768

CARGO	OCHO	DATA	OCHO
ALCABALAS DE CABEZON Y VIENTO	4091	ALCABALAS REALES	1650
ALCABALAS DE TARIFA	889	ARRENDAMIENTO DEL PUERTO IQUIQUE	567
ARRENDAMIENTO DEL PUERTO IQUIQUE	850	ENCOMIENDAS DEL MARQUES DE LARA	3207
ENCOMIENDAS DEL MARQUES DE LARA	3207	MEDIA ANATA	32
MEDIA ANATA	33	REMITIDO A LIMA	4956
OFICIOS VENDIBLES Y RENUNCIABLES	433	SUELDOS	2475
PAPEL SELLADO	584	TRIBUTOS REALES DE INCIOS	1800
TRIBUTOS REALES DE INCIOS	4601	TOTAL	14687
TOTAL	14687		
TOTAL COMPUTADO	14688	TOTAL COMPUTADO	14687

S 632 — 5/1768- 4/1769

CARGO	OCHO	DATA	OCHO
ALCABALAS DE CABEZON Y VIENTO	4742	ALCABALAS REALES	2426
ALCABALAS DE TARIFA	889	ARRENDAMIENTO DEL PUERTO IQUIQUE	567
ARRENDAMIENTO DEL PUERTO IQUIQUE	850	DEBIDO DE COBRAR	2932
EXISTENCIA	4956	MEDIA ANATA	33
MEDIA ANATA	33	REMITIDO A LIMA	13774
OFICIOS VENDIBLES Y RENUNCIABLES	2083	TOTAL	19731
RESIDUOS PARA BUENOS EFECTOS	120		
TRIBUTOS REALES DE INDIOS	6057		
TOTAL	19730		
TOTAL COMPUTADO	19730	TOTAL COMPUTADO	19732

S 632 — 5/1769-12/1769

CARGO	OCHO
ALCABALAS DE TARIFA	889
ALCABALAS REALES	3692
ARRENDAMIENTO DEL PUERTO IQUIQUE	850
BULAS DE SANTA CRUZADA	913

4

ARICA   5/1769-12/1769

CARGO	OCHO	ENSAYADOS	ORO		DATA	OCHO	ENSAYADOS	ORO
COMPOSICION DE TIERRAS	50							
EXISTENCIA	13774							
OFICIOS VENDIBLES Y RENUNCIABLES	983							
PAPEL SELLADO	533							
RESIDUOS PARA BUENOS EFECTOS	60							
TRIBUTOS REALES DE INDIOS	3028							
TOTAL	24773							
TOTAL COMPUTADO	24772				TOTAL COMPUTADO			

S 632

1/1770-12/1770

	OCHO	ENSAYADOS	ORO			OCHO	ENSAYADOS	ORO
ALCABALAS REALES	4228				ALCABALAS REALES	2402		
EXISTENCIA	11291				FLETES DE PLATA	80		
MEDIA ANATA	33				MEDIA ANATA	33		
OFICIOS VENDIBLES Y RENUNCIABLES	733				OFICIOS VENDIBLES Y RENUNCIABLES	633		
RESIDUOS PARA BUENOS EFECTOS	120				REMITIDO A LIMA	11291		
SINODOS	750				TRIBUTOS REALES DE INDIOS	3521		
TRIBUTOS REALES DE INDIOS	11395				TOTAL	17960		
VENTA DE TIERRAS	20							
TOTAL	28570							
TOTAL COMPUTADO	28570				TOTAL COMPUTADO	17960		

S 632

1/1771-12/1771

	OCHO	ENSAYADOS	ORO			OCHO	ENSAYADOS	ORO
ALCABALAS REALES	2532				EXISTENCIA	10610		
EXISTENCIA	10610				MEDIA ANATA	33		
MEDIA ANATA	33				REAL HACIENDA	4590		
OFICIOS VENDIBLES Y RENUNCIABLES	7032				REMITIDO A LIMA	7493		
PAPEL SELLADO	566				SUELDOS GASTOS PENSIONES	4241		
RESIDUOS PARA BUENOS EFECTOS	120				TOTAL	26967		
TRIBUTOS REALES DE INDIOS	6057							
VENTA DE TIERRAS	27							
TOTAL	26967							
TOTAL COMPUTADO	26977				TOTAL COMPUTADO	26967		

S 632

1/1772-12/1772

	OCHO	ENSAYADOS	ORO			OCHO	ENSAYADOS	ORO
ALCABALAS DE TARIFA	3556				ALCABALAS DE TARIFA	2668		
ALCABALAS REALES	3415				EXISTENCIA	7493		
DONATIVO GRACIOSO	18				FLETES DE PLATA	80		
EXISTENCIA	7494				OFICIOS VENDIBLES Y RENUNCIABLES	4140		
MEDIA ANATA	33				REMITIDO A LIMA	8600		
OFICIOS VENDIBLES Y RENUNCIABLES	4590				SUELDOS Y PENSIONES	2736		
RESIDUOS PARA BUENOS EFECTOS	120				TOTAL	25716		
SINODOS	430							
TRIBUTOS REALES DE INDIOS	6057							
TOTAL	25715							
TOTAL COMPUTADO	25713				TOTAL COMPUTADO	25717		

ARICA   1/1773-12/1773

CARGO

S 632

	OCHO	ENSAYADOS
ALCABALAS DE TARIFA	2668	
ALCABALAS REALES	2463	
ALCANCES DEL TRIBUNAL DE CUENTAS	23	
COMPOSICION DE TIERRAS	603	
EXISTENCIA	8567	
MEDIA ANATA	134	
OFICIOS VENDIBLES Y RENUNCIABLES	5790	
PAPEL SELLADO	551	
RESIDUOS PARA BUENOS EFECTOS	120	
SINODOS	805	
TRIBUTOS REALES DE INDIOS	6057	
TOTAL	27780	

TOTAL COMPUTADO   27781

DATA   1/1773-12/1773

	OCHO	ORO	ENSAYADOS
ALCABALAS DE TARIFA	1778		
EXISTENCIA	8567		
FLETES DE PLATA	57		
MEDIA ANATA	134		
OFICIOS VENDIBLES Y RENUNCIABLES	5240		
REMITIDO A LIMA	7517		
SUELDOS Y PENSIONES	2746		
TRIBUTOS REALES DE INDIOS	1741		
TOTAL	27780		

TOTAL COMPUTADO   27780

S 632

	OCHO	ENSAYADOS
ALCABALAS DE TARIFA	889	
ALCABALAS REALES	5929	
ALCANCES DEL TRIBUNAL DE CUENTAS	16	
COMISOS	576	
DONATIVO	768	
EXISTENCIA	7517	
MEDIA ANATA	236	
OFICIOS VENDIBLES Y RENUNCIABLES	3840	
RESIDUOS PARA BUENOS EFECTOS	120	
SINODOS	750	
TRIBUTOS REALES DE INDIOS	11071	
TOTAL	31712	

TOTAL COMPUTADO   31712

DATA   1/1774-12/1774

	OCHO	ORO	ENSAYADOS
ALCABALAS DE TARIFA	889		
EXISTENCIA	7517		
FLETES DE PLATA	96		
MEDIA ANATA	236		
OFICIOS VENDIBLES Y RENUNCIABLES	2377		
REMITIDO A LIMA	12668		
SINODOS	750		
SUELDOS Y PENSIONES	5929		
TRIBUTOS REALES DE INDIOS	1251		
TOTAL	31712		

TOTAL COMPUTADO   31713

S 632

	OCHO	ENSAYADOS
ALCABALAS DE CABEZON Y VIENTO	3693	
ALCABALAS DE TARIFA	889	
ALMOJARIFAZGOS	1390	
DONATIVO GRACIOSO	384	
EXISTENCIA	12668	
MEDIA ANATA	261	
OFICIOS VENDIBLES Y RENUNCIABLES	1663	
PAPEL SELLADO	518	
RESIDUOS PARA BUENOS EFECTOS	120	
SINODOS	750	
TRIBUTOS REALES DE INDIOS	11011	
VENTA DE TIERRAS	145	
TOTAL	33491	

TOTAL COMPUTADO   33492

DATA   1/1775-12/1775

	OCHO	ORO	ENSAYADOS
ASAMBLEA	952		
EXISTENCIA	17172		
EXTRAORDINARIO DE REAL HACIENDA	174		
FLETES DE PLATA	109		
REMITIDO A LIMA	12668		
SUELDOS Y PENSIONES	2416		
TOTAL	33491		

TOTAL COMPUTADO   33491

S 632

1/1776-12/1776

ARICA 1/1776-12/1776

CARGO	OCHO	ENSAYADOS	ORO
ALCABALAS REALES	3542		
ALMOJARIFAZGOS	1408		
DONATIVO	384		
EXISTENCIA	14465		
MEDIA ANATA	278		
OFICIOS VENDIBLES Y RENUNCIABLES	1013		
RESIDUOS PARA BUENOS EFECTOS	120		
SINODOS	750		
SOBRAS DE SUELDOS DE JUSTICIA	1031		
TRIBUTOS REALES DE INDIOS	10167		
VENTA DE TIERRAS	50		
TOTAL	33209		
TOTAL COMPUTADO	33208		

DATA	OCHO	ENSAYADOS	ORO
ASAMBLEA	930		
EXISTENCIA	14025		
EXTRAORDINARIO DE REAL HACIENDA	225		
FLETES DE PLATA	93		
REMITIDO A LIMA	14465		
SINODOS	1500		
SUELDOS Y PENSIONES	2334		
TRIBUTOS REALES DE INDIOS	541		
TOTAL	34112		
TOTAL COMPUTADO	34113		

S 632

1/1777-12/1777

CARGO	OCHO	ENSAYADOS	ORO
ALCABALAS REALES	4659		
ALMOJARIFAZGOS	2635		
DONATIVO	384		
EXISTENCIA	12269		
MEDIA ANATA	586		
NUEVO IMPUESTO DE AGUARDIENTE	515		
OFICIOS VENDIBLES Y RENUNCIABLES	200		
PAPEL SELLADO	552		
RESIDUOS PARA BUENOS EFECTOS	120		
SOBRAS DE SUELDOS DE JUSTICIA	1031		
SUELDOS DE CACIQUES	50		
TOMIN DEL HOSPITAL	135		
TRIBUTOS REALES DE INDIOS	10263		
VENTA DE TIERRAS	87		
TOTAL	33486		
TOTAL COMPUTADO	33486		

DATA	OCHO	ENSAYADOS	ORO
EXISTENCIA	17030		
FLETES DE PLATA	100		
REMITIDO A LIMA	12269		
SUELDOS Y PENSIONES	4088		
TOTAL	33486		
TOTAL COMPUTADO	33487		

S 632

1/1778-12/1778

CARGO	OCHO	ENSAYADOS	ORO
ALCABALAS DE TARIFA	1778		
ALCABALAS REALES	3551		
ALCANCES DE CUENTAS	50		
DONATIVO	384		
EXISTENCIA	17096		
MEDIA ANATA	463		
NUEVO IMPUESTO DE AGUARDIENTE	688		
OFICIOS VENDIBLES Y RENUNCIABLES	1534		
RESIDUOS PARA BUENOS EFECTOS	120		
TRIBUTOS REALES DE INDIOS	10278		
VENTA DE TIERRAS	500		
TOTAL	36442		
TOTAL COMPUTADO	36442		

DATA	OCHO	ENSAYADOS	ORO
EXISTENCIA	13444		
REMITIDO A LIMA	17096		
SUELDOS Y PENSIONES	5902		
TOTAL	36442		
TOTAL COMPUTADO	36442		

S 632

1/1779-12/1779

ARICA   1/1779-12/1779

CARGO	OCHO	ENSAYADOS	ORO
ALCABALAS DE CABEZONES	15709		
ALCABALAS DE TARIFA	2668		
ARRENDAMIENTO DEL PUERTO IQUIQUE	1200		
DONATIVO	384		
ENCOMIENDAS DEL MARQUES DE LARA	5721		
EXISTENCIA	13784		
MEDIA ANATA	1094		
NUEVO IMPUESTO DE AGUARDIENTE	1117		
OFICIOS VENDIBLES Y RENUNCIABLES	108		
PAPEL SELLADO	444		
RESIDUOS PARA BUENOS EFECTOS	120		
TERCIOS DE ENCOMIENDAS	2030		
TOMIN DEL HOSPITAL	455		
TRIBUTOS REALES DE INDIOS	20371		
VENTA DE MINAS	105		
TOTAL	65310		

TOTAL COMPUTADO   65310

DATA	OCHO	ENSAYADOS	ORO
EXISTENCIA	39520		
REMITIDO A LIMA	13784		
SUELDOS Y PENSIONES	12006		
TOTAL	65310		

TOTAL COMPUTADO   65310

S 632   1/1780-12/1780

CARGO	OCHO	ENSAYADOS	ORO
ALCABALAS DE CABEZONES	8125		
ALCABALAS DE TARIFA	1334		
ARRENDAMIENTO DEL PUERTO IQUIQUE	600		
AZOGUES DEL ALMADEN	6629		
DERECHOS DE ENSAYE Y FUNDICION	732		
DIEZMOS DE PLATA LABRADA	290		
DONATIVO	384		
ENCOMIENDAS DEL MARQUES DE LARA	1430		
EXISTENCIA	39520		
INVALIDOS	115		
MEDIA ANATA	446		
MONTE PIO DE MINISTROS	38		
MONTE PIO MILITAR	44		
NUEVO IMPUESTO DE AGUARDIENTE	2722		
RESIDUOS PARA BUENOS EFECTOS	60		
TERCIOS DE ENCOMIENDAS	1015		
TOMIN DEL HOSPITAL	355		
TRIBUTOS REALES DE INDIOS	10771		
VENTA DE MINAS	180		
VENTA DE TIERRAS	68		
1.5% Y DIEZMOS DE PLATA	86582		
TOTAL	161440		

TOTAL COMPUTADO   161440

DATA	OCHO	ENSAYADOS	ORO
EXISTENCIA	100857		
REMITIDO A LIMA	39063		
SUELDOS Y PENSIONES	21063		
TOTAL	160983		

TOTAL COMPUTADO   160983

S 632   1/1782-12/1782

CARGO	OCHO	ENSAYADOS	ORO
ALCABALAS DE HAC Y PULPERIAS	2858		
ALCABALAS DE VENTAS Y CONTRATOS	692		
ALCABALAS DE VIENTO	18445		
ALMOJARIFAZGO DE ENTRADA	4530		
ALMOJARIFAZGO DE SALIDA	183		
AZOGUES DE HUANCAVELICA	3479		

ARICA   1/1782-12/1782

	CARGO	OCHO	ENSAYADOS	ORO	DATA	OCHO	ENSAYADOS	ORO
	COMISOS	435						
	DEPOSITOS	2194						
	DIEZMOS DE PLATA LABRADA	108						
	DONATIVO	384						
	EXISTENCIA	23829						
	INVALIDOS	107						
	MEDIA ANATA	1521						
	MONTE PIO DE MINISTROS	60						
	MONTE PIO MILITAR	29						
	NUEVO IMPUESTO DE AGUARDIENTE	2322						
	PAPEL SELLADO	875						
	VENTA DE MINAS	50						
	1.5% Y DIEZMOS DE PLATA	26952						
	3% DEL ORO	1820						
	TOTAL	90871						
	TOTAL COMPUTADO	90873						

S 632   1/1783-12/1783

	OCHO	ENSAYADOS	ORO	DATA	OCHO	ENSAYADOS	ORO
ALCABALAS DE CABEZONES	2072						
ALCABALAS DE TARIFA	1334			REMITIDO A LIMA	35308		
ALCABALAS DE VENTAS Y CONTRATOS	1592			SUELDOS GASTOS PENSIONES	18373		
ALCABALAS DE VIENTO	17871			TOTAL	53681		
ALMOJARIFAZGO DE ENTRADA	6698						
ALMOJARIFAZGO DE SALIDA	282						
AZOGUES DE HUANCAVELICA	3814						
DEPOSITOS	364						
INVALIDOS	73						
MEDIA ANATA	1639						
MONTE PIO DE MINISTROS	97						
MONTE PIO MILITAR	34						
NUEVO IMPUESTO DE AGUARDIENTE	2202						
VENTA DE MINAS	2690						
1.5% Y DIEZMOS DE PLATA	12840						
3% DEL ORO	80						
TOTAL	53683						
TOTAL COMPUTADO	53682			TOTAL COMPUTADO	53681		

S 633   1/1784-12/1784

	OCHO	ENSAYADOS	ORO	DATA	OCHO	ENSAYADOS	ORO
ALCABALAS DE CORTAS EXTRACCIONES	2			ALCANCES DE CUENTAS	3		
ALCABALAS DE HAC Y PULPERIAS	2252			REMITIDO A LIMA	29177		
ALCABALAS DE RESPONSIVAS	202			SUELDOS GASTOS PENSIONES	19922		
ALCABALAS DE TIERRA	7387			TOTAL	49102		
ALCABALAS DE VENTAS Y CONTRATOS	3336						
ALCABALAS DEL MAR	3757						
ALCANCES DE CUENTAS	900						
ALMOJARIFAZGO DE ENTRADA	7620						
ALMOJARIFAZGO DE SALIDA	566						
AZOGUES	197						
DEPOSITOS	450						
DESCUENTO DE SUELDOS	69						

ARICA   1/1784-12/1784

CARGO	OCHO	ENSAYADOS	ORO
INVALIDOS	41		
MEDIA ANATA	888		
MONTE PIO DE MINISTROS	44		
MONTE PIO MILITAR	15		
NUEVO IMPUESTO DE AGUARDIENTE	1987		
OFICIOS VENDIBLES Y RENUNCIABLES	508		
QUINTOS DE PLATA LABRADA	137		
RESTITUCIONES	10		
VENTA DE MINAS	50		
1.5% Y DIEZMOS DE PLATA	19127		
TOTAL	49546		

	OCHO	ENSAYADOS	ORO
TOTAL COMPUTADO	49545		

DATA	OCHO	ENSAYADOS	ORO
TOTAL COMPUTADO	49102		

S 633   1/1785-12/1785

CARGO	OCHO	ENSAYADOS	ORO
ALCABALAS DE CABEZONES	614		
ALCABALAS DE CORTAS EXTRACCIONES	2		
ALCABALAS DE RESPONSIVAS	65		
ALCABALAS DE TIERRA	9386		
ALCABALAS DE VIENTO	1199		
ALCABALAS DEL MAR	2800		
ALCANCES DE CUENTAS	966		
ALMOJARIFAZGO DE ENTRADA	3266		
ALMOJARIFAZGO DE SALIDA	81		
ARRENDAMIENTO DEL PUERTO IQUIQUE	600		
AZOGUES	6507		
COMISOS	363		
DEPOSITOS	1128		
DESCUENTO DE SUELDOS	25		
INVALIDOS	11		
MEDIA ANATA	330		
MONTE PIO DE MINISTROS	39		
MONTE PIO MILITAR	5		
NUEVO IMPUESTO DE AGUARDIENTE	2210		
QUINTOS DE PLATA LABRADA	49		
RESTITUCIONES	8		
1.5% Y DIEZMOS DE PLATA	22708		
TOTAL	52379		

	OCHO	ENSAYADOS	ORO
TOTAL COMPUTADO	52382		

DATA	OCHO	ENSAYADOS	ORO
EXISTENCIA	277		
REMITIDO A LIMA	37200		
SUELDOS GASTOS PENSIONES	14902		
TOTAL	52379		

	OCHO	ENSAYADOS	ORO
TOTAL COMPUTADO	52379		

S 633   1/1786-12/1786

CARGO	OCHO	ENSAYADOS	ORO
ALCABALAS DE CABEZONES	2448		
ALCABALAS DE RESPONSIVAS	40		
ALCABALAS DE TIERRA	7165		
ALCABALAS DE VIENTO	1892		
ALCABALAS DEL MAR	2668		
ALCANCES DE CUENTAS	1116		
ALMOJARIFAZGO DE ENTRADA	8715		
ALMOJARIFAZGO DE SALIDA	23		
AZOGUES	19747		
DEPOSITOS	5528		

DATA	OCHO	ENSAYADOS	ORO
EXISTENCIA	5528		
REMITIDO A LIMA	75250		
SUELDOS GASTOS PENSIONES	8957		
TOTAL	84207		

	OCHO	ENSAYADOS	ORO

ARICA 1/1786-12/1786

CARGO	OCHO	ENSAYADOS	ORO
DONATIVO	1229		
MEDIA ANATA	210		
MONTE PIO DE MINISTROS	214		
NUEVO IMPUESTO DE AGUARDIENTE	2883		
OFICIOS VENDIBLES Y RENUNCIABLES	1008		
VENTA DE MINAS	100		
1.5% Y DIEZMOS DE PLATA	34749		
TOTAL	89735		

TOTAL COMPUTADO 89735

DATA	OCHO	ENSAYADOS	ORO

TOTAL COMPUTADO 89735

S 633 1/1787-12/1787

CARGO	OCHO	ENSAYADOS	ORO
ALCABALAS REALES	21941		
ALMACENAJE	104		
ALMOJARIFAZGOS	4715		
AZOGUES DE HUANCAVELICA	17823		
BIENES DE CONTRABANDO	1528		
COMISOS	173		
COMISOS DEL EXCMO SUP GEN DE R H	173		
COMISOS DEL RL CONSEJO DE INDIAS	173		
COMUNIDADES DE INDIOS	2246		
DEPOSITOS	7971		
DIEZMOS DE PLATA	23993		
DONATIVO	384		
EXTRAORDINARIO DE REAL HACIENDA	400		
MEDIA ANATA	66		
NUEVO IMPUESTO DE AGUARDIENTE	2655		
OFICIOS VENDIBLES Y RENUNCIABLES	333		
QUINTOS DE PLATA LABRADA	69		
REAL EN MARCO DE MINERIA	5171		
REAL HACIENDA	14134		
REAL HACIENDA EN COMUN	14134		
1.5% DE PLATA	3653		
TOTAL	121839		

TOTAL COMPUTADO 121839

DATA	OCHO	ENSAYADOS	ORO
AZOGUES DE HUANCAVELICA	797		
BIENES DE CONTRABANDO	1528		
COMISOS DEL EXCMO SUP GEN CE R H	173		
COMISOS DEL RL CONSEJO DE INDIAS	173		
DEPOSITOS	2389		
GASTOS GENERALES	2779		
OTRAS TESORERIAS	67946		
SUELDOS DE REAL HACIENDA	3026		
SUELDOS DE RESGUARDO	1312		
1.5% DE PLATA	228		
TOTAL	80351		

TOTAL COMPUTADO 80351

S 633 1/1788-12/1788

CARGO	OCHO	ENSAYADOS	ORO
ALCABALAS REALES	12943		
ALCANCES DE CUENTAS	6		
ALMACENAJE	18		
ALMOJARIFAZGOS	13333		
AZOGUES DE HUANCAVELICA	23123		
COMISOS	14		
COMISOS DEL EXCMO SUP GEN DE R H	13		
COMISOS DEL RL CONSEJO DE INDIAS	13		
COMUNIDADES DE INDIOS	2246		
DEPOSITOS	6766		
DERECHOS DE ENSAYE Y FUNDICION	1230		
DIEZMOS DE PLATA	27074		
DONATIVO	384		
MEDIA ANATA	78		

DATA	OCHO	ENSAYADOS	ORO
ALCABALAS REALES	584		
AZOGUES DE HUANCAVELICA	165		
COMISOS DEL EXCMO SUP GEN DE R H	13		
COMISOS DEL RL CONSEJO DE INDIAS	13		
DEPOSITOS	6405		
DERECHOS DE ENSAYE Y FUNDICION	1230		
DIEZMOS DE PLATA	300		
GASTOS GENERALES	3195		
MONTE PIO DE MINISTROS	207		
NUEVO IMPUESTO DE AGUARDIENTE	175		
OTRAS TESORERIAS	73412		
REAL EN MARCO DE MINERIA	10839		
SUELDOS DE REAL HACIENDA	3662		
SUELDOS DE RESGUARDO	1700		

ARICA   1/1788-12/1788

CARGO	CCHO	ENSAYADOS	ORO	DATA	CCHC	ENSAYADOS	ORO
MONTE PIO DE MINISTROS	207			TOTAL	102300		
NUEVO IMPUESTO DE AGUARDIENTE	3842						
OFICIOS VENDIBLES Y RENUNCIABLES	333						
REAL EN MARCO DE MINERIA	10839						
REAL HACIENDA EN COMUN	14355						
1.5% DE PLATA	4105						
TOTAL	120922						
TOTAL COMPUTADO	120922			TOTAL COMPUTADO	102300		

S 633   1/1789-12/1789

CARGO	CCHO			DATA	CCHC		
ALCABALAS REALES	14668			ALCABALAS REALES	951		
ALCANCES DE CUENTAS	139			AZOGUES DE HUANCAVELICA	299		
ALMOJARIFAZGOS	3316			AZOGUES DEL ALMADEN	101		
AZOGUES DE HUANCAVELICA	11446			BULAS DE SANTA CRUZADA	771		
AZOGUES DEL ALMADEN	14485			DEPOSITOS	12000		
BULAS DE SANTA CRUZADA	771			DERECHOS DE ENSAYE Y FUNCICION	493		
COMUNIDADES DE INDIOS	2246			EXTRAORDINARIO DE REAL HACIENDA	572		
DEPOSITOS	13378			GASTOS GENERALES	1440		
DERECHOS DE ENSAYE Y FUNDICION	1086			MONTE PIO DE MINISTROS	66		
DIEZMOS DE PLATA	24940			NUEVO IMPUESTO DE AGUARDIENTE	13		
DONATIVO	384			OTRAS TESORERIAS	58642		
MEDIA ANATA	259			REAL EN MARCO DE MINERIA	171		
MONTE PIO DE MINISTROS	66			SUELDOS DE REAL HACIENDA	3653		
NUEVO IMPUESTO DE AGUARDIENTE	2681			SUELDOS DE RESGUARDO	1290		
OFICIOS VENDIBLES Y RENUNCIABLES	433			TOTAL	80462		
OTRAS TESORERIAS	52						
REAL EN MARCO DE MINERIA	4861						
REAL HACIENDA EN COMUN	16014						
1.5% DE PLATA	3787						
TOTAL	115012						
TOTAL COMPUTADO	115012			TOTAL COMPUTADO	80462		

S 633   1/1790-12/1790

CARGO	CCHO			DATA	CCHC		
ALCABALAS REALES	8595			EXISTENCIA	2626		
ALMOJARIFAZGOS	6552			PAGADO Y REMITIDO	59831		
AZOGUES DE HUANCAVELICA	17676			TOTAL	62456		
COMUNIDADES DE INDIOS	2246						
DEPOSITOS	1855						
DERECHOS DE ENSAYE Y FUNDICION	654						
DONATIVO	384						
MEDIA ANATA	30						
MONTE PIO DE MINISTROS	123						
NUEVO IMPUESTO DE AGUARDIENTE	4317						
OFICIOS VENDIBLES Y RENUNCIABLES	100						
REAL EN MARCO DE MINERIA	2968						
1.5% Y DIEZMOS DE PLATA	16954						
TOTAL	62456						
TOTAL COMPUTADO	62454			TOTAL COMPUTADO	62457		

ARICA   1/1791-12/1792

CARGO	OCHO	ENSAYADOS	ORO
S 633			
ALCABALAS REALES	16279		
ALMACENAJE	374		
ALMOJARIFAZGOS	20347		
AZOGUES DE HUANCAVELICA	1482		
COBRADO VALORES ANOS ANTERIORES	3286		
COMISOS	143		
COMISOS DEL EXCMO SUP GEN DE R H	143		
COMISOS DEL RL CONSEJO DE INDIAS	143		
DEPOSITOS	900		
DERECHOS DE ENSAYE Y FUNDICION	888		
DONATIVO	384		
MECIA ANATA	96		
MONTE PIO DE MINISTROS	332		
NUEVO IMPUESTO DE AGUARDIENTE	2888		
OFICIOS VENDIBLES Y RENUNCIABLES	100		
REAL EN MARCO DE MINERIA	3103		
1.5% Y DIEZMOS DE PLATA	24005		
TOTAL	74893		
TOTAL COMPUTADO	74893		

DATA	OCHO	ENSAYADOS	ORO
1/1791-12/1792			
ALCABALAS REALES	823		
COMISOS DEL EXCMO SUP GEN DE R H	143		
COMISOS DEL RL CONSEJO DE INDIAS	143		
DEPOSITOS	984		
DERECHOS DE ENSAYE Y FUNCION	474		
GASTOS ORD Y EXTRAORDINARIOS	2270		
MONTE PIO DE MINISTROS	158		
NUEVO IMPUESTO DE AGUARDIENTE	4		
OTRAS TESORERIAS	56776		
REAL EN MARCO DE MINERIA	3103		
SUELDOS DE REAL HACIENDA	3700		
SUELDOS DE RESGUARDO	2200		
1.5% Y DIEZMOS DE PLATA	1400		
TOTAL	72177		
TOTAL COMPUTADO	72178		

CARGO	OCHO	ENSAYADOS	ORO
S 634			
ALCABALAS DE CABEZONES	1935		
ALCABALAS DE TIERRA	8814		
ALCABALAS DEL MAR	3439		
ALMACENAJE	239		
ALMOJARIFAZGO DE ENTRADA	18159		
ALMOJARIFAZGO DE SALIDA	331		
AZOGUES DE HUANCAVELICA	1105		
COBRADO VALORES ANOS ANTERIORES	5052		
DEPOSITOS	200		
DERECHOS DE ENSAYE Y FUNDICION	984		
DONATIVO A SU MAJESTAD	384		
MECIA ANATA	136		
MONTE PIO DE MINISTROS	-195		
NUEVO IMPUESTO DE AGUARDIENTE	2803		
REAL EN MARCO DE MINERIA	3515		
1.5% Y DIEZMOS DE PLATA	27359		
TOTAL	74648		
TOTAL COMPUTADO	74650		

DATA	OCHO	ENSAYADOS	ORO
1/1792-12/1792			
ALCABALAS DE TIERRA	357		
DERECHOS DE ENSAYE Y FUNCION	379		
GASTOS ORDINARIOS DE RL HACIENDA	1202		
NUEVO IMPUESTO DE AGUARDIENTE	2		
OTRAS TESORERIAS	59393		
REAL EN MARCO DE MINERIA	2796		
SUELDOS DE REAL HACIENCA	3700		
SUELDOS DE RESGUARDO	2200		
1.5% Y DIEZMOS DE PLATA	790		
TOTAL	70821		
TOTAL COMPUTADO	70822		

CARGO	OCHO	ENSAYADOS	ORO
S 634			
ALCABALAS DE CABEZONES	1972		
ALCABALAS DE TIERRA	7338		
ALCABALAS DEL MAR	6338		
ALMACENAJE	409		
ALMOJARIFAZGO DE ENTRADA	27501		
ALMOJARIFAZGO DE SALIDA	112		
COBRADO VALORES ANOS ANTERIORES	4703		

DATA	OCHO	ENSAYADOS	ORO
1/1793-12/1793			
ALCABALAS DE TIERRA	667		
AZOGUES DE EUROPA	9991		
COMUNIDADES DE INDIOS	2246		
DEPOSITOS	368		
DERECHOS DE ENSAYE Y FUNCION	380		
GASTOS DE CONTADURIA Y RL HAC	464		
GASTOS DE GUERRA	540		

APICA 1/1793-12/1793

CARGO	CCHO	ENSAYADOS	ORO
DEPOSITOS	600		
DERECHOS DE ENSAYE Y FUNDICION	924		
DONATIVO A SU MAJESTAD	384		
MEDIA ANATA	266		
MONTE PIO DE MINISTROS	190		
NUEVO IMPUESTO DE AGUARDIENTE	2016		
REAL EN MARCO DE MINERIA	3407		
1.5% Y DIEZMOS DE PLATA	26589		
TOTAL	82749		
TOTAL COMPUTADO	82749		

DATA	OCHC	ENSAYADOS	ORO
MONTE PIO DE MINISTROS	559		
OTRAS TESORERIAS	55973		
REAL EN MARCO DE MINERIA	2153		
SUELDOS DE REAL HACIENDA	3700		
SUELDOS DE RESGUARDO	1700		
SUELDOS MILITARES	615		
1.5% Y DIEZMOS DE PLATA	657		
TOTAL	80052		
TOTAL COMPUTADO	80053		

S 634   1/1794-12/1794

CARGO	CCHO	ENSAYADOS	ORO
ALCABALAS DE CABEZONES	1973		
ALCABALAS DE TIERRA	7728		
ALCABALAS DEL MAR	4640		
ALMACENAJE	247		
ALMOJARIFAZGO DE ENTRADA	5060		
ALMOJARIFAZGO DE SALIDA	948		
AZOGUES DE HUANCAVELICA	70		
COBRADO VALORES ANOS ANTERIORES	27509		
DEPOSITOS	900		
DERECHOS DE ENSAYE Y FUNDICION	1062		
DONATIVO A SU MAJESTAD	384		
INVALIDOS	187		
MEDIA ANATA	236		
MONTE PIO DE MINISTROS	207		
NUEVO IMPUESTO DE AGUARDIENTE	2498		
REAL EN MARCO DE MINERIA	4119		
RESTITUCIONES	291		
1.5% Y DIEZMOS DE PLATA	31363		
TOTAL	89420		
TOTAL COMPUTADO	89422		

DATA	OCHC	ENSAYADOS	ORO
ALCABALAS DE TIERRA	336		
AZOGUES DE EUROPA	5694		
DEPOSITOS	1350		
DERECHOS DE ENSAYE Y FUNDICION	364		
GASTOS DE GUERRA	1199		
GASTOS ORD Y EXTRAORDINARIOS	507		
INVALIDOS	188		
MEDIA ANATA	118		
MONTE PIO DE MINISTROS	207		
OFICIOS VENDIBLES Y RENUNCIABLES	1100		
OTRAS TESORERIAS	49387		
REAL EN MARCO DE MINERIA	4415		
SUELDOS DE REAL HACIENDA	3700		
SUELDOS DE RESGUARDO	2230		
SUELDOS MILITARES	15600		
1.5% Y DIEZMOS DE PLATA	1074		
TOTAL	87465		
TOTAL COMPUTADO	87465		

S 634   1/1795-12/1795

CARGO	CCHO	ENSAYADOS	ORO
ALCABALAS DE CABEZONES	1806		
ALCABALAS DE TIERRA	8119		
ALCABALAS DEL MAR	3466		
ALCANCES DE CUENTAS	390		
ALMACENAJE	377		
ALMOJARIFAZGO DE ENTRADA	11200		
ALMOJARIFAZGO DE SALIDA	343		
AZOGUES DE EUROPA	1783		
COBRADO VALORES ANOS ANTERIORES	22296		
DEPOSITOS	3346		
DERECHOS DE ENSAYE Y FUNDICION	954		
DONATIVO A SU MAJESTAD	384		
INVALIDOS	180		
MEDIA ANATA	383		
MONTE PIO DE MINISTROS	191		
NUEVO IMPUESTO DE AGUARDIENTE	6107		

DATA	OCHC	ENSAYADOS	ORO
ALCABALAS DE TIERRA	77		
ALCANCES DE CUENTAS	134		
AZOGUES DE EUROPA	4390		
DEPOSITOS	3346		
DERECHOS DE ENSAYE Y FUNDICION	437		
GASTOS DE CONTADURIA Y RL HAC	2086		
GASTOS DE GUERRA	1072		
INVALIDOS	209		
MONTE PIO DE MINISTROS	3		
OTRAS TESORERIAS	52194		
REAL EN MARCO DE MINERIA	1674		
SUELDOS DE REAL HACIENDA	3567		
SUELDOS DE RESGUARDO	2428		
SUELDOS MILITARES	15585		
1.5% Y DIEZMOS DE PLATA	809		
4% DE SUELDOS PARA LA GUERRA	178		

S 634 | ENSAYADOS | ORO

APICA 1/1795-12/1795

CARGO	OCHO	ENSAYADOS	ORO
REAL EN MARCO DE MINERIA	3471		
1.5% Y DIEZMOS DE PLATA	27150		
4% DE SUELDOS PARA LA GUERRA	178		
TOTAL	92123		
TOTAL COMPUTADO	92124		

DATA	OCHO	ENSAYADOS	ORO
TOTAL	88188		
TOTAL COMPUTADO	88189		

S 634

	OCHO	ENSAYADOS	ORO
ALCABALAS DE CABEZONES	2105		
ALCABALAS DE TIERRA	9078		
ALCABALAS DEL MAR	4154		
ALMACENAJE	90		
ALMOJARIFAZGO DE ENTRADA	10341		
ALMOJARIFAZGO DE SALIDA	695		
AZOGUES DE EUROPA	4373		
COBRADO VALORES ANOS ANTERIORES	12364		
DEPOSITOS	450		
DERECHOS DE ENSAYE Y FUNDICION	1194		
DONATIVO A SU MAJESTAD	384		
INVALIDOS	135		
MEDIA ANATA	382		
MONTE PIO DE MINISTROS	282		
NUEVO IMPUESTO DE AGUARDIENTE	5232		
QUINTOS DE PLATA LABRADA	511		
REAL EN MARCO DE MINERIA	4429		
REAL HACIENDA EN COMUN	167		
1.5% Y DIEZMOS DE PLATA	34646		
3% DEL ORO	9		
4% DE SUELDOS PARA LA GUERRA	204		
TOTAL	91527		
TOTAL COMPUTADO	91525		

1/1796-12/1796

	OCHO	ENSAYADOS	ORO
ALCABALAS DE TIERRA	187		
AZOGUES DE EUROPA	9629		
DEPOSITOS	450		
DERECHOS DE ENSAYE Y FUNDICION	380		
GASTOS DE CONTADURIA Y RL HAC	2536		
GASTOS DE GUERRA	694		
INVALIDOS	106		
MONTE PIO DE MINISTROS	470		
OTRAS TESORERIAS	49396		
REAL EN MARCO DE MINERIA	7900		
SUELDOS DE REAL HACIENDA	3817		
SUELDOS DE RESGUARDO	2185		
SUELDOS MILITARES	12506		
1.5% Y DIEZMOS DE PLATA	791		
4% DE SUELDOS PARA LA GUERRA	204		
TOTAL	91250		
TOTAL COMPUTADO	91251		

1/1797-12/1797

	OCHO	ENSAYADOS	ORO
ALCABALAS DE TIERRA	211		
AZOGUES DE EUROPA	16907		
AZOGUES DE HUANCAVELICA	417		
DEPOSITOS	4944		
DERECHOS DE ENSAYE Y FUNDICION	470		
GASTOS DE CONTADURIA Y RL HAC	596		
GASTOS DE GUERRA	784		
INVALIDOS	34		
MONTE PIO DE MINISTROS	432		
OTRAS TESORERIAS	65582		
SUELDOS DE REAL HACIENDA	3700		
SUELDOS DE RESGUARDO	1590		
SUELDOS MILITARES	3556		
1.5% Y DIEZMOS DE PLATA	791		
4% DE SUELDOS PARA LA GUERRA	76		
TOTAL	100090		

S 634

	OCHO	ENSAYADOS	ORO
ALCABALAS DE CABEZONES	2297		
ALCABALAS DE TIERRA	7145		
ALCABALAS DEL MAR	502		
ALCANCES DE CUENTAS	2		
ALMACENAJE	33		
ALMOJARIFAZGO DE ENTRADA	9456		
ALMOJARIFAZGO DE SALIDA	187		
AZOGUES DE HUANCAVELICA	1197		
COBRADO VALORES ANOS ANTERIORES	30769		
DEPOSITOS	4944		
DERECHOS DE ENSAYE Y FUNDICION	1272		
DONATIVO A SU MAJESTAD	384		
INVALIDOS	34		
MEDIA ANATA	97		
MONTE PIO DE MINISTROS	432		
NUEVO IMPUESTO DE AGUARDIENTE	3396		
QUINTOS DE PLATA LABRADA	33		
REAL EN MARCO DE MINERIA	4807		

ARICA 1/1797-12/1797

CARGO	OCHO	ENSAYADOS	ORO
1.5% Y DIEZMOS DE PLATA	37560		
3% DEL ORO	51		
4% DE SUELDOS PARA LA GUERRA	76		
TOTAL	105174		

	OCHO	ENSAYADOS	ORO
TOTAL COMPUTADO	105174		

S 634

CARGO	OCHO	ENSAYADOS	ORO
ALCABALAS DE CABEZONES	2333		
ALCABALAS DE TIERRA	6358		
ALCABALAS DEL MAR	981		
ALMACENAJE	6		
ALMOJARIFAZGO DE ENTRADA	1273		
ALMOJARIFAZGO DE SALIDA	83		
AZOGUES DE HUANCAVELICA	1894		
COBRADO VALORES AÑOS ANTERIORES	22261		
COMISOS	41		
COMISOS DEL EXCMO SUP GEN DE R H	41		
COMISOS DEL RL CONSEJO DE INDIAS	41		
DEPOSITOS	5980		
DERECHOS DE ENSAYE Y FUNDICION	1884		
DONATIVO A SU MAJESTAD	384		
INVALIDOS	94		
MEDIA ANATA	236		
MONTE PIO DE MINISTROS	219		
NUEVO IMPUESTO DE AGUARDIENTE	4217		
QUINTOS DE PLATA LABRADA	105		
REAL EN MARCO DE MINERIA	7517		
1.5% Y DIEZMOS DE PLATA	56953		
TOTAL	112899		

	OCHO	ENSAYADOS	ORO
TOTAL COMPUTADO	112901		

S 634

CARGO	OCHO	ENSAYADOS	ORO
ALCABALAS DE CABEZONES	2300		
ALCABALAS DE TIERRA	7592		
ALCABALAS DEL MAR	1204		
ALMOJARIFAZGO DE ENTRADA	1530		
ALMOJARIFAZGO DE SALIDA	196		
AZOGUES DE HUANCAVELICA	5992		
COBRADO VALORES AÑOS ANTERIORES	23844		
DERECHOS DE ENSAYE Y FUNDICION	1029		
INVALIDOS	119		
MEDIA ANATA	269		
MONTE PIO DE MINISTROS	132		
NUEVO IMPUESTO DE AGUARDIENTE	4692		
QUINTOS DE PLATA LABRADA	26		
REAL EN MARCO DE MINERIA	3926		
1.5% Y DIEZMOS DE PLATA	30600		
TOTAL	83452		

	OCHO	ENSAYADOS	ORO
TOTAL COMPUTADO	83451		

S 634

DATA	OCHO	ENSAYADOS	ORO
TOTAL COMPUTADO	100090		

1/1798-12/1798

DATA	OCHO	ENSAYADOS	ORO
ALCABALAS DE TIERRA	132		
AZOGUES DE HUANCAVELICA	587		
COMISOS DEL EXCMO SUP GEN DE R H	41		
COMISOS DEL RL CONSEJO DE INDIAS	41		
DEPOSITOS	6258		
DERECHOS DE ENSAYE Y FUNDICION	771		
GASTOS DE CONTADURIA Y RL HAC	630		
GASTOS DE GUERRA	990		
INVALIDOS	94		
MONTE PIO DE MINISTROS	219		
NUEVO IMPUESTO DE AGUARDIENTE	18		
OTRAS TESORERIAS	78575		
REAL EN MARCO DE MINERIA	4956		
SUELDOS DE REAL HACIENDA	3700		
SUELDOS DE RESGUARDO	1867		
SUELDOS MILITARES	5864		
1.5% Y DIEZMOS DE PLATA	791		
TOTAL	105532		

	OCHO	ENSAYADOS	ORO
TOTAL COMPUTADO	105534		

1/1799-12/1799

DATA	OCHO	ENSAYADOS	ORO
ALCABALAS DE TIERRA	122		
AZOGUES DE HUANCAVELICA	280		
DERECHOS DE ENSAYE Y FUNCION	450		
GASTOS DE CONTADURIA Y RL HAC	1252		
GASTOS DE GUERRA	1111		
INVALIDOS	119		
MONTE PIO DE MINISTROS	132		
OTRAS TESORERIAS	54776		
REAL EN MARCO DE MINERIA	7596		
SUELDOS DE REAL HACIENDA	3700		
SUELDOS DE RESGUARDO	1920		
SUELDOS MILITARES	7054		
1.5% Y DIEZMOS DE PLATA	1203		
TOTAL	79754		

	OCHO	ENSAYADOS	ORO
TOTAL COMPUTADO	79755		

S 634 — DATA

1/1800-12/1800

DATA	ORO	OCHO
ALCABALAS DE TIERRA		8
ALCANCES DE CUENTAS		201
AZOGUES DE EUROPA		2190
AZOGUES DE HUANCAVELICA		755
DEPCSITOS		3441
DERECHOS DE ENSAYE Y FUNDICION		543
DONATIVO		148
GASTOS DE CONTADURIA Y RL HAC		546
GASTOS DE GUERRA		1276
INVALIDOS		119
MONTE PIO DE MINISTROS		132
NUEVO IMPUESTC DE AGUARDIENTE		33
OTRAS TESORERIAS		58762
REAL EN MARCC DE MINERIA		3813
SUELDOS DE REAL HACIENDA		3600
SUELDOS DE RESGUARDO		1978
SUELDOS MILITARES		5979
1.5% Y DIEZMCS DE PLATA		1100
TOTAL		84622
TOTAL COMPUTADO		84624

1/1801-12/1801

DATA	ORO	OCHO
ALCABALAS DE TIERRA		100
DERECHOS DE ENSAYE Y FUNDICION		450
DONATIVO		118
GASTOS DE CONTADURIA Y RL HAC		3574
GASTOS DE GUERRA		1036
INVALIDOS		157
MONTE PIO DE MINISTROS		198
MONTE PIO MILITAR		22
OTRAS TESORERIAS		38222
REAL EN MARCC DE MINERIA		5049
SUELDOS DE REAL HACIENDA		3733
SUELDOS DE RESGUARDO		1767
SUELDOS MILITARES		6349
1.5% Y DIEZMCS DE PLATA		1100
TOTAL		61876
TOTAL COMPUTADO		61875

1/1803-12/1803

DATA	ORO	OCHO
ALCABALAS DE CABEZCN		74
ALCABALAS DE TIERRA		234
ALCANCES DE CUENTAS		122
DEPCSITOS		4582

ARICA 1/1800-12/1800 — CARGO

S 634

CARGO	ORO	OCHO	ENSAYADOS
ALCABALAS DE CABEZONES		1956	
ALCABALAS DE TIERRA		7864	
ALCABALAS DEL MAR		1173	
ALCANCES DE CUENTAS		178	
ALMCJARIFAZGO DE ENTRADA		1241	
ALMCJARIFAZGO DE SALIDA		137	
AZOGUES DE HUANCAVELICA		4973	
COBRADO VALORES ANOS ANTERIORES		19394	
DEPOSITOS		3441	
DERECHOS DE ENSAYE Y FUNDICION		1206	
DONATIVO		148	
INVALIDOS		119	
MEDIA ANATA		121	
MONTE PIO DE MINISTROS		132	
NUEVO IMPUESTO DE AGUARDIENTE		5483	
QUINTOS DE PLATA LABRADA		66	
REAL EN MARCO DE MINERIA		5012	
1.5% Y DIEZMOS DE PLATA		36675	
TOTAL		89518	
TOTAL COMPUTADO		89319	

S1301

CARGO	ORO	OCHO	ENSAYADOS
ALCABALAS DE CABEZONES		2376	
ALCABALAS DE TIERRA		7107	
ALCABALAS DEL MAR		617	
ALMCJARIFAZGO DE ENTRADA		440	
ALMCJARIFAZGO DE SALIDA		92	
AZOGUES DE HUANCAVELICA		4416	
COBRADO VALORES ANOS ANTERIORES		17110	
DERECHOS DE ENSAYE Y FUNDICION		712	
DONATIVO		118	
DONATIVO A SU MAJESTAD		1152	
INVALIDOS		157	
MEDIA ANATA		220	
MONTE PIO DE MINISTROS		198	
MONTE PIO MILITAR		22	
NUEVO IMPUESTO DE AGUARDIENTE		6254	
QUINTOS DE PLATA LABRACA		7	
REAL EN MARCO DE MINERIA		2687	
1.5% Y DIEZMOS DE PLATA		20726	
TOTAL		64410	
TOTAL COMPUTADO		64411	

S1301

CARGO	ORO	OCHO	ENSAYADOS
ALCABALAS DE CABEZONES		2213	
ALCABALAS DE TIERRA		6817	
ALCABALAS DEL MAR		6119	
ALCANCES DE CUENTAS		18	

ARICA 1/1803-12/1803

CARGO	OCHO	ENSAYADOS	ORO
ALMOJARIFAZGO DE ENTRADA	11340		
ALMOJARIFAZGO DE SALIDA	16		
COBRADO VALORES AÑOS ANTERIORES	5739		
DEPOSITOS	4982		
DERECHOS DE ENSAYE Y FUNDICION	580		
DONATIVO	60		
DONATIVO A SU MAJESTAD	384		
MEDIA ANATA	186		
MONTE PIO DE MINISTROS	373		
NUEVO IMPUESTO DE AGUARDIENTE	8872		
QUINTOS DE PLATA LABRADA	22		
REAL EN MARCO DE MINERIA	1780		
1.5% Y DIEZMOS DE PLATA	13940		
TOTAL	63447		

TOTAL COMPUTADO 63446

DATA	OCHO	ENSAYADOS	ORO
DERECHOS DE ENSAYE Y FUNDICION	401		
DONATIVO	60		
GASTOS DE CONTADURIA Y RL HAC	481		
MONTE PIO DE MINISTROS	373		
NUEVO IMPUESTO DE AGUARDIENTE	50		
OTRAS TESORERIAS	41968		
REAL EN MARCO DE MINERIA	3390		
REAL HACIENDA EN COMUN	1550		
SUELDOS DE REAL HACIENDA	2790		
SUELDOS DE RESGUARDO	2022		
SUELDOS MILITARES	1770		
1.5% Y DIEZMOS DE PLATA	1504		
TOTAL	61269		

TOTAL COMPUTADO 61371

S1301 1/1804-12/1804

CARGO	OCHO	ENSAYADOS	ORO
ALCABALAS DE CABEZONES	2574		
ALCABALAS DE TIERRA	6013		
ALCABALAS DEL MAR	6492		
ALCANCES DE CUENTAS	82		
ALMOJARIFAZGO DE ENTRADA	33100		
ALMOJARIFAZGO DE SALIDA	559		
AZOGUES DE EUROPA	1095		
COBRADO VALORES AÑOS ANTERIORES	3444		
COMISOS	185		
COMISOS DEL RL CONSEJO DE INDIAS	41		
DEPOSITOS	16371		
DERECHOS DE ENSAYE Y FUNDICION	519		
DONATIVO A SU MAJESTAD	408		
MEDIA ANATA	60		
MONTE PIO DE MINISTROS	193		
NUEVO IMPUESTO DE AGUARDIENTE	4317		
REAL EN MARCO DE MINERIA	1948		
REAL HACIENDA EN COMUN	24		
1.5% Y DIEZMOS DE PLATA	15199		
TOTAL	92623		

TOTAL COMPUTADO 92624

DATA	OCHO	ENSAYADOS	ORO
ALCABALAS DE TIERRA	57		
AZOGUES DE EUROPA	1055		
COMISOS DEL RL CONSEJO DE INDIAS	41		
DEPOSITOS	16101		
DERECHOS DE ENSAYE Y FUNDICION	411		
GASTOS DE CONTADURIA Y RL HAC	1417		
MONTE PIO DE MINISTROS	193		
NUEVO IMPUESTO DE AGUARDIENTE	6		
OTRAS TESORERIAS	61006		
REAL EN MARCO DE MINERIA	1760		
SUELDOS DE REAL HACIENDA	3422		
SUELDOS DE RESGUARDO	1843		
SUELDOS MILITARES	1643		
1.5% Y DIEZMOS DE PLATA	1100		
TOTAL	90095		

TOTAL COMPUTADO 90095

S1301 1/1805-12/1805

CARGO	OCHO	ENSAYADOS	ORO
ALCABALAS DE CABEZONES	1885		
ALCABALAS DE TIERRA	4079		
ALCABALAS DEL MAR	667		
ALCANCES DE CUENTAS	5		
ALMOJARIFAZGO DE ENTRADA	1159		
ALMOJARIFAZGO DE SALIDA	12		
AZOGUES DE EUROPA	6786		
COBRADO VALORES AÑOS ANTERIORES	8624		
DEPOSITOS	1386		
DERECHOS DE ENSAYE Y FUNDICION	576		

DATA	OCHO	ENSAYADOS	ORO
ALCABALAS DE CABEZON	2		
ALCABALAS DE TIERRA	100		
AZOGUES DE EUROPA	12698		
DEPOSITOS	668		
DERECHOS DE ENSAYE Y FUNDICION	255		
GASTOS DE CONTADURIA Y RL HAC	1014		
GASTOS DE GUERRA	499		
INVALIDOS	33		
MONTE PIO DE MINISTROS	177		
OTRAS TESORERIAS	15815		

AFICA   1/1805-12/1805

CARGO	OCHO	ENSAYADOS	ORO
DONATIVO A SU MAJESTAD	405		
INVALIDOS	33		
MEDIA ANATA	289		
MONTE PIO DE MINISTROS	177		
NUEVO IMPUESTO DE AGUARDIENTE	3080		
QUINTOS DE PLATA LABRADA	5		
REAL EN MARCO DE MINERIA	2227		
REAL HACIENDA EN COMUN	761		
1.5% Y DIEZMOS DE PLATA	17455		
3% DEL ORO	1		
TOTAL	49607		
TOTAL COMPUTADO	49612		

S1301

	OCHO	ENSAYADOS	ORO
ALCABALAS DE CABEZONES	892		
ALCABALAS DE TIERRA	4820		
ALCANCES DE CUENTAS	309		
ALMOJARIFAZGO DE ENTRADA	88		
ALMOJARIFAZGO DE SALIDA	10		
AZOGUES DE EUROPA	13105		
COBRADO VALORES AÑOS ANTERIORES	7171		
DEPOSITOS	340		
DERECHOS DE ENSAYE Y FUNDICION	325		
DONATIVO A SU MAJESTAD	405		
INVALIDOS	175		
MECIA ANATA	359		
MONTE PIO DE MINISTROS	302		
MONTE PIO MILITAR	46		
NUEVO IMPUESTO DE AGUARDIENTE	3320		
REAL EN MARCO DE MINERIA	1065		
REAL HACIENDA EN COMUN	2210		
TRIBUTOS REALES DE INDIOS	14822		
1.5% Y DIEZMOS DE PLATA	8317		
TOTAL	58081		
TOTAL COMPUTADO	58081		

S1301

	OCHO	ENSAYADOS	ORO
ALCABALAS DE CABEZONES	3048		
ALCABALAS DE TIERRA	5845		
ALCABALAS DEL MAR	1052		
ALCANCES DE CUENTAS	950		
ALMOJARIFAZGO DE ENTRADA	709		
ALMOJARIFAZGO DE SALIDA	103		
AZOGUES DE HUANCAVELICA	9263		
COBRADO VALORES AÑOS ANTERIORES	11532		
DERECHOS DE ENSAYE Y FUNDICION	204		
DONATIVO A SU MAJESTAD	405		
INVALIDOS	157		
MEDIA ANATA	380		
MONTE PIO DE MINISTROS	177		

DATA	OCHO	ENSAYADOS	ORO
REAL EN MARCO DE MINERIA	1922		
SUELDOS DE REAL HACIENDA	3700		
SUELDOS DE RESGUARDO	1935		
SUELDOS MILITARES	2717		
1.5% Y DIEZMOS DE PLATA	1105		
TOTAL	42633		
TOTAL COMPUTADO	42640		

1/1806-12/1806

DATA	OCHO	ENSAYADOS	ORO
ALCABALAS DE TIERRA	189		
ALCANCES DE CUENTAS	1		
AZOGUES DE EUROPA	10360		
DEPOSITOS	1726		
DERECHOS DE ENSAYE Y FUNCION	214		
GASTOS DE CONTADURIA Y RL HAC	492		
GASTOS DE GUERRA	3212		
INVALIDOS	175		
MONTE PIO DE MINISTROS	302		
MONTE PIO MILITAR	46		
OTRAS TESORERIAS	11599		
REAL EN MARCO DE MINERIA	2343		
REAL HACIENDA EN COMUN	1780		
SUELDOS DE REAL HACIENDA	3700		
SUELDOS DE RESGUARDO	1594		
SUELDOS MILITARES	7716		
1.5% Y DIEZMOS DE PLATA	1103		
TOTAL	46549		
TOTAL COMPUTADO	46552		

1/1807-12/1807

DATA	OCHO	ENSAYADOS	ORO
ALCABALAS DE TIERRA	7		
ALCANCES DE CUENTAS	1		
AZOGUES DE EUROPA	2746		
AZOGUES DE HUANCAVELICA	511		
DEPOSITOS	3		
DERECHOS DE ENSAYE Y FUNDICION	150		
GASTOS DE CONTADURIA Y RL HAC	489		
GASTOS DE GUERRA	1246		
INVALIDOS	157		
MONTE PIO DE MINISTROS	177		
MONTE PIO MILITAR	32		
OTRAS TESORERIAS	25031		
REAL EN MARCO DE MINERIA	1000		

ARICA 1/1807-12/1807

CARGO	OCHO	ENSAYADOS	ORO
MONTE PIO MILITAR	32		
NUEVO IMPUESTO DE AGUARDIENTE	4510		
REAL EN MARCO DE MINERIA	553		
REAL HACIENDA EN COMUN	46		
TRIBUTOS REALES DE INDIOS	15494		
1.5% Y DIEZMOS DE PLATA	4330		
TOTAL	58790		

TOTAL COMPUTADO 58790

DATA	OCHO	ENSAYADOS	ORO
REAL HACIENDA EN COMUN	300		
SUELDOS DE REAL HACIENDA	3700		
SUELDOS DE RESGUARDO	1700		
SUELDOS MILITARES	7999		
1.5% Y DIEZMOS DE PLATA	1100		
TOTAL	46347		

TOTAL COMPUTADO 46349

S1301

CARGO	OCHO	ENSAYADOS	ORO
ALCABALAS DE CABEZONES	2023		
ALCABALAS DE TIERRA	5677		
ALCABALAS DEL MAR	356		
ALCANCES DE CUENTAS	31		
ALMIRANTAZGO	528		
ALMOJARIFAZGO DE ENTRADA	683		
ALMOJARIFAZGO DE SALIDA	111		
AZOGUES DE HUANCAVELICA	6633		
COBRADO VALORES ANOS ANTERIORES	12942		
DERECHOS DE ENSAYE Y FUNDICION	414		
DONATIVO A SU MAJESTAD	405		
INVALIDOS	149		
MEDIA ANATA	319		
MONTE PIO DE MINISTROS	302		
MONTE PIO MILITAR	19		
NUEVO IMPUESTO DE AGUARDIENTE	6777		
REAL EN MARCO DE MINERIA	1383		
REAL HACIENDA EN COMUN	913		
TRIBUTOS REALES DE INDIOS	15377		
1.5% Y DIEZMOS DE PLATA	10836		
TOTAL	65876		

TOTAL COMPUTADO 65878

1/1808-12/1808

DATA	OCHO	ENSAYADOS	ORO
ALCABALAS DE TIERRA	37		
ALMIRANTAZGO	528		
DERECHOS DE ENSAYE Y FUNDICION	246		
GASTOS DE CONTADURIA Y RL HAC	892		
GASTOS DE GUERRA	661		
INVALIDOS	149		
MONTE PIO DE MINISTROS	302		
MONTE PIO MILITAR	19		
NUEVO IMPUESTO DE AGUARDIENTE	14		
OTRAS TESORERIAS	37526		
REAL EN MARCO DE MINERIA	400		
SUELDOS DE REAL HACIENDA	3700		
SUELDOS DE RESGUARDO	1700		
SUELDOS MILITARES	7946		
1.5% Y DIEZMOS DE PLATA	1116		
TOTAL	55228		

TOTAL COMPUTADO 55236

S1301

CARGO	OCHO	ENSAYADOS	ORO
ALCABALAS DE CABEZONES	2217		
ALCABALAS DE TIERRA	5753		
ALCABALAS DEL MAR	4483		
ALCANCES DE CUENTAS	44		
ALMIRANTAZGO	65		
ALMOJARIFAZGO DE ENTRADA	4991		
ALMOJARIFAZGO DE SALIDA	333		
ANCORAJE	32		
AZOGUES DE HUANCAVELICA	2640		
COBRADO VALORES ANOS ANTERIORES	16765		
DEPOSITOS	1525		
DERECHOS DE ENSAYE Y FUNDICION	360		
DONATIVO	670		
DONATIVO A SU MAJESTAD	405		
INVALIDOS	252		
MEDIA ANATA	61		

1/1809-12/1809

DATA	OCHO	ENSAYADOS	ORO
ALCABALAS DE CABEZON	23		
ALCABALAS DE TIERRA	104		
ALMIRANTAZGO	65		
ANCORAJE	32		
DERECHOS DE ENSAYE Y FUNDICION	321		
DONATIVO	670		
GASTOS DE CONTADURIA Y RL HAC	687		
GASTOS DE GUERRA	471		
INVALIDOS	252		
MONTE PIO DE MINISTROS	177		
MONTE PIO MILITAR	46		
OTRAS TESORERIAS	36048		
REAL EN MARCO DE MINERIA	2610		
REAL HACIENDA EN COMUN	953		
SUELDOS DE REAL HACIENDA	3700		
SUELDOS DE RESGUARDO	4301		

S1301 ENSAYADOS ORO

ARICA 1/1809-12/1809

CARGO	OCHO	ENSAYADOS	ORO
MONTE PIO DE MINISTROS	177		
MONTE PIO MILITAR	46		
NUEVO IMPUESTO DE AGUARDIENTE	3726		
OTRAS TESORERIAS	2		
QUINTOS DE PLATA LABRADA	105		
REAL EN MARCO DE MINERIA	1184		
REAL HACIENDA EN COMUN	70		
TRIBUTOS REALES DE INDIOS	15537		
1.5% Y DIEZMOS DE PLATA	9284		
TOTAL	70728		
TOTAL COMPUTADO	70727		

DATA	OCHO	ENSAYADOS	ORO
SUELDOS MILITARES	11185		
1.5% Y DIEZMOS DE PLATA	1100		
TOTAL	62744		
TOTAL COMPUTADO	62745		

L 38   1/1811-12/1811

CARGO	OCHO	ENSAYADOS	ORO
ALCABALAS DE CABEZONES	1490		
ALCABALAS DE TIERRA	3748		
ALCABALAS DEL MAR	10446		
ALCANCES DE CUENTAS	15		
ALMOJARIFAZGO DE ENTRADA	21463		
ALMOJARIFAZGO DE SALIDA	17		
ANCORAJE	135		
AZOGUES DE EUROPA	1947		
COBRADO VALORES ANOS ANTERIORES	16044		
DEPOSITOS	55060		
DERECHOS DE ENSAYE Y FUNDICION	414		
DONATIVO A SU MAJESTAD	201		
INVALIDOS	118		
MONTE PIO DE MINISTROS	370		
MONTE PIO MILITAR	177		
NUEVO IMPUESTO DE AGUARDIENTE	31		
QUINTOS DE PLATA LABRADA	3874		
REAL EN MARCO DE MINERIA	60		
REAL HACIENDA EN COMUN	1319		
TRIBUTOS REALES DE INDIOS	13483		
1.5% Y DIEZMOS DE PLATA	7714		
4% DE SUELDOS PARA LA GUERRA	10293		
TOTAL	149058		
TOTAL COMPUTADO	149058		

DATA	OCHO	ENSAYADOS	ORO
ALCABALAS DE TIERRA	169		
ALCANCES DE CUENTAS	3		
DEPOSITOS	75		
DERECHOS DE ENSAYE Y FUNDICION	264		
DONATIVO	201		
GASTOS DE GUERRA	29258		
GASTOS DE REAL HACIENDA	531		
INVALIDOS	74		
MONTE PIO DE MINISTROS	177		
MONTE PIO MILITAR	31		
NUEVO IMPUESTO DE AGUARDIENTE	20		
OTRAS TESORERIAS	21948		
REAL EN MARCO DE MINERIA	2355		
REAL HACIENDA EN COMUN	1038		
SUELDOS DE REAL HACIENDA	3700		
SUELDOS DE RESGUARDO	2200		
SUELDOS MILITARES	25278		
1.5% Y DIEZMOS DE PLATA	550		
4% DE SUELDOS PARA LA GUERRA	639		
TOTAL	88510		
TOTAL COMPUTADO	88511		

L 38   1/1812-12/1812

CARGO	OCHO	ENSAYADOS	ORO
ALCABALAS DE CABEZONES	2210		
ALCABALAS DE TIERRA	4515		
ALCABALAS DEL MAR	1938		
ALCANCES DE CUENTAS	64		
ALMOJARIFAZGO DE ENTRADA	4284		
ALMOJARIFAZGO DE SALIDA	147		
ANCORAJE	214		
AZOGUES DE EUROPA	1575		
COBRADO VALORES ANOS ANTERIORES	64799		
DERECHOS DE ENSAYE Y FUNDICION	618		

DATA	OCHO	ENSAYADOS	ORO
ALCABALAS DE CABEZON	13		
ALCABALAS DE TIERRA	19		
ALCANCES DE CUENTAS	83		
ALMOJARIFAZGO DE ENTRADA	981		
ANCORAJE	214		
AZOGUES DE EUROPA	10872		
DEPOSITOS	55000		
DERECHOS DE ENSAYE Y FUNDICION	480		
DONATIVO	69		
GASTOS DE CONTADURIA Y RL HAC	559		

AFICA 1/1812-12/1812

CARGO	ENSAYADOS	ORO	OCHO
DONATIVO			69
INVALIDOS			328
MONTE PIO DE MINISTROS			132
MONTE PIO MILITAR			40
NUEVO IMPUESTO DE AGUARDIENTE			6367
QUINTOS DE PLATA LABRADA			36
REAL EN MARCO DE MINERIA			2042
REAL HACIENDA EN COMUN			8864
1.5% Y DIEZMOS DE PLATA			15890
4% DE SUELDOS PARA LA GUERRA			551
TOTAL			114684

TOTAL COMPUTADO 114683

L 38 1/1815-12/1815

CARGO	ENSAYADOS	ORO	OCHO
ALCABALAS DE CABEZONES			1675
ALCABALAS DE TIERRA			5640
ALCABALAS DEL MAR			1379
ALCANCES DE CUENTAS			33
ALMOJARIFAZGO DE ENTRADA			540
ALMOJARIFAZGO DE SALIDA			46
AZOGUES DE EUROPA			202
BIENES DE COMUNIDADES DE INDIOS			508
COBRADO VALORES ANOS ANTERIORES			11802
DEPOSITOS			7795
DERECHOS DE ENSAYE Y FUNDICION			120
DESCUENTOS POR CONTRIBUCION			559
DONATIVO A SU MAJESTAD			1197
INVALIDOS			613
MONTE PIO DE MINISTROS			114
MONTE PIO MILITAR			120
NUEVO IMPUESTO DE AGUARDIENTE			2996
OTRAS TESORERIAS			36630
QUINTOS DE PLATA LABRADA			231
REAL EN MARCO DE MINERIA			290
REAL HACIENDA EN COMUN			15882
TRIBUTOS REALES DE INDIOS			10984
1.5% Y DIEZMOS DE PLATA			2255
TOTAL			101611

TOTAL COMPUTADO 101611

L 38 1/1817-12/1817

CARGO	ENSAYADOS	ORO	OCHO
ALCABALAS DE CABEZONES			1927
ALCABALAS DE TIERRA			4432
ALCABALAS DEL MAR			556
ALCANCES DE CUENTAS			267
ALMOJARIFAZGO DE ENTRADA			524
ALMOJARIFAZGO DE SALIDA			152

DATA	ORO	ENSAYADOS	OCHO
GASTOS DE GUERRA			12665
INVALIDOS			478
MONTE PIO DE MINISTROS			132
MONTE PIO MILITAR			40
NUEVO IMPUESTO DE AGUARDIENTE			30
OTRAS TESORERIAS			1782
QUINTOS DE PLATA LABRADA			36
REAL EN MARCO DE MINERIA			2042
REAL HACIENDA EN COMUN			135
SUELDOS DE REAL HACIENDA			3489
SUELDOS DE RESGUARDO			2200
SUELDOS MILITARES			14216
4% DE SUELDOS PARA LA GUERRA			862
TOTAL			106395

TOTAL COMPUTADO 106397

1/1815-12/1815

DATA	ORO	ENSAYADOS	OCHO
ALCABALAS DE CABEZON			303
ALCABALAS DE TIERRA			1020
ALCABALAS DEL MAR			179
ALMOJARIFAZGO DE ENTRADA			91
ALMOJARIFAZGO DE SALIDA			13
AZOGUES DE EUROPA			3491
DEPOSITOS			2400
DERECHOS DE ENSAYE Y FUNDICION			50
DESCUENTOS POR CONTRIBUCION			20
DONATIVO A SU MAJESTAD			689
GASTOS DE CONTADURIA Y RL HAC			660
GASTOS DE GUERRA			15826
INVALIDOS			94
MONTE PIO DE MINISTROS			186
NUEVO IMPUESTO DE AGUARDIENTE			116
OTRAS TESORERIAS			1400
REAL EN MARCO DE MINERIA			500
REAL HACIENDA EN COMUN			19204
SUELDOS DE REAL HACIENDA			2816
SUELDOS DE RESGUARDO			2179
SUELDOS MILITARES			47270
1.5% Y DIEZMOS DE PLATA			1100
TOTAL			99643

TOTAL COMPUTADO 99647

1/1817-12/1817

DATA	ORO	ENSAYADOS	OCHO
ALCABALAS DE TIERRA			105
ALCANCES DE CUENTAS			5
DEPOSITOS			20835
DERECHOS DE ENSAYE Y FUNDICION			106
GASTOS DE CONTADURIA Y RL HAC			1678
GASTOS DE GUERRA			10996

ARICA   1/i817-12/1817

CARGO	OCHO	ENSAYADOS	ORO
BIENES DE COMUNIDADES DE INDIOS	2116		
COBRADO VALORES ANOS ANTERICRES	38728		
DEPCSITOS	27176		
DERECHOS DE ENSAYE Y FUNDICION	36		
DONATIVO A SU MAJESTAC	5679		
INVALIDOS	137		
MEDIA ANATA	122		
MONTE PIO DE MINISTROS	531		
MONTE PIO MILITAR	97		
NUEVO ARBITRIO POR ALCABALAS	3647		
NUEVO IMPUESTO DE AGUARDIENTE	4921		
OTRAS TESCRERIAS	42532		
REAL EN MARCO DE MINERIA	129		
REAL EN MARCO POR NUEVO ARBITRIO	129		
REAL HACIENDA EN COMUN	6668		
UNICA CONTRIBUCION DE INDIOS	35013		
1.5% Y DIEZMOS DE PLATA	1004		
3% DEL ORO	98		
TOTAL	176621		

TOTAL COMPUTADO   176621

DATA	CCHC	ENSAYADOS	ORO
INVALIDOS	216		
MONTE PIO DE MINISTRCS	106		
MONTE PIO MILITAR	398		
OTRAS TESCRERIAS	8370		
REAL HACIENDA EN CCMUN	4150		
SUELDOS DE REAL HACIENDA	3700		
SUELDOS DE RESGUARCC	1985		
SUELDOS MILITARES	6853		
UNICA CONTRIEUCION CE LOS INDIOS	400		
1.5% Y DIEZMCS DE PLATA	1100		
TOTAL	61008		

TOTAL COMPUTADO   61007

L 39

1/1818-12/1818

CARGO	OCHO	ENSAYADOS	ORO
ALCABALAS DE CABEZONES	2821		
ALCABALAS DE TIERRA	3147		
ALCABALAS DEL MAR	5690		
ALCANCES DE CUENTAS	138		
ALMOJARIFAZGO DE ENTRADA	4892		
ALMCJARIFAZGO DE SALIDA	720		
COBRADO VALORES ANOS ANTERICRES	115613		
DEPCSITOS	25648		
DERECHOS DE ENSAYE Y FUNDICION	132		
DONATIVO A SU MAJESTAD	8910		
INVALIDOS	183		
MEDIA ANATA	141		
MONTE PIO DE MINISTROS	164		
MONTE PIO MILITAR	138		
NUEVO ARBITRIO AUM CONTINGENTE	2007		
NUEVO ARBITRIO DE VARICS RAMUS	3000		
NUEVO IMPUESTO DE AGUARDIENTE	9112		
OTRAS TESCRERIAS	39347		
REAL EN MARCO DE MINERIA	304		
REAL EN MARCO POR NUEVO ARBITRIO	304		
REAL HACIENDA EN COMUN	28242		
TRIBUTOS REALES DE INCIOS	15841		
1.5% Y DIEZMOS DE PLATA	2367		
TOTAL	268861		

TOTAL COMPUTADO   268861

DATA	CCHC	ENSAYADOS	ORO
ALCABALAS DE TIERRA	59		
ALCANCES DE CUENTAS	3		
DEPOSITOS	18565		
DERECHOS DE ENSAYE Y FUNDICION	161		
GASTOS DE CONTADURIA Y RL HAC	549		
GASTOS DE GUERRA	8729		
INVALIDOS	265		
NUEVO IMPUESTC DE AGUARDIENTE	18		
OTRAS TESCRERIAS	55		
REAL HACIENDA EN CCMUN	31719		
SUELDOS DE REAL HACIENCA	3642		
SUELDOS DE RESGUARDC	2069		
SUELDOS MILITARES	7825		
1.5% Y DIEZMCS DE PLATA	1100		
TOTAL	74763		

TOTAL COMPUTADO   74763

L 39

1/1819-12/1819

CARGO	OCHO	ENSAYADOS	ORO
ALCABALAS DE CABEZONES	1930		

DATA	CCHC	ENSAYADOS	ORO
ALCABALAS DE TIERRA	36		

ARICA   1/1819-12/1819

CARGO	OCHO	ENSAYADOS	ORO
ALCABALAS DE TIERRA	2607		
ALCABALAS DEL MAR	9400		
ALCANCES DE CUENTAS	45		
ALMOJARIFAZGO DE ENTRADA	10010		
ALMOJARIFAZGO DE SALIDA	90		
BIENES DE COMUNIDADES CE INDIOS	4992		
COBRADO VALORES AÑOS ANTERIORES	194097		
DEPOSITOS	36071		
DERECHOS DE ENSAYE Y FUNDICION	174		
DONATIVO A SU MAJESTAD	355		
INVALIDOS	77		
MEDIA ANATA	147		
MONTE PIO DE MINISTROS	161		
MONTE PIO MILITAR	71		
NUEVO ARBITRIO AUM CONTINGENTE	4254		
NUEVO ARBITRIO DE VARIOS RAMOS	6085		
NUEVO IMPUESTO DE AGUARDIENTE	2985		
OTRAS TESORERIAS	40701		
REAL EN MARCO DE MINERIA	697		
REAL EN MARCO POR NUEVO ARBITRIO	697		
REAL HACIENDA EN COMUN	7473		
TRIBUTOS REALES DE INDIOS	32190		
1.5% Y DIEZMOS DE PLATA	5438		
TOTAL	360747		
TOTAL COMPUTADO	360747		

DATA	OCHO	ENSAYADOS	ORO
ALCANCES DE CUENTAS	56		
DEPOSITOS	22699		
DERECHOS DE ENSAYE Y FUNDICION	50		
GASTOS DE CONTADURIA Y RL HAC	1583		
GASTOS DE GUERRA	8277		
INVALIDOS	128		
OTRAS TESORERIAS	250		
REAL HACIENDA EN COMUN	5224		
SUELDOS DE REAL HACIENDA	3216		
SUELDOS DE RESGUARDO	2094		
SUELDOS MILITARES	4260		
TRIBUTOS REALES DE INDIOS	32		
1.5% Y DIEZMOS DE PLATA	1100		
TOTAL	49005		
TOTAL COMPUTADO	49005		

SUMARIO GENERAL DE CARTA CUENTA DE CARANGAS

CARGO	OCHO	ENSAYADOS	ORO	DATA	CCHO	ENSAYADOS	ORO
S1865 11/1652- 4/1653							
ARRENDAMIENTO Y VENTA DE MINAS	253			REMITIDO A LIMA		43596	
AZOGUES		18301		SUELDOS	2759	845	
COMPOSICION DE MINAS	1100	26992		TOTAL	2759	44441	
1.5% Y QUINTO DE PLATA							
TOTAL	1353	45292					
TOTAL COMPUTADO	1353	45293		TOTAL COMPUTADO	2759	44441	
S1865 5/1653- 6/1654							
ARRENDAMIENTO Y VENTA DE MINAS	366			REAL HACIENDA	4558	67000	
AZOGUES		17460		TOTAL	4558	67000	
CONDENACIONES	847						
MEDIA ANATA	1016						
PAPEL SELLADO	533						
PENAS DE CAMARA	546						
1.5% Y QUINTO DE PLATA		50411					
TOTAL	3308	67870					
TOTAL COMPUTADO	3308	67871		TOTAL COMPUTADO	4558	67000	
S1865 6/1654- 4/1655							
ARRENDAMIENTO Y VENTA DE MINAS		33		ARRENDAMIENTO Y VENTA CE MINAS		33	
AZOGUES		11749		AZOGUES		11748	
CONDENACIONES		26		CONDENACIONES		29	
FIADOR DEL ESCRIBANO		139		FIADOR DEL ESCRIBANO		139	
PAPEL SELLADO		79		PAPEL SELLADC		79	
PENAS DE CAMARA		26		PENAS DE CAMARA		22	
1.5% Y QUINTO DE PLATA		34675		REMITIDO A LIMA		30792	
TOTAL		46726		SUELDOS Y GASTOS GENERALES		3929	
				TOTAL		46772	
TOTAL COMPUTADO		46727		TOTAL COMPUTADO		46771	
S1865 5/1656- 3/1657							
ARRENDAMIENTO Y VENTA DE MINAS		130		ALQUILER CASA PARA EL TESCRC		512	
AZOGUES		17983		DONATIVO		74	

| | S1865 | CRO |
| CCHC | ENSAYADCS | |

CARANGAS 5/1656- 3/1657

CARGO	OCHO	ENSAYADOS	ORO
DONATIVO		32	
PAPEL SELLADO		74	
1.5% Y QUINTO DE PLATA		33320	
TOTAL		51539	
TOTAL COMPUTADO		51539	

DATA	CCHC	ENSAYADOS	CRO
FLETES		1942	
GASTOS DE CONTADURIA Y RL HAC		30	
PAPEL SELLADO		32	
REMITIDO A LIMA		45751	
SUELDOS		3024	
TOTAL		51365	
TOTAL COMPUTADO		51365	

S1865   **4/1657- 3/1658**

CARGO	OCHO	ENSAYADOS	ORO
ARRENDAMIENTO Y VENTA DE MINAS		97	
AZOGUES		12725	
CONDENACIONES		64	
PAPEL SELLADO		98	
1.5% Y QUINTO DE PLATA		25863	
TOTAL		38847	
TOTAL COMPUTADO		38847	

DATA	CCHC	ENSAYADOS	CRO
ALQUILER CASA PARA EL TESORO		512	
FLETES		1481	
GASTOS DE CONTADURIA Y RL HAC		67	
REMITIDO A LIMA		34778	
SUELDOS		2048	
TOTAL		38887	
TOTAL COMPUTADO		38886	

S1865   **4/1658- 4/1659**

CARGO	OCHO	ENSAYADOS	ORO
ALCABALAS REALES		373	
AZOGUES		13342	
MEDIA ANATA		618	
PAPEL SELLADO		99	
1.5% Y QUINTO DE PLATA		28247	
TOTAL		42680	
TOTAL COMPUTADO		42679	

DATA	CCHC	ENSAYADOS	CRO
FLETES		2602	
GASTOS DE CONTADURIA Y RL HAC		64	
REMITIDO A LIMA		35939	
SUELDOS		4068	
TOTAL		42674	
TOTAL COMPUTADO		42673	

S1865   **5/1659- 3/1660**

CARGO	OCHO	ENSAYADOS	ORO
ALCABALAS REALES		191	
ARRENDAMIENTO Y VENTA DE MINAS		32	
AZOGUES		6025	
MEDIA ANATA		80	
PAPEL SELLADO		52	
1.5% Y QUINTO DE PLATA		21073	
TOTAL		27453	
TOTAL COMPUTADO		27453	

DATA	CCHC	ENSAYADOS	CRO
FLETES		2503	
GASTOS DE CONTADURIA Y RL HAC		61	
REMITIDO A LIMA		22364	
SUELDOS		2385	
TOTAL		27312	
TOTAL COMPUTADO		27313	

S1865   **4/1660- 9/1661**

CARGO	OCHO	ENSAYADOS	ORO
ALCABALAS REALES		140	
ARRENDAMIENTO Y VENTA DE MINAS		162	
AZOGUES		8796	
MEDIA ANATA		89	
PAPEL SELLADO		25300	
1.5% Y QUINTO DE PLATA		34487	
TOTAL		34487	

DATA	CCHC	ENSAYADOS	CRO
ALQUILER CASA PARA EL TESORO		1701	
FLETES		2866	
GASTOS DE CONTADURIA Y RL HAC		45	
REMITIDO A LIMA		25113	
SUELDOS		4594	
TOTAL		34319	

CARANGAS 4/1660- 9/1661

S1865

CARGO	OCHO	ENSAYADOS	ORO	DATA	OCHO	ENSAYADOS	ORO
TOTAL COMPUTADO		34487		TOTAL COMPUTADO		34319	
S1865				**10/1661- 6/1662**			
ALCABALAS REALES		99		ALQUILER CASA PARA EL TESRC		1152	
ARRENDAMIENTO Y VENTA DE MINAS		65		FLETES		1937	
AZOGUES		6174		GASTOS DE CONTADURIA Y RL HAC		112	
PAPEL SELLADO		53		REMITIDO A LIMA		12548	
1.5% Y QUINTO DE PLATA		12477		SUELDOS		3123	
TOTAL		18866		TOTAL		18873	
TOTAL COMPUTADO		18868		TOTAL COMPUTADO		18872	
S1866				**5/1684- 4/1685**			
ALCABALAS REALES		55		REAL HACIENDA		21450	
ARRENDAMIENTO Y VENTA DE MINAS		32		TOTAL		21450	
AZOGUES		6893					
FIADORES DE LOS REALES OFICIALES		2433					
MEDIA ANATA		171					
PAPEL SELLADO		35					
1.5% Y QUINTO DE PLATA		11495					
TOTAL		21113					
TOTAL COMPUTADO		21114		TOTAL COMPUTADO		21450	
S1866				**5/1686- 4/1687**			
ALCABALAS REALES		102		REAL HACIENDA		21270	
AZOGUES		7070		TOTAL		21270	
FIADORES DE LOS REALES OFICIALES		1790					
MEDIA ANATA		598					
PAPEL SELLADO		22					
1.5% Y QUINTO DE PLATA		11643					
TOTAL		21226					
TOTAL COMPUTADO		21225		TOTAL COMPUTADO		21270	
S1866				**5/1689- 4/1690**			
ALCABALAS REALES		90		REAL HACIENDA		16094	
ARRENDAMIENTO Y VENTA DE MINAS		65		TOTAL		16094	
AZOGUES		5725					
BULAS DE SANTA CRUZADA		96					
FIADORES DE LOS REALES OFICIALES		685					
MEDIA ANATA		421					
PAPEL SELLADO		11					
1.5% Y QUINTO DE PLATA		8965					
TOTAL		16057					
TOTAL COMPUTADO		16058		TOTAL COMPUTADO		16094	

CARANGAS   5/1690- 4/1691

CARGO	OCHO	ENSAYADOS	ORO	DATA	OCHO	ENSAYADOS	ORO
S1866				**5/1690- 4/1691**			
ALCABALAS REALES		45		REAL HACIENDA		18064	
ARRENDAMIENTO Y VENTA DE MINAS		32		TOTAL		18064	
AZOGUES		6078					
BULAS DE SANTA CRUZADA		320					
FIADORES DE LOS REALES OFICIALES		312					
MEDIA ANATA		168					
PAPEL SELLADO		1					
1.5% Y QUINTO DE PLATA		11086					
TOTAL		18044					
TOTAL COMPUTADO		18042		TOTAL COMPUTADO		18064	
S1866				**5/1691- 4/1692**			
ALCABALAS REALES		83		REAL HACIENDA		20148	
AZOGUES		5653		TOTAL		20148	
BULAS DE SANTA CRUZADA		636					
FIADORES DE LOS REALES OFICIALES		626					
PAPEL SELLADO		19					
1.5% Y QUINTO DE PLATA		13080					
TOTAL		20097					
TOTAL COMPUTADO		20097		TOTAL COMPUTADO		20148	
S1866				**5/1692- 4/1693**			
ALCABALAS REALES		83		REAL HACIENDA		19192	
AZOGUES		6740		TOTAL		19192	
BULAS DE SANTA CRUZADA		11					
FIADORES DE LOS REALES OFICIALES		315					
PAPEL SELLADO		27					
1.5% Y QUINTO DE PLATA		12008					
TOTAL		19184					
TOTAL COMPUTADO		19184		TOTAL COMPUTADO		19192	
S1866				**5/1693- 4/1694**			
ALCABALAS REALES		83		REAL HACIENDA		19187	
AZOGUES		4676		TOTAL		19187	
BARRAS VENDIDAS		282					
BULAS DE SANTA CRUZADA		160					
FIADORES DE LOS REALES OFICIALES		381					
MEDIA ANATA		665					
PAPEL SELLADO		13					
1.5% Y QUINTO DE PLATA		12895					
TOTAL		19160					
TOTAL COMPUTADO		19155		TOTAL COMPUTADO		19187	

CARANGAS 5/1694- 4/1695

S1866

CARGO	OCHO	ENSAYADOS	ORO	DATA	OCHO	ENSAYADOS	ORO
				5/1694- 4/1695			
ALCABALAS REALES		134		REAL HACIENDA		17502	
ARRENDAMIENTO Y VENTA DE MINAS		91		TOTAL		17502	
AZOGUES		5011					
BULAS DE SANTA CRUZADA		842					
DEVOLUCIONES		467					
FIADORES DE LOS REALES OFICIALES		128					
MEDIA ANATA		338					
PAPEL SELLADO		12					
1.5% Y QUINTO DE PLATA		10427					
TOTAL		17450					
TOTAL COMPUTADO		17450		TOTAL COMPUTADO		17502	

S1866

CARGO	OCHO	ENSAYADOS	ORO	DATA	OCHO	ENSAYADOS	ORO
				5/1695- 4/1696			
ALCABALAS REALES		134		REAL HACIENDA		16608	
AZOGUES		4234		TOTAL		16608	
BULAS DE SANTA CRUZADA		188					
FIADORES DE LOS REALES OFICIALES		146					
PAPEL SELLADO		21					
TERCIOS DE SUELDOS		986					
1.5% Y QUINTO DE PLATA		10878					
TOTAL		16588					
TOTAL COMPUTADO		16587		TOTAL COMPUTADO		16608	

S1866

CARGO	OCHO	ENSAYADOS	ORO	DATA	OCHO	ENSAYADOS	ORO
				5/1718- 4/1719			
ALCABALAS REALES		83		REAL HACIENDA		3848	
ARRENDAMIENTO Y VENTA DE MINAS		26		REMITIDO A LIMA		6506	
AZOGUES		3058		TOTAL		10354	
MEDIA ANATA		213					
PAPEL SELLADO		23					
1.5% Y QUINTO DE PLATA		6914					
TOTAL		10317					
TOTAL COMPUTADO		10317		TOTAL COMPUTADO		10354	

S1866

CARGO	OCHO	ENSAYADOS	ORO	DATA	OCHO	ENSAYADOS	ORO
				5/1719- 4/1720			
ALCABALAS REALES		83		REAL HACIENDA		3446	
AZOGUES		3220		REMITIDO A LIMA		5120	
MEDIA ANATA		25		TOTAL		8566	
1.5% Y QUINTO DE PLATA		5218					
TOTAL		8546					
TOTAL COMPUTADO		8546		TOTAL COMPUTADO		8566	

S1866

5/1720- 4/1721

CARANGAS   5/1720- 4/1721

CARGO	OCHO	ENSAYADOS	ORO	DATA	OCHO	ENSAYADOS	ORO
ALCABALAS REALES		83		REAL HACIENDA		3589	
AZOGUES		4756		REMITIDO A LIMA		5878	
PAPEL SELLADO		55		TOTAL		9467	
1.5% Y QUINTO DE PLATA		4550					
TOTAL		9444					
TOTAL COMPUTADO		9444		TOTAL COMPUTADO		9467	

S1866   5/1721- 4/1722

CARGO	OCHO	ENSAYADOS	ORO	DATA	OCHO	ENSAYADOS	ORO
ALCABALAS DE ARRENDAMIENTO		83		REAL HACIENDA		3075	
ARRENDAMIENTO Y VENTA DE MINAS		68		REMITIDO A LIMA		6769	
AZOGUES		3855		TOTAL		9844	
EXTRAVIOS		831					
1.5% Y QUINTO DE PLATA		5007					
TOTAL		9844					
TOTAL COMPUTADO		9844		TOTAL COMPUTADO		9844	

S1866   5/1722- 4/1723

CARGO	OCHO	ENSAYADOS	ORO	DATA	OCHO	ENSAYADOS	ORO
AZOGUES		3212		REAL HACIENDA		3247	
MEDIA ANATA		122		REMITIDO A LIMA		4865	
1.5% Y QUINTO DE PLATA		4763		TOTAL		8112	
TOTAL		8098					
TOTAL COMPUTADO		8097		TOTAL COMPUTADO		8112	

S1866   5/1723- 4/1724

CARGO	OCHO	ENSAYADOS	ORO	DATA	OCHO	ENSAYADOS	ORO
AZOGUES		3280		REAL HACIENDA		3017	
FIADORES DE LOS REALES OFICIALES		81		REMITIDO A LIMA		6001	
MEDIA ANATA		81		TOTAL		9018	
1.5% Y QUINTO DE PLATA		5576					
TOTAL		9019					
TOTAL COMPUTADO		9018		TOTAL COMPUTADO		9018	

S1866   5/1724- 4/1725

CARGO	OCHO	ENSAYADOS	ORO	DATA	OCHO	ENSAYADOS	ORO
AZOGUES		1065		REAL HACIENDA		2560	
1.5% Y QUINTO DE PLATA		8146		REMITIDO A LIMA		6651	
TOTAL		9210		TOTAL		9211	
TOTAL COMPUTADO		9211		TOTAL COMPUTADO		9211	

S1866   5/1725- 4/1726

CARGO	OCHO	ENSAYADOS	ORO	DATA	OCHO	ENSAYADOS	ORO
AZOGUES		768		REAL HACIENDA		4909	
DEVOLUCIONES		1414		REMITIDO A LIMA		4619	
1.5% Y QUINTO DE PLATA		7346		TOTAL		9528	

	OCHO	ENSAYADCS	ORO
S1866			

CARANGAS   5/1725- 4/1726

CARGO	OCHO	ENSAYADOS		DATA	ORO
TOTAL		9528			—
TOTAL COMPUTADO		9528		TOTAL COMPUTADO	—

Right side (S1866): ENSAYADOS 9528

S1866   5/1726- 4/1727

CARGO	ENSAYADOS		DATA	ENSAYADCS
ARRENDAMIENTO Y VENTA DE MINAS	26		REAL HACIENDA	3289
1.5% Y QUINTO DE PLATA	6892		REMITIDO A LIMA	6213
TOTAL	6918		TOTAL	9602
TOTAL COMPUTADO	6918		TOTAL COMPUTADO	9502

S1866   5/1727- 4/1728

CARGO	ENSAYADOS		DATA	ENSAYADCS
ALCANCES DE CUENTAS	400		REAL HACIENDA	2958
ARRENDAMIENTO Y VENTA DE MINAS	32		REMITIDO A LIMA	7698
AZOGUES	1863		TOTAL	10656
1.5% Y QUINTO DE PLATA	8322			
TOTAL	10618			
TOTAL COMPUTADO	10617		TOTAL COMPUTADO	10656

S1866   5/1728- 4/1729

CARGO	ENSAYADOS		DATA	ENSAYADCS
AZOGUES	1180		REAL HACIENDA	10074
MARCOS FUNDIDOS EN BARRAS	4712		REMITIDO A LIMA	4188
1.5% Y QUINTO DE PLATA	8370		TOTAL	14262
TOTAL	14262			
TOTAL COMPUTADO	14262		TOTAL COMPUTADO	14262

S1866   5/1729- 4/1730

CARGO	ENSAYADOS		DATA	ENSAYADCS
AZOGUES	674		REAL HACIENDA	3648
PAPEL SELLADO	29		REMITIDO A LIMA	5335
1.5% Y QUINTO DE PLATA	8335		TOTAL	8983
TOTAL	9038			
TOTAL COMPUTADO	9038		TOTAL COMPUTACO	8983

Si866   5/1730- 4/1731

CARGO	ENSAYADOS		DATA	ENSAYADCS
ALCABALAS REALES	147		REAL HACIENDA	3872
FALTA DE LEY EN BARRAS	32		REMITIDO A LIMA	8024
MARCOS FUNDIDOS EN BARRAS	3402		TOTAL	11896
1.5% Y QUINTO DE PLATA	8286			
TOTAL	11866			
TOTAL COMPUTADO	11867		TOTAL COMPUTADO	11896

CARANGAS 5/1731- 4/1732

CARGO	OCHO	ENSAYADOS	ORO
S1866			
AZOGUES		1262	
MARCOS FUNDIDOS EN BARRAS		4192	
1.5% Y QUINTO DE PLATA		6185	
TOTAL		11639	
TOTAL COMPUTADO		11639	
S1866			
ALCABALAS REALES		128	
AZOGUES		32	
MARCOS FUNDIDOS EN BARRAS		2350	
1.5% Y QUINTO DE PLATA		4910	
TOTAL		7420	
TOTAL COMPUTADO		7420	
S1866			
AZOGUES		1050	
1.5% Y QUINTO DE PLATA		10803	
TOTAL		11853	
TOTAL COMPUTADO		11853	
S 231			
ALCABALAS REALES		160	
AZOGUES		2874	
FALTA DE LEY EN BARRAS		101	
1.5% Y DIEZMOS DE PLATA		7319	
TOTAL		10454	
TOTAL COMPUTADO		10454	
S 231			
ALCABALAS REALES	130		
PAPEL SELLADO	16		
1.5% Y DIEZMOS DE PLATA	9564		
TOTAL	9711		
TOTAL COMPUTADO	9710		
S1866			
ALCABALAS REALES	130		

DATA	OCHO	ENSAYADOS	ORO
		S1866	ORO
5/1731- 4/1732			
REAL HACIENDA		4389	
REMITIDO A LIMA		7277	
TOTAL		11665	
TOTAL COMPUTADO		11666	
5/1732- 4/1733			
REAL HACIENDA		3211	
REMITIDO A LIMA		4244	
TOTAL		7455	
TOTAL COMPUTADO		7455	
5/1735- 4/1736			
REAL HACIENDA		3110	
REMITIDO A LIMA		8743	
TOTAL		11853	
TOTAL COMPUTADO		11853	
6/1736- 5/1737			
REAL HACIENDA		3052	
REMITIDO A LIMA		7402	
TOTAL		10454	
TOTAL COMPUTADO		10454	
5/1743- 4/1744			
FLETES	23		
GASTOS DE CONTADURIA Y RL HAC	50		
REMITIDO A LIMA	6048		
REPARO DE LAS CASAS REALES	50		
SUELDOS DE REAL HACIENDA	3540		
TOTAL	9711		
TOTAL COMPUTADO	9711		
5/1745- 4/1746			
FLETES	8		

S1866   ENSAYADOS   ORO

CARANGAS 5/1745- 4/1746

CARGO	ORO	ENSAYADOS	OCHO
1.5% Y DIEZMOS DE PLATA	—		6129
TOTAL	—		6259
TOTAL COMPUTADO			6259

DATA	ORO		OCHO	ENSAYADOS	ORO
GASTOS DE CONTADURIA Y RL HAC	—		50		
REMITIDO A LIMA	—		2031		
REPARO DE LAS CASAS REALES	—		50		
SUELDOS	—		4120		
TOTAL	—		6259		
TOTAL COMPUTADO			6259		

S1866

CARGO	ORO	ENSAYADOS	OCHO
ALCABALAS REALES			150
PAPEL SELLADO			14
1.5% Y DIEZMOS DE PLATA			10039
TOTAL			10203
TOTAL COMPUTADO			10203

5/1746- 4/1747

DATA	OCHO
FLETES	20
FLETES DE PAPEL SELLADO	6
GASTOS DE CONTADURIA Y RL HAC	50
GASTOS DE ENSAYE Y FUNCICN	100
REMITIDO A LIMA	5334
REPARO DE LAS CASAS REALES	50
SUELDOS	4643
TOTAL	10203
TOTAL COMPUTADO	10203

S1866

CARGO	OCHO
ALCABALAS REALES	115
PAPEL SELLADO	16
1.5% Y DIEZMOS DE PLATA	8113
TOTAL	8244
TOTAL COMPUTADO	8244

5/1747- 4/1748

DATA	OCHO
FLETES	12
GASTOS DE CONTADURIA Y RL HAC	50
REMITIDO A LIMA	3381
REPARO DE LAS CASAS REALES	50
SUELDOS	4750
TOTAL	8244
TOTAL COMPUTADO	8243

S1866

CARGO	OCHO
ALCABALAS REALES	130
DEPOSITOS	1600
PAPEL SELLADO	14
1.5% Y DIEZMOS DE PLATA	5964
TOTAL	7708
TOTAL COMPUTADO	7708

5/1749- 4/1750

DATA	OCHO
FLETES	11
GASTOS DE CONTADURIA Y RL HAC	50
REMITIDO A LIMA	2847
REPARO DE LAS CASAS REALES	50
SUELDOS	4750
TOTAL	7708
TOTAL COMPUTADO	7708

S1866

CARGO	OCHO
ALCABALAS REALES	140
PAPEL SELLADO	25
1.5% Y DIEZMOS DE PLATA	6528
TOTAL	6692

5/1750- 4/1751

DATA	OCHO
FLETES	8
GASTOS DE CONTADURIA Y RL HAC	50
REMITIDO A LIMA	2201
REPARO DE LAS CASAS REALES	50
SUELDOS	4383
TOTAL	6692

CARANGAS   5/1750– 4/1751

CARGO	OCHO	ENSAYADOS	ORO	DATA	OCHO	ENSAYADCS	ORO
TOTAL COMPUTADO	6693			TOTAL COMPUTADO	6692		

5/1751– 4/1752

CARGO	OCHO			DATA	OCHO		
S1866							
ALCABALAS REALES	130			FLETES	13		
PAPEL SELLADO	26			GASTOS DE CONTADURIA Y RL HAC	50		
1.5% Y DIEZMOS DE PLATA	7573			REMITIDO A LIMA	3545		
TOTAL	7728			REPARO DE LAS CASAS REALES	50		
				SUELDOS	4071		
				TOTAL	7728		
TOTAL COMPUTADO	7729			TOTAL COMPUTADO	7729		

5/1754– 4/1755

CARGO	OCHO			DATA	OCHO		
S1866							
ALCABALAS REALES	211			FLETES	20		
PAPEL SELLADO	26			GASTOS DE CONTADURIA Y RL HAC	50		
1.5% Y DIEZMOS DE PLATA	8572			REMITIDO A LIMA	5354		
TOTAL	8809			REPARO DE LAS CASAS REALES	50		
				SUELDOS	3334		
				TOTAL	8809		
TOTAL COMPUTADO	8809			TOTAL COMPUTADO	8808		

5/1757– 4/1758

CARGO	OCHO			DATA	OCHO		
S1866							
ALCABALAS REALES	180			DEPOSITOS	385		
DEPCSITOS	66			FLETES	64		
EXISTENCIA	319			GASTOS DE CONTADURIA Y RL HAC	50		
PAPEL SELLADO	6			GASTOS DE ENSAYE Y FUNCICION	250		
1.5% Y DIEZMOS DE PLATA	21193			REMITIDO A LIMA	16949		
TOTAL	21763			REPARO DE LAS CASAS REALES	50		
				SUELDOS	4016		
				TOTAL	21763		
TOTAL COMPUTADO	21764			TOTAL COMPUTADO	21764		

5/1758– 4/1759

CARGO	OCHO			DATA	OCHO		
S1866							
ALCABALAS REALES	200			BIENES DE DIFUNTOS	299		
ALCANCES DE CUENTAS	139			DEBIDO DE COBRAR	795		
ARRENDAMIENTO Y VENTA DE MINAS	78			DEPOSITOS	250		
BIENES DE DIFUNTOS	299			FLETES	47		
DEPOSITOS	250			GASTOS DE CONTADURIA Y RL HAC	50		
PAPEL SELLADO	20			PAPEL SELLADC	13		
1.5% Y DIEZMOS DE PLATA	16253			REMITIDO A LIMA	12509		
TOTAL	17239			REPARO DE LAS CASAS REALES	50		
				SUELDOS	3227		
				TOTAL	17239		
TOTAL COMPUTADO	17239			TOTAL COMPUTADO	17240		

CARANGAS   5/1759- 4/1760

CARGO	OCHO	ENSAYADOS	ORO
S1866			
ALCABALAS REALES	252		
BAJA DEL LEY	239		
BIENES DE DIFUNTOS	299		
DEPOSITOS	250		
MEDIA ANATA	2204		
OFICIOS VENDIBLES Y RENUNCIABLES	3400		
PAPEL SELLADO	25		
TRIBUTOS REALES DE INDIOS	4714		
VACANTES DE CURATOS	764		
1.5% Y DIEZMOS DE PLATA	21321		
TOTAL	33468		
TOTAL COMPUTADO	33468		
S 637			
ALCABALAS REALES	221		
DEPOSITOS	208		
DIEZMOS DE PLATA	12402		
PAPEL SELLADO	13		
TRIBUTOS REALES DE INDIOS	6013		
1.5% DE PLATA	1889		
TOTAL	20746		
TOTAL COMPUTADO	20746		
S 637			
ALCABALAS REALES	1493		
ALCANCES DE CUENTAS	49		
ARRENDAMIENTO Y VENTA DE MINAS	391		
DIEZMOS DE PLATA	13398		
PAPEL SELLADO	3		
TRIBUTOS REALES DE INDIOS	6013		
1.5% DE PLATA	2048		
TOTAL	23395		
TOTAL COMPUTADO	23395		
S 637			
ALCABALAS REALES	225		
DIEZMOS DE PLATA	14359		
PAPEL SELLADO	13		
TRIBUTOS REALES DE INDIOS	6013		
1.5% DE PLATA	2186		
TOTAL	22796		
TOTAL COMPUTADO	22796		

S1866

DATA	OCHO	ENSAYADOS	ORO
5/1759- 4/1760			
BIENES DE DIFUNTOS	299		
CORREOS	90		
DEPOSITOS	250		
FLETES	109		
GASTOS DE CONTADURIA Y RL HAC	50		
REMITIDO A LIMA	28901		
REPARO DE LAS CASAS REALES	50		
SUELDOS	3719		
TOTAL	33468		
TOTAL COMPUTADO	33468		
5/1764- 4/1765			
REMITIDO A LIMA	13057		
SUELDOS Y GASTOS GENERALES	7690		
TOTAL	20746		
TOTAL COMPUTADO	20747		
5/1765- 4/1766			
REMITIDO A LIMA	17043		
SUELDOS Y GASTOS GENERALES	6352		
TOTAL	23395		
TOTAL COMPUTADO	23395		
5/1766- 4/1767			
REMITIDO A LIMA	17343		
SUELDOS Y GASTOS GENERALES	5452		
TOTAL	22796		
TOTAL COMPUTADO	22795		

CARANGAS   5/1767- 4/1768

CARGO	ENSAYADOS	OCHO	DATA	ORO	ENSAYADOS	OCHO	ORO
S 637			**5/1767- 4/1768**		**S 637**		
ALCABALAS REALES	205		REMITIDO A LIMA			12187	
BAJA DEL LEY	72		SUELDOS Y GASTOS GENERALES			5452	
DIEZMOS DE PLATA	9837		TOTAL			17639	
PAPEL SELLADO	13						
TRIBUTOS REALES DE INDIOS	6013						
1.5% DE PLATA	1499						
TOTAL	17639						
TOTAL COMPUTADO	17639		TOTAL COMPUTADO			17639	
S 637			**5/1768- 4/1769**				
ALCABALAS REALES	1312		REMITIDO A LIMA			13043	
DIEZMOS DE PLATA	9815		SUELDOS Y GASTOS GENERALES			5605	
PAPEL SELLADO	24		TOTAL			18649	
TRIBUTOS REALES DE INCIOS	6013						
1.5% DE PLATA	1485						
TOTAL	18649						
TOTAL COMPUTADO	18649		TCTAL COMPUTADO			18648	
S 637			**5/1769-12/1769**				
ALCABALAS REALES	210		REMITIDO A LIMA			17235	
DIEZMOS DE PLATA	13561		SUELDOS Y GASTOS GENERALES			3554	
PAPEL SELLADO	119		TOTAL			20789	
TRIBUTOS REALES DE INDIOS	4843						
1.5% DE PLATA	2056						
TOTAL	20789						
TOTAL COMPUTADO	20789		TOTAL COMPUTADO			20789	
S 637			**1/1770-12/1770**				
ALCABALAS REALES	646		REMITIDO A LIMA			15227	
ARRENDAMIENTO Y VENTA DE MINAS	197		SUELDOS Y GASTOS GENERALES			5472	
DIEZMOS DE PLATA	9618		TOTAL			20699	
PAPEL SELLADO	175						
TRIBUTOS REALES DE INDIOS	7414						
VACANTES DE DOCTRINAS	351						
VACANTES DE SUELDOS DE JUSTICIA	834						
1.5% DE PLATA	1465						
TOTAL	20699						
TOTAL COMPUTADO	20700		TOTAL COMPUTADO			20699	
S 637			**1/1771-12/1771**				
ALCABALAS DE TARIFA	1040		REMITIDO A LIMA			10809	
ALCABALAS REALES	580		SUELDOS Y GASTOS GENERALES			5472	

CARANGAS 1/1771-12/1771

CARGO	OCHO	ENSAYADOS	ORO	DATA	OCHO	ENSAYADOS	ORO
ARRENDAMIENTO Y VENTA DE MINAS	74			TOTAL	16281		
DIEZMOS DE PLATA	6565						
TERCIOS DE ENCOMIENDAS	716						
TRIBUTOS REALES DE INDIOS	6307						
1.5% DE PLATA	1000						
TOTAL	16281						
TOTAL COMPUTADO	16282			TOTAL COMPUTADO	16281		

S 637   S 637

1/1772-12/1772

CARGO	OCHO	ENSAYADOS	ORO	DATA	OCHO	ENSAYADOS	ORO
ALCABALAS DE TARIFA	1091			REMITIDO A LIMA	30264		
ALCABALAS REALES	1601			SUELDOS Y GASTOS GENERALES	4960		
DIEZMOS DE PLATA	19913			TOTAL	35224		
ENCOMIENDAS INCORPORADAS	741						
SOBRAS DE SUELDOS DE JUSTICIA	1191						
TERCIOS DE ENCOMIENDAS	300						
TRIBUTOS REALES DE INDIOS	7355						
1.5% DE PLATA	3033						
TOTAL	35224						
TOTAL COMPUTADO	35225			TOTAL COMPUTADO	35224		

S 637

1/1773-12/1773

CARGO	OCHO	ENSAYADOS	ORO	DATA	OCHO	ENSAYADOS	ORO
ALCABALAS DE VIENTO	1282			REMITIDO A LIMA	27296		
DIEZMOS DE PLATA	16841			SUELDOS Y GASTOS GENERALES	5160		
PAPEL SELLADO	181			TOTAL	32456		
TERCIOS DE ENCOMIENDAS	300						
TRIBUTOS REALES DE INDIOS	9197						
VACANTES DE SUELDOS DE JUSTICIA	2090						
1.5% DE PLATA	2565						
TOTAL	32456						
TOTAL COMPUTADO	32456			TOTAL COMPUTADO	32456		

S 637

1/1774-12/1774

CARGO	OCHO	ENSAYADOS	ORO	DATA	OCHO	ENSAYADOS	ORO
ALCABALAS DE VIENTO	2418			REMITIDO A LIMA	31054		
ARRENDAMIENTO Y VENTA DE MINAS	25			SUELDOS Y GASTOS GENERALES	5885		
DIEZMOS DE PLATA	19827			TOTAL	36939		
PAPEL SELLADO	106						
TERCIOS DE ENCOMIENDAS	300						
TRIBUTOS REALES DE INDIOS	10463						
VACANTES DE SUELDOS DE JUSTICIA	781						
1.5% DE PLATA	3019						
TOTAL	36939						
TOTAL COMPUTADO	36939			TOTAL COMPUTADO	36939		

S 637

1/1775-12/1775

CARANGAS 1/1775-12/1775

CARGO	OCHO	ENSAYADOS	ORO
ALCABALAS DE CASTILLA	4922		
ALCABALAS DE TARIFA	1091		
ALCABALAS DE TIERRA	486		
ALCABALAS DE VIENTO	582		
ARRENDAMIENTO Y VENTA DE MINAS	50		
COLEGIO CAROLINO	513		
DIEZMOS DE PLATA	31986		
MEDIA ANATA	403		
MITAD DE SOBRAS SUELDOS JUSTICIA	738		
MITAD DE SUELDOS DE CACIQUES	577		
MONTE PIO	85		
PAPEL SELLADO	53		
RESIDUOS	553		
TERCIOS DE ENCOMIENDAS	1730		
TRIBUTOS REALES DE INDIOS	6598		
1.5% DE PLATA	4871		
TOTAL	55238		

TOTAL COMPUTADO 55238

DATA	OCHO	ENSAYADOS	ORO
REMITIDO A LIMA	49637		
SUELDOS Y GASTOS GENERALES	5047		
TOTAL	54684		

TOTAL COMPUTADO 54684

S 637 1/1776-12/1776

CARGO	OCHO	ENSAYADOS	ORO
ALCABALAS DE CASTILLA	2772		
ALCABALAS DE TARIFA	536		
ALCABALAS DE TIERRA	465		
ALCABALAS DE VIENTO	294		
ALCANCES DE CUENTAS	3557		
ARRENDAMIENTO Y VENTA DE MINAS	1200		
AZOGUES	22179		
COLEGIO CAROLINO	512		
DEPOSITOS	23330		
DIEZMOS DE PLATA	27659		
EXISTENCIA	49637		
MEDIA ANATA	790		
MITAD DE SUELDOS DE CACIQUES	373		
MONTE PIO DE MINISTROS	42		
MONTE PIO MILITAR	94		
PAPEL SELLADO	102		
RESIDUOS	553		
TRIBUTOS REALES DE INDIOS	8061		
VACANTES DE SUELDOS DE JUSTICIA	822		
1.5% DE PLATA	4209		
TOTAL	147187		

TOTAL COMPUTADO 147187

DATA	OCHO	ENSAYADOS	ORO
AZOGUES	2033		
DEPOSITOS	5536		
EXISTENCIA	21617		
REMITIDO A LIMA	49637		
REMITIDO A PCTOSI	63403		
SUELDOS Y GASTOS GENERALES	4961		
TOTAL	147187		

TOTAL COMPUTADO 147187

S 637 1/1777-12/1777

CARGO	OCHO	ENSAYADOS	ORO
ALCABALAS REALES	2555		
AZOGUES	34529		
DEBIDO COBRAR Y NO COBRADO	21115		
DEPOSITOS	3544		
EXISTENCIA	21617		
MEDIA ANATA	790		

DATA	OCHO	ENSAYADOS	ORO
AZOGUES	34528		
CONSIGNACIONES SIT ECLESIASTICAS	10575		
DEBIDO COBRAR Y NO COBRACC	21115		
DEPOSITOS	8311		
EXTRAORDINARIO DE REAL HACIENDA	5252		
MONTE PIO DE MINISTROS	41		

S 637

CARANGAS 1/1777-12/1777

CARGO	OCHO	ENSAYADOS	ORO
MONTE PIO DE MINISTROS	41		
PAPEL SELLADO	99		
TRIBUTOS REALES DE INDIOS	27125		
1.5% Y DIEZMOS DE PLATA	29160		
TOTAL	140575		
TOTAL COMPUTADO	140575		

DATA	OCHO	ENSAYADOS	ORO
MONTE PIO MILITAR	94		
REMITIDO A POTOSI	43284		
SUELDOS Y CONSIG MINISTROS Y R H	8921		
TOTAL	132120		
TOTAL COMPUTADO	132121		

S 637 1/1778-12/1778

CARGO	OCHO	ENSAYADOS	ORO
ALCABALAS DE TARIFA	536		
ALCABALAS DE TIERRA	321		
AZOGUES DE HUANCAVELICA	9686		
DEBIDO COBRAR Y NO COBRADO	21115		
DEPOSITOS	1620		
EXISTENCIA	8455		
MEDIA ANATA	403		
MONTE PIO DE MINISTROS	42		
PAPEL SELLADO	24		
TRIBUTOS REALES DE INDIOS	18170		
1.5% Y DIEZMOS DE PLATA	23850		
TOTAL	84222		
TOTAL COMPUTADO	84222		

DATA	OCHO	ENSAYADOS	ORO
AZOGUES	8642		
CONSIGNACIONES SIT ECLESIASTICAS	7708		
DEBIDO COBRAR Y NO COBRADO	21115		
EXTRAORDINARIO DE REAL HACIENDA	298		
REMITIDO A POTOSI	20200		
SUELDOS Y CONSIG MINISTROS Y R H	6776		
TOTAL	64738		
TOTAL COMPUTADO	64739		

S 637 1/1779-12/1779

CARGO	OCHO	ENSAYADOS	ORO
ALCABALAS DE TARIFA	536		
ALCABALAS DE TIERRA	278		
ARRENDAMIENTO Y VENTA DE MINAS	40		
DEBIDO COBRAR CUENTAS ANTERIORES	21115		
DEBIDO DE COBRAR ESTA CUENTA	12		
DEPOSITOS	1620		
EXISTENCIA	19484		
MONTE PIO DE MINISTROS	42		
PAPEL SELLADO	60		
TRIBUTOS REALES DE INDIOS	13310		
1.5% Y DIEZMOS DE PLATA	1777		
TOTAL	58274		
TOTAL COMPUTADO	58274		

DATA	OCHO	ENSAYADOS	ORO
CONSIGNACIONES SIT ECLESIASTICAS	3854		
DEBIDO COBRAR CUENTAS ANTERIORES	21115		
DEBIDO DE COBRAR ESTA CUENTA	12		
EXTRAORDINARIO DE REAL HACIENDA	90		
SUELDOS Y CONSIG MINISTROS Y R H	5756		
TOTAL	30827		
TOTAL COMPUTADO	30827		

S 637 1/1784-12/1784

CARGO	OCHO	ENSAYADOS	ORO
ALCABALAS REALES	283		
AZOGUES	2751		
DEBIDO COBRAR CUENTAS ANTERIORES	8449		
DEBIDO DE COBRAR ESTA CUENTA	2229		
DEPOSITOS	1542		
EXISTENCIA	22506		
EXTRAORDINARIO DE REAL HACIENDA	30		
MEDIA ANATA	24		
MONTE PIO DE MINISTROS	258		

DATA	OCHO	ENSAYADOS	ORO
CONSIGNACIONES SIT ECLESIASTICAS	8361		
DEBIDO COBRAR CUENTAS ANTERIORES	8449		
DEBIDO DE COBRAR ESTA CUENTA	2229		
EXTRAORDINARIO DE REAL HACIENDA	223		
SUELDOS Y CONSIG MINISTROS Y R H	7025		
TOTAL	26286		

CARANGAS   1/1784-12/1784

CARGO	OCHO	ENSAYADOS	ORO	DATA	OCHO	ENSAYADOS	ORO
PAPEL SELLADO	15				—		
TRIBUTOS REALES DE INDIOS	18129				—		
VACANTES DE SUELDOS	2582				—		
1.5% Y DIEZMOS DE PLATA	17569				—		
TOTAL	76366				—		
TOTAL COMPUTADO	76367			TOTAL COMPUTADO	26287		

S 637   1/1785-12/1785

CARGO	OCHO	ENSAYADOS	ORO	DATA	OCHO	ENSAYADOS	ORO
ALCABALAS REALES	366			AZOGUES DE HUANCAVELICA	8683		
ALCANCES DE CUENTAS	554			CONSIGNACIONES SIT ECLESIASTICAS	7322		
AZOGUES DE HUANCAVELICA	6936			DEBIDO COBRAR CUENTAS ANTERIORES	10677		
DEBIDO COBRAR CUENTAS ANTERIORES	10677			DEBIDO DE COBRAR ESTA CUENTA	962		
DEBIDO DE COBRAR ESTA CUENTA	962			DEPOSITOS	2266		
DEPOSITOS	2794			EXTRAORDINARIO DE REAL HACIENDA	1095		
EXISTENCIA	50080			MONTE PIO DE MINISTROS	269		
EXTRAORDINARIO DE REAL HACIENDA	30			REMITIDO A POTOSI	48866		
MEDIA ANATA	123			SUELDOS Y CONSIG MINISTROS Y R H	5475		
MONTE PIO DE MINISTROS	611			TOTAL	85615		
PAPEL SELLADO	60						
TRIBUTOS REALES DE INDIOS	18064						
VACANTES DE SUELDOS	1827						
1.5% Y DIEZMOS DE PLATA	12855						
TOTAL	105941						
TOTAL COMPUTADO	105939			TOTAL COMPUTADO	85615		

S 637   1/1786-12/1786

CARGO	OCHO	ENSAYADOS	ORO	DATA	OCHO	ENSAYADOS	ORO
ALCABALAS REALES	269			ALCANCES DE CUENTAS	1171		
ALCANCES DE CUENTAS	731			AZOGUES DE HUANCAVELICA	6313		
DEBIDO COBRAR Y NO COBRADO	11639			CONSIGNACIONES SIT ECLESIASTICAS	10566		
DEPOSITOS	1376			DEBIDO COBRAR Y NO COBRADO	11639		
EXISTENCIA	20325			DEPOSITOS	7827		
EXTRAORDINARIO DE REAL HACIENDA	30			EXTRAORDINARIO DE REAL HACIENDA	257		
MEDIA ANATA	759			MONTE PIO DE MINISTROS	611		
MONTE PIO DE MINISTROS	48			PAPEL SELLADO	3		
PAPEL SELLADO BIENIO PASADO	63			REMITIDO A POTOSI Y LA PLATA	10770		
REAL HACIENDA EN COMUN	180			SUELDOS Y CONSIG MINISTROS Y R H	6959		
SOBRAS DE SUELDOS	2870			TOTAL	56115		
TRIBUTOS REALES DE INDIOS	18064						
1.5% Y DIEZMOS DE PLATA	6234						
TOTAL	62588						
TOTAL COMPUTADO	62588			TOTAL COMPUTADO	56116		

S 637   1/1787-12/1787

CARGO	OCHO	ENSAYADOS	ORO	DATA	OCHO	ENSAYADOS	ORO
ALCABALAS REALES	354			ALCANCES DE CUENTAS	114		
ALCANCES DE CUENTAS	119			AZOGUES	1116		
AZOGUES	10660			DEPOSITOS	1564		
DEPOSITOS	2831			EXTRAORDINARIO DE REAL HACIENDA	30		

CARANGAS 1/1787-12/1787

CARGO

CARGO	OCHO	ENSAYADOS	ORO
EXTRAORDINARIO DE REAL HACIENDA	30		
MEDIA ANATA	273		
MONTE PIO DE MINISTROS	107		
PAPEL SELLADO	703		
PAPEL SELLADO BIENIO PASADO	703		
REAL HACIENDA EN COMUN	5952		
SOBRAS DE SUELDOS	2870		
TRIBUTOS REALES DE INDIOS	19871		
1.5% Y DIEZMOS DE PLATA	10518		
TOTAL	54990		
TOTAL COMPUTADO	54991		

S 638

	OCHO	ENSAYADOS	ORO
ALCABALAS REALES	373		
AZOGUES DEL ALMADEN	292		
DEBIDO COBRAR Y NO COBRADO	10075		
DEPOSITOS	2807		
EXISTENCIA	14395		
EXTRAORDINARIO DE REAL HACIENDA	30		
MEDIA ANATA	30		
MONTE PIO DE MINISTROS	71		
PAPEL SELLADO	47		
SOBRAS DE SUELDOS	1159		
TRIBUTOS REALES DE INDIOS	21874		
1.5% Y DIEZMOS DE PLATA	5327		
TOTAL	56480		
TOTAL COMPUTADO	56480		

S 638

	OCHO	ENSAYADOS	ORO
ALCABALAS REALES	358		
AZOGUES DEL ALMADEN	2446		
DEBIDO COBRAR CUENTAS ANTERIORES	9944		
DEBIDO DE COBRAR ESTA CUENTA	1926		
EXISTENCIA	12392		
EXTRAORDINARIO DE REAL HACIENDA	30		
MEDIA ANATA	30		
MONTE PIO DE MINISTROS	71		
PAPEL SELLADO	54		
SOBRAS DE SUELDOS	2060		
TRIBUTOS REALES DE INDIOS	21874		
1.5% Y DIEZMOS DE PLATA	17896		
TOTAL	69083		
TOTAL COMPUTADO	69081		

S 638

	OCHO	ENSAYADOS	ORO
ALCABALAS REALES	427		
ALCANCES DE CUENTAS	5		

S 637

DATA

DATA	OCHO	ENSAYADOS	ORO
GASTOS EXTRAORDINARIOS	100		
MONTE PIO DE MINISTROS	48		
OTRAS TESORERIAS	12788		
PAPEL SELLADO	2		
PAPEL SELLADO BIENIO PASADO	62		
REAL HACIENDA EN COMUN	5952		
SUELDOS Y CONSIG MINISTROS Y R H	7503		
TRIBUTOS REALES DE INDIOS	12745		
TOTAL	42024		
TOTAL COMPUTADO	42024		

1/1788-12/1788

	OCHO	ENSAYADOS	ORO
CONSIGNACIONES SIT ECLESIASTICAS	9385		
DEBIDO COBRAR Y NO COBRADO	10075		
DEPOSITOS	654		
EXTRAORDINARIO DE REAL HACIENDA	220		
PAPEL SELLADO	2		
REMITIDO A POTOSI	20855		
SUELDOS Y CONSIG MINISTROS Y R H	3914		
TOTAL	45103		
TOTAL COMPUTADO	45105		

1/1789-12/1789

	OCHO	ENSAYADOS	ORO
CONSIGNACIONES SIT ECLESIASTICAS	8361		
DEBIDO COBRAR CUENTAS ANTERIORES	9944		
DEBIDO DE COBRAR ESTA CUENTA	1926		
EXTRAORDINARIO DE REAL HACIENDA	1166		
REMITIDO A POTOSI	8000		
SUELDOS Y CONSIG MINISTROS Y R H	5625		
TOTAL	35024		
TOTAL COMPUTADO	35022		

1/1790-12/1790

	OCHO	ENSAYADOS	ORO
ALCANCES DE CUENTAS	11		
AZOGUES DE HUANCAVELICA	310		

CARANGAS   1/1790-12/1790

CARGO	OCHO	ENSAYADOS	ORO
AZOGUES DEL ALMADEN	1022		
DEBIDO COBRAR CUENTAS ANTERIORES	6958		
DEBIDO DE COBRAR ESTA CUENTA	3228		
DEPOSITOS	856		
EXISTENCIA	34058		
EXTRAORDINARIO DE REAL HACIENDA	30		
MEDIA ANATA	33		
MONTE PIO DE MINISTROS	214		
PAPEL SELLADO	31		
SOBRAS DE SUELDOS	1224		
TRIBUTOS REALES DE INDIOS	22476		
1.5% Y DIEZMOS DE PLATA	22169		
TOTAL	92730		
TOTAL COMPUTADO	92731		

DATA	OCHO	ENSAYADOS	ORO	S 638
AZOGUES DEL ALMADEN	3524			
CONSIGNACIONES SIT ECLESIASTICAS	8361			
DEBIDO COBRAR CUENTAS ANTERIORES	6958			
DEBIDO DE COBRAR ESTA CUENTA	3228			
DEPOSITOS	1118			
EXTRAORDINARIO DE REAL HACIENDA	1846			
MONTE PIO DE MINISTROS	274			
REMITIDO A POTOSI	51699			
SUELDOS Y CONSIG MINISTROS Y R H	5626			
TOTAL	82953			
TOTAL COMPUTADO	82955			

S 638   1/1791-12/1791

CARGO	OCHO	ENSAYADOS	ORO
ALCABALAS REALES	615		
AZOGUES DEL ALMADEN	5698		
BULAS DE SANTA CRUZADA	2435		
DEBIDO COBRAR CUENTAS ANTERIORES	9018		
DEBIDO DE COBRAR ESTA CUENTA	6530		
DEPOSITOS	1208		
EXISTENCIA	9777		
EXTRAORDINARIO DE REAL HACIENDA	132		
MEDIA ANATA	17		
MONTE PIO DE MINISTROS	143		
PAPEL SELLADO	41		
SOBRAS DE SUELDOS	1000		
TRIBUTOS REALES DE INDIOS	21874		
1.5% Y DIEZMOS DE PLATA	21439		
5% DE SINODOS PARA MOJOS	441		
TOTAL	80362		
TOTAL COMPUTADO	80368		

DATA	OCHO	ENSAYADOS	ORO
AZOGUES DEL ALMADEN	4980		
BULAS DE SANTA CRUZADA	2435		
CONSIGNACIONES SIT ECLESIASTICAS	8802		
DEBIDO COBRAR CUENTAS ANTERIORES	9018		
DEBIDO DE COBRAR ESTA CUENTA	6530		
DEPOSITOS	1353		
EXTRAORDINARIO DE REAL HACIENDA	2134		
MONTE PIO DE MINISTROS	143		
REMITIDO A POTOSI	7897		
SUELDOS Y CONSIG MINISTROS Y R H	5625		
TOTAL	48916		
TOTAL COMPUTADO	48917		

S 638   1/1793-12/1793

CARGO	OCHO	ENSAYADOS	ORO
ALCABALAS REALES	456		
ALCANCES DE CUENTAS	14		
AZOGUES	481		
DEBIDO COBRAR CUENTAS ANTERIORES	5867		
DEBIDO DE COBRAR ESTA CUENTA	5110		
EXISTENCIA	39765		
EXTRAORDINARIO DE REAL HACIENDA	30		
MEDIA ANATA	38		
MONTE PIO DE MINISTROS	143		
PAPEL SELLADO	26		
SOBRAS DE SUELDOS	1000		
TRIBUTOS REALES DE INDIOS	21874		
1.5% Y DIEZMOS DE PLATA	11213		
5% DE SINODOS PARA MOJOS	418		
TOTAL	86435		

DATA	OCHO	ENSAYADOS	ORO
ALCANCES DE CUENTAS	14		
CONSIGNACIONES SIT ECLESIASTICAS	8371		
DEBIDO COBRAR CUENTAS ANTERIORES	5867		
DEBIDO DE COBRAR ESTA CUENTA	5110		
EXTRAORDINARIO DE REAL HACIENDA	683		
SUELDOS Y CONSIG MINISTROS Y R H	5437		
TOTAL	25483		

S 638

	OCHO	ENSAYADOS	ORO

CARANGAS   1/1793-12/1793

CARGO	OCHO	ENSAYADOS	ORO	DATA	OCHO	ENSAYADOS	ORO
TOTAL COMPUTADO	86435			TOTAL COMPUTADO	25482		

S 638   1/1794-12/1794

CARGO	OCHO		DATA	OCHO
ALCABALAS REALES	407		CONSIGNACIONES SIT ECLESIASTICAS	8802
AZOGUES	1636		DEBIDO COBRAR CUENTAS ANTERIORES	5866
BULAS DE SANTA CRUZADA	611		DEBIDO DE COBRAR ESTA CUENTA	5712
DEBIDO COBRAR CUENTAS ANTERIORES	5866		PENSIONISTAS	683
DEBIDO DE COBRAR ESTA CUENTA	5712		REMITIDO A POTOSI	36800
EXISTENCIA	60952		SUELDOS Y CONSIG MINISTROS Y R H	5812
EXTRAORDINARIO DE REAL HACIENDA	30		TOTAL	63676
MONTE PIO DE MINISTROS	143			
PAPEL SELLADO	36			
SOBRAS DE SUELDOS	1000			
TRIBUTOS REALES DE INDIOS	21874			
1.5% Y DIEZMOS DE PLATA	9658			
5% DE SINODOS PARA MOJOS	440			
TOTAL	108363			
TOTAL COMPUTADO	108365		TOTAL COMPUTADO	63675

S 638   1/1795-12/1795

CARGO	OCHO		DATA	OCHO
ALCABALAS REALES	701		CONSIGNACIONES SIT ECLESIASTICAS	8802
AZOGUES	3375		DEBIDO COBRAR CUENTAS ANTERIORES	5867
DEBIDO COBRAR CUENTAS ANTERIORES	5867		DEBIDO DE COBRAR ESTA CUENTA	6133
DEBIDO DE COBRAR ESTA CUENTA	6133		PENSIONISTAS	684
EXISTENCIA	44688		REMITIDO A POTOSI	9000
EXTRAORDINARIO DE REAL HACIENDA	30		SUELDOS Y CONSIG MINISTROS Y R H	5625
MONTE PIO DE MINISTROS	143		TOTAL	36110
PAPEL SELLADO	41			
SOBRAS DE SUELDOS	1621			
TRIBUTOS REALES DE INDIOS	21874			
1.5% Y DIEZMOS DE PLATA	3786			
4% DE SUELDOS PARA LA GUERRA	143			
5% DE SINODOS PARA MOJOS	440			
TOTAL	88841			
TOTAL COMPUTADO	88842		TOTAL COMPUTADO	36111

S 638   1/1796-12/1796

CARGO	OCHO		DATA	OCHO
ALCABALAS REALES	429		AZOGUES DEL ALMADEN	1000
AZOGUES DEL ALMADEN	2511		CONSIGNACIONES SIT ECLESIASTICAS	8802
BULAS DE SANTA CRUZADA	523		DEBIDO COBRAR CUENTAS ANTERIORES	5867
DEBIDO COBRAR CUENTAS ANTERIORES	5867		DEBIDO DE COBRAR ESTA CUENTA	4726
DEBIDO DE COBRAR ESTA CUENTA	4726		EXTRAORDINARIO DE REAL HACIENDA	2729
DEPOSITOS	17		MONTE PIO DE MINISTROS	143
EXISTENCIA	52731		REMITIDO A POTOSI	6857
EXTRAORDINARIO DE REAL HACIENDA	30		SUELDOS Y CONSIG MINISTROS Y R H	5625
MONTE PIO DE MINISTROS	143		TOTAL	35749
SOBRAS DE SUELDOS	2039			

CARANGAS   1/1796-12/1796

CARGO	OCHO	ENSAYADOS	ORO	DATA	OCHO	ENSAYADOS	ORO
TRIBUTOS REALES DE INDIOS	21874						
1.5% Y DIEZMOS DE PLATA	4313						
4% DE SUELDOS PARA LA GUERRA	156						
5% DE SINODOS PARA MOJOS	440						
TOTAL	95797						
TOTAL COMPUTADO	95799			TOTAL COMPUTADO	35749		

S 638   1/1797-12/1797

CARGO	OCHO	ENSAYADOS	ORO	DATA	OCHO	ENSAYADOS	ORO
ALCABALAS REALES	134			CONSIGNACIONES SIT ECLESIASTICAS	8138		
AZOGUES	3462			DEBIDO COBRAR CUENTAS ANTERIORES	5867		
DEBIDO COBRAR CUENTAS ANTERIORES	5867			DEBIDO DE COBRAR ESTA CUENTA	3942		
DEBIDO DE COBRAR ESTA CUENTA	3942			EXTRAORDINARIO DE REAL HACIENDA	1485		
EXISTENCIA	60048			REMITIDO A POTOSI	11934		
EXTRAORDINARIO DE REAL HACIENDA	30			SUELDOS Y CONSIG MINISTROS Y R H	5618		
MONTE PIO DE MINISTROS	143			TOTAL	36985		
PAPEL SELLADO	30						
SOBRAS DE SUELDOS	1000						
TRIBUTOS REALES DE INDIOS	21707						
VACANTES DE DOCTRINAS	1039						
1.5% Y DIEZMOS DE PLATA	4397						
5% DE SINODOS PARA MOJOS	407						
TOTAL	102204						
TOTAL COMPUTADO	102206			TOTAL COMPUTADO	36984		

S 638   1/1798-12/1798

CARGO	OCHO	ENSAYADOS	ORO	DATA	OCHO	ENSAYADOS	ORO
ALCABALAS REALES	122			CONSIGNACIONES SIT ECLESIASTICAS	8717		
AZOGUES	3192			DEBIDO COBRAR CUENTAS ANTERIORES	5867		
BULAS DE SANTA CRUZADA	607			DEBIDO DE COBRAR ESTA CUENTA	12866		
DEBIDO COBRAR CUENTAS ANTERIORES	5867			EXTRAORDINARIO DE REAL HACIENDA	439		
DEBIDO DE COBRAR ESTA CUENTA	12866			REMITIDO A POTOSI	34427		
DEPOSITOS	198			SUELDOS Y CONSIG MINISTROS Y R H	5618		
EXISTENCIA	65219			TOTAL	67933		
EXTRAORDINARIO DE REAL HACIENDA	30						
MONTE PIO DE MINISTROS	143						
PAPEL SELLADO	78						
SOBRAS DE SUELDOS	1000						
TRIBUTOS REALES DE INDIOS	21707						
VACANTES DE DOCTRINAS	1441						
1.5% Y DIEZMOS DE PLATA	10167						
5% DE SINODOS PARA MOJOS	436						
TOTAL	123073						
TOTAL COMPUTADO	123073			TOTAL COMPUTADO	67934		

S 638   1/1799-12/1799

CARGO	OCHO	ENSAYADOS	ORO	DATA	OCHO	ENSAYADOS	ORO
ALCABALAS REALES	740			CONSIGNACIONES SIT ECLESIASTICAS	9668		
ALCANCES DE CUENTAS	16			DEBIDO COBRAR CUENTAS ANTERIORES	4989		
AZOGUES DEL ALMADEN	11494			DEBIDO DE COBRAR ESTA CUENTA	12171		

CARANGAS   1/1799-12/1799

CARGO	OCHO	ENSAYADOS	ORO
BULAS DE SANTA CRUZADA	571		
DEBIDO COBRAR CUENTAS ANTERIORES	4989		
DEBIDO DE COBRAR ESTA CUENTA	12171		
DEPOSITOS	443		
EXISTENCIA	55140		
EXTRAORDINARIO DE REAL HACIENDA	300		
MEDIA ANATA	143		
MONTE PIO DE MINISTROS	45		
PAPEL SELLADO	1000		
SOBRAS DE SUELDOS	21707		
TRIBUTOS REALES DE INDIOS	32460		
1.5% Y DIEZMOS DE PLATA	483		
5% DE SINODOS PARA MOJOS			
TOTAL	141730		

TOTAL COMPUTADO 141732

DATA	OCHO	ENSAYADOS	ORO
DEPOSITOS	132		
EXTRAORDINARIO DE REAL HACIENDA	734		
REMITIDO A POTOSI	17000		
SUELDOS Y CONSIG MINISTROS Y R H	5618		
TOTAL	50311		

TOTAL COMPUTADO 50312

S 638   1/1800-12/1800

CARGO	OCHO	ENSAYADOS	ORO
ALCABALAS REALES	676		
ALCANCES DE CUENTAS	10		
AZOGUES DEL ALMADEN	2779		
DEBIDO COBRAR CUENTAS ANTERIORES	4989		
DEBIDO DE COBRAR ESTA CUENTA	10460		
DEPOSITOS	2125		
DONATIVO	25		
EXISTENCIA	91419		
EXTRAORDINARIO DE REAL HACIENDA	30		
MONTE PIO DE MINISTROS	143		
PAPEL SELLADO	485		
SOBRAS DE SUELDOS	1000		
TRIBUTOS REALES DE INDIOS	21707		
1.5% Y DIEZMOS DE PLATA	22744		
5% DE SINODOS PARA MOJOS	440		
TOTAL	159032		

TOTAL COMPUTADO 159032

DATA	OCHO	ENSAYADOS	ORO
AZOGUES	7071		
CONSIGNACIONES SIT ECLESIASTICAS	8052		
DEBIDO COBRAR CUENTAS ANTERIORES	4985		
DEBIDO DE COBRAR ESTA CUENTA	10460		
DEPOSITOS	395		
EXTRAORDINARIO DE REAL HACIENDA	739		
MONTE PIO DE MINISTROS	143		
REMITIDO A CIUDAD DE LA PLATA	4735		
REMITIDO A POTOSI	23287		
SUELDOS Y CONSIG MINISTROS Y R H	5618		
TOTAL	65490		

TOTAL COMPUTADO 65489

S 638   1/1802-12/1802

CARGO	OCHO	ENSAYADOS	ORO
ALCABALAS REALES	657		
AZOGUES	393		
DEBIDO COBRAR Y NO COBRADO	15449		
DEPOSITOS	2017		
DONATIVO	100		
EXISTENCIA	97274		
EXTRAORDINARIO DE REAL HACIENDA	30		
MONTE PIO DE MINISTROS	119		
SOBRAS DE SUELDOS	1000		
TRIBUTOS REALES DE INDIOS	21707		
1.5% Y DIEZMOS DE PLATA	14393		
5% DE SINODOS PARA MOJOS	7390		
TOTAL	160530		

DATA	OCHO	ENSAYADOS	ORO
ALCABALAS REALES	86		
ALCANCES DE CUENTAS	700		
DEBIDO COBRAR Y NO COBRADO	15449		
DEPOSITOS	4274		
DONATIVO	200		
EXTRAORDINARIO DE REAL HACIENDA	30		
MEDIA ANATA	131		
MONTE PIO DE MINISTROS	143		
PAPEL SELLADO	116		
SOBRAS DE SUELDOS	1000		
TRIBUTOS REALES DE INDIOS	32251		
1.5% Y DIEZMOS DE PLATA	21718		
5% DE SINODOS PARA MOJOS	7479		
TOTAL	83577		

CARANGAS 1/1802-12/1802

CARGO	OCHO	ENSAYADOS	ORO	DATA	OCHO	ENSAYADOS	ORO
TOTAL COMPUTADO	160529			TOTAL COMPUTADO	83577		

S 638

DATA	OCHO				S 638			
					DATA	OCHO	ENSAYADOS	ORO

1/1803-12/1803

DATA (1/1802-12/1802)	OCHO	DATA (1/1803-12/1803)	OCHO
ALCABALAS REALES	516	ALCABALAS REALES	575
AZOGUES	471	BULAS DE SANTA CRUZADA	1441
BULAS DE SANTA CRUZADA	641	DEBIDO COBRAR Y NO COBRADO	15449
DEBIDO COBRAR Y NO COBRADO	15449	DEPOSITOS	525
DEPOSITOS	489	DONATIVO	100
EXISTENCIA	76952	EXTRAORDINARIO DE REAL HACIENDA	30
EXTRAORDINARIO DE REAL HACIENDA	30	MONTE PIO DE MINISTROS	119
MONTE PIO DE MINISTROS	71	PAPEL SELLADO	12
PAPEL SELLADO	188	SOBRAS DE SUELDOS	1000
SOBRAS DE SUELDOS	1000	TRIBUTOS REALES DE INDIOS	21185
TRIBUTOS REALES DE INDIOS	21707	1.5% Y DIEZMOS DE PLATA	14671
VACANTES DE DOCTRINAS	629	5% DE SINODOS PARA MOJOS	568
1.5% Y DIEZMOS DE PLATA	20917	TOTAL	56074
5% DE SINODOS PARA MOJOS	437		
TOTAL	139499		
TOTAL COMPUTADO	139497	TOTAL COMPUTADO	56075

SUMARIO GENERAL DE CARTA CUENTA DE CHARCAS

CARGO	OCHO	DATA	OCHO
S 627			
		3/1773-12/1773	
ALCABALAS DE CASTILLA	945	ALCABALAS DE CASTILLA	128
ALCABALAS DE TARIFA	374	BULAS DE SANTA CRUZADA	1650
ALCABALAS DE TIERRA	6261	MESADAS ECLESIASTICAS	99
BULAS DE SANTA CRUZADA	3791	PAPEL SELLADO	56
COBRADO VALORES AÑOS ANTERIORES	2778	TRIBUTOS REALES DE INDIOS	6361
DONATIVO PARA CONF DE OFICIOS	1242	TOTAL	8300
EXPEDICION DE MOJOS	427		
MEDIA ANATA	613		
MESADAS ECLESIASTICAS	3325		
NOVENOS REALES	5864		
OFICIOS VENDIBLES Y RENUNCIABLES	678		
PAPEL SELLADO	2439		
PRORRATA	159		
TRIBUTOS REALES DE INDIOS	12219		
VACANTES MAYORES	328		
VACANTES MENORES	4719		
TOTAL	46162		
TOTAL COMPUTADO	46162	TOTAL COMPUTADO	8294
S 627			
		1/1774-12/1774	
ALCABALAS DE CASTILLA	801	ALQUILER CASA PARA EL TESORO	300
ALCABALAS DE TARIFA	1014	BULAS DE SANTA CRUZADA	5045
ALCABALAS DE VIENTO Y TIERRA	9860	DEBIDO DE COBRAR	15
ALCABALAS ENCABEZADAS	58	FIESTA NRA SEÑORA DEL ROSARIO	200
BULAS DE SANTA CRUZADA	5738	FLETES CONDUCCION CARTAS CUENTAS	185
DONATIVO PARA CONF DE OFICIOS	900	GASTOS DEL ESCRITORIO	50
ENCOMIENDAS	901	MEDIA ANATA	2910
EXISTENCIA	37294	NOVENOS REALES	2000
EXTRAORDINARIO DE REAL HACIENDA	4218	PAPEL SELLADO	1109
MEDIA ANATA	3292	REMITIDO A POTOSI	37109
MESADAS ECLESIASTICAS	1889	SUELDOS	4500
MONTE PIO MILITAR	1429	VACANTES MENORES	6000
NOVENOS REALES	13288	TOTAL	59422
OFICIOS VENDIBLES Y RENUNCIABLES	896		
PAPEL SELLADO	1188		
TERCIOS DE ENCOMIENDAS	534		
TRIBUTOS REALES DE INDIOS	11913		
VACANTES MENORES	6979		
TOTAL	102189		

CHARCAS   1/1774-12/1774

	CARGO	DATA
	OCHO	OCHO
TOTAL COMPUTADO	102192	59423

S 627

	CARGO		DATA
ALCABALAS DE TARIFA	540	ALCABALAS DE TARIFA	540
ALCABALAS REALES	10449	ALCABALAS REALES	4431
BULAS DE SANTA CRUZADA	7500	BULAS DE SANTA CRUZADA	5280
DEBIDO DE COBRAR	679	DEBIDO DE COBRAR	26
DONATIVO PARA CONF DE OFICIOS	500	EXISTENCIA	42009
EXISTENCIA	42009	MESADAS ECLESIASTICAS	202
EXTRAORDINARIO DE REAL HACIENDA	757	NOVENOS REALES	11778
MEDIA ANATA	512	PAPEL SELLADO	1390
MESADAS ECLESIASTICAS	451	TRIBUTOS REALES DE INDIOS	17031
MONTE PIO DE MINISTROS	298	VACANTES MENORES	5150
MONTE PIO MILITAR	178	TOTAL	87836
NOVENOS REALES	11778		
OFICIOS VENDIBLES Y RENUNCIABLES	2638		
PAPEL SELLADO	1390		
TRIBUTOS REALES DE INDIOS	17031		
VACANTES MENORES	5706		
TOTAL	102416		

1/1775-12/1775

	CARGO		DATA
TOTAL COMPUTADO	102416	TOTAL COMPUTADO	87837

S 627

	CARGO		DATA
ALCABALAS DE TARIFA	166	ALCABALAS DE TARIFA	166
ALCABALAS REALES	18660	ALCABALAS REALES	12840
BULAS DE SANTA CRUZADA	9619	BULAS DE SANTA CRUZADA	5269
DEBIDO DE COBRAR	675	DEBIDO DE COBRAR	625
DONATIVO PARA CONF DE OFICIOS	100	DONATIVO PARA CONF DE OFICIOS	100
EXISTENCIA	13823	EXISTENCIA	13823
EXTRAORDINARIO DE REAL HACIENDA	55117	EXTRAORDINARIO DE REAL HACIENDA	54294
MEDIA ANATA	1262	MEDIA ANATA	1803
MESADAS ECLESIASTICAS	1224	MESADAS ECLESIASTICAS	880
MONTE PIO DE MINISTROS	507	MONTE PIO DE MINISTROS	367
MONTE PIO MILITAR	182	MONTE PIO MILITAR	182
NOVENOS REALES	12343	NOVENOS REALES	9588
OFICIOS VENDIBLES Y RENUNCIABLES	1156	OFICIOS VENDIBLES Y RENUNCIABLES	670
PAPEL SELLADO	3225	PAPEL SELLADO	3137
REAL ORDEN DE CARLOS III	12000	REAL ORDEN DE CARLOS III	9522
TRIBUTOS REALES DE INDIOS	15423	TRIBUTOS REALES DE INDIOS	15379
VACANTES DE CURATOS	1583	VACANTES DE CURATOS	1583
VACANTES MAYORES	10382	VACANTES MAYORES	9707
VACANTES MENORES	3953	VACANTES MENORES	1864
TOTAL	161401	TOTAL	141080

1/1776-12/1776

	CARGO		DATA
TOTAL COMPUTADO	161400	TOTAL COMPUTADO	141799

S 627

1/1777-12/1777

	CARGO		DATA
ALCABALAS DE TARIFA	170	ALCABALAS REALES	4083

CHARCAS   1/1777-12/1777

CARGO	OCHO
ALCABALAS REALES	23498
BULAS DE SANTA CRUZADA	6671
DEBIDO DE COBRAR	350
DONATIVO PARA CONF DE OFICIOS	900
EXISTENCIA	20321
EXTRAORDINARIO DE REAL HACIENDA	13685
MEDIA ANATA	2580
MESADAS ECLESIASTICAS	1128
MONTE PIO DE MINISTROS	3333
MONTE PIO MILITAR	51
NOVENOS REALES	14042
OFICIOS VENDIBLES Y RENUNCIABLES	7301
REAL ORDEN DE CARLOS III	3000
TRIBUTOS REALES DE INDIOS	15423
VACANTES DE CURATOS	801
VACANTES MAYORES	20378
VACANTES MENORES	2427
TOTAL	136058

TOTAL COMPUTADO   136059

S 627

	OCHO
ALCABALAS DE TARIFA	809
ALCABALAS REALES	12464
ALCANCES DE CUENTAS	434
BULAS DE SANTA CRUZADA	5555
DEBIDO DE COBRAR	402
DONATIVO PARA CONF DE OFICIOS	400
EXISTENCIA	48681
EXTRAORDINARIO DE REAL HACIENDA	423
MEDIA ANATA	4421
MONTE PIO DE MINISTROS	4539
MONTE PIO MILITAR	343
NOVENOS REALES	11360
OFICIOS VENDIBLES Y RENUNCIABLES	6844
PAPEL SELLADO	6476
REAL ORDEN DE CARLOS III	2427
TRIBUTOS REALES DE INDIOS	15423
VACANTES DE CURATOS	6453
VACANTES MAYORES	4597
VACANTES MENORES	5034
TOTAL	137088

TOTAL COMPUTADO   137085

S 627

	OCHO
ALCABALAS DE REPARTIMIENTOS	809
ALCABALAS REALES	22344
BULAS DE SANTA CRUZADA	5726
DONATIVO PARA CONF DE OFICIOS	545
EXISTENCIA	46405
EXTRAORDINARIO DE REAL HACIENDA	1510

DATA	OCHO
BULAS DE SANTA CRUZADA	5779
DEBIDO DE COBRAR	291
EXISTENCIA	20321
EXTRAORDINARIO DE REAL HACIENDA	12585
MONTE PIO DE MINISTROS	3333
NOVENOS REALES	6027
REAL ORDEN DE CARLOS III	1005
TRIBUTOS REALES DE INDIOS	14177
VACANTES MAYORES	18302
VACANTES MENORES	1475
TOTAL	87377

TOTAL COMPUTADO   87378

1/1778-12/1778

ALCABALAS DE REPARTIMIENTO	809
ALCABALAS REALES	12464
BULAS DE SANTA CRUZADA	2848
DEBIDO DE COBRAR	2327
EXISTENCIA	48681
EXTRAORDINARIO DE REAL HACIENDA	423
MONTE PIO DE MINISTROS	1415
NOVENOS REALES	4189
OFICIOS VENDIBLES Y RENUNCIABLES	1508
PAPEL SELLADO	852
REAL ORDEN DE CARLOS III	573
TRIBUTOS REALES DE INDIOS	15423
VACANTES MENORES	2811
TOTAL	94323

TOTAL COMPUTADO   94323

1/1779-12/1779

ALCABALAS DE REPARTIMIENTO	809
ALCABALAS REALES	22344
BULAS DE SANTA CRUZADA	2840
DEBIDO DE COBRAR	2087
DONATIVO PARA CONF DE OFICIOS	545
MONTE PIO DE MINISTROS	1242

S 627

CHARCAS   1/1779-12/1779

CARGO	OCHO
MEDIA ANATA	4361
MONTE PIO DE MINISTROS	6429
MONTE PIO MILITAR	689
NOVENOS REALES	13740
NUEVO IMPUESTO DE AGUARDIENTE	4874
OFICIOS VENDIBLES Y RENUNCIABLES	1455
PAPEL SELLADO	500
REAL ORDEN DE CARLOS III	2990
TRIBUTOS REALES DE INDIOS	34763
VACANTES MENORES	6882
TOTAL	154022
TOTAL COMPUTADO	154022

DATA	OCHO
NOVENOS REALES	3736
NUEVO IMPUESTO DE AGUARDIENTE	1977
OFICIOS VENDIBLES Y RENUNCIABLES	1667
PAPEL SELLADO	500
REAL ORDEN DE CARLOS III	583
REMITIDO A POTOSI	46405
TRIBUTOS REALES DE INDIOS	34763
VACANTES MENORES	2593
TOTAL	122093
TOTAL COMPUTADO	122091

S 627   1/1780-12/1780

CARGO	OCHO
ALCABALAS DE REPARTIMIENTOS	1027
ALCABALAS REALES	25910
BULAS DE SANTA CRUZADA	6779
DEBIDO COBRAR CUENTAS ANTERIORES	348
DEBIDO DE COBRAR ESTA CUENTA	18043
DONATIVO PARA CONF DE OFICIOS	150
EXISTENCIA	32384
EXTRAORDINARIO DE REAL HACIENDA	2461
MEDIA ANATA	7471
MESADAS ECLESIASTICAS	4697
MONTE PIO DE MINISTROS	7358
MONTE PIO MILITAR	222
NOVENOS REALES	13827
NUEVO IMPUESTO DE AGUARDIENTE	3294
OFICIOS VENDIBLES Y RENUNCIABLES	1920
PAPEL SELLADO	800
REAL ORDEN DE CARLOS III	3583
TRIBUTOS REALES DE INDIOS	25992
VACANTES MENORES	4061
TOTAL	160328
TOTAL COMPUTADO	160327

DATA	OCHO
BULAS DE SANTA CRUZADA	1077
DEBIDO DE COBRAR	18043
FLETES CONDUCCION CARTAS CUENTAS	22
MONTE PIO DE MINISTROS	1336
NOVENOS REALES	2000
REMITIDO A POTOSI	32384
SINODOS DE CURAS	9857
SUELDOS DE MIN POL Y REAL HAC	65038
VACANTES MENORES	675
TOTAL	130433
TOTAL COMPUTADO	130432

S 627   1/1781-12/1781

CARGO	OCHO
ALCABALAS DE REPARTIMIENTOS	963
ALCABALAS REALES	23473
BULAS DE SANTA CRUZADA	3468
DEBIDO COBRAR CUENTAS ANTERIORES	61685
DEBIDO DE COBRAR ESTA CUENTA	26398
DONATIVO PARA CONF DE OFICIOS	175
EXISTENCIA	29895
EXTRAORDINARIO DE REAL HACIENDA	180601
MEDIA ANATA	9801
MONTE PIO DE MINISTROS	1739
MONTE PIO MILITAR	54
NOVENOS REALES	9525
NUEVO IMPUESTO DE AGUARDIENTE	2198

DATA	OCHO
BULAS DE SANTA CRUZADA	2644
CONSIGNACIONES SIT ECLESIASTICAS	10436
DEBIDO COBRAR CUENTAS ANTERIORES	19782
DEBIDO DE COBRAR ESTA CUENTA	26398
EXISTENCIA	41903
GASTOS ORD Y EXTRAORDINARIOS	4133
MONTE PIO DE MINISTROS	3796
REMITIDO A POTOSI	23873
SUELDOS DE MIN POL Y REAL HAC	57945
SUELDOS Y GASTOS MILITARES	141992
VACANTES MAYORES Y MENORES	1475
TOTAL	334379

CHARCAS   1/1781-12/1781

CARGO	OCHO
OFICIOS VENDIBLES Y RENUNCIABLES	991
PAPEL SELLADO	3000
REAL ORDEN DE CARLOS III	1770
REINTEGROS A LA REAL HACIENDA	6066
TRIBUTOS REALES DE INDIOS	25575
VACANTES MAYORES Y MENORES	6239
TOTAL	393619

TOTAL COMPUTADO   393616

S 627

	OCHO
ALCABALAS DE REPARTIMIENTOS	714
ALCABALAS REALES	28063
BIENES DE DIFUNTOS	7095
BULAS DE SANTA CRUZADA	4000
CENSOS DE INDIOS	16275
DEBIDO COBRAR CUENTAS ANTERIORES	28374
DEBIDO DE COBRAR ESTA CUENTA	24816
DEPOSITOS	92
DONATIVO PARA CONF DE OFICIOS	230
ESPOLIOS	14161
EXISTENCIA	125406
EXTRAORDINARIO DE REAL HACIENDA	202115
MEDIA ANATA	5356
MONTE PIO DE MINISTROS	1533
MONTE PIO MILITAR	33
NOVENOS REALES	10552
OFICIOS VENDIBLES Y RENUNCIABLES	998
REAL ORDEN DE CARLOS III	4229
TEMPORALIDADES	9893
TRIBUTOS REALES DE INDIOS	43425
VACANTES MAYORES	298
VACANTES MENORES	5298
16% DE CENSOS DE INDIOS	743
5% DE SINODOS	3835
TOTAL	537539

TOTAL COMPUTADO   537534

S 627

	OCHO
ALCABALAS DE TARIFA	1027
ALCABALAS REALES	26626
BIENES DE DIFUNTOS	20470
BULAS DE SANTA CRUZADA	7605
CENSOS DE INDIOS	12304
DEBIDO COBRAR CUENTAS ANTERIORES	5050
DEBIDO DE COBRAR ESTA CUENTA	10706
DEPOSITOS	4417
DONATIVO PARA CONF DE OFICIOS	30
ESPOLIOS	110
EXISTENCIA	37401
EXTRAORDINARIO DE REAL HACIENDA	981

DATA

	OCHO
	334377

TOTAL COMPUTADO   334377

1/1782-12/1782

BIENES DE DIFUNTOS	13178
BULAS DE SANTA CRUZADA	2951
CENSOS DE INDIOS	11946
CONSIGNACIONES SIT ECLESIASTICAS	22859
DEBIDO COBRAR CUENTAS ANTERIORES	28374
DEBIDO DE COBRAR ESTA CUENTA	24817
ESPOLIOS	21463
GASTOS ORD Y EXTRAORDINARIOS	1566
MONTE PIO DE MINISTROS	2530
NOVENOS REALES	5413
REAL ORDEN DE CARLOS III	4229
REMITIDO A POTOSI	55275
SUELDOS DE MIN POL Y REAL HAC	55975
SUELDOS Y GASTOS MILITARES	191404
TEMPORALIDADES	49378
VACANTES MAYORES	4363
16% DE CENSOS DE INDIOS	581
5% DE SINODOS	3835
TOTAL	500138

TOTAL COMPUTADO   500137

1/1783-12/1783

BIENES DE DIFUNTOS	12285
BULAS DE SANTA CRUZADA	1489
CENSOS DE INDIOS	8296
CONSIGNACIONES SIT ECLESIASTICAS	19543
DEBIDO COBRAR CUENTAS ANTERIORES	5050
DEBIDO DE COBRAR ESTA CUENTA	10706
ESPOLIOS	94
GASTOS ORD Y EXTRAORDINARIOS	2407
MONTE PIO DE MINISTROS	2430
SUELDOS DE CACIQUES	734
SUELDOS DE MIN POL Y REAL HAC	70256
SUELDOS Y GASTOS MILITARES	36204

DATA	OCHO
TEMPORALIDADES	5557
16% DE CENSOS DE INDICS	599
5% DE SINODOS	2509
TOTAL	178202

TOTAL COMPUTADO 178199

1/1784—12/1784

DATA	OCHO
BIENES DE DIFUNTOS	7480
BULAS DE SANTA CRUZADA	4167
CENSOS DE INDIOS	23528
CONSIGNACIONES SIT ECLESIASTICAS	14946
DEBIDO COBRAR CUENTAS ANTERIORES	1894
DEBIDO DE COBRAR ESTA CUENTA	8584
GASTOS ORD Y EXTRAORDINARIOS	4921
MONTE PIO DE MINISTROS	2430
NOVENOS REALES	2000
SUELDOS DE CACIQUES	820
SUELDOS DE MIN POL Y REAL HAC	56147
SUELDOS Y GASTOS MILITARES	23247
TEMPORALIDADES	8919
VACANTES MAYORES	9200
VACANTES MENORES	2594
16% DE CENSOS DE INDIOS	276
5% DE SINODOS	4040
TOTAL	175196

TOTAL COMPUTADO 175193

1/1785—12/1785

CHARCAS 1/1783—12/1783

CARGO	OCHO
INVALIDOS	336
MEDIA ANATA	6097
MESADAS ECLESIASTICAS	742
MONTE PIO MILITAR	2690
MONTE PIO MILITAR	1223
NOVENOS REALES	17180
NUEVO IMPUESTO DE AGUARDIENTE	492
OFICIOS VENDIBLES Y RENUNCIABLES	541
PAPEL SELLADO	1000
REAL ORDEN DE CARLOS III	3000
TEMPORALIDADES	20881
TRIBUTOS REALES DE INDIOS	35508
VACANTES MAYORES	22280
VACANTES MENORES	16425
16% DE CENSOS DE INDICS	734
5% DE SINODOS	2601
TOTAL	258461

TOTAL COMPUTADO 258457

S 628

	OCHO
ALCABALAS DE REPARTIMIENTOS	248
ALCABALAS REALES	34927
BIENES DE DIFUNTOS	9480
BULAS DE SANTA CRUZADA	8113
CENSOS DE INDIOS	15128
DEBIDO COBRAR CUENTAS ANTERIORES	1894
DEBIDO DE COBRAR ESTA CUENTA	8584
DEPOSITOS	4906
ESPOLIOS	675
EXISTENCIA	80258
EXTRAORDINARIO DE REAL HACIENDA	400
INVALIDOS	243
MEDIA ANATA	5614
MESADAS ECLESIASTICAS	2843
MONTE PIO DE MINISTROS	4070
MONTE PIO MILITAR	556
NOVENOS REALES	21639
NUEVO IMPUESTO DE AGUARDIENTE	1243
OFICIOS VENDIBLES Y RENUNCIABLES	1173
PAPEL SELLADO	2912
REAL ORDEN DE CARLOS III	3000
TEMPORALIDADES	11114
TRIBUTOS REALES DE INDIOS	38494
VACANTES MAYORES	41315
VACANTES MENORES	20128
16% DE CENSOS DE INDICS	902
5% DE SINODOS	3948
TOTAL	323810

TOTAL COMPUTADO 323807

S 628

CHARCAS   1/1785-12/1785

CARGO	OCHO
ALCABALAS REALES	38076
BIENES DE DIFUNTOS	26165
BULAS DE SANTA CRUZADA	3617
CENSOS DE INDIOS	13924
COMISOS	304
DEBIDO COBRAR CUENTAS ANTERIORES	2919
DEBIDO DE COBRAR ESTA CUENTA	37817
DEPOSITOS	4249
ESPOLIOS	100
EXISTENCIA	148616
EXTRAORDINARIO DE REAL HACIENDA	892
INVALIDOS	72
MEDIA ANATA	2600
MEDIA ANATA ECLESIASTICA	14808
MESADAS ECLESIASTICAS	5729
MONTE PIO DE MINISTROS	879
MONTE PIO MILITAR	336
NAIPES	1003
NOVENOS REALES	20408
NUEVO IMPUESTO DE AGUARDIENTE	350
OFICIOS VENDIBLES Y RENUNCIABLES	850
PAPEL SELLADO	1041
REAL ORDEN DE CARLOS III	3000
TEMPORALIDADES	93304
TRIBUTOS REALES DE INDIOS	43326
VACANTES MAYORES	47225
VACANTES MENORES	14680
16% DE CENSOS DE INDIOS	1137
TOTAL	527431

TOTAL COMPUTADO   527427

DATA	OCHO
BIENES DE DIFUNTOS	13664
BULAS DE SANTA CRUZADA	2627
CENSOS DE INDIOS	6503
CONSIGNACIONES SIT ECLESIASTICAS	13292
DEBIDO COBRAR CUENTAS ANTERIORES	2919
DEBIDO DE COBRAR ESTA CUENTA	37817
DEPOSITOS	13354
GASTOS ORD Y EXTRAORDINARIOS	14727
MONTE PIO DE MINISTROS	2430
NOVENOS REALES	2000
REMITIDO A POTOSI	92185
SUELDOS DE MIN POL Y REAL HAC	45447
SUELDOS Y GASTOS MILITARES	31172
TEMPORALIDADES	61959
VACANTES MAYORES	18134
VACANTES MENORES	1100
16% DE CENSOS DE INDIOS	372
TOTAL	359703

TOTAL COMPUTADO   359702

S 628

CARGO	OCHO
ALCABALAS REALES	35673
BIENES DE DIFUNTOS	22039
BULAS DE SANTA CRUZADA	4296
CENSOS DE INDIOS	13931
DEBIDO COBRAR CUENTAS ANTERIORES	11214
DEBIDO DE COBRAR ESTA CUENTA	52437
DEPOSITOS	19327
EXISTENCIA	167729
EXTRAORDINARIO DE REAL HACIENDA	815
INVALIDOS	91
MEDIA ANATA	3084
MEDIA ANATA ECLESIASTICA	2610
MESADAS ECLESIASTICAS	1673
MONTE PIO DE MINISTROS	856
MONTE PIO MILITAR	355
NAIPES	1310
NOVENOS REALES	15511
NUEVO IMPUESTO DE AGUARDIENTE	354
OFICIOS VENDIBLES Y RENUNCIABLES	799
OTRAS TESORERIAS	36709
PAPEL SELLADO	5108

1/1786-12/1786

DATA	OCHO
BIENES DE DIFUNTOS	4331
BULAS DE SANTA CRUZADA	2942
CENSOS DE INDIOS	13962
CONSIGNACIONES SIT ECLESIASTICAS	9647
DEBIDO COBRAR CUENTAS ANTERIORES	11215
DEBIDO DE COBRAR ESTA CUENTA	52437
DEPOSITOS	10425
GASTOS ORD Y EXTRAORDINARIOS	11952
INVALIDOS	90
MONTE PIO DE MINISTROS	1521
NOVENOS REALES	2000
REMITIDO A POTOSI	92071
SUELDOS DE MIN POL Y REAL HAC	44081
SUELDOS Y GASTOS MILITARES	33392
TEMPORALIDADES	54713
VACANTES MAYORES	2400
VACANTES MENORES	1100
16% DE CENSOS DE INDIOS	883
TOTAL	349163

CHARCAS   1/1786-12/1786

CARGO	OCHO		DATA	CCHC
REAL ORDEN DE CARLOS III	1950			
TEMPORALIDADES	14769			
TRIBUTOS REALES DE INDIOS	28328			
VACANTES MAYORES	1796			
VACANTES MENORES	12907			
16% DE CENSOS DE INDIOS	1288			
TOTAL	456962			
TOTAL COMPUTADO	456959		TOTAL COMPUTADO	349162

S 628   1/1787-12/1787

	OCHO			CCHC
ALCABALAS REALES	41145		BIENES DE DIFUNTOS	73492
BIENES DE DIFUNTOS	43865		BULAS DE SANTA CRUZADA	2815
BULAS DE SANTA CRUZADA	3386		CENSOS DE INDIOS	20941
CENSOS DE INDIOS	10698		CONSIGNACIONES SIT ECLESIASTICAS	14542
DEBIDO COBRAR CUENTAS ANTERIORES	13789		DEBIDO COBRAR CUENTAS ANTERIORES	13789
DEBIDO DE COBRAR ESTA CUENTA	33215		DEBIDO DE COBRAR ESTA CUENTA	33215
DEPOSITOS	15794		DEPOSITOS	15250
EXISTENCIA	107799		GASTOS ORD Y EXTRAORDINARIOS	14975
EXTRAORDINARIO DE REAL HACIENDA	490		INVALIDOS	90
INVALIDOS	3679		MONTE PIO DE MINISTROS	2147
MEDIA ANATA	2897		NOVENOS REALES	2000
MEDIA ANATA ECLESIASTICA	3334		REMITIDO A PCTOSI	22724
MESADAS ECLESIASTICAS	1044		SUELDOS DE MIN POL Y REAL HAC	49506
MONTE PIO DE MINISTROS	1226		SUELDOS Y GASTOS MILITARES	26581
MONTE PIO MILITAR	747		TEMPORALIDADES	8708
NAIPES	2445		VACANTES MENORES	7465
NOVENOS REALES	16256		16% DE CENSOS DE INDIOS	1855
NUEVO IMPUESTO DE AGUARDIENTE	315		TOTAL	310094
OFICIOS VENDIBLES Y RENUNCIABLES	486			
OTRAS TESORERIAS	28734			
PAPEL SELLADO	2307			
REAL ORDEN DE CARLOS III	3500			
TEMPORALIDADES	55650			
TRIBUTOS REALES DE INDIOS	55653			
VACANTES MENORES	18742			
16% DE CENSOS DE INDIOS	613			
TOTAL	465812			
TOTAL COMPUTADO	467809		TOTAL COMPUTADO	310095

S 628   1/1788-12/1788

	OCHO			CCHC
ALCABALAS REALES	41226		BIENES DE DIFUNTOS	3412
BIENES DE DIFUNTOS	1480		BULAS DE SANTA CRUZADA	938
BULAS DE SANTA CRUZADA	7643		CENSOS DE INDIOS	28650
CENSOS DE INDIOS	30736		CONSIGNACIONES SIT ECLESIASTICAS	10661
DEBIDO COBRAR CUENTAS ANTERIORES	12495		DEBIDO COBRAR CUENTAS ANTERIORES	12495
DEBIDO DE COBRAR ESTA CUENTA	29882		DEBIDO DE COBRAR ESTA CUENTA	29882
DEPOSITOS	4689		DEPOSITOS	7879
EXISTENCIA	155718		GASTOS ORD Y EXTRAORDINARIOS	14967
EXTRAORDINARIO DE REAL HACIENDA	300		INVALIDOS	90
INVALIDOS	2961		MONTE PIO DE MINISTROS	1215

DATA

	OCHO
NOVENOS REALES	2000
NUEVO IMPUESTO DE AGUARDIENTE	199
OTRAS TESORERIAS	4630
SUELDOS DE MIN POL Y REAL HAC	55565
SUELDOS Y GASTOS MILITARES	96640
TEMPORALIDADES	68678
VACANTES MENORES	1375
16% DE CENSOS DE INDIOS	786
TOTAL	340067

TOTAL COMPUTADO 340062

1/1789-12/1789

	OCHO
BIENES DE DIFUNTOS	1290
BULAS DE SANTA CRUZADA	3660
CENSOS DE INDIOS	15026
CONSIGNACIONES SIT ECLESIASTICAS	11875
DEBIDO COBRAR CUENTAS ANTERIORES	20545
DEBIDO DE COBRAR ESTA CUENTA	26933
DEPOSITOS	17850
GASTOS ORD Y EXTRAORDINARIOS	24231
INVALIDOS	90
MONTE PIO DE MINISTROS	1915
NOVENOS REALES	11884
REMITIDO A POTOSI	42705
SUELDOS DE MIN POL Y REAL HAC	64007
SUELDOS Y GASTOS MILITARES	32680
TEMPORALIDADES	37922
VACANTES MENORES	4491
16% DE CENSOS DE INDIOS	2942
TOTAL	320078

TOTAL COMPUTADO 320086

1/1790-12/1790

	OCHO
BIENES DE DIFUNTOS	128
BULAS DE SANTA CRUZADA	16590
CENSOS DE INDIOS	12353

CHARCAS 1/1788-12/1788

CARGO	OCHO
MEDIA ANATA	4407
MESADAS ECLESIASTICAS	2809
MONTE PIO DE MINISTROS	3055
MONTE PIO MILITAR	457
NAIPES	362
NOVENOS REALES	14391
NUEVO IMPUESTO DE AGUARDIENTE	876
OFICIOS VENDIBLES Y RENUNCIABLES	340
OTRAS TESORERIAS	23670
PAPEL SELLADO	3219
REAL ORDEN DE CARLOS III	3490
TEMPORALIDADES	45105
TRIBUTOS REALES DE INDIOS	48416
VACANTES MENORES	9324
16% DE CENSOS DE INDIOS	2184
TOTAL	449238

TOTAL COMPUTADO 449235

S 628

	OCHO
ALCABALAS REALES	29516
BIENES DE DIFUNTOS	2139
BULAS DE SANTA CRUZADA	18992
CENSOS DE INDIOS	18969
DEBIDO COBRAR CUENTAS ANTERIORES	20545
DEBIDO DE COBRAR ESTA CUENTA	26933
DEPOSITOS	19752
EXISTENCIA	109178
EXTRAORDINARIO DE REAL HACIENDA	16147
INVALIDOS	8076
MEDIA ANATA	23247
MESADAS ECLESIASTICAS	2126
MONTE PIO DE MINISTROS	2604
MONTE PIO MILITAR	2153
NAIPES	1052
NOVENOS REALES	11884
NUEVO IMPUESTO DE AGUARDIENTE	96
OFICIOS VENDIBLES Y RENUNCIABLES	1613
PAPEL SELLADO	618
REAL ORDEN DE CARLOS III	3060
TEMPORALIDADES	16901
TRIBUTOS REALES DE INDIOS	51064
VACANTES MAYORES	4490
16% DE CENSOS DE INDIOS	1129
TOTAL	392271

TOTAL COMPUTADO 392284

S 628

ALCABALAS REALES	28407
BIENES DE DIFUNTOS	174
BULAS DE SANTA CRUZADA	6228

CHARCAS 1/1790-12/1790

DATA

DATA	OCHO
CONSIGNACIONES SIT ECLESIASTICAS	11750
DEBIDO COBRAR CUENTAS ANTERIORES	18369
DEBIDO DE COBRAR ESTA CUENTA	47561
DEPOSITOS	6062
ESPOLIOS	309
GASTOS ORD Y EXTRAORDINARIOS	5413
INVALIDOS	8118
MESADAS ECLESIASTICAS	2126
MISIONES DE MOJOS Y CHUQUITO	15137
MONTE PIO DE MINISTROS	1315
MONTE PIO MILITAR	2153
NOVENOS REALES	2000
REAL ORDEN DE CARLOS III	3060
SUELDOS DE MIN POL Y REAL HAC	57024
SUELDOS Y GASTOS MILITARES	1370
TEMPORALIDADES	21329
VACANTES MENORES	2175
16% DE CENSOS DE INDIOS	1330
TOTAL	235674
TOTAL COMPUTADO	235672

1/1791-12/1791

DATA	OCHO
BIENES DE DIFUNTOS	5131
BULAS DE SANTA CRUZADA	6120
CENSOS DE INDIOS	27782
CONSIGNACIONES SIT ECLESIASTICAS	10074
DEBIDO COBRAR CUENTAS ANTERIORES	38668
DEBIDO DE COBRAR ESTA CUENTA	68014
DEPOSITOS	19669
GASTOS ORD Y EXTRAORDINARIOS	17211
INVALIDOS	382
MEDIA ANATA	796
MISIONES DE MOJOS Y CHUQUITO	16167
MONTE PIO DE MINISTROS	1215
MONTE PIO MILITAR	864
NOVENOS REALES	20211
REAL ORDEN DE CARLOS III	5335
SUELDOS DE MIN POL Y REAL HAC	60455
SUELDOS Y GASTOS MILITARES	3332
TEMPORALIDADES	1791
VACANTES MENORES	1385
16% DE CENSOS DE INDIOS	—
TOTAL	308069
TOTAL COMPUTADO	308065

CHARCAS 1/1790-12/1790

CARGO	OCHO
CENSOS DE INDIOS	11111
DEBIDO COBRAR CUENTAS ANTERIORES	18369
DEBIDO DE COBRAR ESTA CUENTA	47561
DEPOSITOS	9342
EXISTENCIA	72192
EXTRAORDINARIO DE REAL HACIENDA	4837
INVALIDOS	334
MEDIA ANATA	3515
MISIONES DE MOJOS Y CHUQUITO	15137
MONTE PIO DE MINISTROS	1463
MONTE PIO MILITAR	865
NAIPES	714
NOVENOS REALES	11505
NUEVO IMPUESTO DE AGUARDIENTE	78
OFICIOS VENDIBLES Y RENUNCIABLES	1967
PAPEL SELLADO	3641
REAL ORDEN DE CARLOS III	2790
TEMPORALIDADES	25805
TRIBUTOS REALES DE INDIOS	41563
VACANTES MENORES	3291
16% DE CENSOS DE INDIOS	777
TOTAL	311669
TOTAL COMPUTADO	311666

S 628 1/1791-12/1791

CARGO	OCHO
ALCABALAS REALES	28656
BIENES DE DIFUNTOS	4003
BULAS DE SANTA CRUZADA	1653
CENSOS DE INDIOS	25451
DEBIDO COBRAR CUENTAS ANTERIORES	38668
DEBIDO DE COBRAR ESTA CUENTA	68014
DEPOSITOS	19380
EXISTENCIA	75994
EXTRAORDINARIO DE REAL HACIENDA	4298
INVALIDOS	305
MEDIA ANATA	5447
MISIONES DE MOJOS Y CHUQUITO	16167
MONTE PIO DE MINISTROS	2762
MONTE PIO MILITAR	339
NAIPES	1359
NOVENOS REALES	12631
NUEVO IMPUESTO DE AGUARDIENTE	154
OBRAS PIAS Y CAPELLANIAS	1690
OFICIOS VENDIBLES Y RENUNCIABLES	3481
REAL ORDEN DE CARLOS III	2545
TEMPORALIDADES	8450
TRIBUTOS REALES DE INDIOS	54887
VACANTES MENORES	783
16% DE CENSOS DE INDIOS	2198
TOTAL	379319
TOTAL COMPUTADO	379315

CHARCAS 1/1792-12/1792

S 628

CARGO — 1/1792-12/1792

CARGO	OCHO		DATA	CCHO
ALCABALAS DE CASTILLA	8312		ALCABALAS DE CASTILLA	199
ALCABALAS DE TIERRA	22998		ALCABALAS DE TIERRA	310
ALCABALAS ENCABEZADAS	133		BIENES DE DIFUNTOS	5594
BIENES DE DIFUNTOS	12465		BULAS DE SANTA CRUZADA	1250
BULAS DE S CRUZADA EN ESPECIE	12187		CENSOS DE INDIOS	13969
BULAS DE SANTA CRUZADA	3486		CONSIGNACIONES SIT ECLESIASTICAS	13577
CENSOS DE INDIOS	19135		DEBIDO COBRAR CUENTAS ANTERIORES	18448
DEBIDO COBRAR CUENTAS ANTERIORES	18448		DEBIDO DE COBRAR ESTA CUENTA	33885
DEBIDO DE COBRAR ESTA CUENTA	33885		DEPOSITOS	2942
DEPOSITOS	17304		ESPOLIOS	5604
ESPOLIOS	5668		EXISTENCIA	57595
EXISTENCIA	57595		INVALIDOS	180
INVALIDOS	305		MISIONES DE MOJOS Y CHUQUITO	9873
MEDIA ANATA	2996		MONTE PIO DE MINISTROS	1215
MESADAS Y MEDIA ANATA ECLES	4122		NOVENOS REALES	2000
MISIONES DE MOJOS Y CHUQUITO	9873		PAPEL SELLADO	28
MONTE PIO DE MINISTROS	7726		PAPEL SELLADO EN ESPECIE	9950
MONTE PIO MILITAR	412		REAL HACIENDA EN COMUN	9869
NAIPES	969		SUELDOS DE REAL HACIENDA	59471
NOVENOS REALES	18686		SUELDOS MILITARES	4997
NUEVO IMPUESTO DE AGUARDIENTE	15		TEMPORALIDADES	6876
OBRAS PIAS Y CAPELLANIAS	3183		TRIBUTOS REALES DE INDIOS	2282
OFICIOS VENDIBLES Y RENUNCIABLES	3579		VACANTES MENORES	5275
PAPEL SELLADO	4924		16% DE CENSOS DE INDIOS	832
PAPEL SELLADO EN ESPECIE	345483		TOTAL	266221
REAL HACIENDA EN COMUN	2362			
REAL ORDEN DE CARLOS III	1665			
TEMPORALIDADES	23224			
TRIBUTOS REALES DE INDIOS	47294			
VACANTES MENORES	6155			
16% DE CENSOS DE INDIOS	1829			
TOTAL	696419			

TOTAL COMPUTADO 696418   TOTAL COMPUTADO 266221

S 629

1/1793-12/1793

CARGO	OCHO		DATA	CCHO
ALCABALAS DE CASTILLA	7378		ALCABALAS DE TIERRA	53
ALCABALAS DE TIERRA	23616		BIENES DE DIFUNTOS	1438
ALCABALAS ENCABEZADAS	131		BULAS DE S CRUZADA EN ESPECIE	35150
BIENES DE DIFUNTOS	9775		BULAS DE SANTA CRUZADA	1171
BULAS DE S CRUZADA EN ESPECIE	35150		CENSOS DE INDIOS	21246
BULAS DE SANTA CRUZADA	1720		CONSIGNACIONES SIT ECLESIASTICAS	17187
CENSOS DE INDIOS	23319		DEBIDO COBRAR CUENTAS ANTERIORES	28976
DEBIDO COBRAR CUENTAS ANTERIORES	28976		DEBIDO DE COBRAR ESTA CUENTA	43723
DEBIDO DE COBRAR ESTA CUENTA	43723		DEPOSITOS	21459
DEPOSITOS	38551		EXISTENCIA	63399
ESPOLIOS	63		INVALIDOS	180
EXISTENCIA	63399		MISIONES DE MOJOS Y CHUQUITO	14921
INVALIDOS	305		MONTE PIO DE MINISTROS	1215
MEDIA ANATA	887		MONTE PIO MILITAR	223
MESADAS Y MEDIA ANATA ECLES	2537		NOVENOS REALES	2000
MISIONES DE MOJOS Y CHUQUITO	14921		OBRAS PIAS Y CAPELLANIAS	400

CHARCAS   1/1793-12/1793

CARGO	OCHO
MONTE PIO DE MINISTROS	9141
MONTE PIO MILITAR	419
NAIPES	513
NOVENOS REALES	13749
NUEVO IMPUESTO DE AGUARDIENTE	60
OBRAS PIAS Y CAPELLANIAS	3808
OFICIOS VENDIBLES Y RENUNCIABLES	2938
PAPEL SELLADO	2320
PAPEL SELLADO EN ESPECIE	338740
REAL HACIENDA EN COMUN	2088
REAL ORDEN DE CARLOS III	1881
TEMPORALIDADES	20650
TRIBUTOS REALES DE INDIOS	50429
VACANTES MENORES	6058
16% DE CENSOS DE INDIOS	1985
TOTAL	749234

TOTAL COMPUTADO   749230

DATA	OCHO
OFICIOS VENDIBLES Y RENUNCIABLES	11
PAPEL SELLADO	96
PAPEL SELLADO EN ESPECIE	8456
REAL HACIENDA EN COMUN	2561
SUELDOS DE REAL HACIENDA	59258
SUELDOS MILITARES	6034
TEMPORALIDADES	5578
TRIBUTOS REALES DE INDIOS	5061
VACANTES MENORES	6057
16% DE CENSOS DE INDIOS	1008
TOTAL	346865

TOTAL COMPUTADO   346861

S 629

1/1794-12/1794

	OCHO
ALCABALAS DE CASTILLA	4787
ALCABALAS DE TIERRA	20922
BIENES DE DIFUNTOS	12137
BULAS DE S CRUZADA EN ESPECIE	6036
BULAS DE SANTA CRUZADA	4578
CENSOS DE INDIOS	10172
DEBIDO COBRAR CUENTAS ANTERIORES	17139
DEBIDO DE COBRAR ESTA CUENTA	29149
DEPOSITOS	25324
ESPOLIOS	63
EXISTENCIA	77699
INVALIDOS	301
MEDIA ANATA	437
MESADAS Y MEDIA ANATA ECLES	3222
MISIONES DE MOJOS Y CHUQUITO	3598
MONTE PIO DE MINISTROS	9719
MONTE PIO MILITAR	340
NAIPES	1071
NOVENOS REALES	14041
NUEVO IMPUESTO DE AGUARDIENTE	22
OBRAS PIAS Y CAPELLANIAS	8712
OFICIOS VENDIBLES Y RENUNCIABLES	5411
PAPEL SELLADO	2318
PAPEL SELLADO EN ESPECIE	436795
REAL HACIENDA EN COMUN	4521
REAL ORDEN DE CARLOS III	3500
TEMPORALIDADES	38758
TRIBUTOS REALES DE INDIOS	45592
VACANTES MENORES	6780
16% DE CENSOS DE INDIOS	1408
TOTAL	794557

TOTAL COMPUTADO   794552

	OCHO
ALCABALAS DE CASTILLA	247
ALCABALAS DE TIERRA	16
BIENES DE DIFUNTOS	1293
BULAS DE S CRUZADA EN ESPECIE	5277
BULAS DE SANTA CRUZADA	1889
CENSOS DE INDIOS	6992
CONSIGNACIONES SIT ECLESIASTICAS	14559
DEBIDO COBRAR CUENTAS ANTERIORES	17139
DEBIDO DE COBRAR ESTA CUENTA	29149
DEPOSITOS	8413
EXISTENCIA	77699
INVALIDOS	180
MISIONES DE MOJOS Y CHUQUITO	3598
MONTE PIO DE MINISTROS	1215
MONTE PIO MILITAR	125
NOVENOS REALES	6254
OBRAS PIAS Y CAPELLANIAS	3265
PAPEL SELLADO	428
PAPEL SELLADO EN ESPECIE	40237
REAL HACIENDA EN COMUN	2305
SUELDOS DE REAL HACIENDA	61593
SUELDOS MILITARES	4255
TEMPORALIDADES	8911
TRIBUTOS REALES DE INDIOS	1680
VACANTES MENORES	5057
16% DE CENSOS DE INDIOS	1400
TOTAL	303179

TOTAL COMPUTADO   303176

CHARCAS   1/1795–12/1795

CARGO

S 629

	OCHO
ALCABALAS DE CASTILLA	9027
ALCABALAS DE TIERRA	22668
BIENES DE DIFUNTOS	10947
BULAS DE S CRUZADA EN ESPECIE	797
BULAS DE SANTA CRUZADA	43409
CENSOS DE INDIOS	10414
DEBIDO COBRAR CUENTAS ANTERIORES	17535
DEBIDO DE COBRAR ESTA CUENTA	13173
DEPOSITOS	54555
ESPOLIOS	4871
EXISTENCIA	36457
INVALIDOS	294
MEDIA ANATA	546
MESADAS Y MEDIA ANATA ECLES	5909
MISIONES DE MOJOS Y CHUQUITO	23197
MONTE PIO DE MINISTROS	10296
MONTE PIO MILITAR	337
NAIPES	887
NOVENOS REALES	11817
NUEVO IMPUESTO DE AGUARDIENTE	20
OBRAS PIAS Y CAPELLANIAS	5642
OFICIOS VENDIBLES Y RENUNCIABLES	29694
PAPEL SELLADO	984
PAPEL SELLADO EN ESPECIE	396897
REAL HACIENDA EN COMUN	1254
REAL ORDEN DE CARLOS III	4119
TEMPORALIDADES	30487
TRIBUTOS REALES DE INDIOS	58780
VACANTES MENORES	8475
16% DE CENSOS DE INDIOS	441
TOTAL	813932

TOTAL COMPUTADO	813929

DATA

1/1795–12/1795

	OCHO
ALCABALAS DE CASTILLA	1727
ALCABALAS DE TIERRA	215
BIENES DE DIFUNTOS	5911
BULAS DE SANTA CRUZADA	43111
CENSOS DE INDIOS	6368
CONSIGNACIONES SIT ECLESIASTICAS	13496
DEBIDO COBRAR CUENTAS ANTERIORES	9748
DEBIDO DE COBRAR ESTA CUENTA	13173
DEPOSITOS	30374
ESPOLIOS	4807
EXISTENCIA	36457
INVALIDOS	180
MISIONES DE MOJOS Y CHUQUITO	23197
MONTE PIO DE MINISTROS	1215
MONTE PIO MILITAR	251
NOVENOS REALES	2000
OBRAS PIAS Y CAPELLANIAS	3837
OFICIOS VENDIBLES Y RENUNCIABLES	1005
PAPEL SELLADO	260
REAL HACIENDA EN COMUN	10285
SUELDOS DE REAL HACIENDA	61711
SUELDOS MILITARES	4241
TEMPORALIDADES	6498
TRIBUTOS REALES DE INDIOS	4431
VACANTES MENORES	8475
16% DE CENSOS DE INDIOS	344
TOTAL	293319

TOTAL COMPUTADO	293317

S 629

1/1796–12/1796

	OCHO
ALCABALAS DE CASTILLA	4597
ALCABALAS DE TIERRA	24197
ALCABALAS ENCABEZADAS	164
BULAS CUADRAGESIMALES EN ESPECIE	8014
BULAS DE S CRUZADA EN ESPECIE	42426
BULAS DE SANTA CRUZADA	1379
DEBIDO COBRAR CUENTAS ANTERIORES	54619
DEBIDO DE COBRAR ESTA CUENTA	14327
DEPOSITOS	45446
ESPOLIOS	171
EXISTENCIA	33575
INVALIDOS	319
MEDIA ANATA	257
MESADAS Y MEDIA ANATA ECLES	3055
MONTE PIO DE MINISTROS	10941
MONTE PIO MILITAR	358
NOVENOS REALES	15438

1/1796–12/1796

	OCHO
ALCABALAS DE CASTILLA	58
ALCABALAS DE TIERRA	58
BULAS CUADRAGESIMALES EN ESPECIE	7974
BULAS DE S CRUZADA EN ESPECIE	29294
BULAS DE SANTA CRUZADA EN ESPECIE	1003
CONSIGNACIONES SIT ECLESIASTICAS	10757
DEBIDO COBRAR CUENTAS ANTERIORES	37018
DEBIDO DE COBRAR ESTA CUENTA	14327
DEPOSITOS	22720
ESPOLIOS	33575
EXISTENCIA	180
INVALIDOS	1215
MONTE PIO DE MINISTROS	188
MONTE PIO MILITAR	12430
NOVENOS REALES	40162
PAPEL SELLADO EN ESPECIE	7834
REAL HACIENDA EN COMUN	62132
SUELDOS DE REAL HACIENDA	

CHARCAS — 1/1796-12/1796

CARGO	OCHO
NUEVO IMPUESTO DE AGUARDIENTE	49
OFICIOS VENDIBLES Y RENUNCIABLES	1310
PAPEL SELLADO EN ESPECIE	498647
REAL HACIENDA EN COMUN	5299
REAL ORDEN DE CARLOS III	2950
TRIBUTOS REALES DE INDIOS	52311
VACANTES MENORES	8310
TOTAL	828161
TOTAL COMPUTADO	828159

DATA	OCHO
SUELDOS MILITARES	4679
TRIBUTOS REALES DE INDIOS	2092
VACANTES MENORES	8310
TOTAL	296008
TOTAL COMPUTADO	296006

S 629

1/1797-12/1797

CARGO	OCHO
ALCABALAS DE CASTILLA	5992
ALCABALAS DE TIERRA	25090
ALCABALAS ENCABEZADAS	210
BULAS CUADRAGESIMALES EN ESPECIE	8054
BULAS DE S CRUZADA EN ESPECIE	65726
BULAS DE SANTA CRUZADA	1270
DEBIDO COBRAR CUENTAS ANTERIORES	25215
DEBIDO DE COBRAR ESTA CUENTA	13932
DEPOSITOS	25835
ESPOLIOS	4978
EXISTENCIA	27873
INVALIDOS	383
MEDIA ANATA	744
MESADAS ECLESIASTICAS	6303
MONTE PIO DE MINISTROS	11673
MONTE PIO MILITAR	533
NAIPES	793
NOVENOS REALES	14501
NUEVO IMPUESTO DE AGUARDIENTE	33
OFICIOS VENDIBLES Y RENUNCIABLES	3635
PAPEL SELLADO	2789
PAPEL SELLADO EN ESPECIE	463342
REAL HACIENDA EN COMUN	10526
REAL ORDEN DE CARLOS III	2297
TABACOS	10300
TRIBUTOS REALES DE INDIOS	52311
VACANTES MENORES	9210
TOTAL	793548
TOTAL COMPUTADO	793548

DATA	OCHO
ALCABALAS DE CASTILLA	36
ALCABALAS DE TIERRA	362
BULAS DE S CRUZADA EN ESPECIE	1771
BULAS DE SANTA CRUZADA	675
CONSIGNACIONES SIT ECLESIASTICAS	14567
DEBIDO COBRAR CUENTAS ANTERIORES	25215
DEBIDO DE COBRAR ESTA CUENTA	13932
DEPOSITOS	8539
ESPOLIOS	4807
EXISTENCIA	27872
INVALIDOS	180
MONTE PIO DE MINISTROS	1215
MONTE PIO MILITAR	188
NAIPES	206
NOVENOS REALES	11624
OFICIOS VENDIBLES Y RENUNCIABLES	301
PAPEL SELLADO	1057
REAL HACIENDA EN COMUN	10334
SUELDOS DE REAL HACIENDA	65841
SUELDOS MILITARES	6740
TABACOS	9000
TRIBUTOS REALES DE INDIOS	2092
VACANTES MENORES	9210
TOTAL	215766
TOTAL COMPUTADO	215764

S 629

1/1798-12/1798

CARGO	OCHO
ALCABALAS DE CASTILLA	2508
ALCABALAS DE TIERRA	27739
BULAS CUADRAGESIMALES	5235
BULAS CUADRAGESIMALES EN ESPECIE	11996
BULAS DE S CRUZADA EN ESPECIE	65744
BULAS DE SANTA CRUZADA	14762
DEPOSITOS	18841
ESPOLIOS	171

DATA	OCHO
ALCABALAS DE CASTILLA	2920
ALCABALAS DE TIERRA	2512
BULAS CUADRAGESIMALES	4193
BULAS CUADRAGESIMALES EN ESPECIE	7575
BULAS DE S CRUZADA EN ESPECIE	35419
BULAS DE SANTA CRUZADA	10712
CONSIGNACIONES SIT ECLESIASTICAS	12722
DEPOSITOS	17137

CHARCAS 1/1798-12/1798

CARGO	OCHO
EXISTENCIA	34125
INVALIDOS	439
MEDIA ANATA	1680
MESADAS Y MEDIA ANATA ECLES	3165
MONTE PIO DE MINISTROS	12186
MONTE PIO MILITAR	821
NAIPES	1573
NOVENOS REALES	18873
NUEVO IMPUESTO DE AGUARDIENTE	40
OFICIOS VENDIBLES Y RENUNCIABLES	3591
PAPEL SELLADO	16885
PAPEL SELLADO EN ESPECIE	659256
REAL HACIENDA EN COMUN	2271
REAL ORDEN DE CARLOS III	5252
SUBSIDIO ECLESIASTICO	6123
TABACOS	8500
TRIBUTOS REALES DE INDIOS	52349
VACANTES MENORES	18864
TOTAL	990951
TOTAL COMPUTADO	992989

DATA	OCHC
ESPOLIOS	171
EXISTENCIA	28246
INVALIDOS	180
MONTE PIO DE MINISTROS	11215
MONTE PIO MILITAR	125
NAIPES	1573
NOVENOS REALES	3658
OFICIOS VENDIBLES Y RENUNCIABLES	3971
PAPEL SELLADO	10425
PAPEL SELLADO EN ESPECIE	38175
REAL HACIENDA EN COMUN	4195
REAL ORDEN DE CARLOS III	3265
SUELDOS DE REAL HACIENDA	66786
SUELDOS MILITARES	4776
TABACOS	8500
TRIBUTOS REALES DE INDIOS	2437
VACANTES MENORES	18864
TOTAL	299794
TOTAL COMPUTADO	299792

S 629

CARGO	OCHO
ALCABALAS REALES	32886
BIENES DE DIFUNTOS	3000
BULAS CUADRAGESIMALES	830
BULAS CUADRAGESIMALES EN ESPECIE	8763
BULAS DE S CRUZADA EN ESPECIE	14639
BULAS DE SANTA CRUZADA EN ESPECIE	2530
CENSOS DE INDIOS	6329
DEBIDO DE COBRAR	65833
DEPOSITOS	8077
DONATIVO	6963
ESPOLIOS	28
EXISTENCIA	325870
INVALIDOS	252
MEDIA ANATA	1560
MESADAS Y MEDIA ANATA ECLES	18005
MISIONES DE MOJOS Y CHUQUITO	6017
MONTE PIO DE MINISTROS	2985
MONTE PIO MILITAR	17280
NAIPES	100
NOVENOS REALES	11586
OBRAS PIAS Y CAPELLANIAS	2685
OFICIOS VENDIBLES Y RENUNCIABLES	6281
PAPEL SELLADO	5541
PAPEL SELLADO EN ESPECIE	144500
PENAS DE CAMARA	315
REAL HACIENDA EN COMUN	4693
REAL ORDEN DE CARLOS III	3581
SUBSIDIO ECLESIASTICO	1236
TABACOS	10000
TEMPORALIDADES	1500
TRIBUTOS REALES DE INDIOS	52574

1/1800-12/1800

DATA	OCHC
BIENES DE DIFUNTOS	8
BULAS CUADRAGESIMALES	74
BULAS CUADRAGESIMALES EN ESPECIE	6521
BULAS DE S CRUZADA EN ESPECIE	1000
BULAS DE SANTA CRUZADA	333
CENSOS DE INDIOS	2960
DEBIDO COBRAR CUENTAS ANTERIORES	24569
DEBIDO DE COBRAR ESTA CUENTA	41264
DEPOSITOS	626
DONATIVO	199
ESPOLIOS	275
EXISTENCIA	60927
INVALIDOS	138
MEDIA ANATA	18005
MEDIA ANATA Y MESADA ECLES	13254
MISIONES DE MOJOS Y CHUQUITO	1215
MONTE PIO DE MINISTROS	138
MONTE PIO MILITAR	100
NAIPES	2000
NOVENOS REALES	14677
OBRAS PIAS Y CAPELLANIAS	164775
PAPEL SELLADO EN ESPECIE	210
PENAS DE CAMARA	14460
REAL HACIENDA EN COMUN	11608
SUELDOS DE PRECEPTORES	3949
SUELDOS MILITARES	63885
SUELDOS POLITICOS Y MILITARES	10000
TABACOS	16186
TEMPORALIDADES	5330
VACANTES MENORES	503
16% DE CENSOS DE INDIOS	
TOTAL	479197

CHARCAS   1/1800-12/1800

CARGO	OCHO
VACANTES MENORES	5330
15% DE CAPELLANIAS	600
16% DE CENSOS DE INDIOS	413
TOTAL	772786

	OCHO
TOTAL COMPUTADO	772782

B 132

	DATA	OCHO
TOTAL COMPUTADO		479193

1/1801-12/1801

	OCHO
ALCABALAS DE CASTILLA	5437
ALCABALAS DE TIERRA	25429
ALCABALAS ENCABEZADAS	228
ALCANCES DE CUENTAS	184
BIENES DE DIFUNTOS	3292
BULAS CUADRAGESIMALES	110
BULAS CUADRAGESIMALES EN ESPECIE	5580
BULAS DE S CRUZADA EN ESPECIE	55243
BULAS DE SANTA CRUZADA	1574
CENSOS DE INDIOS	24163
DEPOSITOS	11203
DONATIVO	1426
EMPRESTITOS	80900
ESPOLIOS	28
EXISTENCIA	37665
INVALIDOS	212
MEDIA ANATA	1346
MESADAS Y MEDIA ANATA ECLES	7360
MISIONES DE MOJOS Y CHUQUITO	20260
MONTE PIO DE MINISTROS	6180
MONTE PIO MILITAR	23798
NAIPES	304
NOVENOS REALES	20787
NUEVO IMPUESTO DE AGUARDIENTE	55
OBRAS PIAS	5568
OFICIOS VENDIBLES Y RENUNCIABLES	923
PAPEL SELLADO	8834
PAPEL SELLADO EN ESPECIE	188875
PENAS DE CAMARA	356
REAL HACIENDA EN COMUN	5423
REAL ORDEN DE CARLOS III	3804
REDENCION DE CAUTIVOS	332
SUBSIDIO ECLESIASTICO	17233
TABACOS	12000
TEMPORALIDADES	10320
TRIBUTOS REALES DE INDIOS	52355
VACANTES MENORES	12618
15% DE CAPELLANIAS	450
16% DE CENSOS DE INDIOS	604
TOTAL	652454

Data section (DATA / OCHO), 1/1801-12/1801:

	OCHO
ALCABALAS DE TIERRA	85
BULAS CUADRAGESIMALES	43
BULAS CUADRAGESIMALES EN ESPECIE	5296
BULAS DE S CRUZADA EN ESPECIE	38298
BULAS DE SANTA CRUZADA	348
CENSOS DE INDIOS	2373
DEPOSITOS	8458
EMPRESTITOS	80900
EXISTENCIA	37665
INVALIDOS	211
MEDIA ANATA Y MESADA ECLES	7360
MISIONES DE MOJOS Y CHUQUITC	11849
MONTE PIO DE MINISTROS	2025
MONTE PIO MILITAR	18515
NOVENOS REALES	2000
PAPEL SELLADO	2576
PAPEL SELLADC EN ESPECIE	138563
PENAS DE CAMARA	76
REAL HACIENDA EN CCMUN	5887
SUELDOS DE PRECEPTORES	11263
SUELDOS DE REAL HACIENDA	61208
SUELDOS MILITARES	4363
TABACOS	12000
TEMPORALIDADES	407
TRIBUTOS REALES DE INDIOS	2094
VACANTES MENORES	12618
16% DE CENSOS DE INDICS	533
TOTAL	467516

	OCHO
TOTAL COMPUTADO	652459

	OCHO
TOTAL COMPUTADO	467018

B 200

1/1802-12/1802

CHARCAS   1/1802-12/1802

CARGO	OCHO
ALCABALAS DE CASTILLA	2905
ALCABALAS DE TIERRA	36359
ALCANCES DE CUENTAS	867
BIENES DE DIFUNTOS	5185
BULAS CUADRAGESIMALES	371
BULAS CUADRAGESIMALES EN ESPECIE	1548
BULAS DE S CRUZADA EN ESPECIE	19980
BULAS DE SANTA CRUZADA	2877
CENSOS DE INDIOS	34677
DEPOSITOS	21609
DONATIVO	67
ESPOLIOS	28
EXISTENCIA	77124
INVALIDOS	212
MEDIA ANATA	9335
MESADAS Y MEDIA ANATA ECLES	6320
MISIONES DE MOJOS Y CHUQUITO	21962
MONTE PIO DE MINISTROS	6804
MONTE PIO MILITAR	6622
NAIPES	1155
NOVENOS REALES	12339
NUEVO IMPUESTO DE AGUARDIENTE	37
OBRAS PIAS	1895
OFICIOS VENDIBLES Y RENUNCIABLES	5982
PAPEL SELLADO	2323
PAPEL SELLADO EN ESPECIE	55592
PENAS DE CAMARA	993
REAL HACIENDA EN COMUN	4796
REAL ORDEN DE CARLOS III	2629
REDENCION DE CAUTIVOS	254
SUBSIDIO ECLESIASTICO	7540
TABACOS	7000
TEMPORALIDADES	772
TRIBUTOS REALES DE INDIOS	52405
VACANTES MENORES	10739
15% DE CAPELLANIAS	450
16% DE CENSOS DE INDIOS	904
TOTAL	422656

TOTAL COMPUTADO   422657

DATA	OCHO
ALCABALAS DE CASTILLA	78
ALCABALAS DE TIERRA	608
BIENES DE DIFUNTOS	1227
BULAS CUADRAGESIMALES EN ESPECIE	665
BULAS DE S CRUZADA EN ESPECIE	106
BULAS DE SANTA CRUZADA	848
CENSOS DE INDIOS	24538
DEPOSITOS	8213
EXISTENCIA	77124
INVALIDOS	212
MEDIA ANATA Y MESADA ECLES	6320
MISIONES DE MOJOS Y CHUQUITO	19609
MONTE PIO DE MINISTROS	5677
NAIPES	807
NOVENOS REALES	2000
OFICIOS VENDIBLES Y RENUNCIABLES	10
PAPEL SELLADO	175
PENAS DE CAMARA	160
REAL HACIENDA EN COMUN	15625
SUELDOS DE REAL HACIENDA	53304
SUELDOS MILITARES	4138
SUELDOS PRECEPTORES Y SINDCCS	12581
TABACOS	5000
TEMPORALIDADES	205
TRIBUTOS REALES DE INDIOS	2094
VACANTES MENORES	10739
16% DE CENSOS DE INDIOS	759
TOTAL	252820

TOTAL COMPUTADO   252822

B 207

	OCHO
ALCABALAS DE CASTILLA	7578
ALCABALAS DE TIERRA	1085
ALCANCES DE CUENTAS	518
BIENES DE DIFUNTOS	5952
BULAS CUADRAGESIMALES	389
BULAS CUADRAGESIMALES EN ESPECIE	9720
BULAS DE S CRUZADA EN ESPECIE	82158
BULAS DE SANTA CRUZADA	3163
CENSOS DE INDIOS	17787
DEPOSITOS	31012
DONATIVO VOLUNTARIO	311
EFECTOS Y ALHAJAS EN DEPOSITO	159

1/1803-12/1803

	OCHO
ALCABALAS DE CASTILLA	921
ALCANCES DE CUENTAS	126
BIENES DE DIFUNTOS	394
BULAS CUADRAGESIMALES	388
BULAS CUADRAGESIMALES EN ESPECIE	3210
BULAS DE S CRUZADA EN ESPECIE	29837
BULAS DE SANTA CRUZADA	2185
CENSOS DE INDIOS	17212
DEPOSITOS	15846
DONATIVO VOLUNTARIO	67
GASTOS DE GUERRA	537
GASTOS ORD Y EXTRAORDINARIOS	565

CHARCAS   1/1803-12/1803

CARGO	OCHO
ESPOLIOS	28
INVALIDOS	215
MEDIA ANATA ECLESIASTICA	5243
MEDIA ANATA Y LANZAS	13488
MESADAS ECLESIASTICAS	14324
MISIONES DE MOJOS Y CHUQUITO	13310
MONTE PIO DE MINISTROS	6205
MONTE PIO MILITAR	15173
NAIPES	1138
NOVENOS REALES	35836
NUEVO IMPUESTO DE AGUARDIENTE	40
OBRAS PIAS	12823
OFICIOS VENDIBLES Y RENUNCIABLES	3712
PAPEL SELLADO	2914
PAPEL SELLADO EN ESPECIE	307568
PENAS DE CAMARA	1463
REAL HACIENDA EN COMUN	130763
REAL ORDEN DE CARLOS III	4805
REDENCION DE CAUTIVOS	507
SUBSIDIO ECLESIASTICO	10177
TABACOS	8500
TEMPORALIDADES	5273
TRIBUTOS REALES DE INDIOS	52355
VACANTES MENORES	18829
15% DE CAPELLANIAS	1695
16% DE CENSOS DE INDIOS	659
TOTAL	826275

| TOTAL COMPUTADO | 826275 |

DATA	OCHO
INVALIDOS	212
MEDIA ANATA ECLESIASTICA	5243
MEDIA ANATA Y LANZAS	9335
MESADAS ECLESIASTICAS	284
MISIONES DE MOJOS Y CHUQUITO	333
MONTE PIO DE MINISTROS	3772
MONTE PIO MILITAR	6622
NAIPES	1138
NOVENOS REALES	12339
OBRAS PIAS	8872
PAPEL SELLADO	872
PAPEL SELLADO EN ESPECIE	66473
PENAS DE CAMARA	882
REAL HACIENDA EN COMUN	92468
REAL ORDEN DE CARLOS III	2629
REDENCION DE CAUTIVOS	255
REDENCIONES DE CENSOS	19400
REDITOS DE PRINCIPALES A CENSOS	4019
SUBSIDIO ECLESIASTICO	7540
SUELDOS DE LA REAL AUDIENCIA	41023
SUELDOS DE REAL ADUANA	3697
SUELDOS DE REAL HACIENDA	4421
SUELDOS MILITARES	3838
SUELDOS Y GASTOS DE INTENDENCIA	12018
TABACOS	8500
TEMPORALIDADES	2554
TRIBUTOS REALES DE INDIOS	16752
VACANTES MENORES	10659
15% DE CAPELLANIAS	450
16% DE CENSOS DE INDIOS	550
TOTAL	418438

| TOTAL COMPUTADO | 418438 |

B 13

1/1804-12/1804

ALCABALAS DE ARRENDAMIENTO	1240
ALCABALAS DE CASTILLA	846
ALCABALAS DE COMESTIBLES	4767
ALCABALAS DE CONTRATOS PUBLICOS	5414
ALCABALAS DE TIERRA	14356
ALCANCES DE CUENTAS	6
BIENES DE DIFUNTOS	2911
BULAS CUADRAGESIMALES	600
BULAS DE SANTA CRUZADA	1757
CENSOS DE INDIOS	1909
COBRADO VALORES ANOS ANTERIORES	183151
DEPOSITOS	16031
ESPOLIOS	35023
INVALIDOS	245
MEDIA ANATA Y LANZAS	1951
MISIONES DE MOJOS Y CHUQUITO	732
MONTE PIO DE MINISTROS	2214
MONTE PIO MILITAR	2770
NAIPES	525

1/1804-12/1804

ALCABALAS DE CASTILLA	782
ALCABALAS DE TIERRA	724
ALCANCES DE CUENTAS	20
BIENES DE DIFUNTOS	4143
BULAS CUADRAGESIMALES	133
BULAS DE SANTA CRUZADA	4732
CENSOS DE INDIOS	5693
DEPOSITOS	14532
DONATIVO VOLUNTARIO	244
ESPOLIOS	12527
INVALIDOS	215
MEDIA ANATA ECLESIASTICA	1062
MESADAS ECLESIASTICAS	14474
MISIONES DE MOJOS Y CHUQUITO	13035
MONTE PIO DE MINISTROS	3228
MONTE PIO MILITAR	8551
NAIPES	317
NOVENOS REALES	2000
OBRAS PIAS	5840

CHARCAS   1/1804–12/1804

CARGO	OCHO
NOVENOS REALES	20914
NUEVO IMPUESTO DE AGUARDIENTE	101
OBRAS PIAS	1222
OFICIOS VENDIBLES Y RENUNCIABLES	175
OTRAS TESORERIAS	677
PAPEL SELLADO	21
REAL HACIENDA EN COMUN	47
REAL ORDEN DE CARLOS III	3000
TABACOS	6500
TEMPORALIDADES	500
TRIBUTOS REALES DE INDIOS	45824
VACANTES MENORES	10648
15% DE CAPELLANIAS	1500
16% DE CENSOS DE INDIOS	113
TOTAL	367690

TOTAL COMPUTADO   367690

S 631

	OCHO
ALCABALAS DE COMESTIBLES	4220
ALCABALAS DE TIERRA	16004
ALCABALAS DE VIENTO	3700
ALCABALAS ENCABEZADAS	533
ALCABALAS FORANEAS	3874
ALCABALAS REALES	20125
ALCANCES DE CUENTAS	565
BIENES DE DIFUNTOS	16851
BULAS CUADRAGESIMALES	147
BULAS DE SANTA CRUZADA	258
BULAS DE SC EN ESPECIE B FUTURO	57162
BULAS DE SC EN ESPECIE B PASADO	25468
CENSOS DE INDIOS	15286
DEPOSITOS	47203
DONATIVO VOLUNTARIO	71
EFECTOS Y ALHAJAS EN DEPOSITO	2915
ESPOLIOS	48972
FINCAS ENAGENADAS MANOS MUERTAS	8300
HERENCIAS TRANSVERSALES	120
INVALIDOS	2307
MEDIA ANATA ECLESIASTICA	825
MEDIA ANATA Y LANZAS	1446
MESADAS ECLESIASTICAS	5326
MISIONES DE MOJOS Y CHUQUITO	12610
MONTE PIO DE MINISTROS	5768
MONTE PIO MILITAR	16762
NAIPES	1134
NOVENOS REALES	22755
NUEVO IMPUESTO DE AGUARDIENTE	181
OBRAS PIAS	5209
OFICIOS VENDIBLES Y RENUNCIABLES	2390
PAPEL SELLADO	6304

DATA	OCHO
PAPEL SELLADO	504
PENAS DE CAMARA	130
REAL HACIENDA EN COMUN	1551
REAL ORDEN DE CARLOS III	7232
REDENCION DE CAUTIVOS	252
REDENCIONES DE CENSOS	36500
REDITOS DE PRINCIPALES A CENSOS	2644
SUBSIDIO ECLESIASTICO	2637
SUELDOS DEL ESTADO POLITICO	54479
SUELDOS Y GASTOS DE REAL HACIENDA	8268
SUELDOS Y GASTOS MILITARES	4882
TABACOS	8000
TEMPORALIDADES	4451
TRIBUTOS REALES DE INDIOS	12781
VACANTES MENORES	17607
15% DE CAPELLANIAS	1245
16% DE CENSOS DE INDIOS	560
TOTAL	255975

TOTAL COMPUTADO   255975

1/1806–12/1806

	OCHO
ALCABALAS DE TIERRA	106
ALCABALAS DE VIENTO	36
ALCABALAS REALES	2691
ALCANCES DE CUENTAS	18
BIENES DE DIFUNTOS	3592
BULAS CUADRAGESIMALES	95
BULAS DE SANTA CRUZADA	55
CENSOS DE INDIOS	2803
DEPOSITOS	1424
DONATIVO VOLUNTARIO	71
ESPOLIOS	41952
INVALIDOS	778
MEDIA ANATA ECLESIASTICA	825
MESADAS ECLESIASTICAS	4436
MISIONES DE MOJOS Y CHUQUITO	11890
MONTE PIO DE MINISTROS	2215
MONTE PIO MILITAR	10773
NAIPES	368
NOVENOS REALES	2000
NUEVO IMPUESTO DE AGUARDIENTE	1
OBRAS PIAS	5209
PAPEL SELLADO	446
PAPEL SELLADO EN ESPECIE B CORRTE	45820
PAPEL SELLADO EN ESPECIE E PASADO	132031
PENAS DE CAMARA	80
REAL HACIENDA EN COMUN	164688
REDENCION DE CAUTIVOS	182
REDITOS DE PRINCIPALES A CENSOS	2000
REDITOS DE PRINCIPALES A CENSOS	1179
SUBSIDIO DEL ESTADO POLITICO	139
SUELDOS DEL ESTADO POLITICO	52920
SUELDOS Y GASTOS DE REAL HACIENDA	9268

CHARCAS   1/1806-12/1806

CARGO	OCHO
PAPEL SELLADO EN ESPECIE B CORRTE	87425
PAPEL SELLADO EN ESPECIE B PASADO	254040
PENAS DE CAMARA	2210
PRINCIPALES A REDITO	62300
REAL HACIENDA EN COMUN	195724
REDENCION DE CAUTIVOS	182
REDITOS DE PRINCIPALES A CENSOS	32000
SUBSIDIO ECLESIASTICO	4047
TABACOS	6500
TEMPORALIDADES	5151
TRIBUTOS REALES DE INDIOS	56610
VACANTES MAYORES	48110
VACANTES MENORES	26945
15% DE CAPELLANIAS	1138
16% DE CENSOS DE INDIOS	721
TOTAL	1137894

	OCHO
TOTAL COMPUTADO	1137894

DATA	OCHO
SUELDOS Y GASTOS MILITARES	51946
TABACOS	6500
TEMPORALIDADES	5151
TRIBUTOS REALES DE INDIOS	20677
VACANTES MAYORES	7827
VACANTES MENORES	17417
15% DE CAPELLANIAS	720
16% DE CENSOS DE INDIOS	350
TOTAL	610679

	OCHO
TOTAL COMPUTADO	610679

S 631

1/1807-12/1807

	OCHO
ALCABALAS DE COMESTIBLES	3982
ALCABALAS DE TIERRA	16683
ALCABALAS DE VIENTO	3496
ALCABALAS ENCABEZADAS	646
ALCABALAS FORANEAS	3400
ALCABALAS REALES	5913
BIENES DE DIFUNTOS	19456
BULAS CUADRAGESIMALES	379
BULAS DE SANTA CRUZADA	3714
CENSOS DE INDIOS	24700
DEPOSITOS	72024
EFECTOS Y ALHAJAS EN DEPOSITO	2915
ESPOLIOS	7881
FINCAS ENAGENADAS MANOS MUERTAS	33321
HERENCIAS TRANSVERSALES	772
INVALIDOS	4479
MEDIA ANATA ECLESIASTICA	15024
MEDIA ANATA Y LANZAS	1461
MESADAS ECLESIASTICAS	1694
MISIONES DE MOJOS Y CHUQUITO	3405
MONTE PIO DE MINISTROS	8283
MONTE PIO MILITAR	29439
NOVENO MAYOR	25556
NOVENOS REALES	19408
NUEVO IMPUESTO DE AGUARDIENTE	107
OFICIOS VENDIBLES Y RENUNCIABLES	2903
OTRAS TESORERIAS	60096
PAPEL SELLADO	2765
PAPEL SELLADO EN ESPECIE B CORRTE	45937
PAPEL SELLADO EN ESPECIE B PASADO	48964
PENAS DE CAMARA	3588
REAL HACIENDA EN COMUN	187335
REAL ORDEN DE CARLOS III	1770
REDENCION DE CAUTIVOS	202

	OCHO
ALCABALAS DE TIERRA	219
ALCABALAS DE VIENTO	135
ALCABALAS REALES	104
BIENES DE DIFUNTOS	7289
BULAS CUADRAGESIMALES	64
BULAS DE SANTA CRUZACA	2519
CENSOS DE INDIOS	6421
CORREOS	1935
DEPOSITOS	41875
EFECTOS Y ALHAJAS EN DEPOSITO	2464
ESPOLIOS	2533
FINCAS ENAGENADAS MANOS MUERTAS	31383
GASTOS DE CONTADURIA Y RL HAC	1020
GASTOS DE GUERRA	89613
HERENCIAS TRANSVERSALES	120
INVALIDOS	1741
MEDIA ANATA ECLESIASTICA	15024
MEDIA ANATA Y LANZAS	4
MESADAS ECLESIASTICAS	890
MISIONES DE MOJOS Y CHUQUITC	1019
MONTE PIO DE MINISTROS	2215
MONTE PIO MILITAR	12179
NOVENOS REALES	2000
OTRAS TESORERIAS	17149
PAPEL SELLADC	537
PAPEL SELLADC EN ESPECIE E CORRTE	45937
PAPEL SELLADC EN ESPECIE E PASADO	73045
PENAS DE CAMARA	3588
REAL HACIENDA EN COMUN	178044
REAL ORDEN DE CARLOS III	1770
REDITOS DE PRINCIPALES A CENSOS	2645
SUBSIDIO ECLESIASTICC	3908
SUELDOS DE ADUANA Y RL HACIENDA	8791
SUELDOS DE LA REAL AUDIENCIA	41813

CHARCAS   1/1807-12/1807

CARGO	OCHO
SUBSIDIO ECLESIASTICO	4015
TABACOS	1661
TRIBUTOS REALES DE INDIOS	53205
VACANTES MAYORES	46447
VACANTES MENORES	25849
15% DE CAPELLANIAS	567
16% DE CENSOS DE INDIOS	1139
TOTAL	794581

TOTAL COMPUTADO	794581

B   13

CARGO	OCHO
ALCABALAS DE CASTILLA	7062
ALCABALAS DE TIERRA	26317
ALCANCES DE CUENTAS	131
BIENES DE DIFUNTOS	12487
BULAS CUADRAGESIMALES	338
BULAS CUADRAGESIMALES EN ESPECIE	11903
BULAS DE S CRUZADA EN ESPECIE	86135
BULAS DE SANTA CRUZADA	1924
CENSOS DE INDIOS	26974
DEPOSITOS	43066
DONATIVO VOLUNTARIO	3772
EFECTOS Y ALHAJAS EN DEPOSITO	451
ESPOLIOS	7823
FINCAS ENAGENADAS MANOS MUERTAS	51529
HERENCIAS TRANSVERSALES	1230
INVALIDOS	4325
MEDIA ANATA ECLESIASTICA	4014
MEDIA ANATA Y LANZAS	1145
MESADAS ECLESIASTICAS	1089
MISIONES DE MOJOS Y CHUQUITO	27943
MONTE PIO DE MINISTROS	7656
MONTE PIO MILITAR	24296
NAIPES	1667
NOVENO MAYOR	44131
NOVENOS REALES	16429
NUEVO IMPUESTO DE AGUARDIENTE	52
OFICIOS VENDIBLES Y RENUNCIABLES	2527
OTRAS TESORERIAS	40482
PAPEL SELLADO	4914
PAPEL SELLADO EN ESPECIE	94382
REAL HACIENDA EN COMUN	12247
REAL ORDEN DE CARLOS III	4229
REDENCION DE CAUTIVOS	483
SUBSIDIO ECLESIASTICO	164
TRIBUTOS REALES DE INDIOS	53655
VACANTES MAYORES	751
VACANTES MENORES	20659
15% DE CAPELLANIAS	333
16% DE CENSOS DE INDIOS	616
TOTAL	649331

DATA	OCHO
SUELDOS MILITARES	84059
SUELDOS Y GASTOS DE INTENDENCIA	24187
TABACOS	1032
TRIBUTOS REALES DE INDIOS	15603
VACANTES MAYORES	45696
VACANTES MENORES	19242
15% DE CAPELLANIAS	418
16% DE CENSOS DE INDIOS	1100
TOTAL	791334

TOTAL COMPUTADO	791334

1/1808-12/1808

DATA	OCHO
ALCABALAS REALES	909
ALCANCES DE CUENTAS	131
BIENES DE DIFUNTOS	111
BULAS CUADRAGESIMALES	338
BULAS DE SANTA CRUZADA	1296
CENSOS DE INDIOS	6749
DEPOSITOS	20984
FINCAS ENAGENADAS MANOS MUERTAS	5529
INVALIDOS	2990
MEDIA ANATA ECLESIASTICA	4014
MESADAS ECLESIASTICAS	803
MISIONES DE MOJOS Y CHUQUITO	767
MONTE PIO DE MINISTROS	1965
MONTE PIO MILITAR	17260
NAIPES	629
NOVENO MAYOR	25726
NOVENOS REALES	2000
OFICIOS VENDIBLES Y RENUNCIABLES	300
PAPEL SELLADO	122867
REAL HACIENDA EN COMUN	4229
REAL ORDEN DE CARLOS III	202
REDENCION DE CAUTIVOS	3629
REDITOS DE PRINCIPALES A CENSOS	39
SUBSIDIO ECLESIASTICO	45829
SUELDOS DEL ESTADO POLITICO	9635
SUELDOS Y GASTOS DE REAL HACIENDA	61618
SUELDOS Y GASTOS MILITARES	15494
TRIBUTOS REALES DE INDIOS	751
VACANTES MAYORES	15274
VACANTES MENORES	333
15% DE CAPELLANIAS	400
16% DE CENSOS DE INDIOS	419101
TOTAL	

CHARCAS   1/1808-12/1808

CARGO   OCHO

TOTAL COMPUTADO   649331

B   13

ALCABALAS DE CASTILLA	1005
ALCABALAS DE TIERRA	25001
ALCANCES DE CUENTAS	11
BIENES DE DIFUNTOS	26950
BULAS CUADRAGESIMALES	690
BULAS CUADRAGESIMALES EN ESPECIE	23919
BULAS DE S CRUZADA EN ESPECIE	167641
BULAS DE SANTA CRUZADA	4332
CENSOS DE INDIOS	36124
DEPOSITOS	64238
DONATIVO VOLUNTARIO	27844
EFECTOS Y ALHAJAS EN DEPOSITO	292
ESPOLIOS	8258
FINCAS ENAGENADAS MANOS MUERTAS	4500
HERENCIAS TRANSVERSALES	578
INVALIDOS	2512
MEDIA ANATA ECLESIASTICA	3769
MEDIA ANATA Y LANZAS	1617
MESADAS ECLESIASTICAS	5768
MISIONES DE MOJOS Y CHUQUITO	31829
MONTE PIO DE MINISTROS	10563
MONTE PIO MILITAR	12013
NAIPES	1748
NOVENO MAYOR	30129
NOVENOS REALES	10355
NUEVO IMPUESTO DE AGUARDIENTE	54
OFICIOS VENDIBLES Y RENUNCIABLES	400
PAPEL SELLADO	31
PAPEL SELLADO EN ESPECIE	94288
REAL HACIENDA EN COMUN	25753
REDENCION DE CAUTIVOS	281
SUBSIDIO ECLESIASTICO	1979
TRIBUTOS REALES DE INDIOS	55794
VACANTES MAYORES	1447
VACANTES MENORES	16820
15% DE CAPELLANIAS	30
16% DE CENSOS DE INDIOS	627
TOTAL	699190

TOTAL COMPUTADO   699190

B 240

ALCABALAS DE CASTILLA	6853
ALCABALAS DE TIERRA	20518
ALCABALAS ENCABEZADAS	354
ALCABALAS FORANEAS	1642
BIENES DE DIFUNTOS	26683
BULAS CUADRA EN ESPECIE B CORRTE	7020
BULAS CUADRA EN ESPECIE B PASADO	18197

DATA   OCHO

TOTAL COMPUTADO   419101

1/1809-12/1809

ALCABALAS DE CASTILLA	292
ALCABALAS DE TIERRA	426
BIENES DE DIFUNTOS	839
BULAS CUADRAGESIMALES	72
BULAS DE SANTA CRUZADA	3461
CENSOS DE INDIOS	13703
DEPOSITOS	13314
DONATIVO VOLUNTARIO	21895
FINCAS ENAGENADAS MANOS MUERTAS	226
HERENCIAS TRANSVERSALES	578
INVALIDOS	1628
MEDIA ANATA ECLESIASTICA	3769
MESADAS ECLESIASTICAS	470
MISIONES DE MOJOS Y CHUQUITO	22385
MONTE PIO DE MINISTROS	3377
MONTE PIO MILITAR	7047
NAIPES	1038
NOVENO MAYOR	18405
NOVENOS REALES	2000
REAL HACIENDA EN COMUN	5333
REDITOS DE PRINCIPALES A CENSOS	7273
SUBSIDIO ECLESIASTICO	125
SUELDOS DEL ESTADO POLITICO	32264
SUELDOS Y GASTOS DE REAL HACIENDA	8305
SUELDOS Y GASTOS MILITARES	39700
TRIBUTOS REALES DE INDIOS	15912
VACANTES MAYORES	800
VACANTES MENORES	14307
16% DE CENSOS DE INDIOS	620
TOTAL	239564

TOTAL COMPUTADO   239564

1/1810-12/1810

ALCABALAS DE CASTILLA	660
ALCABALAS DE TIERRA	84
BIENES DE DIFUNTOS	23423
BULAS CUADRA EN ESPECIE B CORRTE	7020
BULAS CUADRAGESIMALES	653
BULAS DE SANTA CRUZADA	2503
BULAS DE SC EN ESPECIE B PASADO	7500

CHARCAS 1/1810–12/1810

CARGO	OCHO
BULAS CUADRAGESIMALES	1351
BULAS DE SANTA CRUZADA	2636
BULAS DE SC EN ESPECIE B CORRTE	102909
BULAS DE SC EN ESPECIE B PASADO	25770
CENSOS DE INDIOS	38678
DEPOSITOS	87798
DONATIVO VOLUNTARIO	14411
EFECTOS Y ALHAJAS EN DEPOSITO	292
ESPOLIOS	13538
FINCAS ENAGENADAS MANOS MUERTAS	4274
LIMOSNAS DE BULAS DE SANTA CRZDA	1880
MEDIA ANATA ECLESIASTICA	2075
MEDIA ANATA Y LANZAS	2385
MESADAS ECLESIASTICAS	12094
MISIONES DE MOJOS Y CHUQUITO	13193
MONTE PIO DE MINISTROS	8529
MONTE PIO MILITAR	8290
NAIPES	1959
NOVENO MAYOR	26229
NOVENOS REALES	12665
NUEVO IMPUESTO DE AGUARDIENTE	107
OFICIOS VENDIBLES Y RENUNCIABLES	2130
OTRAS TESORERIAS	143286
PAPEL SELLADO	3826
PAPEL SELLADO EN ESPECIE B CORRTE	43375
PAPEL SELLADO EN ESPECIE B PASADO	50913
REAL HACIENDA EN COMUN	333839
REDENCION DE CAUTIVOS	488
SUBSIDIO ECLESIASTICO	4809
TABACOS	10000
TRIBUTOS REALES DE INDIOS	45042
VACANTES MAYORES	647
VACANTES MENORES	14693
15% DE CAPELLANIAS	1230
16% DE CENSOS DE INDIOS	531
TOTAL	1117139

TOTAL COMPUTADO 1117139

DATA	OCHO
CENSOS DE INDIOS	28496
DEPOSITOS	78161
DONATIVO VOLUNTARIO	9327
EFECTOS Y ALHAJAS EN DEPOSITO	292
ESPOLIOS	13538
FINCAS ENAGENADAS MANOS MUERTAS	4274
INVALIDOS	190563
LIMOSNAS DE BULAS DE SANTA CRZDA	871
MEDIA ANATA ECLESIASTICA	2075
MESADAS ECLESIASTICAS	164
MISIONES DE MOJOS Y CHUQUITO	12838
MONTE PIO DE MINISTROS	2150
MONTE PIO MILITAR	4
NOVENO MAYOR	11886
NOVENOS REALES	2000
PAPEL SELLADO	476
PAPEL SELLADO EN ESPECIE B CORRTE	43348
PAPEL SELLADO EN ESPECIE B PASADO	94
REAL HACIENDA EN COMUN	323972
REDITOS DE PRINCIPALES A CENSOS	7008
SUELDOS DEL ESTADO POLITICO	23473
SUELDOS Y GASTOS DE REAL HACIENDA	9724
SUELDOS Y GASTOS MILITARES	257123
TRIBUTOS REALES DE INDIOS	13189
VACANTES MENORES	10685
15% DE CAPELLANIAS	630
16% DE CENSOS DE INDIOS	387
TOTAL	1088591

TOTAL COMPUTADO 1088591

B 252

	OCHO
ALCABALAS DE CASTILLA	6583
ALCABALAS DE TIERRA	18240
ALCABALAS ENCABEZADAS	514
ALCABALAS FORANEAS	100
BIENES DE DIFUNTOS	7338
BULAS CUADRA EN ESPECIE B CORRTE	13158
BULAS CUADRA EN ESPECIE B PASADO	749
BULAS CUADRAGESIMALES	3242
BULAS DE SANTA CRUZADA	41424
BULAS DE SC EN ESPECIE B CORRTE	69817
BULAS DE SC EN ESPECIE B PASADO	11235
CENSOS DE INDIOS	
COMISOS	26
CONTRIBUCION EXTRAORDINARIA	4512

12/1813–12/1814

	OCHO
ALCABALAS DE CASTILLA	588
ALCABALAS DE TIERRA	92
BIENES DE DIFUNTOS	100
BULAS CUADRA EN ESPECIE B CORRTE	7338
BULAS CUADRA EN ESPECIE B PASADO	6174
BULAS CUADRAGESIMALES	67
BULAS DE SANTA CRUZADA	3242
BULAS DE SC EN ESPECIE B CORRTE	41419
BULAS DE SC EN ESPECIE B PASADO	35626
CENSOS DE INDIOS	10582
COMISOS	26
DEPOSITOS	16083
DONATIVO VOLUNTARIO	17187
INVALIDOS	733

CHARCAS   12/1813-12/1814

CARGO	OCHO
DEPOSITOS	18923
DONATIVO VOLUNTARIO	17187
INVALIDOS	741
LIMOSNAS DE BULAS DE SANTA CRZDA	980
MEDIA ANATA ECLESIASTICA	6450
MEDIA ANATA Y LANZAS	1719
MESADAS ECLESIASTICAS	2344
MONTE PIO DE MINISTROS	3119
MONTE PIO MILITAR	13035
NOVENO MAYOR	17165
NOVENOS REALES	22738
NUEVO IMPUESTO DE AGUARDIENTE	435
OBRAS PIAS	2974
OFICIOS VENDIBLES Y RENUNCIABLES	787
OTRAS TESORERIAS	7439
PAPEL SELLADO	2512
PAPEL SELLADO EN ESPECIE B CORRTE	11860
PAPEL SELLADO EN ESPECIE B PASADO	41512
PRINCIPALES A REDITO	13400
REAL HACIENDA EN COMUN	320882
REDENCION DE CAUTIVOS	143
SANTOS LUGARES DE JERUSALEM	5194
SUBSIDIO ECLESIASTICO	87
TABACOS	1444
TEMPORALIDADES	2189
TRIBUTOS REALES DE INDIOS	21505
VACANTES MAYORES	203
VACANTES MENORES	17727
15% DE CAPELLANIAS	608
16% DE CENSOS DE INDIOS	700
TOTAL	734509

TOTAL COMPUTADO   734509

DATA	OCHC
MEDIA ANATA ECLESIASTICA	6450
MESADAS ECLESIASTICAS	1485
MONTE PIO DE MINISTROS	3119
MONTE PIO MILITAR	7155
NOVENO MAYOR	17165
OBRAS PIAS	2974
PAPEL SELLADO	1184
PAPEL SELLADO EN ESPECIE B CORRTE	11829
PAPEL SELLADO EN ESPECIE E PASADO	5576
PRINCIPALES A REDITOS	13400
REAL HACIENDA EN CCMUN	290319
REDITOS DE PRINCIPALES A CENSOS	4998
SANTOS LUGARES DE JERUSALEM	5164
SUELDOS DEL ESTADO PCLITICC	26919
SUELDOS Y GASTOS DE REAL HACIENDA	11612
SUELDOS Y GASTOS MILITARES	11108
TABACOS	1444
TEMPORALIDADES	2189
TRIBUTOS REALES DE INCICS	5130
VACANTES MENORES	17727
16% DE CENSOS DE INDICS	683
TOTAL	586917

TOTAL COMPUTADO   586917

B 267

CARGO	OCHO
ALCABALAS DE CASTILLA	2237
ALCABALAS DE TIERRA	12873
ALCABALAS FORANEAS	1592
BIENES DE DIFUNTOS	196
BULAS CUADRAGESIMALES	472
BULAS CUADRAGESIMALES EN ESPECIE	8373
BULAS DE S CRUZADA EN ESPECIE	36292
BULAS DE SANTA CRUZADA	2085
CENSOS DE INDIOS	3997
DEPOSITOS	16415
DONATIVO VOLUNTARIO	1032
ESPOLIOS	12331
INVALIDOS	150
LIMOSNAS DE BULAS DE SANTA CRZDA	310
MEDIA ANATA ECLESIASTICA	2247
MEDIA ANATA Y LANZAS	246
MISIONES DE MOJOS Y CHUQUITO	550
MONTE PIO DE MINISTROS	88
MONTE PIO MILITAR	5152

1/1816-12/1816

DATA	OCHC
ALCABALAS FORANEAS	733
BULAS CUADRAGESIMALES	18
BULAS CUADRAGESIMALES EN ESPECIE	1294
BULAS DE S CRUZADA EN ESPECIE	6175
BULAS DE SANTA CRUZACA	671
CENSOS DE INDIOS	3244
DEPOSITOS	15279
DONATIVO VOLUNTARIC	1032
ESPOLIOS	12331
INVALIDOS	6
MEDIA ANATA ECLESIASTICA	2247
MONTE PIO MILITAR	170
NOVENO MAYOR	8050
NOVENOS REALES	241
OBRAS PIAS	23
OTRAS TESORERIAS	37
PAPEL SELLADC	376
PAPEL SELLADO EN ESPECIE	3644
PRINCIPALES A REDITOS	4740

CHARCAS   1/1816-12/1816

CARGO	OCHO
NOVENO MAYOR	9797
NOVENOS REALES	7123
NUEVO IMPUESTO DE AGUARDIENTE	180
OBRAS PIAS	388
OFICIOS VENDIBLES Y RENUNCIABLES	279
OTRAS TESORERIAS	6500
PAPEL SELLADO	1947
PAPEL SELLADO EN ESPECIE	79958
PRINCIPALES A REDITO	4740
REAL HACIENDA EN COMUN	250054
REDENCION DE CAUTIVOS	74
SUBSIDIO ECLESIASTICO	87
TABACOS	279
TEMPORALIDADES	300
TRIBUTOS REALES DE INDIOS	14623
VACANTES MAYORES	203
VACANTES MENORES	11650
16% DE CENSOS DE INDIOS	220
TOTAL	495040

TOTAL COMPUTADO   495040

DATA	OCHO
REAL HACIENDA EN COMUN	208177
REDITOS DE PRINCIPALES A CENSOS	3086
SUELDOS DEL ESTADO POLITICO	803
SUELDOS Y GASTOS DE REAL HACIENDA	7928
SUELDOS Y GASTOS MILITARES	15047
TABACOS	179
TEMPORALIDADES	169
VACANTES MENORES	11533
16% DE CENSOS DE INDIOS	70
TOTAL	307303

TOTAL COMPUTADO   307303

B 275

	OCHO
ALCABALAS DE CASTILLA	4822
ALCABALAS DE TIERRA	24779
ALCABALAS FORANEAS	1668
BIENES DE DIFUNTOS	2660
BULAS CUADRAGESIMALES	862
BULAS CUADRAGESIMALES EN ESPECIE	34968
BULAS DE S CRUZADA EN ESPECIE	162818
BULAS DE SANTA CRUZADA	1851
CENSOS DE INDIOS	8461
CONTRIBUCION EXTRAORDINARIA	5103
DEPOSITOS	35807
DONATIVO VOLUNTARIO	542
ESPOLIOS	9119
INVALIDOS	491
LIMOSNAS DE BULAS DE SANTA CRZDA	726
MEDIA ANATA ECLESIASTICA	7000
MEDIA ANATA Y LANZAS	2067
MESADAS ECLESIASTICAS	3828
MISIONES DE MOJOS Y CHUQUITO	3599
MONTE PIO DE MINISTROS	6120
MONTE PIO MILITAR	37347
NOVENO MAYOR	26754
NOVENOS REALES	15406
NUEVO IMPUESTO DE AGUARDIENTE	88
NUEVO IMPUESTO POR ARBITRIOS	3059
OBRAS PIAS	7038
OFICIOS VENDIBLES Y RENUNCIABLES	3479
OTRAS TESORERIAS	5355
PAPEL SELLADO	1487
PAPEL SELLADO EN ESPECIE	106800
PRINCIPALES A REDITO	1500

1/1818-12/1818

	OCHO
ALCABALAS DE CASTILLA	455
BIENES DE DIFUNTOS	2660
BULAS CUADRAGESIMALES	43
BULAS CUADRAGESIMALES EN ESPECIE	548
BULAS DE S CRUZADA EN ESPECIE	18676
BULAS DE SANTA CRUZADA	1709
CENSOS DE INDIOS	7708
CONTRIBUCION EXTRAORDINARIA	68
DEPOSITOS	35807
DONATIVO VOLUNTARIO	542
ESPOLIOS	9039
INVALIDOS	16
MEDIA ANATA ECLESIASTICA	7000
MESADAS ECLESIASTICAS	3453
MISIONES DE MOJOS Y CHUQUITO	3599
MONTE PIO DE MINISTROS	905
MONTE PIO MILITAR	37101
NOVENO MAYOR	26605
OBRAS PIAS	7038
OFICIOS VENDIBLES Y RENUNCIABLES	261
PAPEL SELLADO	105
PAPEL SELLADO EN ESPECIE	694
PRINCIPALES A REDITOS	1500
REAL HACIENDA EN COMUN	288953
REDITOS DE PRINCIPALES A CENSOS	2344
SUELDOS DEL ESTADO POLITICO	23232
SUELDOS Y GASTOS DE REAL HACIENDA	13104
SUELDOS Y GASTOS MILITARES	12433
TABACOS	717
TEMPORALIDADES	2359
TRIBUTOS REALES DE INDIOS	231

CHARCAS   1/1818-12/1818

CARGO	OCHO
REAL HACIENDA EN COMUN	320051
REDENCION DE CAUTIVOS	295
SANTOS LUGARES DE JERUSALEM	200
SUBSIDIO ECLESIASTICO	87
TABACOS	900
TEMPORALIDADES	2359
TRIBUTOS REALES DE INDIOS	21187
VACANTES MAYORES	23951
VACANTES MENORES	19298
16% DE CENSOS DE INDIOS	543
TOTAL	914475

TOTAL COMPUTADO	914475

DATA	OCHO
VACANTES MAYORES	23743
VACANTES MENORES	19087
16% DE CENSOS DE INDIOS	300
TOTAL	552035

TOTAL COMPUTADO	552035

B 277

1/1819-12/1819

	OCHO		OCHO
ALCABALAS DE CASTILLA	3325	ALCABALAS DE TIERRA	486
ALCABALAS DE TIERRA	29797	ALCABALAS FORANEAS	581
ALCABALAS FORANEAS	1619	BIENES DE DIFUNTOS	1000
ALCANCES DE CUENTAS	42	BULAS CUADRA EN ESPECIE B CORRTE	11589
BIENES DE DIFUNTOS	1000	BULAS CUADRA EN ESPECIE B PASADO	1137
BULAS CUADRA EN ESPECIE B CORRTE	42729	BULAS DE SANTA CRUZADA	66
BULAS CUADRA EN ESPECIE B PASADO	1137	BULAS DE SC EN ESPECIE B CORRTE	27321
BULAS CUADRAGESIMALES	893	BULAS DE SC EN ESPECIE B PASADO	20812
BULAS DE SANTA CRUZADA	243	CENSOS DE INDIOS	13104
BULAS DE SC EN ESPECIE B CORRTE	153160	CONTRIBUCION EXTRAORDINARIA	38
BULAS DE SC EN ESPECIE B PASADO	27917	DEPOSITOS	19182
CENSOS DE INDIOS	13857	DONATIVO VOLUNTARIO	500
CONTRIBUCION EXTRAORDINARIA	8132	ESPOLIOS	4310
DEPOSITOS	21361	MEDIA ANATA ECLESIASTICA	13250
DONATIVO VOLUNTARIO	950	MESADAS ECLESIASTICAS	822
ESPOLIOS	4360	MISIONES DE MOJOS Y CHUQUITO	4271
INVALIDOS	570	MONTE PIO DE MINISTROS	501
LIMOSNAS DE BULAS DE SANTA CRZDA	739	MONTE PIO MILITAR	19150
MEDIA ANATA ECLESIASTICA	13250	NOVENO MAYOR	14142
MEDIA ANATA Y LANZAS	852	PAPEL SELLADO EN ESPECIE B CORRTE	20372
MESADAS ECLESIASTICAS	822	PAPEL SELLADO EN ESPECIE E PASADO	5863
MISIONES DE MOJOS Y CHUQUITO	4361	REAL HACIENDA EN COMUN	260203
MONTE PIO DE MINISTROS	8621	REDENCION DE CAUTIVOS	225
MONTE PIO MILITAR	19328	REDITOS DE PRINCIPALES A CENSOS	2053
NOVENO MAYOR	22395	SANTOS LUGARES DE JERUSALEM	300
NOVENOS REALES	18643	SUELDOS DEL ESTADO POLITICO	7460
NUEVO IMPUESTO DE AGUARDIENTE	647	SUELDOS Y GASTOS DE REAL HACIENDA	7576
NUEVO IMPUESTO POR ARBITRIOS	21957	SUELDOS Y GASTOS MILITARES	9823
OBRAS PIAS	3313	TABACOS	400
OFICIOS VENDIBLES Y RENUNCIABLES	675	TRIBUTOS REALES DE INDIOS	153
OTRAS TESORERIAS	1284	VACANTES MAYORES	19067
PAPEL SELLADO	1340	VACANTES MENORES	8103
PAPEL SELLADO EN ESPECIE B CORRTE	100096	15% DE CAPELLANIAS	2640
PAPEL SELLADO EN ESPECIE B PASADO	27145	16% DE CENSOS DE INDIOS	291
REAL HACIENDA EN COMUN	292104	TOTAL	496791
REDENCION DE CAUTIVOS	256		
SANTOS LUGARES DE JERUSALEM	300		
SUBSIDIO ECLESIASTICO	87		
TABACOS	400		

CHARCAS   1/1819-12/1819

CARGO	OCHO
TEMPORALIDADES	958
TRIBUTOS REALES DE INDIOS	25288
VACANTES MAYORES	19608
VACANTES MENORES	8370
15% DE CAPELLANIAS	2640
16% DE CENSOS DE INDIOS	821
TOTAL	907392

TOTAL COMPUTADO	907392

S 286

	OCHO
ALCABALAS DE CASTILLA	3594
ALCABALAS DE TIERRA	25754
ALCABALAS FORANEAS	2552
BIENES DE DIFUNTOS	102
BULAS CUADRA EN ESPECIE B CORRTE	31240
BULAS CUADRA EN ESPECIE B PASADO	1934
BULAS CUADRAGESIMALES	1108
BULAS DE SANTA CRUZADA	2046
BULAS DE SC EN ESPECIE B CORRTE	126598
BULAS DE SC EN ESPECIE B PASADO	14534
CENSOS DE INDIOS	5447
CONTRIBUCION EXTRAORDINARIA	8032
DEPOSITOS	43016
DONATIVO VOLUNTARIO	184
ESPOLIOS	26814
INVALIDOS	789
LIMOSNAS DE BULAS DE SANTA CRZDA	1153
MEDIA ANATA ECLESIASTICA	5428
MEDIA ANATA Y LANZAS	882
MISIONES DE MOJOS Y CHUQUITO	211
MONTE PIO DE MINISTROS	8570
MONTE PIO MILITAR	9178
NOVENO MAYOR	18536
NOVENOS REALES	6665
NUEVO IMPUESTO DE AGUARDIENTE	122
NUEVO IMPUESTO POR ARBITRIOS	30998
OBRAS PIAS	3478
OFICIOS VENDIBLES Y RENUNCIABLES	36
OTRAS TESORERIAS	400
PAPEL SELLADO	2261
PAPEL SELLADO EN ESPECIE B CORRTE	80272
PAPEL SELLADO EN ESPECIE B PASADO	25506
REAL HACIENDA EN COMUN	257324
REDENCION DE CAUTIVOS	176
SANTOS LUGARES DE JERUSALEM	262
SUBSIDIO ECLESIASTICO	87
TABACOS	460
TEMPORALIDADES	1899
TRIBUTOS REALES DE INDIOS	32167
VACANTES MAYORES	541
VACANTES MENORES	14302
15% DE CAPELLANIAS	75
16% DE CENSOS DE INDIOS	760

DATA

TOTAL COMPUTADO	OCHC
	496791

1/1820-12/1820

	OCHC
ALCABALAS DE CASTILLA	111
ALCABALAS DE TIERRA	245
ALCABALAS FORANEAS	745
BIENES DE DIFUNTOS	102
BULAS CUADRA EN ESPECIE B CCRRTE	825
BULAS CUADRAGESIMALES	1108
BULAS DE SANTA CRUZACA	2014
BULAS DE SC EN ESPECIE B CCRRTE	11913
BULAS DE SC EN ESPECIE B PASADO	2188
CENSOS DE INDIOS	2517
CONTRIBUCION EXTRAORDINARIA	214
DEPOSITOS	43016
DONATIVO VOLUNTARIC	184
ESPOLIOS	26814
LIMOSNAS DE BULAS DE SANTA CRZDA	1153
MEDIA ANATA ECLESIASTICA	5428
MISIONES DE MCJOS Y CHUQUITC	211
MONTE PIO DE MINISTROS	5654
MONTE PIO MILITAR	9178
NOVENO MAYCR	18536
OBRAS PIAS	3478
PAPEL SELLADC	448
PAPEL SELLADC EN ESPECIE E CORRTE	5232
PAPEL SELLADC EN ESPECIE B PASADO	392
REAL HACIENDA EN COMUN	218941
REDENCION DE CAUTIVOS	176
REDITOS DE PRINCIPALES A CENSOS	1456
SANTOS LUGARES DE JERUSALEM	262
SUELDOS DEL ESTADO POLITICC	7306
SUELDOS Y GASTOS DE REAL HACIENDA	5357
SUELDOS Y GASTOS MILITARES	11349
TABACOS	460
TEMPORALIDADES	1734
TRIBUTOS REALES DE INDICS	368
VACANTES MENCRES	14302
16% DE CENSOS DE INDICS	170
TOTAL	403587

CHARCAS   1/1820–12/1820

	CARGO	OCHO
	TOTAL	795496

TOTAL COMPUTADO   795493

B 298

	OCHO
ALCABALAS DE CASTILLA	3433
ALCABALAS DE TIERRA	21065
ALCABALAS FORANEAS	1606
BIENES DE DIFUNTOS	411
BULAS CUADRA EN ESPECIE B CORRTE	40023
BULAS CUADRA EN ESPECIE B PASADO	3471
BULAS CUADRAGESIMALES	123
BULAS DE SANTA CRUZADA	1384
BULAS DE SC EN ESPECIE B CORRTE	143856
BULAS DE SC EN ESPECIE B PASADO	20867
CENSOS DE INDIOS	11901
CONTRIBUCION EXTRAORDINARIA	9928
DEPOSITOS	10681
ESPOLIOS	100
INVALIDOS	936
MANDAS FORZOSAS	101
MEDIA ANATA ECLESIASTICA	1525
MEDIA ANATA Y LANZAS	2580
MISIONES DE MOJOS Y CHUQUITO	192
MONTE PIO DE MINISTROS	4357
MONTE PIO MILITAR	3667
NOVENO MAYOR	16520
NOVENOS REALES	15777
NUEVO IMPUESTO DE AGUARDIENTE	45
NUEVO IMPUESTO POR ARBITRIOS	25946
OBRAS PIAS	1143
OFICIOS VENDIBLES Y RENUNCIABLES	2260
OTRAS TESORERIAS	54
PAPEL SELLADO	1577
PAPEL SELLADO EN ESPECIE B CORRTE	87350
PAPEL SELLADO EN ESPECIE B PASADO	31131
REAL HACIENDA EN COMUN	223414
REDENCION DE CAUTIVOS	124
SUBSIDIO ECLESIASTICO	87
TABACOS	850
TEMPORALIDADES	782
TRIBUTOS REALES DE INDIOS	37024
VACANTES MAYORES	541
VACANTES MENORES	7047
15% DE CAPELLANIAS	1200
16% DE CENSOS DE INDIOS	934
TOTAL	736013

TOTAL COMPUTADO   736013

B 317

	OCHO
ALCABALAS DE CASTILLA	2054

DATA

OCHO   403587

TOTAL COMPUTADO

1/1821–12/1821

	OCHO
ALCABALAS DE CASTILLA	161
ALCABALAS DE TIERRA	138
BIENES DE DIFUNTOS	411
BULAS CUADRA EN ESPECIE B CORRTE	15999
BULAS CUADRA EN ESPECIE B PASADO	100
BULAS CUADRAGESIMALES	123
BULAS DE SANTA CRUZADA	1118
BULAS DE SC EN ESPECIE B CORRTE	51060
BULAS DE SC EN ESPECIE B PASADO	20038
CENSOS DE INDIOS	11662
CONTRIBUCION EXTRAORDINARIA	32
DEPOSITOS	10554
ESPOLIOS	100
INVALIDOS	792
MEDIA ANATA ECLESIASTICA	1525
MISIONES DE MOJOS Y CHUQUITO	132
MONTE PIO DE MINISTROS	2500
MONTE PIO MILITAR	3667
NOVENO MAYOR	16520
NUEVO IMPUESTO POR ARBITRIOS	40
OBRAS PIAS	1044
OFICIOS VENDIBLES Y RENUNCIABLES	1350
PAPEL SELLADO	688
PAPEL SELLADO EN ESPECIE B CORRTE	16544
REAL HACIENDA EN COMUN	173371
REDENCION DE CAUTIVOS	124
REDITOS DE PRINCIPALES A CENSOS	220
SUBSIDIO ECLESIASTICO	87
SUELDOS DEL ESTADO POLITICO	24241
SUELDOS Y GASTOS DE REAL HACIENDA	11054
SUELDOS Y GASTOS MILITARES	8760
TABACOS	789
TEMPORALIDADES	34
TRIBUTOS REALES DE INDIOS	5490
VACANTES MENORES	7047
15% DE CAPELLANIAS	1200
16% DE CENSOS DE INDIOS	903
TOTAL	389618

TOTAL COMPUTADO   389618

1/1823–12/1823

	OCHO
ALCABALAS DE TIERRA	156

CHARCAS 1/1823-12/1823

CARGO	OCHO
ALCABALAS DE TIERRA	21609
ALCABALAS FORANEAS	303
BULAS CUADRA EN ESPECIE B CORRTE	14744
BULAS CUADRA EN ESPECIE B PASADO	4688
BULAS CUADRAGESIMALES	127
BULAS DE SANTA CRUZADA	1354
BULAS DE SC EN ESPECIE B CORRTE	50144
BULAS DE SC EN ESPECIE B PASADO	24679
CENSOS DE INDIOS	3
CONTRIBUCION EXTRAORDINARIA	2135
DEPOSITOS	53720
EFECTOS Y ALHAJAS EN DEPOSITO	95
ESPOLIOS	25
INVALIDOS	546
MEDIA ANATA Y LANZAS	22
MISIONES DE MOJOS Y CHUQUITO	180
MONTE PIO DE MINISTROS	1809
MONTE PIO MILITAR	3443
NOVENO MAYOR	13728
NOVENOS REALES	10272
NUEVO IMPUESTO DE AGUARDIENTE	120
NUEVO IMPUESTO POR ARBITRIOS	36365
OBRAS PIAS	1346
OTRAS TESORERIAS	840
PAPEL SELLADO	3437
PAPEL SELLADO EN ESPECIE B CORRTE	60834
PAPEL SELLADO EN ESPECIE B PASADO	28803
PRINCIPALES A REDITO	5000
REAL HACIENDA EN COMUN	235791
REDENCION DE CAUTIVOS	50
TABACOS	1156
TEMPORALIDADES	430
TRIBUTOS REALES DE INDIOS	37503
VACANTES MENORES	11231
15% DE CAPELLANIAS	180
TOTAL	628766

TOTAL COMPUTADO	628766

DATA	OCHO
BULAS DE SANTA CRUZADA	1221
CENSOS DE INDIOS	3
CONTRIBUCION EXTRAORDINARIA	67
DEPOSITOS	53720
EFECTOS Y ALHAJAS EN DEPOSITO	56
INVALIDOS	283
MISIONES DE MOJOS Y CHUQUITO	180
MONTE PIO DE MINISTROS	1249
MONTE PIO MILITAR	3443
NOVENO MAYOR	13728
NUEVO IMPUESTO POR ARBITRIOS	1251
OBRAS PIAS	1274
PAPEL SELLADO	57
PAPEL SELLADO EN ESPECIE E CORRTE	3563
PAPEL SELLADO EN ESPECIE B PASADO	7750
PRINCIPALES A REDITOS	5000
REAL HACIENDA EN COMUN	208012
REDENCION DE CAUTIVOS	50
REDITOS DE PRINCIPALES A CENSOS	1960
SUELDOS DEL ESTADO POLITICO	15655
SUELDOS Y GASTOS DE REAL HACIENDA	12141
SUELDOS Y GASTOS MILITARES	13063
TABACOS	1156
TEMPORALIDADES	430
TRIBUTOS REALES DE INDIOS	969
VACANTES MENORES	10780
15% DE CAPELLANIAS	180
TOTAL	357397

TOTAL COMPUTADO	357397

B 336

	OCHO
ALCABALAS DE CASTILLA	4513
ALCABALAS DE TIERRA	22099
ALCABALAS FORANEAS	737
BULAS CUADRA EN ESPECIE B CORRTE	6102
BULAS CUADRA EN ESPECIE B PASADO	19952
BULAS CUADRAGESIMALES	147
BULAS DE SANTA CRUZADA	802
BULAS DE SC EN ESPECIE B CORRTE	23620
BULAS DE SC EN ESPECIE B PASADO	76684
CENSOS DE INDIOS	139
CONTRIBUCION EXTRAORDINARIA	5198
DEPOSITOS	30666
EFECTOS Y ALHAJAS EN DEPOSITO	39
ESPOLIOS	54

1/1824-12/1824

	OCHO
BULAS CUADRA EN ESPECIE B CORRTE	6102
BULAS CUADRA EN ESPECIE B PASADO	6102
BULAS CUADRAGESIMALES	147
BULAS DE SANTA CRUZADA	747
BULAS DE SC EN ESPECIE B CORRTE	23620
BULAS DE SC EN ESPECIE B PASADO	23620
CENSOS DE INDIOS	44
DEPOSITOS	30666
ESPOLIOS	54
INVALIDOS	263
MEDIA ANATA ECLESIASTICA	1500
MONTE PIO DE MINISTROS	1724
MONTE PIO MILITAR	1520
NUEVO IMPUESTO POR ARBITRIOS	1246

CHARCAS   1/1824-12/1824

CARGO	OCHO
INVALIDOS	263
MEDIA ANATA ECLESIASTICA	1500
MEDIA ANATA Y LANZAS	370
MISIONES DE MOJOS Y CHUQUITO	120
MONTE PIO DE MINISTROS	1805
MONTE PIO MILITAR	1520
NUEVO IMPUESTO DE AGUARDIENTE	116
NUEVO IMPUESTO POR ARBITRIOS	28396
OBRAS PIAS	868
OFICIOS VENDIBLES Y RENUNCIABLES	339
OTRAS TESORERIAS	3853
PAPEL SELLADO	2555
PAPEL SELLADO EN ESPECIE B CORRTE	11813
PAPEL SELLADO EN ESPECIE B PASADO	78597
REAL HACIENDA EN COMUN	177041
REDENCION DE CAUTIVOS	120
TABACOS	867
TEMPORALIDADES	680
TRIBUTOS REALES DE INDIOS	22378
VACANTES MENORES	506
16% DE CENSOS DE INDIOS	8
TOTAL	524467
TOTAL COMPUTADO	524467

DATA	OCHC
OBRAS PIAS	868
PAPEL SELLADC	194
PAPEL SELLADC EN ESPECIE E CORRTE	11813
PAPEL SELLADC EN ESPECIE B PASADO	40156
REAL HACIENDA EN CCMUN	149399
REDENCION DE CAUTIVOS	55
REDITOS DE PRINCIPALES A CENSOS	929
SUELDOS DEL ESTADO PCLITICC	14617
SUELDOS Y GASTOS DE REAL HACIENDA	10975
SUELDOS Y GASTOS MILITARES	5847
TABACOS	867
TEMPORALIDADES	680
TRIBUTOS REALES DE INCIOS	137
VACANTES MENORES	506
TOTAL	334396
TOTAL COMPUTADO	334398

SUMARIO GENERAL DE CARTA CUENTA DE CHUCUITO

CARGO	OCHO	ENSAYADOS	ORO	DATA	OCHO	ENSAYADOS	ORO
L RH				1/1658-12/1658			
ARRENDAMIENTO Y VENTA DE MINAS		1970		AZOGUES		13602	
AZOGUES		86650		REMITIDO A LIMA		207711	
COMPOSICION DE TIERRAS		707		SUELDOS		3480	
PAPEL SELLADO		1330		TOTAL		224802	
1.5% Y QUINTO DE PLATA		134670					
TOTAL		224802					
TOTAL COMPUTADO		225327		TOTAL COMPUTADO		224793	
L RH				1/1661-12/1661			
ARRENDAMIENTO Y VENTA DE MINAS		2952		AZOGUES		8312	
AZOGUES		60748		REMITIDO A LIMA		163899	
MULTAS DEL REAL CONSEJO DE INDIOS		907		SUELDOS		6850	
PAPEL SELLADO		121		TOTAL		179060	
1.5% Y QUINTO DE PLATA		114334					
TOTAL		179060					
TOTAL COMPUTADO		179062		TOTAL COMPUTADO		179061	
L RH				4/1679- 4/1680			
ARRENDAMIENTO DE CASAS		636		FABRICA DE ALMACEN		616	
ARRENDAMIENTO Y VENTA DE MINAS		242		FLETES DE AZOGUES		4692	
AZOGUES		33172		FLETES DE PAPEL SELLADO		23	
AZOGUES ANTIGUOS		807		FLETES DE PLATA		253	
OFICIOS VENDIBLES Y RENUNCIABLES		2630		GASTOS DE CONTADURIA Y RL HAC		150	
PAPEL SELLADO		618		REMITIDO A LIMA		120115	
1.5% Y QUINTO DE PLATA		91002		SOBRAS		415	
TOTAL		128907		SUELDOS		2734	
				TOTAL		128897	
TOTAL COMPUTADO		129107		TOTAL COMPUTADO		128998	
L RH				4/1681- 4/1682			
ARRENDAMIENTO Y VENTA DE MINAS		218		FLETES DE PAPEL SELLADO		22	
AZOGUES		33246		GASTOS DE CONTADURIA Y RL HAC		274	
AZOGUES ANTIGUOS		2256		REMITIDO A LIMA		124560	

L RH   ORO

CHUCUITO   4/1681– 4/1682

CARGO

CARGO	OCHO	ENSAYADOS	ORO
CONDENACIONES DE RESIDENCIA		1190	
DONATIVO		726	
PAPEL SELLADO		665	
1.5% Y QUINTO DE PLATA		89092	
TOTAL		127292	
TOTAL COMPUTADO		127393	

DATA

DATA	OCHO	ENSAYADOS	ORO
SOBRAS		260	—
SUELDOS		2175	—
TOTAL		127292	—
TOTAL COMPUTADO		127291	

L RH   4/1683– 4/1684

CARGO

CARGO	OCHO	ENSAYADOS	ORO
ARRENDAMIENTO Y VENTA DE MINAS		121	
AZOGUES ANTIGUOS		10423	
MEDIA ANATA		1351	
PAPEL SELLADO		1814	
1.5% Y QUINTO DE PLATA		311	
		102383	
TOTAL		116404	
TOTAL COMPUTADO		116403	

DATA

DATA	OCHO	ENSAYADOS	ORO
EXTRAVIOS		1230	—
FLETES DE PLATA		4963	—
GASTOS DE CONTADURIA Y RL HAC		208	—
REMITIDO A LIMA		107491	—
SOBRAS		225	—
SUELDOS		2287	—
TOTAL		116404	—
TOTAL COMPUTADO		116404	

L RH   5/1684– 4/1685

CARGO

CARGO	OCHO	ENSAYADOS	ORO
ARRENDAMIENTO Y VENTA DE MINAS		163	
AZOGUES		67169	
AZOGUES FIADOS		890	
MEDIA ANATA		797	
PAPEL SELLADO		671	
1.5% Y QUINTO DE PLATA		134384	
TOTAL		204174	
TOTAL COMPUTADO		204074	

DATA

DATA	OCHO	ENSAYADOS	ORO
FLETES DE AZOGUES		34887	—
GASTOS DE CONTADURIA Y RL HAC		169	—
REMITIDO A LIMA		166123	—
SOBRAS		220	—
SUELDOS		2675	—
TOTAL		204074	—
TOTAL COMPUTADO		204074	

S1847   4/1707– 4/1708

CARGO

CARGO	OCHO	ENSAYADOS	ORO
AZOGUES		11518	
DERECHOS DE ENSAYE Y FUNDICION		1	
1.5% Y QUINTO DE PLATA		12039	
1.5% Y QUINTO DEL ORO		172	
TOTAL		23730	
TOTAL COMPUTADO		23730	

DATA

DATA	OCHO	ENSAYADOS	ORO
CAMBIOS DE PLATA		519	—
FLETES DE AZOGUES		24540	—
SUELDOS DE RESGUARDO		218	—
SUELDOS Y GASTOS DE REAL HACIENDA		2499	—
TOTAL		27778	—
TOTAL COMPUTADO		27776	

S1847   5/1708– 4/1709

CARGO

CARGO	OCHO	ENSAYADOS	ORO
ALCABALAS REALES		242	
ALCANCES DE CUENTAS		77	
AZOGUES		17288	
MEDIA ANATA		207	
PAPEL SELLADO		181	
SOBRAS		4	
1.5% Y QUINTO DE PLATA		28043	
TOTAL		46042	

DATA

DATA	OCHO	ENSAYADOS	ORO
CAMBIOS DE PLATA		657	—
FLETES DE AZOGUES		23548	—
FLETES DE PLATA		154	—
REMITIDO A LIMA		19005	—
SUELDOS Y GASTOS DE REAL HACIENDA		2680	—
TOTAL		46042	—

CHUCUITO   5/1708- 4/1709

CARGO	OCHO	ENSAYADOS	ORO
TOTAL COMPUTADO		46042	
S1847			
ALCABALAS REALES		241	
ARRENDAMIENTO Y VENTA DE MINAS		461	
AZOGUES		12127	
AZOGUES ATRASADOS		1840	
MEDIA ANATA		196	
OFICIOS VENDIBLES Y RENUNCIABLES		605	
PAPEL SELLADO		302	
SOBRAS		1	
1.5% Y QUINTO DE PLATA		13882	
1.5% Y QUINTO DEL ORO		139	
TOTAL		29793	
TOTAL COMPUTADO		29794	
S1847			
ARRENDAMIENTO Y VENTA DE MINAS		61	
AZOGUES		17443	
AZOGUES ATRASADOS		562	
OFICIOS VENDIBLES Y RENUNCIABLES		455	
PAPEL SELLADO		182	
1.5% Y QUINTO DE PLATA		8099	
1.5% Y QUINTO DEL ORO		212	
TOTAL		27015	
TOTAL COMPUTADO		27014	
S1847			
ARRENDAMIENTO Y VENTA DE MINAS		5314	
AZOGUES		8419	
AZOGUES ATRASADOS		2808	
OFICIOS VENDIBLES Y RENUNCIABLES		1819	
PAPEL SELLADO		302	
1.5% Y QUINTO DE PLATA		5742	
TOTAL		24405	
TOTAL COMPUTADO		24404	
S1847			
ARRENDAMIENTO Y VENTA DE MINAS		151	
AZOGUES		13665	
AZOGUES ATRASADOS		872	
EXTRAVIOS		321	
OFICIOS VENDIBLES Y RENUNCIABLES		453	
PAPEL SELLADO		242	

DATA	OCHO	ENSAYADOS	ORO
TOTAL COMPUTADO		46044	
5/1709- 4/1710			
CAMBIOS DE PLATA		322	
FLETES DE AZOGUES		12687	
FLETES DE PLATA		114	
REMITIDO A LIMA		14189	
SUELDOS Y GASTOS DE REAL HACIENDA		2484	
TOTAL		29793	
TOTAL COMPUTADO		29796	
5/1710- 4/1711			
REAL HACIENDA		6064	
REMITIDO A LIMA		18510	
SUELDOS Y GASTOS DE REAL HACIENDA		2442	
TOTAL		27015	
TOTAL COMPUTADO		27016	
5/1711- 4/1712			
REAL HACIENDA		8246	
REMITIDO A LIMA		13741	
SUELDOS Y GASTOS DE REAL HACIENDA		2417	
TOTAL		24405	
TOTAL COMPUTADO		24404	
5/1712- 4/1713			
REMITIDO A LIMA		20613	
SUELDOS Y GASTOS DE REAL HACIENDA		2417	
TOTAL		23031	

CHUCUITO 5/1712- 4/1713

CARGO	OCHO	ENSAYADOS	ORO	DATA	OCHO	ENSAYADOS	ORO
TRIBUTOS REALES DE PACAJES		2548					
1.5% Y QUINTO DE PLATA		4779					
TOTAL		23031					
TOTAL COMPUTADO		23031		TOTAL COMPUTADO		23030	

S1847   5/1713- 4/1714

CARGO	OCHO	ENSAYADOS	ORO	DATA	OCHO	ENSAYADOS	ORO
ALCABALAS REALES		242		REAL HACIENDA		16708	
ARRENDAMIENTO Y VENTA DE MINAS		209		SUELDOS Y GASTOS DE REAL HACIENDA		2403	
AZOGUES		9460		TOTAL		19111	
AZOGUES ATRASADOS		2349					
MEDIA ANATA		2393					
OFICIOS VENDIBLES Y RENUNCIABLES		1058					
PAPEL SELLADO		121					
1.5% Y QUINTO DE PLATA		3176					
1.5% Y QUINTO DEL ORO		100					
TOTAL		19111					
TOTAL COMPUTADO		19108		TOTAL COMPUTADO		19111	

S1847   5/1714- 4/1715

CARGO	OCHO	ENSAYADOS	ORO	DATA	OCHO	ENSAYADOS	ORO
ALCABALAS REALES		242		REAL HACIENDA		9001	
ARRENDAMIENTO Y VENTA DE MINAS		313		REMITIDO A HUANCAVELICA		15124	
AZOGUES		17408		SUELDOS Y GASTOS DE REAL HACIENDA		2476	
AZOGUES ATRASADOS		832		TOTAL		26599	
DONATIVO PARA CONF DE OFICIOS		91					
PAPEL SELLADO		121					
VENTA DE TIERRAS		28					
1.5% Y QUINTO DE PLATA		7460					
1.5% Y QUINTO DEL ORO		106					
TOTAL		26599					
TOTAL COMPUTADO		26601		TOTAL COMPUTADO		26601	

S1847   5/1715- 4/1716

CARGO	OCHO	ENSAYADOS	ORO	DATA	OCHO	ENSAYADOS	ORO
ALCABALAS REALES		181		FLETES		168	
AZOGUES		2634		REAL HACIENDA		13799	
AZOGUES ATRASADOS		1151		REMITIDO A HUANCAVELICA		15111	
BIENES DE DIFUNTOS		907		SUELDOS Y GASTOS DE REAL HACIENDA		2069	
MEDIA ANATA		1255		TOTAL		31146	
OFICIOS VENDIBLES Y RENUNCIABLES		2793					
PAPEL SELLADO		93					
1.5% Y QUINTO DE PLATA		21748					
1.5% Y QUINTO DEL ORO		384					
TOTAL		31146					
TOTAL COMPUTADO		31146		TOTAL COMPUTADO		31147	

S1847   5/1717- 4/1718

CHUCUITO   5/1717- 4/1718

CARGO	OCHO	ENSAYADOS	ORO
ARRENDAMIENTO Y VENTA DE MINAS		352	
AZOGUES		13413	
AZOGUES ATRASADOS		7629	
COMISOS		192	
MEDIA ANATA		4622	
OFICIOS VENDIBLES Y RENUNCIABLES		146	
1.5% Y QUINTO DE PLATA		54095	
TOTAL		80448	
TOTAL COMPUTADO		80449	

DATA	OCHO	ENSAYADOS	S1847 ORO
FLETES		68	
REAL HACIENDA		30143	
REMITIDO A HUANCAVELICA		9071	
REMITIDO A LIMA		38324	
SUELDOS Y GASTOS DE REAL HACIENDA		2852	
TOTAL		80458	
TOTAL COMPUTADO		80458	

S1847   5/1718- 4/1719

CARGO	OCHO	ENSAYADOS	ORO
ARRENDAMIENTO Y VENTA DE MINAS		50	
AZOGUES		5634	
PAPEL SELLADO		61	
SOBRAS		30	
1.5% Y QUINTO DE PLATA		73439	
1.5% Y QUINTO DEL ORO		1009	
TOTAL		80222	
TOTAL COMPUTADO		80223	

DATA	OCHO	ENSAYADOS	ORO
FLETES DE AZOGUES		113	
REAL HACIENDA		1535	
REMITIDO A HUANCAVELICA		18134	
REMITIDO A LIMA		17873	
SITUADO DE LA CONCEPCION		21156	
SITUADO DE VALDIVIA		18436	
SUELDOS Y GASTOS DE REAL HACIENDA		2976	
TOTAL		80222	
TOTAL COMPUTADO		80223	

S1847   5/1720- 4/1721

CARGO	OCHO	ENSAYADOS	ORO
ALCABALAS REALES		151	
ARRENDAMIENTO Y VENTA DE MINAS		30	
AZOGUES		8784	
AZOGUES ATRASADOS		461	
FIADORES DE LOS REALES OFICIALES		121	
PAPEL SELLADO		117	
1.5% Y QUINTO DE PLATA		11571	
TOTAL		21204	
TOTAL COMPUTADO		21235	

DATA	OCHO	ENSAYADOS	ORO
REAL HACIENDA		321	
REMITIDO A LIMA		3285	
SITUADO DE VALDIVIA		15111	
SUELDOS Y GASTOS DE REAL HACIENDA		2486	
TOTAL		21204	
TOTAL COMPUTADO		21203	

S1847   5/1721- 4/1722

CARGO	OCHO	ENSAYADOS	ORO
ARRENDAMIENTO Y VENTA DE MINAS		1387	
AZOGUES		10012	
AZOGUES ATRASADOS		2505	
OFICIOS VENDIBLES Y RENUNCIABLES		2418	
PAPEL SELLADO		60	
VENTA DE TIERRAS		19	
1.5% Y QUINTO DE PLATA		11092	
TOTAL		27494	
TOTAL COMPUTADO		27493	

DATA	OCHO	ENSAYADOS	ORO
REAL HACIENDA		6142	
REMITIDO A LIMA		18854	
SUELDOS Y GASTOS DE REAL HACIENDA		2497	
TOTAL		27494	
TOTAL COMPUTADO		27493	

S1847   5/1722- 4/1723

CHUCUITO

	OCHO	ENSAYADOS	ORO		OCHO	ENSAYADOS	ORO

CHUCUITO 5/1722- 4/1723

CARGO	ENSAYADOS	DATA	ENSAYADOS
AZOGUES	16124	FLETES	829
EFECTOS DE RESIDENCIA	73	REAL HACIENDA	1821
OFICIOS VENDIBLES Y RENUNCIABLES	500	REMITIDO A LIMA	14089
PAPEL SELLADO	73	SITUADO DE VALDIVIA	27016
1.5% Y QUINTO DE PLATA	29669	SUELDOS Y GASTOS DE REAL HACIENDA	2686
TOTAL	46439	TOTAL	46439
TOTAL COMPUTADO	46439	TOTAL COMPUTADO	46441

S1847 — 5/1723- 4/1724

CARGO	ENSAYADOS	DATA	ENSAYADOS
ALCABALAS REALES	550	REAL HACIENDA	5454
ALCANCES DE CUENTAS	9	REMITIDO A LIMA	11336
AZOGUES	11667	SITUADO DE VALDIVIA	18123
OFICIOS VENDIBLES Y RENUNCIABLES	2224	SUELDOS Y GASTOS DE REAL HACIENDA	2594
PAPEL SELLADO	1000	TOTAL	37506
	48		
1.5% Y QUINTO DE PLATA	22007		
TOTAL	37506		
TOTAL COMPUTADO	37505	TOTAL COMPUTADO	37507

S1847 — 5/1724- 4/1725

CARGO	ENSAYADOS	DATA	ENSAYADOS
AZOGUES	16986	REAL HACIENDA	669
AZOGUES ATRASADOS	121	REMITIDO A HUANCAVELICA	18134
PAPEL SELLADO	91	REMITIDO A LIMA	46379
VENTA DE TIERRAS	29	SUELDOS Y GASTOS DE REAL HACIENDA	2974
1.5% Y QUINTO DE PLATA	50927	TOTAL	68154
TOTAL	68154		
TOTAL COMPUTADO	68154	TOTAL COMPUTADO	68156

S1847 — 5/1725- 4/1726

CARGO	ENSAYADOS	DATA	ENSAYADOS
AZOGUES	19060	FLETES	159
AZOGUES ATRASADOS	179	REAL HACIENDA	18952
OFICIOS VENDIBLES Y RENUNCIABLES	128	REMITIDO A HUANCAVELICA	21156
PAPEL SELLADO	66	REMITIDO A LIMA	35829
1.5% Y QUINTO DE PLATA	59041	SUELDOS Y GASTOS DE REAL HACIENDA	2380
TOTAL	78475	TOTAL	78475
TOTAL COMPUTADO	78474	TOTAL COMPUTADO	78476

S1847 — 5/1726- 4/1727

CARGO	ENSAYADOS	DATA	ENSAYADOS
ALCABALAS REALES	212	FLETES DE PLATA	243
AZOGUES	12517	REMITIDO A LIMA	52547
AZOGUES ATRASADOS	1042	SUELDOS Y GASTOS DE REAL HACIENDA	1854
PAPEL SELLADO	91	TOTAL	54645
1.5% Y QUINTO DE PLATA	40778		
TOTAL	54645		

CHUCUITO   5/1726- 4/1727

CARGO	OCHO	ENSAYADOS	ORO	DATA	OCHO	ENSAYADOS	ORO
TOTAL COMPUTADO		54640		TOTAL COMPUTADO		54644	
S1847				5/1727- 4/1728			
ALCABALAS REALES		212		FLETES		251	
AZOGUES		19599		REMITIDO A LIMA		67164	
AZOGUES ATRASADOS		581		SUELDOS Y GASTOS DE REAL HACIENDA		2145	
PAPEL SELLADO		91		TOTAL		69558	
1.5% Y QUINTO DE PLATA		49077					
TOTAL		69559					
TOTAL COMPUTADO		69560		TOTAL COMPUTADO		69560	
S1847				5/1728- 4/1729			
AZOGUES		19040		FLETES		189	
AZOGUES ATRASADOS		1241		FLETES DE AZOGUES		4510	
MEDIA ANATA		2311		REAL HACIENDA		95	
PAPEL SELLADO		94		REMITIDO A HUANCAVELICA		30884	
1.5% Y QUINTO DE PLATA		40008		REMITIDO A LIMA		24817	
TOTAL		62694		SUELDOS Y GASTOS DE REAL HACIENDA		2198	
				TOTAL		62694	
TOTAL COMPUTADO		62694		TOTAL COMPUTADO		62693	
S1847				5/1729- 4/1730			
ALCABALAS REALES		212		FLETES DE AZOGUES		4510	
AZOGUES		18646		REAL HACIENDA		90	
AZOGUES ATRASADOS		361		REMITIDO A LIMA		56585	
PAPEL SELLADO		79		SUELDOS Y GASTOS DE REAL HACIENDA		2244	
1.5% Y QUINTO DE PLATA		44132		TOTAL		63429	
TOTAL		63429					
TOTAL COMPUTADO		63430		TOTAL COMPUTADO		63429	
S1847				5/1730- 4/1731			
AZOGUES		8592		FLETES DE AZOGUES		4510	
AZOGUES ATRASADOS		701		GASTOS DE CONTADURIA Y RL HAC		48	
PAPEL SELLADO		85		REAL HACIENDA		556	
1.5% Y QUINTO DE PLATA		40268		REMITIDO A LIMA		20611	
TOTAL		49646		SITUADO DE CHILE		21760	
				SUELDOS DE REAL HACIENDA		2162	
				TOTAL		49646	
TOTAL COMPUTADO		49646		TOTAL COMPUTADO		49647	
S1847				5/1731- 4/1732			

CHUCUITO   5/1731- 4/1732

CARGO	OCHO	ENSAYADOS
ALCABALAS REALES		212
AZOGUES		11958
AZOGUES ATRASADOS		732
MEDIA ANATA		402
PAPEL SELLADO		36
1.5% Y QUINTO DE PLATA		33389
TOTAL		46729
TOTAL COMPUTADO		46729

DATA	ORO	OCHO	ENSAYADOS (S1847)
REAL HACIENDA	—		483
REMITIDO A LIMA	—		21167
REPARO DE LAS CASAS REALES	—		86
SITUADO DE CHILE	—		22969
SUELDOS	—		2022
TOTAL	—		46729
TOTAL COMPUTADO	—		46727

S1847

5/1732- 4/1733

CARGO	OCHO	ENSAYADOS
ALCABALAS REALES		151
AZOGUES		9508
AZOGUES ATRASADOS		3082
BIENES DE DIFUNTOS		334
MEDIA ANATA		434
PAPEL SELLADO		62
VALIMIENTOS DE 10% DE SUELDOS		204
1.5% Y QUINTO DE PLATA		30399
TOTAL		44173
TOTAL COMPUTADO		44174

DATA	ORO	OCHO	ENSAYADOS (S1847)
FLETES DE AZOGUES	—		4510
GASTOS DE CONTADURIA Y RL HAC	—		62
REAL HACIENDA	—		345
REMITIDO A LIMA	—		25099
SITUADO DE CHILE	—		12089
SUELDOS	—		2070
TOTAL	—		44173
TOTAL COMPUTADO	—		44175

S1847

5/1733- 4/1734

CARGO	OCHO	ENSAYADOS
ALCABALAS REALES	250	
ALCANCES DE CUENTAS	163	
ARRENDAMIENTO Y VENTA DE MINAS	50	
AZOGUES	13154	
AZOGUES ATRASADOS	2893	
MEDIA ANATA	5052	
PAPEL SELLADO	142	
VENTA DE TIERRAS	64	
1.5% Y QUINTO DE PLATA	65579	
TOTAL	87348	
TOTAL COMPUTADO	87347	

DATA	ORO	OCHO	ENSAYADOS
FLETES DE AZOGUES	—	7462	
GASTOS DE CONTADURIA Y RL HAC	—	120	
PROPIOS	—	12	
REMITIDO A HUANCAVELICA	—	25000	
SITUADO DE CHILE	—	35000	
SUELDOS	—	3601	
TOTAL	—	71195	
TOTAL COMPUTADO	—	71195	

S1847

5/1734- 4/1735

CARGO	OCHO	ENSAYADOS
ALCABALAS REALES	250	
AZOGUES	4992	
AZOGUES ATRASADOS	6973	
PAPEL SELLADO	162	
1.5% Y QUINTO DE PLATA	59539	
TOTAL	71916	
TOTAL COMPUTADO	71916	

DATA	ORO	OCHO	ENSAYADOS
FLETES DE PAPEL SELLADO	—	79	
GASTOS DE CONTADURIA Y RL HAC	—	130	
REMITIDO A LIMA	—	33248	
SITUADO DE CHILE	—	35000	
SUELDOS	—	3459	
TOTAL	—	71916	
TOTAL COMPUTADO	—	71916	

S1847

5/1735- 4/1736

CHUCUITO 5/1735- 4/1736

CARGO	OCHO	ENSAYADOS	ORO	DATA	OCHO	ENSAYADOS	ORO
ALCABALAS REALES	250			FLETES DE AZOGUES	7462		
AZOGUES	13495			GASTOS DE CONTADURIA Y RL HAC	132		
AZOGUES ATRASADOS	2823			MEDIA ANATA	393		
BIENES DE DIFUNTOS	188			REMITIDO A LIMA	23893		
HIERROS	994			SITUADO DE CHILE	31782		
MEDIA ANATA	393			SUELDOS	3780		
PAPEL SELLADO	136			TOTAL	67441		
1.5% Y QUINTO DE PLATA	49024						
1.5% Y QUINTO DEL ORO	138						
TOTAL	67441						
TOTAL COMPUTADO	67441			TOTAL COMPUTADO	67442		

S 231 / 5/1736- 4/1737

CARGO	OCHO	ENSAYADOS	ORO	DATA	OCHO	ENSAYADOS	ORO
ALCABALAS REALES	200			GASTOS DE CONTADURIA Y RL HAC	157		
AZOGUES	18336			MEDIA ANATA	472		
AZOGUES ATRASADOS	4963			REMITIDO A HUANCAVELICA	67625		
DIEZMOS DE PLATA	39033			REPARO DE LAS CASAS REALES	550		
MEDIA ANATA	472			SUELDOS	3556		
OFICIOS VENDIBLES Y RENUNCIABLES	4000			TOTAL	72361		
PAPEL SELLADO	152						
VENTA DE TIERRAS	18						
1.5% DE PLATA	5188						
TOTAL	72361						
TOTAL COMPUTADO	72362			TOTAL COMPUTADO	72360		

S 231 / 5/1743- 4/1744

CARGO	OCHO	ENSAYADOS	ORO	DATA	OCHO	ENSAYADOS	ORO
ALCABALAS REALES	210			GASTOS DE CONTADURIA Y RL HAC	258		
PAPEL SELLADO	152			REMITIDO A LIMA	10118		
1.5% Y DIEZMOS DE PLATA	24014			SITUADO DE CHILE	14000		
TOTAL	24376			TOTAL	24376		
TOTAL COMPUTADO	24376			TOTAL COMPUTADO	24376		

S1847 / 5/1745- 4/1746

CARGO	OCHO	ENSAYADOS	ORO	DATA	OCHO	ENSAYADOS	ORO
ALCABALAS REALES	230			GASTOS DE CONTADURIA Y RL HAC	140		
PAPEL SELLADO	136			REMITIDO A LIMA	33101		
1.5% Y DIEZMOS DE PLATA	37167			SUELDOS	4293		
TOTAL	37533			TOTAL	37533		
TOTAL COMPUTADO	37533			TOTAL COMPUTADO	37534		

S1847 / 5/1746- 4/1747

CARGO	OCHO	ENSAYADOS	ORO	DATA	OCHO	ENSAYADOS	ORO
ALCABALAS REALES	230			GASTOS DE CONTADURIA Y RL HAC	140		
PAPEL SELLADO	201			REMITIDO A LIMA	33893		
TRIBUTOS REALES DE INDIOS	4094			SUELDOS	4242		
1.5% Y DIEZMOS DE PLATA	33750			TOTAL	38275		

CHUCUITO 5/1746- 4/1747

CARGO	OCHO	ENSAYADOS	ORO
TOTAL	38275		
TOTAL COMPUTADO	38275		

S1847			
ALCABALAS REALES	383		
ARRENDAMIENTO Y VENTA CE MINAS	50		
PAPEL SELLADO	162		
1.5% Y DIEZMOS DE PLATA	37870		
TOTAL	38465		
TOTAL COMPUTADO	38465		

DATA

	OCHO	ENSAYADOS	ORO
TOTAL COMPUTADO	38275	S1847	

5/1747- 4/1748

	OCHO	ENSAYADOS	ORO
GASTOS DE CONTADURIA Y RL HAC	160		
REAL HOSPITAL	880		
REMITIDO A LIMA	33703		
SUELDOS	3723		
TOTAL	38465		
TOTAL COMPUTADO	38466		

S1847

ALCABALAS DE CASTILLA	308
ALCABALAS DE MULAS	16
ALCABALAS REALES	503
PAPEL SELLADO	139
TRIBUTOS REALES DE INDIOS	5083
1.5% Y DIEZMOS DE PLATA	38377
TOTAL	44426
TOTAL COMPUTADO	44426

5/1748- 4/1749

GASTOS DE CONTADURIA Y RL HAC	251
REMITIDO A LIMA	40675
SUELDOS	3501
TOTAL	44426
TOTAL COMPUTADO	44427

S1847

ALCABALAS DE CHUQUITO	597
ALCABALAS DE PAUCARCOLLA Y PUNO	510
ALCANCES DE CUENTAS	35
ARRENDAMIENTO Y VENTA DE MINAS	140
PAPEL SELLADO	338
TRIBUTOS REALES DE CHUQUITO	3398
TRIBUTOS REALES DE PAUCARCOLLA	2000
1.5% Y DIEZMOS DE PLATA	37592
TOTAL	44610
TOTAL COMPUTADO	44610

5/1749- 4/1750

GASTOS DE CCNTADURIA Y RL HAC	289
REMITIDO A LIMA	40141
SUELDOS	4182
TOTAL	44612
TOTAL COMPUTADO	44612

S1847

ALCABALAS DE CHUQUITO	598
ALCABALAS DE PAUCARCOLLA Y PUNO	510
ALCANCES DE CUENTAS	74
ARRENDAMIENTO Y VENTA DE MINAS	2270
BARA DEL ALGUACIL MAYOR	100
PAPEL SELLADO	383
TRIBUTOS REALES DE CHUQUITO	1328
TRIBUTOS REALES DE PAUCARCOLLA	4000
VACANTES DE CURATOS	176
1.5% Y DIEZMOS DE PLATA	52832

5/1750- 4/1751

GASTOS DE CONTADURIA Y RL HAC	320
REMITIDO A LIMA	56797
SUELDOS	5154
TOTAL	62271

CHUCUITO 5/1750- 4/1751							
CARGO	OCHO	ENSAYADOS	ORO	DATA	OCHO	ENSAYADOS	ORO
TOTAL	62271						
TOTAL COMPUTADO	62271			TOTAL COMPUTADO	62271		

S1847 — 5/1751- 4/1752

CARGO	OCHO			DATA	OCHO		
ALCABALAS DE CHUQUITO	515			GASTOS DE CONTADURIA Y RL HAC	350		
ALCABALAS DE PAUCARCOLLA Y PUNO	510			REMITIDO A LIMA	70052		
ARRENDAMIENTO Y VENTA DE MINAS	50			REPARO DE LAS CASAS REALES	1000		
BARA DEL ALGUACIL MAYOR	100			SUELDOS	8063		
OFICIOS VENDIBLES Y RENUNCIABLES	1500			TOTAL	79466		
PAPEL SELLADO	229						
TRIBUTOS REALES DE CHUQUITO	1328						
TRIBUTOS REALES DE PAUCARCOLLA	4000						
VACANTES DE CURATOS	1355						
1.5% Y DIEZMOS DE PLATA	69879						
TOTAL	79466						
TOTAL COMPUTADO	79466			TOTAL COMPUTADO	79465		

S1847 — 5/1754- 4/1755

CARGO	OCHO			DATA	OCHO		
ALCABALAS DE CHUQUITO	400			GASTOS DE CONTADURIA Y RL HAC	440		
ALCABALAS DE PAUCARCOLLA Y PUNO	510			REMITIDO A LIMA	79368		
ARRENDAMIENTO Y VENTA DE MINAS	100			SUELDOS	4783		
BARA DEL ALGUACIL MAYOR	200			TOTAL	84592		
BULAS DE SANTA CRUZADA	4990						
PAPEL SELLADO	210						
SUELDO DEL PROTECTOR	509						
TRIBUTOS REALES DE PAUCARCOLLA	4000						
1.5% Y DIEZMOS DE PLATA	73673						
TOTAL	84592						
TOTAL COMPUTADO	84592			TOTAL COMPUTADO	84591		

S1847 — 5/1757- 4/1758

CARGO	OCHO			DATA	OCHO		
ALCABALAS DE CHUQUITO	2700			ALCABALAS REALES	1000		
ALCABALAS DE PAUCARCOLLA Y PUNO	510			GASTOS DE CONTADURIA Y RL HAC	449		
ALCABALAS DE VIENTO	450			REMITIDO A LIMA	61166		
ARRENDAMIENTO Y VENTA DE MINAS	50			SUELDOS	4583		
AUMENTO DE TRIBUTOS	205			TOTAL	67198		
DOCTRINA FORASTERA	2005						
PAPEL SELLADO	50						
SUELDO DEL PROTECTOR	509						
TRIBUTOS REALES DE PAUCARCOLLA	4000						
1.5% Y DIEZMOS DE PLATA	56719						
TOTAL	67198						
TOTAL COMPUTADO	67198			TOTAL COMPUTADO	67198		

S1847 — 5/1758- 4/1759

CHUCUITO   5/1758- 4/1759

CARGO	OCHO	ENSAYADOS	ORO
ALCABALAS DE VIENTO	2261		
ALCANCES DE CUENTAS	399		
ARRENDAMIENTO Y VENTA DE MINAS	150		
BARA DEL ALGUACIL MAYOR	100		
COMPOSICION DE TIERRAS	43		
DOCTRINA FORASTERA	2005		
PAPEL SELLADO	200		
SUELDO DEL PROTECTOR	509		
TRIBUTOS REALES DE CHUQUITO	977		
TRIBUTOS REALES DE INDIOS	668		
TRIBUTOS REALES DE PAUCARCOLLA	4000		
VACANTES DE CURATOS	751		
1.5% Y DIEZMOS DE PLATA	53517		
TOTAL	65581		

TOTAL COMPUTADO   65580

S1847

	OCHO	ENSAYADOS	ORO
ALCABALAS DE CHUQUITO	569		
ALCABALAS DE PAUCARCOLLA Y PUNO	4586		
ALCABALAS DE VIENTO	1250		
ALCANCES DE CUENTAS	380		
AUMENTO DE TRIBUTOS	123		
DOCTRINA FORASTERA	2005		
PAPEL SELLADO	200		
SUELDO DEL PROTECTOR	509		
TRIBUTOS REALES DE CHUQUITO	5167		
TRIBUTOS REALES DE PAUCARCOLLA	4000		
1.5% Y DIEZMOS DE PLATA	55583		
TOTAL	74372		

TOTAL COMPUTADO   74372

S 636

	OCHO	ENSAYADOS	ORO
ALCABALAS REALES	250		
ALCANCES DE CUENTAS	513		
BAJA DEL LEY	34		
BIENES DE DIFUNTOS	299		
DEPOSITOS	250		
MEDIA ANATA	134		
PAPEL SELLADO	22		
TRIBUTOS REALES DE INDIOS	4714		
VACANTES DE CURATOS	1441		
1.5% Y DIEZMOS DE PLATA	22543		
TOTAL	30200		

TOTAL COMPUTADO   30200

S 636

	OCHO	ENSAYADOS	ORO
ALCABALAS ENCABEZADAS	1072		

DATA	OCHO	ENSAYADOS	ORO
ALCANCES DE CUENTAS	737		
GASTOS DE CONTADURIA Y RL HAC	50		
REMITIDO A LIMA	59932		
SUELDOS	4535		
TRIBUTOS REALES DE INDIOS	326		
TOTAL	65581		

TOTAL COMPUTADO   65580

5/1759- 4/1760

	OCHO	ENSAYADOS	ORO
GASTOS DE CONTADURIA Y RL HAC	50		
REMITIDO A LIMA	67682		
RESULTAS	2074		
SUELDOS	4566		
TOTAL	74372		

TOTAL COMPUTADO   74372

6/1760- 4/1761

	OCHO	ENSAYADOS	ORO
BIENES DE DIFUNTOS	812		
CORREOS	90		
DEPOSITOS	250		
FLETES	93		
GASTOS DE CONTADURIA Y RL HAC	50		
REMITIDO A LIMA	24705		
REPARO DE LAS CASAS REALES	50		
SUELDOS	4150		
TOTAL	30200		

TOTAL COMPUTADO   30200

5/1761- 4/1762

	OCHO	ENSAYADOS	ORO
ALCANCES DE CUENTAS	1026		

CHUCUITO   5/1761- 4/1762

CARGO	OCHO	ENSAYADOS	ORO	DATA	OCHO	ENSAYADOS	ORO
ALCABALAS REALES	250			ARRENDAMIENTO Y VENTA DE MINAS	300		
ALCANCES DE CUENTAS	1026			BIENES DE DIFUNTOS	299		
ARRENDAMIENTO Y VENTA DE MINAS	300			COLEGIO DE SAN FELIPE DE LIMA	1537		
BIENES DE DIFUNTOS	299			CORREOS	90		
DEPOSITOS	250			DEPOSITOS	250		
MEDIA ANATA	535			FLETES	125		
PAPEL SELLADO	63			GASTOS DE CONTADURIA Y RL HAC	50		
SOBRAS DE SUELDOS DE JUSTICIA	2344			REMITIDO A LIMA	33394		
TRIBUTOS REALES DE INDIOS	8504			REPARO DE LAS CASAS REALES	50		
1.5% Y DIEZMOS DE PLATA	29572			SUELDOS	4750		
TOTAL	44214			TRIBUTOS REALES DE INDIOS	2345		
				TOTAL	44214		
TOTAL COMPUTADO	44215			TOTAL COMPUTADO	44216		

S 636

5/1762- 4/1763

CARGO	OCHO	ENSAYADOS	ORO	DATA	OCHO	ENSAYADOS	ORO
ALCABALAS REALES	250			COLEGIO DE SAN FELIPE DE LIMA	2049		
ALCANCES DE CUENTAS	1026			CORREOS	90		
ARRENDAMIENTO Y VENTA DE MINAS	300			FLETES DE PLATA	99		
BIENES DE DIFUNTOS	299			GASTOS DE CONTADURIA Y RL HAC	50		
COLEGIO DE SAN FELIPE DE LIMA	1537			REMITIDO A LIMA	24876		
DEPOSITOS	250			REPARO DE LAS CASAS REALES	50		
PAPEL SELLADO	6			SOBRAS DE SUELDOS DE JUSTICIA	908		
SOBRAS DE SUELDOS DE JUSTICIA	2344			SUELDOS	5000		
TRIBUTOS REALES DE INDIOS	6014			TOTAL	33122		
1.5% Y DIEZMOS DE PLATA	21096						
TOTAL	33122						
TOTAL COMPUTADO	33122			TOTAL COMPUTADO	33122		

S 636

5/1763- 4/1764

CARGO	OCHO	ENSAYADOS	ORO	DATA	OCHO	ENSAYADOS	ORO
ALCABALAS ENCABEZADAS	1268			COLEGIO DE SAN FELIPE DE LIMA	512		
ALCABALAS REALES	250			FLETES CONDUCCION CARTAS CUENTAS	90		
MEDIA ANATA Y LANZAS	1333			FLETES DE PLATA	67		
PAPEL SELLADO	6			GASTOS DE CONTADURIA Y RL HAC	100		
TRIBUTOS REALES DE INDIOS	6013			REMITIDO A LIMA	17839		
VACANTES DE DOCTRINAS	725			SUELDOS	4750		
1.5% Y DIEZMOS DE PLATA	13762			TOTAL	23359		
TOTAL	23359						
TOTAL COMPUTADO	23357			TOTAL COMPUTADO	23358		

S 646

5/1764- 4/1765

CARGO	OCHO	ENSAYADOS	ORO	DATA	OCHO	ENSAYADOS	ORO
ALCABALAS REALES	3493			REMITIDO A LIMA	73895		
ALCANCES DE CUENTAS	6764			SUELDOS Y PENSIONES	6583		
DOCTRINA FORASTERA	2005			TOTAL	80478		
OFICIOS VENDIBLES Y RENUNCIABLES	267						
PAPEL SELLADO	245						
SOBRAS DE SUELDOS DE JUSTICIA	3716						
SUELDO DEL PRECEPTOR	509						

CHUCUITO 5/1764- 4/1765

CARGO	OCHO	ENSAYADOS	ORO		DATA	OCHO	ENSAYADOS	ORO	S 646
TRIBUTOS REALES DE INDIOS	19419								
VACANTES DE DOCTRINAS	4391								
1.5% Y DIEZMOS DE PLATA	39673								
TOTAL	80481								
TOTAL COMPUTADO	80482				TOTAL COMPUTADO	80478			

S 646   5/1765- 4/1766

CARGO	OCHO	ENSAYADOS	ORO		DATA	OCHO	ENSAYADOS	ORO
ALCABALAS REALES	1413				REMITIDO A POTOSI	86468		
ALCANCES DE CUENTAS	6143				SUELDOS Y PENSIONES	9029		
ARRENDAMIENTO Y VENTA DE MINAS	100				TOTAL	95498		
DIEZMOS DE PLATA	48036							
DOCTRINA FORASTERA	2005							
PAPEL SELLADO	573							
SUELDO DEL PROTECTOR	519							
TRIBUTOS REALES DE INDIOS	28613							
VACANTES DE DOCTRINAS	781							
1.5% DE PLATA	7315							
TOTAL	95498							
TOTAL COMPUTADO	95497				TOTAL COMPUTADO	95497		

S 646   5/1766- 4/1767

CARGO	OCHO	ENSAYADOS	ORO		DATA	OCHO	ENSAYADOS	ORO
ALCABALAS REALES	3472				REMITIDO A LIMA	5798		
ALCANCES DE CUENTAS	15499				REMITIDO A POTOSI	88332		
ARRENDAMIENTO Y VENTA DE MINAS	100				SUELDOS Y PENSIONES	8297		
DIEZMOS DE PLATA	38781				TOTAL	102427		
DOCTRINA FORASTERA	2005							
OFICIOS VENDIBLES Y RENUNCIABLES	6050							
PAPEL SELLADO	287							
REINTEGROS	6779							
SUELDO DEL PROTECTOR	519							
TRIBUTOS REALES DE INDIOS	23024							
1.5% DE PLATA	5911							
TOTAL	102427							
TOTAL COMPUTADO	102427				TOTAL COMPUTADO	102427		

S 646   5/1767- 4/1768

CARGO	OCHO	ENSAYADOS	ORO		DATA	OCHO	ENSAYADOS	ORO
ALCABALAS REALES	2336				REMITIDO A LIMA	83274		
ALCANCES DE CUENTAS	4674				SUELDOS Y PENSIONES	3766		
ARRENDAMIENTO Y VENTA DE MINAS	100				TOTAL	87040		
DIEZMOS DE PLATA	45913							
DOCTRINA FORASTERA	2005							
PAPEL SELLADO	266							
SUELDO DEL PROTECTOR	519							
TRIBUTOS REALES DE INDIOS	22524							
VACANTES DE DOCTRINAS	1709							
1.5% DE PLATA	6993							
TOTAL	87040							

CHUCUITO   5/1767- 4/1768

CARGO	OCHO	ENSAYADOS	ORO	DATA	OCHO	ENSAYADOS	ORO
TOTAL COMPUTADO	87039			TOTAL COMPUTADO	87040		

S 646   5/1768- 4/1769   S 646

CARGO	OCHO	DATA	OCHO
ALCABALAS REALES	2412	REMITIDO A LIMA	99950
ARRENDAMIENTO Y VENTA DE MINAS	50	SUELDOS Y PENSIONES	3107
DIEZMOS DE PLATA	54713	TOTAL	103058
DOCTRINA FORASTERA	2005		
OFICIOS VENDIBLES Y RENUNCIABLES	1112		
PAPEL SELLADO	171		
SOBRAS DE SUELDOS DE JUSTICIA	3274		
SUELDO DEL PROTECTOR	519		
TRIBUTOS REALES DE INDIOS	29206		
VACANTES DE DOCTRINAS	1265		
1.5% DE PLATA	8331		
TOTAL	103058		
TOTAL COMPUTADO	103058	TOTAL COMPUTADO	103057

S 646   5/1769-12/1769   S 646

CARGO	OCHO	DATA	OCHO
ALCABALAS REALES	1689	REMITIDO A LIMA	58886
ARRENDAMIENTO Y VENTA DE MINAS	150	SUELDOS Y PENSIONES	2099
CORREOS	59	TOTAL	60984
DIEZMOS DE PLATA	37347		
DOCTRINA FORASTERA	1003		
OFICIOS VENDIBLES Y RENUNCIABLES	143		
PAPEL SELLADO	253		
PONTAZGO	60		
SUELDO DEL PROTECTOR	259		
TRIBUTOS REALES DE INDIOS	14142		
VACANTES DE DOCTRINAS	186		
1.5% DE PLATA	5692		
TOTAL	60984		
TOTAL COMPUTADO	60983	TOTAL COMPUTADO	60985

S 646   1/1770- 7/1770   S 646

CARGO	OCHO	DATA	OCHO
ALCABALAS REALES	3866	FLETES	784
DIEZMOS DE PLATA	42395	REMITIDO A PCTOSI	62746
DOCTRINA FORASTERA	1003	SUELDOS Y PENSIONES	7191
PONTAZGO	62	TOTAL	70722
SOBRAS DE SUELDOS DE JUSTICIA	1215		
SUELDO DEL PROTECTOR	259		
TRIBUTOS REALES DE INDIOS	13619		
VACANTES DE DOCTRINAS	1646		
1.5% DE PLATA	6456		
TOTAL	70521		
TOTAL COMPUTADO	70521	TOTAL COMPUTADO	70721

CHUCUITO   8/1770-12/1770

	OCHO	ENSAYADOS S 646	ORO

CARGO

S 646

8/1770-12/1770	OCHO	ENSAYADOS		DATA	OCHO	ENSAYADOS	ORO
ALCABALAS DE TARIFA	1230			8/1770-12/1770			
ALCABALAS ENCABEZADAS	88			EXISTENCIA	1546		
DIEZMOS DE PLATA	17702			REMITIDO A POTOSI	34115		
DOCTRINA FORASTERA	1003			SUELDOS Y PENSIONES	9200		
PAPEL SELLADO	1911			TOTAL	44862		
SOBRAS DE SUELDOS DE JUSTICIA	2445						
SUELDO DEL PROTECTOR	259						
TRIBUTOS REALES DE INDIOS	15899						
VACANTES DE DOCTRINAS	1629						
1.5% DE PLATA	2696						
TOTAL	44862						
TOTAL COMPUTADO	44862			TOTAL COMPUTADO	44861		

S 646

1/1771-8/1771	OCHO	ENSAYADOS		DATA	OCHO	ENSAYADOS	ORO
ALCABALAS DE TARIFA	824			1/1771- 8/1771			
ALCABALAS DE VIENTO	2400			REMITIDO A PCTOSI	53240		
CORREOS	100			SUELDOS Y PENSIONES	6475		
DIEZMOS DE PLATA	29795			TOTAL	59716		
DOCTRINA FORASTERA	1003						
OFICIOS VENDIBLES Y RENUNCIABLES	500						
PAPEL SELLADO	2307						
SOBRAS DE SUELDOS DE JUSTICIA	1308						
SUELDO DEL PROTECTOR	259						
TRIBUTOS REALES DE INDIOS	16110						
VACANTES DE CACIQUES	168						
VACANTES DE DOCTRINAS	381						
VALIMIENTOS DE CACIQUES	23						
1.5% DE PLATA	4538						
TOTAL	59716						
TOTAL COMPUTADO	59716			TOTAL COMPUTADO	59715		

S 646

9/1771-12/1771	OCHO	ENSAYADOS		DATA	OCHO	ENSAYADOS	ORO
ALCABALAS DE CABEZON Y VIENTO	959			9/1771-12/1771			
ALCABALAS DE TARIFA	1018			REMITIDO A PCTOSI	34429		
CORREOS	100			SUELDOS Y PENSIONES	6036		
DIEZMOS DE PLATA	15121			TOTAL	40465		
DOCTRINA FORASTERA	1003						
OFICIOS VENDIBLES Y RENUNCIABLES	100						
PAPEL SELLADO	1922						
PONTAZGO	73						
SOBRAS DE SUELDOS DE JUSTICIA	323						
SUELDO DEL PROTECTOR	259						
TRIBUTOS REALES DE INDIOS	15646						
VALIMIENTOS DE CACIQUES	41						
1.5% DE PLATA	2303						
TOTAL	38868						
TOTAL COMPUTADO	38868			TOTAL COMPUTADO	40465		

CHUCUITO   1/1772-12/1772

CARGO

	ENSAYADOS	OCHO
S 646		
ALCABALAS DE TARIFA		2047
ALCABALAS REALES		3748
DIEZMOS DE PLATA		38310
DOCTRINA FORASTERA		2005
OFICIOS VENDIBLES Y RENUNCIABLES		898
PAPEL SELLADO		1402
SOBRAS DE SUELDOS DE JUSTICIA		923
SUELDO DEL PROTECTOR		519
TRIBUTOS REALES DE INDIOS		35858
VACANTES DE DOCTRINAS		427
VALIMIENTOS DE CACIQUES		81
1.5% DE PLATA		5834
TOTAL		92052
TOTAL COMPUTADO		92052
S 646		
ALCABALAS DE CABEZON Y VIENTO		3165
ALCABALAS DE TARIFA		1018
CORREOS		211
DIEZMOS DE PLATA		37485
OFICIOS VENDIBLES Y RENUNCIABLES		2005
PAPEL SELLADO		1000
SUELDO DEL PROTECTOR		2541
TRIBUTOS REALES DE INDIOS		455
1.5% DE PLATA		29547
TOTAL		3741
		81164
TOTAL COMPUTADO		81168
S 646		
ALCABALAS DE CABEZON Y VIENTO		3871
ALCABALAS DE TARIFA		1531
ALCANCES DE CUENTAS		102
AZOGUES DEBIDO DE COBRAR		184
COSTOS DE RETAZAS		121
DEPOSITOS		10000
DOCTRINA FORASTERA		2005
OFICIOS VENDIBLES Y RENUNCIABLES		100
PAPEL SELLADO		2142
PONTAZGO		73
SUELDO DEL PROTECTOR		877
TOMIN DEL HOSPITAL		1271
TRIBUTOS REALES DE INDIOS		28156
VACANTES DE DOCTRINAS		534
1.5% Y DIEZMOS DE PLATA		42598
TOTAL		93565
TOTAL COMPUTADO		93565

S 646

DATA

ORO / DATA	ENSAYADOS	OCHO
1/1772-12/1772		
DEPOSITOS		3206
REMITIDO A PCTOSI		75781
SUELDOS Y PENSIONES		13064
TOTAL		92052
TOTAL COMPUTADO		92051
1/1773-12/1773		
REMITIDO A LIMA		23771
REMITIDO A PCTOSI		49179
SUELDOS Y PENSIONES		8189
TOTAL		81138
TOTAL COMPUTADO		81139
1/1774-12/1774		
COSTOS DE RETAZAS		41
EXISTENCIA		12800
REMITIDO A LIMA		120
REMITIDO A PCTOSI PARA B AIRES		76640
SUELDOS DE ALCABALAS		446
SUELDOS Y GASTOS DE REAL HACIENDA		3722
TOTAL		93769
TOTAL COMPUTADO		93769

S 646

	OCHO	ENSAYADOS	ORO

CHUCUITO   1/1775-12/1775

CARGO	OCHO	ENSAYADOS	ORO
S 646			
ALCABALAS DE TARIFA	1029		
ALCABALAS REALES	3530		
ALCANCES DE CUENTAS	67		
BULAS DE SANTA CRUZADA	6739		
DEPOSITOS	8766		
DOCTRINA FORASTERA	4010		
MONTE PIO DE MINISTROS	48		
MONTE PIO MILITAR	71		
OFICIOS VENDIBLES Y RENUNCIABLES	1112		
PAPEL SELLADO	4077		
PONTAZGO	73		
SEMINARIO	263		
SOBRAS DE SUELDOS DE JUSTICIA	1462		
SUELDO DEL AGENTE FISCAL	70		
SUELDO DEL PROTECTOR	1089		
TOMIN DEL HOSPITAL	1271		
TRIBUTOS REALES DE INDIOS	27388		
VACANTES DE DOCTRINAS	58		
VALIMIENTOS DE CACIQUES	163		
1.5% Y DIEZMOS DE PLATA	44030		
TOTAL	105314		
TOTAL COMPUTADO	105316		

S 646

CARGO	OCHO	ENSAYADOS	ORO
ALCABALAS DE TARIFA	2058		
ALCABALAS REALES	3447		
ALCANCES DE CUENTAS	905		
AZOGUES	53429		
DEPOSITOS	11844		
DOCTRINA FORASTERA	2005		
MONTE PIO DE MINISTROS	48		
MONTE PIO MILITAR	79		
OFICIOS VENDIBLES Y RENUNCIABLES	475		
PAPEL SELLADO	5934		
PONTAZGO	40		
SOBRAS DE SUELDOS DE CACIQUES	1090		
SOBRAS DE SUELDOS DE JUSTICIA	3211		
SUELDO DEL PROTECTOR	877		
TRIBUTOS REALES DE INDIOS	21539		
VACANTES DE DOCTRINAS	1412		
VALIMIENTOS DE CACIQUES	81		
1.5% Y DIEZMOS DE PLATA	36643		
TOTAL	145118		
TOTAL COMPUTADO	145117		

S 646

CARGO	OCHO	ENSAYADOS	ORO
ALCABALAS DE TARIFA	2047		
ALCABALAS DE VIENTO	4024		

DATA	OCHO	ENSAYADOS	ORO
1/1775-12/1775			
DEPOSITOS	8766		
MONTE PIO DE MINISTROS	47		
MONTE PIO MILITAR	71		
REMITIDO A PCTOSI	1320		
SEMINARIO	263		
SUELDO DEL AGENTE FISCAL	70		
SUELDOS Y PENSIONES	7703		
TOMIN DEL HOSPITAL	1271		
TOTAL	19512		
TOTAL COMPUTADO	19511		
1/1776-12/1776			
AZOGUES	23962		
FLETES	1357		
REMITIDO A PCTOSI	109004		
SUELDOS Y PENSIONES	9807		
TOTAL	144128		
TOTAL COMPUTADO	144130		
1/1777-12/1777			
AZOGUES	228		
DEBIDO DE COBRAR	7802		

CHUCUITO 1/1777-12/1777

CARGO	OCHO	ENSAYADOS	ORO		DATA	OCHO	ENSAYADOS	ORO
AZOGUES	45138				EXTRAORDINARIO DE REAL HACIENDA	473		
DEBIDO DE COBRAR	7802				MEDIA ANATA	1554		
DEPOSITOS	2497				MONTE PIO DE MINISTROS	56		
DOCTRINA FORASTERA	2005				MONTE PIO MILITAR	143		
EXISTENCIA	1379				REMITIDO A PCTOSI Y HUANCAVELICA	73149		
EXTRAORDINARIO DE REAL HACIENDA	119				SUELDOS Y CONSIG MINISTROS Y R H	3078		
MEDIA ANATA	1554				TOTAL	86484		
MONTE PIO DE MINISTROS	56							
MONTE PIO MILITAR	143							
OFICIOS VENDIBLES Y RENUNCIABLES	100							
PAPEL SELLADO	446							
PONTAZGO	73							
REAL HACIENDA	1753							
SOBRAS DE SUELDOS DE CACIQUES	999							
SUELDO DEL PROTECTOR	877							
TRIBUTOS REALES DE INDIOS	25036							
VACANTES DE DOCTRINAS	2228							
VALIMIENTOS DE CACIQUES	81							
1.5% Y DIEZMOS DE PLATA	40762							
TOTAL	139119							
TOTAL COMPUTADO	139119				TOTAL COMPUTADO	86483		

S 646 1/1778-12/1778

CARGO	OCHO	ENSAYADOS	ORO		DATA	OCHO	ENSAYADOS	ORO
ALCABALAS DE TARIFA	2046				AZOGUES DE HUANCAVELICA	215		
ALCABALAS DE VIENTO	4852				DEPOSITOS	476		
AZOGUES	56872				EXTRAORDINARIO DE REAL HACIENDA	35685		
DEPOSITOS	2638				MEDIA ANATA	1783		
DOCTRINA FORASTERA	2005				REMITIDO A PCTOSI	48567		
EXISTENCIA	52636				SUELDOS Y CONSIG MINISTROS Y R H	2162		
MEDIA ANATA	1783				TOTAL	88888		
MONTE PIO DE MINISTROS	24							
MONTE PIO MILITAR	235							
OFICIOS VENDIBLES Y RENUNCIABLES	173							
PAPEL SELLADO	329							
SOBRAS DE SUELDOS DE CACIQUES	1073							
SUELDO DEL PROTECTOR	877							
TRIBUTOS REALES DE INDIOS	26202							
VACANTES DE DOCTRINAS	2228							
VALIMIENTOS DE CACIQUES	81							
1.5% Y DIEZMOS DE PLATA	42697							
TOTAL	196752							
TOTAL COMPUTADO	196751				TOTAL COMPUTADO	88888		

S 646 1/1784-12/1784

CARGO	OCHO	ENSAYADOS	ORO		DATA	OCHO	ENSAYADOS	ORO
ALCABALAS DE VIENTO	5179				AZOGUES DE HUANCAVELICA	622		
AZOGUES DE HUANCAVELICA	13359				AZOGUES DEL ALMADEN	2393		
AZOGUES DEL ALMADEN	4169				CONSIGNACIONES SIT ECLESIASTICAS	64147		
DEBIDO COBRAR CUENTAS ANTERIORES	33787				DEBIDO COBRAR CUENTAS ANTERIORES	33787		
DEBIDO DE COBRAR ESTA CUENTA	5726				DEBIDO DE COBRAR ESTA CUENTA	5726		
DEPOSITOS	5421				DEPOSITOS	5421		

CHUCUITO 1/1784-12/1784

CARGO	OCHO	ENSAYADOS	ORO
EXISTENCIA	18234		
EXTRAORDINARIO DE REAL HACIENDA	1269		
INVALIDOS	1512		
MEDIA ANATA	557		
MONTE PIO DE MINISTROS	95		
MONTE PIO MILITAR	3		
OFICIOS VENDIBLES Y RENUNCIABLES	150		
PAPEL SELLADO	1616		
TRIBUTOS REALES DE INDIOS	276397		
VENTA DE TIERRAS	1707		
1.5% Y DIEZMOS DE PLATA	27870		
3% PARA SEMINARIO DE LA PAZ	1852		
5% DE SINODOS	3099		
TOTAL	402008		
TOTAL COMPUTADO	402002		

DATA	OCHO	ENSAYADOS	ORO	S 646
GASTOS EXTRAORDINARIOS	12978			
PAPEL SELLADO	850			
SUELDOS DE CACIQUES	5534			
SUELDOS DE REAL HACIENDA	31262			
SUELDOS Y GASTOS MILITARES	219950			
3% PARA SEMINARIO DE LA PAZ	1000			
TOTAL	383669			
TOTAL COMPUTADO	383670			

S 647

1/1785-12/1785

CARGO	OCHO	ENSAYADOS	ORO
AZOGUES	123		
DEBIDO COBRAR CUENTAS ANTERIORES	37204		
DEPOSITOS	33		
EXISTENCIA	18338		
MEDIA ANATA	581		
MONTE PIO DE MINISTROS	95		
OFICIOS VENDIBLES Y RENUNCIABLES	150		
TRIBUTOS REALES DE INDIOS	57573		
1.5% Y DIEZMOS DE PLATA	20966		
3% PARA SEMINARIO DE LA PAZ	890		
5% DE SINODOS MOJOS Y CHUQUITO	1502		
TOTAL	137455		
TOTAL COMPUTADO	137455		

DATA	OCHO	ENSAYADOS	ORO
CONSIGNACIONES SIT ECLESIASTICAS	29569		
DEBIDO COBRAR CUENTAS ANTERIORES	37204		
DEPOSITOS	33		
EXTRAORDINARIO DE REAL HACIENDA	4393		
REMITIDO A POTOSI	19516		
SUELDOS DE MIN POL Y REAL HAC	4779		
SUELDOS Y GASTOS MILITARES	29062		
TOTAL	124556		
TOTAL COMPUTADO	124556		

S 647

1/1786-12/1786

CARGO	OCHO	ENSAYADOS	ORO
ALCABALAS DE TIERRA	3548		
AZOGUES DE HUANCAVELICA	68035		
AZOGUES DEL ALMADEN	31546		
BULAS DE SANTA CRUZADA	291		
DIEZMOS DE PLATA	27510		
INVALIDOS	3		
MEDIA ANATA	629		
MONTE PIO DE MINISTROS	95		
OFICIOS VENDIBLES Y RENUNCIABLES	85		
PAPEL SELLADO EN ESPECIE B CORRTE	5556		
PAPEL SELLADO EN ESPECIE B PASADO	50		
PONTAZGO	65		
REAL HACIENDA EN COMUN	12854		
TRIBUTOS REALES DE CHUQUITO	39250		
TRIBUTOS REALES DE PAUCARCOLLA	18600		
VENTA DE TIERRAS	500		
1.5% DE PLATA	4190		
3% PARA SEMINARIO DE LA PAZ	890		

DATA	OCHO	ENSAYADOS	ORO
ALCABALAS DE TIERRA	282		
AZOGUES DE HUANCAVELICA	40105		
DIEZMOS DE PLATA	238		
GASTOS DE OFICINAS	241		
INVALIDOS	179		
OTRAS TESORERIAS	38579		
SUELDOS DE REAL HACIENDA	6092		
SUELDOS MILITARES	4498		
TRIBUTOS REALES DE CHUQUITO	22753		
TRIBUTOS REALES DE PAUCARCOLLA	9888		
3% PARA SEMINARIO DE LA PAZ	110		
TOTAL	122965		

CHUCUITO 1/1786-12/1786

CARGO	OCHO	ENSAYADOS	ORO	DATA	OCHO	ENSAYADOS	ORO
5% DE SINODOS MOJOS Y CHUQUITO	2985				2985		
TOTAL	216682				216682		
TOTAL COMPUTADO	216682			TOTAL COMPUTADO	122965		

S 647 — 1/1787-12/1787

CARGO	OCHO	ENSAYADOS	ORO	DATA	OCHO	ENSAYADOS	ORO
AZOGUES DE HUANCAVELICA	58530			ALCABALAS DE TIERRA	2272		
AZOGUES DEL ALMADEN	96871			DIEZMOS DE PLATA	277		
BULAS DE SANTA CRUZADA	291			GASTOS GENERALES	690		
DIEZMOS DE PLATA	37259			OTRAS TESORERIAS	46995		
MEDIA ANATA	193			PAPEL SELLADO EN ESPECIE E PASADO	2106		
MONTE PIO DE MINISTROS	320			SUELDOS DE REAL HACIENDA	11850		
OFICIOS VENDIBLES Y RENUNCIABLES	85			SUELDOS MILITARES	4010		
PAPEL SELLADO EN ESPECIE B PASADO	50			TRIBUTOS REALES DE CHUQUITO	18225		
PONTAZGO	65			TRIBUTOS REALES DE PAUCARCOLLA	13807		
REAL HACIENDA EN COMUN	30092			1.5% DE PLATA	524		
TRIBUTOS REALES DE CHUQUITO	47269			3% PARA SEMINARIO DE LA PAZ	1000		
TRIBUTOS REALES DE PAUCARCOLLA	21608			TOTAL	101750		
1.5% DE PLATA	5676						
3% PARA SEMINARIO DE LA PAZ	1639						
5% DE SINODOS MOJOS Y CHUQUITO	4417						
TOTAL	304365						
TOTAL COMPUTADO	304365			TOTAL COMPUTADO	101756		

S 647 — 1/1788-12/1788

CARGO	OCHO	ENSAYADOS	ORO	DATA	OCHO	ENSAYADOS	ORO
ALCABALAS DE TIERRA	4825			ALCABALAS DE TIERRA	405		
AZOGUES DE HUANCAVELICA	65160			AZOGUES DE HUANCAVELICA	500		
AZOGUES DEL ALMADEN	199579			DEPOSITOS	3471		
BULAS DE SANTA CRUZADA	291			DIEZMOS DE PLATA	393		
DEPOSITOS	17327			GASTOS GENERALES	656		
DIEZMOS DE PLATA	32752			INVALIDOS	204		
GASTOS GENERALES	400			OTRAS TESORERIAS	66520		
MONTE PIO DE MINISTROS	497			PAPEL SELLADO	278		
OFICIOS VENDIBLES Y RENUNCIABLES	85			REAL HACIENDA EN COMUN	33		
OTRAS TESORERIAS	2260			SUELDOS DE REAL HACIENDA	8050		
PAPEL SELLADO	6			SUELDOS MILITARES	4000		
PAPEL SELLADO EN ESPECIE B CORRTE	2200			TRIBUTOS REALES DE CHUQUITO	23782		
PAPEL SELLADO EN ESPECIE B PASADO	2157			TRIBUTOS REALES DE PAUCARCOLLA	9437		
PONTAZGO	65			1.5% DE PLATA	611		
REAL HACIENDA EN COMUN	45732			3% PARA SEMINARIO DE LA PAZ	927		
SUELDOS DE REAL HACIENDA	100			TOTAL	119307		
TRIBUTOS REALES DE CHUQUITO	54647						
TRIBUTOS REALES DE PAUCARCOLLA	22838						
1.5% DE PLATA	4990						
3% PARA SEMINARIO DE LA PAZ	1544						
5% DE SINODOS MOJOS Y CHUQUITO	5923						
TOTAL	463378						
TOTAL COMPUTADO	463378			TOTAL COMPUTADO	119307		

CHUCUITO 1/1789–12/1789

CARGO

S 647

	OCHO	ENSAYADOS	ORO
ALCANCES DE CUENTAS	195		
AZOGUES DE HUANCAVELICA	42733		
AZOGUES DEL ALMADEN	259772		
BARRAS DE PLATA	159		
DEPOSITOS	33316		
EMOLUMENTOS DE BALANZARIO	4028		
EXISTENCIA	64395		
GUIAS	102		
INVALIDOS	5		
MONTE PIO DE MINISTROS	137		
OFICIOS VENDIBLES Y RENUNCIABLES	170		
OTRAS TESORERIAS	14000		
PAPEL SELLADO	3208		
PONTAZGO	130		
REAL HACIENDA EN COMUN	2870		
TRIBUTOS REALES DE CHUQUITO	46835		
TRIBUTOS REALES DE PAUCARCOLLA	14518		
1.5% Y DIEZMOS DE PLATA	41800		
3% PARA SEMINARIO DE LA PAZ	435		
5% DE SINODOS MOJOS Y CHUQUITO	725		
TOTAL	529533		

TOTAL COMPUTADO 529533

L RH

ALCANCES DE CUENTAS 1/1791–12/1791

	OCHO	ENSAYADOS	ORO
ALCANCES DE CUENTAS	2889		
ARRENDAMIENTO Y VENTA DE MINAS	50		
AZOGUES DE HUANCAVELICA	20409		
AZOGUES DEL ALMADEN	282008		
DEPOSITOS	22076		
DIEZMOS REALES	32785		
EMOLUMENTOS DE BALANZARIO	1652		
EXISTENCIA	50023		
GUIAS	7		
INVALIDOS	5		
MEDIA ANATA	3400		
MONTE PIO DE MINISTROS	72		
MONTE PIO MILITAR	279		
OTRAS TESORERIAS	4663		
PAPEL SELLADO	3695		
REAL HACIENDA EN COMUN	232		
SUBSIDIO ECLESIASTICO	753		
SUPLEMENTOS	4660		
TRIBUTOS REALES DE CHUQUITO	45647		
TRIBUTOS REALES DE PAUCARCOLLA	22313		
1.5% DE PLATA	4984		
3% PARA SEMINARIO DE LA PAZ	737		
5% DE SINODOS MOJOS Y CHUQUITO	1219		
TOTAL	504558		

TOTAL COMPUTADO 504558

DATA 1/1789–12/1789

S 647

	OCHO	ENSAYADOS	ORO
AZOGUES DE HUANCAVELICA	26020		
AZOGUES DEL ALMADEN	238811		
BUENAS CUENTAS	2482		
DEPOSITOS	32967		
EMOLUMENTOS DE BALANZARIO	1233		
EXISTENCIA	617		
GUIAS	67		
MONTE PIO DE MINISTROS	116		
PAPEL SELLADO	3023		
REAL HACIENDA EN COMUN	2427		
REMITIDO A POTOSI	137653		
TRIBUTOS REALES DE CHUQUITO	13129		
TRIBUTOS REALES DE PAUCARCOLLA	4109		
1.5% Y DIEZMOS DE PLATA	4501		
TOTAL	467153		

TOTAL COMPUTADO 467155

1/1791–12/1791

	OCHO	ENSAYADOS	ORO
AZOGUES DE HUANCAVELICA	17412		
AZOGUES DEL ALMADEN	247461		
DEPOSITOS	15190		
EMOLUMENTOS DE BALANZARIO	590		
EXISTENCIA	6106		
GUIAS	7		
PAPEL SELLADO	3695		
SUPLEMENTOS	300		
TRIBUTOS REALES DE CHUQUITO	22455		
TRIBUTOS REALES DE PAUCARCOLLA	18257		
1.5% Y DIEZMOS DE PLATA	10079		
TOTAL	341551		

TOTAL COMPUTADO 341552

L BN | ENSAYADOS | OCHO | ORO

CHUCUITO   1/1798-10/1798

CARGO	ORO	ENSAYADOS	OCHO
L BN			
ALCABALAS REALES			7646
AZOGUES DE ESCRITURAS			19301
AZOGUES DE HUANCAVELICA			1701
AZOGUES DEL ALMADEN			13436
DEPOSITOS Y BULAS			733
EXISTENCIA			43142
NAIPES			300
OFICIOS VENDIBLES Y RENUNCIABLES			60
PAPEL SELLADO			7013
PONTAZGO			65
SUBSIDIO ECLESIASTICO			131
TABACOS			4000
TRIBUTOS REALES DE CHUQUITO			53817
TRIBUTOS REALES DE GUANCANE			25205
1.5% Y DIEZMOS DE PLATA			40808
3% PARA SEMINARIO DE LA PAZ			861
5% DE SINODOS MOJOS Y CHUQUITO			1436
TOTAL			219654
TOTAL COMPUTADO			219655

L 398

	ORO	ENSAYADOS	OCHO
ALCABALAS REALES			10745
AZOGUES DE HUANCAVELICA			21351
CONTRIBUCION AL HOSPITAL			2834
DEPOSITOS			19975
DONATIVO PARA LA GUERRA			3126
ESPOLIOS			200
EXISTENCIA			77286
INVALIDOS			107
MEDIA ANATA			223
MESADAS ECLESIASTICAS			719
MONTE PIO DE MINISTROS			91
MONTE PIO MILITAR			116
MULTAS Y PENAS DE CAMARA			117
OFICIOS VENDIBLES Y RENUNCIABLES			85
PONTAZGO			65
REAL EN MARCO DE MINERIA			5087
TRIBUTOS REALES DE INDIOS			230031
1.5% Y DIEZMOS DE PLATA			40103
3% DEL ORO			92
TOTAL			412353
TOTAL COMPUTADO			412353

1/1798-10/1798

DATA	ORO	ENSAYADOS	OCHO
ALCABALAS REALES			7646
AZOGUES DE ESCRITURAS			11850
AZOGUES DE HUANCAVELICA			1701
AZOGUES DEL ALMADEN			3987
BUENAS CUENTAS			3281
EXISTENCIA			6745
EXTRAORDINARIO DE REAL HACIENDA			126
FLETES DE PAPEL SELLADO			19
NAIPES			300
PAPEL SELLADO			7013
REMITIDO A POTOSI			117329
TABACOS			4000
TRIBUTOS REALES DE CHUQUITO			23759
TRIBUTOS REALES DE GUANCANE			8300
1.5% Y DIEZMOS DE PLATA			4833
3% PARA SEMINARIO DE LA PAZ			861
5% DE SINODOS MOJOS Y CHUQUITO			1436
TOTAL			203186
TOTAL COMPUTADO			203186

1/1800-12/1800

	ORO	ENSAYADOS	OCHO
ALCABALAS REALES			537
AZOGUES DE EUROPA			237
AZOGUES DE HUANCAVELICA			10750
BULAS DE SANTA CRUZADA			589
CONTRIBUCION AL HOSPITAL			7752
DEPOSITOS			11724
DONATIVO PARA LA GUERRA			3126
ESPOLIOS			1796
MESADAS ECLESIASTICAS			601
MONTE PIO DE MINISTROS			194
MONTE PIO MILITAR			116
OTRAS TESORERIAS			240146
PAPEL SELLADO			20
PENSIONES ECLESIASTICAS			800
REAL EN MARCO DE MINERIA			4665
REAL HACIENDA EN COMUN			1567
SUELDOS Y GASTOS DE ESTADO POLIT			10085
SUELDOS Y GASTOS DE REAL HACIENDA			5873
SUELDOS Y GASTOS MILITARES			2544
TRIBUTOS REALES DE INDIOS			72980
1.5% Y DIEZMOS DE PLATA			1210
TOTAL			379446
TOTAL COMPUTADO			377312

SUMARIO GENERAL DE CARTA CUENTA DE COCHABAMBA

CARGO	OCHO	DATA	OCHO
S 640		**3/1773-12/1773**	
ALCABALAS DE ARRENDAMIENTO	6200	ALCABALAS REALES	75
ALCABALAS DE CASTILLA	402	ARRENDAMIENTOS	149
ALCABALAS DE VIENTO	86	EXISTENCIA	53941
ALCANCES DE CUENTAS DE ALCABALAS	390	GASTOS DEL ESCRITORIO	42
DEPOSITOS	2338	PAGADO DE LA REAL CAJA	737
EXTRAORDINARIO DE REAL HACIENDA	2156	SOBRAS DE SUELDOS DE JUSTICIA	297
MEDIA ANATA	1677	SUELDOS	2324
MESADAS ECLESIASTICAS	124	TOTAL	57566
NOVENOS REALES	3693		
OFICIOS VENDIBLES Y RENUNCIABLES	1405		
PAPEL SELLADO	470		
RESIDUOS	481		
SOBRAS DE SUELDOS DE JUSTICIA	2158		
SUELDO DEL AGENTE FISCAL	80		
TRIBUTOS REALES DE INDIOS	28503		
VACANTES DE DOCTRINAS	32		
VACANTES MENORES	7372		
TOTAL	57566		
TOTAL COMPUTADO	57567	TOTAL COMPUTADO	57565
S 640		**1/1774-12/1774**	
ALCABALAS DE ARRENDAMIENTO	6410	ALCABALAS REALES	2077
ALCABALAS DE CASTILLA	1714	EXISTENCIA	68722
ALCABALAS DE TARIFA	1867	EXTRAORDINARIO DE REAL HACIENDA	1107
ALCABALAS DE TIERRA	2051	FLETES CONDUCCION CARTAS CUENTAS	738
ALCABALAS DE VIENTO	799	GASTOS DEL ESCRITORIO	50
ALCANCES DE CUENTAS DE ALCABALAS	1016	HOSPITAL DE SAN ANDRES	1563
ALCANCES DE CUENTAS POR TRIBUTOS	762	PAPEL SELLADO	24
BULAS DE SANTA CRUZADA	8271	REMITIDO A ORURO	1677
DEPOSITOS	3596	REMITIDO A POTOSI	49189
DOCTRINA FORASTERA	780	SUELDO DEL AGENTE FISCAL	230
EXISTENCIA	51604	SUELDOS	5925
EXTRAORDINARIO DE REAL HACIENDA	6056	TOTAL	131302
MEDIA ANATA	172		
MONTE PIO MILITAR	1790		
NOVENOS REALES	4219		
OFICIOS VENDIBLES Y RENUNCIABLES	3645		
PAPEL SELLADO	495		
SOBRAS DE SUELDOS DE JUSTICIA	961		

COCHABAMBA   1/1774—12/1774

CARGO	OCHO
SUELDO DEL AGENTE FISCAL	230
TRIBUTOS REALES DE INDIOS	28312
VACANTES MAYORES	397
VACANTES MENORES	6157
TOTAL	131302

TOTAL COMPUTADO   131304

S 640

	OCHO
ALCABALAS DE ARRENDAMIENTO	210
ALCABALAS DE CASTILLA	2837
ALCABALAS DE TARIFA	2857
ALCABALAS DE TIERRA	5948
ALCABALAS DE VIENTO	3702
BULAS DE SANTA CRUZADA	3956
CONDENACIONES	50
DEPOSITOS	3846
EXISTENCIA	65127
EXTRAORDINARIO DE REAL HACIENDA	107
MESADAS ECLESIASTICAS	946
MITAD DE SUELDOS DE CACIQUES	85
MONTE PIO MILITAR	831
NOVENOS REALES	3535
OFICIOS VENDIBLES Y RENUNCIABLES	287
PAPEL SELLADO	729
SOBRAS DE SUELDOS DE JUSTICIA	961
SUELDO DEL AGENTE FISCAL	170
TRIBUTOS REALES DE INDIOS	29332
VACANTES MAYORES	9650
VACANTES MENORES	623
5% DE SINODOS	358
TOTAL	136147

TOTAL COMPUTADO   136147

S 640

	OCHO
ALCABALAS DE ARRENDAMIENTO	210
ALCABALAS DE CASTILLA	2550
ALCABALAS DE TARIFA	2943
ALCABALAS DE TIERRA	5033
ALCABALAS DE VIENTO	3123
BULAS DE SANTA CRUZADA	4176
DEPOSITOS	4884
EXISTENCIA	32855
EXTRAORDINARIO DE REAL HACIENDA	107
INVALIDOS	130
MEDIA ANATA	1291
MITAD DE SUELDOS DE CACIQUES	85
MONTE PIO MILITAR	651
MULTAS	45
NOVENOS REALES	3809
OFICIOS VENDIBLES Y RENUNCIABLES	1900

DATA	OCHO

TOTAL COMPUTADO   131302

1/1775—12/1775

ALCABALAS REALES	3259
CORREOS	88
EXISTENCIA	36701
FLETES CONDUCCION CARTAS CUENTAS	1216
GASTOS DEL ESCRITORIO	50
HOSPITAL DE SAN ANDRES	1563
PAPEL SELLADO	41
REINTEGROS	50
REMITIDO A LA PLATA	6157
REMITIDO A POTOSI	58098
REMITIDO A POTOSI PARA B AIRES	23000
SUELDOS	5925
TOTAL	136147

TOTAL COMPUTADO   136148

1/1776—12/1776

ALCABALAS REALES	1901
CORREOS	85
EXISTENCIA	31384
FLETES CONDUCCION CARTAS CUENTAS	633
GASTOS DEL ESCRITORIO	50
HOSPITAL DE SAN ANDRES	1563
LIMOSNAS A RELIGIOSOS DE SAN FRAN	4140
PAPEL SELLADO	41
REINTEGROS	2044
REMITIDO A POTOSI	32202
REMITIDO A POTOSI PARA B AIRES	12000
REMITIDO A S CRUZ DE LA SIERRA	1296
SUELDO DEL AGENTE FISCAL	215
SUELDOS CORREG MOJOS Y CHUQUITOS	3600
SUELDOS DE REAL HACIENDA	5925
SUELDOS MILITARES	4400

S 640

COCHABAMBA 1/1776-12/1776

CARGO	OCHO
PAPEL SELLADO	686
RESIDUOS	961
SUELDO DEL AGENTE FISCAL	190
TRIBUTOS REALES DE INDIOS	29201
VACANTES DE DOCTRINAS	166
VACANTES MENORES	5766
5% DE SINODOS	716
TOTAL	101478

	OCHO
TOTAL COMPUTADO	101478

DATA	OCHO
TOTAL	101478

	OCHO
TOTAL COMPUTADO	101479

S 640

CARGO	OCHO
ALCABALAS DE CASTILLA	1636
ALCABALAS DE TARIFA	5089
ALCABALAS DE TIERRA	13583
DEBIDO COBRAR CUENTAS ANTERIORES	6960
DEBIDO DE COBRAR ESTA CUENTA	478
EXISTENCIA	34054
EXTRAORDINARIO DE REAL HACIENDA	382
INVALIDOS	112
MEDIA ANATA	1190
MITAD DE SUELDOS DE CACIQUES	85
MONTE PIO MILITAR	602
MULTAS	455
NOVENOS REALES	3031
NUEVO IMPUESTO DE AGUARDIENTE	561
OFICIOS VENDIBLES Y RENUNCIABLES	1750
PAPEL SELLADO	779
SOBRAS DE SUELDOS DE JUSTICIA	961
TRIBUTOS REALES DE INDIOS	29158
VACANTES DE DOCTRINAS	2569
VACANTES MAYORES Y MENORES	5701
5% DE SINODOS	716
TOTAL	109852

	OCHO
TOTAL COMPUTADO	109852

DATA 1/1777-12/1777

DATA	OCHO
CONSIGNACIONES SIT ECLESIASTICAS	3714
DEBIDO COBRAR CUENTAS ANTERIORES	6960
DEBIDO DE COBRAR ESTA CUENTA	478
DEPOSITOS	4884
EXISTENCIA	27414
INVALIDOS	166
MEDIA ANATA	1711
MONTE PIO MILITAR	1067
PAGADO DE LA REAL CAJA	1565
REMITIDO A PCTOSI Y LA PLATA	48825
SUELDO DEL AGENTE FISCAL	145
SUELDOS MILITARES	2921
SUELDOS Y CONSIG MINISTRCS Y R H	8930
5% DE SINODOS	1074
TOTAL	109852

	OCHO
TOTAL COMPUTADO	109854

S 640 1/1778-12/1778

CARGO	OCHO
ALCABALAS REALES	19529
BULAS DE SANTA CRUZADA	552
DEBIDO COBRAR CUENTAS ANTERIORES	2114
DEBIDO DE COBRAR ESTA CUENTA	1105
EXISTENCIA	27414
INVALIDOS	75
MEDIA ANATA	419
MITAD DE SUELDOS DE CACIQUES	987
MONTE PIO MILITAR	484
NOVENOS REALES	3668
OFICIOS VENDIBLES Y RENUNCIABLES	1803
PAPEL SELLADO	1573
PRORRATA	248
SOBRAS DE SUELDOS DE JUSTICIA	941

DATA S 640 1/1778-12/1778

DATA	OCHO
BULAS DE SANTA CRUZADA	394
CONSIGNACIONES SIT ECLESIASTICAS	963
DEBIDO COBRAR CUENTAS ANTERIORES	2114
DEBIDO DE COBRAR ESTA CUENTA	1105
EXISTENCIA	10291
EXTRAORDINARIO DE REAL HACIENDA	1303
INVALIDOS	77
MEDIA ANATA	1190
MONTE PIO MILITAR	186
REMITIDO A PCTOSI	61858
SUELDOS MILITARES	3300
SUELDOS Y CONSIG MINISTRCS Y R H	8376
VACANTES MAYORES Y MENORES	9514
5% DE SINODOS	358

COCHABAMBA 1/1778-12/1778

CARGO	OCHO
TRIBUTOS REALES DE INDIOS	31236
VACANTES DE DOCTRINAS	1142
VACANTES MAYORES Y MENORES	7059
5% DE SINODOS	679
TOTAL	101029
TOTAL COMPUTADO	101028

S 640

	OCHO
ALCABALAS REALES	18544
BULAS DE SANTA CRUZADA	368
DEBIDO COBRAR CUENTAS ANTERIORES	532
DEBIDO DE COBRAR ESTA CUENTA	10104
DEPOSITOS	1986
EXISTENCIA	12313
EXTRAORDINARIO DE REAL HACIENDA	125
MEDIA ANATA	658
MESADAS ECLESIASTICAS	772
NOVENOS REALES	3220
NUEVO IMPUESTO DE AGUARDIENTE	34
OFICIOS VENDIBLES Y RENUNCIABLES	2226
PAPEL SELLADO	1458
PENAS DE CAMARA	100
SOBRAS DE SUELDOS DE JUSTICIA	2630
TRIBUTOS REALES DE INDIOS	39714
VACANTES DE DOCTRINAS	68
VACANTES MAYORES	70
VACANTES MENORES	6833
TOTAL	101753
TOTAL COMPUTADO	101755

S 640

	OCHO
ALCABALAS REALES	27377
ALCANCES DE CUENTAS	110
BULAS DE SANTA CRUZADA	3241
DEBIDO COBRAR CUENTAS ANTERIORES	10475
DEBIDO DE COBRAR ESTA CUENTA	5310
DEPOSITOS	173
EXISTENCIA	38226
EXTRAORDINARIO DE REAL HACIENDA	437
INVALIDOS	161
MEDIA ANATA	261
MONTE PIO MILITAR	1287
NOVENOS REALES	3249
NUEVO IMPUESTO DE AGUARDIENTE	200
OFICIOS VENDIBLES Y RENUNCIABLES	2261
PAPEL SELLADO	1548
PRORRATA	77
TRIBUTOS REALES DE INDIOS	54196
VACANTES MAYORES Y MENORES	5342
5% DE SINODOS	620

DATA	OCHO
TOTAL	101029
TOTAL COMPUTADO	101029

1/1779-12/1779

	OCHO
CONSIGNACIONES SIT ECLESIASTICAS	14268
DEBIDO COBRAR CUENTAS ANTERIORES	532
DEBIDO DE COBRAR ESTA CUENTA	10104
DEPOSITOS	125
EXISTENCIA	38226
EXTRAORDINARIO DE REAL HACIENDA	516
REMITIDO A ORURO	22000
SUELDO DEL AGENTE FISCAL	170
SUELDOS Y CONSIG MINISTROS Y R H	15813
TOTAL	101754
TOTAL COMPUTADO	101754

1/1780-12/1780

	OCHO
CONSIGNACIONES SIT ECLESIASTICAS	18299
DEBIDO COBRAR CUENTAS ANTERIORES	10475
DEBIDO DE COBRAR ESTA CUENTA	5310
EXISTENCIA	11918
GASTOS ORD Y EXTRAORDINARIOS	689
PRORRATA	459
REMITIDO A POTOSI	83450
SUELDOS MILITARES	3300
SUELDOS Y CONSIG MINISTROS Y R H	18766
5% DE SINODOS	1885
TOTAL	154550

S 640

COCHABAMBA   1/1780-12/1780

CARGO	OCHO
TOTAL	154550
TOTAL COMPUTADO	154551

DATA   OCHO

TOTAL COMPUTADO   154551

1/1781-12/1781

CONSIGNACIONES SIT ECLESIASTICAS	8700
DEBIDO COBRAR CUENTAS ANTERIORES	5378
DEBIDO DE COBRAR ESTA CUENTA	11292
DEVOLUCIONES	3000
EXISTENCIA	19619
GASTOS ORD Y EXTRAORDINARIOS	749
REMITIDO A S CRUZ DE LA SIERRA	8030
SUELDOS Y CONSIG MINISTRCS Y R H	5950
SUELDOS Y GASTOS MILITARES	211667
TOTAL	274385

TOTAL COMPUTADO   274385

1/1782-12/1782

TOTAL COMPUTADO

1/1783-12/1783

BULAS DE SANTA CRUZADA   51

COCHABAMBA   1/1780-12/1780

CARGO	OCHO
TOTAL	154550
TOTAL COMPUTADO	154551

S 640

ALCABALAS REALES	13751
ALCANCES DE CUENTAS	64
DEBIDO COBRAR CUENTAS ANTERIORES	5378
DEBIDO DE COBRAR ESTA CUENTA	11292
DEPOSITOS	3192
EXISTENCIA	10068
EXTRAORDINARIO DE REAL HACIENDA	2395
IMPOSICION A CENSO	23500
INVALIDOS	28
MEDIA ANATA	650
MESADAS ECLESIASTICAS	113
MONTE PIO MILITAR	88
NOVENOS REALES	3743
NUEVO IMPUESTO DE AGUARDIENTE	100
OFICIOS VENDIBLES Y RENUNCIABLES	233
OTRAS TESORERIAS	88113
PAPEL SELLADO	1960
PRESTAMOS	55958
TRIBUTOS REALES DE INDIOS	44283
VACANTES MAYORES	704
VACANTES MENORES	8374
5% DE SINODOS	397
TOTAL	274385

TOTAL COMPUTADO   274384

S 474

ALCABALAS REALES	24283
BULAS DE SANTA CRUZADA	1140
DONATIVO	3650
INVALIDOS	299
MONTE PIO MILITAR	1062
NOVENOS REALES	6647
NUEVO IMPUESTO DE AGUARDIENTE	100
PAPEL SELLADO	74
TRIBUTOS REALES DE INDIOS	55480
VACANTES DE OFICIOS	1489
VACANTES MAYORES	7166
VACANTES MENORES	11667
TOTAL	113057

TOTAL COMPUTADO   113057

S 640

ALCABALAS REALES   26291

COCHABAMBA 1/1783-12/1783

CARGO	OCHO
BULAS DE SANTA CRUZADA	1860
COMPOSICION DE TIERRAS	205
DEBIDO COBRAR CUENTAS ANTERIORES	21327
DEBIDO DE COBRAR ESTA CUENTA	12322
DEPOSITOS	12649
DONATIVO	1799
EXISTENCIA	31199
EXTRAORDINARIO DE REAL HACIENDA	10717
INVALIDOS	14
MEDIA ANATA	1397
MESADAS ECLESIASTICAS	936
MONTE PIO DE MINISTROS	273
MONTE PIO MILITAR	44
NOVENOS REALES	5570
NUEVO IMPUESTO DE AGUARDIENTE	100
OFICIOS VENDIBLES Y RENUNCIABLES	3016
OTRAS TESORERIAS	478
PAPEL SELLADO	1630
TRIBUTOS REALES DE INDIOS	51136
VACANTES MAYORES	1821
VACANTES MENORES	6511
5% DE SINODOS	552
TOTAL	191847
TOTAL COMPUTADO	191847

DATA	OCHO
CONSIGNACIONES SIT ECLESIASTICAS	12909
DEBIDO COBRAR CUENTAS ANTERIORES	21327
DEBIDO DE COBRAR ESTA CUENTA	12322
DEPOSITOS	686
EXISTENCIA	53865
GASTOS ORD Y EXTRAORDINARIOS	556
REDENCIONES DE CENSOS	25500
REMITIDO A OTRAS TESORERIAS	1303
RESIDUOS	1527
SUELDOS Y CONSIG MINISTROS Y R H	21760
SUELDOS Y GASTOS MILITARES	40042
TOTAL	191847
TOTAL COMPUTADO	191848

S 640 — 1/1784-12/1784

CARGO	OCHO
ALCABALAS REALES	27268
BULAS DE SANTA CRUZADA	3878
COMPOSICION DE TIERRAS	616
DEBIDO COBRAR CUENTAS ANTERIORES	24681
DEBIDO DE COBRAR ESTA CUENTA	6218
DEPOSITOS	2718
EXISTENCIA	53865
EXTRAORDINARIO DE REAL HACIENDA	1100
INVALIDOS	342
MEDIA ANATA	969
MESADAS ECLESIASTICAS	214
MONTE PIO MILITAR	19803
NOVENOS REALES	6752
NUEVO IMPUESTO DE AGUARDIENTE	100
OFICIOS VENDIBLES Y RENUNCIABLES	1211
PAPEL SELLADO	1889
TRIBUTOS REALES DE INDIOS	57735
VACANTES MAYORES	5935
VACANTES MENORES	25533
5% DE SINODOS	711
TOTAL	241538
TOTAL COMPUTADO	241538

DATA	OCHO
BULAS DE SANTA CRUZADA	216
CONSIGNACIONES SIT ECLESIASTICAS	14882
DEBIDO COBRAR CUENTAS ANTERIORES	24681
DEBIDO DE COBRAR ESTA CUENTA	6218
DEPOSITOS	964
DEVOLUCIONES	2934
EXISTENCIA	49960
GASTOS ORD Y EXTRAORDINARIOS	525
INVALIDOS	466
MESADAS ECLESIASTICAS	1151
MONTE PIO DE MINISTROS	273
MONTE PIO MILITAR	20024
PAPEL SELLADO	131
PENAS DE CAMARA	150
REINTEGROS	20329
REMITIDO A OTRAS TESORERIAS	16437
SUELDOS Y CONSIG MINISTROS Y R H	16725
SUELDOS Y GASTOS MILITARES	9133
TRIBUTOS REALES DE INDIOS	7472
VACANTES MAYORES	11970
VACANTES MENORES	35200
5% DE SINODOS	1696
TOTAL	241538
TOTAL COMPUTADO	241537

COCHABAMBA   1/1785-12/1785

CARGO   OCHO

B 13

ALCABALAS REALES	28228
ALCANCES DE CUENTAS	171
BULAS DE SANTA CRUZADA	1526
DEPOSITOS	730
EXISTENCIA	47724
EXTRAORDINARIO DE REAL HACIENDA	401
INVALIDOS	93
MEDIA ANATA	367
MEDIA ANATA ECLESIASTICA	6913
MESADAS ECLESIASTICAS	1461
MONTE PIO DE MINISTROS	150
MONTE PIO MILITAR	5880
NOVENOS REALES	7792
NUEVO IMPUESTO DE AGUARDIENTE	100
OFICIOS VENDIBLES Y RENUNCIABLES	2748
PAPEL SELLADO	359
PENAS DE CAMARA	19
TEMPORALIDADES	53630
TRIBUTOS REALES DE INDIOS	51125
VACANTES MENORES	21340
5% DE SINODOS	477
TOTAL	231233

TOTAL COMPUTADO   231234

DATA   OCHO

1/1785-12/1785

ALCABALAS REALES	23323
BULAS DE SANTA CRUZADA	441
EXISTENCIA	45351
NOVENOS REALES	3896
PAPEL SELLADO	216
TEMPORALIDADES	300
TRIBUTOS REALES DE INDIOS	46297
VACANTES MENORES	11262
TOTAL	131126

TOTAL COMPUTADO   131126

S 639

ALCABALAS REALES	27536
ALCANCES DE CUENTAS	19
BULAS DE SANTA CRUZADA	2497
INVALIDOS	49
MEDIA ANATA ECLESIASTICA	325
MESADAS ECLESIASTICAS	130
MONTE PIO DE MINISTROS	118
MONTE PIO MILITAR	3330
NOVENOS REALES	4898
NUEVO IMPUESTO DE AGUARDIENTE	100
OFICIOS VENDIBLES Y RENUNCIABLES	2736
PAPEL SELLADO	1000
TRIBUTOS REALES DE INDIOS	81255
VACANTES MENORES	8162
TOTAL	132157

TOTAL COMPUTADO   132155

1/1786-12/1786

CONSIGNACIONES SIT ECLESIASTICAS	2169
CORREOS	612
GASTOS ORD Y EXTRAORDINARIOS	4708
SINODOS	13151
SUELDOS DE ALCABALAS	2770
SUELDOS MILITARES	400
SUELDOS Y CONSIG MINISTROS Y R H	17055
VACANTES MENORES	2675
TOTAL	43580

TOTAL COMPUTADO   43580

S 640

ALCABALAS REALES	26838
ALCANCES DE CUENTAS	234
AZOGUES	482
BULAS DE SANTA CRUZADA	1757
COMPOSICION Y VENTA DE TIERRAS	125

1/1787-12/1787

ALCABALAS REALES	2382
ALCANCES DE CUENTAS	208
AZOGUES	131
BULAS DE SANTA CRUZADA	218
CONSIGNACIONES SIT ECLESIASTICAS	16212

COCHABAMBA   1/1787-12/1787

CARGO	OCHO
DEBIDO COBRAR CUENTAS ANTERIORES	25972
DEBIDO DE COBRAR ESTA CUENTA	8618
DEPOSITOS	1315
DONATIVO	100
EXISTENCIA	31620
INVALIDOS	89
MEDIA ANATA	35
MEDIA ANATA ECLESIASTICA	325
MONTE PIO DE MINISTROS	532
MONTE PIO MILITAR	5781
NOVENOS REALES	4307
NUEVO IMPUESTO DE AGUARDIENTE	100
OFICIOS VENDIBLES Y RENUNCIABLES	2536
PAPEL SELLADO	3336
PENAS DE CAMARA	20
SUBSIDIO ECLESIASTICO	5172
TRIBUTOS REALES DE INDIOS	100933
VACANTES MENORES	8408
5% DE SINODOS	709
TOTAL	229343

TOTAL COMPUTADO   229344

S 641

CARGO	OCHO
ALCABALAS REALES	24888
ALCANCES DE CUENTAS	26
APROVECHAMIENTOS	2
AZOGUES	4243
BIENES DE DIFUNTOS	302
BULAS DE SANTA CRUZADA	7019
COMPOSICION Y VENTA DE TIERRAS	1493
DEPOSITOS	5155
DONATIVO	100
EXPEDICION A MATAGROSO	2238
EXTRAORDINARIO DE REAL HACIENDA	125
INVALIDOS	110
MEDIA ANATA	306
MEDIA ANATA ECLESIASTICA	4318
MONTE PIO DE MINISTROS	704
MONTE PIO MILITAR	3017
NAIPES	1909
NOVENOS REALES	6870
NUEVO IMPUESTO DE AGUARDIENTE	100
OFICIOS VENDIBLES Y RENUNCIABLES	200
PAPEL SELLADO	48
PAPEL SELLADO EN ESPECIE B CORRTE	5212
PAPEL SELLADO EN ESPECIE B PASADO	6675
PENAS DE CAMARA	25
REAL HACIENDA EN COMUN	189859
REINTEGROS	502
SUBSIDIO ECLESIASTICO	2851
TRIBUTOS REALES DE INDIOS	87708
VACANTES MENORES	9370
5% DE SINODOS	998

DATA	OCHO
DEBIDO COBRAR CUENTAS ANTERIORES	25972
DEBIDO DE COBRAR ESTA CUENTA	8618
DEPOSITOS	1550
GASTOS ORD Y EXTRAORDINARIOS	2537
INVALIDOS	114
MEDIA ANATA ECLESIASTICA	325
MONTE PIO DE MINISTROS	59
MONTE PIO MILITAR	3067
OTRAS TESORERIAS	30653
SUBSIDIO ECLESIASTICO	3739
SUELDOS MILITARES	550
SUELDOS Y CONSIG MINISTROS Y R H	17800
TRIBUTOS REALES DE INDIOS	10065
VACANTES MENORES	5831
5% DE SINODOS	836
TOTAL	130866

TOTAL COMPUTADO   130867

1/1788-12/1788

DATA	OCHO
ALCABALAS REALES	3163
AZOGUES	1133
BULAS DE SANTA CRUZADA	1919
DONATIVO	100
GASTOS GENERALES	8813
MONTE PIO DE MINISTROS	473
MONTE PIO MILITAR	2890
NAIPES	1010
NOVENOS REALES	2607
PAPEL SELLADO	48
PAPEL SELLADO EN ESPECIE B PASADO	3637
REAL HACIENDA EN COMUN	98511
RESGUARDO	642
SUBSIDIO ECLESIASTICO	1458
SUELDOS DE REAL HACIENDA	19479
SUELDOS MILITARES	117
TRIBUTOS REALES DE INDIOS	38914
VACANTES MENORES	6012
5% DE SINODOS	14
TOTAL	191340

COCHABAMBA   1/1788-12/1788

CARGO   OCHO

TOTAL   366373

TOTAL COMPUTADO   366373

S 641

ALCABALAS REALES	24307
AZOGUES	1904
BULAS DE SANTA CRUZADA	878
COMPOSICION Y VENTA DE TIERRAS	2350
DEBIDO COBRAR CUENTAS ANTERIORES	34442
DEBIDO DE COBRAR ESTA CUENTA	9725
DEPOSITOS	2235
EXISTENCIA	111553
EXTRAORDINARIO DE REAL HACIENDA	250
INVALIDOS	58
MEDIA ANATA	78
MEDIA ANATA ECLESIASTICA	254
MONTE PIO DE MINISTROS	177
MONTE PIO MILITAR	1974
NAIPES	2012
NOVENOS REALES	3597
OFICIOS VENDIBLES Y RENUNCIABLES	1450
PAPEL SELLADO	3184
PAPEL SELLADO EN ESPECIE B CORRTE	11
TRIBUTOS REALES DE INDIOS	82880
VACANTES MENORES	1339
5% DE SINODOS	570
TOTAL	285225

TOTAL COMPUTADO   285228

S 641

ALCABALAS REALES	25979
AZOGUES	655
BULAS DE SANTA CRUZADA	3573
COMPOSICION Y VENTA DE TIERRAS	974
DEBIDO COBRAR CUENTAS ANTERIORES	33878
DEBIDO DE COBRAR ESTA CUENTA	5054
EXISTENCIA	79126
GUIAS	388
INVALIDOS	80
MEDIA ANATA	185
MEDIA ANATA ECLESIASTICA	941
MONTE PIO DE MINISTROS	177
MONTE PIO MILITAR	489
NAIPES	397
NOVENOS REALES	5577
NUEVO IMPUESTO DE AGUARDIENTE	64
OFICIOS VENDIBLES Y RENUNCIABLES	550
PAPEL SELLADO	1875
PAPEL SELLADO EN ESPECIE B CORRTE	7881
PAPEL SELLADO EN ESPECIE B PASADO	874

DATA   OCHO

TOTAL COMPUTADO   191340

S 641

1/1789-12/1789

ALCABALAS REALES	1529
AZOGUES EN ESPECIE	989
BULAS DE SANTA CRUZADA	5088
COMPOSICION Y VENTA DE TIERRAS	31
DEBIDO COBRAR CUENTAS ANTERIORES	34442
DEBIDO DE COBRAR ESTA CUENTA	9725
EXISTENCIA	60413
GASTOS GENERALES	12559
MONTE PIO MILITAR	1007
NAIPES	11
NOVENOS REALES	4028
OFICIOS VENDIBLES Y RENUNCIABLES	9
PAPEL SELLADO EN ESPECIE B CORRTE	11
RESGUARDO	642
SUELDOS DE REAL HACIENDA	21802
SUELDOS MILITARES	4532
TRIBUTOS REALES DE INDIOS	44528
VACANTES MENORES	3394
5% DE SINODOS	1362
TOTAL	206100

TOTAL COMPUTADO   206102

1/1790-12/1790

ALCABALAS REALES	1560
AZOGUES EN ESPECIE	19787
BULAS DE SANTA CRUZADA	1617
DEBIDO COBRAR CUENTAS ANTERIORES	33873
DEBIDO DE COBRAR ESTA CUENTA	5054
DEPOSITOS	1642
EXISTENCIA	80843
GASTOS GENERALES	50890
MONTE PIO MILITAR	1007
NAIPES	5
NOVENOS REALES	4531
OFICIOS VENDIBLES Y RENUNCIABLES	7
PAPEL SELLADO	194
PAPEL SELLADO EN ESPECIE B CORRTE	6556
RESGUARDO	642
SUELDOS DE REAL HACIENDA	17422
SUELDOS MILITARES	4390
TRIBUTOS REALES DE INDIOS	24072
VACANTES MENORES	1246
5% DE SINODOS	424

COCHABAMBA   1/1790-12/1790

CARGO	OCHO
PENAS DE CAMARA	9
TRIBUTOS REALES DE INDIOS	85748
VACANTES MENORES	731
5% DE SINODOS	564
TOTAL	255766

	OCHO
DATA	
TOTAL	255766

TOTAL COMPUTADO	255769

TOTAL COMPUTADO	255762

S 642

	OCHO
ALCABALAS REALES	23187
AZOGUES	438
BULAS DE SANTA CRUZADA	1213
COMPOSICION Y VENTA DE TIERRAS	1492
DEBIDO COBRAR CUENTAS ANTERIORES	28634
DEBIDO DE COBRAR ESTA CUENTA	13951
DEPOSITOS	124
EXISTENCIA	80843
EXTRAORDINARIO DE REAL HACIENDA	12000
GUIAS	75
INVALIDOS	274
MEDIA ANATA	140
MEDIA ANATA ECLESIASTICA	497
MONTE PIO DE MINISTROS	177
MONTE PIO MILITAR	235
NAIPES	720
NUEVOS REALES	4160
NUEVO IMPUESTO DE AGUARDIENTE	7
OFICIOS VENDIBLES Y RENUNCIABLES	950
PAPEL SELLADO	2070
PENAS DE CAMARA	35
REINTEGROS	5000
SUBSIDIO ECLESIASTICO	665
TRIBUTOS REALES DE INDIOS	78347
VACANTES MENORES	1515
5% DE SINODOS	592
TOTAL	257400

TOTAL COMPUTADO	257341

1/1791-12/1791

	OCHO
ALCABALAS REALES	1633
AZOGUES	3418
BULAS DE SANTA CRUZADA	2864
DEBIDO COBRAR CUENTAS ANTERIORES	28635
DEBIDO DE COBRAR ESTA CUENTA	13951
EXISTENCIA	96587
GASTOS GENERALES	13969
INVALIDOS	5
MEDIA ANATA ECLESIASTICA	4279
MONTE PIO MILITAR	604
NAIPES	3226
NOVENOS REALES	4833
OFICIOS VENDIBLES Y RENUNCIABLES	7
PAPEL SELLADO EN ESPECIE E CORRTE	63
PENAS DE CAMARA	34
REAL HACIENDA EN COMUN	44303
RESGUARDO	740
SUELDOS DE REAL HACIENDA	13632
SUELDOS MILITARES	3300
TRIBUTOS REALES DE INDIOS	20716
VACANTES MENORES	604
TOTAL	257400

TOTAL COMPUTADO	257403

S 642

	OCHO
ALCABALAS REALES	27975
BULAS DE SANTA CRUZADA	6905
COMPOSICION Y VENTA DE TIERRAS	2559
DEBIDO COBRAR CUENTAS ANTERIORES	35949
DEBIDO DE COBRAR ESTA CUENTA	29461
DEPOSITOS	851
EXISTENCIA	96587
EXTRAORDINARIO DE REAL HACIENDA	310
GUIAS	144
INVALIDOS	171
MEDIA ANATA	881
MEDIA ANATA ECLESIASTICA	1829

1/1792-12/1792

	OCHO
ALCABALAS REALES	1904
AZOGUES	438
BULAS DE SANTA CRUZADA	4776
COMPOSICION Y VENTA DE TIERRAS	161
DEBIDO COBRAR CUENTAS ANTERIORES	35949
DEBIDO DE COBRAR ESTA CUENTA	29461
DEPOSITOS	1088
EXISTENCIA	70165
GASTOS GENERALES	18900
INVALIDOS	2
MEDIA ANATA ECLESIASTICA	39
MONTE PIO MILITAR	3900

COCHABAMBA   1/1792-12/1792

CARGO	OCHO
MONTE PIO DE MINISTROS	177
MONTE PIO MILITAR	3969
NAIPES	1033
NOVENOS REALES	4992
OFICIOS VENDIBLES Y RENUNCIABLES	1274
PAPEL SELLADO	4057
PAPEL SELLADO EN ESPECIE B CORRTE	6362
PAPEL SELLADO EN ESPECIE B PASADO	2198
PENAS DE CAMARA	29
REINTEGROS	1125
TRIBUTOS REALES DE INDIOS	91921
VACANTES MENORES	9346
5% DE SINODOS	475
TOTAL	330579

TOTAL COMPUTADO	330580

DATA	OCHO
NAIPES	749
NOVENOS REALES	4807
PAPEL SELLADO	208
PAPEL SELLADO EN ESPECIE E CORRTE	6362
PAPEL SELLADO EN ESPECIE B PASADO	3287
PENAS DE CAMARA	8
RESGUARDO	905
SUBSIDIO ECLESIASTICO	2058
SUELDOS DE REAL HACIENDA	19187
SUELDOS MILITARES	2475
TRIBUTOS REALES DE INDIOS	53524
VACANTES MENORES	10660
TOTAL	270412

TOTAL COMPUTADO	271013

S 642

CARGO	OCHO
ALCABALAS REALES	33282
ALCANCES DE CUENTAS	12
AZOGUES	71
BIENES MOSTRENCOS	12
BULAS DE SANTA CRUZADA	1669
COMPOSICION Y VENTA DE TIERRAS	369
DEBIDO COBRAR CUENTAS ANTERIORES	50442
DEBIDO DE COBRAR ESTA CUENTA	10372
DEPOSITOS	17195
DONATIVO PARA LA GUERRA	8882
EXISTENCIA	60166
EXTRAORDINARIO DE REAL HACIENDA	1118
GUACAS	621
GUIAS	187
INVALIDOS	200
MEDIA ANATA	688
MEDIA ANATA ECLESIASTICA	6007
MESADAS ECLESIASTICAS	1643
MONTE PIO DE MINISTROS	177
MONTE PIO MILITAR	431
NAIPES	381
NOVENOS REALES	4302
NUEVO IMPUESTO DE AGUARDIENTE	46
OFICIOS VENDIBLES Y RENUNCIABLES	1289
PAPEL SELLADO	621
PAPEL SELLADO EN ESPECIE B CORRTE	625
PENAS DE CAMARA	12
REINTEGROS	297
SUBSIDIO ECLESIASTICO	3503
TRIBUTOS REALES DE INDIOS	86472
VACANTES MAYORES	1407
VACANTES MENORES	4441
1.5% Y DIEZMOS DE PLATA	27
3% DEL ORO	49
5% DE SINODOS	720
TOTAL	297733

1/1793-12/1793

DATA	OCHO
ALCABALAS REALES	2298
AZOGUES	71
BIENES MOSTRENCOS	12
BULAS DE SANTA CRUZADA	3997
DEBIDO COBRAR CUENTAS ANTERIORES	50441
DEBIDO DE COBRAR ESTA CUENTA	10372
DEPOSITOS	2012
DONATIVO PARA LA GUERRA	5310
EXISTENCIA	49962
GASTOS GENERALES	16344
GUACAS	512
INVALIDOS	2
MEDIA ANATA ECLESIASTICA	6698
MESADAS ECLESIASTICAS	330
MONTE PIO MILITAR	394
NAIPES	733
NOVENOS REALES	6094
PAPEL SELLADO	48
PAPEL SELLADO EN ESPECIE E CORRTE	625
PENAS DE CAMARA	54
REAL HACIENDA EN COMUN	33438
REINTEGROS	2
RESGUARDO	1042
SUBSIDIO ECLESIASTICO	3503
SUELDOS DE REAL HACIENDA	19860
SUELDOS MILITARES	3850
TRIBUTOS REALES DE INDIOS	71517
VACANTES MAYORES	1407
VACANTES MENORES	4651
1.5% Y DIEZMOS DE PLATA	26
3% DEL ORO	38
5% DE SINODOS	2091
TOTAL	297733

COCHABAMBA 1/1793-12/1793

CARGO	OCHO		DATA	OCHC
TOTAL COMPUTADO	297736		TOTAL COMPUTADO	297734

S 642 | | | **1/1794-12/1794**

CARGO	OCHO		DATA	OCHC
ALCABALAS REALES	28027		ALCABALAS REALES	3129
ALCANCES DE CUENTAS	362		BIENES DE DIFUNTOS	2522
BIENES DE DIFUNTOS	3274		BULAS DE SANTA CRUZADA	2491
BULAS DE SANTA CRUZADA	3898		DEBIDO COBRAR CUENTAS ANTERIORES	33211
COMPOSICION Y VENTA DE TIERRAS	550		DEBIDO DE COBRAR ESTA CUENTA	16235
DEBIDO COBRAR CUENTAS ANTERIORES	33211		DEPOSITOS	3537
DEBIDO DE COBRAR ESTA CUENTA	16235		DONATIVO PARA LA GUERRA	5764
DEPOSITOS	5901		EXISTENCIA	125504
DONATIVO PARA LA GUERRA	8091		GASTOS GENERALES	3822
EXISTENCIA	49962		INVALIDOS	2
EXTRAORDINARIO DE REAL HACIENDA	818		MEDIA ANATA ECLESIASTICA	1471
GUIAS	41		MESADAS ECLESIASTICAS	1487
INVALIDOS	182		MONTE PIO MILITAR	516
MEDIA ANATA	1008		NAIPES	732
MEDIA ANATA ECLESIASTICA	343		NOVENOS REALES	2700
MESADAS ECLESIASTICAS	972		PAPEL SELLADO	218
MONTE PIO DE MINISTROS	177		PAPEL SELLADO EN ESPECIE B CORRTE	7041
MONTE PIO MILITAR	386		PAPEL SELLADO EN ESPECIE B PASADO	891
NAIPES	643		REAL HACIENDA EN COMUN	9343
NOVENOS REALES	4507		SUELDOS DE REAL HACIENDA	18322
NUEVO IMPUESTO DE AGUARDIENTE	564		SUELDOS MILITARES	3575
OFICIOS VENDIBLES Y RENUNCIABLES	507		TRIBUTOS REALES DE INDIOS	31817
OTRAS TESORERIAS	603		TOTAL	274330
PAPEL SELLADO	2496			
PAPEL SELLADO EN ESPECIE B CORRTE	7041			
PAPEL SELLADO EN ESPECIE B PASADO	2255			
PENAS DE CAMARA	13			
REINTEGROS	58			
TRIBUTOS REALES DE INDIOS	91008			
VACANTES MAYORES	6450			
VACANTES MENORES	3944			
5% DE SINODOS	804			
TOTAL	274330			

TOTAL COMPUTADO	274331		TOTAL COMPUTADO	274330

S 642 | | | **1/1795-12/1795**

CARGO	OCHO		DATA	OCHC
ALCABALAS REALES	24112		ALCABALAS REALES	3157
ALCANCES DE CUENTAS	1234		ALCANCES DE CUENTAS	1273
AZOGUES	409		BIENES DE DIFUNTOS	752
BULAS CUADRAGESIMALES	929		BULAS CUADRAGESIMALES	15
BULAS DE SANTA CRUZADA	1109		BULAS DE SANTA CRUZADA	2994
COMPOSICION Y VENTA DE TIERRAS	770		DEBIDO COBRAR CUENTAS ANTERIORES	42811
DEBIDO COBRAR CUENTAS ANTERIORES	42811		DEBIDO DE COBRAR ESTA CUENTA	22226
DEBIDO DE COBRAR ESTA CUENTA	22226		DEPOSITOS	900
DEPOSITOS	563		DONATIVO PARA LA GUERRA	11180
DONATIVO PARA LA GUERRA	7387		EXISTENCIA	75393
EXISTENCIA	125503		GASTOS GENERALES	18587

COCHABAMBA   1/1795-12/1795

CARGO	OCHO
EXTRAORDINARIO DE REAL HACIENDA	2000
GUIAS	81
INVALIDOS	161
MEDIA ANATA	696
MEDIA ANATA ECLESIASTICA	991
MESADAS ECLESIASTICAS	216
MONTE PIO DE MINISTROS	262
MONTE PIO MILITAR	6030
NAIPES	638
NOVENOS REALES	4038
NUEVO IMPUESTO DE AGUARDIENTE	180
OFICIOS VENDIBLES Y RENUNCIABLES	600
OTRAS TESORERIAS	1120
PAPEL SELLADO	2303
PAPEL SELLADO EN ESPECIE B FUTURO	5825
PENAS DE CAMARA	12
REINTEGROS	427
SUBSIDIO ECLESIASTICO	2868
TRIBUTOS REALES DE INDIOS	86195
VACANTES MAYORES	5319
VACANTES MENORES	2518
4% DE SUELDOS PARA LA GUERRA	527
5% DE SINCDOS	609
TOTAL	350669
TOTAL COMPUTADO	350669

DATA	OCHO
INVALIDOS	2
MEDIA ANATA	17
MEDIA ANATA ECLESIASTICA	1001
MESADAS ECLESIASTICAS	1014
MONTE PIO MILITAR	2415
NAIPES	605
NOVENOS REALES	6442
OTRAS TESORERIAS	1723
PAPEL SELLADO	28
PAPEL SELLADO EN ESPECIE E FUTURO	5825
PENAS DE CAMARA	21
REAL HACIENDA EN COMUN	64151
SUBSIDIO ECLESIASTICC	2868
SUELDOS DE REAL HACIENDA	19310
SUELDOS MILITARES	3281
TRIBUTOS REALES DE INDICS	46632
VACANTES MAYORES	9425
VACANTES MENCRES	4961
4% DE SUELDOS PARA LA GUERRA	343
5% DE SINCDOS	1319
TOTAL	350669
TOTAL COMPUTADO	350671

S 643

1/1796-12/1796

CARGO	OCHO
ALCABALAS REALES	29778
ALCANCES DE CUENTAS	976
BULAS CUADRA EN ESPECIE B CCRRTE	6860
BULAS CUADRA EN ESPECIE B PASADO	4665
BULAS CUADRAGESIMALES	362
BULAS DE SANTA CRUZADA	3237
BULAS DE SC EN ESPECIE B CORRTE	13015
BULAS DE SC EN ESPECIE B PASADO	25145
COMISOS	14
COMISOS DEL EXCMO SUP GEN DE R H	14
COMISOS DEL RL CONSEJO DE INDIAS	14
COMPOSICION Y VENTA DE TIERRAS	627
DEBIDO COBRAR CUENTAS ANTERIORES	44337
DEBIDO DE COBRAR ESTA CUENTA	10673
DEPOSITOS	407
DONATIVO PARA LA GUERRA	2219
EXISTENCIA	75293
EXTRAORDINARIO DE REAL HACIENDA	146
GUIAS	328
INVALIDOS	301
MEDIA ANATA	143
MONTE PIO DE MINISTROS	220
MONTE PIO MILITAR	8504
NAIPES	944
NOVENOS REALES	4225
NUEVO IMPUESTO DE AGUARDIENTE	133

DATA	OCHO
ALCABALAS REALES	3529
ALCANCES DE CUENTAS	174
AZOGUES	409
BULAS CUADRA EN ESPECIE B CCRRTE	4632
BULAS CUADRAGESIMALES	9
BULAS DE SANTA CRUZADA	2256
BULAS DE SC EN ESPECIE B CORRTE	7774
DEBIDO COBRAR CUENTAS ANTERIORES	44336
DEBIDO DE COBRAR ESTA CUENTA	10673
DEPOSITOS	561
DONATIVO PARA LA GUERRA	3340
EXISTENCIA	93446
EXTRAORDINARIC DE REAL HACIENDA	74
GASTOS GENERALES	18576
GUIAS	682
INVALIDOS	1456
MEDIA ANATA	410
MONTE PIO MILITAR	5732
NAIPES	857
NOVENOS REALES	6228
OTRAS TESORERIAS	404
PAPEL SELLADC	2188
PENAS DE CAMARA	4
REAL HACIENDA EN CCMUN	26270
SOBRAS	379
SUBSIDIO ECLESIASTICO	2453

COCHABAMBA   1/1796-12/1796

CARGO	OCHO
OFICIOS VENDIBLES Y RENUNCIABLES	51
OTRAS TESORERIAS	819
PAPEL SELLADO	3644
PAPEL SELLADO EN ESPECIE B PASADO	2246
PENAS DE CAMARA	12
REINTEGROS	379
SUBSIDIO ECLESIASTICO	2453
SUPLEMENTO A LA REAL HACIENDA	379
TRIBUTOS REALES DE INDIOS	90592
VACANTES MAYORES	10422
VACANTES MENORES	3592
4% DE SUELDOS PARA LA GUERRA	618
5% DE SINODOS	535
TOTAL	348316

TOTAL COMPUTADO   348322

S 643

ALCABALAS REALES	22583
ALCANCES DE CUENTAS	614
BULAS CUADRA EN ESPECIE B CORRTE	780
BULAS CUADRA EN ESPECIE B FUTURO	6043
BULAS CUADRAGESIMALES	21
BULAS DE SANTA CRUZADA	1441
BULAS DE SC EN ESPECIE B CORRTE	321
BULAS DE SC EN ESPECIE B FUTURO	13141
BULAS DE SC EN ESPECIE B PASADO	343
COMISOS	47
COMISOS DEL EXCMO SUP GEN DE R H	47
COMISOS DEL RL CONSEJO DE INDIAS	47
COMPOSICION Y VENTA DE TIERRAS	100
DEBIDO COBRAR CUENTAS ANTERIORES	36941
DEBIDO DE COBRAR ESTA CUENTA	9585
DEPCSITOS	342
DONATIVO PARA LA GUERRA	642
ENTRADA DE NEGROS	48
EXISTENCIA	93447
EXTRAORDINARIO DE REAL HACIENDA	85
GUIAS	316
INVALIDOS	330
MEDIA ANATA	954
MEDIA ANATA ECLESIASTICA	4
MESADAS ECLESIASTICAS	101
MONTE PIO DE MINISTROS	180
MONTE PIO MILITAR	454
NAIPES	229
NOVENOS REALES	4241
NUEVO IMPUESTO DE AGUARDIENTE	48
OFICIOS VENDIBLES Y RENUNCIABLES	600
OTRAS TESORERIAS	3960
PAPEL SELLADO	1432
PAPEL SELLADO EN ESPECIE B FUTURO	5825
REINTEGROS	1631
SOBRAS	379

DATA	OCHO
SUELDOS DE REAL HACIENDA	16746
SUELDOS MILITARES	3287
TRIBUTOS REALES DE INDIOS	81477
VACANTES MAYORES	7501
VACANTES MENORES	2047
4% DE SUELDOS PARA LA GUERRA	776
TOTAL	348316

TOTAL COMPUTADO   348316

1/1797-12/1797

ALCABALAS REALES	3627
ALCANCES DE CUENTAS	1746
BULAS CUADRA EN ESPECIE B FUTURO	500
BULAS CUADRAGESIMALES	44
BULAS DE SANTA CRUZADA	2895
BULAS DE SC EN ESPECIE B FUTURO	1152
COMISOS DEL EXCMO SUP GEN DE R H	61
COMISOS DEL RL CONSEJO DE INDIAS	61
COMPOSICION Y VENTA DE TIERRAS	300
DEBIDO COBRAR CUENTAS ANTERIORES	36941
DEBIDO DE COBRAR ESTA CUENTA	9585
DEPOSITOS	4577
DONATIVO PARA LA GUERRA	1335
EXISTENCIA	112841
GASTOS GENERALES	26282
GUIAS	566
INVALIDOS	8
MEDIA ANATA	37
MEDIA ANATA ECLESIASTICA	4
MESADAS ECLESIASTICAS	101
MONTE PIO MILITAR	6938
NAIPES	538
NOVENOS REALES	4241
OTRAS TESORERIAS	1526
PAPEL SELLADO	24
PAPEL SELLADO EN ESPECIE B FUTURO	5825
PENAS DE CAMARA	15
SUBSIDIO ECLESIASTICO	2218
SUELDOS DE REAL HACIENDA	16139
SUELDOS MILITARES	3300
SUPLEMENTO A LA REAL HACIENDA	379
TABACOS	59448
TRIBUTOS REALES DE INDIOS	5000
VACANTES MAYORES	4364
VACANTES MENORES	861
4% DE SUELDOS PARA LA GUERRA	196

COCHABAMBA   1/1797-12/1797

CARGO	OCHO
SUBSIDIO ECLESIASTICO	2218
TABACOS	8500
TRIBUTOS REALES DE INDIOS	91137
VACANTES MAYORES	2430
VACANTES MENORES	2549
4% DE SUELDOS PARA LA GUERRA	170
5% DE SINODOS	420
TOTAL	314725

TOTAL COMPUTADO   314726

DATA	OCHO
5% DE SINODOS	1052
TOTAL	314725

TOTAL COMPUTADO   314727

S 643

1/1798-12/1798

CARGO	OCHO
ALCABALAS REALES	26934
ALCANCES DE CUENTAS	136
BULAS CUADRA EN ESPECIE B CORRTE	500
BULAS CUADRA EN ESPECIE B PASADO	1969
BULAS CUADRAGESIMALES	318
BULAS DE SANTA CRUZADA	2735
BULAS DE SC EN ESPECIE B CORRTE	1152
BULAS DE SC EN ESPECIE B PASADO	1184
COMPOSICION Y VENTA DE TIERRAS	100
DEBIDO COBRAR CUENTAS ANTERIORES	34401
DEBIDO DE COBRAR ESTA CUENTA	4811
DEPOSITOS	6649
DONATIVO	587
EMPRESTITOS	2350
EXISTENCIA	112841
EXTRAORDINARIO DE REAL HACIENDA	656
GUIAS	163
INVALIDOS	215
MEDIA ANATA	6
MESADAS ECLESIASTICAS	500
MONTE PIO DE MINISTROS	132
MONTE PIO MILITAR	303
NAIPES	389
NOVENOS REALES	4356
NUEVO IMPUESTO DE AGUARDIENTE	70
OTRAS TESORERIAS	1084
PAPEL SELLADO	2285
PAPEL SELLADO EN ESPECIE B PASADO	1112
PENAS DE CAMARA	37
SUBSIDIO ECLESIASTICO	2920
SUPLEMENTO A LA REAL HACIENDA	41307
TRIBUTOS REALES DE INDIOS	96078
VACANTES MAYORES	5551
VACANTES MENORES	2696
3% PARA EL SEMINARIO	299
5% DE SINODOS	532
TOTAL	357355

TOTAL COMPUTADO   357358

DATA	OCHO
ALCABALAS REALES	3830
ALCANCES DE CUENTAS	169
BIENES DE DIFUNTOS	302
BULAS CUADRAGESIMALES	1417
BULAS CUADRAGESIMALES EN ESPECIE	2813
BULAS DE SANTA CRUZADA	1751
BULAS DE SC EN ESPECIE B CORRTE	8016
COMPOSICION Y VENTA DE TIERRAS	70
DEBIDO COBRAR CUENTAS ANTERIORES	34401
DEBIDO DE COBRAR ESTA CUENTA	4811
DEPOSITOS	11268
DONATIVO PARA LA GUERRA	776
EXISTENCIA	106226
GASTOS GENERALES	16202
GUIAS	311
INVALIDOS	506
MEDIA ANATA	13
MESADAS ECLESIASTICAS	500
MONTE PIO DE MINISTROS	2055
MONTE PIO MILITAR	317
NAIPES	426
NOVENOS REALES	4356
OTRAS TESORERIAS	3932
PAPEL SELLADO	184
PENAS DE CAMARA	10
REAL HACIENDA EN COMUN	9130
SOBRAS	2238
SUBSIDIO ECLESIASTICO	1365
SUELDOS DE REAL HACIENDA	15230
SUELDOS MILITARES	3300
SUPLEMENTO A LA REAL HACIENDA	48606
TABACOS	3500
TRIBUTOS REALES DE INDIOS	53409
VACANTES MAYORES	7881
VACANTES MENORES	7428
3% PARA EL SEMINARIO	204
5% DE SINODOS	400
TOTAL	357355

TOTAL COMPUTADO   357353

S 643

COCHABAMBA   1/1799-12/1799

CARGO	OCHO
S 643	
ALCABALAS REALES	28785
ALCANCES DE CUENTAS	58
APROVECHAMIENTOS	288
BIENES DE DIFUNTOS	302
BULAS CUADRA EN ESPECIE B CORRTE	634
BULAS CUADRA EN ESPECIE B PASADO	32
BULAS CUADRAGESIMALES	1463
BULAS DE SANTA CRUZADA	558
BULAS DE SC EN ESPECIE B CORRTE	1255
BULAS DE SC EN ESPECIE B FUTURO	10888
BULAS DE SC EN ESPECIE B PASADO	35
COMPOSICION Y VENTA DE TIERRAS	200
DEBIDO COBRAR CUENTAS ANTERIORES	31704
DEBIDO DE COBRAR ESTA CUENTA	12027
DEPOSITOS	18545
DONATIVO	7889
EMPRESTITOS	4500
EXISTENCIA	106226
EXPEDICION A MATAGROSO	2238
EXTRAORDINARIO DE REAL HACIENDA	280
GUIAS	379
INVALIDOS	97
MEDIA ANATA	88
MEDIA ANATA ECLESIASTICA	1293
MESADAS ECLESIASTICAS	611
MONTE PIO DE MINISTROS	2202
MONTE PIO MILITAR	188
NAIPES	143
NOVENOS REALES	4480
NUEVO IMPUESTO DE AGUARDIENTE	34
OFICIOS VENDIBLES Y RENUNCIABLES	267
OTRAS TESORERIAS	3932
PAPEL SELLADO	2299
PAPEL SELLADO EN ESPECIE B CORRTE	3400
PAPEL SELLADO EN ESPECIE B FUTURO	8525
PAPEL SELLADO EN ESPECIE B PASADO	43
PENAS DE CAMARA	108
REINTEGROS	41
SUBSIDIO ECLESIASTICO	2283
SUPLEMENTO A LA REAL HACIENDA	18148
TABACOS	8000
TRIBUTOS REALES DE INDIOS	96313
VACANTES MAYORES	4023
VACANTES MENORES	9148
15% DE AMORTIZACION	450
3% PARA EL SEMINARIO	440
5% DE SINODOS	1346
TOTAL	396184
TOTAL COMPUTADO	396188

S 643

DATA

1/1799-12/1799

	OCHC
ALCABALAS REALES	4587
BULAS CUADRAGESIMALES	178
BULAS DE SANTA CRUZADA	1312
DEBIDO COBRAR CUENTAS ANTERIORES	31705
DEBIDO DE COBRAR ESTA CUENTA	12027
DEPOSITOS	14340
DONATIVO PARA LA GUERRA	2821
EMPRESTITOS	4500
EXISTENCIA	132719
GASTOS GENERALES	23922
GUIAS	163
INVALIDOS	97
MEDIA ANATA ECLESIASTICA	1293
MESADAS ECLESIASTICAS	611
MONTE PIO DE MINISTROS	59
MONTE PIO MILITAR	130
NAIPES	205
NOVENOS REALES	2600
PAPEL SELLADO	20
PAPEL SELLADO EN ESPECIE B FUTURO	8525
PAPEL SELLADO EN ESPECIE B PASADO	8538
PENAS DE CAMARA	59
REAL HACIENDA EN COMUN	28546
REINTEGROS	5454
SUBSIDIO ECLESIASTICO	1554
SUELDOS DE REAL HACIENDA	9372
SUELDOS MILITARES	3291
SUPLEMENTO A LA REAL HACIENDA	70313
TABACOS	8000
TRIBUTOS REALES DE INDIOS	14677
VACANTES MAYORES	3551
3% PARA EL SEMINARIO	497
5% DE SINODOS	519
TOTAL	396184
TOTAL COMPUTADO	396185

1/1800-12/1800

COCHABAMBA   1/1800-12/1800

CARGO	OCHO
ALCABALAS REALES	29470
ALCANCES DE CUENTAS	97
APROVECHAMIENTOS	72
BIENES MOSTRENCOS	10
BULAS CUADRA EN ESPECIE B CORRTE	2170
BULAS CUADRA EN ESPECIE B PASADO	1511
BULAS CUADRAGESIMALES	803
BULAS DE SANTA CRUZADA	5710
BULAS DE SC EN ESPECIE B CORRTE	1289
BULAS DE SC EN ESPECIE B PASADO	1617
DEBIDO COBRAR CUENTAS ANTERIORES	35275
DEBIDO DE COBRAR ESTA CUENTA	7088
DEPOSITOS	1711
DONATIVO PARA LA GUERRA	5525
EMPRESTITOS	1000
ENTERADO EN LA CAJA	6
EXISTENCIA	132720
EXTRAORDINARIO DE REAL HACIENDA	1521
GUIAS	254
INVALIDOS	515
MEDIA ANATA	40
MONTE PIO DE MINISTROS	88
MONTE PIO MILITAR	653
NOVENOS REALES	5168
OFICIOS VENDIBLES Y RENUNCIABLES	516
OTRAS TESORERIAS	708
PAPEL SELLADO	5283
PAPEL SELLADO EN ESPECIE B PASADO	1770
REINTEGROS	3003
TABACOS	7300
TRIBUTOS REALES DE INDIOS	95523
VACANTES MAYORES	200
VACANTES MENORES	7460
15% DE AMORTIZACION	834
3% PARA EL SEMINARIO	364
5% DE SINODOS	662
TOTAL	357937

TOTAL COMPUTADO   357936

DATA	OCHO
ALCABALAS REALES	4107
ALCANCES DE CUENTAS	155
BIENES MOSTRENCOS	10
BULAS CUADRA EN ESPECIE B CORRTE	1728
BULAS CUADRA EN ESPECIE B PASADO	15032
BULAS CUADRAGESIMALES	2132
BULAS DE SANTA CRUZADA	4437
BULAS DE SC EN ESPECIE B CORRTE	8420
BULAS DE SC EN ESPECIE B PASADO	39870
DEBIDO COBRAR CUENTAS ANTERIORES	35282
DEBIDO DE COBRAR ESTA CUENTA	7088
DEPOSITOS	59
DONATIVO PARA LA GUERRA	9915
EXISTENCIA	71973
GASTOS GENERALES	31595
GUIAS	379
MEDIA ANATA	201
MONTE PIO MILITAR	594
NOVENOS REALES	5548
OTRAS TESORERIAS	4631
PAPEL SELLADO	236
PAPEL SELLADO EN ESPECIE E PASADO	1313
PENAS DE CAMARA	90
REAL HACIENDA EN COMUN	15500
SUBSIDIO ECLESIASTICO	2283
SUELDOS DE REAL HACIENDA	23943
SUELDOS MILITARES	3725
TABACOS	7300
TRIBUTOS REALES DE INDIOS	50938
VACANTES MAYORES	1592
VACANTES MENORES	4950
15% DE AMORTIZACION	1284
3% PARA EL SEMINARIO	232
5% DE SINODOS	1400
TOTAL	357937

TOTAL COMPUTADO   357942

S 644

1/1804-12/1804

CARGO	OCHO
ALCABALAS REALES	23200
ALCANCES DE CUENTAS	62
BULAS CUADRAGESIMALES	178
BULAS DE SANTA CRUZADA	2089
COBRADO VALORES AÑOS ANTERIORES	118687
DEPOSITOS	9364
ESPOLIOS	3925
GUIAS	189
INVALIDOS	302
MEDIA ANATA	30
MONTE PIO DE MINISTROS	88
MONTE PIO MILITAR	319
NAIPES	272

DATA	OCHO
ALCANCES DE CUENTAS	12
BIENES DE DIFUNTOS	302
BULAS CUADRAGESIMALES	22
BULAS DE SANTA CRUZADA	254
DEPOSITOS	14632
ESPOLIOS	7967
GASTOS DE GUERRA	200
GASTOS ORD Y EXTRAORDINARIOS R H	2117
GUIAS	3
INVALIDOS	252
MEDIA ANATA	326
MESADAS ECLESIASTICAS	1393
MONTE PIO DE MINISTROS	1330

COCHABAMBA   1/1804-12/1804

CARGO	OCHO
NOVENOS REALES	8774
NUEVO IMPUESTO DE AGUARDIENTE	4
PAPEL SELLADO	3500
REAL HACIENDA EN COMUN	59399
TABACOS	14000
TRIBUTOS REALES DE INDIOS	82060
VACANTES MAYORES	8000
VACANTES MENORES	4628
15% DE AMORTIZACION	923
3% PARA EL SEMINARIO	259
5% DE SINODOS	557
TOTAL	340809

TOTAL COMPUTADO   340809

DATA	OCHO
MONTE PIO MILITAR	505
NAIPES	249
NUEVO IMPUESTO DE AGUARDIENTE	226
OFICIOS VENDIBLES Y RENUNCIABLES	910
OTRAS TESORERIAS	127553
PENAS DE CAMARA	13
REAL HACIENDA EN COMUN	41521
REDITOS DE PRINCIPALES A CENSOS	1305
SUBSIDIO ECLESIASTICO	4505
SUELDOS DEL ESTADO POLITICO	7100
SUELDOS MILITARES	6091
SUELDOS SUPERNUMERARIOS	200
SUELDOS Y GASTOS DE ADUANA	5971
SUELDOS Y GASTOS DE REAL HACIENDA	10016
TABACOS	14000
TRIBUTOS REALES DE INDIOS	6335
VACANTES MAYORES	2181
VACANTES MENORES	10750
15% DE AMORTIZACION	473
3% PARA EL SEMINARIO	185
5% DE SINODOS	595
TOTAL	269496

TOTAL COMPUTADO   269498

S 644

1/1805-12/1805

CARGO	OCHO
ALCABALAS REALES	19319
ALCANCES DE CUENTAS	676
BULAS CUADRAGESIMALES	385
BULAS DE SANTA CRUZADA	936
COBRADO VALORES AÑOS ANTERIORES	115915
DEPOSITOS	15754
ESPOLIOS	8662
GUIAS	914
HERENCIAS TRANSVERSALES	593
INVALIDOS	633
MESADAS ECLESIASTICAS	305
MONTE PIO DE MINISTROS	89
MONTE PIO MILITAR	294
NAIPES	534
NOVENOS REALES	9403
OTRAS TESORERIAS	18600
PAPEL SELLADO	2731
REAL HACIENDA EN COMUN	15886
SUBSIDIO ECLESIASTICO	1329
TABACOS	6000
TRIBUTOS REALES DE INDIOS	83985
VACANTES MAYORES	17457
VACANTES MENORES	700
15% DE AMORTIZACION	341
3% PARA EL SEMINARIO	499
5% DE SINODOS	571
TOTAL	321815

DATA	OCHO
ALCABALAS REALES	5485
BULAS CUADRAGESIMALES	9
BULAS DE SANTA CRUZADA	116
DEPOSITOS	10641
DONATIVO PARA LA GUERRA	300
ESPOLIOS	6982
GASTOS ORD Y EXTRAORDINARIOS R H	4308
GUIAS	6
HERENCIAS TRANSVERSALES	500
INVALIDOS	478
MESADAS ECLESIASTICAS	353
MONTE PIO DE MINISTROS	118
MONTE PIO MILITAR	124
NAIPES	434
OTRAS TESORERIAS	94776
PAPEL SELLADO	26
REAL HACIENDA EN COMUN	33146
REDITOS DE PRINCIPALES A CENSOS	910
SUBSIDIO ECLESIASTICO	7856
SUELDOS DEL ESTADO POLITICO	7100
SUELDOS Y GASTOS DE REAL HACIENDA	9872
SUELDOS Y GASTOS MILITARES	19449
TABACOS	6000
TRIBUTOS REALES DE INDIOS	30339
VACANTES MAYORES	7521
VACANTES MENORES	20627
15% DE AMORTIZACION	491
3% PARA EL SEMINARIO	430

COCHABAMBA 1/1805—12/1805

CARGO	OCHO
TOTAL COMPUTADO	322511

S 644

	OCHO
ALCABALAS REALES	17968
ALCANCES DE CUENTAS	608
BULAS CUADRAGESIMALES	85
BULAS DE SANTA CRUZADA	1423
COBRADO VALORES AÑOS ANTERIORES	82155
DEPOSITOS	9476
DONATIVO PARA LA GUERRA	189
EMPRESTITOS	130
ESPOLIOS	540
GUIAS	245
INVALIDOS	1243
MONTE PIO DE MINISTROS	88
MONTE PIO MILITAR	464
NAIPES	804
NOVENOS REALES	3668
OTRAS TESORERIAS	22600
PAPEL SELLADO	4801
PENAS DE CAMARA	100
REAL HACIENDA EN COMUN	54130
REDENCION DE CAUTIVOS	747
TRIBUTOS REALES DE INDIOS	67846
VACANTES MAYORES	4650
VACANTES MENORES	7520
15% DE AMORTIZACION	75
3% PARA EL SEMINARIO	360
5% DE SINODOS	1296
TOTAL	283211

TOTAL COMPUTADO	283211

B 13

ALCABALAS REALES	16975
ALCANCES DE CUENTAS	28
BULAS CUADRAGESIMALES	183
BULAS DE SANTA CRUZADA	412
COBRADO VALORES AÑOS ANTERIORES	77809
COMPOSICION Y VENTA DE TIERRAS	50
DEPOSITOS	23864
ESPOLIOS	152
GUIAS	265
HERENCIAS TRANSVERSALES	143
INVALIDOS	1472

DATA	OCHO
5% DE SINODOS	500
TOTAL	268893

TOTAL COMPUTADO	268897

1/1806—12/1806

ALCABALAS REALES	4768
BULAS CUADRAGESIMALES	7
BULAS DE SANTA CRUZADA	126
DEPOSITOS	4051
DONATIVO PARA LA GUERRA	189
EMPRESTITOS	130
ESPOLIOS	1705
GASTOS ORD Y EXTRAORDINARIOS R H	2455
GUIAS	6
INVALIDOS	852
MEDIA ANATA ECLESIASTICA	3681
MESADAS ECLESIASTICAS	184
MONTE PIO MILITAR	430
NAIPES	453
OTRAS TESORERIAS	92892
PAPEL SELLADO	341
PENAS DE CAMARA	30
REAL HACIENDA EN COMUN	13119
REDENCION DE CAUTIVOS	577
REDITOS DE PRINCIPALES A CENSOS	225
SUBSIDIO ECLESIASTICO	477
SUELDOS DEL ESTADO POLITICO	7100
SUELDOS Y GASTOS DE REAL HACIENDA	13959
SUELDOS Y GASTOS MILITARES	44198
TRIBUTOS REALES DE INDIOS	21503
VACANTES MAYORES	23000
VACANTES MENORES	15960
15% DE AMORTIZACION	300
3% PARA EL SEMINARIO	483
5% DE SINODOS	1469
TOTAL	254713

TOTAL COMPUTADO	254710

1/1807—12/1807

ALCABALAS REALES	5272
BULAS CUADRAGESIMALES	19
BULAS DE SANTA CRUZADA	55
DEPOSITOS	5456
GASTOS ORD Y EXTRAORDINARIOS R H	3092
GUIAS	7
HERENCIAS TRANSVERSALES	159
INVALIDOS	1477
MEDIA ANATA ECLESIASTICA	1653
MESADAS ECLESIASTICAS	180
MONTE PIO DE MINISTROS	486

COCHABAMBA   1/1807-12/1807

CARGO	OCHO
MEDIA ANATA	2028
MONTE PIO DE MINISTROS	457
MONTE PIO MILITAR	381
NAIPES	633
NOVENOS REALES	4264
NUEVO NOVENO DECIMAL	7895
OFICIOS VENDIBLES Y RENUNCIABLES	800
OTRAS TESORERIAS	33195
PAPEL SELLADO	3700
REAL HACIENDA EN COMUN	148112
REDENCION DE CAUTIVOS	526
TRIBUTOS REALES DE INDIOS	65416
VACANTES MAYORES	9880
VACANTES MENORES	8564
15% DE AMORTIZACION	23
3% PARA EL SEMINARIO	323
5% DE SINODOS	619
TOTAL	408168

TOTAL COMPUTADO   408169

B 13

CARGO	OCHO
ALCABALAS REALES	18847
ALCANCES DE CUENTAS	15
BULAS DE SANTA CRUZADA	1350
COBRADO VALORES ANOS ANTERIORES	104994
DEPOSITOS	12091
DONATIVO PARA BUENOS AIRES	280
EMPRESTITOS	19463
GUIAS	504
INVALIDOS	884
MEDIA ANATA	155
MONTE PIO DE MINISTROS	176
MONTE PIO MILITAR	320
NAIPES	1103
NOVENOS REALES	5458
NUEVO NOVENO DECIMAL	5276
OFICIOS VENDIBLES Y RENUNCIABLES	1100
OTRAS TESORERIAS	13610
PAPEL SELLADO	566
REAL HACIENDA EN COMUN	176197
REDENCION DE CAUTIVOS	446
TRIBUTOS REALES DE INDIOS	80932
VACANTES MAYORES	11217
15% DE AMORTIZACION	108
3% PARA EL SEMINARIO	420
5% DE SINODOS	742
TOTAL	456254

TOTAL COMPUTADO   456254

B 13

DATA	OCHO
MONTE PIO MILITAR	554
NAIPES	620
NUEVO NOVENO DECIMAL	15895
OTRAS TESORERIAS	141925
PAPEL SELLADO	24
PENAS DE CAMARA	69
REAL HACIENDA EN COMUN	28454
REDENCION DE CAUTIVOS	596
REDITOS DE PRINCIPALES A CENSOS	225
SUELDOS DEL ESTADO POLITICO	7100
SUELDOS Y GASTOS DE REAL HACIENDA	12900
SUELDOS Y GASTOS MILITARES	78011
TRIBUTOS REALES DE INDIOS	22690
VACANTES MAYORES	3200
VACANTES MENORES	1050
15% DE AMORTIZACION	58
3% PARA EL SEMINARIO	182
TOTAL	331445

TOTAL COMPUTADO   331449

1/1808-12/1808

DATA	OCHO
ALCABALAS REALES	5519
BULAS CUADRAGESIMALES	77
BULAS DE SANTA CRUZADA	278
CONTRIBUCION TEMPORAL DE GUERRA	76
DEPOSITOS	37401
ESPOLIOS	482
GASTOS EXTRAORDINARIOS	1978
GUIAS	315
INVALIDOS	960
MONTE PIO DE MINISTROS	118
MONTE PIO MILITAR	356
NAIPES	643
NUEVO NOVENO DECIMAL	2191
OTRAS TESORERIAS	114496
PAPEL SELLADO	269
REAL HACIENDA EN COMUN	185642
REDENCION DE CAUTIVOS	422
REDITOS DE PRINCIPALES A CENSOS	225
SUBSIDIO ECLESIASTICO	454
SUELDOS DEL ESTADO POLITICO	7100
SUELDOS Y GASTOS DE REAL HACIENDA	11344
SUELDOS Y GASTOS MILITARES	39270
TRIBUTOS REALES DE INDIOS	29057
VACANTES MAYORES	9152
VACANTES MENORES	9708
5% DE SINODOS	1023
TOTAL	458556

TOTAL COMPUTADO   458556

1/1809-12/1809

1/1809-12/1809

COCHABAMBA   1/1809-12/1809

CARGO	OCHO
ALCABALAS REALES	18487
BULAS DE SANTA CRUZADA	573
COBRADO VALORES ANOS ANTERIORES	63633
DEPOSITOS	17325
DONATIVO PARA LA GUERRA	320
EMPRESTITOS	1500
ESPOLIOS	242
GUIAS	474
INVALIDOS	1751
MEDIA ANATA	73
MEDIA ANATA ECLESIASTICA	428
MESADAS ECLESIASTICAS	2277
MONTE PIO DE MINISTROS	235
MONTE PIO MILITAR	120
NAIPES	651
NOVENOS REALES	3256
NUEVO NOVENO DECIMAL	904
OFICIOS VENDIBLES Y RENUNCIABLES	526
OTRAS TESORERIAS	68199
PAPEL SELLADO	4057
PENAS DE CAMARA	13
REAL HACIENDA EN COMUN	4373
REDENCION DE CAUTIVOS	417
TRIBUTOS REALES DE INDIOS	79259
3% PARA EL SEMINARIO	310
5% DE SINODOS	628
TOTAL	270031

TOTAL COMPUTADO   270031

DATA	OCHO
ALCABALAS REALES	6355
BULAS CUADRAGESIMALES	94
BULAS DE SANTA CRUZADA	405
DEPOSITOS	8641
DONATIVO PARA BUENOS AIRES	280
DONATIVO PARA LA GUERRA	50
ESPOLIOS	4
GASTOS ORD Y EXTRAORDINARIOS R H	5074
GUIAS	180
INVALIDOS	799
MONTE PIO DE MINISTROS	118
MONTE PIO MILITAR	198
NAIPES	1197
NUEVO NOVENO DECIMAL	4357
OTRAS TESORERIAS	23710
PENAS DE CAMARA	12
REAL HACIENDA EN COMUN	94
REDENCION DE CAUTIVOS	124
REDITOS DE PRINCIPALES A CENSOS	1393
SUELDOS DEL ESTADO POLITICO	5380
SUELDOS Y GASTOS DE REAL HACIENDA	12910
SUELDOS Y GASTOS MILITARES	82684
TRIBUTOS REALES DE INDIOS	20565
VACANTES MENORES	3875
15% DE AMORTIZACION	108
TOTAL	178646

TOTAL COMPUTADO   178647

SUMARIO GENERAL DE CARTA CUENTA DE LA PAZ

CARGO	OCHO	ENSAYADOS	ORO
S1849			
ALCABALAS REALES		8426	
ARRENDAMIENTO Y VENTA DE MINAS		950	
BULAS DE SANTA CRUZADA		4002	
COBRADO DE PERSONAS DIVERSAS		9301	
COMPOSICION DE TIERRAS		7360	
CONDENACIONES		160	
CONDENACIONES DEL REAL CONSEJO		276	
DEPOSITOS		10407	
EXTRAORDINARIO DE REAL HACIENDA		1743	
GUARDIA DE APIE		6794	
HOSPITAL DE SANTA ANA DE LIMA		24762	
LANZAS		46780	
MESADAS ECLESIASTICAS		622	
NOVENOS REALES		12712	
OFICIOS VENDIBLES Y RENUNCIABLES		23889	
QUINTOS A DIEZMOS DE PLATA LABR		292	
RESIDUOS		10675	
SERVICIO GRACIOSO		24998	
SOBRAS DE SUELDOS DE JUSTICIA		24896	
TERCIOS DE ENCOMIENDAS		35236	
TRIBUTOS DE YANACONAS		12900	
TRIBUTOS REALES DE INDIOS		70792	
TRIBUTOS VACOS		8043	
VACANTES		1212	
1.5% Y QUINTO DE PLATA		89	
TOTAL		347317	
TOTAL COMPUTADO		347317	
S1874			
ALCABALAS REALES		1093	
AZOGUES		3769	
BULAS DE SANTA CRUZADA		731	
COMPOSICION DE PULPERIAS		160	
COMPOSICION DE TIERRAS		3166	
DEPOSITOS		816	
ESPOLIOS		1775	
GUARDIA DE APIE		1071	
HOSPITAL DE SANTA ANA DE LIMA		2200	
LANZAS		1958	

DATA	OCHO	ENSAYADOS	ORO
1/1624–12/1629			
ALCABALAS REALES	15		
ARRENDAMIENTO Y VENTA DE MINAS	2		
BULAS DE SANTA CRUZADA	130		
COMPOSICION DE TIERRAS	22		
DEPOSITOS	3000		
GUARDIA DE A PIE	5838		
HOSPITAL DE SANTA ANA DE LIMA	14		
LANZAS	1649		
NOVENOS REALES	5011		
OFICIOS VENDIBLES Y RENUNCIABLES	4200		
REMITIDO A LIMA	259953		
RESIDUOS	10668		
SERVICIO GRACIOSO	361		
SITUADOS	24893		
TERCIOS DE ENCOMIENDAS	1822		
TRIBUTOS DE YANACONAS	5752		
TRIBUTOS REALES DE INDIOS	21374		
TRIBUTOS VACOS	2173		
VACANTES	401		
TOTAL	347315		
TOTAL COMPUTADO	347318		
5/1655– 3/1656			
ALCABALAS REALES		650	
AZOGUES		2120	
BULAS DE SANTA CRUZADA		110	
COMPOSICION DE TIERRAS		100	
DEPOSITOS		16	
ESPOLIOS		1775	
GUARDIA DE A PIE		716	
HOSPITAL DE SANTA ANA DE LIMA		50	
LANZAS		700	
MULTAS		20	

LA PAZ   5/1655- 3/1656

CARGO	OCHO	ENSAYADOS	ORO
MESADAS ECLESIASTICAS		1158	
MULTAS		150	
NOVENOS REALES		1900	
OFICIOS VENDIBLES Y RENUNCIABLES		1183	
PAPEL SELLADO		1304	
REAL HACIENDA		4689	
RESIDUOS		2114	
SANTISSIMA TRINIDAD		150	
SISA		117	
SOBRAS DE SUELDOS DE JUSTICIA		4004	
TERCIOS DE ENCOMIENDAS		3399	
TRIBUTOS DE YANACONAS		3462	
TRIBUTOS VACOS		2839	
VACANTES DE DOCTRINAS		1069	
VACANTES MAYORES		2092	
VENTA DE MINAS		50	
1.5% Y QUINTO DE PLATA		16920	
1.5% Y QUINTO DEL ORO		42	
TOTAL		63381	

TOTAL COMPUTADO   63381

DATA	OCHO	ENSAYADOS	ORO
NOVENOS REALES		25	
PAPEL SELLADO		39	
REAL HACIENDA		4689	
REMITIDO A LIMA		46405	
RESIDUOS		2114	
SANTISSIMA TRINIDAD		150	
SITUADOS		300	
TERCIOS DE ENCOMIENDAS		418	
TRIBUTOS DE YANACONAS		868	
TRIBUTOS VACOS		800	
VACANTES MAYORES		28	
1.5% Y QUINTOS DE PLATA		1652	
TOTAL		63745	

TOTAL COMPUTADO   63745   S1874

S1874   4/1656- 3/1657

CARGO	OCHO	ENSAYADOS	ORO
ALCABALAS REALES		814	
ARRENDAMIENTO Y VENTA DE MINAS		32	
AZOGUES		2942	
BULAS DE SANTA CRUZADA		3837	
COMPOSICION DE PULPERIAS		63	
COMPOSICION DE TIERRAS		5505	
ESPOLIOS		105	
GUARDIA DE APIE		626	
HOSPITAL DE SANTA ANA DE LIMA		448	
LANZAS		4433	
MEDIA ANATA		1139	
MESADAS ECLESIASTICAS		145	
MULTAS		80	
NOVENOS REALES		544	
OFICIOS VENDIBLES Y RENUNCIABLES		1268	
PAPEL SELLADO		599	
REAL HACIENDA		8573	
RESIDUOS		2612	
SANTA BRIGIDA		251	
SERVICIO Y DONATIVO GRACIOSO		451	
SISA		1933	
SOBRAS		10	
SOBRAS DE SUELDOS DE JUSTICIA		4469	
TERCIOS DE ENCOMIENDAS		3299	
TRIBUTOS DE YANACONAS		1551	
TRIBUTOS VACOS		2921	
VACANTES		84	
VACANTES DE DOCTRINAS		1616	
VACANTES DE DOCTRINAS		15	
VACANTES MAYORES		808	
1.5% Y QUINTO DE PLATA		17387	

DATA	OCHO	ENSAYADOS	ORO
COMPOSICION DE TIERRAS		45	
ESPOLIOS		105	
GUARDIA DE A PIE		52	
LANZAS		250	
MEDIA ANATA		25	
REAL HACIENDA		4585	
REMITIDO A LIMA		53271	
RESIDUOS		2612	
SITUADOS		486	
TERCIOS DE ENCOMIENDAS		647	
TRIBUTOS DE YANACONAS		2893	
TRIBUTOS VACOS		1032	
VACANTES DE DOCTRINAS			
TOTAL		68605	

LA PAZ   4/1656- 3/1657

CARGO	OCHO	ENSAYADOS	ORO	DATA	OCHO	ENSAYADOS	ORO
TOTAL		68560					
TOTAL COMPUTADO		68560		TOTAL COMPUTADO		68605	

S1874

CARGO	ENSAYADOS
ALCABALAS REALES	3443
ARRENDAMIENTO Y VENTA DE MINAS	50
AZOGUES	6088
BULAS DE SANTA CRUZADA	4692
COMPOSICION DE TIERRAS	8061
CONDENACIONES	50
CONDENACIONES	640
CONDENACIONES DE TRIBUNAL CUENTAS	40
DONATIVO	95
ESPOLIOS	2026
FABRICA	1908
GUARDIA DE APIE	1057
HOSPITAL DE SANTA ANA DE LIMA	1300
LANZAS	7002
MEDIA ANATA	331
MESADAS ECLESIASTICAS	1089
MULTAS Y CONDENACIONES	400
NOVENOS REALES	670
OFICIOS VENDIBLES Y RENUNCIABLES	2400
PAPEL SELLADO	1435
QUINTOS DE PLATA LABRADA	715
REAL HACIENDA	10336
RESIDUOS	1917
SANTA BRIGIDA	856
SISA	751
SOBRAS DE SUELDOS DE JUSTICIA	2579
TERCIOS DE ENCOMIENDAS	8819
TRIBUTOS DE YANACONAS	3177
TRIBUTOS VACOS	3852
VACANTES DE DOCTRINAS	1610
VACANTES MAYORES	1713
1.5% Y QUINTO DE PLATA	18973
TOTAL	98075

TOTAL COMPUTADO   98075

DATA   4/1657- 3/1658

S1874

DATA	ENSAYADOS
AZOGUES	2110
COMPOSICION DE TIERRAS	50
CONDENACIONES	100
ESPOLIOS	2026
FABRICA	500
GUARDIA DE A PIE	449
LANZAS	168
PAPEL SELLADO	38
REAL HACIENDA	7183
REMITIDO A LIMA	76716
RESIDUOS	1917
SITUADOS	1311
TERCIOS DE ENCOMIENDAS	759
TRIBUTOS DE YANACONAS	1185
TRIBUTOS VACOS	2446
VACANTES DE DOCTRINAS	62
VACANTES MAYORES	1050
TOTAL	98070

TOTAL COMPUTADO   98070

S1874   4/1658- 4/1659

CARGO	ENSAYADOS
ALCABALAS REALES	2555
AZOGUES	6511
BULAS DE SANTA CRUZADA	7565
COMPOSICION DE PULPERIAS	60
COMPOSICION DE TIERRAS	19699
CONDENACIONES DE TRIBUNAL CUENTAS	1563
CUARTA EPISCOPAL VACANTE	2429
DEPCSITOS	1569
DONATIVO	5550
ESPOLIOS	1178

S1874   4/1658- 4/1659

DATA	ENSAYADOS
ALCABALAS REALES	1004
AZOGUES	1702
COMPOSICION DE TIERRAS	50
CUARTA EPISCOPAL VACANTE	50
ESPOLIOS	1178
FABRICA	1294
LANZAS	200
MULTAS Y CONDENACIONES	340
REAL HACIENDA	11064
REMITIDO A LIMA	89816

LA PAZ 4/1658– 4/1659

CARGO	OCHO	ENSAYADOS	ORO
FABRICA		1357	
GUARDIA DE APIE		913	
HOSPITAL DE SANTA ANA DE LIMA		1947	
LANZAS		6142	
MEDIA ANATA		1225	
MESADAS ECLESIASTICAS		1893	
MULTAS Y CONDENACIONES		340	
NOVENOS REALES		1766	
OFICIOS VENDIBLES Y RENUNCIABLES		2435	
PAPEL SELLADO		2009	
REAL HACIENDA		11565	
RESIDUOS		1647	
SANTA BRIGIDA		243	
SANTISSIMA TRINIDAD		313	
SISA		1047	
SOBRAS DE SUELDOS DE JUSTICIA		5561	
TERCIOS DE ENCOMIENDAS		8255	
TRIBUTOS DE YANACONAS		3726	
TRIBUTOS VACOS		4341	
VACANTES DE DOCTRINAS		607	
VACANTES MAYORES		486	
1.5% Y QUINTO DE PLATA		13178	
1.5% Y QUINTO DEL ORO		91	
TOTAL		119766	

TOTAL COMPUTADO 119766

S1874

DATA	OCHO	ENSAYADOS	ORO
RESIDUOS		1647	
SANTISSIMA TRINIDAD		313	
SITUADOS		5561	
TERCIOS DE ENCOMIENDAS		875	
TRIBUTOS VACOS		1063	
TRIBUTOS DE YANACONAS		3432	
VACANTES MAYORES		177	
TOTAL		119766	

TOTAL COMPUTADO 119766

S1874

CARGO 5/1659– 3/1660	OCHO	ENSAYADOS	ORO
ALCABALAS REALES		500	
ARRENDAMIENTO Y VENTA DE TIERRAS		4250	
AZOGUES		6619	
BULAS DE SANTA CRUZADA		813	
COMPOSICION DE PULPERIAS		20	
COMPOSICION DE TIERRAS		11040	
CUARTA EPISCOPAL VACANTE		7344	
DONATIVO		1670	
ESPOLIOS		150	
FABRICA		500	
GUARDIA DE APIE		354	
HOSPITAL DE SANTA ANA DE LIMA		1947	
LANZAS		1700	
LIMOSNAS A SAN ISIDRO DE MADRID		300	
LIMOSNAS PARA MONJAS DESCALZAS		300	
MEDIA ANATA		1758	
MULTAS		167	
NOVENOS REALES		136	
OFICIOS VENDIBLES Y RENUNCIABLES		1703	
PAPEL SELLADO		1331	
PENAS DE CAMARA		131	
REAL HACIENDA		13667	
RESIDUOS		2262	
SAN COSME Y SAN DAMIAN		300	
SANTA BRIGIDA		1042	
SISA		300	

DATA 5/1659– 3/1660

DATA	OCHO	ENSAYADOS	ORO
ARRENDAMIENTO Y VENTA DE TIERRAS		300	
COMPOSICION DE PULPERIAS		20	
COMPOSICION DE TIERRAS		100	
CUARTA EPISCOPAL VACANTE		7344	
DONATIVO		86	
ESPOLIOS		150	
FABRICA		500	
LANZAS		1215	
MULTAS		167	
PAPEL SELLADO		38	
PENAS DE CAMARA		131	
REAL HACIENDA		13511	
REMITIDO A LIMA		54891	
RESIDUOS		2262	
SITUADOS		3415	
TERCIOS DE ENCOMIENDAS		344	
TRIBUTOS DE YANACONAS		1212	
TRIBUTOS VACOS		2384	
VACANTES		506	
VACANTES MAYORES		2085	
1.5% Y QUINTOS DE PLATA		4221	
TOTAL		94882	

LA PAZ   5/1659- 3/1660

CARGO	OCHO	ENSAYADOS	ORO
SOBRAS DE SUELDOS DE JUSTICIA		5162	
TERCIOS DE ENCOMIENDAS		3786	
TRIBUTOS DE YANACONAS		2824	
TRIBUTOS VACOS		2447	
VACANTES		506	
VACANTES MAYORES		2085	
1.5% Y QUINTO DE PLATA		17738	
TOTAL		94852	

	OCHC	ENSAYADOS	ORO
TOTAL COMPUTADO		94882	

TOTAL COMPUTADO   94852

S1874   4/1660- 8/1661

	OCHO	ENSAYADOS	ORO		DATA	OCHC	ENSAYADOS	ORO
ALCABALAS REALES		1792			AZOGUES		2122	
ARRENDAMIENTO Y VENTA DE MINAS		100			BULAS DE SANTA CRUZADA		251	
AZOGUES		15271			COMPOSICION DE PULPERIAS		20	
BULAS DE SANTA CRUZADA		4880			COMPOSICION DE TIERRAS		4250	
COMPOSICION DE PULPERIAS		20			CONDENACIONES		250	
COMPOSICION DE TIERRAS		23213			FABRICA		2663	
CONDENACIONES		250			LANZAS		598	
DONATIVO		100			REAL HACIENDA		15370	
ENCOMIENDAS		2024			REMITIDO A LIMA		95061	
FABRICA		2663			RESIDUOS		2910	
GUARDIA DE APIE		1217			SANTISSIMA TRINIDAD		163	
HOSPITAL DE SANTA ANA DE LIMA		2430			SITUADOS		3513	
LANZAS		8757			TERCIOS DE ENCOMIENDAS		459	
MEDIA ANATA		1787			TRIBUTOS DE YANACONAS		1306	
MESADAS ECLESIASTICAS		238			TRIBUTOS VACCS		3692	
NOVENOS REALES		2014			VACANTES DE DCCTRINAS		80	
OFICIOS VENDIBLES Y RENUNCIABLES		1000			VACANTES MAYORES		1459	
PAPEL SELLADO		536			1.5% Y QUINTOS DE PLATA		2000	
REAL HACIENDA		16128			TOTAL		136167	
RESIDUOS		2910						
SANTA BRIGIDA		729						
SANTISSMIMA TRINIDAD		663						
SISA		300						
SOBRAS DE SUELDOS DE JUSTICIA		5657						
TERCIOS DE ENCOMIENDAS		15279						
TRIBUTOS DE YANACONAS		4451						
TRIBUTOS VACOS		3692						
VACANTES		7						
VACANTES DE DOCTRINAS		2524						
VACANTES MAYORES		1459						
VENTA DE MINAS DE CONCHUCOS		3000						
1.5% Y QUINTO DE PLATA		11081						
TOTAL		136172						

TOTAL COMPUTADO   136172   TOTAL COMPUTADO   136167

S1874   9/1661- 6/1662

	OCHO	ENSAYADOS	ORO			OCHC	ENSAYADOS	ORO
ALCABALAS DE ORURO		775			COMPOSICION DE PULPERIAS		20	
ALCABALAS REALES		2074			COMPOSICION DE TIERRAS		5044	
ARRENDAMIENTO Y VENTA DE MINAS		100			CONDENACIONES DEL REAL CONSEJO		50	

LA PAZ   9/1661- 6/1662

CARGO	OCHO	ENSAYADOS	ORO
AZOGUES		1689	
BULAS DE SANTA CRUZADA		2115	
COMPOSICION DE PULPERIAS		20	
COMPOSICION DE TIERRAS		5044	
CONDENACIONES DEL REAL CONSEJO		50	
CONFISCACIONES		2723	
DEPOSITOS		1370	
DONATIVO		2604	
ESPOLIOS		11174	
EXTRAORDINARIO DE REAL HACIENDA		166	
FABRICA		408	
GUARDIA DE APIE		1290	
HOSPITAL DE SANTA ANA DE LIMA		403	
LANZAS		1624	
MEDIA ANATA		12	
MESADAS ECLESIASTICAS		1894	
NOVENOS REALES		743	
PAPEL SELLADO		1053	
REAL HACIENDA		9133	
RESIDUOS		2812	
SOBRAS DE SUELDOS DE JUSTICIA		2804	
TERCIOS DE ENCOMIENDAS		7039	
TRIBUTOS DE YANACONAS		2757	
TRIBUTOS VACOS		885	
VACANTES		7	
VACANTES DE DOCTRINAS		2755	
1.5% Y QUINTO DE PLATA		7705	
TOTAL		73188	

TOTAL COMPUTADO   73188

	S1874
DATA	OCHO	ENSAYADOS	ORO
---	---	---	---
ESPOLIOS		4347	
EXTRAORDINARIO DE REAL HACIENDA		166	
FABRICA		408	
LANZAS		323	
REAL HACIENDA		8498	
REMITIDO A LIMA		42103	
RESIDUOS		2812	
SITUADOS		1447	
TERCIOS DE ENCOMIENDAS		633	
TRIBUTOS DE YANACONAS		1163	
TRIBUTOS VACOS		885	
VACANTES DE DOCTRINAS		2173	
1.5% Y QUINTOS DE PLATA		3116	
TOTAL		73188	

TOTAL COMPUTADO   73188

B   13

7/1668- 6/1669

CARGO	OCHO	ENSAYADOS	ORO
ALCABALAS REALES	900		
AZOGUES		5741	2329
BULAS DE SANTA CRUZADA			
COMPOSICION DE TIERRAS		1067	
ESPOLIOS		5460	
EXTRAORDINARIO DE REAL HACIENDA		50	
GUARDIA DE APIE		1078	1425
HOSPITAL DE SANTA ANA DE LIMA			
LANZAS		2468	
MEDIA ANATA		3099	
MESADAS ECLESIASTICAS		120	
NOVENOS REALES		1891	
OFICIOS VENDIBLES Y RENUNCIABLES		2677	
PAPEL SELLADO		286	
PENAS DE CAMARA		1162	
RESIDUOS		1752	
SERVICIO Y DONATIVO GRACIOSO		400	
SOBRAS DE SUELDOS DE JUSTICIA		2984	
TERCIOS DE ENCOMIENDAS		5353	
TRIBUTOS DE YANACONAS		3278	
TRIBUTOS REALES DE INDIOS		3639	
TRIBUTOS VACOS		835	

DATA	OCHO	ENSAYADOS	ORO
ALCABALAS REALES	900		
AZOGUES		8071	2329
BULAS DE SANTA CRUZADA		1967	
COMPOSICION DE TIERRAS		5460	
ESPOLIOS		2888	
EXTRAORDINARIO DE REAL HACIENDA		477	
GUARDIA DE A PIE		3176	
LANZAS		3098	
MEDIA ANATA		120	
MESADAS ECLESIASTICAS		1891	
NOVENOS REALES		2677	
OFICIOS VENDIBLES Y RENUNCIABLES		286	
PAPEL SELLADO		1162	
PENAS DE CAMARA		1753	
RESIDUOS		400	
SERVICIO Y DONATIVO GRACIOSO		2985	
SITUADOS		4678	
TERCIOS DE ENCOMIENDAS		3279	
TRIBUTOS DE YANACONAS		835	
TRIBUTOS VACOS		153	
1.5% Y QUINTOS DE PLATA		15871	

LA PAZ   7/1668- 6/1669

CARGO	OCHO	ENSAYADOS	ORO	DATA	OCHO	ENSAYADOS	ORO
VACANTES	153						
1.5% Y QUINTO DE PLATA	30755						
TOTAL COMPUTADO	69407	9495		TOTAL COMPUTADO	38185	26271	

B 13   **8/1689- 5/1690**

CARGO	OCHO	ENSAYADOS	ORO	DATA	OCHO	ENSAYADOS	ORO
ALCABALAS REALES	4344			AZOGUES	256		
ARRENDAMIENTO Y VENTA DE MINAS	100			EXTRAORDINARIO DE REAL HACIENDA	13655		
AZOGUES	2662	7305		LANZAS	2187		
BULAS DE SANTA CRUZADA	140			REMITIDO A LIMA	41147	21595	
COMPOSICION DE PULPERIAS	700			RESIDUOS	1151		
COMPOSICION Y VENTA DE TIERRAS	147			TERCIOS DE ENCOMIENDAS	694		
EXTRAORDINARIO DE REAL HACIENDA	21901	2623		TRIBUTOS DE YANACONAS	772		
GUARDIA DE APIE	678			TRIBUTOS REALES DE INDIOS	1856		
LANZAS	7749			1.5% Y QUINTO DEL ORO	75		2802
MEDIA ANATA	2047			1.5% Y QUINTOS DE PLATA	123	1000	
MESADAS ECLESIASTICAS	1511			TOTAL	62056	22595	2802
NOVENOS REALES	1785						
OFICIOS VENDIBLES Y RENUNCIABLES	350						
PAPEL SELLADO	1000						
RESIDUOS	2359						
SISA	605						
TERCIOS DE ENCOMIENDAS	3335						
TRIBUTOS DE YANACONAS	1815						
TRIBUTOS REALES DE INDIOS	8424	12669					
1.5% Y QUINTO DE PLATA	148						
1.5% Y QUINTO DEL ORO	310		2802				
TOTAL	62110	22597	2802				
TOTAL COMPUTADO	62110	22597	2802	TOTAL COMPUTADO	62056	22595	2802

B 13   **6/1690- 4/1691**

CARGO	OCHO	ENSAYADOS	ORO	DATA	OCHO	ENSAYADOS	ORO
ALCABALAS REALES	6792			EXTRAORDINARIO DE REAL HACIENDA	3225		
ARRENDAMIENTO Y VENTA DE MINAS	100			LANZAS	3554	3174	
AZOGUES	1674	8566		PAPEL SELLADO	83		
BULAS DE SANTA CRUZADA	159			REMITIDO A LIMA	39082	16067	1573
COMPOSICION DE PULPERIAS	20			RESIDUOS	1679		
DONATIVO	6605	591		TERCIOS DE ENCOMIENDAS	688		
EXTRAORDINARIO DE REAL HACIENDA	7396	3508		TRIBUTOS DE YANACONAS	2884		
GUARDIA DE APIE	699			TRIBUTOS REALES DE INDIOS	13906		
LANZAS	6447	1312		1.5% Y QUINTO DEL ORO	30		1607
MEDIA ANATA	1654	78		TOTAL	65231	19241	3180
MESADAS ECLESIASTICAS	1087						
NOVENOS REALES	4328						
OFICIOS VENDIBLES Y RENUNCIABLES	3100						
PAPEL SELLADO	2000						
PENAS DE CAMARA	150						
RESIDUOS	1679						
SISA	750						
TERCIOS DE ENCOMIENDAS	3205						
TRIBUTOS DE YANACONAS	2990						
TRIBUTOS REALES DE INDIOS	13975	1951					

LA PAZ   6/1690- 4/1691

CARGO	OCHO	ENSAYADOS	ORO
1.5% Y QUINTO DE PLATA	28	3153	
1.5% Y QUINTO DEL ORO	393		3180
TOTAL	65231	19159	3180
TOTAL COMPUTADO	65231	19159	3180

DATA	OCHO	ENSAYADOS	ORO
TOTAL COMPUTADO	65131	19241	3180

B 13   5/1691- 4/1692

CARGO:

	OCHO	ENSAYADOS	ORO
ALCABALAS REALES	4371	758	
ARRENDAMIENTO Y VENTA DE MINAS	175	854	
AZOGUES	3156	3323	
BULAS DE SANTA CRUZADA	638	3983	
EXTRAORDINARIO DE REAL HACIENDA	8042	10	
GUARDIA DE APIE	706		
LANZAS	8010	788	
MEDIA ANATA	2186	159	
MESADAS ECLESIASTICAS	1807		
NOVENOS REALES	4705		
OFICIOS VENDIBLES Y RENUNCIABLES	583		
PAPEL SELLADO	1543		
RESIDUOS	2605	220	
SISA	596		
TERCIOS DE ENCOMIENDAS	5720	14	
TRIBUTOS DE YANACONAS	1760		
TRIBUTOS REALES DE INDIOS	14261	5423	
1.5% Y QUINTO DE PLATA	49	3429	
1.5% Y QUINTO DEL ORO	218		541
TOTAL	61132	18960	541
TOTAL COMPUTADO	61131	18961	541

DATA:

	OCHO	ENSAYADOS	ORO
EXTRAORDINARIO DE REAL HACIENDA	3424	55	
LANZAS	3874		
REMITIDO A LIMA	44171	18889	542
RESIDUOS	1432		
TERCIOS DE ENCOMIENDAS	575		
TRIBUTOS DE YANACONAS	1475		
TRIBUTOS REALES DE INDIOS	6105		
1.5% Y QUINTO DEL ORO	77		
TOTAL	61132	18944	542
TOTAL COMPUTADO	61133	18944	542

B 13   5/1692- 4/1693

CARGO:

	OCHO	ENSAYADOS	ORO
ALCABALAS REALES	5550	603	
ARRENDAMIENTO Y VENTA DE MINAS	250	258	
AZOGUES	2994		
AZOGUES ATRASADOS	1024	7432	
BULAS DE SANTA CRUZADA	1000		
COMPOSICION DE PULPERIAS	372		
COMPOSICION DE TIERRAS	1380		
EXTRAORDINARIO DE REAL HACIENDA	12332	76	
GUARDIA DE APIE	1131		
LANZAS	9848	332	
MEDIA ANATA	1241		
MESADAS ECLESIASTICAS	1439		
NOVENOS REALES	3616		
OFICIOS VENDIBLES Y RENUNCIABLES	1383		
RESIDUOS	1606		
SISA	955		
TERCIOS DE ENCOMIENDAS	3040		
TRIBUTOS DE YANACONAS	2790		
TRIBUTOS REALES DE INDIOS	16519	2600	
1.5% Y QUINTO DE PLATA	158	8060	
1.5% Y QUINTO DEL ORO	120		775

DATA:

	OCHO	ENSAYADOS	ORO
AZOGUES	261		
EXTRAORDINARIO DE REAL HACIENDA	10212		
LANZAS	1753		
MEDIA ANATA	63		
MESADAS ECLESIASTICAS	100		
REMITIDO A LIMA	46950	19773	768
RESIDUOS	903		
TERCIOS DE ENCOMIENDAS	156		
TRIBUTOS DE YANACONAS	2790		
TRIBUTOS REALES DE INDIOS	5529		
1.5% Y QUINTO DEL ORO	28		7
1.5% Y QUINTOS DE PLATA	3	472	
TOTAL	68747	20245	775

LA PAZ   5/1692- 4/1693   129

CARGO	OCHO	ENSAYADOS	ORO
TOTAL	68747	20246	775
TOTAL COMPUTADO	68748	19361	775

B 13

CARGO	OCHO	ENSAYADOS	ORO
ALCABALAS REALES	4525		
ARRENDAMIENTO Y VENTA DE MINAS	320		
AZOGUES	1713	885	
AZOGUES ATRASADOS	414	1591	
		2610	
BULAS DE SANTA CRUZADA	300		
COMPOSICION DE PULPERIAS	300		
COMPOSICION DE TIERRAS			
DONATIVO	5701		
EXTRAORDINARIO DE REAL HACIENDA	10503		
GUARDIA DE APIE	764		
LANZAS	8089		
MEDIA ANATA	1968		
MESADAS ECLESIASTICAS	1794		
NOVENOS REALES	3209		
OFICIOS VENDIBLES Y RENUNCIABLES	1517		
PAPEL SELLADO	1157		
RESIDUOS	1429		
SISA	900		
TERCIOS DE ENCOMIENDAS	2924		
TRIBUTOS DE YANACONAS	1948		
TRIBUTOS REALES DE INDIOS	16100	6062	
1.5% Y QUINTO DE PLATA	209		
1.5% Y QUINTO DEL ORO	133		700
TOTAL	65917	11147	700
TOTAL COMPUTADO	65917	11148	700

B 13   5/1694- 4/1695

CARGO	OCHO	ENSAYADOS	ORO
ALCABALAS REALES	4050		
AZOGUES	793	5467	
BULAS DE SANTA CRUZADA	300		
COMPOSICION DE PULPERIAS	398		
COMPOSICION DE TIERRAS	180		
DONATIVO	500		
EXTRAORDINARIO DE REAL HACIENDA	9685		
GUARDIA DE APIE	691		
LANZAS	6464		
MEDIA ANATA	587		
MESADAS ECLESIASTICAS	948		
NOVENOS REALES	4027		
OFICIOS VENDIBLES Y RENUNCIABLES	667		
PAPEL SELLADO	210		
RESIDUOS	1487		
SISA	500		
SOBRAS DE SUELDOS DE JUSTICIA	1740		
TERCIOS DE ENCOMIENDAS	2508		
TRIBUTOS DE YANACONAS	2410		

DATA	OCHO	ENSAYADOS	ORO
TOTAL	68748	20245	775
TOTAL COMPUTADO			

5/1693- 4/1694

DATA	OCHO	ENSAYADOS	ORO
AZOGUES	264		
EXTRAORDINARIO DE REAL HACIENDA	10503		
LANZAS	1581		
PAPEL SELLADO	38		
REMITIDO A LIMA	40684	9370	695
RESIDUOS	1429		
TERCIOS DE ENCOMIENDAS	328		
TRIBUTOS DE YANACONAS	1948		
TRIBUTOS REALES DE INDIOS	9108		
1.5% Y QUINTO DEL ORO	13		6
1.5% Y QUINTOS DE PLATA	22	1777	
TOTAL	65917	11147	700
TOTAL COMPUTADO	65918	11147	701

5/1694- 4/1695

DATA	OCHO	ENSAYADOS	ORO
AZOGUES	528		
EXTRAORDINARIO DE REAL HACIENDA	250		
LANZAS	2360		
PAPEL SELLADO	50		
REMITIDO A LIMA	50754	9847	1221
RESIDUOS	1056		
SUELDOS DE JUSTICIA	1740		
TERCIOS DE ENCOMIENDAS	156		
TRIBUTOS REALES DE INDIOS	7314		
1.5% Y QUINTO DEL ORO	26		7
1.5% Y QUINTOS DE PLATA	12		
TOTAL	64249	9847	1228

LA PAZ   5/1694- 4/1695

CARGO	OCHO	ENSAYADOS	ORO
TRIBUTOS REALES DE INDIOS	25795		
1.5% Y QUINTO DE PLATA	69	4380	
1.5% Y QUINTO DEL ORO	240		1228
TOTAL	64249	9847	1228
TOTAL COMPUTADO	64249	9847	1228

B   13

DATA	OCHO	ENSAYADOS	ORO
TOTAL COMPUTADO	64246	9847	1228

B   13   5/1695- 4/1696

CARGO	OCHO	ENSAYADOS	ORO
ALCABALAS REALES	3250		
ARRENDAMIENTO Y VENTA DE MINAS	50		
AZOGUES	599	2316	
AZOGUES ATRASADOS	1397	121	
BULAS DE SANTA CRUZADA		8705	
COMPOSICION DE PULPERIAS	1346		
COMPOSICION DE TIERRAS	870		
DONATIVO	8076		
EXTRAORDINARIO DE REAL HACIENDA	18020		
GUARDIA DE APIE	1179		
LANZAS	7524		
MEDIA ANATA	724		
MESADAS ECLESIASTICAS	1363		
NOVENOS REALES	5084		
OFICIOS VENDIBLES Y RENUNCIABLES	2850	1455	
PAPEL SELLADO	74		
RESIDUOS	1237		
SISA	500		
SOBRAS DE SUELDOS DE JUSTICIA	3125		
TERCIOS DE ENCOMIENDAS	2583		
TRIBUTOS DE YANACONAS	2585		
TRIBUTOS REALES DE INDIOS	17906		
1.5% Y QUINTO DE PLATA	344	10072	
1.5% Y QUINTO DEL ORO	620		1443
TOTAL	81306	22668	1443
TOTAL COMPUTADO	81306	22669	1443

B   13   5/1695- 4/1696 (DATA)

DATA	OCHC	ENSAYADOS	ORO
AZOGUES	264		
EXTRAORDINARIO DE REAL HACIENDA	13430		
LANZAS	986		
REMITIDO A LIMA	48410	18753	1441
RESIDUOS	391		
TERCIOS DE ENCOMIENDAS	525		
TRIBUTOS DE YANACONAS	2488		
TRIBUTOS REALES DE INDICS	14669		
1.5% Y QUINTO DEL ORO	11		2
1.5% Y QUINTOS DE PLATA	133	3916	
TOTAL	81306	22668	1443
TOTAL COMPUTADO	81307	22669	1443

B   13   5/1696- 4/1697

CARGO	OCHO	ENSAYADOS	ORO
ALCABALAS REALES	4070		
ARRENDAMIENTO Y VENTA DE MINAS	331	1948	
AZOGUES	3	7639	
BULAS DE SANTA CRUZADA			
COMPOSICION DE PULPERIAS	200		
COMPOSICION DE TIERRAS	588		
EXTRAORDINARIO DE REAL HACIENDA	29226		
GUARDIA DE APIE	1641		
LANZAS	7893		
MEDIA ANATA	1765		
MESADAS ECLESIASTICAS	2735		
NOVENOS REALES	3769		
OFICIOS VENDIBLES Y RENUNCIABLES	3265		
PAPEL SELLADO	9		
RESIDUOS	2384		

B   13   5/1696- 4/1697 (DATA)

DATA	OCHC	ENSAYADOS	ORO
EXTRAORDINARIO DE REAL HACIENDA	19976		
LANZAS	394		
OFICIOS VENDIBLES Y RENUNCIABLES	1667		
REMITIDO A LIMA	52723	15895	1552
RESIDUOS	1172		
TERCIOS DE ENCOMIENDAS	328		
TRIBUTOS DE YANACONAS	2488		
TRIBUTOS REALES DE INCICS	7528		
1.5% Y QUINTO DEL ORO	51		4
1.5% Y QUINTOS DE PLATA	22		
TOTAL	85847	15895	1556

LA PAZ 5/1696- 4/1697

CARGO	OCHO	ENSAYADOS	ORO
SISA	1000		
TERCIOS DE ENCOMIENDAS	4810		
TRIBUTOS DE YANACONAS	2634		
TRIBUTOS REALES DE INDIOS	18999		
1.5% Y QUINTO DE PLATA	164	6309	
1.5% Y QUINTO DEL ORO	361		1556
TOTAL	85847	15895	1556
TOTAL COMPUTADO	85847	15896	1556

DATA	OCHO	ENSAYADOS	CRC
TOTAL COMPUTADO	86349	15895	1556

B 13   5/1697- 4/1698

CARGO	OCHO	ENSAYADOS	ORO
ALCABALAS REALES	3622		
AZOGUES	201	1208	
BULAS DE SANTA CRUZADA		5061	
COMPOSICION DE PULPERIAS	100		
COMPOSICION DE TIERRAS	40		
DONATIVO	8925		
EXTRAORDINARIO DE REAL HACIENDA	20755		
GUARDIA DE APIE	2355		
LANZAS	6717		
MEDIA ANATA	866		
MESADAS ECLESIASTICAS	1653		
NOVENOS REALES	3917		
OFICIOS VENDIBLES Y RENUNCIABLES	1694		
PAPEL SELLADO	1289		
RESIDUOS	1506		
SISA	2450		
TERCIOS DE ENCOMIENDAS	2938		
TRIBUTOS DE YANACONAS	2597		
TRIBUTOS REALES DE INDIOS	12582		
1.5% Y QUINTO DE PLATA	87	6481	
1.5% Y QUINTO DEL ORO	14		275
TOTAL	74308	12750	275
TOTAL COMPUTADO	74308	12750	275

DATA	OCHO	ENSAYADOS	CRC
EXTRAORDINARIO DE REAL HACIENDA	6808		
LANZAS	491		
REMITIDO A LIMA	55541	12750	275
RESIDUOS	977		
TRIBUTOS DE YANACONAS	2204		
TRIBUTOS REALES DE INDIOS	8287		
TOTAL	74308	12750	275
TOTAL COMPUTADO	74308	12750	275

B 13   5/1698- 4/1699

CARGO	OCHO	ENSAYADOS	ORO
ALCABALAS REALES	3960		
ARRENDAMIENTO Y VENTA DE MINAS	450		
AZOGUES	196	2177	
BULAS DE SANTA CRUZADA	219	4318	
COMPOSICION DE PULPERIAS	433		
COMPOSICION DE TIERRAS	566		
DONATIVO	670		
ESPOLIOS	2270		
EXTRAORDINARIO DE REAL HACIENDA	12710		
GUARDIA DE APIE	1294		
LANZAS	7803		
MEDIA ANATA	540		
MESADAS ECLESIASTICAS	579		
NOVENOS REALES	3652		
OFICIOS VENDIBLES Y RENUNCIABLES	7830		

DATA	OCHO	ENSAYADOS	CRC
AZOGUES	4		
EXTRAORDINARIO DE REAL HACIENDA	1734		
LANZAS	3755		
PAPEL SELLADO	20		
REMITIDO A LIMA	62541	12138	1446
RESIDUOS	1367		
TRIBUTOS DE YANACONAS	2133		
TRIBUTOS REALES DE INDIOS	6926		
VACANTES DE DOCTRINAS	1627		
1.5% Y QUINTO DEL CRC	87		
1.5% Y QUINTOS DE PLATA	59		15
TOTAL	80253	12138	1461

LA PAZ   5/1698- 4/1699

B 13

CARGO	OCHO	ENSAYADOS	ORO
PAPEL SELLADO	300		
RESIDUOS	2506		
SISA	50		
TERCIOS DE ENCOMIENDAS	5198		
TRIBUTOS DE YANACONAS	21146		
TRIBUTOS REALES DE INDIOS	21148		
TRIBUTOS VACOS	340		
VACANTES DE DOCTRINAS	1630		
VACANTES MAYORES	3250		
1.5% Y QUINTO DE PLATA	155	5643	
1.5% Y QUINTO DEL ORO	359		1461
TOTAL	80253	12138	1461
TOTAL COMPUTADO	80254	12138	1461

DATA	OCHO	ENSAYADOS	ORG
TOTAL COMPUTADO	80253	12138	1461

B 13   5/1699- 4/1700

CARGO	OCHO	ENSAYADOS	ORO
ALCABALAS REALES	6053		
ARRENDAMIENTO Y VENTA DE MINAS	100		
AZOGUES	2183		
BULAS DE SANTA CRUZADA	250		
COMPOSICION DE PULPERIAS	231		
COMPOSICION DE TIERRAS	850		
DONATIVO	600		
ESPOLIOS	23355		
EXTRAORDINARIO DE REAL HACIENDA	1131		
GUARDIA DE APIE	5924		
LANZAS	2644		
MEDIA ANATA	917		
MESADAS ECLESIASTICAS	1496		
NOVENOS REALES	2935		
OFICIOS VENDIBLES Y RENUNCIABLES	700		
PAPEL SELLADO	1350		
RESIDUOS	50		
SISA	2250		
TERCIOS DE ENCOMIENDAS	2945		
TRIBUTOS DE YANACONAS	13210		
TRIBUTOS REALES DE INDIOS	226		
TRIBUTOS VACOS	4289		
VACANTES DE DOCTRINAS	8182		
VACANTES MAYORES	58		
1.5% Y QUINTO DE PLATA	342	4623	
1.5% Y QUINTO DEL ORO			2041
TOTAL	82273	8680	2041
TOTAL COMPUTADO	82271	8680	2041

DATA	OCHO	ENSAYADOS	ORG
AZOGUES	264		
EXTRAORDINARIO DE REAL HACIENDA	16524		
LANZAS	1269		
REMITIDO A LIMA	43328	8680	2026
RESIDUOS	977		
TERCIOS DE ENCOMIENDAS	503		
TRIBUTOS DE YANACONAS	2488		
TRIBUTOS REALES DE INDIOS	11685		
VACANTES DE DOCTRINAS	4289		
VACANTES MAYORES	500		
1.5% Y QUINTO DEL ORO	50		15
TOTAL	82273	8680	2041
TOTAL COMPUTADO	82277	8680	2041

B 13   5/1704- 4/1705

CARGO	OCHO
ALCABALAS REALES	4210
ARRENDAMIENTO Y VENTA DE MINAS	150
AZOGUES	970
AZOGUES ATRASADOS	200
COMPOSICION DE PULPERIAS	242

DATA	OCHO
AZOGUES	528
COMPOSICION DE PULPERIAS	242
ESPOLIOS	192
EXTRAORDINARIO DE REAL HACIENDA	11071
LANZAS	452

LA PAZ   5/1704- 4/1705

CARGO	OCHO	ENSAYADOS	ORO
COMPOSICION DE TIERRAS	100		
DONATIVO	6045		
ESPOLIOS	8450		
EXTRAORDINARIO DE REAL HACIENDA	16914		
GUARDIA DE APIE	1779		
LANZAS	5002		
MEDIA ANATA	1719		
MESADAS ECLESIASTICAS	209		
NOVENOS REALES	3866		
OFICIOS VENDIBLES Y RENUNCIABLES	2367		
PAPEL SELLADO	850		
RESIDUOS	3705		
SISA	503		
TERCIOS DE ENCOMIENDAS	3118		
TRIBUTOS DE YANACONAS	3981		
TRIBUTOS REALES DE INDIOS	20327		
TRIBUTOS VACOS	217		
VACANTES DE DOCTRINAS	2173		
VACANTES MAYORES	2370		
1.5% Y QUINTO DE PLATA	5	270	
1.5% Y QUINTO DEL ORO	195		464
TOTAL	89667	270	464
TOTAL COMPUTADO	89667	270	464

DATA	OCHO	ENSAYADOS	ORO
REMITIDO A LIMA	63402	270	464
RESIDUOS	3672		
SISA	503		
TERCIOS DE ENCOMIENDAS	172		
TRIBUTOS DE YANACONAS	1394		
TRIBUTOS REALES DE INDIOS	8521		
VACANTES DE DOCTRINAS	906		
1.5% Y QUINTO DEL ORO	14		
TOTAL	51069	270	464
TOTAL COMPUTADO	91069	270	464

S1849   5/1707- 4/1708

CARGO	OCHO	ENSAYADOS	ORO
ALCABALAS REALES	4233		
ARRENDAMIENTO Y VENTA DE MINAS	250	3200	
AZOGUES	2556		
AZOGUES ATRASADOS	250		
BULAS DE SANTA CRUZADA	18194		
COMPOSICION DE PULPERIAS	200		
COMPOSICION DE TIERRAS	250		
DONATIVO	1422		
ESPOLIOS	1471		
EXTRAORDINARIO DE REAL HACIENDA	17325		
GUARDIA DE APIE	1271		
LANZAS	7431		
MEDIA ANATA	719		
NOVENOS REALES	3452		
OFICIOS VENDIBLES Y RENUNCIABLES	10012		
PAPEL SELLADO	670		
RESIDUOS	2042		
SISA	887		
SUBSIDIO CARITATIVO	21153		
TERCIOS DE ENCOMIENDAS	2610		
TRIBUTOS DE YANACONAS	2604		
TRIBUTOS REALES DE INDIOS	24707		
VACANTES DE DOCTRINAS	2591		
VACANTES MAYORES	5311		
VALIMIENTOS DE 5% DE SUELDOS	258		
1.5% Y QUINTO DE PLATA	920	861	
1.5% Y QUINTO DEL ORO			974
TOTAL	132769	4062	974

DATA	OCHO	ENSAYADOS	ORO
REAL HACIENDA	19994		
REMITIDO A LIMA	112775	4062	974
TOTAL	132769	4062	974

LA PAZ   5/1707- 4/1708

CARGO	OCHO	ENSAYADOS	ORO
TOTAL COMPUTADO	132789	4061	974

B 13

CARGO	OCHO	ENSAYADOS	ORO
ALCABALAS REALES	5883		
ARRENDAMIENTO Y VENTA DE MINAS	265		
AZOGUES	1699		
BULAS DE SANTA CRUZADA	4356		
COMPOSICION DE PULPERIAS	200		
COMPOSICION DE TIERRAS	1939		
DONATIVO	691		
ESPOLIOS	233		
EXTRAORDINARIO DE REAL HACIENDA	15495		
GUARDIA DE APIE	1657		
LANZAS	6357		
MEDIA ANATA	2182		
MESADAS ECLESIASTICAS	1784		
NOVENOS REALES	1595		
OFICIOS VENDIBLES Y RENUNCIABLES	3200		
RESIDUOS	2210		
SISA	887		
TERCIOS DE ENCOMIENDAS	3310		
TRIBUTOS DE YANACONAS	2109		
TRIBUTOS REALES DE INDIOS	30821		
VACANTES DE DOCTRINAS	3133		
VACANTES MAYORES	5456		
VALIMIENTOS DE 5% DE SUELDOS	1642		
1.5% Y QUINTO DE PLATA	241	1295	1989
1.5% Y QUINTO DEL ORO	664	1295	1989
TOTAL	98007		

	OCHO	ENSAYADOS	ORO
TOTAL COMPUTADO	98009	1295	1989

B 13

5/1708- 4/1709

DATA	OCHO	ENSAYADOS	ORO
TOTAL COMPUTADO	132769	4062	974

S1849

B 13

DATA	OCHO	ENSAYADOS	ORO
ALCABALAS REALES	5778		
AZOGUES	264		
COMPOSICION DE PULPERIAS	200		
EXTRAORDINARIO DE REAL HACIENDA	10408		
GUARDIA DE A PIE	143		
LANZAS	6356		
MEDIA ANATA	856		
NOVENOS REALES	625		
OFICIOS VENDIBLES Y RENUNCIABLES	667		
REMITIDO A LIMA	33833	1295	1988
RESIDUOS	2043		
SISA	887		
TERCIOS DE ENCOMIENDAS	328		
TRIBUTOS DE YANACONAS	2109		
TRIBUTOS REALES DE INDIOS	30821		
VACANTES DE DOCTRINAS	2622		
1.5% Y QUINTO DEL ORO	67		2
TOTAL	98007	1295	1990

	OCHO	ENSAYADOS	ORO
TOTAL COMPUTADO	98007	1295	1990

5/1709- 4/1710

B 13

CARGO	OCHO
ALCABALAS REALES	4233
ARRENDAMIENTO Y VENTA DE MINAS	100
AZOGUES	4344
BULAS DE SANTA CRUZADA	12576
COMPOSICION DE PULPERIAS	100
COMPOSICION DE TIERRAS	200
DONATIVO	3185
ESPOLIOS	90
EXTRAORDINARIO DE REAL HACIENDA	20027
GUARDIA DE APIE	2171
LANZAS	7048
MEDIA ANATA	965
MESADAS ECLESIASTICAS	4357
MULTAS	2100
NOVENOS REALES	2160
OFICIOS VENDIBLES Y RENUNCIABLES	3200
PAPEL SELLADO	300
RESIDUOS	2160

DATA	OCHO	ENSAYADOS	ORO
AZOGUES	264		
EXTRAORDINARIO DE REAL HACIENDA	5675		
LANZAS	351		
NOVENOS REALES	1250		
REMITIDO A LIMA	71922	2543	1327
RESIDUOS	2146		
SISA	809		
TERCIOS DE ENCOMIENDAS	214		
TRIBUTOS DE YANACONAS	1394		
TRIBUTOS REALES DE INDIOS	12905		
VACANTES DE DOCTRINAS	447		
VACANTES MAYORES	8459		
1.5% Y QUINTO DEL ORO	15		
1.5% Y QUINTOS DE PLATA	14		
TOTAL	105865	2543	1327

LA PAZ   5/1709- 4/1710

CARGO

CARGO	OCHO	ENSAYADOS	ORO
SISA	887		
TERCIOS DE ENCOMIENDAS	3247		
TRIBUTOS DE YANACONAS	1527		
TRIBUTOS REALES DE INDIOS	19899		
VACANTES DE DOCTRINAS	708		
VACANTES MAYORES	8459		
VALIMIENTOS DE 5% DE SUELDOS	345		
1.5% Y QUINTO DE PLATA	38	2543	
1.5% Y QUINTO DEL ORO	1439		1327
TOTAL	105865	2543	1327
TOTAL COMPUTADO	105865	2543	1327

DATA   5/1710- 4/1711

DATA	OCHO	ENSAYADOS	ORO
TOTAL COMPUTADO	105865	2543	1327
AZOGUES	5500		
EXTRAORDINARIO DE REAL HACIENDA	1068		
LANZAS	1816		
OFICIOS VENDIBLES Y RENUNCIABLES	2000		
REMITIDO A LIMA	54413	708	635
RESIDUOS	2043		
TERCIOS DE ENCOMIENDAS	156		
TRIBUTOS DE YANACONAS	1394		
TRIBUTOS REALES DE INDICS	10959		
VACANTES MAYORES	8605		
1.5% Y QUINTO DEL ORC	7		1
TOTAL	88004	708	636

B 13

CARGO

CARGO	OCHO	ENSAYADOS	ORO
ALCABALAS REALES	5724		
ARRENDAMIENTO Y VENTA DE MINAS	150		
AZOGUES	9727		
COMPOSICION DE PULPERIAS	300		
COMPOSICION DE TIERRAS	453		
ESPOLIOS	938		
EXTRAORDINARIO DE REAL HACIENDA	16556		
GUARDIA DE APIE	2085		
LANZAS	4371		
MEDIA ANATA	2007		
MESADAS ECLESIASTICAS	1116		
NOVENOS REALES	5383		
OFICIOS VENDIBLES Y RENUNCIABLES	2000		
PAPEL SELLADO	848		
RESIDUOS	2093		
SISA	700		
TERCIOS DE ENCOMIENDAS	3172		
TRIBUTOS DE YANACONAS	1646		
TRIBUTOS REALES DE INDIOS	17282		
TRIBUTOS VACOS	901		
VACANTES MAYORES	8836		
VALIMIENTOS DE 5% DE SUELDOS	337		
1.5% Y QUINTO DE PLATA	189	708	
1.5% Y QUINTO DEL ORO	1190		636
TOTAL	88004	708	636
TOTAL COMPUTADO	88004	708	636

DATA

DATA	OCHO	ENSAYADOS	ORO
TOTAL COMPUTADO	88005	708	636

S1849

CARGO

CARGO	OCHO	ENSAYADOS	ORO
ALCABALAS REALES	4650		
ARRENDAMIENTO Y VENTA CE MINAS	55		
AZOGUES	2050		
COMPOSICION DE PULPERIAS	200		
COMPOSICION DE TIERRAS	150		
DONATIVO	253		
EXTRAORDINARIO DE REAL HACIENDA	17245		
GUARDIA DE APIE	2007		
LANZAS	8844		

DATA   5/1711- 4/1712

DATA	OCHO	ENSAYADOS	ORO
REAL HACIENDA	44409		
REMITIDO A LIMA	30792		
TOTAL	75201		

LA PAZ   5/1711- 4/1712

CARGO	OCHO	ENSAYADOS	ORO	DATA	OCHO	ENSAYADOS	ORO
MEDIA ANATA	82						
MESADAS ECLESIASTICAS	1354						
NOVENOS REALES	4678						
OFICIOS VENDIBLES Y RENUNCIABLES	967						
PAPEL SELLADO	360						
RESIDUOS	2227						
SISA	675						
TERCIOS DE ENCOMIENDAS	2386						
TRIBUTOS DE YANACONAS	1602						
TRIBUTOS REALES DE INDIOS	21782						
TRIBUTOS VACOS	544						
VACANTES MAYORES	1875						
VALIMIENTOS DE 10% DE SUELDOS	1173						
1.5% Y QUINTO DEL ORO	42		23				
TOTAL	75201		23				
TOTAL COMPUTADO	75201		23	TOTAL COMPUTADO	75201		

B 13   5/1716- 4/1717

CARGO	OCHO	ENSAYADOS	ORO	DATA	OCHO	ENSAYADOS	ORO
ALCABALAS REALES	4003			EXTRAORDINARIO DE REAL HACIENDA	13234		
ARRENDAMIENTO Y VENTA DE MINAS	50			GUARDIA DE A PIE	300		
AZOGUES	3479			LANZAS	6235		
COMPOSICION DE TIERRAS	100			NOVENOS REALES	953		
EXTRAORDINARIO DE REAL HACIENDA	16747			REMITIDO A LIMA	41512		831
GUARDIA DE APIE	2372			RESIDUOS	2043		
LANZAS	6235			TERCIOS DE ENCOMIENDAS	156		
MEDIA ANATA	7374			TRIBUTOS DE YANACONAS	1394		
NOVENOS REALES	3544			TRIBUTOS REALES DE INDIOS	7700		
OFICIOS VENDIBLES Y RENUNCIABLES	1283			VALIMIENTOS DE 10% DE SUELDOS	1367		
PAPEL SELLADO	1700			1.5% Y QUINTO DEL ORO	1		3
RESIDUOS	2043			TOTAL	74895		834
TERCIOS DE ENCOMIENDAS	3213						
TRIBUTOS DE YANACONAS	1479						
TRIBUTOS REALES DE INDIOS	19462						
VACANTES MAYORES	57						
VALIMIENTOS DE 10% DE SUELDOS	1367						
1.5% Y QUINTO DEL ORO	388		834				
TOTAL	74896		834				
TOTAL COMPUTADO	74896		834	TOTAL COMPUTADO	74895		834

B 13   5/1717- 4/1718

CARGO	OCHO	ENSAYADOS	ORO	DATA	OCHO	ENSAYADOS	ORO
ALCABALAS REALES	4203			AZOGUES	536		
ARRENDAMIENTO Y VENTA DE MINAS	250			EXTRAORDINARIO DE REAL HACIENDA	14284		
AZOGUES	2084			GUARDIA DE A PIE	1027		
COMPOSICION DE TIERRAS	360			LANZAS	222		
ESPOLIOS	70			MEDIA ANATA	752		
EXTRAORDINARIO DE REAL HACIENDA	15113			NOVENOS REALES	6376		
GUARDIA DE APIE	1067			REMITIDO A LIMA	32674		
LANZAS	3695			REMITIDO A POTOSI	1671		
MEDIA ANATA	2995			RESIDUOS	1918		
NOVENOS REALES	3380			TERCIOS DE ENCOMIENDAS	2359		43

LA PAZ   5/1717- 4/1718

CARGO	OCHO	ENSAYADOS	ORO
OFICIOS VENDIBLES Y RENUNCIABLES	1307		
PAPEL SELLADO	1000		
RESIDUOS	1364		
SISA	25		
TERCIOS DE ENCOMIENDAS	2968		
TRIBUTOS DE YANACONAS	230		
TRIBUTOS REALES DE INDIOS	36656		
VACANTES DE DOCTRINAS	338		
VALIMIENTOS DE 10% DE SUELDOS	1671		
1.5% Y QUINTO DEL ORO	78		43
TOTAL	78778		43
TOTAL COMPUTADO	78854		43

DATA	OCHO	ENSAYADOS	ORO
TRIBUTOS DE YANACONAS	1394		
TRIBUTOS REALES DE INDIOS	15564		
TOTAL	78778		43
TOTAL COMPUTADO	78777		43

B 13   5/1718- 4/1719

CARGO	OCHO	ENSAYADOS	ORO
ALCABALAS REALES	5322		
ARRENDAMIENTO Y VENTA DE MINAS	100		
AZOGUES	2550		
EXTRAORDINARIO DE REAL HACIENDA	14708		
GUARDIA DE APIE	2087		
LANZAS	6174		
MEDIA ANATA	2220		
MESADAS ECLESIASTICAS	4007		
NOVENOS REALES	4521		
OFICIOS VENDIBLES Y RENUNCIABLES	4388		
PAPEL SELLADO	1661		
RESIDUOS	3516		
SISA	313		
TERCIOS DE ENCOMIENDAS	3339		
TRIBUTOS DE YANACONAS	1617		
TRIBUTOS REALES DE INDIOS	44673		
VACANTES DE DOCTRINAS	2556		
VACANTES MAYORES	100		
VALIMIENTOS DE 10% DE SUELDOS	2280		
1.5% Y QUINTO DEL ORO	27		15
TOTAL	106157		15
TOTAL COMPUTADO	106159		15

DATA	OCHO	ENSAYADOS	ORO
ALCABALAS REALES	5322		
AZOGUES	2550		
EXTRAORDINARIO DE REAL HACIENDA	14256		
LANZAS	481		
MESADAS ECLESIASTICAS	4007		
NOVENOS REALES	4521		
PAPEL SELLADO	1661		
REMITIDO A LIMA	17579		
REMITIDO A POTOSI	2280		
RESIDUOS	3516		
SISA	313		
TERCIOS DE ENCOMIENDAS	3339		
TRIBUTOS DE YANACONAS	1394		
TRIBUTOS REALES DE INDIOS	43723		
VACANTES DE DOCTRINAS	1218		
TOTAL	106157		
TOTAL COMPUTADO	106160		

5/1847

CARGO	OCHO	ENSAYADOS	ORO
ALCABALAS REALES	4758		
ARRENDAMIENTO Y VENTA DE MINAS	50		
AZOGUES	3567		
DONATIVO	200		
EXTRAORDINARIO DE REAL HACIENDA	15400		
GUARDIA DE APIE	2091		
LANZAS	5987		
MEDIA ANATA	912		
MESADAS ECLESIASTICAS	1654		
NOVENOS REALES	3413		
OFICIOS VENDIBLES Y RENUNCIABLES	5400		
PAPEL SELLADO	3093		

5/1719- 4/1720

DATA	OCHO	ENSAYADOS	ORO
REAL HACIENDA	58357		
REMITIDO A LIMA	40335		
TOTAL	98692		

LA PAZ   5/1719- 4/1720 (CARGO)

CARGO	OCHO	ENSAYADOS	ORO
RESIDUOS	2599		
TERCIOS DE ENCOMIENDAS	3172		
TRIBUTOS DE YANACONAS	1090		
TRIBUTOS REALES DE INDIOS	39277		
VACANTES DE DOCTRINAS	220		
VACANTES MAYORES	2494		
VALIMIENTOS DE 10% DE SUELDOS	398		
1.5% Y QUINTO DEL ORO	2917		1075
TOTAL	98692		1075
TOTAL COMPUTADO	98692		1075

S1847 (CARGO)

CARGO	OCHO	ENSAYADOS	ORO
ALCABALAS REALES	4403		
ARRENDAMIENTO Y VENTA DE MINAS	50		
AZOGUES	633		
EXTRAORDINARIO DE REAL HACIENDA	11594		
GUARDIA DE APIE	2091		
LANZAS	3435		
MEDIA ANATA	1590		
MESADAS ECLESIASTICAS	1550		
NOVENOS REALES	3033		
OFICIOS VENDIBLES Y RENUNCIABLES	3125		
PAPEL SELLADO	2090		
RESIDUOS	4124		
SISA	625		
TERCIOS DE ENCOMIENDAS	2726		
TRIBUTOS DE YANACONAS	300		
TRIBUTOS REALES DE INDIOS	14362		
VACANTES DE DOCTRINAS	1007		
VALIMIENTOS DE 10% DE SUELDOS	1459		
1.5% Y QUINTO DEL ORO	13		8
TOTAL	58210		8
TOTAL COMPUTADO	58210		8

S1849 (CARGO)

CARGO	OCHO	ENSAYADOS	ORO
ALCABALAS REALES	4353		
ARRENDAMIENTO Y VENTA DE MINAS	650		
AZOGUES	3469		
COMPOSICION DE PULPERIAS	121		
COMPOSICION DE TIERRAS	251		
EXTRAORDINARIO DE REAL HACIENDA	2067		
GUARDIA DE APIE	1775		
LANZAS	2793		
MEDIA ANATA	2689		
MESADAS ECLESIASTICAS	469		
NOVENOS REALES	9699		
OFICIOS VENDIBLES Y RENUNCIABLES	6217		
PAPEL SELLADO	1538		
RESIDUOS	557		
TERCIOS DE ENCOMIENDAS	5243		

S1847 · ORO (DATA side)

DATA	OCHO	ENSAYADOS	ORO
TOTAL COMPUTADO	98692		1075

5/1720- 4/1721

DATA	OCHO	ENSAYADOS	ORO
REAL HACIENDA	49022		
REMITIDO A LIMA	9178		
TOTAL	58210		
TOTAL COMPUTADO	58200		8

5/1721- 4/1722

DATA	OCHO	ENSAYADOS	ORO
ALCABALAS REALES	4353		
ARRENDAMIENTO Y VENTA DE MINAS	650		
AZOGUES	3469		
COMPOSICION DE TIERRAS	250		
EXTRAORDINARIO DE REAL HACIENDA	4140		
LANZAS	2793		
MEDIA ANATA	2689		
NOVENOS REALES	2067		
OFICIOS VENDIBLES Y RENUNCIABLES	4512		
PAPEL SELLADO	1538		
REMITIDO A LIMA	5173		
REMITIDO A POTOSI	1213		
RESIDUOS	557		
TERCIOS DE ENCOMIENDAS	1243		
TRIBUTOS DE YANACONAS	1454		

LA PAZ   5/1721- 4/1722

CARGO	OCHO	ENSAYADOS	ORO
TRIBUTOS DE YANACONAS	1454		
VACANTES MAYORES	567		
VALIMIENTOS DE 10% DE SUELDOS	1313		
TOTAL	46466		
TOTAL COMPUTADO	45225		

S1849

	OCHO	ENSAYADOS	ORO
ALCABALAS REALES	4703		
AZOGUES	1292		
ESPOLIOS	11178		
EXTRAORDINARIO DE REAL HACIENDA	5487		
GUARDIA DE APIE	1613		
LANZAS	960		
MEDIA ANATA	53		
MESADAS ECLESIASTICAS	2156		
NOVENOS REALES	3448		
OFICIOS VENDIBLES Y RENUNCIABLES	1045		
PAPEL SELLADO	700		
RESIDUOS	1318		
TERCIOS DE ENCOMIENDAS	664		
TRIBUTOS DE YANACONAS	1481		
TRIBUTOS REALES DE INDIOS	10666		
VACANTES DE DOCTRINAS	1861		
VACANTES MAYORES	1741		
VALIMIENTOS DE 10% DE SUELDOS	1077		
TOTAL	51444		
TOTAL COMPUTADO	51443		

S1849

	OCHO	ENSAYADOS	ORO
ALCABALAS REALES	5575		
ARRENDAMIENTO Y VENTA DE MINAS	200		
AZOGUES	4407		
COMPOSICION DE TIERRAS	363		
ESPOLIOS	3180		
EXTRAORDINARIO DE REAL HACIENDA	5715		
GUARDIA DE APIE	1595		
LANZAS	4478		
MEDIA ANATA	127		
MESADAS ECLESIASTICAS	1433		
MULTAS	2200		
NOVENOS REALES	4661		
OFICIOS VENDIBLES Y RENUNCIABLES	5592		
PAPEL SELLADO	778		
RESIDUOS	4067		
SOBRAS	1173		
TERCIOS DE ENCOMIENDAS	1282		
TRIBUTOS DE YANACONAS	1705		
TRIBUTOS REALES DE INDIOS	11019		
VACANTES MAYORES	8174		
VALIMIENTOS DE 10% DE SUELDOS	1722		

S1849

DATA	OCHO	ENSAYADOS	ORO
TRIBUTOS REALES DE INDIOS	9659		
VACANTES MAYORES	567		
TOTAL	46466		
TOTAL COMPUTADO	46467		

5/1722- 4/1723

	OCHO	ENSAYADOS	ORO
ALCABALAS REALES	2916		
AZOGUES	232		
ESPOLIOS	5721		
EXTRAORDINARIO DE REAL HACIENDA	4830		
LANZAS	351		
NOVENOS REALES	625		
REMITIDO A LIMA	21645		
RESIDUOS	439		
TERCIOS DE ENCOMIENDAS	313		
TRIBUTOS DE YANACONAS	1394		
TRIBUTOS REALES DE INDIOS	10041		
VACANTES DE DOCTRINAS	1861		
VALIMIENTOS DE 10% DE SUELDOS	1077		
TOTAL	51444		
TOTAL COMPUTADO	51445		

5/1723- 4/1724

	OCHO	ENSAYADOS	ORO
AZOGUES	2524		
ESPOLIOS	2483		
EXTRAORDINARIO DE REAL HACIENDA	5330		
LANZAS	481		
MULTAS	200		
NOVENOS REALES	625		
REAL HACIENDA	4012		
REMITIDO A LIMA	36599		
RESIDUOS	2412		
TERCIOS DE ENCOMIENDAS	407		
TRIBUTOS DE YANACONAS	1243		
TRIBUTOS REALES DE INDIOS	7007		
VACANTES MAYORES	4000		
VALIMIENTOS DE 10% DE SUELDOS	1722		
TOTAL	69447		

LA PAZ 5/1723- 4/1724

CARGO

CARGO	OCHO	ENSAYADOS	ORO
1.5% Y QUINTO DEL ORO	2		
TOTAL	69447		
TOTAL COMPUTADO	69448		

S1849

CARGO	OCHO	ENSAYADOS	ORO
ALCABALAS REALES	4000		
ARRENDAMIENTO Y VENTA DE MINAS	100		
AZOGUES	6493		
COMPOSICION DE TIERRAS	116		
DONATIVO	50		
ESPOLIOS	1384		
EXTRAORDINARIO DE REAL HACIENDA	4848		
GUARDIA DE APIE	1767		
LANZAS	3317		
MEDIA ANATA	161		
MESADAS ECLESIASTICAS	2005		
NOVENOS REALES	9372		
OFICIOS VENDIBLES Y RENUNCIABLES	4992		
PAPEL SELLADO	637		
RESIDUOS	1195		
TERCIOS DE ENCOMIENDAS	1350		
TRIBUTOS DE YANACONAS	2484		
TRIBUTOS REALES DE INDIOS	8570		
VACANTES MAYORES	5970		
VALIMIENTOS DE 10% DE SUELDOS	1475		
TOTAL	60286		
TOTAL COMPUTADO	60286		

DATA

DATA	OCHC	ENSAYADCS	ORO
TOTAL COMPUTADO	69445	S1849	

5/1724- 4/1725

S1849

DATA	OCHC	ENSAYADOS	ORO
ESPOLIOS	500		
EXTRAORDINARIO DE REAL HACIENDA	4596		
LANZAS	351		
NOVENOS REALES	625		
REAL HACIENDA	10000		
REMITIDO A LIMA	21834		
RESIDUOS	781		
TRIBUTOS DE YANACONAS	1094		
TRIBUTOS REALES DE INDICS	8011		
VACANTES MAYORES	3294		
VALIMIENTOS DE 10% CE SUELCCS	1475		
TOTAL	52561		
TOTAL COMPUTADO	52561		

S1849 5/1725- 4/1726

CARGO

CARGO	OCHO	ENSAYADOS	ORO
ALCABALAS REALES	3550		
ARRENDAMIENTO Y VENTA DE MINAS	50		
AZOGUES	1606		
ESPOLIOS	234		
EXTRAORDINARIO DE REAL HACIENDA	4010		
GUARDIA DE APIE	1199		
LANZAS	1912		
MEDIA ANATA	2927		
MESADAS ECLESIASTICAS	2825		
NOVENOS REALES	3819		
OFICIOS VENDIBLES Y RENUNCIABLES	367		
PAPEL SELLADO	466		
RESIDUOS	1571		
TERCIOS DE ENCOMIENDAS	1355		
TRIBUTOS DE YANACONAS	2222		
TRIBUTOS REALES DE INDIOS	10991		
VACANTES MAYORES	129		
VALIMIENTOS DE 10% DE SUELDOS	1891		
1.5% Y QUINTO DEL ORO	79		
TOTAL	41202		

DATA 5/1725- 4/1726

DATA	OCHC	ENSAYADCS	ORO
EXTRAORDINARIO DE REAL HACIENDA	3661		
LANZAS	351		
MEDIA ANATA	102		
NOVENOS REALES	2501		
REMITIDO A LIMA	10373		
RESIDUOS	1172		
TRIBUTOS DE YANACONAS	2160		
TRIBUTOS REALES DE INDIOS	10991		
VALIMIENTOS DE 10% DE SUELCCS	1891		
TOTAL	33202		

LA PAZ   5/1725- 4/1726

CARGO	OCHO	ENSAYADOS	ORO	DATA	OCHO	ENSAYADOS	ORO
TOTAL COMPUTADO	41203			TOTAL COMPUTADO	33202	S1849	

S1849

CARGO	OCHO		DATA 5/1726- 4/1727	OCHO
ALCABALAS REALES	5739		ESPOLIOS	521
AZOGUES	1274		EXTRAORDINARIO DE REAL HACIENDA	2667
ESPOLIOS	522		LANZAS	351
EXTRAORDINARIO DE REAL HACIENDA	3019		NOVENOS REALES	625
GUARDIA DE APIE	1427		REMITIDO A LIMA	27993
LANZAS	1862		RESIDUOS	1563
MEDIA ANATA	2896		TRIBUTOS DE YANACONAS	2290
MESADAS ECLESIASTICAS	678		TRIBUTOS REALES DE INDIOS	9257
NOVENOS REALES	3827		VALIMIENTOS DE 10% DE SUELDOS	1954
OFICIOS VENDIBLES Y RENUNCIABLES	1758		TOTAL	47221
PAPEL SELLADO	775			
RESIDUOS	3430		TOTAL COMPUTADO	47221
SISA	50			
TERCIOS DE ENCOMIENDAS	3355			
TRIBUTOS DE YANACONAS	2506			
TRIBUTOS REALES DE INDIOS	10571			
VACANTES DE DOCTRINAS	1279			
VACANTES MAYORES	300			
VALIMIENTOS DE 10% DE SUELDOS	1954			
TOTAL	47221			
TOTAL COMPUTADO	47222			

S1849   5/1727- 4/1728

CARGO	OCHO		DATA 5/1727- 4/1728	OCHO
ALCABALAS REALES	4522		AZOGUES	114
ARRENDAMIENTO Y VENTA DE MINAS	155		ESPOLIOS	713
AZOGUES	1082		EXTRAORDINARIO DE REAL HACIENDA	3121
ESPOLIOS	713		LANZAS	979
EXTRAORDINARIO DE REAL HACIENDA	3386		NOVENOS REALES	625
GUARDIA DE APIE	1735		REMITIDO A LIMA	25151
LANZAS	4179		RESIDUOS	761
MEDIA ANATA	243		TRIBUTOS DE YANACONAS	2488
MESADAS ECLESIASTICAS	2061		TRIBUTOS REALES DE INDIOS	8530
NOVENOS REALES	3074		VALIMIENTOS DE 10% DE SUELDOS	1830
OFICIOS VENDIBLES Y RENUNCIABLES	375		TOTAL	44373
PAPEL SELLADO	1883			
RESIDUOS	1767		TOTAL COMPUTADO	44372
SISA	50			
TERCIOS DE ENCOMIENDAS	2361			
TRIBUTOS DE YANACONAS	2510			
TRIBUTOS REALES DE INDIOS	11434			
VACANTES DE DOCTRINAS	913			
VACANTES MAYORES	100			
VALIMIENTOS DE 10% DE SUELDOS	1830			
TOTAL	44373			
TOTAL COMPUTADO	44373			

LA PAZ   5/1728- 4/1729

CARGO	OCHO ENSAYADOS
S1849	
ALCABALAS REALES	4153
AZOGUES	1224
ESPOLIOS	78
EXTRAORDINARIO DE REAL HACIENDA	4006
GUARDIA DE APIE	1788
LANZAS	4686
MEDIA ANATA	1710
MESADAS ECLESIASTICAS	372
NOVENOS REALES	1657
OFICIOS VENDIBLES Y RENUNCIABLES	1667
RESIDUOS	1617
SISA	50
TERCIOS DE ENCOMIENDAS	2432
TRIBUTOS DE YANACONAS	2209
TRIBUTOS REALES DE INDIOS	15105
VACANTES DE DOCTRINAS	1707
VALIMIENTOS DE 10% DE SUELDOS	1335
TOTAL	46174
TOTAL COMPUTADO	45796

DATA 5/1728- 4/1729	CCHC	ORO ENSAYADCS	ORO
S1849			
EXTRAORDINARIO DE REAL HACIENDA	3552		
LANZAS	351		
NOVENOS REALES	625		
REMITIDO A LIMA	27334		
RESIDUOS	781		
TERCIOS DE ENCOMIENDAS	374		
TRIBUTOS DE YANACONAS	2209		
TRIBUTOS REALES DE INDICS	9615		
VALIMIENTOS DE 10% DE SUELDCS	1335		
TCTAL	46174		
TOTAL COMPUTADO	46176		

S1849

CARGO	OCHO ENSAYADOS
ALCABALAS REALES	3803
AZOGUES	3059
ESPCLIOS	147
EXTRAORDINARIO DE REAL HACIENDA	6448
GUARDIA DE APIE	1827
LANZAS	2884
MEDIA ANATA	1438
MESADAS ECLESIASTICAS	736
NOVENOS REALES	2560
OFICIOS VENDIBLES Y RENUNCIABLES	1292
PAPEL SELLADO	700
RESIDUOS	1753
SISA	50
TERCIOS DE ENCOMIENDAS	1778
TRIBUTOS DE YANACONAS	2215
TRIBUTOS REALES DE INDIOS	15153
VACANTES DE DOCTRINAS	175
VALIMIENTOS DE 10% DE SUELDOS	1398
TOTAL	47416
TOTAL COMPUTADO	47416

DATA 5/1729- 4/1730	CCHC
S1849	
ESPOLIOS	147
EXTRAORDINARIO DE REAL HACIENDA	5662
LANZAS	351
NOVENOS REALES	625
OFICIOS VENDIBLES Y RENUNCIABLES	583
REMITIDO A LIMA	28982
RESIDUOS	596
TRIBUTOS DE YANACONAS	2215
TRIBUTOS REALES DE INDICS	6858
VALIMIENTOS DE 10% CE SUELDCS	1398
TOTAL	47416
TOTAL COMPUTADO	47417

S1849

CARGO	OCHO ENSAYADOS
ALCABALAS REALES	903
ARRENDAMIENTO Y VENTA DE MINAS	220
AZOGUES	231
ESPOLIOS	1067
EXTRAORDINARIO DE REAL HACIENDA	7923

DATA 5/1730- 4/1731	CCHC
AZOGUES	231
EXTRAORDINARIO DE REAL HACIENDA	225
NOVENOS REALES	625
REMITIDO A LIMA	40439
RESIDUOS	781

LA PAZ   5/1730- 4/1731

CARGO	OCHO	ENSAYADOS	ORO
GUARDIA DE APIE	1869		
LANZAS	2965		
MEDIA ANATA	1474		
MESADAS ECLESIASTICAS	944		
NOVENOS REALES	4322		
OFICIOS VENDIBLES Y RENUNCIABLES	1500		
PAPEL SELLADO	650		
RESIDUOS	1720		
SISA	50		
TERCIOS DE ENCOMIENDAS	2105		
TRIBUTOS DE YANACONAS	2328		
TRIBUTOS REALES DE INDIOS	17706		
VACANTES DE DOCTRINAS	629		
VACANTES DE SUELDOS DE JUSTICIA	368		
VACANTES MAYORES	1789		
VALIMIENTOS DE 10% DE SUELDOS	1398		
1.5% Y QUINTO DEL ORO	790		
TOTAL	52951		

TOTAL COMPUTADO   52951

S1849

CARGO	OCHO	ENSAYADOS	ORO
ALCABALAS REALES	3473		
AZOGUES	1555		
ESPOLIOS	4011		
EXTRAORDINARIO DE REAL HACIENDA	5202		
GUARDIA DE APIE	1664		
LANZAS	3645		
MEDIA ANATA	1441		
MESADAS ECLESIASTICAS	2307		
NOVENOS REALES	1772		
OFICIOS VENDIBLES Y RENUNCIABLES	3700		
RESIDUOS	2385		
SISA	50		
TERCIOS DE ENCOMIENDAS	1771		
TRIBUTOS DE YANACONAS	2371		
TRIBUTOS REALES DE INDIOS	21270		
VACANTES DE DOCTRINAS	212		
VACANTES DE SUELDOS	2815		
VACANTES MAYORES	439		
VALIMIENTOS DE 10% DE SUELDOS	932		
1.5% Y QUINTO DEL ORO	14		
TOTAL	61029		

TOTAL COMPUTADO   61028

S1849

CARGO	OCHO	ENSAYADOS	ORO
ALCABALAS REALES	4380		
ARRENDAMIENTO Y VENTA DE MINAS	50		
AZOGUES	2243		
EXTRAORDINARIO DE REAL HACIENDA	7615		
GUARDIA DE APIE	1765		

DATA	ORO	ENSAYADOS	CCHO
SOBRAS DE SUELDOS			367
TERCIOS DE ENCOMIENDAS			22
TRIBUTOS DE YANACONAS			2328
TRIBUTOS REALES DE INDIOS			6534
VALIMIENTOS DE 10% DE SUELDOS			1398
TOTAL			52951

TOTAL COMPUTADO   52950

5/1731- 4/1732

DATA	ORO	ENSAYADOS	CCHO
ESPOLIOS			4011
EXTRAORDINARIO DE REAL HACIENDA			1924
LANZAS			351
NOVENOS REALES			625
REMITIDO A LIMA			34772
RESIDUOS			781
SOBRAS DE SUELDOS			2815
TERCIOS DE ENCOMIENDAS			232
TRIBUTOS DE YANACONAS			2371
TRIBUTOS REALES DE INDIOS			11775
VACANTES MAYORES			439
VALIMIENTOS DE 10% DE SUELDOS			932
TOTAL			61029

TOTAL COMPUTADO   61028

5/1732- 4/1733

DATA	ORO	ENSAYADOS	CCHO
EXTRAORDINARIO DE REAL HACIENDA			2553
LANZAS			351
NOVENOS REALES			625
OFICIOS VENDIBLES Y RENUNCIABLES			50
REMITIDO A LIMA			41863

LA PAZ 5/1732- 4/1733

CARGO	OCHO	ENSAYADOS	ORO
LANZAS	2869		
MEDIA ANATA	2505		
MESADAS ECLESIASTICAS	1679		
NOVENOS REALES	3444		
OFICIOS VENDIBLES Y RENUNCIABLES	50		
PAPEL SELLADO	300		
RESIDUOS	1765		
SISA	50		
TERCIOS DE ENCOMIENDAS	2425		
TRIBUTOS DE YANACONAS	3591		
TRIBUTOS REALES DE INDIOS	19100		
VACANTES DE DOCTRINAS	2195		
VACANTES DE SUELDOS	3175		
VACANTES MAYORES	13329		
VALIMIENTOS DE 10% DE SUELDOS	2742		
TOTAL	75269		
TOTAL COMPUTADO	75272		

S1849

CARGO	OCHO	ENSAYADOS	ORO
ALCABALAS REALES	5377		
AZOGUES	2553		
EXTRAORDINARIO DE REAL HACIENDA	6863		
GUARDIA DE APIE	904		
LANZAS	2052		
MEDIA ANATA	1865		
MESADAS ECLESIASTICAS	2906		
NOVENOS REALES	2850		
OFICIOS VENDIBLES Y RENUNCIABLES	4582		
PAPEL SELLADO	500		
RESIDUOS	1848		
SISA	50		
TERCIOS DE ENCOMIENDAS	2596		
TRIBUTOS DE YANACONAS	2010		
TRIBUTOS REALES DE INDIOS	17982		
VACANTES DE DOCTRINAS	607		
VACANTES DE SUELDOS DE CACIQUES	80		
VACANTES MAYORES	7055		
VALIMIENTOS DE 10% DE SUELDOS	923		
1.5% Y QUINTO DEL ORO	180		
TOTAL	63785		
TOTAL COMPUTADO	63783		

S1849

CARGO	OCHO	ENSAYADOS	ORO
ALCABALAS REALES	11076		
AZOGUES	827		
ESPOLIOS	5703		
EXTRAORDINARIO DE REAL HACIENDA	7175		
GUACAS	40		
GUARDIA DE APIE	818		
LANZAS	2740		

DATA	OCHO	ENSAYADOS	ORO
RESIDUOS	781		
SOBRAS DE SUELDOS	160		
TRIBUTOS DE YANACONAS	2488		
TRIBUTOS REALES DE INDIOS	10348		
VACANTES MAYORES	13329		
VALIMIENTOS DE 10% DE SUELDOS	2742		
TOTAL	75269		
TOTAL COMPUTADO	75270		

5/1733- 4/1734

DATA	OCHO	ENSAYADOS	ORO
ALCABALAS REALES	5377		
EXTRAORDINARIO DE REAL HACIENDA	3267		
LANZAS	351		
MESADAS ECLESIASTICAS	2906		
NOVENOS REALES	625		
OFICIOS VENDIBLES Y RENUNCIABLES	2300		
REMITIDO A LIMA	21635		
RESIDUOS	781		
TRIBUTOS DE YANACONAS	2010		
TRIBUTOS REALES DE INDIOS	15946		
VACANTES DE DOCTRINAS	607		
VACANTES MAYORES	7055		
VALIMIENTOS DE 10% DE SUELDOS	923		
TOTAL	63785		
TOTAL COMPUTADO	63783		

5/1734- 4/1735

DATA	OCHO	ENSAYADOS	ORO
ESPOLIOS	5702		
EXTRAORDINARIO DE REAL HACIENDA	2954		
LANZAS	351		
NOVENOS REALES	625		
OFICIOS VENDIBLES Y RENUNCIABLES	500		
REMITIDO A LIMA	45539		
RESIDUOS	1172		

LA PAZ   5/1734- 4/1735

CARGO	OCHO	ENSAYADOS	ORO
MEDIA ANATA	1981		
MESADAS ECLESIASTICAS	1593		
NOVENOS REALES	2017		
OFICIOS VENDIBLES Y RENUNCIABLES	1167		
PAPEL SELLADO	2350		
RESIDUOS	2065		
SISA	50		
TERCIOS DE ENCOMIENDAS	2949		
TRIBUTOS DE YANACONAS	2295		
TRIBUTOS REALES DE INDIOS	23063		
VACANTES DE DOCTRINAS	212		
VACANTES DE SUELDOS DE CACIQUES	80		
VACANTES MAYORES	154		
VALIMIENTOS DE 10% DE SUELDOS	173		
TOTAL	68530		

TOTAL COMPUTADO   68528

S1849

	OCHO	ENSAYADOS	ORO
ALCABALAS REALES	9903		
AZOGUES	1978		
COMPOSICION DE PULPERIAS	350		
COMPOSICION DE TIERRAS	100		
EXTRAORDINARIO DE REAL HACIENDA	8998		
GUARDIA DE APIE	818		
LANZAS	1756		
MEDIA ANATA	146		
MESADAS ECLESIASTICAS	1414		
NOVENOS REALES	2434		
OFICIOS VENDIBLES Y RENUNCIABLES	5600		
PAPEL SELLADO	1669		
RESIDUOS	2479		
SISA	1900		
TERCIOS DE ENCOMIENDAS	2829		
TRIBUTOS DE YANACONAS	2230		
TRIBUTOS REALES DE INDIOS	24957		
VACANTES DE DOCTRINAS	479		
VACANTES DE SUELDOS DE CACIQUES	80		
VACANTES MAYORES	605		
VALIMIENTOS DE 10% DE SUELDOS	471		
1.5% Y QUINTO DEL ORO	28		
TOTAL	71223		

TOTAL COMPUTADO   71224

S 231

	OCHO	ENSAYADOS	ORO
ALCABALAS REALES	10053		
COMPOSICION DE PULPERIAS	400		
COMPOSICION DE TIERRAS	335		
EXTRAORDINARIO DE REAL HACIENDA	7683		
GUARDIA DE APIE	818		
MESADAS ECLESIASTICAS	2251		

S1849

DATA	OCHO	ENSAYADOS	ORO
TRIBUTOS DE YANACONAS	2295		
TRIBUTOS REALES DE INDIOS	8941		
VACANTES DE DOCTRINAS	212		
VACANTES MAYORES	67		
VALIMIENTOS DE 10% DE SUELDOS	173		
TOTAL	68530		

TOTAL COMPUTADO   68531

5/1735- 4/1736

	OCHO	ENSAYADOS	ORO
AZOGUES	339		
EXTRAORDINARIO DE REAL HACIENDA	3008		
LANZAS	351		
NOVENOS REALES	625		
OFICIOS VENDIBLES Y RENUNCIABLES	2533		
REMITIDO A LIMA	49209		
RESIDUOS	781		
TRIBUTOS DE YANACONAS	2230		
TRIBUTOS REALES DE INDIOS	11197		
VACANTES DE DOCTRINAS	479		
VALIMIENTOS DE 10% DE SUELDOS	471		
TOTAL	71223		

TOTAL COMPUTADO   71223

5/1736- 4/1737

	OCHO	ENSAYADOS	ORO
EXTRAORDINARIO DE REAL HACIENDA	4059		
NOVENOS REALES	5101		
REMITIDO A LIMA	41605		
RESIDUOS	781		
TRIBUTOS DE YANACONAS	2105		
TRIBUTOS REALES DE INDIOS	27570		

LA PAZ 5/1736- 4/1737

CARGO	OCHO	ENSAYADOS	ORO
NOVENOS REALES	16824		
OFICIOS VENDIBLES Y RENUNCIABLES	4727		
PAPEL SELLADO	1007		
RESIDUOS	2203		
SISA	1000		
TERCIOS DE ENCOMIENDAS	3032		
TRIBUTOS DE YANACONAS	2105		
TRIBUTOS REALES DE INDIOS	27970		
VACANTES DE SUELDOS DE CACIQUES	80		
VACANTES MAYORES	1178		
VALIMIENTOS DE 10% DE SUELDOS	528		
TOTAL	82194		
TOTAL COMPUTADO	82194		

DATA	OCHO	ENSAYADOS	ORO
VALIMIENTOS DE 10% DE SUELDOS	527		
TOTAL	82194		
TOTAL COMPUTADO	82192		

S 231 5/1738- 4/1739

CARGO	OCHO	ENSAYADOS	ORO
ALCABALAS REALES	9425		
COMISOS	7188		
COMPOSICION DE PULPERIAS	250		
EXTRAORDINARIO DE REAL HACIENDA	10210		
GUARDIA DE APIE	904		
LANZAS	3814		
MESADAS ECLESIASTICAS	906		
NOVENOS REALES	5143		
OFICIOS VENDIBLES Y RENUNCIABLES	500		
PAPEL SELLADO	1010		
RESIDUOS	2065		
SISA	2250		
TERCIOS DE ENCOMIENDAS	2765		
TRIBUTOS DE YANACONAS	1985		
TRIBUTOS REALES DE INDIOS	20556		
VACANTES DE SUELDOS DE CACIQUES	80		
VACANTES DE SUELDOS DE JUSTICIA	82		
VACANTES MAYORES	581		
10% DE SUELDOS DE CACIQUES	487		
TOTAL	70200		
TOTAL COMPUTADO	70201		

DATA	OCHO	ENSAYADOS	ORO
EXTRAORDINARIO DE REAL HACIENDA	6124		
LANZAS	351		
NOVENOS REALES	625		
REMITIDO A LIMA	42100		
RESIDUOS	936		
TRIBUTOS DE YANACONAS	1985		
TRIBUTOS REALES DE INDIOS	17592		
10% DE SUELDOS DE CACIQUES	487		
TOTAL	70200		
TOTAL COMPUTADO	70200		

B 13 5/1740- 4/1741

CARGO	OCHO	ENSAYADOS	ORO
ALCABALAS REALES	11081		
ARRENDAMIENTO Y VENTA DE MINAS	18		
AZOGUES	5056		
COMPOSICION DE PULPERIAS	583		
EXTRAORDINARIO DE REAL HACIENDA	7422		
GUARDIA DE APIE	302		
LANZAS	3665		
MEDIA ANATA	1142		
MESADAS ECLESIASTICAS	1387		
NOVENOS REALES	4955		
OFICIOS VENDIBLES Y RENUNCIABLES	1333		
PAPEL SELLADO	760		

DATA	OCHO	ENSAYADOS	ORO
AZOGUES	39		
EXTRAORDINARIO DE REAL HACIENDA	1355		
MEDIA ANATA	14		
NOVENOS REALES	1250		
REAL HACIENDA	2810		
REMITIDO A HUANCAVELICA	5017		
REMITIDO A LIMA	53659		
REMITIDO DE MEDIA ANATA	1128		
TOTAL	65271		

B   13

	CCHC	ENSAYADCS	ORO

LA PAZ   5/1740- 4/1741

CARGO	OCHO	ENSAYADOS	ORO
RESIDUOS	1983		
SISA	2073		
TERCIOS DE ENCOMIENDAS	2865		
TRIBUTOS REALES DE INDIOS	18583		
VACANTES DE PREBENDAS	1039		
VACANTES MAYORES	500		
1.5% Y DIEZMOS DE PLATA	37		
10% DE SUELDOS DE CACIQUES	490		
TOTAL	65271		
TOTAL COMPUTADO	65274		

DATA	ORO	ENSAYADOS	CCHC
TOTAL COMPUTADO			65272

B   13

	OCHO			DATA			CCHC
ALCABALAS REALES	1531						
AZOGUES	2967						
EXTRAORDINARIO DE REAL HACIENDA	7391						
GUARDIA DE APIE	773						
LANZAS	3664						
MEDIA ANATA	9451						
MESADAS ECLESIASTICAS	767						
NOVENOS REALES	2634						
OFICIOS VENDIBLES Y RENUNCIABLES	4097						
RESIDUOS	2065						
SISA	1750						
TERCIOS DE ENCOMIENDAS	2765						
TRIBUTOS REALES DE INDIOS	35190						
VACANTES DE DOCTRINAS	504						
VACANTES DE PREBENDAS	113						
VACANTES DE SUELDOS DE CACIQUES	44						
10% DE SUELDOS DE CACIQUES	479						
TOTAL	76184						
TOTAL COMPUTADO	76185						

5/1741- 4/1742

DATA	ORO	ENSAYADOS	CCHC
AZOGUES			50
EXTRAORDINARIO DE REAL HACIENDA			942
MEDIA ANATA			11
NOVENOS REALES			625
REAL HACIENDA			17075
REMITIDO A HUANCAVELICA			2917
REMITIDO A LIMA			53672
TERCIOS DE MEDIA ANATA			761
TERCIOS DE ENCOMIENDAS			131
TOTAL			76184
TOTAL COMPUTADO			76184

B   13

CARGO	OCHO	ENSAYADOS	ORO
ALCABALAS REALES	23307		
AZOGUES	1976		
COMPOSICION DE PULPERIAS	1730		
EXTRAORDINARIO DE REAL HACIENDA	7455		
GUARDIA DE APIE	1704		
LANZAS	2534		
MEDIA ANATA	6099		
MESADAS ECLESIASTICAS	3387		
NOVENOS REALES	4707		
PAPEL SELLADO	760		
RESIDUOS	2020		
SISA	1750		
TERCIOS DE ENCOMIENDAS	1789		
TRIBUTOS DE YANACONAS	3935		
TRIBUTOS REALES DE INDIOS	21615		
VACANTES DE PREBENDAS	3247		
VACANTES DE SUELDCS DE CACIQUES	710		

5/1742- 4/1743

DATA	ORO	ENSAYADOS	CCHC
ALCABALAS REALES			23307
AZOGUES			261
EXTRAORDINARIC DE REAL HACIENDA			1762
NOVENOS REALES			1896
REAL HACIENDA			21615
REMITIDO A HUANCAVELICA			1715
REMITIDO A LIMA			32747
REMITIDO DE MEDIA ANATA			6099
TRIBUTOS DE YANACONAS			653
TOTAL			90055

LA PAZ   5/1742- 4/1743

CARGO	OCHO	ENSAYADOS	ORO	DATA	OCHO	ENSAYADOS	ORO
10% DE SUELDOS DE CACIQUES	1330						
TOTAL	90055						
TOTAL COMPUTADO	90055			TOTAL COMPUTADO	90055		

S 231

5/1743- 4/1744

CARGO	OCHO	DATA	OCHO
ALCABALAS REALES	801	EXTRAORDINARIO DE REAL HACIENDA	1269
COMPOSICION DE PULPERIAS	379	LANZAS	78
EXTRAORDINARIO DE REAL HACIENDA	8760	NOVENOS REALES	625
GUARDIA DE APIE	504	REMITIDO A LIMA	76324
LANZAS	7704	TERCIOS DE ENCOMIENDAS	110
MESADAS ECLESIASTICAS	5179	TRIBUTOS REALES DE INDIOS	13551
NOVENOS REALES	2700	TOTAL	91959
OFICIOS VENDIBLES Y RENUNCIABLES	1635		
PAPEL SELLADO	1155		
RESIDUOS	2524		
SISA	1450		
TERCIOS DE ENCOMIENDAS	4185		
TRIBUTOS REALES DE INDIOS	46498		
VACANTES DE PREBENDAS	7705		
VACANTES MAYORES	170		
10% DE SUELDOS DE CACIQUES	610		
TOTAL	91959		
TOTAL COMPUTADO	91959	TOTAL COMPUTADO	91957

B   13

5/1744- 4/1745

CARGO	OCHO	DATA	OCHO
ALCABALAS REALES	10051	AZOGUES	7
AZOGUES	3419	EXTRAORDINARIO DE REAL HACIENDA	1354
COMPOSICION DE PULPERIAS	285	LANZAS	298
EXTRAORDINARIO DE REAL HACIENDA	8458	NOVENOS REALES	625
GUARDIA DE APIE	2106	OFICIOS VENDIBLES Y RENUNCIABLES	1720
LANZAS	3664	REAL HACIENDA	33118
MEDIA ANATA	1301	REMITIDO A HUANCAVELICA	3412
MESADAS ECLESIASTICAS	1548	REMITIDO A LIMA	51195
NOVENOS REALES	9639	REMITIDO DE MEDIA ANATA	1301
OFICIOS VENDIBLES Y RENUNCIABLES	1720	RESIDUOS	500
PAPEL SELLADO	700	TRIBUTOS DE YANACONAS	1459
RESIDUOS	2459	TOTAL	94988
SISA	1450		
TERCIOS DE ENCOMIENDAS	1889		
TRIBUTOS DE YANACONAS	1459		
TRIBUTOS REALES DE INDIOS	38204		
VACANTES DE PREBENDAS	4778		
VACANTES DE SUELDOS DE CACIQUES	241		
VACANTES MAYORES	1065		
10% DE SUELDOS DE CACIQUES	552		
TOTAL	94988		
TOTAL COMPUTADO	94988	TOTAL COMPUTADO	94989

LA PAZ   5/1745- 4/1746

CARGO

S1849	OCHO	ENSAYADOS	ORO
ALCABALAS REALES	9226		
ARRENDAMIENTO Y VENTA DE MINAS	50		
COMPOSICION DE PULPERIAS	150		
ESPOLIOS	5399		
EXTRAORDINARIO DE REAL HACIENDA	8870		
GUARDIA DE APIE	702		
LANZAS	3664		
MESADAS ECLESIASTICAS	966		
NOVENOS REALES	4964		
PAPEL SELLADO	580		
RESIDUOS	4718		
SISA	1450		
TERCIOS DE ENCOMIENDAS	3941		
TRIBUTOS DE YANACONAS	1414		
TRIBUTOS REALES DE INDIOS	35737		
VACANTES DE DOCTRINAS	3107		
VACANTES DE PREBENDAS	3189		
VACANTES DE SUELDOS DE CACIQUES	2312		
10% DE SUELDOS DE CACIQUES	696		
TOTAL	91136		

TOTAL COMPUTADO   91135

DATA   5/1745- 4/1746

S1849	OCHO	ENSAYADOS	ORO
EXTRAORDINARIO DE REAL HACIENDA	1246		
REMITIDO A OTRAS TESORERIAS	57599		
TRIBUTOS DE YANACONAS	1414		
TRIBUTOS REALES DE INDIOS	28392		
VACANTES DE DOCTRINAS	2485		
TOTAL	91136		

TOTAL COMPUTADO   91136

CARGO   5/1746- 4/1747

S1849	OCHO	ENSAYADOS	ORO
ALCABALAS REALES	5687		
COMPOSICION DE PULPERIAS	300		
ESPOLIOS	4415		
EXTRAORDINARIO DE REAL HACIENDA	7653		
GUARDIA DE APIE	904		
LANZAS	3664		
MESADAS ECLESIASTICAS	209		
NOVENOS REALES	5028		
OFICIOS VENDIBLES Y RENUNCIABLES	200		
PAPEL SELLADO	1675		
RESIDUOS	2303		
SISA	1450		
TERCIOS DE ENCOMIENDAS	2865		
TRIBUTOS DE YANACONAS	1306		
TRIBUTOS REALES DE INDIOS	46428		
VACANTES DE DOCTRINAS	108		
VACANTES DE PREBENDAS	2806		
VACANTES DE SUELDOS DE CACIQUES	80		
VACANTES MAYORES	5620		
10% DE SUELDOS DE CACIQUES	527		
TOTAL	93228		

TOTAL COMPUTADO   93228

DATA   5/1746- 4/1747

S1849	OCHO	ENSAYADOS	ORO
EXTRAORDINARIO DE REAL HACIENDA	133		
LANZAS	351		
NOVENOS REALES	1250		
REMITIDO A OTRAS TESORERIAS	67848		
RESIDUOS	781		
TERCIOS DE ENCOMIENDAS	66		
TRIBUTOS DE YANACONAS	1306		
TRIBUTOS REALES DE INDIOS	21494		
TOTAL	93228		

TOTAL COMPUTADO   93229

CARGO   5/1747- 4/1748

S1849	OCHO	ENSAYADOS	ORO
ALCABALAS REALES	8083		

DATA   5/1747- 4/1748

S1849	OCHO	ENSAYADOS	ORO
ALCABALAS REALES	894		

LA PAZ   5/1747- 4/1748

CARGO	OCHO	ENSAYADOS	ORO
COMPOSICION DE PULPERIAS	1500		
ESPOLIOS	6125		
EXTRAORDINARIO DE REAL HACIENDA	3794		
GUARDIA DE APIE	410		
LANZAS	1368		
MESADAS ECLESIASTICAS	676		
NOVENOS REALES	4870		
OFICIOS VENDIBLES Y RENUNCIABLES	83		
PAPEL SELLADO	1022		
RESIDUOS	1875		
SISA	1425		
TERCIOS DE ENCOMIENDAS	1170		
TRIBUTOS REALES DE INDIOS	40665		
VACANTES DE DOCTRINAS	3043		
VACANTES DE PREBENDAS	6424		
VACANTES DE SUELDOS DE CACIQUES	3381		
VACANTES MAYORES	10264		
10% DE SUELDOS DE CACIQUES	427		
TOTAL	96608		

TOTAL COMPUTADO   96605

S1849

CARGO	OCHO	ENSAYADOS	ORO
ALCABALAS REALES	8188		
ARRENDAMIENTO Y VENTA DE MINAS	25		
COMPOSICION DE PULPERIAS	150		
EXTRAORDINARIO DE REAL HACIENDA	12858		
GUARDIA DE APIE	1397		
LANZAS	5961		
MESADAS ECLESIASTICAS	2365		
NOVENOS REALES	4790		
OFICIOS VENDIBLES Y RENUNCIABLES	200		
PAPEL SELLADO	990		
RESIDUOS	3876		
SISA	1475		
TERCIOS DE ENCOMIENDAS	3484		
TRIBUTOS DE YANACONAS	1623		
TRIBUTOS REALES DE INDIOS	88380		
VACANTES DE DOCTRINAS	1647		
VACANTES DE PREBENDAS	7158		
VACANTES DE SUELDOS DE CACIQUES	1541		
VACANTES MAYORES	5250		
10% DE SUELDOS DE CACIQUES	665		
TOTAL	152022		

TOTAL COMPUTADO   152023

S1849

CARGO	OCHO	ENSAYADOS	ORO
ALCABALAS REALES	7154		
ARRENDAMIENTO Y VENTA DE MINAS	25		
EXTRAORDINARIO DE REAL HACIENDA	10157		
GUARDIA DE APIE	904		

S1849   150

DATA	OCHO	ENSAYADCS	CRC
ESPOLIOS	6125		
EXTRAORDINARIO DE REAL HACIENDA	994		
LANZAS	157		
NOVENOS REALES	625		
REMITIDO A OTRAS TESCRERIAS	73875		
RESIDUOS	40		
TERCIOS DE ENCOMIENDAS	131		
TRIBUTOS REALES DE INCIOS	13767		
TOTAL	96608		

TOTAL COMPUTACO   96608

5/1748- 4/1749

DATA	OCHC	ENSAYADCS	CRC
ALCABALAS REALES	730		
EXTRAORDINARIC DE REAL HACIENDA	1360		
NOVENOS REALES	625		
REMITIDO A OTRAS TESCRERIAS	120802		
RESIDUOS	540		
TRIBUTOS DE YANACONAS	1623		
TRIBUTOS REALES DE INDICS	22554		
VACANTES DE PREBENDAS	150		
VACANTES MAYCRES	3639		
TOTAL	152022		

TOTAL COMPUTACO   152023

5/1749- 4/1750

DATA	OCHC	ENSAYADCS	CRC
ALCABALAS REALES	730		
EXTRAORDINARIC DE REAL HACIENDA	2082		
LANZAS	78		
NOVENOS REALES	625		

S1849 ENSAYADOS ORO

LA PAZ   5/1749- 4/1750

CARGO	OCHO	ENSAYADOS	ORO
LANZAS	3664		
MESADAS ECLESIASTICAS	1629		
NOVENOS REALES	4392		
PAPEL SELLADO	569		
RESIDUOS	3724		
SISA	1450		
TERCIOS DE ENCOMIENDAS	3841		
TRIBUTOS DE YANACONAS	1379		
TRIBUTOS REALES DE INDIOS	54379		
VACANTES DE DOCTRINAS	3241		
VACANTES DE PREBENDAS	7201		
VACANTES DE SUELDOS DE CACIQUES	1577		
10% DE SUELDOS DE CACIQUES	723		
TOTAL	106011		

TOTAL COMPUTADO   106009

DATA	OCHO	ENSAYADOS	ORO
REMITIDO A OTRAS TESORERIAS	87765		
TERCIOS DE ENCOMIENDAS	66		
TRIBUTOS DE YANACONAS	1379		
TRIBUTOS REALES DE INDIOS	13287		
TOTAL	106011		

TOTAL COMPUTADO   106012

S1849

5/1750- 4/1751

CARGO	OCHO	ENSAYADOS	ORO
ALCABALAS REALES	7859		
COMPOSICION DE PULPERIAS	455		
EXTRAORDINARIO DE REAL HACIENDA	8189		
FIERRO	685		
GUARDIA DE APIE	904		
LANZAS	3664		
MESADAS ECLESIASTICAS	1786		
NOVENOS REALES	2849		
OFICIOS VENDIBLES Y RENUNCIABLES	750		
PAPEL SELLADO	1395		
RESIDUOS	2475		
SISA	1450		
TERCIOS DE ENCOMIENDAS	2665		
TRIBUTOS DE YANACONAS	1384		
TRIBUTOS REALES DE INDIOS	39923		
VACANTES DE DOCTRINAS	1122		
VACANTES DE PREBENDAS	6594		
VACANTES DE SUELDOS DE CACIQUES	3070		
10% DE SUELDOS DE CACIQUES	475		
TOTAL	87694		

TOTAL COMPUTADO   87694

DATA	OCHO	ENSAYADOS	ORO
ALCABALAS REALES	1158		
EXTRAORDINARIO DE REAL HACIENDA	4583		
LANZAS	78		
MESADAS ECLESIASTICAS	912		
NOVENOS REALES	2849		
OFICIOS VENDIBLES Y RENUNCIABLES	750		
REMITIDO A OTRAS TESORERIAS	33646		
RESIDUOS	1692		
TERCIOS DE ENCOMIENDAS	1131		
TRIBUTOS DE YANACONAS	1384		
TRIBUTOS REALES DE INDIOS	34781		
VACANTES DE DOCTRINAS	1122		
VACANTES DE PREBENDAS	1044		
VACANTES DE SUELDOS DE CACIQUES	2565		
TOTAL	87694		

TOTAL COMPUTADO   87695

S1849

5/1751- 4/1752

CARGO	OCHO	ENSAYADOS	ORO
ALCABALAS REALES	9004		
COMPOSICION DE PULPERIAS	430		
ESPOLIOS	3331		
EXTRAORDINARIO DE REAL HACIENDA	7592		
FIERRO	473		
GUARDIA DE APIE	904		
LANZAS	3664		
MESADAS ECLESIASTICAS	1688		
NOVENOS REALES	10183		
PAPEL SELLADO	1230		

DATA	OCHO	ENSAYADOS	ORO
ALCABALAS REALES	2755		
COMPOSICION DE PULPERIAS	130		
EXTRAORDINARIO DE REAL HACIENDA	2587		
FIERRO	313		
GUARDIA DE A PIE	209		
MESADAS ECLESIASTICAS	1069		
NAIPES	368		
NOVENOS REALES	8305		
PAPEL SELLADO	63		
REMITIDO A OTRAS TESORERIAS	50034		

LA PAZ   5/1751- 4/1752

CARGO	OCHO	ENSAYADOS	ORO
RESIDUOS	2259		
SISA	1450		
TERCIOS DE ENCOMIENDAS	2665		
TRIBUTOS DE YANACONAS	1384		
TRIBUTOS REALES DE INDIOS	45992		
VACANTES DE DOCTRINAS	3463		
VACANTES DE PREBENDAS	8459		
VACANTES DE SUELDOS DE CACIQUES	1190		
VACANTES DE SUELDOS DE JUSTICIA	1888		
VACANTES MAYORES	1840		
10% DE SUELDOS DE CACIQUES	480		
TOTAL	109567		

TOTAL COMPUTADO   109569

B   13

	OCHO	ENSAYADOS	ORO
ALCABALAS REALES	10771		
AZOGUES	2014		
COMPOSICION DE PULPERIAS	471		
ESPOLIOS	9710		
EXTRAORDINARIO DE REAL HACIENDA	7896		
FIERRO	21		
GUARDIA DE APIE	904		
LANZAS	3664		
MEDIA ANATA	117		
MESADAS ECLESIASTICAS	1224		
NOVENOS REALES	4891		
PAPEL SELLADO	887		
RESIDUOS	2140		
SISA	550		
TERCIOS DE ENCOMIENDAS	2665		
TRIBUTOS DE YANACONAS	1474		
TRIBUTOS REALES DE INDIOS	48216		
VACANTES DE PREBENDAS	6223		
VACANTES DE SUELDOS DE CACIQUES	444		
VACANTES MAYORES	6976		
10% DE SUELDOS DE CACIQUES	511		
TOTAL	111769		

TOTAL COMPUTADO   111769

B   13

	OCHO	ENSAYADOS	ORO
ALCABALAS REALES	11953		
AZOGUES	2214		
COMPOSICION DE PULPERIAS	430		
EXTRAORDINARIO DE REAL HACIENDA	6895		
FIERRO	844		
GUARDIA DE APIE	904		
LANZAS	3664		
MEDIA ANATA	212		
MESADAS ECLESIASTICAS	1604		
NOVENOS REALES	4789		

DATA	OCHO	ENSAYADOS	ORO
RESIDUOS	1176		
SISA	25		
TERCIOS DE ENCOMIENDAS	1161		
TRIBUTOS DE YANACONAS	1384		
TRIBUTOS REALES DE INDIOS	32883		
VACANTES DE JUSTICIA	1066		
VACANTES DE PREBENDAS	5191		
VACANTES DE SUELDOS DE CACIQUES	425		
VACANTES MAYORES	200		
10% DE SUELDOS DE CACIQUES	221		
TOTAL	109567		

TOTAL COMPUTADO   109565

5/1752- 4/1753

	OCHO	ENSAYADOS	ORO
ALCABALAS REALES	730		
AZOGUES	24		
ESPOLIOS	9710		
EXTRAORDINARIO DE REAL HACIENDA	1466		
MEDIA ANATA	17		
NOVENOS REALES	625		
REAL HACIENDA	16791		
REMITIDO A HUANCAVELICA	1950		
REMITIDO A LIMA	78642		
REMITIDO DE MEDIA ANATA	100		
TRIBUTOS DE YANACONAS	1474		
VACANTES MAYORES	200		
TOTAL	111769		

TOTAL COMPUTADO   111769

5/1753- 4/1754

	OCHO	ENSAYADOS	ORO
ALCABALAS REALES	730		
AZOGUES	136		
EXTRAORDINARIO DE REAL HACIENDA	1615		
FIERRO	120		
LANZAS	156		
NOVENOS REALES	625		
REAL HACIENDA	14523		
REMITIDO A HUANCAVELICA	2078		
REMITIDO A LIMA	91663		
REMITIDO DE MEDIA ANATA	212		

S1849

LA PAZ   5/1753- 4/1754

CARGO	OCHO	ENSAYADOS	ORO	DATA	OCHO	ENSAYADOS	ORO
OFICIOS VENDIBLES Y RENUNCIABLES	5450			TRIBUTOS DE YANACONAS	1386		
PAPEL SELLADO	728			VACANTES MAYORES	200		
RESIDUOS	2195			TOTAL	113444		
SISA	1899						
TERCIOS DE ENCOMIENDAS	1589						
TRIBUTOS DE YANACONAS	2115						
TRIBUTOS REALES DE INDIOS	50518						
VACANTES DE PREBENDAS	4335						
VACANTES DE SUELDOS DE CACIQUES	584						
VACANTES MAYORES	10206						
10% DE SUELDOS DE CACIQUES	315						
TOTAL	113444						
TOTAL COMPUTADO	113443			TOTAL COMPUTADO	113444		

S1849   5/1754- 4/1755

CARGO	OCHO	ENSAYADOS	ORO	DATA	OCHO	ENSAYADOS	ORO
ALCABALAS REALES	12573			ALCABALAS REALES	730		
ARRENDAMIENTO Y VENTA DE MINAS	100			EXTRAORDINARIO DE REAL HACIENDA	1079		
COMPOSICION DE PULPERIAS	354			LANZAS	78		
EXTRAORDINARIO DE REAL HACIENDA	5262			NOVENOS REALES	625		
FIERRO	256			REMITIDO A OTRAS TESORERIAS	94260		
GUARDIA DE APIE	904			TRIBUTOS DE YANACONAS	1474		
LANZAS	2534			TRIBUTOS REALES DE INDIOS	27902		
MESADAS ECLESIASTICAS	2984			VACANTES MAYORES	5070		
NOVENOS REALES	4772			TOTAL	131218		
OFICIOS VENDIBLES Y RENUNCIABLES	3767						
PAPEL SELLADO	1014						
RESIDUOS	1743						
SISA	1650						
TERCIOS DE ENCOMIENDAS	474						
TRIBUTOS DE YANACONAS	2195						
TRIBUTOS REALES DE INDIOS	76473						
VACANTES DE PREBENDAS	2394						
VACANTES DE SUELDOS DE CACIQUES	5139						
VACANTES DE SUELDOS DE JUSTICIA	1563						
VACANTES MAYORES	5070						
TOTAL	131218						
TOTAL COMPUTADO	131221			TOTAL COMPUTADO	131218		

B 13   5/1755- 4/1756

CARGO	OCHO	ENSAYADOS	ORO	DATA	OCHO	ENSAYADOS	ORO
ALCABALAS REALES	15426			ALCABALAS REALES	730		
ARRENDAMIENTO Y VENTA DE MINAS	170			AZOGUES	138		
AZOGUES	2809			EXTRAORDINARIO DE REAL HACIENDA	1525		
COMPOSICION DE PULPERIAS	560			LANZAS	78		
EXTRAORDINARIO DE REAL HACIENDA	6455			MEDIA ANATA	200		
FIERRO	327			NOVENOS REALES	625		
GUARDIA DE APIE	904			REAL HACIENDA	17840		
LANZAS	4794			REMITIDO A HUANCAVELICA	2671		
MEDIA ANATA	2104			REMITIDO A LIMA	110728		
MESADAS ECLESIASTICAS	2483			REMITIDO DE MEDIA ANATA	1904		
NOVENOS REALES	4861			TRIBUTOS DE YANACONAS	1464		

B 13

LA PAZ   5/1755- 4/1756

CARGO	OCHO	ENSAYADOS	ORO
OFICIOS VENDIBLES Y RENUNCIABLES	8750		
PAPEL SELLADO	391		
RESIDUOS	2516		
SISA	1450		
TERCIOS DE ENCOMIENDAS	553		
TRIBUTOS DE YANACONAS	2180		
TRIBUTOS REALES DE INDIOS	77895		
VACANTES DE DOCTRINAS	310		
VACANTES DE PREBENDAS	1792		
VACANTES DE SUELDOS DE CACIQUES	1483		
TOTAL	138213		

TOTAL COMPUTADO   138213

DATA	CCHC	ENSAYADOS	ORO
VACANTES DE DOCTRINAS	310		
TOTAL	138213		

TOTAL COMPUTADO   138213

B   13

5/1756- 4/1757

CARGO	OCHO	ENSAYADOS	ORO
ALCABALAS REALES	20735		
ARRENDAMIENTO Y VENTA DE MINAS	100		
AZOGUES	6055		
COMPOSICION DE PULPERIAS	430		
DERECHOS DE INTERNACION	2016		
ESPOLIOS	964		
EXTRAORDINARIO DE REAL HACIENDA	6516		
GUARDIA DE APIE	904		
LANZAS	3664		
MEDIA ANATA	2591		
MESADAS ECLESIASTICAS	1646		
NOVENOS REALES	4914		
OFICIOS VENDIBLES Y RENUNCIABLES	950		
PAPEL SELLADO	515		
RESIDUOS	2484		
SISA	1818		
TERCIOS DE ENCOMIENDAS	513		
TRIBUTOS DE YANACONAS	2185		
TRIBUTOS REALES DE INDIOS	75658		
VACANTES DE DOCTRINAS	2296		
VACANTES DE PREBENDAS	352		
VACANTES DE SUELDOS DE CACIQUES	1301		
1.5% Y DIEZMOS DE PLATA	831		
10% DE SUELDOS DE CACIQUES	69		
TOTAL	139509		

TOTAL COMPUTADO   139507

DATA	CCHC	ENSAYADOS	ORO
ALCABALAS REALES	1853		
AZOGUES	259		
EXTRAORDINARIO DE REAL HACIENDA	1525		
LANZAS	78		
MEDIA ANATA	19		
NOVENOS REALES	625		
REAL HACIENDA	18286		
REMITIDO A HUANCAVELICA	5796		
REMITIDO A LIMA	105341		
REMITIDO DE MEDIA ANATA	2572		
TRIBUTOS DE YANACONAS	1464		
VACANTES DE DOCTRINAS	1690		
TOTAL	139509		

TOTAL COMPUTADO   139508

S1849

5/1757- 4/1758

CARGO	OCHO	ENSAYADOS	ORO
ALCABALAS REALES	22141		
COMPOSICION DE PULPERIAS	430		
COMPOSICION DE TIERRAS	414		
EXTRAORDINARIO DE REAL HACIENDA	6376		
FIERRO	9823		
GUARDIA DE APIE	904		
LANZAS	3664		
MESADAS ECLESIASTICAS	2055		

DATA	CCHC	ENSAYADOS	ORO
ALCABALAS REALES	1853		
EXTRAORDINARIO DE REAL HACIENDA	1525		
LANZAS	78		
NOVENOS REALES	625		
REMITIDO A OTRAS TESORERIAS	112894		
TRIBUTOS DE YANACONAS	1484		
TRIBUTOS REALES DE INDIOS	16169		
TOTAL	134628		

LA PAZ   5/1757- 4/1758

CARGO	OCHO	ENSAYADOS	ORO
NOVENOS REALES	5052		
OFICIOS VENDIBLES Y RENUNCIABLES	2173		
PAPEL SELLADO	1474		
RESIDUOS	2251		
SISA	1450		
TERCIOS DE ENCOMIENDAS	515		
TRIBUTOS DE YANACONAS	4078		
TRIBUTOS REALES DE INDIOS	64514		
VACANTES DE DOCTRINAS	3675		
VACANTES DE SUELDOS DE CACIQUES	2503		
1.5% Y DIEZMOS DE PLATA	1137		
TOTAL	134628		
TOTAL COMPUTADO	134627		

DATA	OCHC	ENSAYADCS	ORO
TOTAL COMPUTADO	134628		

S1849

CARGO	OCHO	ENSAYADOS	ORO
ALCABALAS REALES	19033		
ARRENDAMIENTO Y VENTA DE MINAS	90		
COMPOSICION DE PULPERIAS	430		
EXTRAORDINARIO DE REAL HACIENDA	5050		
FIERRO	289		
GUARDIA DE APIE	818		
LANZAS	1606		
NOVENOS REALES	689		
OFICIOS VENDIBLES Y RENUNCIABLES	1700		
PAPEL SELLADO	753		
RESIDUOS	2532		
SISA	1450		
TERCIOS DE ENCOMIENDAS	110		
TRIBUTOS DE YANACONAS	2185		
TRIBUTOS REALES DE INDIOS	100058		
VACANTES DE SUELDOS DE CACIQUES	1301		
1.5% Y DIEZMOS DE PLATA	2626		
TOTAL	140720		
TOTAL COMPUTADO	140720		

5/1758- 4/1759

DATA	OCHC	ENSAYADCS	ORO
ALCABALAS REALES	1853		
EXTRAORDINARIO DE REAL HACIENDA	1433		
FIERRO	89		
LANZAS	78		
NOVENOS REALES	625		
REMITIDO A OTRAS TESORERIAS	118672		
TRIBUTOS DE YANACONAS	1484		
TRIBUTOS REALES DE INDIOS	16486		
TOTAL	140720		
TOTAL COMPUTACO	140720		

S1849

CARGO	OCHO	ENSAYADOS	ORO
ALCABALAS REALES	27003		
COMPOSICION DE PULPERIAS	430		
COMPOSICION DE TIERRAS	45		
GUARDIA DE APIE	989		
LANZAS	5723		
MESADAS ECLESIASTICAS	2033		
NOVENOS REALES	4083		
OFICIOS VENDIBLES Y RENUNCIABLES	6467		
PAPEL SELLADO	520		
RESIDUOS	2251		
SISA	1450		
TRIBUTOS DE YANACONAS	1870		
TRIBUTOS REALES DE INDIOS	79927		
VACANTES DE PREBENDAS	1411		

5/1759- 4/1760

DATA	OCHC	ENSAYADCS	ORO
ALCABALAS REALES	1853		
LANZAS	78		
NOVENOS REALES	625		
REMITIDO A OTRAS TESCRERIAS	113686		
TRIBUTOS DE YANACONAS	1464		
TRIBUTOS REALES DE INDICS	20305		
TOTAL	138011		

LA PAZ 5/1759- 4/1760

CARGO	OCHO	ENSAYADOS	ORO	DATA	CCHC	ENSAYADOS	ORO
VACANTES DE SUELDOS DE CACIQUES	1301						
1.5% Y DIEZMOS DE PLATA	2511						
TOTAL	138011						
TOTAL COMPUTADO	138014			TOTAL COMPUTADO	138011		

S1849

5/1760- 4/1761

CARGO	OCHO			DATA	CCHC		
ALCABALAS REALES	17285			ALCABALAS REALES	1853		
COMPOSICION DE PULPERIAS	430			EXTRAORDINARIO DE REAL HACIENDA	1225		
COMPOSICION DE TIERRAS	75			LANZAS	78		
EXTRAORDINARIO DE REAL HACIENDA	1525			NOVENOS REALES	625		
GUARDIA DE APIE	904			REMITIDO A OTRAS TESORERIAS	119785		
LANZAS	3664			TRIBUTOS DE YANACONAS	1634		
MESADAS ECLESIASTICAS	1877			TRIBUTOS REALES DE INDIOS	19073		
NOVENOS REALES	5804			TOTAL	144274		
OFICIOS VENDIBLES Y RENUNCIABLES	1600						
PAPEL SELLADO	700						
RESIDUOS	3152						
SISA	1450						
SUELDOS DE JUSTICIA	537						
TRIBUTOS DE YANACONAS	2040						
TRIBUTOS REALES DE INDIOS	92850						
VACANTES DE DOCTRINAS	2460						
VACANTES DE PREBENDAS	4071						
VACANTES DE SUELDOS DE CACIQUES	2190						
1.5% Y DIEZMOS DE PLATA	1660						
TOTAL	144274						
TOTAL COMPUTADO	144274			TOTAL COMPUTADO	144273		

S1415

5/1761- 4/1762

CARGO	OCHO			DATA			
ALCABALAS REALES	20559						
COMPOSICION DE PULPERIAS	260						
EXTRAORDINARIO DE REAL HACIENDA	1815						
GUARDIA DE APIE	904						
LANZAS	3664						
MESADAS ECLESIASTICAS	602						
NOVENOS REALES	7509						
OFICIOS VENDIBLES Y RENUNCIABLES	717						
PAPEL SELLADO	1086						
RESIDUOS	2251						
SISA	1450						
TRIBUTOS DE YANACONAS	1870						
TRIBUTOS REALES DE INDIOS	105594						
VACANTES DE DOCTRINAS	3851						
VACANTES DE PREBENDAS	5513						
VACANTES DE SUELDOS DE CACIQUES	1305						
1.5% Y DIEZMOS DE PLATA	558						
TOTAL	159505						
TOTAL COMPUTADO	159508			TOTAL COMPUTADO			

LA PAZ   5/1762- 4/1763

CARGO	OCHO	ENSAYADOS	ORO	DATA
S1415				5/1762- 4/1763
ALCABALAS REALES	27682			
COMPOSICION DE PULPERIAS	540			
EXTRAORDINARIO DE REAL HACIENDA	1717			
GUARDIA DE APIE	702			
LANZAS	3664			
MEDIA ANATA	98			
MESADAS ECLESIASTICAS	719			
NOVENOS REALES	3622			
OFICIOS VENDIBLES Y RENUNCIABLES	1225			
PAPEL SELLADO	300			
RESIDUOS	2041			
SISA	1450			
TRIBUTOS DE YANACONAS	1870			
TRIBUTOS REALES DE INDIOS	82828			
VACANTES DE DOCTRINAS	413			
VACANTES DE PREBENDAS	6216			
VACANTES DE SUELDOS DE CACIQUES	1561			
VACANTES MAYORES	6389			
1.5% Y DIEZMOS DE PLATA	1572			
TOTAL	144609			
TOTAL COMPUTADO	144609			TOTAL COMPUTADO
S1415				5/1763- 4/1764
ALCABALAS REALES	23058			
COMPOSICION DE PULPERIAS	370			
EXTRAORDINARIO DE REAL HACIENDA	1780			
GUARDIA DE APIE	1105			
LANZAS	3664			
MEDIA ANATA	2141			
MESADAS ECLESIASTICAS	329			
NOVENOS REALES	6819			
OFICIOS VENDIBLES Y RENUNCIABLES	3625			
PAPEL SELLADO	400			
RESIDUOS	3175			
SISA	1450			
TRIBUTOS DE YANACONAS	1870			
TRIBUTOS REALES DE INDIOS	91509			
VACANTES DE DOCTRINAS	4103			
VACANTES DE PREBENDAS	4275			
VACANTES DE SUELDOS DE CACIQUES	1364			
VACANTES MAYORES	9739			
1.5% Y DIEZMOS DE PLATA	2504			
TOTAL	163280			
TOTAL COMPUTADO	163280			TOTAL COMPUTADO
S 655				5/1764- 4/1765
ALCABALAS REALES	28125			1853
ARRENDAMIENTO Y VENTA DE MINAS	30			917
ALCABALAS REALES				
EXTRAORDINARIO DE REAL HACIENDA				

LA PAZ   5/1764- 4/1765

CARGO	OCHO	ENSAYADOS	ORO
COMPOSICION DE PULPERIAS	370		
EXTRAORDINARIO DE REAL HACIENDA	1417		
GUARDIA DE APIE	810		
LANZAS	1368		
MEDIA ANATA	1872		
MESADAS ECLESIASTICAS	3540		
NOVENOS REALES	5191		
OFICIOS VENDIBLES Y RENUNCIABLES	1400		
PAPEL SELLADO	502		
RESIDUOS	3192		
SISA	1425		
TRIBUTOS DE YANACONAS	1795		
TRIBUTOS REALES DE INDIOS	102273		
VACANTES DE PREBENDAS	1420		
VACANTES DE SUELDOS DE CACIQUES	1574		
VACANTES MAYORES	9377		
TOTAL	165682		

TOTAL COMPUTADO   166281

DATA	OCHO	ENSAYADOS	ORO
LANZAS	78		
NOVENOS REALES	625		
REAL HACIENDA	9462		
REMITIDO A LIMA	149197		
TRIBUTOS DE YANACONAS	1477		
VACANTES MAYORES	200		
TOTAL	163809		

TOTAL COMPUTADO   163809

S 655   5/1765- 4/1766

CARGO	OCHO	ENSAYADOS	ORO
ALCABALAS DE CASTILLA	1116		
ALCABALAS DE TARIFA	6123		
ALCABALAS DE VIENTO	21522		
ARRENDAMIENTO Y VENTA DE MINAS	30		
COMPOSICION DE PULPERIAS	370		
COMPOSICION DE TIERRAS	150		
EXTRAORDINARIO DE REAL HACIENDA	1777		
GUARDIA DE APIE	904		
LANZAS	3664		
MESADAS ECLESIASTICAS	749		
NOVENOS REALES	1984		
OFICIOS VENDIBLES Y RENUNCIABLES	600		
PAPEL SELLADO	700		
RESIDUOS	2251		
SISA	1450		
TRIBUTOS DE YANACONAS	1795		
TRIBUTOS REALES DE INDIOS	114278		
VACANTES DE PREBENDAS	1093		
VACANTES DE SUELDOS DE CACIQUES	1301		
VACANTES MAYORES	2911		
1.5% Y DIEZMOS DE PLATA	1519		
TOTAL	166289		

TOTAL COMPUTADO   166287

DATA	OCHO	ENSAYADOS	ORO
ALCABALAS REALES	1613		
EXTRAORDINARIO DE REAL HACIENDA	1392		
LANZAS	78		
NOVENOS REALES	625		
REAL HACIENDA	16521		
REMITIDO A HUANCAVELICA	3276		
REMITIDO A LIMA	144986		
TRIBUTOS DE YANACONAS	1266		
TOTAL	169757		

TOTAL COMPUTADO   169757

S 655   5/1766- 4/1767

CARGO	OCHO	ENSAYADOS	ORO
ALCABALAS DE CASTILLA	2509		
ALCABALAS DE TARIFA	917		
ALCABALAS DE VIENTO	7626		
COBRADO VALORES ANOS ANTERIORES	4033		
COMPOSICION DE PULPERIAS	100		

DATA	OCHO	ENSAYADOS	ORO
LANZAS	78		
NOVENOS REALES	625		
REMITIDO A HUANCAVELICA	1779		
REMITIDO A POTOSI PARA B AIRES	131329		
TRIBUTOS DE YANACONAS	1568		

LA PAZ   5/1766- 4/1767

CARGO	OCHO	ENSAYADOS	ORO
COMPOSICION DE TIERRAS	600		
EXISTENCIA	68663		
EXTRAORDINARIO DE REAL HACIENDA	554		
GUARDIA DE APIE	493		
LANZAS	3427		
MEDIA ANATA	205		
MESADAS ECLESIASTICAS	189		
NOVENOS REALES	2609		
PLATA DE PINA	2363		
RESIDUOS	672		
SISA	365		
TRIBUTOS DE YANACONAS	1795		
TRIBUTOS REALES DE INDIOS	42414		
VACANTES DE SUELDOS DE CACIQUES	627		
VACANTES MAYORES	700		
TOTAL	140861		
TOTAL COMPUTADO	140861		

DATA	OCHO	ENSAYADOS	ORO
TRIBUTOS REALES DE INDIOS	6298		
TOTAL	141677		
TOTAL COMPUTADO	141677		

S 655

5/1767- 4/1768

CARGO	OCHO
ALCABALAS REALES	47065
COBRADO VALORES ANOS ANTERIORES	15485
COMPOSICION DE PULPERIAS	670
COMPOSICION DE TIERRAS	85
EXTRAORDINARIO DE REAL HACIENDA	2284
GUARDIA DE APIE	1105
LANZAS	3664
MESADAS ECLESIASTICAS	189
NOVENOS REALES	3957
PAPEL SELLADO	1254
PRORRATA	32
RESIDUOS	2251
SISA	900
TRIBUTOS DE YANACONAS	2610
TRIBUTOS REALES DE INDIOS	124096
VACANTES DE PREBENDAS	1128
VACANTES DE SUELDOS DE CACIQUES	1364
VACANTES MAYORES	3870
1.5% Y DIEZMOS DE PLATA	2051
TOTAL	214060
TOTAL COMPUTADO	214060

DATA	OCHO
ALCABALAS REALES	35787
COBRADO VALORES ANOS ANTERICRES	15485
COMPOSICION DE TIERRAS	85
EXTRAORDINARIC DE REAL HACIENDA	1777
LANZAS	3664
NOVENOS REALES	3957
PRORRATA	32
REAL HACIENDA	99153
REMITIDC A PCTOSI	47640
TRIBUTOS DE YANACONAS	2610
VACANTES MAYCRES	3870
TOTAL	214060
TOTAL COMPUTADO	214060

S 655

5/1768- 4/1769

CARGO	OCHO
ALCABALAS DE TARIFA	2733
ALCABALAS REALES	21665
ALCANCES DE CUENTAS	65884
COMPOSICION DE PULPERIAS	370
EXTRAORDINARIO DE REAL HACIENDA	1777
GUARDIA DE APIE	904
LANZAS	3664
MESADAS ECLESIASTICAS	2195

DATA	OCHC
ALCABALAS REALES	1147
ALCANCES DE CUENTAS	15000
ALCANCES DE CUENTAS	543
EXTRAORDINARIC DE REAL HACIENDA	1777
LANZAS	78
MULTAS	166
NCVENOS REALES	625
REINTEGROS	447

LA PAZ   5/1768- 4/1769

CARGO	OCHO	ENSAYADOS	ORO
MULTAS	500		
NOVENOS REALES	10025		
OFICIOS VENDIBLES Y RENUNCIABLES	1583		
PAPEL SELLADO	723		
REINTEGROS	447		
RESIDUOS	2251		
SISA	2090		
TRIBUTOS DE YANACONAS	2610		
TRIBUTOS REALES DE INDIOS	103918		
VACANTES DE SUELDOS DE CACIQUES	1301		
VACANTES MENORES	1526		
1.5% Y DIEZMOS DE PLATA	342		
1.5% Y QUINTO DEL ORO	1950		
TOTAL	228459		

TOTAL COMPUTADO   228458

S 655

	OCHO	ENSAYADOS	ORO
ALCABALAS DE TARIFA	544		
ALCABALAS REALES	10276		
ALCANCES DE CUENTAS	5527		
ARRENDAMIENTO Y VENTA DE MINAS	55		
COMPOSICION DE PULPERIAS	100		
DEBIDO COBRAR Y NO COBRADO	24374		
EXISTENCIA	65808		
GUARDIA DE APIE	209		
LANZAS	238		
NOVENOS REALES	1407		
PAPEL SELLADO	110		
RESIDUOS	1125		
SISA	25		
TERCIOS DE ENCOMIENDAS	969		
TRIBUTOS REALES DE INDIOS	35938		
VACANTES DE SUELDOS DE CACIQUES	610		
VACANTES MENORES	561		
1.5% Y DIEZMOS DE PLATA	777		
TOTAL	148653		

TOTAL COMPUTADO   148653

S 655

	OCHO	ENSAYADOS	ORO
ALCABALAS DE TARIFA	1395		
ALCABALAS REALES	24097		
ALCANCES DE CUENTAS	18890		
COMISOS	39		
COMPOSICION DE PULPERIAS	540		
CORREOS	2625		
EXTRAORDINARIO DE REAL HACIENDA	31		
GUARDIA DE APIE	904		
LANZAS	2534		
MESADAS ECLESIASTICAS	5135		
NOVENOS REALES	3207		

S 655

DATA	OCHO	ENSAYADOS	ORO
REMITIDO A POTOSI	203385		
TRIBUTOS DE YANACONAS	2387		
TRIBUTOS REALES DE INDIOS	2903		
TOTAL	228459		

TOTAL COMPUTADO   228458

5/1769-12/1769

DATA	OCHO	ENSAYADOS	ORO
ALCABALAS REALES	9238		
NOVENOS REALES	625		
REMITIDO A LIMA	798		
REMITIDO A POTOSI	44160		
TERCIOS DE ENCOMIENDAS	170		
TRIBUTOS REALES DE INDIOS	3432		
TOTAL	58423		

TOTAL COMPUTADO   58423

1/1770-12/1770

DATA	OCHO	ENSAYADOS	ORO
ALCABALAS REALES	1926		
LANZAS	78		
NOVENOS REALES	625		
REMITIDO A LIMA	3343		
REMITIDO A POTOSI	161129		
TERCIOS DE ENCOMIENDAS	433		
TRIBUTOS REALES DE INDIOS	22343		
TOTAL	189874		

LA PAZ 1/1770-12/1770

CARGO	OCHO	ENSAYADOS	ORO
OFICIOS VENDIBLES Y RENUNCIABLES	50		
PAPEL SELLADO	977		
REAL HACIENDA	276		
RESIDUOS	2251		
SISA	50		
TERCIOS DE ENCOMIENDAS	1525		
TRIBUTOS REALES DE INDIOS	119580		
VACANTES DE SUELDOS DE CACIQUES	1301		
VACANTES MENORES	3482		
1.5% Y DIEZMOS DE PLATA	1445		
TOTAL	190334		

TOTAL COMPUTADO 190334

DATA	OCHO	ENSAYADOS	ORO
TOTAL COMPUTADO	189877		

S 655 1/1771-12/1771

CARGO	OCHO	ENSAYADOS	ORO
ALCABALAS DE TARIFA	816		
ALCABALAS REALES	20050		
ALCANCES DE CUENTAS	34909		
COMPOSICION DE PULPERIAS	200		
CORREOS	2625		
GUARDIA DE APIE	989		
LANZAS	4593		
MESADAS ECLESIASTICAS	140		
NOVENOS REALES	4451		
OFICIOS VENDIBLES Y RENUNCIABLES	1310		
PAPEL SELLADO	1246		
REAL HACIENDA	300		
RESIDUOS	3589		
SEMINARIO	513		
SISA	50		
TERCIOS DE ENCOMIENDAS	1171		
TRIBUTOS REALES DE INDIOS	98185		
VACANTES DE DOCTRINAS	4245		
VACANTES DE SUELDOS DE CACIQUES	1474		
VACANTES MENORES	2958		
1.5% Y DIEZMOS DE PLATA	1353		
TOTAL	185168		

TOTAL COMPUTADO 185167

DATA	OCHO	ENSAYADOS	ORO
ALCABALAS REALES	1854		
LANZAS	222		
NOVENOS REALES	625		
REMITIDO A LIMA	5022		
REMITIDO A PCTOSI	153603		
SEMINARIO	513		
TRIBUTOS REALES DE INDIOS	17204		
TOTAL	179143		

TOTAL COMPUTADO 179143

S 655 1/1772-12/1772

CARGO	OCHO	ENSAYADOS	ORO
ALCABALAS DE TARIFA	2983		
ALCABALAS REALES	21129		
ALCANCES DE CUENTAS	7482		
ARRENDAMIENTO Y VENTA DE MINAS	25		
COMPOSICION DE PULPERIAS	370		
CORREOS	2625		
ENTERADO EN LA CAJA	100		
EXTRAORDINARIO DE REAL HACIENDA	316		
GUARDIA DE APIE	904		
LANZAS	3234		
MESADAS ECLESIASTICAS	1201		

DATA	OCHO	ENSAYADOS	ORO
ALCABALAS REALES	3845		
EXISTENCIA	32455		
LANZAS	100		
NOVENOS REALES	625		
REMITIDO A LIMA	10949		
REMITIDO A PCTOSI	137400		
RESIDUOS	18		
SEMINARIO	1194		
TERCIOS DE ENCOMIENDAS	725		
TRIBUTOS REALES DE INDIOS	12615		
VACANTES MENORES	794		

LA PAZ   1/1772-12/1772

CARGO	OCHO	ENSAYADOS	ORO	DATA	OCHO	ENSAYADOS	ORO
MONTE PIO	600			TOTAL	200719		
NOVENOS REALES	7391						
OFICIOS VENDIBLES Y RENUNCIABLES	3050						
PAPEL SELLADO	1609						
PUENTES	2040						
REAL HACIENDA	163						
RESIDUOS	3193						
SEMINARIO	1194						
SISA	50						
TERCIOS DE ENCOMIENDAS	1971						
TRIBUTOS REALES DE INDIOS	130860						
VACANTES DE DOCTRINAS	2247						
VACANTES DE SUELDOS DE CACIQUES	3048						
VACANTES MAYORES	968						
VACANTES MENORES	3360						
1.5% Y DIEZMOS DE PLATA	2933						
TOTAL	204038						
TOTAL COMPUTADO	205046			TOTAL COMPUTADO	200720		

S 655   1/1773-12/1773

CARGO	OCHO	ENSAYADOS	ORO	DATA	OCHO	ENSAYADOS	ORO
ALCABALAS DE TARIFA	6579			ALCABALAS REALES	1028		
ALCABALAS REALES	19113			EXISTENCIA	6949		
COMPOSICION DE PULPERIAS	370			LANZAS	78		
EXISTENCIA	32455			NOVENOS REALES	625		
EXTRAORDINARIO DE REAL HACIENDA	100			PAPEL SELLADO	200		
GUARDIA DE APIE	904			REMITIDO A LIMA	9124		
LANZAS	2534			REMITIDO A POTOSI	73000		
MEDIA ANATA	130			SEMINARIO	1404		
MESADAS ECLESIASTICAS	4990			TERCIOS DE ENCOMIENDAS	592		
MONTE PIO	320			TRIBUTOS REALES DE INDIOS	13716		
NOVENOS REALES	6724			VACANTES MENORES	133		
OFICIOS VENDIBLES Y RENUNCIABLES	2467			TOTAL	106849		
PAPEL SELLADO	4387						
PUENTES	2924						
REAL HACIENDA	68						
RESIDUOS	2498						
SEMINARIO	1404						
SISA	50						
SUELDO DEL AGENTE FISCAL	260						
TERCIOS DE ENCOMIENDAS	3542						
TRIBUTOS REALES DE INDIOS	136073						
VACANTES DE SUELDOS DE CACIQUES	1301						
VACANTES MAYORES	4079						
VACANTES MENORES	2202						
TOTAL	235470						
TOTAL COMPUTADO	235474			TOTAL COMPUTADO	106849		

S 655   1/1774-12/1774

CARGO	OCHO	ENSAYADOS	ORO	DATA	OCHO	ENSAYADOS	ORO
ALCABALAS DE CASTILLA	5401			ALCABALAS DE CASTILLA	383		
ALCABALAS DE TARIFA	8649			ALCABALAS DE TIERRA	7346		

LA PAZ 1/1774-12/1774

CARGO	OCHO	ENSAYADOS	ORO
ALCABALAS DE TIERRA	29761		
ALCANCES DE CUENTAS	166		
COMPOSICION DE PULPERIAS	370		
EXTRAORDINARIO DE REAL HACIENDA	233		
GUARDIA DE APIE	904		
LANZAS	2534		
LANZAS DE TITULOS	379		
MESADAS ECLESIASTICAS	1300		
MONTE PIO DE MINISTROS	280		
MONTE PIO MILITAR	102		
NOVENOS REALES	4722		
OFICIOS VENDIBLES Y RENUNCIABLES	4667		
PAPEL SELLADO	4041		
PRORRATA	751		
PUENTES	188		
RESIDUOS	2498		
SEMINARIO	312		
SISA	50		
SUELDO DEL AGENTE FISCAL	430		
TERCIOS DE ENCOMIENDAS	2029		
TRIBUTOS REALES DE INDIOS	125203		
VACANTES DE DOCTRINAS	308		
VACANTES DE PREBENDAS	3097		
VACANTES DE SUELDOS DE CACIQUES	1349		
TOTAL	199722		

TOTAL COMPUTADO 199724

DATA	OCHO	ENSAYADOS	ORO
GUARDIA DE A PIE	3		
LANZAS	78		
NOVENOS REALES	625		
PRORRATA	751		
REAL HACIENDA	17009		
REMITIDO A PCTOSI	166175		
SEMINARIO	312		
SUELDO DEL AGENTE FISCAL	70		
TERCIOS DE ENCOMIENDAS	610		
TRIBUTOS REALES DE INDIOS	6361		
TOTAL	199722		

TOTAL COMPUTADO 199723

S 655   1/1775-12/1775

CARGO	OCHO	ENSAYADOS	ORO
ALCABALAS DE CASTILLA	14984		
ALCABALAS DE TARIFA	2731		
ALCABALAS DE TIERRA	45098		
ALCANCES DE CUENTAS	416		
ALCANCES DE REALES OFICIALES RL H	442		
COMPOSICION DE PULPERIAS	440		
COMPOSICION DE TIERRAS	373		
EXTRAORDINARIO DE REAL HACIENDA	133		
GUARDIA DE APIE	904		
LANZAS	2534		
MESADAS ECLESIASTICAS	148		
MONTE PIO DE MINISTROS	101		
MONTE PIO MILITAR	54		
NOVENOS REALES	8605		
OFICIOS VENDIBLES Y RENUNCIABLES	1400		
PAPEL SELLADO	1694		
PUENTES	2315		
RESIDUOS	2498		
RESULTAS	500		
SISA	50		
SUELDO DEL AGENTE FISCAL	360		
TERCIOS DE ENCOMIENDAS	2029		
TRIBUTOS REALES DE INCIOS	140827		
VACANTES DE DOCTRINAS	1061		
VACANTES DE PREBENDAS	3763		

DATA	OCHO	ENSAYADOS	ORO
ALCABALAS DE TIERRA	13424		
EXTRAORDINARIO DE REAL HACIENDA	133		
NOVENOS REALES	625		
REAL HACIENDA	10020		
REMITIDO A PCTOSI	204737		
TERCIOS DE ENCOMIENDAS	592		
TRIBUTOS REALES DE INDIOS	5171		
VACANTES DE DOCTRINAS	55		
VACANTES DE PREBENDAS	50		
TOTAL	234807		

LA PAZ   1/1775-12/1775

CARGO	OCHO	ENSAYADOS	ORO	DATA	OCHO	ENSAYADOS	ORO
VACANTES DE SUELDOS DE CACIQUES	1349						
TOTAL	234807						
TOTAL COMPUTADO	234809			TOTAL COMPUTADO	234807		

S 656

1/1776-12/1776

DATA

	OCHO
EXISTENCIA	5704
LANZAS	226
NOVENOS REALES	625
PAPEL SELLADO	230
REAL HACIENDA	9881
REMITIDO A PCTOSI PARA B AIRES	136373
SUELDO DEL AGENTE FISCAL	70
TERCIOS DE ENCOMIENDAS	725
TRIBUTOS REALES DE INDIOS	4615
VACANTES DE DOCTRINAS	202
VACANTES MENORES	150
TOTAL	158816
TOTAL COMPUTADO	158805

1/1777-12/1777

DATA

	OCHO
AZOGUES	9821
DEBIDO COBRAR CUENTAS ANTERIORES	184900
DEBIDO DE COBRAR ESTA CUENTA	31506
EXTRAORDINARIO DE REAL HACIENDA	7625
LANZAS	476
MEDIA ANATA	1604
MONTE PIO DE MINISTROS	72
MONTE PIO MILITAR	72
REMITIDO A PCTOSI	298978
SITUACIONES Y CONSIGN ECLES	4208
SUELDOS Y CONSIG MINISTROS Y R H	25313
TERCIOS DE ENCOMIENDAS	2444
TOTAL	567014

S 656

CARGO	OCHO
ALCABALAS DE CASTILLA	15996
ALCABALAS DE TARIFA	1433
ALCABALAS DE TIERRA	80668
ARRENDAMIENTO Y VENTA DE MINAS	25
AZOGUES	9821
COMPOSICION DE PULPERIAS	567
COMPOSICION DE TIERRAS	100
DEBIDO COBRAR CUENTAS ANTERIORES	184900
DEBIDO DE COBRAR ESTA CUENTA	31506
DEPOSITOS	45305
EXTRAORDINARIO DE REAL HACIENDA	450
GASTOS DE GUERRA	25
GUARDIA DE APIE	1020
LANZAS	476
MEDIA ANATA	1604
MONTE PIO DE MINISTROS	72
MONTE PIO MILITAR	72
NOVENOS REALES	7227
OFICIOS VENDIBLES Y RENUNCIABLES	1200
PAPEL SELLADO	2368
PUENTES	6313
REAL HACIENDA	8567
RESIDUOS	10506
RESULTAS	98
SISA	50
TERCIOS DE ENCOMIENDAS	2444
TRIBUTOS REALES DE INDIOS	174187
VACANTES DE DOCTRINAS	12164
VACANTES DE PREBENDAS	7212
VACANTES DE SUELDOS DE CACIQUES	5950

LA PAZ   1/1777-12/1777

CARGO	OCHO	ENSAYADOS	ORO
TOTAL	612318		
TOTAL COMPUTADO	612326		

S 656

	OCHO
ALCABALAS REALES	120500
AZOGUES	1659
COMPOSICION DE PULPERIAS	651
DEBIDO COBRAR CUENTAS ANTERIORES	216043
DEBIDO DE COBRAR ESTA CUENTA	14757
DEPOSITOS	10617
EXISTENCIA	45305
EXTRAORDINARIO DE REAL HACIENDA	729
GUARDIA DE APIE	702
LANZAS	2534
MEDIA ANATA	1432
MONTE PIO DE MINISTROS	72
MULTAS	111
NOVENOS REALES	7865
OFICIOS VENDIBLES Y RENUNCIABLES	618
PAPEL SELLADO	895
RESIDUOS	2054
SISA	50
TERCIOS DE ENCOMIENDAS	1615
TRIBUTOS REALES DE INCIOS	134796
VACANTES	4255
VACANTES DE SUELDOS DE CACIQUES	755
1.5% Y DIEZMOS DE PLATA	7801
TOTAL	575818

TOTAL COMPUTADO   575816

DATA   ORO

	OCHO	ENSAYADOS	ORO
TOTAL COMPUTADO	567019	S 656	

1/1778-12/1778

S 656

	OCHO
ADUANA	23834
AZOGUES	1659
DEBIDO COBRAR CUENTAS ANTERIORES	216043
DEBIDO DE COBRAR ESTA CUENTA	14757
DEPOSITOS	23042
EXTRAORDINARIC DE REAL HACIENDA	2163
REMITIDO A PCTOSI Y HUANCAVELICA	250493
SITUACIONES Y CONSIGN ECLES	4651
SUELDOS Y CONSIG MINISTROS Y R H	5728
TERCIOS DE ENCOMIENDAS	517
VACANTES	50
TOTAL	542939

TOTAL COMPUTADO   542937

1/1779-12/1779

S 656

	OCHO
ADUANA	21885
DEBIDO COBRAR CUENTAS ANTERIORES	216625
DEBIDO DE COBRAR ESTA CUENTA	31834
DEPOSITOS	4203
EXTRAORDINARIO DE REAL HACIENDA	2488
REMITIDO A PCTOSI Y HUANCAVELICA	142065
SITUACIONES Y CONSIGN ECLES	19044
SUELDOS Y CONSIG MINISTROS Y R H	11333
TOTAL	449475

1/1779-12/1779

S 656

	OCHO
ALCABALAS DE TARIFA	3532
ALCABALAS REALES	95296
AZOGUES DE HUANCAVELICA	127
COMPOSICION DE PULPERIAS	341
COMPOSICION DE TIERRAS	200
DEBIDO COBRAR CUENTAS ANTERIORES	216625
DEBIDO DE COBRAR ESTA CUENTA	31834
DEPOSITOS	3958
EXISTENCIA	32879
EXTRAORDINARIO DE REAL HACIENDA	1068
GUARDIA DE APIE	818
LANZAS	476
MEDIA ANATA	2275
MESADAS ECLESIASTICAS	220
MONTE PIO DE MINISTROS	72
NOVENOS REALES	2742
OFICIOS VENDIBLES Y RENUNCIABLES	9625
PAPEL SELLADO	1444
SISA	50

LA PAZ 1/1779-12/1779

CARGO	OCHO	ENSAYADOS	ORO
SOBRAS DE SUELDOS DE JUSTICIA	2267		
TERCIOS DE ENCOMIENDAS	1937		
TRIBUTOS REALES DE INDIOS	179325		
VACANTES DE DOCTRINAS	6030		
VACANTES DE PREBENDAS	562		
VACANTES DE SUELDOS DE CACIQUES	495		
1.5% Y DIEZMOS DE PLATA	9873		
TOTAL	604069		
TOTAL COMPUTADO	604071		

DATA	OCHO	ENSAYADOS	ORO
TOTAL COMPUTADO	449477	S 656	

S 656

CARGO	OCHO	ENSAYADOS	ORO
ALCABALAS DE CASTILLA Y DE TIERRA	86207		
ALCABALAS DE TARIFA	4756		
AZOGUES	2136		
COMPOSICION DE PULPERIAS	633		
DEBIDO COBRAR CUENTAS ANTERIORES	209655		
DEBIDO DE COBRAR ESTA CUENTA	10022		
DEPOSITOS	4197		
EXISTENCIA	154594		
EXTRAORDINARIO DE REAL HACIENDA	847		
GUARDIA DE APIE	704		
LANZAS	1218		
MEDIA ANATA	735		
MONTE PIO DE MINISTROS	72		
MONTE PIO MILITAR	148		
NOVENOS REALES	8652		
OFICIOS VENDIBLES Y RENUNCIABLES	625		
PAPEL SELLADO	3516		
PUENTES	5646		
SISA	50		
SOBRAS DE SUELDOS DE JUSTICIA	246		
TERCIOS DE ENCOMIENDAS	1583		
TRIBUTOS REALES DE INDIOS	198715		
VACANTES DE DOCTRINAS	2873		
VACANTES DE PREBENDAS	3067		
3% DEL ORO	14337		
TOTAL	715232		
TOTAL COMPUTADO	715234		

1/1780-12/1780

DATA	OCHO	ENSAYADOS	ORO
ADUANA	14925		
DEBIDO COBRAR CUENTAS ANTERIORES	209655		
DEBIDO DE COBRAR ESTA CUENTA	10022		
DEPOSITOS	2971		
EXTRAORDINARIO DE REAL HACIENDA	22705		
NOVENOS REALES	1250		
REMITIDO A POTOSI Y HUANCAVELICA	334100		
SITUACIONES Y CONSIGN ECLES	41707		
SUELDOS Y CONSIG MINISTROS Y R H	12985		
TERCIOS DE ENCOMIENDAS	133		
TOTAL	650452		
TOTAL COMPUTADO	650453		

B 13

CARGO	OCHO	ENSAYADOS	ORO
ALCABALAS DE CASTILLA	1503		
ALCABALAS DE TIERRA	9684		
ALCANCES DE CUENTAS	30919		
DONATIVO	4118		
GASTOS DE GUERRA	1021		
GUERRA	716		
MONTE PIO DE MINISTROS	65		
PAPEL SELLADO	500		
SUPLEMENTO A LA REAL HACIENDA	224870		
TRIBUTOS REALES DE INDIOS	2747		

1/1781-12/1781

DATA	OCHO	ENSAYADOS	ORO
ALCABALAS DE TIERRA	5600		
DEVOLUCIONES	3022		
GUERRA	1021		
TRIBUTOS REALES DE INDIOS	2747		
VIVERES	4828		
TOTAL	17218		

LA PAZ 1/1781-12/1781

CARGO	OCHO	ENSAYADOS	ORO
VIVERES	15937		
3% DEL ORO	2360		
TOTAL	294439		
TOTAL COMPUTADO	294440		

S 656

	OCHO	ENSAYADOS	ORO
ALCANCES DE CUENTAS	1105		
ARRENDAMIENTO Y VENTA DE MINAS	454		
AZOGUES	650		
COMPOSICION DE PULPERIAS	549		
COMPOSICION DE TIERRAS	152		
DEBIDO COBRAR CUENTAS ANTERIORES	229505		
DEBIDO DE COBRAR ESTA CUENTA	276		
DEPOSITOS	61204		
DONATIVO	4525		
EXISTENCIA	78593		
EXTRAORDINARIO DE REAL HACIENDA	13762		
GUARDIA DE APIE	209		
INVALIDOS	891		
LANZAS	238		
MEDIA ANATA	667		
MONTE PIO DE MINISTROS	125		
MONTE PIO MILITAR	714		
NOVENOS REALES	5267		
PAPEL SELLADO	1911		
PUENTES	500		
REAL HACIENDA EN COMUN	56409		
REINTEGROS	290		
RESIDUOS	344		
SISA	25		
TERCIOS DE ENCOMIENDAS	1474		
TRIBUTOS REALES DE INDIOS	165664		
VACANTES DE DOCTRINAS	6038		
VACANTES DE SUELDOS DE CACIQUES	64		
VACANTES MENORES	1627		
3% DEL ORO	5255		
3% PARA EL SEMINARIO	1235		
5% DE SINODOS MOJOS Y CHUQUITO	2200		
TOTAL	641922		
TOTAL COMPUTADO	641922		

B 13

	OCHO	ENSAYADOS	ORO
ALCABALAS DE CASTILLA	38289		
ALCABALAS DE TARIFA	4048		
ALCABALAS DE TIERRA	53198		
ALCABALAS REALES	12862		
ALCANCES DE CUENTAS	4180		
ARRENDAMIENTO Y VENTA DE MINAS	25		
AZOGUES	38118		
BULAS DE SANTA CRUZADA	2884		

DATA

DATA	OCHO	ENSAYADOS	CRC
TOTAL COMPUTADO	17218		

1/1784-12/1784

	OCHO	ENSAYADOS	CRC
ALCABALAS REALES	10003		
CONSIGNACIONES SIT ECLESIASTICAS	44382		
DEBIDO COBRAR CUENTAS ANTERIORES	229505		
DEBIDO DE COBRAR ESTA CUENTA	275		
DEPOSITOS	38962		
GASTOS ORD Y EXTRAORDINARIOS	4487		
PRESTAMOS	144591		
SUELDOS Y CONSIG MINISTROS Y R H	16781		
SUELDOS Y GASTOS MILITARES	54595		
TERCIOS DE ENCOMIENDAS	4908		
3% PARA EL SEMINARIO	2301		
5% DE SINODOS MOJOS Y CHUQUITO	2200		
TOTAL	552991		
TOTAL COMPUTADO	552990		

1/1785-12/1785

	OCHO	ENSAYADOS	CRC
ALCABALAS DE CASTILLA	1414		
ALCABALAS DE TIERRA	15505		
AZOGUES	661		
BULAS DE SANTA CRUZADA	42		
DEPOSITOS	23076		
REAL HACIENDA	78952		
SINODOS DE CURAS	81146		
TRIBUTOS REALES DE INDIOS	300		

B 13

LA PAZ   1/1785—12/1785

CARGO	OCHO	ENSAYADOS	ORO
COMPOSICION DE PULPERIAS	397		
COMPOSICION DE TIERRAS	805		
DEPOSITOS	85122		
DONATIVO	19580		
ESPOLIOS	9431		
EXISTENCIA	21614		
EXTRAORDINARIO DE REAL HACIENDA	3267		
GASTOS DE GUERRA	364		
GUARDIA DE APIE	612		
INVALIDOS	1467		
LANZAS	490		
MEDIA ANATA	7603		
MEDIA ANATA ECLESIASTICA	815		
MESADAS ECLESIASTICAS	8438		
MONTE PIO DE MINISTROS	662		
MONTE PIO MILITAR	964		
NOVENOS REALES	16133		
OFICIOS VENDIBLES Y RENUNCIABLES	3182		
PAPEL SELLADO	20398		
PUENTES	8545		
REAL CAMARA	33		
REAL HACIENDA EN COMUN	4258		
REAL ORDEN DE CARLOS III	3791		
RESIDUOS	3769		
RESULTAS	3533		
SISA	75		
TERCIOS DE ENCOMIENDAS	7538		
TRIBUTOS REALES DE INDIOS	228437		
VACANTES DE DOCTRINAS	366		
VACANTES DE PREBENDAS	13957		
VACANTES DE SUELDOS DE CACIQUES	2719		
VACANTES MAYORES	50607		
VALES PARA ORO	11524		
VIVERES	477		
3% DEL ORO	6169		
3% PARA EL SEMINARIO	2636		
5% DE SINODOS MOJOS Y CHUQUITO	4057		
TOTAL	707439		

TOTAL COMPUTADO   707439

DATA	OCHO	ENSAYADOS	ORO
VACANTES DE PREBENDAS	818		
3% PARA EL SEMINARIO	2147		
TOTAL	204061		

TOTAL COMPUTADO   204061

S 656   1/1789—12/1789

CARGO	OCHO	ENSAYADOS	ORO
ALCABALAS REALES	90356		
AZOGUES	6748		
BULAS DE SANTA CRUZADA	10051		
COMPOSICION DE PULPERIAS	493		
COMPOSICION DE TIERRAS	125		
DEBIDO COBRAR CUENTAS ANTERIORES	307548		
DEBIDO DE COBRAR ESTA CUENTA	74136		
DEPOSITOS	22065		
DONATIVO VOLUNTARIO	2326		
EXISTENCIA	97575		
EXTRAORDINARIO DE REAL HACIENDA	60		
INVALIDOS	35		

DATA	OCHO	ENSAYADOS	ORO
ALCABALAS REALES	11830		
AZOGUES	8117		
BULAS DE SANTA CRUZACA	1000		
CONSIGNACIONES SIT ECLESIASTICAS	45091		
DEBIDO COBRAR CUENTAS ANTERIORES	307548		
DEBIDO DE COBRAR ESTA CUENTA	74136		
DEPOSITOS	8360		
GASTOS ORD Y EXTRAORDINARICS	39323		
INVALIDOS	2059		
MEDIA ANATA ECLESIASTICA	6394		
MESADAS ECLESIASTICAS	13139		
MONTE PIO DE MINISTROS	1203		

S 656

LA PAZ   1/1789-12/1789

CARGO	OCHO	ENSAYADOS	ORO
MEDIA ANATA	1051		
MEDIA ANATA ECLESIASTICA	262		
MESADAS ECLESIASTICAS	228		
MONTE PIO DE MINISTROS	188		
MONTE PIO MILITAR	114		
NOVENOS REALES	2092		
PAPEL SELLADO	1517		
REAL CAMARA	75		
REAL HACIENDA EN COMUN	368		
REAL ORDEN DE CARLOS III	391		
RESULTAS	920		
SISA	50		
TRIBUTOS REALES DE INDIOS	236241		
VACANTES DE PREBENDAS	2481		
VIVERES	32		
3% DEL ORO	6443		
3% PARA EL SEMINARIO	1161		
5% DE SINODOS MOJOS Y CHUQUITO	2239		
TOTAL	867371		

TOTAL COMPUTADO   867371

DATA	OCHO	ENSAYADOS	ORO
MONTE PIO MILITAR	2650		
NOVENOS REALES	625		
REAL ORDEN DE CARLOS III	600		
REMITIDO A POTOSI	290011		
SUELDOS Y CONSIG MINISTROS Y R H	6315		
SUELDOS Y GASTOS MILITARES	45024		
VACANTES MENORES	454		
3% PARA EL SEMINARIO	1106		
5% DE SINODOS MOJOS Y CHUQUITO	838		
TOTAL	865824		

TOTAL COMPUTADO   865823

S 657

1/1790-12/1790

CARGO	OCHO	ENSAYADOS	ORO
ALCABALAS REALES	45748		
ALCANCES DE CUENTAS	344		
AZOGUES	3771		
COMPOSICION DE PULPERIAS	210		
COMPOSICION DE TIERRAS	680		
DEBIDO COBRAR CUENTAS ANTERIORES	296515		
DEBIDO DE COBRAR ESTA CUENTA	139370		
DEPOSITOS	6656		
DONATIVO	100		
ESPOLIOS	3856		
EXISTENCIA	1548		
EXTRAORDINARIO DE REAL HACIENDA	597		
INVALIDOS	159		
MEDIA ANATA	213		
MESADAS ECLESIASTICAS	157		
MONTE PIO DE MINISTROS	176		
MONTE PIO MILITAR	432		
NAIPES	1117		
NOVENOS REALES	2161		
PAPEL SELLADO	1001		
PUENTES	5000		
REAL CAMARA	50		
REAL ORDEN DE CARLOS III	300		
TERCIOS DE ENCOMIENDAS	3000		
TRIBUTOS REALES DE INDIOS	215486		
VACANTES MENORES	2826		
3% DEL ORO	7201		
3% PARA EL SEMINARIO	2210		
5% DE SINODOS MOJOS Y CHUQUITO	2121		
TOTAL	743007		

DATA	OCHO	ENSAYADOS	ORO
AZOGUES	900		
DEBIDO COBRAR CUENTAS ANTERIORES	296515		
DEBIDO DE COBRAR ESTA CUENTA	139370		
DEPOSITOS	5401		
ESPOLIOS	914		
NOVENOS REALES	625		
PAPEL SELLADO	27		
REAL HACIENDA	55716		
REMITIDO A POTOSI	125000		
TRIBUTOS REALES DE INDIOS	50027		
VACANTES MENORES	1526		
3% PARA EL SEMINARIO	1161		
TOTAL	677184		

LA PAZ   1/1790-12/1790

CARGO	OCHO	ENSAYADOS	ORO
TOTAL COMPUTADO	743005		

S 657

	OCHO
ALCABALAS REALES	69138
ALCANCES DE CUENTAS	344
ARRENDAMIENTO Y VENTA DE MINAS	25
AZOGUES	8411
COMPOSICION DE PULPERIAS	428
DEBIDO COBRAR CUENTAS ANTERIORES	341318
DEBIDO DE COBRAR ESTA CUENTA	185837
DEPOSITOS	6909
DONATIVO	200
ESPOLIOS	8173
EXTRAORDINARIO DE REAL HACIENDA	81
INVALIDOS	290
MEDIA ANATA	522
MEDIA ANATA ECLESIASTICA	3258
MESADAS ECLESIASTICAS	277
MONTE PIO DE MINISTROS	324
MONTE PIO MILITAR	657
NAIPES	3112
NOVENOS REALES	7880
PAPEL SELLADO	2879
REAL CAMARA	50
REAL HACIENDA EN COMUN	47387
REAL ORDEN DE CARLOS III	1200
TERCIOS DE ENCOMIENDAS	3000
TRIBUTOS REALES DE INDIOS	177827
VACANTES MAYORES	1579
VACANTES MENORES	5722
3% DEL ORO	9429
3% PARA EL SEMINARIO	2164
5% DE SINODOS MOJOS Y CHUQUITO	4656
TOTAL	893078

TOTAL COMPUTADO   893077

S 657

	OCHO
ALCABALAS REALES	71803
AZOGUES	6603
BULAS DE SANTA CRUZADA	553
COMPOSICION DE PULPERIAS	357
COMPOSICION DE TIERRAS	630
DEBIDO COBRAR CUENTAS ANTERIORES	489791
DEBIDO DE COBRAR ESTA CUENTA	116470
DEPOSITOS	16096
ESPOLIOS	4910
EXISTENCIA	83782
EXTRAORDINARIO DE REAL HACIENDA	26
INVALIDOS	178
MEDIA ANATA	65
MEDIA ANATA ECLESIASTICA	200

DATA

TOTAL COMPUTADO

1/1791-12/1791

	CCHO
ALCABALAS REALES	11565
DEBIDO COBRAR CUENTAS ANTERIORES	341318
DEBIDO DE COBRAR ESTA CUENTA	185837
DEPOSITOS	9600
ESPOLIOS	6157
INVALIDOS	1
MONTE PIO MILITAR	1
NOVENOS REALES	625
REAL HACIENDA EN COMUN	3793
REMITIDO A POTOSI	141300
TRIBUTOS REALES DE INDIOS	66881
VACANTES MENORES	400
3% PARA EL SEMINARIO	1048
5% DE SINODOS MOJOS Y CHUQUITO	6770
TOTAL	809297

TOTAL COMPUTADO   809296

1/1792-12/1792

	CCHO
ALCABALAS REALES	11327
DEBIDO COBRAR CUENTAS ANTERIORES	489791
DEBIDO DE COBRAR ESTA CUENTA	116470
DEPOSITOS	13661
ESPOLIOS	52
REAL HACIENDA EN COMUN	37616
TRIBUTOS REALES DE INDIOS	47988
VACANTES MENORES	400
3% PARA EL SEMINARIO	1116
TOTAL	718421

LA PAZ 1/1792-12/1792

CARGO	OCHO	ENSAYADOS	ORO	DATA	OCHO	ENSAYADOS	ORO
MONTE PIO DE MINISTROS	188						
MONTE PIO MILITAR	209						
NAIPES	1364						
NOVENOS REALES	2725						
OFICIOS VENDIBLES Y RENUNCIABLES	173						
PAPEL SELLADO	2448						
PUENTES	2065						
REAL HACIENDA EN COMUN	74						
TRIBUTOS REALES DE INDIOS	184027						
VACANTES MAYORES	325						
VACANTES MENORES	1535						
3% DEL ORO	10901						
3% PARA EL SEMINARIO	851						
5% DE SINODOS MOJOS Y CHUQUITO	1567						
TOTAL	999912						
TOTAL COMPUTADO	999916			TOTAL COMPUTADO	718421		

S 657 1/1793-12/1793

CARGO	OCHO	ENSAYADOS	ORO	DATA	OCHO	ENSAYADOS	ORO
ALCABALAS REALES	114212			ALCABALAS REALES	11775		
ALCANCES DE CUENTAS	1095			AZOGUES	10996		
AZOGUES	3077			CONSIGNACIONES SIT ECLESIASTICAS	65685		
BULAS DE SANTA CRUZADA	20			DEBIDO COBRAR CUENTAS ANTERIORES	545461		
COMPOSICION DE PULPERIAS	210			DEBIDO DE COBRAR ESTA CUENTA	59889		
DEBIDO COBRAR CUENTAS ANTERIORES	545461			DEPOSITOS	14666		
DEBIDO DE COBRAR ESTA CUENTA	59889			ESPOLIOS	4000		
DEPOSITOS	11189			GASTOS ORD Y EXTRAORDINARIOS	15261		
DONATIVO	62			INVALIDOS	522		
ESPOLIOS	3846			MEDIA ANATA ECLESIASTICA	5685		
EXISTENCIA	281485			MESADAS ECLESIASTICAS	277		
EXTRAORDINARIO DE REAL HACIENDA	3105			MONTE PIO DE MINISTROS	512		
INVALIDOS	55			MONTE PIO MILITAR	913		
MEDIA ANATA	17			NAIPES	5381		
MEDIA ANATA ECLESIASTICA	3601			NOVENOS REALES	4779		
MESADAS ECLESIASTICAS	3331			REAL ORDEN DE CARLOS III	900		
MONTE PIO DE MINISTROS	232			REMITIDO A POTOSI	379015		
MONTE PIO MILITAR	92			SUELDOS Y CONSIG MINISTROS Y R H	6885		
NAIPES	1238			SUELDOS Y GASTOS MILITARES	16357		
NOVENOS REALES	2899			TERCIOS DE ENCOMIENDAS	3000		
OFICIOS VENDIBLES Y RENUNCIABLES	800			VACANTES MENORES	400		
PAPEL SELLADO	2600			3% PARA EL SEMINARIO	1851		
PUENTES	3665			5% DE SINODOS MOJOS Y CHUQLITO	5608		
REAL ORDEN DE CARLOS III	1100			TOTAL	1159818		
TRIBUTOS REALES DE INDIOS	252382						
VACANTES MAYORES	895						
VACANTES MENORES	439						
3% DEL ORO	11908						
3% PARA EL SEMINARIO	1095						
5% DE SINODOS MOJOS Y CHUQUITO	2294						
TOTAL	1312296						
TOTAL COMPUTADO	1312294			TOTAL COMPUTADO	1159818		

LA PAZ   1/1794-12/1794

CARGO	OCHO	ENSAYADOS	ORO
S 657			
ALCABALAS REALES	70184		
ALCANCES DE CUENTAS	6043		
ARRENDAMIENTO Y VENTA DE MINAS	51		
AZOGUES	4517		
COMPOSICION DE PULPERIAS	105		
COMPOSICION DE TIERRAS	80		
DEBIDO COBRAR CUENTAS ANTERIORES	557898		
DEBIDO DE COBRAR ESTA CUENTA	116292		
DEPOSITOS	687		
DONATIVO	14051		
ESPOLIOS	135		
EXISTENCIA	152478		
EXTRAORDINARIO DE REAL HACIENDA	4		
INVALIDOS	87		
MEDIA ANATA	626		
MEDIA ANATA ECLESIASTICA	905		
MESADAS ECLESIASTICAS	2948		
MONTE PIO DE MINISTROS	188		
MONTE PIO MILITAR	338		
NAIPES	1041		
NOVENOS REALES	5620		
PAPEL SELLADO	1700		
PUENTES	1500		
REAL ORDEN DE CARLOS III	350		
SUBSIDIO ECLESIASTICO	4140		
TRIBUTOS REALES DE INDIOS	208328		
VACANTES MAYORES	35		
VACANTES MENORES	300		
VIVERES	10		
3% DEL ORO	13472		
3% PARA EL SEMINARIO	705		
5% DE SINODOS MOJOS Y CHUQUITO	1477		
TOTAL	1166296		
TOTAL COMPUTADO	1166295		

S 658	OCHO	ENSAYADOS	ORO
ALCABALAS DE CASTILLA	12966		
ALCABALAS DE TIERRA	55760		
ALCANCES DE CUENTAS	100		
AZOGUES	3127		
COMPOSICION DE PULPERIAS	530		
DEBIDO COBRAR CUENTAS ANTERIORES	549667		
DEBIDO DE COBRAR ESTA CUENTA	137760		
DEPOSITOS	1946		
DONATIVO	2518		
ESPOLIOS	295		
EXISTENCIA	208535		
EXTRAORDINARIO DE REAL HACIENDA	410		
FLORES AMERICANAS	1023		
INVALIDOS	205		
MEDIA ANATA	3845		

S 657

DATA	ORO	ENSAYADOS	OCHO
1/1794-12/1794			
AZOGUES			3287
CONSIGNACIONES SIT ECLESIASTICAS			33863
DEBIDO COBRAR CUENTAS ANTERIORES			557898
DEBIDO DE COBRAR ESTA CUENTA			116292
DEPOSITOS			10876
DONATIVO			12000
GASTOS ORD Y EXTRAORDINARIOS			12441
INVALIDOS			20
MEDIA ANATA ECLESIASTICA			905
MESADAS ECLESIASTICAS			2768
MONTE PIO MILITAR			85
NAIPES			634
NOVENOS REALES			1250
REAL HACIENDA EN COMUN			157629
REAL ORDEN DE CARLOS III			350
SUELDOS Y CONSIG MINISTROS Y R H			13828
SUELDOS Y GASTOS MILITARES			22388
VACANTES MAYORES			200
VACANTES MENORES			250
3% PARA EL SEMINARIO			695
5% DE SINODOS MOJOS Y CHUQUITO			10000
TOTAL			957760
TOTAL COMPUTADO			957759

DATA	ORO	ENSAYADOS	OCHO
1/1795-12/1795			
AZOGUES			648
CONSIGNACIONES SIT ECLESIASTICAS			57444
DEBIDO COBRAR CUENTAS ANTERIORES			549667
DEBIDO DE COBRAR ESTA CUENTA			137760
DEPOSITOS			1622
NOVENOS REALES			625
REAL HACIENDA EN COMUN			4894
REMITIDO A POTOSI			428355
SUELDOS Y CONSIG MINISTROS Y R H			18613
SUELDOS Y GASTOS MILITARES			17464
VACANTES MAYORES			200
VACANTES MENORES			750
3% PARA EL SEMINARIO			1243
TOTAL			1219284

LA PAZ   1/1795-12/1795

CARGO	OCHO	ENSAYADOS	ORO	DATA	CCHC	ENSAYADOS	ORO
MEDIA ANATA ECLESIASTICA	1423						
MESADAS ECLESIASTICAS	2660						
MONTE PIO DE MINISTROS	210						
MONTE PIO MILITAR	391						
NAIPES	825						
NOVENOS REALES	4733						
NUEVO IMPUESTO DE AGUARDIENTE	1158						
PAPEL SELLADO	281						
PUENTES	935						
REAL HACIENDA EN COMUN	40030						
REAL ORDEN DE CARLOS III	196						
SEGUROS DE ALCABALAS	10998						
SUBSIDIO ECLESIASTICO	2544						
TRIBUTOS REALES DE INDIOS	284602						
VACANTES MAYORES	731						
VACANTES MENORES	239						
3% DEL ORO	10447						
3% PARA EL SEMINARIO	1395						
4% DE SUELDOS PARA LA GUERRA	203						
5% DE SINODOS MOJOS Y CHUQUITO	2684						
TOTAL	1345372						

TOTAL COMPUTADO   1345372   TOTAL COMPUTADO   1219285

B   13   1/1796-12/1796

CARGO	OCHO	ENSAYADOS	ORO	DATA	CCHC	ENSAYADOS	ORO
ALCABALAS DE CASTILLA	11357			ALCABALAS DE CASTILLA	221		
ALCABALAS DE TIERRA	66458			ALCABALAS DE TIERRA	11650		
AZOGUES	9896			DEPOSITOS	6365		
COMPOSICION DE PULPERIAS	303			ESPOLIOS	330		
DEPOSITOS	22283			NOVENOS REALES	625		
DONATIVO	1855			REAL HACIENDA EN COMUN	37902		
ESPOLIOS	3733			TRIBUTOS REALES DE INDIOS	72061		
EXTRAORDINARIO DE REAL HACIENDA	619			VACANTES MENORES	95		
INVALIDOS	151			3% PARA EL SEMINARIO	1936		
MEDIA ANATA	33			TOTAL	131185		
MEDIA ANATA ECLESIASTICA	543						
MESADAS ECLESIASTICAS	2448						
MONTE PIO DE MINISTROS	201						
MONTE PIO MILITAR	458						
NAIPES	1476						
NOVENOS REALES	5052						
OFICIOS VENDIBLES Y RENUNCIABLES	1000						
PAPEL SELLADO	4395						
PUENTES	1830						
REAL HACIENDA EN COMUN	7731						
REAL ORDEN DE CARLOS III	1633						
SEGUROS DE ALCABALAS	1784						
SUBSIDIO ECLESIASTICO	3380						
TRIBUTOS REALES DE INDIOS	284882						
VACANTES MAYORES	3000						
VACANTES MENORES	7566						
1.5% Y DIEZMOS DE PLATA	11						
3% DEL ORO	14098						
3% PARA EL SEMINARIO	1759						

LA PAZ   1/1796—12/1796

CARGO	OCHO	ENSAYADOS	ORO
4% DE SUELDOS PARA LA GUERRA	578		
5% DE SINODOS MOJOS Y CHUQUITO	3268		
TOTAL	463781		

	OCHO	ENSAYADOS	ORO
TOTAL COMPUTADO	463781		

B 13

CARGO	OCHO	ENSAYADOS	ORO
ALCABALAS DE CASTILLA	22211		
ALCABALAS DE TIERRA	59244		
AZOGUES	1280		
BULAS DE SANTA CRUZADA	915		
COMPOSICION DE PULPERIAS	193		
DEPOSITOS	15215		
DONATIVO	440		
ESPOLIOS	12945		
EXTRAORDINARIO DE REAL HACIENDA	619		
INVALIDOS	178		
MEDIA ANATA	844		
MEDIA ANATA ECLESIASTICA	816		
MESADAS ECLESIASTICAS	484		
MONTE PIO DE MINISTROS	451		
MONTE PIO MILITAR	453		
NAIPES	873		
NOVENOS REALES	4526		
OFICIOS VENDIBLES Y RENUNCIABLES	2733		
PAPEL SELLADO	1792		
PUENTES	121		
REAL HACIENDA EN COMUN	13078		
REAL ORDEN DE CARLOS III	851		
RESULTAS	2543		
SUBSIDIO ECLESIASTICO	3688		
TRIBUTOS REALES DE INDIOS	186662		
VACANTES MAYORES	12		
VACANTES MENORES	113		
3% DEL ORO	9172		
3% PARA EL SEMINARIO	1410		
4% DE SUELDOS PARA LA GUERRA	52		
5% DE SINODOS MOJOS Y CHUQUITO	6077		
TOTAL	349991		

	OCHO	ENSAYADOS	ORO
TOTAL COMPUTADO	349991		

B 13

CARGO	OCHO	ENSAYADOS	ORO
ALCABALAS DE CASTILLA	15874		
ALCABALAS DE TIERRA	57084		
AZOGUES	9251		
BARRAS DE PLATA	32058		
COMPOSICION DE PULPERIAS	100		
DEPOSITOS	12251		
DONATIVO	50		
ESPOLIOS	4269		
EXTRAORDINARIO DE REAL HACIENDA	232		

174 ORO

B 13 ENSAYADOS

DATA	OCHO	ENSAYADOS	ORO
TOTAL COMPUTADO	131185		

1/1797—12/1797

DATA	OCHO	ENSAYADOS	ORO
DEPOSITOS	9807		
ESPOLIOS	6421		
MEDIA ANATA	52		
NOVENOS REALES	625		
PAPEL SELLADO	100		
TRIBUTOS REALES DE INDIOS	79071		
VACANTES MAYORES	100		
VACANTES MENORES	2134		
3% PARA EL SEMINARIO	1291		
4% DE SUELDOS PARA LA GUERRA	51		
TOTAL	99653		

	OCHO	ENSAYADOS	ORO
TOTAL COMPUTADO	99652		

1/1798—12/1798

DATA	OCHO	ENSAYADOS	ORO
DEPOSITOS	11873		
ESPOLIOS	455		
NOVENOS REALES	625		
REAL HACIENDA	75522		
REMITIDO A POTOSI	421506		
SUBSIDIO ECLESIASTICO	1497		
TRIBUTOS REALES DE INDIOS	51437		
VACANTES MAYORES	250		
VACANTES MENORES	150		

LA PAZ   1/1798—12/1798

CARGO	OCHO	ENSAYADOS	ORO	DATA	OCHO	ENSAYADOS	CRC
INVALIDOS	257			TOTAL	563325		
MEDIA ANATA	233						
MEDIA ANATA ECLESIASTICA	1100						
MESADAS ECLESIASTICAS	247						
MONTE PIO DE MINISTROS	481						
MONTE PIO MILITAR	352						
NAIPES	1385						
NOVENOS REALES	9880						
PAPEL SELLADO	3737						
PENAS DE CAMARA	33						
PUENTES	1500						
REAL HACIENDA EN COMUN	80829						
REAL ORDEN DE CARLOS III	719						
SEGUROS DE ALCABALAS	4002						
SUBSIDIO ECLESIASTICO	4332						
TABACOS	2000						
TRIBUTOS REALES DE INDIOS	290928						
VACANTES MAYORES	640						
VACANTES MENORES	2290						
VALES PARA ORO	2239						
1.5% Y DIEZMOS DE PLATA	4673						
3% DEL ORO	10897						
3% PARA EL SEMINARIO	1184						
5% DE SINODOS MOJOS Y CHUQUITO	7902						
TOTAL	563007						
TOTAL COMPUTADO	563009			TOTAL COMPUTADO	563315		

B 13

1/1799—12/1799

CARGO	OCHO	ENSAYADOS	ORO	DATA	OCHO	ENSAYADOS	CRC
ALCABALAS DE CASTILLA	11615			DEPOSITOS	11024		
ALCABALAS DE TIERRA	71251			ESPOLIOS	12643		
AZOGUES	11410			NOVENOS REALES	625		
BARRAS DE PLATA	27623			PRESTAMO PATRIOTICO	350		
BULAS DE SANTA CRUZADA	2398			REAL HACIENDA	66418		
COMPOSICION DE TIERRAS	9			REMITIDO A POTOSI	156500		
DEPOSITOS	2266			SUBSIDIO ECLESIASTICO	67		
DONATIVO	19316			TRIBUTOS REALES DE INDIOS	59539		
ESPOLIOS	4458			VACANTES MAYORES	8205		
EXTRAORDINARIO DE REAL HACIENDA	118			VACANTES MENORES	1071		
INVALIDOS	87			TOTAL	316452		
MEDIA ANATA	215						
MEDIA ANATA ECLESIASTICA	1720						
MESADAS ECLESIASTICAS	3839						
MONTE PIO DE MINISTROS	232						
MONTE PIO MILITAR	372						
NAIPES	446						
NOVENOS REALES	3909						
PAPEL SELLADO	3309						
PRESTAMO PATRIOTICO	3400						
PRESTAMOS	700						
PUENTES	1190						
REAL HACIENDA EN COMUN	5000						
REAL ORDEN DE CARLOS III	1125						
SEGUROS DE ALCABALAS	1429						

LA PAZ   1/1799-12/1799

CARGO	OCHO	ENSAYADOS	ORO
SUBSIDIO ECLESIASTICO	4456		
TABACOS	4016		
TEMPORALIDADES	970		
TRIBUTOS REALES DE INDIOS	282173		
VACANTES MAYORES	3450		
VACANTES MENORES	1613		
VIVERES	31		
1.5% Y DIEZMOS DE PLATA	3741		
15% APLICADO A MANOS MUERTAS	133		
3% DEL ORO	11941		
3% PARA EL SEMINARIO	1492		
5% DE SINODOS MOJOS Y CHUQUITO	2489		
TOTAL	493943		

TOTAL COMPUTADO   493942

S 658

	OCHO	ENSAYADOS	ORO
ALCABALAS REALES	78802		
AZOGUES	1765		
BARRAS DE PLATA	28352		
BULAS DE SANTA CRUZADA	140		
COMPOSICION DE PULPERIAS	322		
COMPOSICION DE TIERRAS	9		
DEBIDO COBRAR CUENTAS ANTERIORES	921185		
DEBIDO DE COBRAR ESTA CUENTA	72915		
DEPOSITOS	17904		
DONATIVO VOLUNTARIO	10349		
ESPOLIOS	2191		
EXISTENCIA	178988		
EXTRAORDINARIO DE REAL HACIENDA	41		
INVALIDOS	158		
MEDIA ANATA	1022		
MEDIA ANATA ECLESIASTICA	2541		
MESADAS ECLESIASTICAS	173		
MONTE PIO DE MINISTROS	191		
MONTE PIO MILITAR	878		
NAIPES	6475		
NOVENOS REALES	1344		
PAPEL SELLADO	200		
PRESTAMO PATRIOTICO	88000		
PRESTAMOS	13		
REAL CAMARA	404		
REAL HACIENDA EN COMUN	497		
REAL ORDEN DE CARLOS III	150		
SISA	502		
SUBSIDIO ECLESIASTICO	6959		
TEMPORALIDADES	320755		
TRIBUTOS REALES DE INDIOS	2808		
VACANTES MAYORES	3412		
VACANTES MENORES	27		
VALES PARA ORO	4294		
1.5% Y DIEZMOS DE PLATA	155		
15% APLICADO A MANOS MUERTAS	12659		
3% DEL ORO			

DATA	OCHO	ENSAYADOS	ORO
TOTAL COMPUTADO	216442		

1/1800-12/1800

	OCHO	ENSAYADOS	ORO
BARRAS DE PLATA	28352		
CONSIGNACIONES SIT ECLESIASTICAS	32828		
DEBIDO COBRAR CUENTAS ANTERIORES	921185		
DEBIDO DE COBRAR ESTA CUENTA	72915		
DEPOSITOS	14200		
ESPOLIOS	4000		
GASTOS ORD Y EXTRAORDINARIOS	30560		
NOVENOS REALES	625		
REMITIDO A POTOSI	566518		
SUELDOS Y CONSIG MINISTROS Y R H	11338		
SUELDOS Y GASTOS MILITARES	16548		
15% APLICADO A MANOS MUERTAS	112		
4% DE SUELDOS PARA LA GUERRA	14302		
TOTAL	1713883		

LA PAZ   1/1800-12/1800

CARGO	OCHO	ENSAYADOS	ORO	DATA	OCHO	ENSAYADOS	ORO
3% PARA EL SEMINARIO	998						
5% DE SINODOS MOJOS Y CHUQUITO	1662						
TOTAL	1769436						
TOTAL COMPUTADO	1769438			TOTAL COMPUTADO	1713883		

S 658

S 658

1/1801-12/1801

	OCHO	ENSAYADOS	ORO		OCHO	ENSAYADOS	ORO
ALCABALAS REALES	92241			CONSIGNACIONES SIT ECLESIASTICAS	46770		
AZOGUES	4062			DEBIDO COBRAR CUENTAS ANTERIORES	881567		
BULAS DE SANTA CRUZADA	9394			DEBIDO DE COBRAR ESTA CUENTA	131933		
COMPOSICION DE PULPERIAS	85			DEPOSITOS	6600		
COMPOSICION DE TIERRAS	15			ESPOLIOS	3000		
DEBIDO COBRAR CUENTAS ANTERIORES	881567			GASTOS ORD Y EXTRAORDINARIOS	21710		
DEBIDO DE COBRAR ESTA CUENTA	131933			NOVENOS REALES	625		
DEPOSITOS	16285			PAPEL SELLADO	25		
DONATIVO	460			REMITIDO A POTOSI	433516		
DONATIVO VOLUNTARIO	269			SUELDOS Y CONSIG MINISTROS Y R H	10885		
ESPOLIOS	4031			SUELDOS Y GASTOS MILITARES	17085		
EXISTENCIA	55553			VACANTES MENORES	1800		
EXTRAORDINARIO DE REAL HACIENDA	445			3% PARA EL SEMINARIO	1289		
IMPOSICION A CENSO	500			4% DE SUELDOS PARA LA GUERRA	10396		
INVALIDOS	41			TOTAL	1567201		
MEDIA ANATA	1785						
MEDIA ANATA ECLESIASTICA	2454						
MESADAS ECLESIASTICAS	2391						
MONTE PIO DE MINISTROS	143						
MONTE PIO MILITAR	482						
NAIPES	1285						
NOVENOS REALES	11547						
OFICIOS VENDIBLES Y RENUNCIABLES	25						
PAPEL SELLADO	3371						
PUENTES	2665						
REAL HACIENDA EN COMUN	38						
REAL ORDEN DE CARLOS III	3084						
SUBSIDIO ECLESIASTICO	843						
TABACOS	3000						
TEMPORALIDADES	1848						
TRIBUTOS REALES DE INDIOS	323469						
VACANTES MAYORES	2736						
VACANTES MENORES	14118						
1.5% Y DIEZMOS DE PLATA	4118						
3% DEL ORO	10171						
TOTAL	1586454						
TOTAL COMPUTADO	1586454			TOTAL COMPUTADO	1567201		

S 658

1/1802-12/1802

	OCHO	ENSAYADOS	ORO		OCHO	ENSAYADOS	ORO
ALCABALAS ANTIGUAS	1759			ALCANCES DE CUENTAS	1067		
ALCABALAS REALES	87591			AZOGUES	8562		
ALCANCES DE CUENTAS	1067			BULAS CUADRAGESIMALES	754		
AZOGUES	8662			BULAS DE SANTA CRUZADA	6430		
BULAS CUADRAGESIMALES	754			CONSIGNACIONES SIT ECLESIASTICAS	42495		

S 658   ENSAYADOS   ORO

LA PAZ 1/1802-12/1802

CARGO	OCHO	ENSAYADOS	ORO
BULAS DE SANTA CRUZADA	10726		
COMPOSICION DE PULPERIAS	340		
COMPOSICION DE TIERRAS	15		
DEBIDO COBRAR CUENTAS ANTERIORES	855425		
DEBIDO DE COBRAR ESTA CUENTA	69409		
DEPOSITOS	43877		
DONATIVO	840		
DONATIVO VOLUNTARIO	550		
ESPOLIOS	2592		
EXISTENCIA	19253		
EXTRAORDINARIO DE REAL HACIENDA	187		
INVALIDOS	42		
MEDIA ANATA	280		
MEDIA ANATA ECLESIASTICA	2192		
MESADAS ECLESIASTICAS	1790		
MONTE PIO DE MINISTROS	121		
MONTE PIO MILITAR	915		
NAIPES	324		
NOVENOS REALES	18134		
OFICIOS VENDIBLES Y RENUNCIABLES	1573		
PAPEL SELLADO	4147		
PUENTES	2680		
REAL HACIENDA EN COMUN	38		
REAL ORDEN DE CARLOS III	2380		
SUBSIDIO ECLESIASTICO	2353		
TABACOS	2000		
TEMPORALIDADES	1869		
TRIBUTOS REALES DE INDIOS	279424		
VACANTES MAYORES	2486		
VACANTES MENORES	10266		
1.5% Y DIEZMOS DE PLATA	3553		
15% APLICADO A MANOS MUERTAS	1802		
3% DEL ORO	10038		
TOTAL	1451454		

TOTAL COMPUTADO 1451454

DATA	OCHO	ENSAYADOS	ORO
DEBIDO COBRAR CUENTAS ANTERIORES	855425		
DEBIDO DE COBRAR ESTA CUENTA	69409		
DEPOSITOS	14827		
DONATIVO	840		
DONATIVO VOLUNTARIO	40		
ESPOLIOS	2219		
GASTOS ORD Y EXTRAORDINARIOS	17762		
INVALIDOS	41		
MEDIA ANATA ECLESIASTICA	1192		
MESADAS ECLESIASTICAS	1049		
MONTE PIO DE MINISTROS	143		
MONTE PIO MILITAR	906		
NAIPES	324		
NOVENOS REALES	12625		
OFICIOS VENDIBLES Y RENUNCIABLES	100		
PAPEL SELLADO	80		
REAL HACIENDA EN COMUN	215500		
REAL ORDEN DE CARLOS III	1480		
SUBSIDIO ECLESIASTICO	400		
SUELDOS Y CONSIG MINISTROS Y R H	20542		
SUELDOS Y GASTOS MILITARES	12912		
TABACOS	2000		
TEMPORALIDADES	1869		
VACANTES MENORES	7200		
15% APLICADO A MANOS MUERTAS	1502		
3% DEL ORO	8		
3% PARA EL SEMINARIO	1289		
TOTAL	1300994		

TOTAL COMPUTADO 1300992

B 13

	OCHO	ENSAYADOS	ORO
BULAS CUADRAGESIMALES	13		
BULAS DE SANTA CRUZADA	5		
COBRADO VALORES AÑOS ANTERIORES	266476		
COMPOSICION DE PULPERIAS	274		
COMPOSICION DE TIERRAS	15		
ESPOLIOS	7282		
INVALIDOS	85		
MEDIA ANATA	383		
MONTE PIO DE MINISTROS	424		
MONTE PIO MILITAR	436		
NAIPES	1245		
NOVENOS REALES	4571		
OFICIOS VENDIBLES Y RENUNCIABLES	1200		
OTRAS TESORERIAS	106234		
PAPEL SELLADO	13		
REAL HACIENDA EN COMUN	4749		

1/1803-12/1805

	OCHO	ENSAYADOS	ORO
AZOGUES	1576		
BULAS CUADRAGESIMALES	1189		
BULAS DE SANTA CRUZADA	6023		
COMPOSICION DE PULPERIAS	743		
DEPOSITOS	20716		
DONATIVO	1820		
ESPOLIOS	1404		
INVALIDOS	92		
MEDIA ANATA ECLESIASTICA	4805		
MESADAS ECLESIASTICAS	2416		
MONTE PIO DE MINISTROS	384		
MONTE PIO MILITAR	437		
NAIPES	1177		
NOVENOS REALES	6134		
OTRAS TESORERIAS	336835		
PAPEL SELLADO	302		

LA PAZ   1/1803-12/1805

CARGO	OCHO	ENSAYADOS	ORO
REAL ORDEN DE CARLOS III	1800		
SISA	25		
SUBSIDIO ECLESIASTICO	1457		
TABACOS	8974		
TRIBUTOS REALES DE INDIOS	269863		
VACANTES MENORES	3680		
1.5% Y DIEZMOS DE PLATA	663		
3% DEL ORO	11580		
TOTAL	691447		

TOTAL COMPUTADO   691447

B 13   1/1804-12/1804

CARGO	OCHO	ENSAYADOS	ORO
ALCANCES DE CUENTAS	4036		
BULAS CUADRAGESIMALES	176		
BULAS DE SANTA CRUZADA	785		
COBRADO VALORES AÑOS ANTERIORES	235381		
COMPOSICION DE PULPERIAS	15		
COMPOSICION DE TIERRAS	6296		
DEPOSITOS	71319		
DONATIVO	44		
INVALIDOS	406		
MEDIA ANATA	356		
MONTE PIO DE MINISTROS	183		
MONTE PIO MILITAR	239		
NAIPES	793		
NOVENOS REALES	2500		
OTRAS TESORERIAS	60058		
PAPEL SELLADO	701		
REAL HACIENDA EN COMUN	80		
REDENCION DE CAUTIVOS	1144		
SISA	25		
SUBSIDIO ECLESIASTICO	2745		
TRIBUTOS REALES DE INDIOS	223179		
1.5% Y DIEZMOS DE PLATA	996		
15% APLICADO A MANOS MUERTAS	750		
3% DEL ORO	10128		
TOTAL	622334		

TOTAL COMPUTADO   622335

(continuación)

DATA	OCHC	ENSAYADOS	CRO
PENAS DE CAMARA	37		
PENSIONES	200		
REAL HACIENDA EN CCMUN	10431		
REAL ORDEN DE CARLOS III	6937		
SEGUROS DE ALCABALAS	1154		
SUBSIDIO ECLESIASTICC	2956		
SUELDOS Y GASTOS DE REAL HACIENDA	11140		
SUELDOS Y GASTOS DEL ECC PCLITICO	11810		
SUELDOS Y GASTOS MILITARES	17278		
TABACOS	9146		
TRIBUTOS REALES DE INCICS	69392		
VACANTES MAYCRES	3850		
VACANTES MENCRES	12098		
1.5% Y DIEZMCS DE PLATA	250		
15% APLICADO A MANCS MUERTAS	300		
TOTAL	543029		

TOTAL COMPUTADO   543032

1/1804-12/1804

DATA	OCHC	ENSAYADCS	CRC
ALCANCES DE CUENTAS	102		
AZOGUES	41		
BULAS CUADRAGESIMALES	176		
BULAS DE SANTA CRUZADA	1252		
DEPOSITOS	53670		
DONATIVO	66		
ESPOLICS	16901		
INVALIDOS	266		
MEDIA ANATA	42		
MEDIA ANATA ECLESIASTICA	22		
MESADAS ECLESIASTICAS	236		
MONTE PIO DE MINISTRCS	243		
MONTE PIO MILITAR	209		
NAIPES	557		
NOVENOS REALES	625		
OTRAS TESORERIAS	130542		
PAPEL SELLADC	18		
PENSIONES	200		
REAL HACIENDA EN COMUN	65299		
REAL ORDEN DE CARLCS III	12212		
REDENCION DE CAUTIVOS	1444		
SISA	150		
SUBSIDIO ECLESIASTICC	2753		
SUELDOS Y GASTOS DE REAL HACIENDA	13672		
SUELDOS Y GASTOS DEL ECC PCLITICO	12012		
SUELDOS Y GASTOS MILITARES	15883		
TRIBUTOS REALES DE INCICS	61840		
VACANTES MAYCRES	1000		
VACANTES MENCRES	13616		
15% APLICADO A MANOS MUERTAS	750		
TOTAL	405799		

TOTAL COMPUTADO   405799

LA PAZ   1/1805-12/1805

CARGO	OCHO	ENSAYADOS	ORO
B 13			
ALCANCES DE CUENTAS	352		
COBRADO VALORES ANOS ANTERIORES	350546		
COMPOSICION DE TIERRAS	15		
DEPOSITOS	43006		
IMPOSICION A CENSO	5530		
INVALIDOS	471		
MEDIA ANATA	300		
MESADAS ECLESIASTICAS	743		
MONTE PIO DE MINISTROS	122		
MONTE PIO MILITAR	228		
NAIPES	296		
NOVENOS REALES	3607		
OFICIOS VENDIBLES Y RENUNCIABLES	625		
OTRAS TESORERIAS	54462		
REAL HACIENDA EN COMUN	2068		
TRIBUTOS REALES DE INDIOS	231621		
VACANTES MENORES	1306		
1.5% Y DIEZMOS DE PLATA	7142		
15% APLICADO A MANOS MUERTAS	615		
3% DEL ORO	8710		
TOTAL	711765		

TOTAL COMPUTADO   711765

DATA   1/1805-12/1805

DATA	OCHO	ENSAYADOS	ORO
B 13			
ALCANCES DE CUENTAS	352		
BULAS CUADRAGESIMALES	1701		
BULAS DE SANTA CRUZADA	1902		
DEPOSITOS	71436		
ESPOLIOS	1215		
INVALIDOS	608		
MEDIA ANATA	203		
MEDIA ANATA ECLESIASTICA	4293		
MESADAS ECLESIASTICAS	1987		
MONTE PIO DE MINISTROS	128		
MONTE PIO MILITAR	262		
NAIPES	600		
NOVENOS REALES	625		
OTRAS TESORERIAS	101192		
PAPEL SELLADO	135		
PENSIONES	200		
REAL HACIENDA EN COMUN	170057		
SISA	50		
SUBSIDIO ECLESIASTICO	6682		
SUELDOS Y GASTOS DE REAL HACIENDA	8541		
SUELDOS Y GASTOS DEL ECO POLITICO	11425		
SUELDOS Y GASTOS MILITARES	18614		
TABACOS	4000		
TRIBUTOS REALES DE INDIOS	101070		
VACANTES MENORES	3855		
15% APLICADO A MANOS MUERTAS	615		
TOTAL	511748		

TOTAL COMPUTADO   511748

1/1806-12/1806

CARGO	OCHO	ENSAYADOS	ORO
B 13			
ALCANCES DE CUENTAS	484		
AZOGUES	5813		
COBRADO VALORES ANOS ANTERIORES	299053		
COMPOSICION DE TIERRAS	15		
DEPOSITOS	32606		
DONATIVO	443		
IMPOSICION A CENSO	11000		
INVALIDOS	352		
MEDIA ANATA	355		
MESADAS ECLESIASTICAS	589		
MONTE PIO DE MINISTROS	143		
MONTE PIO MILITAR	250		
NAIPES	712		
NOVENOS REALES	3000		
NOVENOS REALES DE AMORTIZACION	1231		
OFICIOS VENDIBLES Y RENUNCIABLES	1075		
OTRAS TESORERIAS	48934		
PAPEL SELLADO	1		
REAL HACIENDA EN COMUN	50221		
REDENCION DE CAUTIVOS	381		
SUBSIDIO ECLESIASTICO	2513		

1/1806-12/1806

DATA	OCHO	ENSAYADOS	ORO
B 13			
ALCANCES DE CUENTAS	283		
BULAS CUADRAGESIMALES	106		
BULAS DE SANTA CRUZADA	1004		
COMPOSICION DE PULPERIAS	93		
DEPOSITOS	24306		
INVALIDOS	192		
MESADAS ECLESIASTICAS	510		
MONTE PIO DE MINISTROS	50		
MONTE PIO MILITAR	164		
NAIPES	759		
NOVENOS REALES	625		
OTRAS TESORERIAS	193202		
PENSIONES	2400		
REAL HACIENDA EN COMUN	60582		
REDENCION DE CAUTIVOS	381		
SISA	50		
SUBSIDIO ECLESIASTICO	2863		
SUELDOS Y GASTOS DE REAL HACIENDA	10014		
SUELDOS Y GASTOS DEL ECO POLITICO	12162		
SUELDOS Y GASTOS MILITARES	14389		
TRIBUTOS REALES DE INDIOS	57672		

LA PAZ   1/1806-12/1806

CARGO	OCHO	ENSAYADOS	ORO	DATA	OCHO	ENSAYADOS	ORO
TRIBUTOS REALES DE INDIOS	238954			VACANTES MAYORES	1134		
VACANTES MENORES	7281			VACANTES MENORES	10622		
1.5% Y DIEZMOS DE PLATA	6393			TOTAL	393562		
3% DEL ORO	5782						
TOTAL	717582						
TOTAL COMPUTADO	717581			TOTAL COMPUTADO	393563		

B 13   1/1807-12/1807

CARGO	OCHO	ENSAYADOS	ORO	DATA	OCHO	ENSAYADOS	ORO
ALCANCES DE CUENTAS	8412			AZOGUES	17061		
AZOGUES	11872			BULAS CUADRAGESIMALES	1011		
BULAS CUADRAGESIMALES	705			BULAS DE SANTA CRUZADA	636		
BULAS DE SANTA CRUZADA	7875			DEPOSITOS	68366		
COBRADO VALORES AÑOS ANTERIORES	401349			DONATIVO	443		
COMPOSICION DE TIERRAS	27			INVALIDOS	786		
DEPOSITOS	51002			MEDIA ANATA ECLESIASTICA	200		
INVALIDOS	736			MESADAS ECLESIASTICAS	1266		
MEDIA ANATA	301			MONTE PIO DE MINISTROS	734		
MESADAS ECLESIASTICAS	1272			MONTE PIO MILITAR	347		
MONTE PIO DE MINISTROS	591			NAIPES	1069		
MONTE PIO MILITAR	270			NOVENOS REALES	625		
NAIPES	929			NOVENOS REALES DE AMORTIZACION	7965		
NOVENOS REALES	850			OTRAS TESORERIAS	322835		
NOVENOS REALES DE AMORTIZACION	696			PAPEL SELLADO	18		
OTRAS TESORERIAS	139332			PENSIONES	1400		
PAPEL SELLADO	4604			PUENTES	15		
PUENTES	906			REAL HACIENDA EN COMUN	214329		
REAL HACIENDA EN COMUN	220817			REDENCION DE CAUTIVOS	273		
REDENCION DE CAUTIVOS	273			SUBSIDIO ECLESIASTICO	1383		
SUBSIDIO ECLESIASTICO	2134			SUELDOS Y GASTOS DE REAL HACIENDA	12893		
TRIBUTOS REALES DE INDIOS	238882			SUELDOS Y GASTOS DEL EDO POLITICO	11786		
1.5% Y DIEZMOS DE PLATA	17560			SUELDOS Y GASTOS MILITARES	28097		
3% DEL ORO	3678			TRIBUTOS REALES DE INDIOS	85948		
TOTAL	1115070			VACANTES MAYORES	200		
				VACANTES MENORES	2481		
				3% DEL ORO	6		
				TOTAL	782173		
TOTAL COMPUTADO	1115073			TOTAL COMPUTADO	782173		

B 13   1/1808-12/1808

CARGO	OCHO	ENSAYADOS	ORO	DATA	OCHO	ENSAYADOS	ORO
ALCANCES DE CUENTAS	7541			AZOGUES	14659		
AZOGUES	11399			BULAS CUADRAGESIMALES	1588		
BULAS CUADRAGESIMALES	765			BULAS DE SANTA CRUZADA	1758		
BULAS DE SANTA CRUZADA	2526			COMPOSICION DE TIERRAS	198		
COBRADO VALORES AÑOS ANTERIORES	446324			DEPOSITOS	64726		
COMPOSICION DE TIERRAS	198			INVALIDOS	709		
DEPOSITOS	63702			MEDIA ANATA	46		
DEPOSITOS DE CONTRABANDO	5116			MEDIA ANATA ECLESIASTICA	2773		
DEPOSITOS DE PARTICULARES	3315			MESADAS ECLESIASTICAS	1680		
INVALIDOS	607			MONTE PIO DE MINISTROS	333		
MEDIA ANATA	371			MONTE PIO MILITAR	834		

LA PAZ   1/1808-12/1808

CARGO	OCHO	ENSAYADOS	ORO
MEDIA ANATA ECLESIASTICA	362		
MESADAS ECLESIASTICAS	1412		
MONTE PIO DE MINISTROS	363		
MONTE PIO MILITAR	374		
NAIPES	1839		
NOVENOS REALES	3549		
OTRAS TESORERIAS	102685		
PAPEL SELLADO	2366		
PUENTES	3264		
REAL HACIENDA EN COMUN	181038		
REDENCION DE CAUTIVOS	189		
SEGUROS DE ALCABALAS	6286		
SUBSIDIO ECLESIASTICO	395		
TRIBUTOS REALES DE INDIOS	233612		
VACANTES MENORES	3925		
1.5% Y DIEZMOS DE PLATA	14558		
3% DEL ORO	6710		
TOTAL	1104788		
TOTAL COMPUTADO	1104791		

DATA	OCHO	ENSAYADOS	ORO
NAIPES	1122		
NOVENOS REALES	625		
NOVENOS REALES DE AMORTIZACION	3662		
OTRAS TESORERIAS	257047		
PAPEL SELLADO	379		
PENSIONES	1200		
PUENTES	841		
REAL HACIENDA EN COMUN	150895		
REDENCION DE CAUTIVOS	189		
SISA	100		
SUBSIDIO ECLESIASTICO	1695		
SUELDOS Y GASTOS DE REAL HACIENDA	8603		
SUELDOS Y GASTOS DEL ECO POLITICO	7412		
SUELDOS Y GASTOS MILITARES	23862		
TRIBUTOS REALES DE INDIOS	80640		
VACANTES MAYORES	3551		
VACANTES MENORES	12690		
1.5% Y DIEZMOS DE PLATA	25		
3% DEL ORO	3		
TOTAL	683844		
TOTAL COMPUTADO	683845		

B 13   1/1809-12/1809

CARGO	OCHO	ENSAYADOS	ORO
ALCABALAS REALES	49455		
ALCANCES DE CUENTAS	428		
AZOGUES	2951		
BULAS CUADRAGESIMALES	39		
BULAS DE SANTA CRUZADA	393		
COBRADO VALORES AÑOS ANTERIORES	503540		
COMPOSICION DE PULPERIAS	65		
COMPOSICION DE TIERRAS	15		
DEPOSITOS	72943		
DEPOSITOS DE PARTICULARES	28		
GUIAS	877		
INVALIDOS	1889		
MEDIA ANATA	300		
MESADAS ECLESIASTICAS	709		
MONTE PIO DE MINISTROS	288		
MONTE PIO MILITAR	833		
NAIPES	687		
NOVENOS REALES	2631		
NOVENOS REALES DE AMORTIZACION	2968		
NUEVO IMPUESTO DE AGUARDIENTE	141		
OFICIOS VENDIBLES Y RENUNCIABLES	240		
PAPEL SELLADO	1126		
REAL HACIENDA EN COMUN	143600		
SEGUROS DE ALCABALAS	12808		
SUBSIDIO ECLESIASTICO	1202		
TRIBUTOS REALES DE INDIOS	240387		
VACANTES MENORES	2947		
1.5% Y DIEZMOS DE PLATA	2319		
3% DEL ORO	4795		
TOTAL	1050602		

DATA	OCHO	ENSAYADOS	ORO
ALCABALAS REALES	5382		
AZOGUES	4987		
BULAS CUADRAGESIMALES	263		
BULAS DE SANTA CRUZADA	440		
DEPOSITOS	112123		
DEPOSITOS DE CONTRABANDO	5116		
DEPOSITOS DE PARTICULARES	3381		
GUIAS	215		
INVALIDOS	1921		
MEDIA ANATA ECLESIASTICA	362		
MESADAS ECLESIASTICAS	370		
MONTE PIO DE MINISTROS	318		
MONTE PIO MILITAR	658		
NAIPES	1723		
NOVENOS REALES	1380		
NOVENOS REALES DE AMORTIZACION	2968		
NUEVO IMPUESTO DE AGUARDIENTE	109		
OTRAS TESORERIAS	153286		
PAPEL SELLADO	25		
PENSIONES	1200		
REAL HACIENDA EN COMUN	177418		
SEGUROS DE ALCABALAS	19094		
SUBSIDIO ECLESIASTICO	1497		
SUELDOS DE ALCABALAS	11439		
SUELDOS Y GASTOS DE REAL HACIENDA	17467		
SUELDOS Y GASTOS DEL ECO POLITICO	3759		
SUELDOS Y GASTOS MILITARES	62045		
TRIBUTOS REALES DE INDIOS	40035		
VACANTES MENORES	2607		
TOTAL	631750		

LA PAZ 1/1809-12/1809

CARGO	OCHO	ENSAYADOS	ORO	DATA	OCHO	ENSAYADOS	ORO
						B 13	

TOTAL COMPUTADO 1050604

B 13

CARGO	OCHO
ALCABALAS REALES	39280
AZOGUES	7084
BULAS DE SANTA CRUZADA	294
COBRADO VALORES AÑOS ANTERIORES	541768
COMPOSICION DE PULPERIAS	30
COMPOSICION DE TIERRAS	110
DEPOSITOS	151748
DONATIVO	18524
GUIAS	541
INVALIDOS	1971
LANZAS DE TITULOS	137
MEDIA ANATA	5
MONTE PIO DE MINISTROS	180
MONTE PIO MILITAR	393
NOVENOS REALES	2977
NOVENOS REALES DE AMORTIZACION	2977
NUEVO IMPUESTO DE AGUARDIENTE	638
OFICIOS VENDIBLES Y RENUNCIABLES	125
PAPEL SELLADO	808
REAL HACIENDA EN COMUN	284178
SEGUROS DE ALCABALAS	10782
TRIBUTOS REALES DE INDIOS	160347
VACANTES MENORES	2977
1.5% Y DIEZMOS DE PLATA	3970
3% DEL ORO	2716
TOTAL	1234558

TOTAL COMPUTADO 1234560

L 144

CARGO	OCHO
ALCABALAS REALES	57503
AZOGUES	545
AZOGUES DE HUANCAVELICA	6675
BULAS CUADRAGESIMALES	34
BULAS DE SANTA CRUZADA	1730
COBRADO VALORES AÑOS ANTERIORES	674314
COMPOSICION DE TIERRAS	110
CONTRIBUCION PATRIOTICA	29935
DEPOSITOS	240869
DEPOSITOS DE SEGUROS TRAFICANTES	4954
DONATIVO	2979
GUIAS	306
INVALIDOS	1807
LANZAS DE TITULOS	137
MEDIA ANATA	5
MESADAS ECLESIASTICAS	236
MONTE PIO DE MINISTROS	128
MONTE PIO MILITAR	675

DATA

TOTAL COMPUTADO 631688

1/1811-12/1811

DATA	OCHO
ALCABALAS REALES	14785
BULAS CUADRAGESIMALES	44
BULAS DE SANTA CRUZADA	336
DEPOSITOS	83318
INVALIDOS	1685
MONTE PIO MILITAR	17
PAPEL SELLADO	118
PENSIONES	867
REAL HACIENDA EN COMUN	592754
SEGUROS DE ALCABALAS	6951
SUELDOS DE ALCABALAS	11061
SUELDOS Y GASTOS DE REAL HACIENDA	9703
SUELDOS Y GASTOS DEL EDO POLITICO	3379
SUELDOS Y GASTOS MILITARES	119643
TRIBUTOS REALES DE INDIOS	14988
VACANTES MENORES	633
TOTAL	660281

TOTAL COMPUTADO 660282

1/1813-12/1813

DATA	OCHO
ALCABALAS REALES	7555
AZOGUES	224
BULAS CUADRAGESIMALES	183
BULAS DE SANTA CRUZADA	4412
COMPOSICION DE TIERRAS	110
CONTRIBUCION PATRIOTICA	1088
DEPOSITOS	54279
DEPOSITOS DE SEGUROS TRAFICANTES	5516
DONATIVO	500
INVALIDOS	1807
MEDIA ANATA	5
NUEVO IMPUESTO DE AGUARDIENTE	6
PAPEL SELLADO	185
PENSIONES	1200
PUENTES	464
REAL HACIENDA EN COMUN	356598
SUELDOS DE ALCABALAS	11063
SUELDOS Y GASTOS DE REAL HACIENDA	16078

LA PAZ   1/1813-12/1813

CARGO	OCHO	ENSAYADOS	ORO		DATA	OCHO	ENSAYADOS	ORO
NOVENOS REALES	6830				SUELDOS Y GASTOS DEL ECO POLITICO	10476		
NOVENOS REALES DE AMORTIZACION	7708				SUELDOS Y GASTOS MILITARES	23465		
NUEVO IMPUESTO DE AGUARDIENTE	590				TRIBUTOS REALES DE INDIOS	52185		
PAPEL SELLADO	183				VACANTES MENORES	712		
PRODUCTO DE LA INQUISICION	1043				TOTAL	548112		
PUENTES	1341							
REAL HACIENDA EN COMUN	188828							
REDENCION DE CAUTIVOS	157							
TRIBUTOS REALES DE INDIOS	9535							
VACANTES MENORES	1464							
1.5% Y DIEZMOS DE PLATA	7603							
15% DE AMORTIZACION	150							
3% DEL ORO	6938							
TOTAL	1255314							
TOTAL COMPUTADO	1255312				TOTAL COMPUTADO	548111		

LP   1/1814-12/1814

CARGO	OCHO	ENSAYADOS	ORO		DATA	OCHO	ENSAYADOS	ORO
ALCABALAS REALES	66607				ALCABALAS REALES	4245		
BULAS DE SANTA CRUZADA	155				BULAS CUADRAGESIMALES	395		
COBRADO VALORES ANOS ANTERIORES	771572				BULAS DE SANTA CRUZADA	1419		
COMPOSICION DE PULPERIAS	65				CONTRIBUCION PATRIOTICA	648		
CONTRIBUCION PATRIOTICA	33899				DEPOSITOS	247263		
DEPOSITOS	293065				DEPOSITOS DE SEGUROS TRAFICANTES	4594		
DEPOSITOS DE SEGUROS TRAFICANTES	5713				DONATIVO	3286		
DONATIVO	7575				INVALIDOS	1425		
GUIAS	377				MEDIA ANATA ECLESIASTICA	543		
INVALIDOS	1425				MESADAS ECLESIASTICAS	393		
MEDIA ANATA	118				MONTE PIO MILITAR	22		
MEDIA ANATA ECLESIASTICA	2070				NUEVO IMPUESTO DE AGUARDIENTE	2		
MESADAS ECLESIASTICAS	212				PAPEL SELLADO	27		
MONTE PIO DE MINISTROS	101				PENSIONES	2000		
MONTE PIO MILITAR	147				PRODUCTO DE LA INQUISICION	1043		
NOVENOS REALES	7253				REAL HACIENDA EN COMUN	413422		
NOVENOS REALES DE AMORTIZACION	8597				SUELDOS DE ALCABALAS	10607		
NUEVO IMPUESTO DE AGUARDIENTE	1276				SUELDOS Y GASTOS DE REAL HACIENDA	10909		
PAPEL SELLADO	1				SUELDOS Y GASTOS DEL ECO POLITICO	13792		
PRODUCTO DE LA INQUISICION	1043				SUELDOS Y GASTOS MILITARES	33945		
REAL HACIENDA EN COMUN	269998				TRIBUTOS REALES DE INDIOS	1509		
TRIBUTOS REALES DE INDIOS	22876				TOTAL	751489		
1.5% Y DIEZMOS DE PLATA	9119							
15% DE AMORTIZACION	2250							
3% DEL ORO	6563							
TOTAL	1512075							
TOTAL COMPUTADO	1512077				TOTAL COMPUTADO	751489		

B 13   1/1815-12/1815

CARGO	OCHO	ENSAYADOS	ORO		DATA	OCHO	ENSAYADOS	ORO
ALCABALAS REALES	60251				ALCABALAS REALES	9121		
BULAS DE SANTA CRUZADA	420				BULAS CUADRAGESIMALES	92		
COBRADO VALORES ANOS ANTERIORES	434590				BULAS DE SANTA CRUZADA	491		
COMPOSICION DE PULPERIAS	210				CONTRIBUCION PATRIOTICA	1750		

B 13

LA PAZ 1/1815–12/1815

CARGO	OCHO	ENSAYADOS	ORO
CONTRIBUCION PATRIOTICA	34133		
DEPOSITOS	171744		
DEPOSITOS DE SEGUROS TRAFICANTES	4216		
GUIAS	280		
INVALIDOS	1419		
MEDIA ANATA	33		
MEDIA ANATA ECLESIASTICA	3190		
MONTE PIO DE MINISTROS	22		
MONTE PIO MILITAR	526		
NOVENOS REALES	6812		
NOVENOS REALES DE AMORTIZACION	7684		
NUEVO IMPUESTO DE AGUARDIENTE	706		
PUENTES	950		
REAL HACIENDA EN COMUN	205511		
REDENCION DE CAUTIVOS	318		
SUBSIDIO ECLESIASTICO	9042		
TRIBUTOS REALES DE INDIOS	207187		
VACANTES MENORES	7576		
1.5% Y DIEZMOS DE PLATA	3993		
15% DE AMORTIZACION	254		
3% DEL ORO	3792		
TOTAL	1162859		

	OCHO	ENSAYADOS	ORO
TOTAL COMPUTADO	1164859		

DATA

DATA	OCHO	ENSAYADOS	ORO
DEPOSITOS	83965		
DEPOSITOS DE SEGUROS TRAFICANTES	3634		
DONATIVO	460		
INVALIDOS	4		
NUEVO IMPUESTO DE AGUARDIENTE	6		
PAPEL SELLADO	1101		
PENSIONES	9955		
REAL HACIENDA EN COMUN	320845		
SUELDOS DE ALCABALAS	6111		
SUELDOS Y GASTOS DE REAL HACIENDA	5819		
SUELDOS Y GASTOS DEL ECO POLITICO	39072		
SUELDOS Y GASTOS MILITARES	4705		
TRIBUTOS REALES DE INDIOS	93172		
VACANTES MENORES			
TOTAL	581729		

	OCHO	ENSAYADOS	ORO
TOTAL COMPUTADO	581726		

B 13

1/1816–12/1816 (CARGO)

CARGO	OCHO	ENSAYADOS	ORO
ALCABALAS REALES	80197		
AZOGUES	20333		
BULAS CUADRAGESIMALES	1329		
BULAS DE SANTA CRUZADA	279		
COMPOSICION DE PULPERIAS	210		
CONTRIBUCION PATRIOTICA	34310		
DEPOSITOS	641478		
DEPOSITOS DE SEGUROS TRAFICANTES	15097		
DONATIVO	65466		
GUIAS	3836		
INVALIDOS	1463		
MEDIA ANATA	27		
MEDIA ANATA ECLESIASTICA	6818		
MESADAS ECLESIASTICAS	1350		
MONTE PIO DE MINISTROS	949		
MONTE PIO MILITAR	6026		
NOVENOS REALES	9588		
NOVENOS REALES DE AMORTIZACION	64388		
NUEVO IMPUESTO DE AGUARDIENTE	5619		
OTRAS TESORERIAS	92778		
PAPEL SELLADO	1886		
PUENTES	940		
REAL HACIENDA EN COMUN	560946		
SISA	250		
SUBSIDIO ECLESIASTICO	2459		
TRIBUTOS REALES DE INDIOS	230240		
VACANTES MAYORES	2536		
VACANTES MENORES	8552		

1/1816–12/1816 (DATA)

DATA	OCHO	ENSAYADOS	ORO
ALCABALAS REALES	5485		
BULAS CUADRAGESIMALES	31		
BULAS DE SANTA CRUZADA	279		
CONTRIBUCION PATRIOTICA	1594		
DEPOSITOS	36722		
DEPOSITOS DE SEGUROS TRAFICANTES	5437		
INVALIDOS	1463		
MEDIA ANATA ECLESIASTICA	150		
MONTE PIO MILITAR	106		
NUEVO IMPUESTO DE AGUARDIENTE	5		
OTRAS TESORERIAS	92778		
PAPEL SELLADO	198		
PENSIONES	3652		
REAL HACIENDA EN COMUN	529143		
SUELDOS DE ALCABALAS	10621		
SUELDOS Y GASTOS DE REAL HACIENDA	9407		
SUELDOS Y GASTOS DEL ECO POLITICO	9030		
SUELDOS Y GASTOS MILITARES	36994		
TRIBUTOS REALES DE INDIOS	25095		
TOTAL	768190		

B 13 186

LA PAZ   1/1816-12/1816

CARGO	OCHO	ENSAYADOS	ORO
1.5% Y DIEZMOS DE PLATA	9678		
3% DEL ORO	7946		
TOTAL	1876974		
TOTAL COMPUTADO	1876974		

LP

	OCHO	ENSAYADOS	ORO
ALCABALAS REALES	106057		
COBRADO VALORES AÑOS ANTERIORES	1270876		
COMPOSICION DE PULPERIAS	210		
COMPOSICION DE TIERRAS	139		
CONTRIBUCION PATRIOTICA	210193		
DEPOSITOS	69158		
DEPOSITOS DE ALCABALAS	51603		
DEPOSITOS DE SEGUROS TRAFICANTES	9292		
GUIAS	615		
INVALIDOS	2505		
MEDIA ANATA	39		
MONTE PIO DE MINISTROS	176		
MONTE PIO MILITAR	1591		
NOVENOS REALES	8468		
NOVENOS REALES DE AMORTIZACION	9551		
NUEVO IMPUESTO DE AGUARDIENTE	824		
OFICIOS VENDIBLES Y RENUNCIABLES	50		
OTRAS TESORERIAS	90835		
PAPEL SELLADO	16		
PUENTES	309		
REAL HACIENDA EN COMUN	257722		
TRIBUTOS REALES DE INDIOS	248404		
VACANTES MENORES	7653		
1.5% Y DIEZMOS DE PLATA	4610		
3% DEL ORO	7303		
TOTAL	2358199		
TOTAL COMPUTADO	2358199		

LP

	OCHO	ENSAYADOS	ORO
BULAS CUADRAGESIMALES	103		
BULAS DE SANTA CRUZADA	1400		
COBRADO VALORES AÑOS ANTERIORES	143816		
COMPOSICION DE PULPERIAS	10		
DEPOSITOS	35503		
INVALIDOS	2596		
LANZAS DE TITULOS	34		
MESADAS ECLESIASTICAS	26514		
MONTE PIO DE MINISTROS	504		
MONTE PIO MILITAR	687		
NOVENOS REALES	200		
NOVENOS REALES DE AMORTIZACION	2900		
OTRAS TESORERIAS	267482		
PAPEL SELLADO	2947		

DATA

	OCHO	ENSAYADOS	ORO
TOTAL COMPUTADO	768190		

1/1820-12/1820

	OCHO	ENSAYADOS	ORO
ALCABALAS REALES	12479		
AZOGUES DE EUROPA	266		
BULAS CUADRAGESIMALES	781		
CONTRIBUCION PATRIOTICA	9089		
DEPOSITOS	67766		
DEPOSITOS DE ALCABALAS	55643		
DEPOSITOS DE SEGUROS TRAFICANTES	7963		
DONATIVO	1550		
GUIAS	1548		
INVALIDOS	2505		
NOVENOS REALES DE AMORTIZACION	19697		
NUEVO IMPUESTO DE AGUARDIENTE	4413		
OTRAS TESORERIAS	87215		
PAPEL SELLADO	597		
PENSIONES	5681		
PUENTES	2174		
REAL HACIENDA EN COMUN	682639		
SUBSIDIO ECLESIASTICO	1664		
SUELDOS DE ALCABALAS	10277		
SUELDOS Y GASTOS DE REAL HACIENDA	13539		
SUELDOS Y GASTOS DEL ECO POLITICO	5225		
SUELDOS Y GASTOS MILITARES	168814		
TRIBUTOS REALES DE INDIOS	15882		
VACANTES MAYORES	12416		
VACANTES MENORES	14233		
15% DE AMORTIZACION	36		
TOTAL	1251089		
TOTAL COMPUTADO	1244092		

1/1824-12/1824

	OCHO	ENSAYADOS	ORO
AZOGUES DE EUROPA	195		
AZOGUES DE HUANCAVELICA	1062		
BULAS CUADRAGESIMALES	103		
BULAS DE SANTA CRUZADA	821		
DEPOSITOS	35503		
GUERRA	99394		
INVALIDOS	2596		
MESADAS ECLESIASTICAS	26514		
MONTE PIO DE MINISTROS	504		
MONTE PIO MILITAR	1187		
NOVENOS REALES DE AMORTIZACION	2900		
PAPEL SELLADO	1884		
PENSIONES	2820		
REAL HACIENDA EN COMUN	147919		

CARGO	OCHO	ENSAYADOS	ORO
REAL HACIENDA EN COMUN	168256		
TRIBUTOS REALES DE INCIOS	203107		
1.5% Y DIEZMOS DE PLATA	726		
15% DE AMORTIZACION	453		
3% DEL ORO	259		
TOTAL	857584		
TOTAL COMPUTADO	857497		

DATA	OCHO	ENSAYADOS	ORO
SUELDOS Y GASTOS DE REAL HACIENDA	18434		
SUELDOS Y GASTOS DEL ECO POLITICO	4644		
SUELDOS Y GASTOS MILITARES	389527		
TRIBUTOS REALES DE INCIOS	8766		
VACANTES MENORES	8385		
15% DE AMORTIZACION	836		
TOTAL	753993		
TOTAL COMPUTADO	753954		

SUMARIO GENERAL DE CARTA CUENTA DE ORURO

6/1609- 3/1615

CARGO	OCHO	ENSAYADOS	ORO	DATA	OCHO	ENSAYADOS	ORO
S1829							
ALCABALAS REALES	47673			ALCABALAS REALES	15518		
ARRENDAMIENTO Y VENTA DE MINAS	46343	209585		ARRENDAMIENTO Y VENTA DE MINAS	45223		
AZOGUES		28337		ARRENDAMIENTOS DE CASAS REALES	3150		
BULAS DE SANTA CRUZADA	1363			AZOGUES DEBIDO DE COBRAR		6224	
DEPOSITOS		68667		BULAS DE SANTA CRUZADA		28342	
ESCRITURAS		64490		ESCRITURAS		51172	
EXISTENCIA		992		EXTRAORDINARIO DE REAL HACIENDA	800		
EXTRAORDINARIO DE REAL HACIENDA	5810	67407		FLETES DE AZOGUES		31701	
OFICIOS VENDIBLES Y RENUNCIABLES		111		GASTOS DE CONTADURIA Y RL HAC	2395		
PENAS DE CAMARA	2726	1719		LIMOSNAS DE VINO Y ACEITE	720		
QUINTOS DE ESTANO	285	433		OFICIOS VENDIBLES Y RENUNCIABLES	4260	50186	
QUINTOS DE PLATA LABRADA	15290			REMITIDO A LIMA		1555394	
REMITIDO DE POTOSI	110			SUELDOS		17604	
TRIBUTOS DE YANACONAS	3550			TOTAL	72066	1740623	
TRIBUTOS REALES DE PARIA		1262114					
1.5% Y QUINTO DE PLATA	123152	1703756					
TOTAL							
TOTAL COMPUTADO	123150	1703855		TOTAL COMPUTADO	72066	1740623	

8/1621-12/1621

CARGO	OCHO	ENSAYADOS	ORO	DATA	OCHO	ENSAYADOS	ORO
S1829							
ARRENDAMIENTO Y VENTA DE MINAS		52		AZOGUES	1059		
AZOGUES		12092		EXISTENCIA	100		
AZOGUES ATRASADOS	709	2312		EXTRAORDINARIO DE REAL HACIENDA		69056	
COMISOS	439			SOBRAS	88		
DEPOSITOS		32		SUELDOS	156	300	
EXISTENCIA	973			TOTAL	1403	69356	
PRESTAMOS		136					
1.5% Y QUINTO DE PLATA		56059					
TOTAL	2121	70684					
TOTAL COMPUTADO	2121	70683		TOTAL COMPUTADO	1403	69356	

1/1624-12/1624

CARGO	OCHO	ENSAYADOS	ORO	DATA	OCHO	ENSAYADOS	ORO
S1829							
ALCABALAS REALES		4380		FLETES		19	
AZOGUES		31769		FLETES DE AZOGUES		2080	
AZOGUES ATRASADOS		9661		GASTOS DE CONTADURIA Y RL HAC		92	
BULAS DE SANTA CRUZADA		2840		GASTOS GENERALES DE REAL HACDA		32	

ORURO   1/1624-12/1624

CARGO	OCHO	ENSAYADOS	ORO
DEPOSITOS		192	
EMPRESTITOS		546	
OFICIOS VENDIBLES Y RENUNCIABLES		4477	
QUINTOS DE ESTANO		53	
SOBRAS		363	
TRIBUTOS REALES DE PARIA		2182	
1.5% Y QUINTO DE PLATA		232845	
TOTAL		289308	

TOTAL COMPUTADO   289308

DATA	OCHO	ENSAYADOS	ORO
INDIOS CANONES		67	
PLOMO		40	
REMITIDO A LIMA		283711	
REPARO DE LAS CASAS REALES		512	
SUELDOS DE CORREGIDORES		1500	
SUELDOS DE REAL HACIENDA		1255	
TOTAL		289308	

TOTAL COMPUTADO   289308

S1829   1/1625-12/1625

CARGO	OCHO	ENSAYADOS	ORO
ALCABALAS REALES		5216	
ARRENDAMIENTO Y VENTA DE MINAS		9126	
AZOGUES		31742	
AZOGUES ATRASADOS		6324	
BULAS DE SANTA CRUZADA		448	
CRECIMIENTO DE BARRAS		249	
DEPOSITOS		1280	
DONATIVO GRACIOSO		704	
EMPRESTITOS		802	
OFICIOS VENDIBLES Y RENUNCIABLES		6325	
QUINTOS DE PLATA LABRADA		39	
TRIBUTOS REALES DE PARIA		1088	
1.5% Y QUINTO DE PLATA		164809	
TOTAL		228148	

TOTAL COMPUTADO   228152

DATA	OCHO	ENSAYADOS	ORO
FLETES DE PLATA		3767	
GASTOS DE CONTADURIA Y RL HAC		67	
INDIOS CANONES		56	
REMITIDO A LIMA		218433	
SUELDOS DE CORREGIDORES		1250	
SUELDOS DE OFICIALES MAYORES R H		416	
SUELDOS DE REAL HACIENDA		2025	
TRIBUTOS REALES DE PARIA		2136	
TOTAL		228148	

TOTAL COMPUTADO   228150

S1829   1/1626-12/1626

CARGO	OCHO	ENSAYADOS	ORO
ALCABALAS REALES		9792	
ARRENDAMIENTO Y VENTA DE MINAS		2752	
AZOGUES		52616	
AZOGUES ATRASADOS		11975	
BULAS DE SANTA CRUZADA		2181	
CESIONES A SU MAJESTAD		704	
CONDENACIONES DEL REAL CONSEJO		32	
CUENTA DE RL CAJA DE POTOSI		448	
DONATIVO		2588	
OFICIOS VENDIBLES Y RENUNCIABLES		3551	
QUINTOS DE PLATA LABRADA		50	
SOBRAS		632	
TRIBUTOS REALES DE PARIA		1280	
1.5% Y QUINTO DE PLATA		311146	
TOTAL		399747	

TOTAL COMPUTADO   399747

DATA	OCHO	ENSAYADOS	ORO
ARRENDAMIENTOS DE CASAS REALES		981	
DEPOSITOS		1280	
FLETES DE AZOGUES		4914	
GASTOS DE CONTADURIA Y RL HAC		197	
INDIOS CANONES		67	
REMITIDO A LIMA		384642	
SUELDOS DE CORREGIDORES		1625	
SUELDOS DE OFICIALES MAYORES R H		541	
SUELDOS DE REAL HACIENDA		2535	
TRIBUTOS REALES DE PARIA		2966	
TOTAL		399747	

TOTAL COMPUTADO   399748

S1829   1/1627-12/1627

CARGO	OCHO	ENSAYADOS	ORO
ALCABALAS REALES		4905	

DATA	OCHO	ENSAYADOS	ORO
ARRENDAMIENTOS DE CASAS REALES		512	

ORURO 1/1627-12/1627

CARGO	OCHO	ENSAYADOS	ORO
ARRENDAMIENTO Y VENTA DE MINAS		339	
AZOGUES		9005	
AZOGUES ATRASADOS		6446	
BULAS DE SANTA CRUZADA		1912	
CONDENACIONES DE TRIBUNAL CUENTAS		100	
CONDENACIONES DEL REAL CONSEJO		100	
CUENTA DE RL CAJA DE POTOSI		3217	
DONATIVO		64	
EMPRESTITOS		273	
OFICIOS VENDIBLES Y RENUNCIABLES		3329	
REINTEGROS		14	
SOBRAS		338	
TRIBUTOS REALES DE PARIA		3959	
1.5% Y QUINTO DE PLATA		263774	
TOTAL		297777	
TOTAL COMPUTADO		297775	

DATA	OCHO	ENSAYADOS	ORO
DEVOLUCIONES		1000	
DONATIVO PARA CONF DE OFICIOS		640	
FLETES DE PLATA		1608	
GASTOS DE CONTADURIA Y RL HAC		77	
INDIOS CANONES		67	
REMITIDO A LIMA		285102	
SUELDOS DE CORREGIDORES		1375	
SUELDOS DE OFICIALES MAYORES R H		541	
SUELDOS DE REAL HACIENDA		2897	
TRIBUTOS REALES DE PARIA		3959	
TOTAL		297777	
TOTAL COMPUTADO		297778	

S1829 1/1628-12/1628

CARGO	OCHO	ENSAYADOS	ORO
ALCABALAS REALES		5463	
ARRENDAMIENTO Y VENTA DE MINAS		704	
AZOGUES		45740	
AZOGUES ATRASADOS		3050	
BULAS DE SANTA CRUZADA		1252	
CUENTA DE RL CAJA DE POTOSI		320	
DONATIVO PARA CONF DE OFICIOS		931	
DUENOS DE REQUA		756	
OFICIOS VENDIBLES Y RENUNCIABLES		2856	
QUINTOS DE PLATA LABRADA		43	
SOBRAS		472	
TRIBUTOS REALES DE PARIA		3399	
1.5% Y QUINTO DE PLATA		247693	
TOTAL		312678	
TOTAL COMPUTADO		312679	

DATA	OCHO	ENSAYADOS	ORO
ARRENDAMIENTOS DE CASAS REALES		512	
FLETES		9716	
GASTOS DE CONTADURIA Y RL HAC		159	
INDIOS CANONES		67	
LIMOSNAS DE VINO Y ACEITE		2446	
REMITIDO A LIMA		295250	
SUELDOS DE CORREGIDORES		2215	
SUELDOS DE OFICIALES MAYORES R H		458	
SUELDOS DE REAL HACIENDA		1150	
TRIBUTOS REALES DE PARIA		704	
TOTAL		312678	
TOTAL COMPUTADO		312677	

S1829 1/1629-12/1629

CARGO	OCHO	ENSAYADOS	ORO
ALCABALAS REALES		3744	
ARRENDAMIENTO Y VENTA DE MINAS		262	
ARRENDAMIENTOS		1728	
AZOGUES		59722	
AZOGUES ATRASADOS		2691	
BULAS DE SANTA CRUZADA		1352	
CUENTA DE RL CAJA DE POTOSI		512	
DUENOS DE REQUA		152	
FIADORES DE LOS REALES OFICIALES		64	
OFICIOS VENDIBLES Y RENUNCIABLES		2350	
QUINTOS DE PLATA LABRADA		71	
SOBRAS		241	
TRIBUTOS REALES DE PARIA		441	
1.5% Y QUINTO DE PLATA		238454	
TOTAL		311783	

DATA	OCHO	ENSAYADOS	ORO
ARRENDAMIENTOS DE CASAS REALES		128	
DEPOSITOS		3500	
ENCOMIENDAS		2842	
FLETES		8787	
GASTOS DE CONTADURIA Y RL HAC		77	
GASTOS DEL PUERTO DE CALLAO		166	
INDIOS CANONES		67	
REMITIDO A LIMA		291383	
SUELDOS DE CORREGIDORES		1500	
SUELDOS DE OFICIALES MAYORES R H		582	
SUELDOS DE REAL HACIENDA		2751	
TOTAL		311785	

ORURO 1/1629-12/1629

CARGO side

CARGO	OCHO	ENSAYADOS	ORO
TOTAL COMPUTADO		311784	
S1830			
ALCABALAS REALES	15600		
ARRENDAMIENTO Y VENTA DE MINAS	1045		
AZCGUES ATRASADOS	970	2153	
AZOGUES DE CONTADO		78726	
AZOGUES DE CONTADO ANTECESORES		19139	
BULAS DE SANTA CRUZADA	897	1462	
CONDENACIONES	400		
CONDENACIONES DEL REAL CONSEJO	156		
EXISTENCIA	2522	9354	
LIMCSNAS	401		
OFICIOS VENDIBLES Y RENUNCIABLES	7381		
RESTITUCIONES	85		
TRIBUTOS REALES PARIA Y CAPINOTA	6512		
TRIBUTOS YANACONAS DE PARIA	25		
1.5% Y QUINTO DE PLATA		232059	
TOTAL	35994	342892	
TOTAL COMPUTADO	35994	342893	
S1830			
ALCABALAS REALES	2621		
ARRENDAMIENTO Y VENTA DE MINAS	869		
AZCGUES ATRASADOS	6739	3418	
AZOGUES DE CONTADO		143065	
AZOGUES DE CONTADC ANTECESORES		32727	
BULAS DE SANTA CRUZADA	200	4310	
COMPOSICION DE PULPERIAS	780		
CONDENACIONES	800		
CUENTA DE REAL CAJA DE ARICA	350		
EMPRESTITOS	24000		
EXISTENCIA	2660	15780	
LIMCSNAS	168		
MEDIA ANATA	312		
OFICIOS VENDIBLES Y RENUNCIABLES	12785	1200	
QUINTUS DE ORO Y PLATA LAB A DZO	5505		
QUINTOS DE PLATA LABRADA	90		
TRIBUTOS DE YANACONAS	50		
TRIBUTOS REALES DE CARANGAS	2004		
TRIBUTOS REALES PARIA Y CAPINOTA	14862		
1.5% Y QUINTO DE PLATA		466735	
TOTAL	74795	667235	
TOTAL COMPUTADO	74795	667235	
S1830			
ALCABALAS REALES	200		

DATA side

DATA	CCHC	ENSAYADCS	ORC
TOTAL COMPUTADO		311783	
7/1631- 2/1632			
EXISTENCIA	3766	120027	
FLETES		6344	
LIMOSNAS DE VINO Y ACEITE	1434		
REMITIDO A LIMA		89767	
SUELDOS		500	
TRIBUTOS REALES DE CAPINCTA	310		
TRIBUTOS REALES DE PARIA	4094		
TOTAL	9604	216638	
TOTAL COMPUTADO	9604	216638	
3/1632- 2/1633			
ARRENDAMIENTOS DE CASAS REALES	1600		
BULAS DE SANTA CRUZADA		4566	
CUENTA DE REAL CAJA DE ARICA	350	976	
DEPOSITOS	156		
EMPRESTITOS	24000		
EXISTENCIA	4805	53726	
FLETES		23923	
GASTOS DE CONTADURIA Y RL HAC	212		
LIMOSNAS DE VINO Y ACEITE	1185		
MEDIA ANATA	312		
REMITIDO A LIMA		582205	
SUELDOS		6485	
TRIBUTOS REALES DE CANACES	208		
TRIBUTOS REALES DE CAPINOTA	1165		
TRIBUTOS REALES DE CARANGAS	777		
TRIBUTOS REALES DE PARIA	10298		
TOTAL	45072	671881	
TOTAL COMPUTADO	45072	671881	
3/1633- 4/1633			

		CCHO	ENSAYADOS S1830

ORURO   3/1633- 4/1633

CARGO	OCHO	ENSAYADOS	ORO	DATA	CCHO	ENSAYADOS S1830
ARRENDAMIENTO Y VENTA DE MINAS	268	315				
AZOGUES ATRASADOS	1069	27463				
AZOGUES DE CONTADO		23296				
AZOGUES DE CONTADO ANTECESORES						
DEPOSITOS	156					
DIEZMOS DE ENCOMIENDAS	78					
EXISTENCIA	2127	39243				
OFICIOS VENDIBLES Y RENUNCIABLES	10	500				
RESIDUOS	409					
TRIBUTOS REALES PARIA Y CAPINOTA		2778				
TRIBUTOS YANACONAS DE PARIA	47					
1.5% Y QUINTO DE PLATA		127402				
TOTAL	4363	220997				
TOTAL COMPUTADO	4364	220997				

5/1633- 1/1636

DATA	CCHO	ENSAYADOS S1830
ARRENDAMIENTOS DE CASAS REALES	4000	
BULAS DE SANTA CRUZADA		16133
CUENTA DE REAL CAJA DE ARICA	393	
DEPOSITOS	16293	
EMPRESTITOS		8074
EXISTENCIA	311	36150
FLETES	10889	27179
GASTOS DE CONTADURIA Y RL HAC	633	
INDIOS CANCNES	520	
MEDIA ANATA	1334	
OFICIOS VENDIBLES Y RENUNCIABLES	27000	
PENAS DE CAMARA	110	641
REDENCION DE CAUTIVOS	700	987060
REMITIDO A LIMA		20042
SUELDOS		
TRIBUTOS REALES DE CARANGAS	4366	
TRIBUTOS REALES DE PARIA	18819	
TOTAL	85367	1095279
TOTAL COMPUTADO	85368	1095279

S1830

5/1633- 1/1636

CARGO	OCHO	ENSAYADOS
ALCABALAS REALES	19222	
ARRENDAMIENTO Y VENTA DE MINAS	8608	9812
AZOGUES ATRASADOS	10638	248686
AZOGUES DE CONTADO		51461
AZOGUES DE CONTADO ANTECESORES		16165
BULAS DE SANTA CRUZADA	5560	
COMPOSICION DE PULPERIAS	291	
CONDENACIONES	393	
CUENTA DE REAL CAJA DE ARICA	7489	
DEPOSITOS	774	3047
EMPRESTITOS	4809	53726
EXISTENCIA	368	
INTERESES DE BARRAS	634	
LIM CANONIZACION DEL REY FERNANDO	1333	
MEDIA ANATA	11220	
OFICIOS VENDIBLES Y RENUNCIABLES	160	992
PENAS DE CAMARA	902	
QUINTOS DE PLATA LABRADA	700	
REDENCION DE CAUTIVOS	100	641
RESTITUCIONES	13404	
SERVICIO GRACIOSO	14582	
TRIBUTOS REALES DE CARANGAS	19954	
TRIBUTOS REALES DE PARIA		713699
1.5% Y QUINTO DE PLATA		
TOTAL	121142	1098228
TOTAL COMPUTADO	121141	1098229

12/1645- 5/1646

DATA	CCHO	ENSAYADOS
BULAS DE SANTA CRUZADA	1000	2517
FLETES DE AZOGUES		4934
FLETES DE PLATA	4800	
GASTOS DE CONTADURIA Y RL HAC	286	
MEDIA ANATA	662	
PAPEL RUBRICADO	994	

S1831

12/1645- 5/1646

CARGO	OCHO	ENSAYADOS
ARRENDAMIENTO Y VENTA DE MINAS	200	
AZOGUES ATRASADOS	1466	3941
AZOGUES DE CONTADO		32569
AZOGUES DE CONTADO ANTECESORES		2517
BULAS DE SANTA CRUZADA	1000	
COMPOSICION DE PULPERIAS	480	

ORO

S1831

ORURO   12/1645- 5/1646

CARGO	OCHO	ENSAYADOS
COMPOSICION DE TIERRAS	77065	
DEPOSITOS	2870	
DONATIVO	1235	
EXISTENCIA		93958
OFICIOS VENDIBLES Y RENUNCIABLES	867	
PAPEL RUBRICADO	994	
SISA	851	
TRIBUTOS REALES DE CARANGAS	2550	
TRIBUTOS REALES DE PARIA	5089	
1.5% Y QUINTO DE PLATA		107590
TOTAL	94765	240570
TOTAL COMPUTADO	94667	240575

DATA	OCHO	ENSAYADCS
REMITIDO A LIMA		278828
SUELDOS	1000	6349
TRIBUTOS REALES DE CARANGAS	5089	
TRIBUTOS REALES DE PARIA	13830	292629
TOTAL		
TOTAL COMPUTADO	13831	292628

S1831   6/1646- 3/1647

CARGO	OCHO	ENSAYADOS
ALCABALAS REALES	2500	
ARRENDAMIENTO Y VENTA DE MINAS	2530	
AZOGUES ATRASADOS	2073	56
AZOGUES DE CONTADO		7444
AZOGUES DE CONTADO ANTECESORES		20981
BULAS DE SANTA CRUZADA	1335	2644
COMPOSICION DE PULPERIAS	980	
COMPOSICION DE TIERRAS	5355	
DEPOSITOS	4300	
DONATIVO	550	
MEDIA ANATA	4419	
OFICIOS VENDIBLES Y RENUNCIABLES	13150	
PAPEL RUBRICADO	877	
PLATA VUELTA A LA CAJA	840	
SISA	5306	
TRIBUTOS REALES DE CARANGAS	2800	
TRIBUTOS REALES DE INDIOS	38	
TRIBUTOS REALES DE PARIA	3778	
1.5% Y QUINTO DE PLATA		174019
TOTAL	50830	205144
TOTAL COMPUTADO	50831	205144

DATA	OCHO	ENSAYADCS
ARRENDAMIENTOS DE CASAS REALES	1600	
BULAS DE SANTA CRUZADA	1335	2644
DEPOSITOS	156	
EXTRAORDINARIO DE REAL HACIENDA	510	
FLETES DE PLATA	1686	
GASTOS DE CONTADURIA Y RL HAC	254	
MEDIA ANATA	4420	
OFICIOS VENDIBLES Y RENUNCIABLES	118	
PAPEL RUBRICADO	700	
PENAS DE CAMARA	130	
REMITIDO A LIMA		222230
SUELDOS	1000	2448
TRIBUTOS REALES DE CARANGAS	3778	
TRIBUTOS REALES DE PARIA	16085	227322
TOTAL		
TOTAL COMPUTADO	16087	227322

S1831   4/1647- 6/1648

CARGO	OCHO	ENSAYADOS
ALCABALAS REALES	2500	
ARRENDAMIENTO Y VENTA DE MINAS	655	
AZOGUES	5027	
AZOGUES ATRASADOS	7737	28590
AZOGUES DE CONTADO		23772
AZOGUES DE CONTADO ANTECESORES		1608
BULAS DE SANTA CRUZADA	1200	
COMPOSICION DE PULPERIAS	840	
COMPOSICION DE TIERRAS	300	
DEPOSITOS	4255	
MEDIA ANATA	839	
OFICIOS VENDIBLES Y RENUNCIABLES	3621	
PAPEL RUBRICADO	864	

DATA	OCHO	ENSAYADCS
ARRENDAMIENTOS DE CASAS REALES	800	
BULAS DE SANTA CRUZACA	1200	1608
COMPOSICION DE TIERRAS	10128	
EXTRAORDINARIO DE REAL HACIENDA	8311	
FLETES DE AZOGUES	1838	3549
MEDIA ANATA	839	
PAPEL RUBRICADO	864	
REMITIDO A LIMA		245618
SUELDOS	1000	5738
TRIBUTOS REALES DE CARANGAS	4489	
TRIBUTOS REALES DE PARIA	29464	256512
TOTAL		

ORURO   4/1647- 6/1648

CARGO	OCHO	ENSAYADOS	ORO
SISA	1910		
SOCORRO DE CHILE	1400		
TRIBUTOS REALES DE CARANGAS	3351		
TRIBUTOS REALES DE INDIOS	30		
TRIBUTOS REALES DE PARIA	4489	196060	
1.5% Y QUINTO DE PLATA		250029	
TOTAL	39017		
TOTAL COMPUTADO	39018	250030	

S1831

CARGO	OCHO	ENSAYADOS	ORO
ALCABALAS REALES	5000		
ARRENDAMIENTO Y VENTA DE MINAS	960	129	
AZOGUES ATRASADOS	2591	21058	
AZOGUES DE CONTADO		20559	
AZOGUES DE CONTADO ANTECESORES		2050	
BULAS DE SANTA CRUZADA	865		
COMPOSICION DE PULPERIAS	333		
CONDENACIONES	100		
DEPOSITOS	1184		
DONATIVO	6927		
INTERESES DE BARRAS	20		
MEDIA ANATA	1217		
OFICIOS VENDIBLES Y RENUNCIABLES	15011		
PAPEL RUBRICADO	892		
SISA	2099		
TRIBUTOS REALES DE CARANGAS	4652		
TRIBUTOS REALES DE INDIOS	45		
TRIBUTOS REALES DE PARIA	6924		
1.5% Y QUINTO DE PLATA		182111	
TOTAL	48819	225907	
TOTAL COMPUTADO	48820	225907	

S1831

CARGO	OCHO	ENSAYADOS	ORO
AZOGUES DE CONTADO	100		
AZOGUES DE CONTADO ANTECESORES	937	386	
BULAS DE SANTA CRUZADA	925		
MEDIA ANATA	1334		
OFICIOS VENDIBLES Y RENUNCIABLES	176		
TRIBUTOS REALES DE CARANGAS	384		
TRIBUTOS REALES DE PARIA		24253	
1.5% Y QUINTO DE PLATA		25564	
TOTAL	2935		
TOTAL COMPUTADO	2931	25564	

S1831

CARGO	OCHO	ENSAYADOS	ORO
ALCABALAS REALES	4500		
ARRENDAMIENTO Y VENTA DE MINAS	830		

DATA	OCHO	ENSAYADOS	ORO
TOTAL COMPUTADO	29469	256513	

7/1648- 6/1649

DATA	OCHO	ENSAYADOS	ORO
ARRENDAMIENTOS DE CASAS REALES	400		
BULAS DE SANTA CRUZADA	600		
DEPOSITOS	5060		
EXTRAORDINARIO DE REAL HACIENDA	380	10985	
FLETES DE AZOGUES	359		
FLETES DE PLATA	44		
GASTOS DE CONTADURIA Y RL HAC	513		
MEDIA ANATA	14200		
OFICIOS VENDIBLES Y RENUNCIABLES	100		
PAPEL RUBRICADO			
REMITIDO A LIMA		47939	
SUELDOS		2552	
TRIBUTOS REALES DE CARANGAS	1000		
TRIBUTOS REALES DE PARIA	4466		
TOTAL	27121	61476	
TOTAL COMPUTADO	27122	61476	

10/1649-12/1649

DATA	OCHO	ENSAYADOS	ORO
EXISTENCIA	4091	20237	
SUELDOS		4019	
TOTAL	4091	24256	
TOTAL COMPUTADO	4091	24256	

1/1650- 1/1651

DATA	OCHO	ENSAYADOS	ORO
BULAS DE SANTA CRUZADA	845		
DEPOSITOS	3184		

195

ORURO   1/1650- 1/1651

CARGO

CARGO	OCHO	ENSAYADOS	ORO
AZOGUES ATRASADOS	1500		
AZOGUES DE CONTADO		30968	
AZOGUES DE CONTADO ANTECESORES		14540	
BULAS DE SANTA CRUZADA	745		
COMPOSICION DE PULPERIAS	910		
CONDENACIONES DEL REAL CONSEJO	500		
DEPOSITOS	3193		
EXISTENCIA	4091	20237	
MEDIA ANATA	1030		
OFICIOS VENDIBLES Y RENUNCIABLES	6867		
PAPEL RUBRICADO	798		
PRESTAMOS	226		
TRIBUTOS REALES DE CARANGAS	1600		
TRIBUTOS REALES DE PARIA	4700		
1.5% Y QUINTO DE PLATA		127995	
TOTAL	31489	193739	
TOTAL COMPUTADO	31490	193740	

DATA

DATA	OCHO	ENSAYADCS	ORO
FLETES DE AZOGUES	1450		
FLETES DE PLATA	214	3029	
GASTOS DE CONTADURIA Y RL HAC	1775		
MEDIA ANATA	1003		
OFICIOS VENDIBLES Y RENUNCIABLES	774		
PAPEL RUBRICADO	500		
REMITIDO A LIMA	13557	184355	
SUELDOS		7238	
TRIBUTOS REALES DE CARANGAS	500		
TRIBUTOS REALES DE PARIA	4700		
TOTAL	28401	194621	
TOTAL COMPUTADO	28402	194622	

S1831   2/1651-11/1651

CARGO

CARGO	OCHO	ENSAYADOS	ORO
ALCABALAS REALES	8000		
ARRENDAMIENTO Y VENTA DE MINAS	80		
AZOGUES ATRASADOS	500		
AZOGUES DE CONTADO		9907	
AZOGUES DE CONTADO ANTECESORES		19	
BULAS DE SANTA CRUZADA		2676	
COMPOSICION DE PULPERIAS	320		
DEPOSITOS	2000		
OFICIOS VENDIBLES Y RENUNCIABLES	1425		
SISA	761		
TRIBUTOS REALES DE CARANGAS	2182		
TRIBUTOS REALES DE PARIA	2000		
1.5% Y QUINTO DE PLATA		51003	
TOTAL	17269	63605	
TOTAL COMPUTADO	17268	63605	

DATA

DATA	OCHO	ENSAYADCS	ORO
ARRENDAMIENTOS DE CASAS REALES	2200		
DEPCSITOS	732	1387	
FLETES DE AZOGUES	375		
SISA		896	
SUELDOS			
TOTAL	3307	2283	
TOTAL COMPUTADO	3307	2283	

S1831   12/1651- 2/1652

CARGO

CARGO	OCHO	ENSAYADOS	ORO
ARRENDAMIENTO Y VENTA DE MINAS	60		
AZOGUES ATRASADOS	550	5056	
AZOGUES DE CONTADO		3812	
AZOGUES DE CONTADO ANTECESORES	320		
COMPOSICION DE PULPERIAS	1516		
DEPCSITOS-	20		
MEDIA ANATA	518		
TRIBUTOS DE YANACONAS		16930	
1.5% Y QUINTO DE PLATA		25798	
TOTAL	2984	25798	
TOTAL COMPUTADO	2984	25798	

DATA

DATA	OCHO	ENSAYADCS	ORO
ARRENDAMIENTCS DE CASAS REALES		80	
FLETES DE PAPEL SELLADC		40	
SUELDOS	3067	2000	
TRIBUTOS REALES DE PARIA		2120	
TOTAL	3067	2120	
TOTAL COMPUTADO	3067	2120	

ORURO

CARGO

ORURO 3/1652– 4/1652

S1851

CARGO	OCHO	ENSAYADOS	ORO
ALCABALAS REALES	796		
ARRENDAMIENTO Y VENTA DE MINAS	30	2413	
AZOGUES DE CONTADO		11386	
AZOGUES DE CONTADO ANTECESORES			
COMPOSICION DE PULPERIAS	320		
CONDENACIONES DEL REAL CONSEJO	680	8094	
DEPOSITOS	40		
PAPEL SELLADO	350		
TRIBUTOS REALES DE CARANGAS	1600		
TRIBUTOS REALES DE PARIA	3900		
1.5% Y QUINTO DE PLATA		15618	
TOTAL	7715	37514	
TOTAL COMPUTADO	7716	37511	

S1831

CARGO	OCHO	ENSAYADOS	ORO
ARRENDAMIENTO Y VENTA CE MINAS	150		
AZOGUES ATRASADOS		7301	
AZOGUES DE CONTADO		6739	
AZOGUES DE CONTADO ANTECESORES		1799	
BULAS DE SANTA CRUZADA	2000	1456	
COMPOSICION DE PULPERIAS	400		
DEPOSITOS	1684		
MEDIA ANATA	514		
OFICIOS VENDIBLES Y RENUNCIABLES	1343		
PAPEL SELLADO	949		
TRIBUTOS DE YANACONAS	503		
TRIBUTOS REALES DE CARANGAS	3625		
TRIBUTOS REALES DE PARIA	5344		
1.5% Y QUINTO DE PLATA		36340	
TOTAL	16512	53635	
TOTAL COMPUTADO	16512	53635	

S1831

CARGO	OCHO	ENSAYADOS	ORO
ALCABALAS REALES	8000		
ARRENDAMIENTO Y VENTA DE MINAS	240		
AZOGUES ATRASADOS	649	931	
AZOGUES DE CONTADO		8124	
AZOGUES DE CONTADO ANTECESORES		4961	
BULAS DE SANTA CRUZADA	1069	1416	
COMPOSICION DE PULPERIAS	340		
CONDENACIONES DE TRIBUNAL CUENTAS	300		
DEPOSITOS	1759		
DONATIVO	50		
INTERESES DE BARRAS	162		
MEDIA ANATA	130	320	

DATA

S1851

3/1652– 4/1652

DATA	OCHO	ENSAYADOS	ORO
BULAS DE SANTA CRUZADA	150	2676	
DEPOSITOS	46		
EXTRAORDINARIO DE REAL HACIENDA			
FLETES DE AZOGUES		2575	
FLETES DE PAPEL SELLADO	45		
FLETES DE PLATA	923		
GASTOS DE CONTADURIA Y RL HAC	259		
GASTOS DE RESELLO	220		
MEDIA ANATA	20		
PAPEL SELLADO	351		
REMITIDO A LIMA	31873	101052	
SUELDOS		3099	
TRIBUTOS REALES DE CARANGAS	1000		
TRIBUTOS REALES DE PARIA	3900		
TOTAL	38786	109402	
TOTAL COMPUTADO	38787	109402	

4/1652–10/1652

DATA	OCHO	ENSAYADOS	ORO
ARRENDAMIENTCS DE CASAS REALES	200		
BULAS DE SANTA CRUZADA	2000	1456	
DEPOSITOS		1280	
GASTOS DE CONTADURIA Y RL HAC	117		
GASTOS DE RESELLO	465		
MEDIA ANATA	514		
PAPEL SELLADO	949		
REMITIDO A LIMA	4439	49051	
SUELDOS		1527	
TRIBUTOS REALES DE CARANGAS	1000		
TRIBUTOS REALES DE PARIA	4466		
TOTAL	14150	53315	
TOTAL COMPUTADO	14150	53314	

11/1652– 4/1653

DATA	OCHO	ENSAYADOS	ORO
ARRENDAMIENTOS DE CASAS REALES	653		
BULAS DE SANTA CRUZADA	1069	1416	
DEPOSITOS	2221	3452	
FLETES DE PLATA	410		
GASTOS DE CONTADURIA Y RL HAC	71		
GASTOS DE RESELLO	80		
MEDIA ANATA	130		
PAPEL SELLADO	300		
REMITIDO A LIMA	12226	35529	
SUELDOS	1000		
TRIBUTOS REALES DE CARANGAS		708	
TRIBUTOS REALES DE PARIA	2434		

S1831

ORURO 11/1652- 4/1653

CARGO	OCHO	ENSAYADOS
OFICIOS VENDIBLES Y RENUNCIABLES	4501	
PAPEL SELLADO	300	
TRIBUTOS REALES DE CARANGAS	3350	
TRIBUTOS REALES DE PARIA	2699	25117
1.5% Y QUINTO DE PLATA		40869
TOTAL	23549	
TOTAL COMPUTADO	23549	40869

DATA	ORO	ENSAYADOS	OCHO	S1831 ENSAYADOS
TOTAL	—		20595	41106
TOTAL COMPUTADO			20594	41105

S1831

5/1653- 5/1654

CARGO	OCHO	ENSAYADOS
ALCABALAS REALES	2080	
ARRENDAMIENTO Y VENTA DE MINAS	150	
AZOGUES DE CONTADO		14503
AZOGUES DE CONTADO ANTECESORES		4241
BULAS DE SANTA CRUZADA	6503	1321
COMPOSICION DE INGENIO	150	
COMPOSICION DE PULPERIAS	400	
COMPOSICIONES DE ENCOMIENDAS	858	
CONDENACIONES DE TRIBUNAL CUENTAS	300	
CONDENACIONES DEL REAL CONSEJO	530	
DEPOSITOS	3038	
DIEZMOS DE COBRE	72	
MEDIA ANATA	33	
OFICIOS VENDIBLES Y RENUNCIABLES	2950	
PAPEL SELLADO	160	
TRIBUTOS DE YANACONAS	400	
TRIBUTOS REALES DE CARANGAS	3000	
TRIBUTOS REALES DE PARIA	3389	55328
1.5% Y QUINTO DE PLATA		75393
TOTAL	24013	
TOTAL COMPUTADO	24013	75393

DATA	ORO	OCHO	S1831 ENSAYADOS
ARRENDAMIENTOS DE CASAS REALES	—	933	
AZOGUES		150	
BULAS DE SANTA CRUZADA		6503	1321
FLETES DE PLATA		999	
GASTOS DE CONTADURIA Y RL HAC		236	
MEDIA ANATA		33	
PAPEL SELLADO		198	
REMITIDO A LIMA		11905	67304
SUELDOS			5054
TRIBUTOS REALES DE CARANGAS		1000	
TRIBUTOS REALES DE PARIA		3000	
TOTAL		24956	73680
TOTAL COMPUTADO		24957	73679

S1831

6/1654- 1/1655

CARGO	OCHO	ENSAYADOS
ARRENDAMIENTO Y VENTA DE MINAS	300	
AZOGUES ATRASADOS	1098	
AZOGUES DE CONTADO		3707
AZOGUES DE CONTADO ANTECESORES		86
BULAS DE SANTA CRUZADA	1498	1032
COMPOSICION DE PULPERIAS	860	
MEDIA ANATA	2914	
OFICIOS VENDIBLES Y RENUNCIABLES	2500	
PAPEL SELLADO	840	
TRIBUTOS DE YANACONAS	400	
TRIBUTOS REALES DE CARANGAS	2025	
TRIBUTOS REALES DE PARIA	3778	30634
1.5% Y QUINTO DE PLATA		35458
TOTAL	16212	
TOTAL COMPUTADO	16213	35459

DATA	ORO	OCHO	S1831 ENSAYADOS
ARRENDAMIENTOS DE CASAS REALES	—	934	
BULAS DE SANTA CRUZADA		640	
EXISTENCIA		7370	24636
FLETES DE PLATA		70	
GASTOS DE CONTADURIA Y RL HAC		185	8199
REMITIDO A LIMA		1031	2423
SUELDOS		500	
TRIBUTOS REALES DE CARANGAS		3778	
TRIBUTOS REALES DE PARIA		14507	3525E
TOTAL COMPUTADO		14508	3525E

CARGO	OCHO	ENSAYADOS	ORO	DATA	ORO
S1832				6/1666- 5/1667	
ALCABALAS REALES		1488			
ARRENDAMIENTO Y VENTA DE MINAS		289			
AZOGUES ATRASADOS		260			
AZOGUES DE CONTADO		25737			
COMPOSICION DE PULPERIAS		141			
CONDENACIONES DE RESIDENCIA		15			
CUENTA DE RL CAJA DE PCTOSI		320			
INTERESES DE BARRAS		76			
OFICIOS VENDIBLES Y RENUNCIABLES		3891			
TRIBUTOS REALES DE CARANGAS		781			
TRIBUTOS REALES DE PARIA		3114			
TRIBUTOS RLS TOTORA Y CURAGUARA		384			
1.5% Y QUINTO DE PLATA		52822			
TOTAL		89618			
TOTAL COMPUTADO		89318		TOTAL COMPUTADO	
S1832				6/1667- 5/1668	
ALCABALAS REALES		1729			
ARRENDAMIENTO Y VENTA DE MINAS		614			
AZOGUES ATRASADOS		86			
AZOGUES DE CONTADO		14218			
COMPOSICION DE PULPERIAS		230			
DONATIVO		512			
INTERESES		236			
INTERESES DE BARRAS		21			
OFICIOS VENDIBLES Y RENUNCIABLES		481			
PLATA VUELTA A LA CAJA		133			
TRIBUTOS DE YANACONAS		384			
TRIBUTOS REALES DE CARANGAS		1946			
TRIBUTOS REALES DE PARIA		3057			
TRIBUTOS RLS TOTORA Y CURAGUARA		384			
1.5% Y QUINTO DE PLATA		51700			
TOTAL		75731			
TOTAL COMPUTADO		75731		TOTAL COMPUTADO	
S1832				6/1683- 4/1684	
ALCABALAS Y UNION DE ARMAS		2560			
ARRENDAMIENTO Y VENTA DE MINAS		176			
AZOGUES DE CONTADO		8580			
COMPOSICION DE MOLINOS DE POLV		640			
COMPOSICION DE PULPERIAS		341			
CONDENACIONES DE RESIDENCIA		167			
INTERESES DE BARRAS		52			
MEDIA ANATA		1220			
OFICIOS VENDIBLES Y RENUNCIABLES		2067			
PAPEL SELLADO		294			
SISA		160			
TRIBUTOS DE YANACONAS		486			

ORURO   6/1683- 4/1684

CARGO	OCHO	ENSAYADOS	ORO	DATA	OCHO	ENSAYADOS	ORO
TRIBUTOS REALES DE CARANGAS		762					
TRIBUTOS REALES DE PARIA		3058					
1.5% Y QUINTO DE PLATA		37723					
TOTAL		58288					
TOTAL COMPUTADO		58286		TOTAL COMPUTADO			

S1832   5/1684- 6/1685

CARGO	ENSAYADOS	DATA	ENSAYADOS
ALCABALAS REALES	5760	ARRENDAMIENTOS DE CASAS REALES	192
ARRENDAMIENTO Y VENTA DE MINAS	237	FLETES CONDUCCION CARTAS CUENTAS	314
AZOGUES DE CONTADO	12631	FLETES DE PLATA	451
COLEGIO DE SAN FELIPE DE LIMA	192	GASTOS DE CONTADURIA Y RL HAC	121
COMPOSICION DE MOLINOS DE POLV	320	LIMOSNAS DE VINO Y ACEITE	114
COMPOSICION DE PULPERIAS	372	REMITIDO A LIMA	63641
COMPOSICION DE TIERRAS	64	RESIDUOS	337
DEPOSITOS	100	SUELDOS DE CORREGIDORES	1000
ERRORES EN LOS PAPELES DE CUENTA	147	SUELDOS DE OFICIALES MAYORES R H	667
INTERESES	34	SUELDOS DE REAL HACIENDA	1497
INTERESES DE BARRAS	34	TRIBUTOS REALES DE CARANGAS	815
MEDIA ANATA	462	TRIBUTOS REALES DE PARIA	3342
OFICIOS VENDIBLES Y RENUNCIABLES	3445	TOTAL	72492
PAPEL SELLADO	369		
RESIDUOS PARA BUENOS EFECTOS	336		
RESULTAS DEL TRIBUNAL DE CUENTAS	1024		
TRIBUTOS DE YANACONAS	486		
TRIBUTOS REALES DE CARANGAS	1007		
TRIBUTOS REALES DE PARIA	3058		
1.5% Y QUINTO DE PLATA	40627		
TOTAL	70706		
TOTAL COMPUTADO	70705	TOTAL COMPUTADO	72491

S1832   5/1686- 4/1687

CARGO	ENSAYADOS	DATA	ENSAYADOS
ARRENDAMIENTO Y VENTA DE MINAS	192	ARRENDAMIENTOS DE CASAS REALES	192
AZOGUES DE CONTADO	11957	FLETES DE AZOGUES	556
COMPOSICION DE PULPERIAS	243	FLETES DE PAPEL SELLADO	5
CONDENACIONES	181	FLETES DE PLATA	9306
INTERESES DE BARRAS	4	GASTOS DE CONTADURIA Y RL HAC	118
MEDIA ANATA	638	LIMOSNAS DE VINO Y ACEITE	114
MESADAS ECLESIASTICAS	166	REMITIDO A LIMA	44756
OFICIOS VENDIBLES Y RENUNCIABLES	4704	RESIDUOS	186
PAPEL SELLADO	346	SUELDOS DE CORREGIDORES	1500
RESIDUOS PARA BUENOS EFECTOS	186	SUELDOS DE OFICIALES MAYORES R H	500
TRIBUTOS DE YANACONAS	243	SUELDOS DE REAL HACIENDA	3489
TRIBUTOS REALES DE CARANGAS	2377	TOTAL	60722
TRIBUTOS REALES DE PARIA	3057		
1.5% Y QUINTO DE PLATA	36422		
TOTAL	60716		
TOTAL COMPUTADO	60716	TOTAL COMPUTADO	60722

ORURO   5/1687— 4/1688

CARGO	OCHO	ENSAYADOS	ORO	DATA	OCHO	ENSAYADOS	ORO
S1832				5/1687— 4/1688			
				S1832			
ALCABALAS REALES		2560		ARRENDAMIENTOS DE CASAS REALES		192	
ALCANCES DE CUENTAS		466		DEPOSITOS		3200	
ARRENDAMIENTO Y VENTA DE MINAS		224		FLETES DE PAPEL SELLADO		18	
AZOGUES DE CONTADO		13721		FLETES DE PLATA		16800	
COMPOSICION DE PULPERIAS		154		GASTOS DE CONTADURIA Y RL HAC		122	
DEPOSITOS		3200		LIMOSNAS DE VINO Y ACEITE		114	
FLETES DE MEDIA ANATA		191		REMITIDO A LIMA		50114	
INTERESES DE BARRAS		11		RESIDUOS		320	
MEDIA ANATA		1174		RESIDUOS		1353	
OFICIOS VENDIBLES Y RENUNCIABLES		4282		SUELDOS DE CORREGIDORES		2029	
PAPEL SELLADO		275		SUELDOS DE OFICIALES MAYORES R H		500	
RESIDUOS PARA BUENOS EFECTOS		1353		SUELDOS DE REAL HACIENDA		1800	
TRIBUTOS DE YANACONAS		486		TRIBUTOS REALES DE CARANGAS		252	
TRIBUTOS REALES DE CARANGAS		2125		TRIBUTOS REALES DE PARIA		1173	
TRIBUTOS REALES DE PARIA		1884		TOTAL		77988	
1.5% Y QUINTO DE PLATA		44437					
TOTAL		76544					
TOTAL COMPUTADO		76543		TOTAL COMPUTADO		77987	

CARGO	OCHO	ENSAYADOS	ORO	DATA	OCHO	ENSAYADOS	ORO
S1832				5/1688— 4/1689			
ALCABALAS REALES		2560		ARMADA DEL SUR		647	
ARRENDAMIENTO Y VENTA DE MINAS		32		ARRENDAMIENTOS DE CASAS REALES		192	
AZOGUES DE CONTADO		13040		FLETES DE AZOGUES		952	
COMPOSICION DE PULPERIAS		192		FLETES DE PAPEL SELLADO		5	
INTERESES DE BARRAS		3		GASTOS DE CONTADURIA Y RL HAC		129	
MEDIA ANATA		1256		LIMOSNAS DE VINO Y ACEITE		114	
OFICIOS VENDIBLES Y RENUNCIABLES		8149		OFICIOS VENDIBLES Y RENUNCIABLES		832	
PAPEL SELLADO		201		REMITIDO A LIMA Y FLETES		58233	
RESIDUOS		1271		SUELDOS DE CORREGIDORES		1500	
TRIBUTOS DE YANACONAS		486		SUELDOS DE OFICIALES MAYORES R H		500	
TRIBUTOS REALES DE CARANGAS		2697		SUELDOS DE PROTECTORES		1048	
TRIBUTOS REALES DE PARIA		2611		SUELDOS DE REAL HACIENDA		1200	
1.5% Y QUINTO DE PLATA		36706		TRIBUNAL DE CUENTAS		15	
TOTAL		69204		TRIBUTOS REALES DE CARANGAS		983	
				TRIBUTOS REALES DE PARIA		2848	
				TOTAL		69204	
TOTAL COMPUTADO		69204		TOTAL COMPUTADO		69198	

CARGO	OCHO	ENSAYADOS	ORO	DATA	OCHO	ENSAYADOS	ORO
S:832				5/1689— 4/1690			
ALCABALAS REALES		1984		ARRENDAMIENTOS DE CASAS REALES		192	
ARRENDAMIENTO Y VENTA DE MINAS		96		FLETES DE AZOGUES		854	
AZOGUES		11786		GASTOS DE CONTADURIA Y RL HAC		152	
COMPOSICION DE PULPERIAS		192		LIMOSNAS DE VINO Y ACEITE		114	
INTERESES		16		OFICIOS VENDIBLES Y RENUNCIABLES		3179	
MEDIA ANATA		182		REMITIDO A LIMA Y FLETES		61844	
OFICIOS VENDIBLES Y RENUNCIABLES		1899		SUELDOS DE CORREGIDORES		1500	
PAPEL SELLADO		250		SUELDOS DE OFICIALES MAYORES R H		500	
PENAS DE CAMARA		154		SUELDOS DE PROTECTORES		626	

ORURO

5/1689- 4/1690

CARGO	OCHO	ENSAYADOS	ORO	DATA	ORO	OCHO	ENSAYADOS	S1832 ORO
RESIDUOS		635		SUELDOS DE REAL HACIENDA			2000	
TRIBUTOS DE YANACONAS		486		TOTAL			70961	
TRIBUTOS REALES DE CARANGAS		3155						
TRIBUTOS REALES DE ORURO		1485						
TRIBUTOS REALES DE PARIA		2534						
1.5% Y QUINTO DE PLATA		46103						
TOTAL		70961						
TOTAL COMPUTADO		70961		TOTAL COMPUTADO			70961	

S1832

5/1690- 4/1691

CARGO	ENSAYADOS	DATA	ENSAYADOS
ALCABALAS REALES	1984	ARRENDAMIENTOS DE CASAS REALES	192
ARRENDAMIENTO Y VENTA DE MINAS	211	FLETES DE AZOGUES	967
AZOGUES	9957	FLETES DE PAPEL SELLADO	5
COMPOSICION DE PULPERIAS	217	GASTOS DE CONTADURIA Y RL HAC	150
DONATIVO	518	LIBRANZAS DEL VIRREY	10718
INTERESES	38	LIMOSNAS DE VINO Y ACEITE	114
MEDIA ANATA	719	OFICIOS VENDIBLES Y RENUNCIABLES	1067
OFICIOS VENDIBLES Y RENUNCIABLES	3515	REMITIDO A LIMA Y FLETES	53520
PAPEL SELLADO	625	SUELDOS DE CORREGIDORES	1500
PENAS DE CAMARA	64	SUELDOS DE OFICIALES MAYORES R H	500
QUINTOS DE ESTANO	22	SUELDOS DE PROTECTORES	567
QUINTOS DEL ORO	73	SUELDOS DE REAL HACIENDA	2800
RESIDUOS	575	TRIBUTOS REALES DE CARANGAS	263
SISA	251	TRIBUTOS REALES DE PARIA	635
TRIBUTOS REALES DE INDIOS	8650	TOTAL	72998
VACANTES DE SINODOS	1473		
1.5% Y QUINTO DE PLATA	44106		
TOTAL	72999		
TOTAL COMPUTADO	72998	TOTAL COMPUTADO	72998

S1832

5/1691- 4/1692

CARGO	ENSAYADOS	DATA	ENSAYADOS
ALCABALAS REALES	1984	ARRENDAMIENTOS DE CASAS REALES	192
ARRENDAMIENTO Y VENTA DE MINAS	64	FLETES DE AZOGUES	411
AZOGUES	16783	FLETES DE PLATA	13058
COMPOSICION DE PULPERIAS	192	GASTOS DE CONTADURIA Y RL HAC	131
MEDIA ANATA	282	LIMOSNAS DE VINO Y ACEITE	114
OFICIOS VENDIBLES Y RENUNCIABLES	1429	REMITIDO A LIMA	62787
PAPEL SELLADO	426	SINODOS	99
RESIDUOS	1413	SUELDOS DE CORREGIDORES	1734
TRIBUTOS REALES DE INDIOS	8833	SUELDOS DE OFICIALES MAYORES R H	500
VACANTES DE SINODOS	1095	SUELDOS DE PROTECTORES	611
1.5% Y QUINTO DE PLATA	49867	SUELDOS DE REAL HACIENDA	2400
TOTAL	82369	TRIBUTOS REALES DE CARANGAS	329
		TOTAL	82368
TOTAL COMPUTADO	82368	TOTAL COMPUTADO	82366

S1832

5/1692- 4/1693

ORURO   5/1692- 4/1693

CARGO

CARGO	OCHO	ENSAYADOS	ORO
ALCABALAS REALES		1984	
ARRENDAMIENTO Y VENTA DE MINAS		160	
AZOGUES		18017	
MEDIA ANATA		253	
OFICIOS VENDIBLES Y RENUNCIABLES		799	
PAPEL SELLADO		313	
RESIDUOS		1432	
TRIBUTOS REALES DE INDIOS		8717	
TRIBUTOS REALES DE PARIA		23	
VACANTES DE SINODOS		120	
1.5% Y QUINTO DE PLATA		50672	
TOTAL		82490	

TOTAL COMPUTADO   82490

DATA

DATA	OCHO	ENSAYADOS	ORO	S1832
ARRENDAMIENTOS DE CASAS REALES		192		
FLETES DE AZOGUES		1000		
FLETES DE PLATA		8426		
GASTOS DE CONTADURIA Y RL HAC		141		
LIMOSNAS DE VINO Y ACEITE		114		
REMITIDO A LIMA		64113		
SINODOS		2273		
SUELDOS DE CORREGIDORES		1500		
SUELDOS DE OFICIALES MAYORES R H		500		
SUELDOS DE PROTECTORES		1251		
SUELDOS DE REAL HACIENDA		2400		
TRIBUTOS REALES DE CARANGAS		579		
TOTAL		82490		

TOTAL COMPUTADO   82489

S1832   5/1693- 4/1694

CARGO

CARGO	OCHO	ENSAYADOS	ORO
ALCABALAS REALES		1984	
ARRENDAMIENTO Y VENTA DE MINAS		288	
AZOGUES		24214	
COMPOSICION DE PULPERIAS		192	
MEDIA ANATA		321	
OFICIOS VENDIBLES Y RENUNCIABLES		725	
PAPEL SELLADO		336	
RESIDUOS		1197	
RESULTAS DEL TRIBUNAL DE CUENTAS		34	
SOBRAS		49	
TRIBUTOS REALES DE INDIOS		8357	
1.5% Y QUINTO DE PLATA		72733	
TOTAL		110429	

TOTAL COMPUTADO   110430

DATA

DATA	OCHO	ENSAYADOS	ORO	S1832
ARRENDAMIENTOS DE CASAS REALES		192		
ESTANO		2319		
FLETES DE AZOGUES		1185		
FLETES DE ESTANO		966		
FLETES DE PAPEL SELLADO		6		
GASTOS DE CONTADURIA Y RL HAC		125		
LIMOSNAS DE VINO Y ACEITE		114		
OFICIOS VENDIBLES Y RENUNCIABLES		213		
REMITIDO A LIMA Y FLETES		99089		
SINODOS		625		
SUELDOS DE CORREGIDORES		1514		
SUELDOS DE OFICIALES MAYORES R H		500		
SUELDOS DE PROTECTORES		600		
SUELDOS DE REAL HACIENDA		2400		
TRIBUTOS REALES DE CARANGAS		579		
TOTAL		110430		

TOTAL COMPUTADO   110427

S1832   5/1694- 4/1695

CARGO

CARGO	OCHO	ENSAYADOS	ORO
ALCABALAS REALES		1984	
ARRENDAMIENTO Y VENTA DE MINAS		224	
AZOGUES		32555	
COMPOSICION DE PULPERIAS		192	
MEDIA ANATA		1308	
OFICIOS VENDIBLES Y RENUNCIABLES		638	
PAPEL SELLADO		272	
RESIDUOS		681	
SOBRAS		16	
TRIBUTOS REALES DE INDIOS		6699	
1.5% Y QUINTO DE PLATA		91953	
TOTAL		136523	

TOTAL COMPUTADO   136522

DATA

DATA	OCHO	ENSAYADOS	ORO	S1832
ARRENDAMIENTOS DE CASAS REALES		192		
FLETES DE AZOGUES		816		
FLETES DE ESTANO		242		
FLETES DE PLATA		9774		
GASTOS DE CONTADURIA Y RL HAC		143		
LIMOSNAS DE VINO Y ACEITE		114		
REMITIDO A LIMA		119993		
SUELDOS DE CORREGIDORES		1750		
SUELDOS DE OFICIALES MAYORES R H		500		
SUELDOS DE PROTECTORES		600		
SUELDOS DE REAL HACIENDA		2400		
TOTAL		136523		

TOTAL COMPUTADO   136524

ORURO 5/1695- 4/1696

CARGO	OCHO	ENSAYADOS	ORO
S1832			
ALCABALAS REALES		1984	
ARRENDAMIENTO Y VENTA DE MINAS		128	
AZOGUES		29843	
COMPOSICION DE PULPERIAS		192	
INTERESES		43	
MEDIA ANATA		326	
OFICIOS VENDIBLES Y RENUNCIABLES		928	
PAPEL SELLADO		347	
RESIDUOS		1577	
RESULTAS DEL TRIBUNAL DE CUENTAS		250	
SISA		247	
SOBRAS		49	
TERCIOS DE SUELDOS		2333	
TRIBUTOS REALES DE INDIOS		9123	
1.5% Y QUINTO DE PLATA		103091	
TOTAL		150462	
TOTAL COMPUTADO		150461	

B 13 5/1698- 4/1699

CARGO	OCHO	ENSAYADOS	ORO
ALCABALAS REALES		1984	
ALCANCES DE CUENTAS		361	
ARRENDAMIENTO Y VENTA DE MINAS		192	
AZOGUES		20945	
COMPOSICION DE PULPERIAS		192	
DEVOLUCIONES		500	
MEDIA ANATA		895	
MULTAS		90	
OFICIOS VENDIBLES Y RENUNCIABLES		1330	
PAPEL SELLADO		274	
RESIDUOS		957	
SINODOS		33	
TRIBUTOS REALES DE CARANGAS		3327	
TRIBUTOS REALES DE ORURO		2756	
TRIBUTOS REALES DE PARIA		1948	
VACANTES DE SINODOS		780	
1.5% Y QUINTO DE PLATA		69382	
TOTAL		105985	
TOTAL COMPUTADO		105946	

B 13 5/1700- 4/1701

CARGO	OCHO	ENSAYADOS	ORO
ALCABALAS REALES		2176	
ARRENDAMIENTO Y VENTA DE MINAS		192	
AZOGUES		17543	
COMPOSICION DE PULPERIAS		77	
DONATIVO		260	
MEDIA ANATA		390	
OFICIOS VENDIBLES Y RENUNCIABLES		692	
PAPEL SELLADO		205	

5/1695- 4/1696

DATA	OCHO	ENSAYADOS	ORO
ARRENDAMIENTOS DE CASAS REALES		192	
FLETES DE AZOGUES		997	
FLETES DE BULAS SC DE GUATEMALA		6199	
FLETES DE PLATA		140	
GASTOS DE CONTADURIA Y RL HAC		126	
LIBRANZAS DEL VIRREY		8079	
LIMOSNAS DE VINO Y ACEITE		114	
REMITIDO A HUANCAVELICA		37269	
REMITIDO A LIMA		90134	
SUELDOS DE CORREGIDORES		649	
SUELDOS DE OFICIALES MAYORES R H		500	
SUELDOS DE PROTECTORES		464	
SUELDOS DE REAL HACIENDA		2400	
TERCIOS DE SUELDOS		2333	
TRIBUTOS REALES DE CARANGAS		868	
TOTAL		150462	
TOTAL COMPUTADO		150464	

5/1698- 4/1699

DATA	OCHO	ENSAYADOS	ORO
REAL HACIENDA		105985	
TOTAL		105985	
TOTAL COMPUTADO		105985	

5/1700- 4/1701

DATA	OCHO	ENSAYADOS	ORO
REAL HACIENDA		4658	
REMITIDO A LIMA Y FLETES		103844	
TOTAL		108542	

ORURO   5/1700- 4/1701

CARGO	OCHO	ENSAYADOS
RESIDUOS		1675
SOBRAS		33
TRIBUTOS REALES DE INDIOS		8559
VACANTES DE SINODOS		467
1.5% Y QUINTO DE PLATA		76273
TOTAL		108544
TOTAL COMPUTADO		108542

DATA	ORO	OCHO	ENSAYADOS
TOTAL COMPUTADO			108502

B   13   **5/1702- 4/1703**

CARGO	OCHO	ENSAYADOS
ALCABALAS REALES		2176
ARRENDAMIENTO Y VENTA DE MINAS		96
AZOGUES		33929
COMPOSICION DE PULPERIAS		233
DEVOLUCIONES		1000
MEDIA ANATA		34
OFICIOS VENDIBLES Y RENUNCIABLES		320
PAPEL SELLADO		456
RESIDUOS		957
SOBRAS		49
TRIBUTOS REALES DE CARANGAS		3327
TRIBUTOS REALES DE ORURO		1902
TRIBUTOS REALES DE PARIA		1948
VACANTES DE SINODOS		722
1.5% Y QUINTO DE PLATA		75341
TOTAL		122489
TOTAL COMPUTADO		122490

DATA	ORO	OCHO	ENSAYADOS
REAL HACIENDA			53637
REMITIDO A LIMA Y FLETES			68852
TOTAL			122489
TOTAL COMPUTADO			122489

B   13   **5/1703- 4/1704**

CARGO	OCHO	ENSAYADOS
ALCABALAS REALES		1088
ARRENDAMIENTO Y VENTA DE MINAS		64
AZOGUES		29321
COMPOSICION DE PULPERIAS		288
DONATIVO		128
MEDIA ANATA		58
OFICIOS VENDIBLES Y RENUNCIABLES		250
PAPEL SELLADO		561
QUINTOS DEL ORO		109
RESIDUOS		957
SOBRAS		33
TRIBUTOS REALES DE CARANGAS		3327
TRIBUTOS REALES DE ORURO		2388
TRIBUTOS REALES DE PARIA		1948
1.5% Y QUINTO DE PLATA		84616
TOTAL		125136
TOTAL COMPUTADO		125136

DATA	ORO	OCHO	ENSAYADOS
REAL HACIENDA			125145
TOTAL			125145
TOTAL COMPUTADO			125145

B   13   **5/1704- 4/1705**

ORURO   5/1704- 4/1705

CARGO	OCHO	ENSAYADOS	ORO	DATA	OCHO	ENSAYADOS	ORO
ALCABALAS REALES		2176		REAL HACIENDA		113305	
ARRENDAMIENTO Y VENTA DE MINAS		96		TOTAL		113305	
AZOGUES		14940					
COMPOSICION DE PULPERIAS		352					
DEVOLUCIONES		1500					
DONATIVO		714					
MEDIA ANATA		569					
OFICIOS VENDIBLES Y RENUNCIABLES		161					
PAPEL SELLADO		388					
RESIDUOS		957					
SOBRAS		33					
TRIBUTOS REALES DE CARANGAS		3327					
TRIBUTOS REALES DE ORURO		3200					
TRIBUTOS REALES DE PARIA		1948					
VACANTES DE SINODOS		187					
1.5% Y QUINTO DE PLATA		82758					
TOTAL		113305					
TOTAL COMPUTADO		113306		TOTAL COMPUTADO		113305	

S1832

CARGO	OCHO	ENSAYADOS	ORO	DATA	OCHO	ENSAYADOS	ORO
				5/1706- 4/1707			
ALCABALAS REALES		2176		FLETES DE AZOGUES		16305	
ARRENDAMIENTO Y VENTA DE MINAS		256		FLETES DE PLATA		89	
AZOGUES		36937		GASTOS DE CONTADURIA Y RL HAC		169	
COMPOSICION DE PULPERIAS		258		LIMOSNAS DE VINO Y ACEITE		114	
DONATIVO		1402		REMITIDO A CASTILLA DE ACAPULCO		403	
MEDIA ANATA		168		REMITIDO A LIMA Y FLETES		80720	
OFICIOS VENDIBLES Y RENUNCIABLES		1118		SITUADO DE VALDIVIA		45527	
PAPEL SELLADO		379		SUELDOS DE CORREGIDORES		1500	
QUINTOS DEL ORO		92		SUELDOS DE OFICIALES MAYORES R H		583	
RESIDUOS		957		SUELDOS DE PROTECTORES		600	
SOBRAS		33		SUELDOS DE REAL HACIENDA		2400	
TRIBUTOS REALES DE CARANGAS		3327		TOTAL		148411	
TRIBUTOS REALES DE ORURO		3200					
TRIBUTOS REALES DE PARIA		1948					
VALIMIENTOS DE 5% DE SUELDOS		396					
1.5% Y QUINTO DE PLATA		95764					
TOTAL		148410					
TOTAL COMPUTADO		148411		TOTAL COMPUTADO		148410	

S1832

CARGO	OCHO	ENSAYADOS	ORO	DATA	OCHO	ENSAYADOS	ORO
				5/1707- 4/1708			
ALCABALAS REALES		2176		FLETES DE AZOGUES		2093	
ARRENDAMIENTO Y VENTA DE MINAS		134		FLETES DE PLATA		85	
AZOGUES		31741		GASTOS DE CONTADURIA Y RL HAC		161	
COMPOSICION DE PULPERIAS		256		LIBRANZAS DEL VIRREY		57804	
CONTRABANDO		562		LIMOSNAS DE VINO Y ACEITE		114	
MEDIA ANATA		376		REMITIDO A LIMA Y FLETES		62492	
OFICIOS VENDIBLES Y RENUNCIABLES		1982		SUELDO DE CORREGIDOR DE PARIA		1479	
PAPEL SELLADO		168		SUELDOS DE CORREGIDORES		1500	
QUINTOS DEL ORO		399		SUELDOS DE OFICIALES MAYORES R H		500	
RESIDUOS		957		SUELDOS DE PROTECTORES		300	

ORURO 5/1707- 4/1708

CARGO	OCHO	ENSAYADOS	ORO
SISA		160	
SOBRAS		33	
TRIBUTOS REALES DE CARANGAS		3327	
TRIBUTOS REALES DE ORURO		3200	
TRIBUTOS REALES DE PARIA		2677	
1.5% Y QUINTO DE PLATA		80781	
TOTAL		128929	
TOTAL COMPUTADO		128929	

DATA	OCHO	ENSAYADOS	ORO
SUELDOS DE REAL HACIENDA		2400	
TOTAL		128929	
TOTAL COMPUTADO		128928	

S1832 5/1708- 4/1709

CARGO	OCHO	ENSAYADOS	ORO
ALCABALAS REALES		2176	
ARRENDAMIENTO Y VENTA DE MINAS		576	
AZOGUES		51327	
COMPOSICION DE PULPERIAS		288	
CONTRABANDO		667	
DONATIVO		794	
MEDIA ANATA		843	
OFICIOS VENDIBLES Y RENUNCIABLES		608	
PAPEL SELLADO		20	
RESIDUOS		957	
SISA		160	
SOBRAS		33	
TRIBUTOS REALES DE CARANGAS		3327	
TRIBUTOS REALES DE ORURO		3547	
TRIBUTOS REALES DE PARIA		1948	
VALIMIENTOS DE 5% DE SUELDOS		288	
1.5% Y QUINTO DE PLATA		107504	
TOTAL		175064	
TOTAL COMPUTADO		175063	

DATA	OCHO	ENSAYADOS	ORO
ARRENDAMIENTOS DE CASAS REALES		96	
FLETES DE AZOGUES		1660	
GASTOS DE CONTADURIA Y RL HAC		151	
LIBRANZAS DEL VIRREY		30946	
LIMOSNAS DE VINO Y ACEITE		114	
REMITIDO A LIMA Y FLETES		136651	
SINODOS		604	
SUELDOS DE CORREGIDORES		1342	
SUELDOS DE OFICIALES MAYORES R H		500	
SUELDOS DE PROTECTORES		600	
SUELDOS DE REAL HACIENDA		2400	
TOTAL		175064	
TOTAL COMPUTADO		175064	

S1832 5/1709- 4/1710

CARGO	OCHO	ENSAYADOS	ORO
ALCABALAS REALES		2176	
ARRENDAMIENTO Y VENTA DE MINAS		64	
AZOGUES		53715	
COMPOSICION DE PULPERIAS		256	
DONATIVO		1653	
MEDIA ANATA		1755	
MITAD DE SUELDOS DE CORREGIDORES		1000	
OFICIOS VENDIBLES Y RENUNCIABLES		1980	
QUINTOS DEL ORO		36	
RESIDUOS		957	
SOBRAS		33	
TRIBUTOS REALES DE CARANGAS		3327	
TRIBUTOS REALES DE ORURO		3840	
TRIBUTOS REALES DE PARIA		2120	
VALIMIENTOS DE 5% DE SUELDOS		239	
1.5% Y QUINTO DE PLATA		123775	
TOTAL		196925	
TOTAL COMPUTADO		196926	

DATA	OCHO	ENSAYADOS	ORO
ARRENDAMIENTOS DE CASAS REALES		96	
FLETES DE AZOGUES		1684	
GASTOS DE CONTADURIA Y RL HAC		131	
LIBRANZAS DEL VIRREY		85482	
LIMOSNAS DE VINO Y ACEITE		114	
REMITIDO A LIMA Y FLETES		103815	
SINODOS		604	
SUELDOS DE CORREGIDORES		1500	
SUELDOS DE OFICIALES MAYORES R H		500	
SUELDOS DE PROTECTORES		600	
SUELDOS DE REAL HACIENDA		2400	
TOTAL		196925	
TOTAL COMPUTADO		196926	

ORURO   5/1710- 4/1711   S1832   ORO

CARGO	OCHO	ENSAYADOS	ORO	DATA	OCHO	ENSAYADOS
S1832				5/1710- 4/1711		
				S1832		
ALCABALAS REALES		2176		ARRENDAMIENTOS DE CASAS REALES		96
ARRENDAMIENTO Y VENTA DE MINAS		480		FLETES DE AZOGUES		2090
AZOGUES		47253		GASTOS DE CONTADURIA Y RL HAC		171
COMISOS		1679		LIBRANZAS DEL VIRREY		80668
COMPOSICION DE TIERRAS		224		LIMOSNAS DE VINO Y ACEITE		114
MEDIA ANATA		2552		REMITIDO A LIMA Y FLETES		96246
OFICIOS VENDIBLES Y RENUNCIABLES		3104		SINODOS		604
PAPEL SELLADO		256		SUELDOS DE CORREGIDORES		1500
QUINTOS DEL ORO		67		SUELDOS DE OFICIALES MAYORES R H		500
RESIDUOS		957		SUELDOS DE PROTECTORES		743
SOBRAS		33		SUELDOS DE REAL HACIENDA		2400
TRIBUTOS REALES DE CARANGAS		3327		TOTAL		185131
TRIBUTOS REALES DE ORURO		3840				
TRIBUTOS REALES DE PARIA		3133				
1.5% Y QUINTO DE PLATA		116050				
TOTAL		185131				
TOTAL COMPUTADO		185131		TOTAL COMPUTADO		185132
S1832				5/1711- 4/1712		
ALCABALAS REALES		2560		REAL HACIENDA		159421
ARRENDAMIENTO Y VENTA DE MINAS		128		TOTAL		159421
AZOGUES		49305				
COMISOS		1828				
COMPOSICION DE PULPERIAS		303				
DEVOLUCIONES		750				
MEDIA ANATA		2616				
PAPEL SELLADO		429				
RESIDUOS		957				
SOBRAS		33				
TRIBUTOS REALES DE CARANGAS		2918				
TRIBUTOS REALES DE ORURO		3840				
TRIBUTOS REALES DE PARIA		2549				
1.5% Y QUINTO DE PLATA		91204				
TOTAL		159421				
TOTAL COMPUTADO		159420		TOTAL COMPUTADO		159421
B 13				5/1712- 4/1713		
ALCABALAS REALES		2560		REAL HACIENDA		121881
ARRENDAMIENTO Y VENTA DE MINAS		224		TOTAL		121881
AZOGUES		28122				
COMISOS		1384				
COMPOSICION DE PULPERIAS		192				
MEDIA ANATA		40				
OFICIOS VENDIBLES Y RENUNCIABLES		1677				
PAPEL SELLADO		402				
RESIDUOS		957				
SOBRAS		33				
TRIBUTOS REALES DE CARANGAS		3122				

B 13
ENSAYADOS   OCHO

ORURO   5/1712- 4/1713

CARGO	OCHO	ENSAYADOS	ORO	DATA	OCHO	ENSAYADOS	ORO
TRIBUTOS REALES DE ORURO		1282					
TRIBUTOS REALES DE PARIA		2110					
1.5% Y QUINTO DE PLATA		79777					
TOTAL		121881					
TOTAL COMPUTADO		121882		TOTAL COMPUTADO		121881	

B   13   5/1713- 4/1714

CARGO	OCHO	ENSAYADOS	ORO	DATA	OCHO	ENSAYADOS	ORO
ALCABALAS REALES		2560		REAL HACIENDA		127860	
AZOGUES		27517		TOTAL		127860	
COMPOSICION DE PULPERIAS		192					
MEDIA ANATA		71					
PAPEL SELLADO		283					
PRESTAMOS		19200					
RESIDUOS		751					
SOBRAS		16					
TRIBUTOS REALES DE CARANGAS		1561					
TRIBUTOS REALES DE ORURO		3527					
TRIBUTOS REALES DE PARIA		2632					
1.5% Y QUINTO DE PLATA		69542					
TOTAL		127864					
TOTAL COMPUTADO		127852		TOTAL COMPUTADO		127860	

B   13   5/1714- 4/1715

CARGO	OCHO	ENSAYADOS	ORO	DATA	OCHO	ENSAYADOS	ORO
ALCABALAS REALES		2560		REAL HACIENDA		103508	
ARRENDAMIENTO Y VENTA DE MINAS		320		TOTAL		103508	
AZOGUES		34468					
COMPOSICION DE PULPERIAS		192					
MEDIA ANATA		1076					
OFICIOS VENDIBLES Y RENUNCIABLES		683					
QUINTOS DEL ORO		102					
RESIDUOS		1163					
SOBRAS		49					
TRIBUTOS REALES DE CARANGAS		4404					
TRIBUTOS REALES DE ORURO		2016					
TRIBUTOS REALES DE PARIA		1924					
1.5% Y QUINTO DE PLATA		54551					
TOTAL		103509					
TOTAL COMPUTADO		103508		TOTAL COMPUTADO		103508	

B   13   5/1715- 4/1716

CARGO	OCHO	ENSAYADOS	ORO	DATA	OCHO	ENSAYADOS	ORO
ALCABALAS REALES		2560		REAL HACIENDA		118230	
ARRENDAMIENTO Y VENTA DE MINAS		128		TOTAL		118230	
AZOGUES		51800					
COMISOS		1266					
COMPOSICION DE PULPERIAS		26					
MEDIA ANATA		60					
OFICIOS VENDIBLES Y RENUNCIABLES		1280					

ORURO   5/1715- 4/1716

CARGO	OCHO	ENSAYADOS	ORO	DATA		ENSAYADCS
PAPEL SELLADO		340	—			
RESIDUOS		957	—			
SOBRAS		33				
TRIBUTOS REALES DE CARANGAS		3122	—			
TRIBUTOS REALES DE ORURO		1249				
TRIBUTOS REALES DE PARIA		2424	—			
VACANTES DE SINODOS		774				
1.5% Y QUINTO DE PLATA		52213	—			
TOTAL		118232				
TOTAL COMPUTADO		118232		TOTAL COMPUTADO		118230

B 13   5/1716- 4/1717

CARGO	OCHO	ENSAYADOS	ORO	DATA		ENSAYADCS
ALCABALAS REALES		2560	—	REAL HACIENDA		159703
ARRENDAMIENTO Y VENTA DE MINAS		128	—	TOTAL		159703
AZOGUES		48988	—			
COMISOS		1744	—			
MEDIA ANATA		43	—			
OFICIOS VENDIBLES Y RENUNCIABLES		1280	—			
PAPEL SELLADO		338	—			
QUINTOS DEL ORO		519	—			
RESIDUOS		860	—			
TRIBUTOS REALES DE CARANGAS		3210	—			
TRIBUTOS REALES DE ORURO		4320	—			
TRIBUTOS REALES DE PARIA		2424	—			
1.5% Y QUINTO DE PLATA		93288	—			
TOTAL		159703				
TOTAL COMPUTADO		159702		TOTAL COMPUTADO		159703

B 13   5/1717- 4/1718

CARGO	OCHO	ENSAYADOS	ORO	DATA		ENSAYADCS
ALCABALAS REALES		2560	—	REAL HACIENDA		179639
AZOGUES		50391	—	TOTAL		179639
AZOGUES DE POTOSI Y CAJAS FUERAS		3123	—			
COMISOS		1346	—			
COMPOSICION DE PULPERIAS		192	—			
CONDENACIONES DE RESIDENCIA		109				
EFECTOS DE RESIDENCIA		412	—			
MEDIA ANATA		21				
OFICIOS VENDIBLES Y RENUNCIABLES		640	—			
PAPEL SELLADO		256	—			
RESIDUOS		957	—			
SOBRAS		16	—			
TRIBUTOS REALES DE CARANGAS		2995				
TRIBUTOS REALES DE ORURO		3840	—			
TRIBUTOS REALES DE PARIA		2424	—			
1.5% Y QUINTO DE PLATA		110357	—			
TOTAL		179639				
TOTAL COMPUTADO		179639		TOTAL COMPUTADC		179639

ORURO 5/1718- 4/1719

CARGO	OCHO	ENSAYADOS
B 13		
ALCABALAS REALES		2560
ARRENDAMIENTO Y VENTA DE MINAS		192
AZOGUES		77979
COMPOSICION DE PULPERIAS		192
MEDIA ANATA		331
OFICIOS VENDIBLES Y RENUNCIABLES		640
PAPEL SELLADO		413
QUINTOS DEL ORO		94
RESIDUOS		764
SOBRAS DE SUELDOS		500
TRIBUTOS REALES DE CARANGAS		3519
TRIBUTOS REALES DE ORURO		3840
TRIBUTOS REALES DE PARIA		2424
1.5% Y QUINTO DE PLATA		167416
TOTAL		260863
TOTAL COMPUTADO		260864

DATA 5/1718- 4/1719	OCHO	ENSAYADOS	B 13	ORO
REAL HACIENDA		260863		
TOTAL		260863		
TOTAL COMPUTADO		260863		

B 13	OCHO	ENSAYADOS
ALCABALAS REALES		2560
AZOGUES		78979
COMPOSICION DE PULPERIAS		83
DONATIVO		15040
INDULTOS		7168
MEDIA ANATA		2394
OFICIOS VENDIBLES Y RENUNCIABLES		717
PAPEL SELLADO		448
RESIDUOS		860
TRIBUTOS REALES DE CARANGAS		2800
TRIBUTOS REALES DE ORURO		1024
TRIBUTOS REALES DE PARIA		2424
1.5% Y QUINTO DE PLATA		129096
TOTAL		243592
TOTAL COMPUTADO		243593

DATA 5/1719- 4/1720	OCHO	ENSAYADOS
REAL HACIENDA		243592
TOTAL		243592
TOTAL COMPUTADO		243592

B 13	OCHO	ENSAYADOS
ALCABALAS REALES		4000
ARRENDAMIENTO Y VENTA DE MINAS		200
AZOGUES		43442
COMPOSICION DE PULPERIAS		470
DEVOLUCIONES		1581
MEDIA ANATA		1899
OFICIOS VENDIBLES Y RENUNCIABLES		4333
PAPEL SELLADO		384
RESIDUOS		322
TRIBUTOS REALES DE CARANGAS		5619
TRIBUTOS REALES DE ORURO		4259
TRIBUTOS REALES DE PARIA		3298
1.5% Y QUINTO DE PLATA		56900

DATA 5/1720- 4/1721	OCHO	ENSAYADOS
REAL HACIENDA	26591	100356
TOTAL	26591	100356

ORURO 5/1720- 4/1721

CARGO	OCHO	ENSAYADOS	ORO		DATA	OCHO	ENSAYADOS	ORO
TOTAL	26365	100342				26591	100356	
TOTAL COMPUTADO	26365	100342			TOTAL COMPUTADO	26591	100356	

S1832

CARGO	OCHO		DATA 5/1721- 4/1722	OCHO
ARRENDAMIENTO Y VENTA DE MINAS	100		ARRENDAMIENTOS DE CASAS REALES	300
AZOGUES	74517		COLEGIO DE SAN FELIPE DE LIMA	1000
COMISOS	14797		FLETES DE AZOGUES	1700
DEVOLUCIONES	1578		FLETES DE PLATA	591
MEDIA ANATA	238		GASTOS DE CONTADURIA Y RL HAC	259
OFICIOS VENDIBLES Y RENUNCIABLES	1292		LIBRANZAS DEL VIRREY	21988
PAPEL SELLADO	380		LIMOSNAS DE VINO Y ACEITE	179
RESIDUOS	966		REMITIDO A LIMA	162666
SISA	200		SUELDOS	9122
TRIBUTOS REALES DE CARANGAS	3715		SUELDOS DE PROTECTORES	1186
TRIBUTOS REALES DE PARIA	3298		TOTAL	198990
1.5% Y QUINTO DE PLATA	97911			
TOTAL	198990			
TOTAL COMPUTADO	198992		TOTAL COMPUTADO	198991

S1832

CARGO	OCHO		DATA 5/1722- 4/1723	OCHO
ALCABALAS REALES	4000		ARRENDAMIENTOS DE CASAS REALES	300
ARRENDAMIENTO Y VENTA DE MINAS	150		FLETES DE AZOGUES	12864
AZOGUES	94618		FLETES DE PLATA	818
COMPOSICION DE PULPERIAS	200		GASTOS DE CONTADURIA Y RL HAC	277
CUENTA DE RL CAJA DE POTOSI	692		LIBRANZAS DEL VIRREY	29110
MEDIA ANATA	73		LIMOSNAS DE VINO Y ACEITE	179
OFICIOS VENDIBLES Y RENUNCIABLES	2601		REMITIDO A LIMA	225709
PAPEL SELLADO	380		SINODOS	1888
TRIBUTOS REALES DE CARANGAS	1790		SUELDOS DE ALGUACILES MAYORES	3124
TRIBUTOS REALES DE ORURO	2416		SUELDOS DE OFICIALES MAYORES R H	810
TRIBUTOS REALES DE PARIA	3298		SUELDOS DE REAL HACIENDA	4860
1.5% Y QUINTO DE PLATA	169721		TOTAL	279938
TOTAL	279939			
TOTAL COMPUTADO	279939		TOTAL COMPUTADO	279939

S1832

CARGO	OCHO		DATA 5/1723- 4/1724	OCHO
ALCABALAS REALES	4000		ARRENDAMIENTOS DE CASAS REALES	300
ARRENDAMIENTO Y VENTA DE MINAS	2360		COLEGIO DE SAN FELIPE DE LIMA	317
AZOGUES	72237		FLETES	543
COMPOSICION DE PULPERIAS	322		FLETES DE AZOGUES	24628
MEDIA ANATA	53		GASTOS DE CONTADURIA Y RL HAC	223
OFICIOS VENDIBLES Y RENUNCIABLES	3125		LIBRANZAS DEL VIRREY	17819
PAPEL SELLADO	666		LIMOSNAS DE VINO Y ACEITE	178
TRIBUTOS REALES DE CARANGAS	977		REMITIDO A LIMA	142415
TRIBUTOS REALES DE ORURO	1000		SINODOS	544
TRIBUTOS REALES DE PARIA	3298		SUELDOS	5020
1.5% Y QUINTO DE PLATA	105102		SUELDOS DE OFICIALES MAYORES R H	810

S1832 ENSAYACOS

ORURO   5/1723- 4/1724

CARGO	OCHO	ENSAYADOS	ORO
TOTAL	193199		
TOTAL COMPUTADO	193140		

S1832

	OCHO	ENSAYADOS
ALCABALAS REALES	4000	
ARRENDAMIENTO Y VENTA DE MINAS	250	
AZOGUES	66960	
COMPOSICION DE PULPERIAS	200	
MEDIA ANATA	3294	
OFICIOS VENDIBLES Y RENUNCIABLES	1125	
PAPEL SELLADO	689	
TRIBUTOS REALES DE INDIOS	8104	
1.5% Y QUINTO DE PLATA	121772	
TOTAL	206394	

TOTAL COMPUTADO   206394

S1832

	OCHO	ENSAYADOS
ALCABALAS REALES	4000	
ARRENDAMIENTO Y VENTA DE MINAS	400	
AZOGUES	75418	
COMPOSICION DE PULPERIAS	125	
MEDIA ANATA	184	
OFICIOS VENDIBLES Y RENUNCIABLES	1965	46554
PAPEL SELLADO	689	
QUINTOS DEL ORO	608	
SISA	150	
TRIBUTOS REALES DE INDIOS	10279	
1.5% Y QUINTO DE PLATA	136012	
TOTAL	229830	

TOTAL COMPUTADO   229830

S1832

	OCHO	ENSAYADOS
ALCABALAS REALES	4000	
ARRENDAMIENTO Y VENTA DE MINAS	400	
AZOGUES		
COMPOSICION DE PULPERIAS	125	
MEDIA ANATA	184	
OFICIOS VENDIBLES Y RENUNCIABLES	1965	
PAPEL SELLADO	689	
QUINTOS DEL ORO	608	
SISA	150	
TRIBUTOS REALES DE ORURO	5400	
TRIBUTOS REALES DE PARIA	4879	83958
1.5% Y QUINTO DE PLATA	18400	130512

DATA	ORO	OCHO	ENSAYADOS
TOTAL		193199	
TOTAL COMPUTADO		193197	

5/1724- 4/1725

S1832

	OCHO	ENSAYADOS
ARRENDAMIENTOS DE CASAS REALES	300	
FLETES CONDUCCION CARTAS CUENTAS	3952	
FLETES DE AZOGUES	22697	
FLETES DE PLATA	191	
GASTOS DE CONTADURIA Y RL HAC	248	
LIMOSNAS DE VINO Y ACEITE	179	
REMITIDO A HUANCAVELICA	84982	
REMITIDO A LIMA	87230	
SINODOS	944	
SUELDOS	4860	
SUELDOS DE OFICIALES MAYCFES R H	810	
TOTAL	206394	

TOTAL COMPUTADO   206393

5/1725- 4/1726

S1832

	OCHO	ENSAYADOS
ARRENDAMIENTOS DE CASAS REALES	300	
FLETES DE AZOGUES	20653	
FLETES DE PLATA	757	
GASTOS DE CONTADURIA Y RL HAC	311	
LIMOSNAS DE VINO Y ACEITE	179	
REMITIDO A CARANGAS	6000	
REMITIDO A LIMA	152308	
SINODOS	944	
SUELDOS	7568	
SUELDOS DE OFICIALES MAYORES R H	810	
TOTAL	229830	

TOTAL COMPUTADO   229830

5/1726- 4/1727

S1832

	OCHO	ENSAYADOS
ARRENDAMIENTOS DE CASAS REALES	300	
FLETES DE AZOGUES	425	12749
FLETES DE PLATA	311	
GASTOS DE CONTADURIA Y RL HAC	178	
LIMOSNAS DE VINO Y ACEITE	6000	
REMITIDO A CARANGAS		70354
REMITIDO A LIMA		
SINODOS	943	
SUELDOS		3000
SUELDOS DE CORREGIDORES	1492	750
SUELDOS DE OFICIALES MAYCRES R H		500
TOTAL	9652	87353

ORURO

	OCHO	ENSAYADOS
S1832	9649	87353

ORO — DATA

TOTAL COMPUTADO — 9649 / 87353

S1832 — 5/1727– 4/1728 — DATA

DATA	OCHO	ENSAYADOS
ARRENDAMIENTOS DE CASAS REALES	300	
FLETES DE AZOGUES	28191	
FLETES DE PLATA	758	
GASTOS DE CONTADURIA Y RL HAC	243	
LIMOSNAS DE VINO Y ACEITE	179	
REMITIDO A CARANGAS	6000	
REMITIDO A LIMA	202625	
SINODOS	944	
SUELDOS	4730	
SUELDOS DE CORREGIDORES	1194	
SUELDOS DE OFICIALES MAYORES R H	810	
TOTAL	245974	

TOTAL COMPUTADO — 245974

S1832 — 5/1728– 4/1729 — DATA

DATA	OCHO	ENSAYADOS
ARRENDAMIENTOS DE CASAS REALES	300	
FLETES DE AZOGUES	20834	
FLETES DE PLATA	2419	
GASTOS DE CONTADURIA Y RL HAC	223	
LIMOSNAS DE VINO Y ACEITE	179	
REMITIDO A LIMA	185802	
SINODOS	944	
SUELDOS DE CORREGIDORES	1194	
SUELDOS DE OFICIALES MAYORES R H	810	
SUELDOS DE REAL HACIENDA	3888	
TOTAL	216591	

TOTAL COMPUTADO — 216593

S1832 — 5/1729– 4/1730 — DATA

DATA	OCHO	ENSAYADOS
ARRENDAMIENTOS DE CASAS REALES	300	
FLETES DE AZOGUES		1029
FLETES DE AZOGUES		1029
GASTOS DE CONTADURIA Y RL HAC	254	
LIMOSNAS DE VINO Y ACEITE	179	
REMITIDO A LIMA	15627	116353
SINODOS	943	
SUELDO DE JUSTICIA MAYOR	586	
SUELDOS DE OFICIALES MAYORES R H		375
SUELDOS DE REAL HACIENDA		500
TOTAL	17890	2400 / 121686

TOTAL COMPUTADO — 17889 / 121686

ORURO — 5/1726– 4/1727 — CARGO

CARGO	OCHO	ENSAYADOS
TOTAL COMPUTADO	18400	130512

S1832 — CARGO

CARGO	OCHO	ENSAYADOS
ALCABALAS REALES	4000	
ARRENDAMIENTO Y VENTA DE MINAS	100	
AZOGUES	77167	
COMPOSICION DE PULPERIAS	125	
MEDIA ANATA	219	
PAPEL SELLADO	671	
SISA	50	
TRIBUTOS REALES DE INDIOS	11432	
1.5% Y QUINTO DE PLATA	152210	
TOTAL	245974	

TOTAL COMPUTADO — 245974

S1832 — CARGO

CARGO	OCHO	ENSAYADOS
ALCABALAS REALES	4000	
ARRENDAMIENTO Y VENTA DE MINAS	160	
AZOGUES	62623	
COMPOSICION DE PULPERIAS	125	
MEDIA ANATA	102	
PAPEL SELLADO	380	
SISA	50	
TRIBUTOS REALES DE INDIOS	10626	
1.5% Y QUINTO DE PLATA	138525	
TOTAL	216591	

TOTAL COMPUTADO — 216591

S1832 — CARGO

CARGO	OCHO	ENSAYADOS
ALCABALAS REALES	4000	
ARRENDAMIENTO Y VENTA DE MINAS	100	
AZOGUES		41932
COMPOSICION DE PULPERIAS	125	
MEDIA ANATA	53	
PAPEL SELLADO	300	
POLVORA	3037	
TRIBUTOS REALES DE CARANGAS	797	
TRIBUTOS REALES DE ORURO	5400	
TRIBUTOS REALES DE PARIA	4079	
1.5% Y QUINTO DE PLATA		78725
TOTAL	17890	120657

TOTAL COMPUTADO — 17891 / 120657

ORURO   5/1730- 4/1731

CARGO

S1832

	OCHO	ENSAYADOS
ALCABALAS REALES	4000	
AZOGUES		35721
COMPOSICION DE PULPERIAS	125	
FALTA DE LEY EN BARRAS	656	
MEDIA ANATA	33	
PAPEL SELLADO	53	
QUINTOS DEL ORO	514	
TRIBUTOS REALES DE ORURO	53	
TRIBUTOS REALES DE PARIA	5400	
1.5% Y QUINTO DE PLATA	4079	75756
TOTAL	14913	111477
TOTAL COMPUTADO	14913	111477

5/1730- 4/1731   DATA

S1832

	OCHO	ENSAYADOS
ARRENDAMIENTOS DE CASAS REALES	300	
FLETES DE AZOGUES	223	5325
GASTOS DE CONTADURIA Y RL HAC	178	
LIMOSNAS DE VINO Y ACEITE		
REMITIDO A LIMA	12681	103094
SINODOS	943	
SUELDO DE JUSTICIA MAYOR	586	375
SUELDOS DE OFICIALES MAYORES R H		500
SUELDOS DE REAL HACIENDA		2184
TOTAL	14913	111477
TOTAL COMPUTADO	14911	111478

S1832

CARGO

	OCHO	ENSAYADOS
ALCABALAS REALES	4000	
ARRENDAMIENTO Y VENTA DE MINAS	200	
AZOGUES		31095
COMPOSICION DE PULPERIAS	125	
FALTA DE LEY EN BARRAS	15	
MEDIA ANATA	2045	
OFICIOS VENDIBLES Y RENUNCIABLES	1476	
PAPEL SELLADO	573	
TRIBUTOS REALES DE ORURO	5400	
TRIBUTOS REALES DE PARIA	4079	69627
1.5% Y QUINTO DE PLATA		100722
TOTAL	17913	
TOTAL COMPUTADO	17913	100722

5/1731- 4/1732   DATA

S1832

	OCHO	ENSAYADOS
ARRENDAMIENTOS DE CASAS REALES	300	
FLETES DE AZOGUES	223	10561
GASTOS DE CONTADURIA Y RL HAC	179	
LIMOSNAS DE VINO Y ACEITE	25	
PAGADO A LOS SOLDADOS		
REMITIDO A LIMA Y FLETES	14217	88052
SINODOS	943	
SUELDOS DE CORREGIDORES	2025	408
SUELDOS DE OFICIALES MAYORES R H		500
SUELDOS DE REAL HACIENDA		1200
TOTAL	17913	100722
TOTAL COMPUTADO	17912	100721

S1832

CARGO

	OCHO	ENSAYADOS
ALCABALAS REALES	4000	
ARRENDAMIENTO Y VENTA DE MINAS	100	
AZOGUES		32271
COMPOSICION DE PULPERIAS	125	
MEDIA ANATA	286	
OFICIOS VENDIBLES Y RENUNCIABLES	1333	
PAPEL SELLADO	483	
TRIBUTOS REALES DE ORURO	5400	
TRIBUTOS REALES DE PARIA	4079	59326
1.5% Y QUINTO DE PLATA		91597
TOTAL	15856	
TOTAL COMPUTADO	15806	91597

5/1732- 4/1733   DATA

S1832

	OCHO	ENSAYADOS
ARRENDAMIENTOS DE CASAS REALES	300	6421
FLETES DE AZOGUES	350	
GASTOS DE CONTADURIA Y RL HAC	243	
LIBRANZAS DEL VIRREY		24692
LIMOSNAS DE VINO Y ACEITE	179	
REMITIDO A LIMA Y FLETES	12669	57710
SINODOS	544	
SUELDOS DE CORREGIDORES	1172	750
SUELDOS DE OFICIALES MAYORES R H		500
SUELDOS DE REAL HACIENDA		1525
TOTAL	15856	91597
TOTAL COMPUTADO	15857	91598

S1832

CARGO

	OCHO
ALCABALAS REALES	4000

5/1733- 4/1734   DATA

S1832

	OCHO
ARRENDAMIENTOS DE CASAS REALES	300

ORURO   5/1733– 4/1734

CARGO

CARGO	OCHO	ENSAYADOS	ORO
ARRENDAMIENTO Y VENTA DE MINAS	200		
AZOGUES		36314	
COMPOSICION DE PULPERIAS	125		
MEDIA ANATA	627		
PAPEL SELLADO	428		
SISA	50		
TRIBUTOS REALES DE CARANGAS	667		
TRIBUTOS REALES DE ORURO	5400		
TRIBUTOS REALES DE PARIA	4079		
1.5% Y QUINTO DE PLATA		65986	
TOTAL	15575	102300	
TOTAL COMPUTADO	15576	102300	

DATA

DATA	OCHO	ENSAYADOS	ORO
FLETES DE AZOGUES	60	6395	
FLETES DE PAPEL SELLADO	438		
FLETES DE PLATA	223		
GASTOS DE CONTADURIA Y RL HAC		30865	
LIBRANZAS DEL VIRREY	179		
LIMOSNAS DE VINO Y ACEITE			
REMITIDO A LIMA Y FLETES	12260	62044	
SINODOS	944		
SUELDOS DE CORREGIDORES	1172	750	
SUELDOS DE OFICIALES MAYORES R H		500	
SUELDOS DE REAL HACIENDA		1747	
TOTAL	15575	102300	
TOTAL COMPUTADO	15576	102301	

S1832   5/1734– 4/1735

CARGO

CARGO	OCHO	ENSAYADOS	ORO
ALCABALAS REALES	4000		
ARRENDAMIENTO Y VENTA DE MINAS	50		
AZOGUES		32754	
COMPOSICION DE PULPERIAS	125		
PAPEL SELLADO	641		
TRIBUTOS REALES DE CARANGAS	1223		
TRIBUTOS REALES DE ORURO	5400		
TRIBUTOS REALES DE PARIA	2831		
1.5% Y QUINTO DE PLATA		70121	
TOTAL	14271	102875	
TOTAL COMPUTADO	14270	102875	

DATA

DATA	OCHO	ENSAYADOS	ORO
ARRENDAMIENTOS DE CASAS REALES	300		
FLETES DE AZOGUES		6391	
GASTOS DE CONTADURIA Y RL HAC	223		
LIMOSNAS DE VINO Y ACEITE	179		
PROPIOS REMITIDOS	24		
REMITIDO A LIMA Y FLETES	10599	93084	
SINODOS	944		
SUELDO DE JUSTICIA MAYOR		750	
SUELDOS DE CORREGIDORES	1172		
SUELDOS DE OFICIALES MAYORES R H		500	
SUELDOS DE PROTECTORES	622		
SUELDOS DE REAL HACIENDA	207	2150	
TOTAL	14271	102875	
TOTAL COMPUTADO	14270	102875	

S1832   5/1735– 4/1736

CARGO

CARGO	OCHO	ENSAYADOS	ORO
ALCABALAS REALES	4000		
ARRENDAMIENTO Y VENTA DE MINAS	460		
AZOGUES		40643	
COMPOSICION DE PULPERIAS	125		
OFICIOS VENDIBLES Y RENUNCIABLES	750		
PAPEL SELLADO	309		
SOBRAS DE SUELDOS DE JUSTICIA	1784		
TRIBUTOS REALES DE CARANGAS	612		
TRIBUTOS REALES DE ORURO	5400		
TRIBUTOS REALES DE PARIA	5327		
1.5% Y QUINTO DE PLATA		69186	
TOTAL	18766	109829	
TOTAL COMPUTADO	18767	109829	

DATA

DATA	OCHO	ENSAYADOS	ORO
ARRENDAMIENTOS DE CASAS REALES	300		
FLETES DE AZOGUES		7613	
GASTOS DE CONTADURIA Y RL HAC	223		
LIBRANZAS DEL VIRREY		34566	
LIMOSNAS DE VINO Y ACEITE	179		
REMITIDO A LIMA Y FLETES	12777	63148	
SINODOS	944		
SUELDO DE JUSTICIA MAYOR	860		
SUELDOS DE CORREGIDORES	1177		
SUELDOS DE OFICIALES MAYORES R H		500	
SUELDOS DE PROTECTORES	1066		
SUELDOS DE REAL HACIENDA	1241	2400	
SUELDOS MILITARES		1600	
TOTAL	18766	109829	
TOTAL COMPUTADO	18767	109827	

ORURO 5/1736- 4/1737

S 231

CARGO (5/1736- 4/1737)

CARGO	OCHO	ENSAYADOS
ALCABALAS REALES	4000	
ARRENDAMIENTO Y VENTA DE MINAS	650	42411
AZOGUES		
COMPOSICION DE PULPERIAS	125	
PAPEL SELLADO	465	
TRIBUTOS REALES DE CARANGAS	612	
TRIBUTOS REALES DE ORURO	5400	
TRIBUTOS REALES DE PARIA	4079	
1.5% Y QUINTO DE PLATA		45124
TOTAL	15331	87535
TOTAL COMPUTADO	15331	87535

DATA 5/1736- 4/1737

DATA	OCHO	ENSAYADOS
ARRENDAMIENTOS DE CASAS REALES	300	
GASTOS DE CONTADURIA Y RL HAC	243	12474
LIBRANZAS DEL VIRREY	179	
LIMOSNAS DE VINO Y ACEITE	7451	32105
REMITIDO A LIMA Y FLETES	944	
SINODOS	739	
SUELDO DE JUSTICIA MAYOR	433	
SUELDOS DE CORREGIDORES		500
SUELDOS DE OFICIALES MAYORES R H		
SUELDOS DE PROTECTORES	1240	2400
SUELDOS DE REAL HACIENDA	11529	47479
TOTAL	11529	47479
TOTAL COMPUTADO	11529	47479

S 231

CARGO (5/1737- 4/1738)

CARGO	OCHO	ENSAYADOS
ALCABALAS REALES	4000	
ARRENDAMIENTO Y VENTA DE MINAS	50	48310
AZOGUES		
COMPOSICION DE PULPERIAS	180	
OFICIOS VENDIBLES Y RENUNCIABLES	733	
PAPEL SELLADO	380	
TRIBUTOS REALES DE CARANGAS	6114	
TRIBUTOS REALES DE ORURO	5400	
TRIBUTOS REALES DE PARIA	6079	
1.5% Y DIEZMOS DE PLATA		47416
TOTAL	22936	95726
TOTAL COMPUTADO	22936	95726

DATA 5/1737- 4/1738

DATA	OCHO	ENSAYADOS
ARRENDAMIENTOS DE CASAS REALES	300	
COLEGIO DE SAN FELIPE DE LIMA	512	
GASTOS DE CONTADURIA Y RL HAC	223	
LIMOSNAS DE VINO Y ACEITE	179	48310
REMITIDO A HUANCAVELICA	11629	48443
REMITIDO A LIMA Y FLETES	944	
SINODOS	1172	
SUELDO DE JUSTICIA MAYOR		
SUELDOS DE OFICIALES MAYORES R H		500
SUELDOS DE PROTECTORES	1495	2400
SUELDOS DE REAL HACIENDA	16454	99653
TOTAL	16454	99653
TOTAL COMPUTADO	16454	99653

S 231

CARGO (5/1738- 4/1739)

CARGO	OCHO	ENSAYADOS
ALCABALAS REALES	4000	
ARRENDAMIENTO Y VENTA DE MINAS	150	56665
AZOGUES	5086	
COMISOS	97	
COMPOSICION DE PULPERIAS	153	
FIADOR DEL ESCRIBANO	395	
OFICIOS VENDIBLES Y RENUNCIABLES	5150	
PAPEL SELLADO	500	
REMITIDO DE COCHABAMBA	458	
TRIBUTOS REALES DE CARANGAS	6138	
TRIBUTOS REALES DE ORURO	6106	
TRIBUTOS REALES DE PARIA	22115	
1.5% Y DIEZMOS DE PLATA		55444
TOTAL	50341	112109
TOTAL COMPUTADO	50348	112109

DATA 5/1738- 4/1739

DATA	OCHO	ENSAYADOS
ARRENDAMIENTOS DE CASAS REALES	300	
COLEGIO DE SAN FELIPE DE LIMA	512	
GASTOS DE CONTADURIA Y RL HAC	223	27161
LIBRANZAS DEL VIRREY	178	
LIMOSNAS DE VINO Y ACEITE		56665
REMITIDO A HUANCAVELICA	40422	25661
REMITIDO A LIMA Y FLETES	944	
SINODOS	667	
SUELDO DE JUSTICIA MAYOR		
SUELDO OFICIAL MAYOR DE RL CAJA		500
SUELDOS DE CORREGIDORES	995	
SUELDOS DE PROTECTORES	620	
SUELDOS DE REAL HACIENDA	392	2177
TRIBUTOS REALES DE INDIOS	45244	112164
TOTAL	45244	112164
TOTAL COMPUTADO	45253	112164

ORURO 5/1739- 4/1740

CARGO

B 13   (5/1739- 4/1740)

CARGO	OCHO	ENSAYADOS
ALCABALAS REALES	4000	
ALCANCES DE CUENTAS	1159	
ARRENDAMIENTO Y VENTA DE MINAS	450	
AZOGUES		63478
COMPOSICION DE PULPERIAS	153	
MEDIA ANATA	392	
OFICIOS VENDIBLES Y RENUNCIABLES	4343	
PAPEL SELLADO	735	
SISA	50	
TRIBUTOS REALES DE CARANGAS	3306	
TRIBUTOS REALES DE PARIA	9088	
1.5% Y DIEZMOS DE PLATA		65725
TOTAL	23676	129203
TOTAL COMPUTADO	23676	129203

DATA   5/1739- 4/1740

DATA	OCHO	ENSAYADOS
REAL HACIENDA	22085	65725
TOTAL	22085	65725
TOTAL COMPUTADO	22085	65725

S 231   (5/1743- 4/1744)

CARGO	OCHO	ENSAYADOS
ALCABALAS REALES	5050	
ARRENDAMIENTO Y VENTA DE MINAS	225	
COMPOSICION DE PULPERIAS	125	
PAPEL SELLADO	570	
TRIBUTOS REALES DE CARANGAS	4369	
TRIBUTOS REALES DE ORURO	4945	
TRIBUTOS REALES DE PARIA	9032	
1.5% Y DIEZMOS DE PLATA	75713	
TOTAL	100029	
TOTAL COMPUTADO	100029	

DATA   5/1743- 4/1744

DATA	OCHO
ARRENDAMIENTOS DE CASAS REALES	300
FLETES DE PLATA	135
GASTOS DE CONTADURIA Y RL HAC	300
LIBRANZAS DEL VIRREY	50000
LIMOSNAS DE VINO Y ACEITE	179
REMITIDO A LIMA	35937
SINODOS	944
SUELDOS DE CORREGIDORES	1490
SUELDOS DE PROTECTORES	2441
SUELDOS DE REAL HACIENDA	8305
TOTAL	100031
TOTAL COMPUTADO	100031

B 13   (5/1744- 4/1745)

CARGO	OCHO	ENSAYADOS
ALCABALAS REALES	5050	
ARRENDAMIENTO Y VENTA DE MINAS	50	
AZOGUES		42141
AZOGUES ATRASADOS	5000	
COMPOSICION DE PULPERIAS	125	
DEPOSITOS	350	
MEDIA ANATA	208	
OFICIOS VENDIBLES Y RENUNCIABLES	1100	
PAPEL SELLADO	1221	
SISA	50	
TRIBUTOS REALES DE CARANGAS	4209	
TRIBUTOS REALES DE ORURO	4132	
TRIBUTOS REALES DE PARIA	9032	
1.5% Y DIEZMOS DE PLATA		48050
TOTAL	30527	90191
TOTAL	30527	
TOTAL COMPUTADO	30527	90191

DATA   5/1744- 4/1745

DATA	ENSAYADOS
REAL HACIENDA	176568
TOTAL	176568
TOTAL COMPUTADO	176568

B 13   ORO

ORURO   5/1745- 4/1746

CARGO	OCHO	ENSAYADOS
S1832		
ALCABALAS REALES	5050	
ARRENDAMIENTO Y VENTA DE MINAS	260	
COMPOSICION DE PULPERIAS	125	
MEDIA ANATA	2518	
OFICIOS VENDIBLES Y RENUNCIABLES	700	
PAPEL SELLADO	732	
SISA DE CARNE DE CASTILLA	50	
TRIBUTOS REALES DE CARANGAS	4332	
TRIBUTOS REALES DE ORURO	4948	
TRIBUTOS REALES DE PARIA	9032	
VACANTES DE OFICIOS	70	
1.5% Y DIEZMOS DE PLATA	88500	
TOTAL	116318	
TOTAL COMPUTADO	116317	

DATA   5/1745- 4/1746   ORO

DATA	OCHO	ENSAYADOS
ARRENDAMIENTOS DE CASAS REALES	300	
FLETES DE PLATA	412	
GASTOS DE CONTADURIA Y RL HAC	300	
LIMOSNAS DE VINO Y ACEITE	179	
MEDIA ANATA	2518	
REMITIDO A LIMA	107389	
SINODOS	944	
SISA DE CARNE DE CASTILLA	50	
SUELDOS DE OFICIALES MAYORES R H	810	
SUELDOS DE REAL HACIENDA	3415	
TOTAL	116318	
TOTAL COMPUTADO	116317	

S1832   5/1746- 4/1747

CARGO	OCHO	ENSAYADOS
ALCABALAS DE ARRENDAMIENTO	4123	
ALCABALAS REALES	927	
ALCANCES DE CUENTAS	182	
ARRENDAMIENTO Y VENTA DE MINAS	250	
COMPOSICION DE PULPERIAS	125	
MEDIA ANATA	2274	
OFICIOS VENDIBLES Y RENUNCIABLES	800	
PAPEL SELLADO	1031	
SISA DE CARNE DE CASTILLA	50	
TRIBUTOS REALES DE CARANGAS	4332	
TRIBUTOS REALES DE ORURO	4672	
TRIBUTOS REALES DE PARIA	9032	
1.5% Y DIEZMOS DE PLATA	98754	
TOTAL	126552	
TOTAL COMPUTADO	126552	

DATA   5/1746- 4/1747

DATA	OCHO	ENSAYADOS
ARRENDAMIENTOS DE CASAS REALES	300	
FLETES DE PLATA	437	
GASTOS DE CONTADURIA Y RL HAC	300	
LIMOSNAS DE VINO Y ACEITE	179	
MEDIA ANATA	2274	
REMITIDO A LIMA	116442	
SINODOS	944	
SISA DE CARNE DE CASTILLA	50	
SUELDOS DE OFICIALES MAYORES R H	816	
SUELDOS DE PROTECTORES	1875	
SUELDOS DE REAL HACIENDA	2937	
TOTAL	124552	
TOTAL COMPUTADO	126554	

S1832   5/1747- 4/1748

CARGO	OCHO	ENSAYADOS
ALCABALAS DE ARRENDAMIENTO	2087	
ALCABALAS REALES	6500	
COMPOSICION DE PULPERIAS	125	
MEDIA ANATA	4017	
OFICIOS VENDIBLES Y RENUNCIABLES	1600	
PAPEL SELLADO	557	
SISA DE CARNE DE CASTILLA	50	
TRIBUTOS REALES DE CARANGAS	4342	
TRIBUTOS REALES DE ORURO	3636	
TRIBUTOS REALES DE PARIA	9032	
1.5% Y DIEZMOS DE PLATA	97917	
TOTAL	129863	
TOTAL COMPUTADO	129863	

DATA   5/1747- 4/1748

DATA	OCHO	ENSAYADOS
ARRENDAMIENTOS DE CASAS REALES	300	
FLETES DE PLATA	442	
GASTOS DE CONTADURIA Y RL HAC	300	
LIMOSNAS DE VINO Y ACEITE	179	
MEDIA ANATA	4017	
REMITIDO A LIMA	117707	
SINODOS	944	
SISA DE CARNE DE CASTILLA	50	
SUELDOS DE OFICIALES MAYORES R H	816	
SUELDOS DE PROTECTORES	938	
SUELDOS DE REAL HACIENDA	4183	
TOTAL	129873	
TOTAL COMPUTADO	129876	

ORURO 5/1748- 4/1749   S1832   ENSAYADOS   OCHO   ORO

CARGO

S1832 — 5/1748- 4/1749

CARGO	OCHO
ALCABALAS DE ARRENDAMIENTO	6260
ALCABALAS REALES	818
ALCANCES DE CUENTAS	34
ARRENDAMIENTO Y VENTA DE MINAS	200
COMPOSICION DE PULPERIAS	125
MEDIA ANATA	225
OFICIOS VENDIBLES Y RENUNCIABLES	4242
PAPEL SELLADO	518
RESULTAS	3
SISA DE CARNE DE CASTILLA	50
TRIBUTOS REALES DE CARANGAS	4342
TRIBUTOS REALES DE ORURO	3450
TRIBUTOS REALES DE PARIA	9032
1.5% Y DIEZMOS DE PLATA	115677
TOTAL	144976

TOTAL COMPUTADO   144976

S1832 — 5/1749- 4/1750

CARGO	OCHO
ALCABALAS DE ARRENDAMIENTO	6260
ALCABALAS REALES	905
ALCANCES DE CUENTAS	5
ARRENDAMIENTO Y VENTA DE MINAS	250
COMPOSICION DE PULPERIAS	125
MEDIA ANATA	53
OFICIOS VENDIBLES Y RENUNCIABLES	1510
PAPEL SELLADO	316
SISA DE CARNE DE CASTILLA	50
TRIBUTOS REALES DE CARANGAS	4334
TRIBUTOS REALES DE ORURO	3450
TRIBUTOS REALES DE PARIA	9032
1.5% Y DIEZMOS DE PLATA	114602
TOTAL	140891

TOTAL COMPUTADO   140892

S1832 — 5/1750- 4/1751

CARGO	OCHO
ALCABALAS DE ARRENDAMIENTO	6260
ALCABALAS REALES	1823
COMPOSICION DE PULPERIAS	125
FALTA DE LEY EN BARRAS	307
FIERRO	4856
MEDIA ANATA	53
OFICIOS VENDIBLES Y RENUNCIABLES	250
PAPEL SELLADO	237
SISA DE CARNE DE CASTILLA	50
TRIBUTOS REALES DE CARANGAS	4334
TRIBUTOS REALES DE ORURO	3450
TRIBUTOS REALES DE PARIA	9032
1.5% Y DIEZMOS DE PLATA	123777

DATA

5/1748- 4/1749

DATA	OCHO
ARRENDAMIENTOS DE CASAS REALES	300
FLETES DE PLATA	513
GASTOS DE CONTADURIA Y RL HAC	300
LIMOSNAS DE VINO Y ACEITE	179
MEDIA ANATA	225
REMITIDO A LIMA	136798
SINODOS	944
SISA DE CARNE DE CASTILLA	50
SUELDOS DE OFICIALES MAYORES R H	816
SUELDOS DE PROTECTORES	938
SUELDOS DE REAL HACIENDA	3916
TOTAL	144976

TOTAL COMPUTADO   144979

5/1749- 4/1750

DATA	OCHO
ARRENDAMIENTOS DE CASAS REALES	300
COLEGIO DE SAN FELIPE DE LIMA	1537
FLETES DE PLATA	488
GASTOS DE CONTADURIA Y RL HAC	300
LIMOSNAS DE VINO Y ACEITE	179
MEDIA ANATA	53
OFICIOS VENDIBLES Y RENUNCIABLES	2255
REMITIDO A LIMA	130158
SINODOS	944
SISA DE CARNE DE CASTILLA	50
SUELDOS DE OFICIALES MAYORES R H	816
SUELDOS DE REAL HACIENDA	3916
TOTAL	140994

TOTAL COMPUTADO   140996

5/1750- 4/1751

DATA	OCHO
ARRENDAMIENTOS DE CASAS REALES	300
BIENES DE DIFUNTOS	1696
COLEGIO DE SAN FELIPE DE LIMA	512
FLETES DE FIERRO	3124
FLETES DE PLATA	533
GASTOS DE CONTADURIA Y RL HAC	300
LIMOSNAS DE VINO Y ACEITE	179
REMITIDO A LIMA	142237
SINODOS	944
SUELDOS DE OFICIALES MAYORES R H	816
SUELDOS DE REAL HACIENDA	3916
TOTAL	154556

S1832

	OCHO	ENSAYACCS	ORO
	154557		

TOTAL COMPUTADO 154557

ORURO 5/1750- 4/1751	OCHO	ENSAYADOS	ORO	DATA
CARGO				
TOTAL	154556			
TOTAL COMPUTADO	154554			

S1832

CARGO:

ALCABALAS DE ARRENDAMIENTO	7740
ALCABALAS REALES	1457
ARRENDAMIENTO Y VENTA CE MINAS	250
COMPOSICION DE PULPERIAS	91
FIERRO	19866
MEDIA ANATA	4307
OFICIOS VENDIBLES Y RENUNCIABLES	250
PAPEL SELLADO	947
SISA DE CARNE DE CASTILLA	50
TRIBUTOS REALES DE CARANGAS	4333
TRIBUTOS REALES DE ORURO	3645
TRIBUTOS REALES DE PARIA	9032
1.5% Y DIEZMOS DE PLATA	110260
TOTAL	162227

TOTAL COMPUTADO 162228

DATA 5/1751- 4/1752:

ARRENDAMIENTCS DE CASAS REALES	300
COLEGIO DE SAN FELIPE DE LIMA	512
FIERRO	12000
FLETES	440
FLETES DE PLATA	496
GASTOS DE CCNTADURIA Y RL HAC	300
LIMOSNAS DE VINO Y ACEITE	179
REFACCION MURALLA DE LA LAGUNA	10000
REMITIDO A LIMA	132257
SINODOS	944
SUELDOS DE CCRREGIDORES	195
SUELDOS DE OFICIALES MAYORES R H	689
SUELDOS DE REAL HACIENCA	3916
TOTAL	162228

TOTAL COMPUTADO 162228

B 13

CARGO:

ALCABALAS DE CASTILLA	1688
ALCABALAS DE TIERRA	8412
ARRENDAMIENTO Y VENTA DE MINAS	200
AZOGUES	76534
COMPOSICION DE PULPERIAS	75
CONSULADO	657
DIEZMOS REALES	928
ENTERADO EN LA CAJA	1426
FIERRO	3707
MEDIA ANATA	158
OFICIOS VENDIBLES Y RENUNCIABLES	1350
PAPEL SELLADO	724
SISA DE CARNE DE CASTILLA	50
TRIBUTOS REALES DE CARANGAS	4334
TRIBUTOS REALES DE ORURO	5794
TRIBUTOS REALES DE PARIA	9034
VACANTES DE SINODOS	3155
1.5% Y DIEZMOS DE PLATA	96213
TOTAL	214436

TOTAL COMPUTADO 214439

DATA 5/1752- 4/1753:

ARRENDAMIENTCS DE CASAS REALES	200
AZOGUES	75263
COLEGIO DE SAN FELIPE CE LIMA	512
ESTANO	35312
FLETES CONDUCCION CARTAS CUENTAS	345
FLETES DE AZCGUES	2495
FLETES DE PLATA	283
GASTOS DE CONTADURIA Y RL HAC	300
LIMOSNAS DE VINO Y ACEITE	179
MEDIA ANATA	157
REMITIDO A LIMA	91363
SINODOS	944
SUELDOS DE ALCABALAS	495
SUELDOS DE CCRREGIDORES	2344
SUELDOS DE OFICIALES MAYCRES R H	816
SUELDOS DE REAL HACIENCA	3412
TOTAL	214518

TOTAL COMPUTADO 214520

B 13

CARGO:

ALCABALAS DE CASTILLA	1149
ALCABALAS DE TIERRA	7700
ARRENDAMIENTO Y VENTA CE MINAS	500
AZOGUES	72114

DATA 5/1753- 4/1754:

ARRENDAMIENTOS DE CASAS REALES	300
AZOGUES	59658
AZOGUES DEBIDC DE COBRAR	82
COLEGIO DE SAN FELIPE DE LIMA	512

ORURO   5/1753- 4/1754

CARGO	OCHO	ENSAYADOS	ORO
COMPOSICION DE PULPERIAS	78		
ENTERADO EN LA CAJA	19854		
MEDIA ANATA	259		
OFICIOS VENDIBLES Y RENUNCIABLES	1767		
PAPEL SELLADO	731		
SISA DE CARNE DE CASTILLA	50		
TRIBUTOS REALES DE CARANGAS	4625		
TRIBUTOS REALES DE ORURO	3450		
TRIBUTOS REALES DE PARIA	9033		
1.5% Y DIEZMOS DE PLATA	85628		
TOTAL	206937		
TOTAL COMPUTADO	206938		

DATA	OCHO	ENSAYADOS	ORO
CUENTA DE REAL CAJA DE POTOSI	426		
DEBIDO DE COBRAR	9779		
ESTANO	29036		
FLETES	225		
FLETES DE AZOGUES	1944		
FLETES DE PLATA	371		
GASTOS DE CONTADURIA Y RL HAC	300		
LIMOSNAS DE VINO Y ACEITE	179		
REMITIDO A LIMA	98371		
SINODOS	544		
SUELDOS DE ALCABALAS	312		
SUELDOS DE OFICIALES MAYORES R H	816		
SUELDOS DE REAL HACIENDA	3685		
TOTAL	206938		
TOTAL COMPUTADO	206940		

B 13   5/1754- 4/1755

CARGO	OCHO	ENSAYADOS	ORO
ALCABALAS DE CASTILLA	584		
ALCABALAS DE TIERRA	7700		
ARRENDAMIENTO Y VENTA DE MINAS	100		
AZOGUES	82115		
AZOGUES ATRASADOS	4889		
COMISOS	689		
COMPOSICION DE PULPERIAS	78		
DONATIVO	300		
FIERRO	2525		
MEDIA ANATA	1713		
OFICIOS VENDIBLES Y RENUNCIABLES	1750		
PAPEL SELLADO	693		
SISA DE CARNE DE CASTILLA	50		
TRIBUTOS REALES DE CARANGAS	4522		
TRIBUTOS REALES DE ORURO	4249		
TRIBUTOS REALES DE PARIA	9033		
1.5% Y DIEZMOS DE PLATA	92073		
TOTAL	213062		
TOTAL COMPUTADO	213063		

DATA	OCHO	ENSAYADOS	ORO
ARRENDAMIENTOS DE CASAS REALES	300		
AZOGUES	84124		
COLEGIO DE SAN FELIPE DE LIMA	512		
CUENTA DE REAL CAJA DE POTOSI	1237		
ESTANO	23077		
FLETES	350		
FLETES DE AZOGUES	1326		
FLETES DE ESTANO	3974		
FLETES DE PLATA	217		
GASTOS DE CONTADURIA Y RL HAC	300		
LIMOSNAS DE VINO Y ACEITE	178		
REMITIDO A LIMA	93245		
SINODOS	544		
SUELDOS DE CORREGIDORES	135		
SUELDOS DE OFICIALES MAYORES R H	816		
SUELDOS DE REAL HACIENDA	2202		
TOTAL	213039		
TOTAL COMPUTADO	213037		

B 13   5/1755- 4/1756

CARGO	OCHO	ENSAYADOS	ORO
ALCABALAS DE CASTILLA	545		
ALCABALAS DE TIERRA	5133		
ALCANCES DE CUENTAS	2544		
ARRENDAMIENTO Y VENTA DE MINAS	50		
AZOGUES	102534		
AZOGUES ATRASADOS	4889		
COBRADO VALORES AÑOS ANTERIORES	23		
COMISOS	476		
COMPOSICION DE PULPERIAS	78		
ENTERADO EN LA CAJA	832		
FLETES DE AZOGUES REINTEGROS	1238		
MEDIA ANATA	326		

DATA	OCHO	ENSAYADOS	ORO
ARRENDAMIENTOS DE CASAS REALES	300		
COLEGIO DE SAN FELIPE DE LIMA	512		
COSTOS DE RETAZAS	151		
ESTANO	26211		
FLETES	396		
FLETES DE AZOGUES	3273		
FLETES DE ESTANO	1826		
FLETES DE PLATA	190		
GASTOS DE CONTADURIA Y RL HAC	150		
LIMOSNAS DE VINO Y ACEITE	179		
PAGADO DE LA REAL CAJA	6000		
REMITIDO A LIMA	105241		

ORURO 5/1755- 4/1756

CARGO	OCHO ENSAYADOS
OFICIOS VENDIBLES Y RENUNCIABLES	2117
PAPEL SELLADO	528
SISA DE CARNE DE CASTILLA	50
TRIBUTOS REALES DE CARANGAS	4625
TRIBUTOS REALES DE ORURO	3450
TRIBUTOS REALES DE PARIA	9033
1.5% Y DIEZMOS DE PLATA	110236
TOTAL	248708

TOTAL COMPUTADO   248707

B 13   5/1756- 4/1757

	OCHO ENSAYADOS
ALCABALAS EN ADMINISTRACION	1000
ALCABALAS REALES	4500
ALCANCES DE CUENTAS	910
ARRENDAMIENTO Y VENTA DE MINAS	300
AZOGUES	95050
COMPOSICION DE PULPERIAS	78
MEDIA ANATA	230
OFICIOS VENDIBLES Y RENUNCIABLES	867
PAPEL SELLADO	521
SISA DE CARNE DE CASTILLA	50
TRIBUTOS REALES DE CARANGAS	5065
TRIBUTOS REALES DE ORURO	3450
TRIBUTOS REALES DE PARIA	9033
1.5% Y DIEZMOS DE PLATA	102334
TOTAL	223386

TOTAL COMPUTADO   223388

Si832   5/1757- 4/1758

	OCHO ENSAYADOS
ALCABALAS DE ARRENDAMIENTO	362
ALCABALAS REALES	9000
ARRENDAMIENTO Y VENTA DE MINAS	835
COMPOSICION DE PULPERIAS	78
EXISTENCIA	116007
MEDIA ANATA	3314
OFICIOS VENDIBLES Y RENUNCIABLES	867
PAPEL SELLADO	498
SISA DE CARNE DE CASTILLA	50
TRIBUTOS REALES DE CARANGAS	5596
TRIBUTOS REALES DE ORURO	3450
TRIBUTOS REALES DE PARIA	17803
1.5% Y DIEZMOS DE PLATA	115817
TOTAL	273676

TOTAL COMPUTADO   273677

DATA	CCHC ENSAYADOS
REMITIDO A POTOSI	100000
SINODOS	944
SUELDOS DE OFICIALES MAYORES R H	816
SUELDOS DE REAL HACIENDA	2519
TOTAL	248708

TOTAL COMPUTADO   248708

5/1756- 4/1757

	CCHC ENSAYADOS
ARRENDAMIENTOS DE CASAS REALES	300
AZOGUES	90432
COLEGIO DE SAN FELIPE DE LIMA	512
ESTANO	3818
EXISTENCIA	116007
FLETES	435
FLETES DE AZOGUES	3277
FLETES DE ESTANO	2122
FLETES DE PLATA	340
GASTOS DE CONTADURIA Y RL HAC	300
LIMOSNAS DE VINO Y ACEITE	179
REMITIDO A HUANCAVELICA	1000
SINODOS	944
SUELDOS DE OFICIALES MAYORES R H	816
SUELDOS DE REAL HACIENDA	2936
TOTAL	223418

TOTAL COMPUTADO   223418

5/1757- 4/1758

	CCHC ENSAYADOS
ARRENDAMIENTOS DE CASAS REALES	300
COBRE	4680
COLEGIO DE SAN FELIPE DE LIMA	512
EXISTENCIA	136961
FLETES	435
FLETES DE ESTANO	3772
FLETES DE PLATA	224
GASTOS DE CONTADURIA Y RL HAC	300
LIMOSNAS DE VINO Y ACEITE	179
MEDIA ANATA	3870
OFICIOS VENDIBLES Y RENUNCIABLES	1733
REMITIDO A LIMA	116007
SINODOS	944
SUELDOS DE OFICIALES MAYORES R H	816
SUELDOS DE REAL HACIENDA	2937
TOTAL	273675

TOTAL COMPUTADO   273670

ORURO   5/1758- 4/1759   Si832

ORO   ENSAYADOS   OCHO   ENSAYADOS   ORO

CARGO

S1832   5/1758- 4/1759

CARGO	OCHO
ALCABALAS REALES	9000
ALCANCES DE CUENTAS	252
ARRENDAMIENTO Y VENTA DE MINAS	550
COBRADO VALORES AÑOS ANTERIORES	483
COMPOSICION DE PULPERIAS	78
MEDIA ANATA	1747
OFICIOS VENDIBLES Y RENUNCIABLES	2683
PAPEL SELLADO	476
SISA DE CARNE DE CASTILLA	50
TRIBUTOS REALES DE CARANGAS	5655
TRIBUTOS REALES DE ORURO	3450
TRIBUTOS REALES DE PARIA	11905
VACANTES DE SINODOS	717
1.5% Y DIEZMOS DE PLATA	125481
TOTAL	162527

TOTAL COMPUTADO   162527

S1832   5/1759- 4/1760

CARGO	OCHO
ALCABALAS REALES	9000
ARRENDAMIENTO Y VENTA DE MINAS	300
COBRADO VALORES AÑOS ANTERIORES	483
COMPOSICION DE PULPERIAS	78
DONATIVO	50
EXISTENCIA	136937
MEDIA ANATA	75
OFICIOS VENDIBLES Y RENUNCIABLES	3333
PAPEL SELLADO	340
SISA DE CARNE DE CASTILLA	50
TRIBUTOS REALES DE CASTILLA	3450
TRIBUTOS REALES DE PARIA	11905
1.5% Y DIEZMOS DE PLATA	119947
TOTAL	285948

TOTAL COMPUTADO   285948

S1832   7/1760- 4/1761

CARGO	OCHO
ALCABALAS DE CASTILLA	60
ALCABALAS REALES	4865
ARRENDAMIENTO Y VENTA DE MINAS	100
BARA DEL ALGUACIL MAYOR	333
TRIBUTOS REALES DE ORURO	1725
1.5% Y DIEZMOS DE PLATA	100435
TOTAL	107518

DATA

S1832   5/1758- 4/1759

DATA	OCHO
ARRENDAMIENTOS DE CASAS REALES	300
COBRE	4680
COLEGIO DE SAN FELIPE DE LIMA	512
ESTANO	20032
FLETES	2824
FLETES DE ARRIEROS	381
FLETES DE COBRE	100
FLETES DE ESTANO	1747
FLETES DE PLATA	300
GASTOS DE CONTADURIA Y RL HAC	179
LIMOSNAS DE VINO Y ACEITE	124681
REMITIDO A LIMA	787
SINODOS	816
SUELDOS DE OFICIALES MAYORES R H	3916
SUELDOS DE REAL HACIENDA	737
TRIBUTOS REALES DE CARANGAS	162374
TOTAL	162373

TOTAL COMPUTADO   162373

S1832   5/1759- 4/1760

DATA	OCHO
ARRENDAMIENTOS DE CASAS REALES	300
COBRE	4680
ESTANO	26518
FLETES DE ESTANO	4288
GASTOS DE CONTADURIA Y RL HAC	300
LIMOSNAS DE VINO Y ACEITE	179
PAGADO A LOS INDIOS	393
REMITIDO A LIMA	136413
SUELDOS DE OFICIALES MAYORES R H	816
SUELDOS DE REAL HACIENDA	3916
TOTAL	177801

TOTAL COMPUTADO   177803

S1832   7/1760- 4/1761

DATA	OCHO
ARRENDAMIENTOS DE CASAS REALES	150
COBRE	432
ESTANO	4753
EXISTENCIA	85382
FLETES DE COBRE	86
FLETES DE ESTANO	3951
GASTOS DE CONTADURIA Y RL HAC	300
LIMOSNAS DE VINO Y ACEITE	179
REPARO DE LAS CASAS REALES	1000
SUELDOS DE OFICIALES MAYORES R H	816
SUELDOS DE REAL HACIENDA	3728

ORURO   7/1760- 4/1761

CARGO	OCHO	ENSAYADOS	ORO	DATA	CCHC	ENSAYADCS S1832	ORO

TOTAL COMPUTADO   107518

TOTAL   100816

S 648

CARGO	OCHO
ALCABALAS REALES	11452
ALCANCES DE CUENTAS	10393
ARRENDAMIENTO Y VENTA CE MINAS	200
COMPOSICION DE PULPERIAS	78
ESTANO	1058
FLETES	50
MEDIA ANATA	965
OFICIOS VENDIBLES Y RENUNCIABLES	417
PAPEL SELLADO	642
SISA DE CARNE DE CASTILLA	50
TRIBUTOS REALES DE ORURO	3450
TRIBUTOS REALES DE PARIA	11905
VACANTES DE SINODOS	162
1.5% Y DIEZMOS DE PLATA	141052
TOTAL	181872

TOTAL COMPUTADO   181874

TOTAL COMPUTADO   100817

5/1761- 4/1762

DATA	CCHC
AZOGUES	3368
AZOGUES DEBICC DE COBRAR	77
CAJONES PARA ESTANO	47
COBRE	6517
ESTANO	11137
FLETES DE COBRE	502
FLETES DE ESTANO	4768
FLETES DE PLATA	571
GASTOS DE CONTADURIA Y RL HAC	300
LIMOSNAS DE VINO Y ACEITE	179
REMITIDO A LIMA	152208
REPARO DE LAS CASAS REALES	439
SINODOS	944
SUELDOS DE OFICIALES MAYORES R H	816
TOTAL	181872

TOTAL COMPUTADO   181873

S 648

CARGO	OCHO
ALCABALAS REALES	10149
ARRENDAMIENTO Y VENTA CE MINAS	50
AZOGUES	60
BARRAS DE PLATA	223
BIENES DE DIFUNTOS	8422
COMPOSICION DE PULPERIAS	78
CONDENACIONES	500
EFECTOS DE LA VISITA RL HAC	20280
ESTANO	6142
FALTA DE LEY EN BARRAS	71
FLETES DE PLATA	571
MEDIA ANATA Y LANZAS	7015
OFICIOS VENDIBLES Y RENUNCIABLES	3684
PAPEL SELLADO	1127
SINODOS	348
SISA DE CARNE DE CASTILLA	50
TRIBUTOS REALES DE ORURO	3450
TRIBUTOS REALES DE PARIA	11905
VACANTES DE SINODOS	969
1.5% Y DIEZMOS DE PLATA	119917
TOTAL	195011

TOTAL COMPUTADO   195011

5/1762- 4/1763

DATA	CCHC
ARRENDAMIENTOS DE CASAS REALES	375
BIENES DE DIFUNTOS	856
BULAS DE SANTA CRUZACA	2378
COBRE	5906
DEPOSITOS	5794
ESPOLIOS	154
ESTANO	13548
FLETES DE COBRE	424
FLETES DE ESTANO	3454
FLETES DE ESTANO	5
GASTOS DE CONTADURIA Y RL HAC	300
LIMOSNAS DE VINO Y ACEITE	179
OFICIOS VENDIBLES Y RENUNCIABLES	550
PAGADO DE LA REAL CAJA	14187
REMITIDO A LIMA	142289
SINODOS	1292
SUELDOS DE CFICIALES MAYCRES R H	816
SUELDOS DE REAL HACIENCA	2507
TOTAL	195011

TOTAL COMPUTADO   195014

S 648   5/1763- 4/1764

CARGO	OCHO
ALCABALAS DE TARIFA	1421

5/1763- 4/1764

DATA	CCHC
ALCANCES DE CUENTAS	688

ORURO   5/1763- 4/1764

CARGO	OCHO	ENSAYADOS	ORO
ALCABALAS REALES	12043		
ARRENDAMIENTO Y VENTA DE MINAS	120		
AUMENTO DE TRIBUTOS	1501		
COMPOSICION DE PULPERIAS	78		
DEPOSITOS	20981		
DONATIVO	1000		
ESPOLIOS	154		
ESTANO	2400		
FALTA DE LEY EN BARRAS	629		
MEDIA ANATA Y LANZAS	2290		
OFICIOS VENDIBLES Y RENUNCIABLES	678		
PAPEL SELLADO	884		
SISA DE CARNE DE CASTILLA	50		
TRIBUTOS REALES DE ORURO	3450		
TRIBUTOS REALES DE PARIA	11905		
1.5% Y DIEZMOS DE PLATA	114836		
TOTAL	174417		
TOTAL COMPUTADO	174420		

DATA	OCHO	ENSAYADOS	ORO
AZOGUES	13229		
COBRE	328		
ESTANO	4343		
FLETES DE COBRE	41		
FLETES DE ESTANO	975		
FLETES DE ESTANO	838		
GASTOS DE CONTADURIA Y RL HAC	300		
LIMOSNAS DE VINO Y ACEITE	179		
OFICIOS VENDIBLES Y RENUNCIABLES	550		
REMITIDO A LIMA	148060		
REMITIDO A POTOSI	154		
REPARO DE LAS CASAS REALES	150		
SINODOS	544		
SUELDOS DE OFICIALES MAYORES R H	704		
SUELDOS DE REAL HACIENDA	2937		
TOTAL	174417		
TOTAL COMPUTADO	174420		

S 648   5/1764- 4/1765

CARGO	OCHO	ENSAYADOS	ORO
ALCABALAS REALES	12060		
ARRENDAMIENTO Y VENTA DE MINAS	1360		
AUMENTO DE TRIBUTOS	900		
COMPOSICION DE PULPERIAS	78		
FALTA DE LEY EN BARRAS	208		
MEDIA ANATA Y LANZAS	2761		
OFICIOS VENDIBLES Y RENUNCIABLES	428		
PAPEL SELLADO	758		
REPARO DE LA LAGUNA	2000		
SISA DE CARNE DE CASTILLA	50		
TRIBUTOS REALES DE ORURO	3450		
TRIBUTOS REALES DE PARIA	11905		
VACANTES DE SINODOS	381		
1.5% Y DIEZMOS DE PLATA	98692		
TOTAL	135030		
TOTAL COMPUTADO	135031		

DATA	OCHO	ENSAYADOS	ORO
ARRENDAMIENTOS DE CASAS REALES	150		
COBRE	808		
CUEROS	66		
ESTANO	3716		
EXISTENCIA	9244		
FLETES CONDUCCION CARTAS CUENTAS	36		
FLETES DE ESTANO	1612		
GASTOS DE CONTADURIA Y RL HAC	300		
LIMOSNAS DE VINO Y ACEITE	179		
REMITIDO A LIMA	113584		
SINODOS	1325		
SUELDOS DE OFICIALES MAYORES R H	664		
SUELDOS DE REAL HACIENDA	3348		
TOTAL	135030		
TOTAL COMPUTADO	135032		

S 650   5/1765- 4/1766

CARGO	OCHO	ENSAYADOS	ORO
ALCABALAS REALES	11617		
ALCANCES DE CUENTAS	2734		
ARRENDAMIENTO Y VENTA DE MINAS	50		
AUMENTO DE BARRAS	77		
COMPOSICION DE PULPERIAS	78		
DIEZMOS DE PLATA	84582		
DONATIVO	40		
MEDIA ANATA Y LANZAS	2370		
OFICIOS VENDIBLES Y RENUNCIABLES	2833		
PAPEL SELLADO	800		
SISA DE CARNE DE CASTILLA	50		
SUPLEMENTOS	3899		

ORURO   5/1765- 4/1766

CARGO	OCHO	ENSAYADOS	ORO
TRIBUTOS REALES DE INDIOS	15655		
1.5% DE PLATA	12879		
TOTAL	137662		
TOTAL COMPUTADO	137664		

B 13

CARGO	OCHO	ENSAYADOS	ORO
ALCABALAS REALES	10676		
ARRENDAMIENTO Y VENTA DE MINAS	100		
AUMENTO DE BARRAS	119		
AZOGUES	98047		
BIENES DE DIFUNTOS	25		
COMPOSICION DE PULPERIAS	78		
DONATIVO	6219		
FLETES DE AZOGUES REINTEGROS	1575		
MEDIA ANATA Y LANZAS	3690		
OFICIOS VENDIBLES Y RENUNCIABLES	678		
PAPEL SELLADO	675		
SISA DE CARNE DE CASTILLA	50		
TRIBUTOS REALES DE ORURO	3750		
TRIBUTOS REALES DE PARIA	23316		
1.5% Y DIEZMOS DE PLATA	91799		
TOTAL	240796		
TOTAL COMPUTADO	240797		

S 650

CARGO	OCHO	ENSAYADOS	ORO
ALCABALAS REALES	10234		
ALCANCES DE CUENTAS	400		
ARRENDAMIENTO Y VENTA DE MINAS	100		
AZOGUES DEL ALMADEN	10371		
COMPOSICION DE PULPERIAS	78		
DEVOLUCIONES	3547		
DIEZMOS DE PLATA	87652		
FALTA DE LEY EN BARRAS	70		
MEDIA ANATA Y LANZAS	2221		
OFICIOS VENDIBLES Y RENUNCIABLES	1287		
PAPEL SELLADO	647		
SISA DE CARNE DE CASTILLA	50		
TEMPORALIDADES	14883		
TRIBUTOS REALES DE INDIOS	22430		
1.5% DE PLATA	13352		
TOTAL	167322		
TOTAL COMPUTADO	167322		

S 650   226

DATA	OCHO	ENSAYADOS	ORO
TOTAL COMPUTADO			

5/1766- 4/1767

DATA	OCHO	ENSAYADOS	ORO
ARRENDAMIENTOS DE CASAS REALES	150		
AZOGUES	95009		
BULAS DE SANTA CRUZADA	1399		
DONATIVO	5819		
ESTANO	5062		
EXPEDICION A MATTOGROSSO	2500		
EXPEDICION A MOJOS	66030		
FLETES	192		
FLETES DE AZOGUES	3029		
FLETES DE AZOGUES DE CASTILLA	1574		
FLETES DE ESTANO	1364		
FLETES DE PLATA	246		
GASTOS DE CONTADURIA Y RL HAC	300		
LIMOSNAS DE VINO Y ACEITE	178		
PAGADO DE LA REAL CAJA	10		
PROPIOS REMITIDOS	24		
REMITIDO A PTOSI PARA B AIRES	52236		
SINODOS	944		
SUELDOS DE OFICIALES MAYORES R H	816		
SUELDOS DE REAL HACIENDA	3915		
TOTAL	240796		
TOTAL COMPUTADO	240797		

5/1767- 4/1768

DATA	OCHO	ENSAYADOS	ORO
COBRE	5879		
ESTANO	10750		
EXISTENCIA	44472		
REMITIDO A LIMA	10371		
REMITIDO A POTOSI PARA B AIRES	74820		
SUELDOS Y PENSIONES	5324		
TEMPORALIDADES	15704		
TOTAL	167322		
TOTAL COMPUTADO	167320		

ORURO   5/1768- 4/1769

| CARGO | ENSAYADOS | OCHO | ORO | DATA | ENSAYADOS | OCHO |

S 650 — 5/1768- 4/1769

CARGO	OCHO
ALCABALAS REALES	11709
ARRENDAMIENTO Y VENTA DE MINAS	100
AZOGUES DEL ALMADEN	13322
COMPOSICION DE PULPERIAS	78
DIEZMOS DE PLATA	87768
ESPOLIOS	716
EXISTENCIA	44472
MEDIA ANATA Y LANZAS	627
MONTE PIO DE MINISTROS	158
OFICIOS VENDIBLES Y RENUNCIABLES	370
PAPEL SELLADO	957
SISA DE CARNE DE CASTILLA	50
TEMPORALIDADES	11699
TRIBUTOS REALES DE INDIOS	22846
1.5% DE PLATA	13368
TOTAL	208239
TOTAL COMPUTADO	208240

DATA — 5/1768- 4/1769

DATA	OCHO
ALCANCES DE CUENTAS	18
COBRE	5391
ESTANO	2270
REINTEGROS	35000
REMITIDO A OTRAS TESORERIAS	149542
SUELDOS Y PENSIONES	16019
TOTAL	208239
TOTAL COMPUTADO	208240

S 650 — 5/1769-12/1769

CARGO	OCHO
ALCABALAS REALES	7553
ARRENDAMIENTO Y VENTA DE MINAS	100
CORREOS	600
MEDIA ANATA	950
SOBRAS DE SUELDOS	781
TRIBUTOS REALES DE INDIOS	12466
1.5% Y DIEZMOS DE PLATA	64265
TOTAL	86715
TOTAL COMPUTADO	86715

DATA — 5/1769-12/1769

DATA	OCHO
ESTANO	14127
EXISTENCIA	19006
PENSIONISTAS	696
REMITIDO A PCTOSI PARA B AIRES	51009
SUELDOS	1876
TOTAL	86715
TOTAL COMPUTADO	86714

S 650 — 1/1770-12/1770

CARGO	OCHO
ALCABALAS DE TARIFA	8
ALCABALAS REALES	11662
ALCANCES DE CUENTAS	9794
COMPOSICION DE PULPERIAS	78
CORREOS	600
EXISTENCIA	19006
MEDIA ANATA Y LANZAS	1336
MONTE PIO DE MINISTROS	96
MULTAS	400
OFICIOS VENDIBLES Y RENUNCIABLES	3115
PAPEL SELLADO	1543
PRORRATA	323
SISA DE CARNE DE CASTILLA	50
SOBRAS DE SUELDOS	1172
TEMPORALIDADES	4120
TRIBUTOS REALES DE INDIOS	23963
1.5% Y DIEZMOS DE PLATA	115132
TOTAL	192397

DATA — 1/1770-12/1770

ORURO   1/1770-12/1770

CARGO	OCHO	ENSAYADOS	ORO	DATA	S 650	ENSAYACCS	ORO
TOTAL COMPUTADO	192398			TOTAL COMPUTADO			

S 650   1/1771-12/1771

CARGO	OCHO
ALCABALAS REALES	9988
ARRENDAMIENTO Y VENTA DE MINAS	225
AZOGUES DE HUANCAVELICA	122979
AZOGUES DEL ALMADEN	16899
COMPOSICION DE PULPERIAS	78
CORREOS	1248
MEDIA ANATA	2629
MONTE PIO DE MINISTROS	221
OFICIOS VENDIBLES Y RENUNCIABLES	2157
PAPEL SELLADO	1018
SISA DE CARNE DE CASTILLA	50
SOBRAS DE SUELDOS	781
SUPLEMENTOS	500
TEMPORALIDADES	10153
TRIBUTOS REALES DE INDIOS	24664
1.5% Y DIEZMOS DE PLATA	117396
TOTAL	310986

TOTAL COMPUTADO   310986   TOTAL COMPUTADO

S 650   1/1772-12/1772

CARGO	OCHO
ALCABALAS DE TARIFA	1004
ALCABALAS REALES	9729
AZOGUES DE HUANCAVELICA	108071
AZOGUES DEL ALMADEN	15070
COMPOSICION DE PULPERIAS	78
CORREOS	1200
COSTOS DE RETAZAS	2
DEPOSITOS	105
ERRORES EN LOS PAPELES DE CUENTA	328
EXISTENCIA	6263
MEDIA ANATA	1077
MONTE PIO DE MINISTROS	115
OFICIOS VENDIBLES Y RENUNCIABLES	1947
PAPEL SELLADO	1076
SISA DE CARNE DE CASTILLA	50
SOBRAS DE SUELDOS	781
SUPLEMENTOS	2152
TEMPORALIDADES	8325
TRIBUTOS REALES DE INDIOS	24664
1.5% Y DIEZMOS DE PLATA	120488
TOTAL	302527

TOTAL COMPUTADO   302525   TOTAL COMPUTADO

S 649   1/1773-12/1773

ORURO 1/1773-12/1773

CARGO	OCHO	ENSAYADOS	ORO
ALCABALAS REALES	11545		
AUMENTO DE TRIBUTOS	17		
AZOGUES DE HUANCAVELICA	229979		
AZOGUES DEL ALMADEN	19070		
BULAS DE SANTA CRUZADA	1793		
COMPOSICION DE PULPERIAS	78		
DEPOSITOS	105		
EXISTENCIA	462		
FALTA DE LEY EN BARRAS	328		
MEDIA ANATA	2715		
MONTE PIO DE MINISTROS	451		
OFICIOS VENDIBLES Y RENUNCIABLES	2475		
PAPEL SELLADO	849		
PENAS DE CAMARA	1344		
SINODOS	1439		
SISA DE CARNE DE CASTILLA	100		
SOBRAS DE SUELDOS	781		
SUELDOS DE JUSTICIA	1397		
SUPLEMENTOS	348		
TEMPORALIDADES	21210		
TRIBUTOS REALES DE INDIOS	24664		
VACANTES DE SINODOS	254		
VACANTES DE SUELDOS DE JUSTICIA	360		
1.5% Y DIEZMOS DE PLATA	111219		
TOTAL	432984		

TOTAL COMPUTADO 432983

DATA	OCHO	ENSAYADOS	ORO
COBRE	4738		
DEPOSITOS	105		
ESTANO	9776		
EXISTENCIA	206		
REMITIDO A BUENOS AIRES	48015		
REMITIDO A HUANCAVELICA	229977		
REMITIDO A POTOSI	132410		
SINODOS	1439		
SUELDOS Y PENSIONES	6317		
TOTAL	432984		

TOTAL COMPUTADO 432983

S 649 1/1774-12/1774

CARGO	OCHO	ENSAYADOS	ORO
ALCABALAS DE ARRENDAMIENTO	1156		
ALCABALAS DE CONTRATOS PUBLICOS	319		
ALCABALAS DE TARIFA	1754		
ALCABALAS DE TIENDAS	147		
ALCABALAS DE TIERRA	1729		
ALCANCES DE CUENTAS	65		
COMPOSICION DE PULPERIAS	78		
DIEZMOS DE PLATA	89257		
ERRORES EN LOS PAPELES DE CUENTA	36		
FALTA DE LEY EN BARRAS	118		
MESADAS ECLESIASTICAS	6500		
MESADAS SECULARES	1031		
OFICIOS VENDIBLES Y RENUNCIABLES	2203		
PAPEL SELLADO	1097		
SISA DE CARNE DE CASTILLA	75		
SUPLEMENTOS	150		
TRIBUTOS REALES DE INDIOS	24591		
1.5% DE PLATA	13592		
TOTAL	143898		

TOTAL COMPUTADO 143898

DATA	OCHO	ENSAYADOS	ORO
COBRE	5082		
DEVOLUCIONES	988		
ESTANO	15209		
EXISTENCIA	3598		
FLETES DE COBRE	1123		
FLETES DE ESTANO	1544		
PAPEL SELLADO	90		
REMITIDO A POTOSI PARA B AIRES	110209		
SINODOS	1394		
SUELDOS DE CORREGIDORES	586		
SUELDOS Y PENSIONES	4078		
TOTAL	143900		

TOTAL COMPUTADO 143901

S 649 1/1775-12/1775

1/1775-12/1775

ORURO   1/1775-12/1775

CARGO	OCHO	ENSAYADOS	ORO
ALCABALAS DE CABEZON Y VIENTO	8476		
ALCABALAS DE TARIFA	750		
ALCANCES DE CUENTAS	2227		
COMPOSICION DE PULPERIAS	50		
DEPOSITOS	5228		
DERECHOS DE ENSAYE Y FUNDICION	1906		
EXISTENCIA	3991		
FALTA DE LEY EN BARRAS	139		
MEDIA ANATA	1138		
MONTE PIO DE MINISTROS	115		
OFICIOS VENDIBLES Y RENUNCIABLES	213		
PAPEL SELLADO	604		
PENAS DE CAMARA	42		
REMITIDO DE CARANGAS PARA POTOSI	160		
SISA DE CARNE DE CASTILLA	50		
SOBRAS DE SUELDOS DE JUSTICIA	2383		
SUELDOS DE CORREGIDORES	971		
SUPLEMENTO A LA REAL HACIENDA	200		
TRIBUTOS REALES DE INDIOS	22327		
VACANTES DE SUELDOS DE CACIQUES	62		
1.5% Y DIEZMOS DE PLATA	119381		
TOTAL	170413		

TOTAL COMPUTADO   170413

DATA	OCHO	ENSAYADOS	ORO
EXISTENCIA	43191		
REMITIDO A CIUDAD DE LA PLATA	42		
REMITIDO A POTOSI	106361		
SUELDOS Y PENSIONES	20317		
TOTAL	169911		

TOTAL COMPUTADO   169911

S 649

S 649   1/1776-12/1776

CARGO	OCHO	ENSAYADOS	ORO
ALCABALAS DE CASTILLA	2644		
ALCABALAS DE CONTRATOS PUBLICOS	260		
ALCABALAS DE TARIFA	1004		
ALCABALAS DE TIENDAS	149		
ALCABALAS DE VIENTO	8239		
ALCABALAS EN ADMINISTRACION	699		
ALCANCES DE CUENTAS	97		
ARRENDAMIENTO Y VENTA DE MINAS	100		
AUMENTO DE TRIBUTOS	1114		
AZOGUES	294117		
BIENES DE DIFUNTOS	107		
BULAS DE SANTA CRUZADA	162		
COMPOSICION DE PULPERIAS	106		
DEPOSITOS	2376		
DERECHOS DE ENSAYE Y FUNDICION	1944		
DIEZMOS DE PLATA	87330		
ESPOLIOS	400		
EXISTENCIA	38664		
FALTA DE LEY EN BARRAS	393		
MEDIA ANATA	2336		
MONTE PIO DE MINISTROS	173		
OFICIOS VENDIBLES Y RENUNCIABLES	600		
PAPEL SELLADO	901		
PENAS DE CAMARA	844		
REMITIDO DE CARANGAS PARA POTOSI	63089		
SOBRAS DE SUELDOS DE JUSTICIA	2463		
SUPLEMENTO A LA REAL HACIENDA	225		
TRIBUTOS REALES DE INDIOS	23524		

1/1776-12/1776

DATA	OCHO	ENSAYADOS	ORO
AZOGUES	154820		
BIENES DE DIFUNTOS	107		
DEPOSITOS	2375		
DIEZMOS DE PLATA	17844		
ESPOLIOS	400		
EXISTENCIA	38664		
MEDIA ANATA	521		
MONTE PIO DE MINISTROS	115		
OFICIOS VENDIBLES Y RENUNCIABLES	600		
PAPEL SELLADO	95		
PENAS DE CAMARA	344		
REMITIDO A BUENOS AIRES	100331		
REMITIDO DE CARANGAS PARA POTOSI	63089		
TRIBUTOS REALES DE INDIOS	3179		
TOTAL	382879		

ORURO 1/1776-12/1776

CARGO	OCHO	ENSAYADOS	ORO	DATA	OCHO	ENSAYADOS	ORO
VACANTES DE SUELDOS DE CACIQUES	185	—	—				
1.5% DE PLATA	13299	—	—				
TOTAL	547540	—	—				
TOTAL COMPUTADO	547544			TOTAL COMPUTADO	382888		

S 649

1/1777-12/1777

CARGO	OCHO			DATA	OCHO		
ALCABALAS REALES	11098	—	—	AZOGUES DE HUANCAVELICA	45309	—	—
AZOGUES DE HUANCAVELICA	33318	—	—	AZOGUES DEL ALMADEN	4864	—	—
AZOGUES DEL ALMADEN	86217	—	—	CONSIGNACIONES SIT ECLESIASTICAS	944	—	—
COMPOSICION DE PULPERIAS	66	—	—	DEBIDO COBRAR CUENTAS ANTERIORES	16000	—	—
DEBIDO COBRAR CUENTAS ANTERIORES	16000	—	—	DEBIDO DE COBRAR ESTA CUENTA	28689	—	—
DEBIDO COBRAR ESTA CUENTA	19616	—	—	ESPOLIOS	500	—	—
DERECHOS DE ENSAYE Y FUNDICION	2333	—	—	EXTRAORDINARIO DE REAL HACIENDA	11840	—	—
DIEZMOS DE PLATA	97143	—	—	PENAS DE CAMARA	50	—	—
ESPOLIOS	1521	—	—	REMITIDO A POTOSI	236107	—	—
EXISTENCIA	166131	—	—	SUELDOS Y CONSIG MINISTROS Y R H	4817	—	—
FALTA DE LEY EN BARRAS	149	—	—	TOTAL	349118	—	—
MEDIA ANATA Y LANZAS	1077	—	—				
MONTE PIO DE MINISTROS	58	—	—				
PAPEL SELLADO	915	—	—				
PENAS DE CAMARA	50	—	—				
REMITIDO DE CARANGAS PARA POTOSI	21422	—	—				
TEMPORALIDADES	2385	—	—				
TRIBUTOS REALES DE INDIOS	28807	—	—				
1.5% DE PLATA	14793	—	—				
TOTAL	503099	—	—				
TOTAL COMPUTADO	503099			TOTAL COMPUTADO	349120		

S 649

1/1778-12/1778

CARGO	OCHO			DATA	OCHO		
ALCABALAS DE TARIFA	402	—	—	AZOGUES DE HUANCAVELICA	2309	—	—
ALCABALAS REALES	12134	—	—	AZOGUES DEL ALMADEN	14	—	—
ARRENDAMIENTO Y VENTA DE MINAS	100	—	—	CONSIGNACIONES SIT ECLESIASTICAS	944	—	—
AZOGUES DE HUANCAVELICA	62541	—	—	DEBIDO COBRAR CUENTAS ANTERIORES	39621	—	—
AZOGUES DEL ALMADEN	38108	—	—	DEBIDO DE COBRAR ESTA CUENTA	44538	—	—
COMPOSICION DE PULPERIAS	72	—	—	ESPOLIOS	1021	—	—
DEBIDO COBRAR CUENTAS ANTERIORES	39621	—	—	EXTRAORDINARIO DE REAL HACIENDA	7518	—	—
DEBIDO DE COBRAR ESTA CUENTA	44538	—	—	MONTE PIO DE MINISTROS	58	—	—
DEPOSITOS	846	—	—	REMITIDO A POTOSI	177026	—	—
DERECHOS DE ENSAYE Y FUNDICION	3767	—	—	SUELDOS Y CONSIG MINISTROS Y R H	4740	—	—
EXISTENCIA	153981	—	—	TEMPORALIDADES	3385	—	—
FALTA DE LEY EN BARRAS	209	—	—	TOTAL	281174	—	—
MEDIA ANATA	1542	—	—				
MONTE PIO DE MINISTROS	58	—	—				
NUEVO IMPUESTO DE AGUARDIENTE	478	—	—				
PAPEL SELLADO	770	—	—				
SISA DE CARNE DE CASTILLA	50	—	—				
TEMPORALIDADES	3787	—	—				
TRIBUTOS REALES DE INDIOS	27691	—	—				
VACANTES DE CURATOS	2767	—	—				
1.5% Y DIEZMOS DE PLATA	114082	—	—				

ORURO 1/1778-12/1778

CARGO	OCHO	ENSAYADOS	ORO
TOTAL	507544		
TOTAL COMPUTADO	507544		

S 649

	OCHO	ENSAYADOS	ORO
ALCABALAS REALES	15745		
ARRENDAMIENTO Y VENTA DE MINAS	50		
AZOGUES DE HUANCAVELICA	33965		
AZOGUES DEL ALMADEN	44297		
BULAS DE SANTA CRUZADA	189		
COMPOSICION DE PULPERIAS	78		
DEBIDO COBRAR CUENTAS ANTERIORES	66080		
DEBIDO DE COBRAR ESTA CUENTA	37389		
DERECHOS DE ENSAYE Y FUNDICION	3106		
DIEZMOS DE PLATA	79887		
ESPOLIOS	263		
EXISTENCIA	226369		
MEDIA ANATA	2118		
MONTE PIO DE MINISTROS	23		
PAPEL SELLADO	679		
REMITIDO DE COCHABAMBA	22000		
SISA DE CARNE DE CASTILLA	150		
TEMPORALIDADES	1783		
TRIBUTOS REALES DE INDIOS	34072		
VACANTES DE SINODOS	140		
VACANTES DE SUELDOS	1187		
1.5% DE PLATA	12166		
TOTAL	581734		
TOTAL COMPUTADO	581736		

DATA	OCHO	ENSAYADOS	ORO
TOTAL COMPUTADO	281174		

S 649 — 1/1779-12/1779

	OCHO	ENSAYADOS	ORO
AZOGUES DE HUANCAVELICA	3106		
AZOGUES DEL ALMADEN	2719		
CONSIGNACIONES SIT ECLESIASTICAS	5482		
DEBIDO COBRAR CUENTAS ANTERIORES	66080		
DEBIDO DE COBRAR ESTA CUENTA	37389		
DERECHOS DE ENSAYE Y FUNCION	1428		
EXTRAORDINARIC DE REAL HACIENDA	1047		
MONTE PIO DE MINISTROS	80		
REMITIDO A PCTOSI	221426		
REMITIDO A PCTOSI DE CCCHABAMBA	22000		
SUELDOS Y CCNSIG MINISTRCS Y R H	8713		
TEMPORALIDADES	3787		
VACANTES DE SINODOS	63		
TOTAL	373320		
TOTAL COMPUTADO	373320		

S 649 — 1/1780-12/1780

	OCHO	ENSAYADOS	ORO
AZOGUES DE HUANCAVELICA	1774		
BULAS DE SANTA CRUZADA	124		
CONSIGNACIONES SIT ECLESIASTICAS	7691		
DEBIDO COBRAR CUENTAS ANTERIORES	85505		
DEBIDO DE COBRAR ESTA CUENTA	34264		
DERECHOS DE ENSAYE Y FUNCION	1448		
EXTRAORDINARIO DE REAL HACIENDA	1102		
REMITIDO A PCTOSI	324483		
SUELDOS Y CONSIG MINISTROS Y R H	6192		
TOTAL	462584		

S 649 — 1/1780-12/1780 (CARGO)

	OCHO	ENSAYADOS	ORO
ALCABALAS REALES	15704		
ALCANCES DE CUENTAS	949		
ARRENDAMIENTO Y VENTA DE MINAS	50		
AZOGUES DE HUANCAVELICA	69479		
AZOGUES DEL ALMADEN	15379		
BULAS DE SANTA CRUZADA	1203		
COBRE	117		
COMPOSICION DE PULPERIAS	78		
CORREOS	102		
DEBIDO COBRAR CUENTAS ANTERIORES	85505		
DEBIDO DE COBRAR ESTA CUENTA	34264		
DEPOSITOS	11612		
DERECHOS DE ENSAYE Y FUNDICION	3006		
DIEZMOS DE PLATA	75165		
EXISTENCIA	208415		
MEDIA ANATA	2235		
NUEVO IMPUESTO DE AGUARDIENTE	68		
PAPEL SELLADO	817		
SISA DE CARNE DE CASTILLA	50		
TEMPORALIDADES	3457		

ORURO   1/1780-12/1780   S 649

CARGO	OCHO	ENSAYADOS	ORO	DATA	OCHO	ENSAYADOS	ORO
TRIBUTOS REALES DE INDIOS	32175						
VACANTES DE SINODOS	16						
VACANTES DE SUELDOS	425						
1.5% DE PLATA	11447						
TOTAL	571715						
TOTAL COMPUTADO	571718			TOTAL COMPUTADO	462583		

S 649   1/1781-12/1781

CARGO	OCHO	ENSAYADOS	ORO	DATA	OCHO	ENSAYADOS	ORO
ALCABALAS REALES	6625			BULAS DE SANTA CRUZADA	1268		
ARRENDAMIENTO Y VENTA DE MINAS	50			CONSIGNACIONES SIT ECLESIASTICAS	4400		
AZOGUES DE HUANCAVELICA	23473			DEBIDO COBRAR CUENTAS ANTERIORES	94384		
AZOGUES DEL ALMADEN	12068			DEBIDO DE COBRAR ESTA CUENTA	29293		
COMPOSICION DE PULPERIAS	50			ESPOLIOS	263		
DEBIDO COBRAR CUENTAS ANTERIORES	94384			GASTOS DE REVOLUCION DEL PERU	55159		
DEBIDO DE COBRAR ESTA CUENTA	29293			GASTOS ORD Y EXTRAORDINARIOS	1245		
DERECHOS DE ENSAYE Y FUNDICION	2627			REMITIDO A POTOSI	78055		
EXISTENCIA	109132			REMITIDO DE CARANGAS PARA POTOSI	14072		
EXTRAORDINARIO DE REAL HACIENDA	1			SUELDOS Y CONSIG MINISTROS Y R H	5856		
MEDIA ANATA	557			TEMPORALIDADES	5240		
PAPEL SELLADO	401			TOTAL	289237		
REMITIDO DE CARANGAS PARA POTOSI	15172						
SISA DE CARNE DE CASTILLA	30						
TEMPORALIDADES	593						
TRIBUTOS REALES DE INDIOS	23863						
1.5% Y DIEZMOS DE PLATA	26267						
TOTAL	344586						
TOTAL COMPUTADO	344586			TOTAL COMPUTADO	289235		

S 649   1/1782-12/1782

CARGO	OCHO	ENSAYADOS	ORO	DATA	OCHO	ENSAYADOS	ORO
ALCABALAS REALES	16228			AZOGUES DEL ALMADEN	869		
ARRENDAMIENTO Y VENTA DE MINAS	100			CONSIGNACIONES SIT ECLESIASTICAS	8978		
AZOGUES DE HUANCAVELICA	3632			DEBIDO COBRAR CUENTAS ANTERIORES	114779		
AZOGUES DEL ALMADEN	53258			DEBIDO DE COBRAR ESTA CUENTA	31512		
COMPOSICION DE PULPERIAS	50			DEPOSITOS	45486		
DEBIDO COBRAR CUENTAS ANTERIORES	114779			GASTOS DE REVOLUCION DEL PERU	70758		
DEBIDO DE COBRAR ESTA CUENTA	31512			GASTOS ORD Y EXTRAORDINARIOS	2789		
DEPOSITOS	33761			MEDIA ANATA	3435		
DERECHOS DE ENSAYE Y FUNDICION	1251			REMITIDO A POTOSI	35394		
EXISTENCIA	55351			SUELDOS Y CONSIG MINISTROS Y R H	2815		
EXTRAORDINARIO DE REAL HACIENDA	32046			TEMPORALIDADES	1019		
MEDIA ANATA	493			TOTAL	317835		
PAPEL SELLADO	398						
TEMPORALIDADES	1203						
TRIBUTOS REALES DE INDIOS	17287						
1.5% Y DIEZMOS DE PLATA	34137						
TOTAL	395476						
TOTAL COMPUTADO	395486			TOTAL COMPUTADO	317834		

S 651 ENSAYADOS

ORURO 1/1783-12/1783

CARGO	OCHO	ENSAYADOS
S 651		
ALCABALAS REALES	16182	
ALCANCES DE CUENTAS	1789	
AZOGUES DE HUANCAVELICA	21183	
AZOGUES DEL ALMADEN	30509	
COMPOSICION DE PULPERIAS	18	
DEBIDO COBRAR CUENTAS ANTERIORES	101339	
DEBIDO DE COBRAR ESTA CUENTA	38570	
DEPOSITOS	279	
DERECHOS DE ENSAYE Y FUNDICION	1233	
EXISTENCIA	77641	
EXTRAORDINARIO DE REAL HACIENDA	340	
MEDIA ANATA	1607	
SISA DE CARNE DE CASTILLA	28	
TEMPORALIDADES	1709	
TRIBUTOS REALES DE INDIOS	23126	
1.5% Y DIEZMOS DE PLATA	35690	
TOTAL	351241	
TOTAL COMPUTADO	351243	

S 651	OCHO	ENSAYADOS
ALCABALAS REALES	15097	
ALCANCES DE CUENTAS	23	
AZOGUES DE HUANCAVELICA	7055	
AZOGUES DEL ALMADEN	19160	
BULAS DE SANTA CRUZADA	2089	
COMPOSICION DE PULPERIAS	65	
DEBIDO COBRAR CUENTAS ANTERIORES	116677	
DEBIDO DE COBRAR ESTA CUENTA	4864	
DEPOSITOS	6421	
DERECHOS DE ENSAYE Y FUNDICION	953	
ESPOLIOS	271	
EXISTENCIA	36018	
EXTRAORDINARIO DE REAL HACIENDA	1077	
MEDIA ANATA	77	
NAIPES	114	
PAPEL SELLADO	1159	
SISA DE CARNE DE CASTILLA	38	
TEMPORALIDADES	3505	
TRIBUTOS REALES DE INDIOS	26503	
1.5% Y DIEZMOS DE PLATA	25829	
TOTAL	276992	
TOTAL COMPUTADO	276995	

S 651	OCHO	ENSAYADOS
ALCABALAS REALES	15085	
ALCANCES DE CUENTAS	225	
AZOGUES DE HUANCAVELICA	895	
AZOGUES DEL ALMADEN	15941	

DATA	OCHO	ENSAYADOS	ORO
1/1783-12/1783			
AZOGUES DEL ALMADEN	13385		
CONSIGNACIONES SIT ECLESIASTICAS	3187		
DEBIDO COBRAR CUENTAS ANTERIORES	101339		
DEBIDO DE COBRAR ESTA CUENTA	38570		
DEPOSITOS	1303		
GASTOS ORD Y EXTRAORDINARIOS	7877		
MEDIA ANATA	1050		
PENAS DE CAMARA	1100		
REMITIDO A POTOSI	130462		
SUELDOS MILITARES	8605		
SUELDOS Y CONSIG MINISTROS Y R H	7445		
TEMPORALIDADES	903		
TOTAL	215227		
TOTAL COMPUTADO	315226		

DATA	OCHO	ENSAYADOS	ORO
1/1784-12/1784			
AZOGUES DE HUANCAVELICA	6186		
AZOGUES DEL ALMADEN	3744		
CONSIGNACIONES SIT ECLESIASTICAS	7344		
DEBIDO COBRAR CUENTAS ANTERIORES	116677		
DEBIDO DE COBRAR ESTA CUENTA	4864		
DEPOSITOS	5708		
GASTOS ORD Y EXTRAORDINARIOS	3966		
SUELDOS Y CONSIG MINISTROS Y R H	5464		
TOTAL	153953		
TOTAL COMPUTADO	153953		

DATA	OCHO	ENSAYADOS	ORO
1/1785-12/1785			
ALCANCES DE CUENTAS	28		
CONSIGNACIONES SIT ECLESIASTICAS	3610		
DEBIDO COBRAR CUENTAS ANTERIORES	108419		
DEBIDO DE COBRAR ESTA CUENTA	6386		

ORURO 1/1785-12/1785   S 651

CARGO	OCHO	ENSAYADOS	ORO
COMPOSICION DE PULPERIAS	58		
DEBIDO COBRAR CUENTAS ANTERIORES	108419		
DEBIDO DE COBRAR ESTA CUENTA	6386		
DEPOSITOS	3460		
DERECHOS DE ENSAYE Y FUNDICION	860		
ESPOLIOS	627		
EXISTENCIA	123039		
EXTRAORDINARIO DE REAL HACIENDA	104		
MEDIA ANATA	286		
NAIPES	147		
NOVENOS REALES	352		
PAPEL SELLADO	212		
SISA DE CARNE DE CASTILLA	62		
TEMPORALIDADES	1305		
TRIBUTOS REALES DE INDIOS	32772		
1.5% Y DIEZMOS DE PLATA	25878		
5% DE SINODOS	1061		
TOTAL	337172		
TOTAL COMPUTADO	337174		

DATA	OCHO	ENSAYADOS	ORO
DEPOSITOS	203		
ESPOLIOS	271		
GASTOS ORD Y EXTRAORDINARIOS	3823		
REMITIDO A OTRAS TESORERIAS	92065		
SUELDOS Y CONSIG MINISTROS Y R H	8154		
SUELDOS Y GASTOS MILITARES	20009		
TEMPORALIDADES	666		
TOTAL	243635		
TOTAL COMPUTADO	243634		

S 651

1/1786-12/1786

CARGO	OCHO	ENSAYADOS	ORO
ALCABALAS REALES	19286		
AZOGUES DE HUANCAVELICA	3408		
AZOGUES DEL ALMADEN	29951		
BULAS DE SANTA CRUZADA	1422		
COMPOSICION DE PULPERIAS	86		
DEBIDO COBRAR CUENTAS ANTERIORES	110670		
DEBIDO DE COBRAR ESTA CUENTA	1550		
DEPOSITOS	629		
DERECHOS DE ENSAYE Y FUNDICION	970		
ESPOLIOS	333		
EXISTENCIA	93537		
EXTRAORDINARIO DE REAL HACIENDA	414		
INVALIDOS	1		
MEDIA ANATA	174		
MESADAS ECLESIASTICAS	385		
MONTE PIO MILITAR	1		
NAIPES	482		
PAPEL SELLADO	400		
SISA DE CARNE DE CASTILLA	50		
TEMPORALIDADES	6389		
TRIBUTOS REALES DE INDIOS	41230		
1.5% Y DIEZMOS DE PLATA	40498		
5% DE SINODOS	268		
TOTAL	352134		
TOTAL COMPUTADO	352134		

DATA	OCHO	ENSAYADOS	ORO
AZOGUES DE HUANCAVELICA	600		
CONSIGNACIONES SIT ECLESIASTICAS	5906		
DEBIDO COBRAR CUENTAS ANTERIORES	110670		
DEBIDO DE COBRAR ESTA CUENTA	1550		
DEPOSITOS	221		
GASTOS ORD Y EXTRAORDINARIOS	17066		
MESADAS ECLESIASTICAS	385		
REMITIDO A OTRAS TESORERIAS	86443		
SUELDOS Y CONSIG MINISTROS Y R H	2880		
SUELDOS Y GASTOS MILITARES	11522		
TEMPORALIDADES	1275		
TOTAL	238517		
TOTAL COMPUTADO	238518		

S 651

1/1787-12/1787

CARGO	OCHO	ENSAYADOS	ORO
ALCABALAS REALES	15543		
ARRENDAMIENTO Y VENTA DE MINAS	50		

DATA	OCHO	ENSAYADOS	ORO
BULAS DE SANTA CRUZADA	66		
CONSIGNACIONES SIT ECLESIASTICAS	4962		

ORURO 1/1787-12/1787

CARGO	OCHO	ENSAYADOS	ORO
AZOGUES DE HUANCAVELICA	588		
AZOGUES DEL ALMADEN	36815		
BULAS DE SANTA CRUZADA	1325		
COMPOSICION DE PULPERIAS	28		
DEBIDO COBRAR CUENTAS ANTERIORES	90479		
DEBIDO DE COBRAR ESTA CUENTA	6929		
DEPOSITOS	7571		
DERECHOS DE ENSAYE Y FUNDICION	1610		
EXISTENCIA	77695		
FALTA DE LEY EN BARRAS	212		
INVALIDOS	16		
MEDIA ANATA	45		
MONTE PIO DE MINISTROS	62		
MONTE PIO MILITAR	15		
NAIPES	530		
REAL HACIENDA EN COMUN	3868		
TEMPORALIDADES	4731		
TRIBUTOS REALES DE INDIOS	63167		
1.5% Y DIEZMOS DE PLATA	45516		
5% DE SINODOS	242		
TOTAL	357036		

TOTAL COMPUTADO 357037

DATA (S 651)

DATA	OCHC	ENSAYADCS	ORO
DEBIDO COBRAR CUENTAS ANTERIORES	90479		
DEBIDO DE COBRAR ESTA CUENTA	6930		
DEPOSITOS	2952		
GASTOS ORD Y EXTRAORDINARICS	26481		
REINTEGROS	26682		
REMITIDO A PCTOSI	19825		
SUELDOS Y CONSIG MINISTROS Y R H	4512		
SUELDOS Y GASTOS MILITARES	11225		
TEMPORALIDADES	773		
TOTAL	154887		

TOTAL COMPUTADO 154887

S 651 1/1788-12/1788

CARGO	OCHO	ENSAYADOS	ORO
ALCABALAS REALES	26180		
ALCANCES DE CUENTAS	547		
ARRENDAMIENTO Y VENTA DE MINAS	50		
AZOGUES DEL ALMADEN	29327		
BULAS DE SANTA CRUZADA	1092		
COMISOS	3052		
DEBIDO COBRAR CUENTAS ANTERIORES	152050		
DEBIDO DE COBRAR ESTA CUENTA	27369		
DEPOSITOS	5832		
DERECHOS DE ENSAYE Y FUNDICION	1707		
EXISTENCIA	159245		
FALTA DE LEY EN BARRAS	182		
GUIAS	78		
INVALIDOS	11		
MEDIA ANATA	158		
MONTE PIO DE MINISTROS	246		
MONTE PIO MILITAR	11		
NAIPES	404		
PAPEL SELLADO	750		
REAL HACIENDA EN COMUN	137		
SISA DE CARNE DE CASTILLA	100		
TEMPORALIDADES	3369		
TRIBUTOS REALES DE INDIOS	41436		
1.5% Y DIEZMOS DE PLATA	49395		
5% DE SINODOS	418		
TOTAL	503145		

TOTAL COMPUTADO 503146

1/1788-12/1788

DATA	OCHC	ENSAYADCS	ORO
COMISOS	527		
CONSIGNACIONES SIT ECLESIASTICAS	8615		
DEBIDO COBRAR CUENTAS ANTERIORES	152050		
DEBIDO DE COBRAR ESTA CUENTA	27369		
DEPOSITOS	356		
GASTOS ORD Y EXTRACRDINARICS	24611		
REMITIDO A BUENOS AIRES	220478		
SUELDOS MILITARES	8651		
SUELDOS Y CONSIG MINISTROS Y R H	12773		
TEMPORALIDADES	669		
TOTAL	456099		

TOTAL COMPUTADO 456099

ORURO   1/1789–12/1789

S 651

CARGO	ORO	ENSAYADOS	OCHO
ALCABALAS REALES			14747
ALCANCES DE CUENTAS			336
ARRENDAMIENTO Y VENTA DE MINAS			50
AZOGUES DEL ALMADEN			25896
BULAS DE SANTA CRUZADA			360
COMPOSICION DE PULPERIAS			89
DEBIDO COBRAR CUENTAS ANTERIORES			179389
DEBIDO DE COBRAR ESTA CUENTA			22915
DEPOSITOS			12016
DERECHOS DE ENSAYE Y FUNDICION			1583
EXISTENCIA			47046
EXTRAORDINARIO DE REAL HACIENDA			341
GUIAS			47
INVALIDOS			10
MEDIA ANATA			391
MESADAS ECLESIASTICAS			211
MONTE PIO DE MINISTROS			229
MONTE PIO MILITAR			11
NAIPES			165
PENAS DE CAMARA			200
SISA DE CARNE DE CASTILLA			50
TEMPORALIDADES			3333
TRIBUTOS REALES DE INDIOS			44858
1.5% Y DIEZMOS DE PLATA			43866
5% DE SINODOS			362
TOTAL			398499

TOTAL COMPUTADO   398501

S 651

CARGO	ORO	ENSAYADOS	OCHO
ALCABALAS REALES			19127
ALCANCES DE CUENTAS			718
AZOGUES			49222
COMPOSICION DE PULPERIAS			58
DEBIDO COBRAR CUENTAS ANTERIORES			192537
DEBIDO DE COBRAR ESTA CUENTA			11340
DEPOSITOS			3674
DERECHOS DE ENSAYE Y FUNDICION			1782
EXISTENCIA			13472
EXTRAORDINARIO DE REAL HACIENDA			5961
INVALIDOS			124
MEDIA ANATA			381
MONTE PIO DE MINISTROS			249
MONTE PIO MILITAR			37
NAIPES			170
SISA DE CARNE DE CASTILLA			50
TEMPORALIDADES			1350
TRIBUTOS REALES DE INDIOS			36406
1.5% Y DIEZMOS DE PLATA			47128
5% DE SINODOS			462
TOTAL			384247

S 651

DATA 1/1789–12/1789	ORO	ENSAYADOS	OCHO
ALCANCES DE CUENTAS			694
AZOGUES DEL ALMADEN			34244
BULAS DE SANTA CRUZADA			1410
COBRE			11612
CONSIGNACIONES SIT ECLESIASTICAS			7229
DEBIDO COBRAR CUENTAS ANTERIORES			179389
DEBIDO DE COBRAR ESTA CUENTA			22915
DEPOSITOS			17965
GASTOS ORD Y EXTRAORDINARIOS			2077
GUIAS			47
INVALIDOS			14
MEDIA ANATA			353
MESADAS ECLESIASTICAS			212
MONTE PIO DE MINISTROS			229
MONTE PIO MILITAR			14
NAIPES			405
PENAS DE CAMARA			200
REMITIDO A POTOSI			83199
SUELDOS Y CONSIG MINISTROS Y R H			5753
SUELDOS Y GASTOS MILITARES			12104
TEMPORALIDADES			4437
5% DE SINODOS			446
TOTAL			385027

TOTAL COMPUTADO   385028

DATA 1/1790–12/1790	ORO	ENSAYADOS	OCHO
ALCABALAS REALES			1368
ALCANCES DE CUENTAS			129
AZOGUES			17407
COBRE			18017
CONSIGNACIONES SIT ECLESIASTICAS			9416
DEBIDO COBRAR CUENTAS ANTERIORES			192537
DEBIDO DE COBRAR ESTA CUENTA			11340
DEPOSITOS			8254
EXTRAORDINARIO DE REAL HACIENDA			1567
GASTOS DE ENSAYE Y FUNDICION			1597
INVALIDOS			22
MEDIA ANATA			399
MONTE PIO DE MINISTROS			162
MONTE PIO MILITAR			11
NAIPES			165
REMITIDO A POTOSI			42150
SUELDOS Y CONSIG MINISTROS Y R H			7377
SUELDOS Y GASTOS MILITARES			15210
TEMPORALIDADES			1607
5% DE SINODOS			463
TOTAL			329196

ORURO 1/1790-12/1790

CARGO	OCHO	ENSAYADOS	ORO
TOTAL COMPUTADO	384248		

S 651

CARGO	OCHO	ENSAYADOS	ORO
ALCABALAS REALES	22005		
AZOGUES DE HUANCAVELICA	2137		
AZOGUES DEL ALMADEN	42768		
BULAS DE SANTA CRUZADA	1292		
COMPOSICION DE PULPERIAS	51		
DEBIDO COBRAR CUENTAS ANTERIORES	320741		
DEBIDO DE COBRAR ESTA CUENTA	68391		
DEPOSITOS	7581		
DERECHOS DE ENSAYE Y FUNDICION	2078		
EXISTENCIA	87365		
FALTA DE LEY EN BARRAS	318		
INVALIDOS	11		
MEDIA ANATA	393		
MESADAS ECLESIASTICAS	349		
MONTE PIO DE MINISTROS	786		
MONTE PIO MILITAR	10		
NAIPES	498		
NUEVO IMPUESTO DE AGUARDIENTE	57		
REAL HACIENDA EN COMUN	3134		
SISA DE CARNE DE CASTILLA	50		
TEMPORALIDADES	3960		
TRIBUTOS REALES DE INDIOS	43080		
1.5% Y DIEZMOS DE PLATA	56932		
5% DE SINODOS	369		
TOTAL	664353		

	OCHO	ENSAYADOS	ORO
TOTAL COMPUTADO	664356		

S 651

1/1792-12/1792

CARGO	OCHO	ENSAYADOS	ORO
ALCABALAS REALES	18390		
ALCANCES DE CUENTAS	192		
AZOGUES DE HUANCAVELICA	5640		
AZOGUES DEL ALMADEN	61135		
BULAS DE SANTA CRUZADA	1327		
COMPOSICION DE PULPERIAS	101		
DEBIDO COBRAR CUENTAS ANTERIORES	304345		
DEBIDO DE COBRAR ESTA CUENTA	48120		
DEPOSITOS	21231		
DERECHOS DE ENSAYE Y FUNDICION	2040		
EXISTENCIA	133893		
FALTA DE LEY EN BARRAS	13		
INVALIDOS	11		
MEDIA ANATA	645		
MONTE PIO DE MINISTROS	335		
MONTE PIO MILITAR	10		
NAIPES	352		
OFICIOS VENDIBLES Y RENUNCIABLES	300		
PAPEL SELLADO	3204		
REAL HACIENDA EN COMUN	7953		

DATA	OCHO	ENSAYADOS	ORO
	S 651		
TOTAL COMPUTADO	329198		

DATA	OCHO	ENSAYADOS	ORO
TOTAL COMPUTADO			

1/1791-12/1791

DATA	OCHO	ENSAYADOS	ORO
ALCABALAS REALES	17551		
AZOGUES DEL ALMADEN	31952		
BULAS DE SANTA CRUZACA	45		
COMPOSICION DE PULPERIAS	58		
CONSIGNACIONES SIT ECLESIASTICAS	7107		
DEBIDO COBRAR CUENTAS ANTERIORES	320741		
DEBIDO DE COBRAR ESTA CUENTA	68391		
DEPOSITOS	3168		
DIEZMOS DE PLATA	52485		
EXTRAORDINARIO DE REAL HACIENDA	3188		
GASTOS DE ENSAYE Y FUNCICION	1577		
INVALIDOS	105		
MEDIA ANATA	238		
MESADAS ECLESIASTICAS	349		
MONTE PIO DE MINISTROS	205		
MONTE PIO MILITAR	20		
NAIPES	351		
SUELDOS Y CONSIG MINISTROS Y R H	5884		
SUELDOS Y GASTOS MILITARES	10519		
TEMPORALIDADES	671		
1.5% DE PLATA	5573		
5% DE SINODOS	284		
TOTAL	530459		

	OCHO	ENSAYADOS	ORO
TOTAL COMPUTADO	530462		

1/1792-12/1792

DATA	OCHO	ENSAYADOS	ORO
ALCABALAS REALES	10031		
AZOGUES DEL ALMADEN	12657		
CONSIGNACIONES SIT ECLESIASTICAS	4997		
DEBIDO COBRAR CUENTAS ANTERIORES	304345		
DEBIDO DE COBRAR ESTA CUENTA	48120		
DEPOSITOS	21022		
DIEZMOS DE PLATA	28410		
GASTOS DE ENSAYE Y FUNCICION	1238		
GASTOS ORD Y EXTRAORDINARIOS	15913		
MONTE PIO DE MINISTROS	11		
NAIPES	62		
PAPEL SELLADO	3062		
REAL HACIENDA EN COMUN	49002		
SUELDOS Y CONSIG MINISTROS Y R H	7035		
SUELDOS Y GASTOS MILITARES	10986		
TEMPORALIDADES	602		
1.5% DE PLATA	3136		
5% DE SINODOS	14		
TOTAL	520656		

ORURO 1/1792-12/1792

CARGO	ORO	ENSAYADOS	OCHO
SISA DE CARNE DE CASTILLA			50
TEMPORALIDADES			2033
TRIBUTOS REALES DE INDIOS			42990
1.5% Y DIEZMOS DE PLATA			77586
5% CE SINODOS			267
TOTAL			732155
TOTAL COMPUTADO			732163

DATA	ORO	ENSAYADOS	OCHO
TOTAL COMPUTADO			520643

S 652 1/1793-12/1793

CARGO	ORO	ENSAYADOS	OCHO
ALCABALAS DE CASTILLA			1249
ALCABALAS DE CONTRATOS PUBLICOS			1870
ALCABALAS DE CORTAS EXTRACCIONES			699
ALCABALAS DE REVENTAS			170
ALCABALAS DE TIERRA			15650
ALCABALAS FORANEAS			1804
APROVECHAMIENTOS			588
AZOGUES DE HUANCAVELICA			2243
AZOGUES DEL ALMADEN			11074
COMPOSICION DE PULPERIAS			78
DEBIDO COBRAR CUENTAS ANTERIORES			288217
DEBIDO DE COBRAR ESTA CUENTA			78195
DEPOSITOS			8865
DERECHOS DE ENSAYE Y FUNDICION			2148
DIEZMOS DE CHUQUISACA			1276
EXISTENCIA			211929
GUIAS			236
MEDIA ANATA			471
MONTE PIO DE MINISTROS			590
NAIPES			242
NUEVO IMPUESTO DE AGUARDIENTE			9
OFICIOS VENDIBLES Y RENUNCIABLES			225
PAPEL SELLADO			32
REAL HACIENDA EN COMUN			1193
SISA DE CARNE DE CASTILLA			50
TEMPORALIDADES			7901
TRIBUTOS REALES DE ORURO			7568
TRIBUTOS REALES DE PARIA			33271
VACANTES DE SINODOS			743
1.5% Y DIEZMOS DE PLATA			62016
5% DE SINODOS			342
TOTAL			740943
TOTAL COMPUTADO			740944

DATA	ORO	ENSAYADOS	OCHO
AZOGUES DE HUANCAVELICA			7791
AZOGUES DEL ALMADEN			35455
COBRE			1750
CONSIGNACIONES SIT ECLESIASTICAS			1132
DEBIDO COBRAR CUENTAS ANTERIORES			288217
DEBIDO DE COBRAR ESTA CUENTA			78195
DEPOSITOS			5484
GASTOS DE ENSAYE Y FUNCICION			1207
GASTOS DE GUERRA			482
GASTOS ORD Y EXTRAORDINARIOS			1722
INVALIDOS			21
MONTE PIO DE MINISTROS			1048
MONTE PIO MILITAR			14
REMITIDO A OTRAS TESORERIAS			148018
SUELDOS DE ALCABALAS			1589
SUELDOS MILITARES			8458
SUELDOS Y CONSIG MINISTROS Y R H			4857
SUPLEMENTO A LA REAL HACIENDA			9423
TEMPORALIDADES			6062
TRIBUTOS REALES DE PARIA			6632
5% DE SINODOS			418
TOTAL			608054
TOTAL COMPUTADO			608055

S 652 1/1794-12/1794

CARGO	ORO	ENSAYADOS	OCHO
ALCABALAS REALES			24474
APROVECHAMIENTOS			679
AZOGUES DE HUANCAVELICA			756
AZOGUES DEL ALMADEN			52786
BULAS DE SANTA CRUZADA			1417
COMPOSICION DE PULPERIAS			58

DATA	ORO	ENSAYADOS	OCHO
ALCABALAS REALES			2161
APROVECHAMIENTOS			74
AZOGUES DE HUANCAVELICA			2990
AZOGUES DEL ALMADEN			33950
BULAS DE SANTA CRUZADA			110
COBRE			30042

ORURO 1/1794-12/1794

CARGO	OCHO	ENSAYADOS	ORO
DEBIDO COBRAR CUENTAS ANTERIORES	369625		
DEBIDO DE COBRAR ESTA CUENTA	37191		
DEPOSITOS	9330		
DERECHOS DE ENSAYE Y FUNDICION	2911		
EXISTENCIA	132861		
EXTRAORDINARIO DE REAL HACIENDA	22126		
MEDIA ANATA	427		
MONTE PIO DE MINISTROS	43		
NAIPES	140		
OFICIOS VENDIBLES Y RENUNCIABLES	2150		
PAPEL SELLADO	1489		
SISA DE CARNE DE CASTILLA	50		
SUBSIDIO ECLESIASTICO	3511		
TEMPORALIDADES	2352		
TRIBUTOS REALES DE INDIOS	46929		
VACANTES MENORES	1574		
1.5% Y DIEZMOS DE PLATA	63895		
5% DE SINODOS	330		
TOTAL	777101		
TOTAL COMPUTADO	805718		

DATA	OCHO	ENSAYADOS	ORO
CONSIGNACIONES SIT ECLESIASTICAS	6688		
DEBIDO COBRAR CUENTAS ANTERIORES	369625		
DEBIDO DE COBRAR ESTA CUENTA	37191		
DEPOSITOS	3970		
EXTRAORDINARIO DE REAL HACIENDA	4321		
GASTOS DE ENSAYE Y FUNDICION	1407		
MEDIA ANATA	58		
MONTE PIO DE MINISTROS	590		
PAPEL SELLADO	121		
REMITIDO A POTOSI	39368		
RESCATES DE PLATA	11172		
SUBSIDIO ECLESIASTICO	3208		
SUELDOS Y CONSIG MINISTROS Y R H	6683		
SUELDOS Y GASTOS MILITARES	8981		
TEMPORALIDADES	9297		
5% DE SINODOS	382		
TOTAL	572387		
TOTAL COMPUTADO	572389		

S 652

1/1795-12/1795

CARGO	OCHO	ENSAYADOS	ORO
ALCABALAS REALES	23725		
APROVECHAMIENTOS	526		
AZOGUES DEL ALMADEN	17969		
BULAS CUADRAGESIMALES	203		
BULAS DE SANTA CRUZADA	1592		
COMPOSICION DE PULPERIAS	58		
DEBIDO COBRAR CUENTAS ANTERIORES	357154		
DEBIDO DE COBRAR ESTA CUENTA	61003		
DEPOSITOS	14734		
DERECHOS DE ENSAYE Y FUNDICION	2070		
EXISTENCIA	204719		
MEDIA ANATA	595		
MONTE PIO DE MINISTROS	86		
NAIPES	138		
PAPEL SELLADO	1434		
PENAS DE CAMARA	12		
REAL HACIENDA EN COMUN	21662		
SISA DE CARNE DE CASTILLA	50		
TEMPORALIDADES	1192		
TRIBUTOS REALES DE INDIOS	37993		
1.5% Y DIEZMOS DE PLATA	58309		
4% DE SUELDOS PARA LA GUERRA	149		
5% DE SINODOS	345		
TOTAL	805717		
TOTAL COMPUTADO	805718		

DATA	OCHO	ENSAYADOS	ORO
ALCABALAS REALES	2532		
AZOGUES DEL ALMADEN	7004		
BULAS CUADRAGESIMALES	8		
BULAS DE SANTA CRUZADA	205		
COBRE	7176		
CONSIGNACIONES SIT ECLESIASTICAS	4522		
DEBIDO COBRAR CUENTAS ANTERIORES	357154		
DEBIDO DE COBRAR ESTA CUENTA	61003		
DEPOSITOS	9842		
ESTANO	14002		
EXTRAORDINARIO DE REAL HACIENDA	17654		
GASTOS DE ENSAYE Y FUNDICION	2458		
MEDIA ANATA	76		
MONTE PIO DE MINISTROS	7		
PAPEL SELLADO	109		
REMITIDO A POTOSI	62221		
RESCATES DE PLATA	13864		
SUBSIDIO ECLESIASTICO	303		
SUELDOS Y CONSIG MINISTROS Y R H	3650		
SUELDOS Y GASTOS MILITARES	9218		
TOTAL	593007		
TOTAL COMPUTADO	593008		

S 652

1/1796-12/1796

CARGO	OCHO	ENSAYADOS	ORO
ALCABALAS REALES	30065		

DATA	OCHO	ENSAYADOS	ORO
ALCABALAS REALES	3528		

ORURO   1/1796-12/1796

CARGO	OCHO
ALCANCES DE CUENTAS	31
APROVECHAMIENTOS	450
AZOGUES DEL ALMADEN	24603
BULAS DE SANTA CRUZADA	1073
COMPOSICION DE PULPERIAS	62
DEBIDO COBRAR CUENTAS ANTERIORES	345720
DEBIDO DE COBRAR ESTA CUENTA	103236
DEPOSITOS	3298
DERECHOS DE ENSAYE Y FUNDICION	2534
EXISTENCIA	212710
MEDIA ANATA	267
MONTE PIO DE MINISTROS	43
NAIPES	372
REAL HACIENDA EN COMUN	10064
SISA DE CARNE DE CASTILLA	50
TEMPORALIDADES	757
TRIBUTOS REALES DE INDIOS	43064
1.5% Y DIEZMOS DE PLATA	62983
4% DE SUELDOS PARA LA GUERRA	146
5% DE SINODOS	320
TOTAL	841847
TOTAL COMPUTADO	841848

DATA	OCHO
AZOGUES DEL ALMADEN	102230
BULAS DE SANTA CRUZADA	362
COBRE	21475
CONSIGNACIONES SIT ECLESIASTICAS	3396
DEBIDO COBRAR CUENTAS ANTERIORES	345720
DEBIDO DE COBRAR ESTA CUENTA	103236
DEPOSITOS	3981
ESTANO	7585
GASTOS DE ENSAYE Y FUNDICION	1324
MONTE PIO DE MINISTROS	121
NAIPES	138
PENAS DE CAMARA	12
REAL HACIENDA EN COMUN	5617
REMITIDO A POTOSI	110753
RESCATES DE PLATA	9353
SUELDOS Y CONSIG MINISTROS Y R H	5075
SUELDOS Y GASTOS MILITARES	12319
TEMPORALIDADES	1559
4% DE SUELDOS PARA LA GUERRA	149
5% DE SINODOS	648
TOTAL	738565
TOTAL COMPUTADO	738581

S 652   1/1797-12/1797

CARGO	OCHO
ALCABALAS REALES	28066
APROVECHAMIENTOS	129
AZOGUES DEL ALMADEN	40125
BULAS CUADRAGESIMALES	139
BULAS DE SANTA CRUZADA	2237
COMPOSICION DE PULPERIAS	42
DEBIDO COBRAR CUENTAS ANTERIORES	409265
DEBIDO DE COBRAR ESTA CUENTA	68438
DEPOSITOS	10116
DERECHOS DE ENSAYE Y FUNDICION	2267
EXISTENCIA	103282
MEDIA ANATA	134
MONTE PIO DE MINISTROS	43
OFICIOS VENDIBLES Y RENUNCIABLES	400
PAPEL SELLADO	1568
REAL HACIENDA EN COMUN	8640
SISA DE CARNE DE CASTILLA	50
TEMPORALIDADES	4500
TRIBUTOS REALES DE INDIOS	46318
TRIGESSIMO CONCILIAR	98
1.5% Y DIEZMOS DE PLATA	58363
5% DE SINODOS	186
TOTAL	784406
TOTAL COMPUTADO	784406

DATA	OCHO
ALCABALAS REALES	3144
AZOGUES DEL ALMADEN	7839
BULAS CUADRAGESIMALES	139
BULAS DE SANTA CRUZADA	160
COBRE	23077
CONSIGNACIONES SIT ECLESIASTICAS	3891
DEBIDO COBRAR CUENTAS ANTERIORES	409265
DEBIDO DE COBRAR ESTA CUENTA	68438
DEPOSITOS	8502
ESTANO	24087
GASTOS DE ENSAYE Y FUNDICION	1658
PAPEL SELLADO	119
REAL HACIENDA EN COMUN	8275
RESCATES DE PLATA	32
SUELDOS Y CONSIG MINISTROS Y R H	4446
SUELDOS Y GASTOS MILITARES	10686
TEMPORALIDADES	500
4% DE SUELDOS PARA LA GUERRA	14
TOTAL	574374
TOTAL COMPUTADO	574376

S 652   1/1798-12/1798

S 652

S 652

ORURO   1/1798-12/1798

CARGO	OCHO	ENSAYADOS	ORO
ALCABALAS REALES	30021		
APROVECHAMIENTOS	4		
AZOGUES DE HUANCAVELICA	1330		
AZOGUES DEL ALMADEN	11397		
BULAS DE SANTA CRUZADA	192		
COMPOSICION DE PULPERIAS	42		
DEBIDO COBRAR CUENTAS ANTERIORES	478821		
DEBIDO DE COBRAR ESTA CUENTA	47487		
DEPOSITOS	4635		
DERECHOS DE ENSAYE Y FUNDICION	2077		
EXISTENCIA	209389		
EXTRAORDINARIO DE REAL HACIENDA	34		
MEDIA ANATA	44		
MONTE PIO DE MINISTROS	43		
NAIPES	122		
OFICIOS VENDIBLES Y RENUNCIABLES	225		
PAPEL SELLADO	65		
SISA DE CARNE DE CASTILLA	50		
TRIBUTOS REALES DE INDIOS	25038		
TRIGESSIMO CONCILIAR	92		
1.5% Y DIEZMOS DE PLATA	56803		
5% DE SINODOS	166		
TOTAL	868077		

TOTAL COMPUTADO   868077

DATA	OCHO	ENSAYADOS	ORO
ALCABALAS REALES	2465		
AZOGUES DEL ALMADEN	70153		
COBRE	980		
CONSIGNACIONES SIT ECLESIASTICAS	3502		
DEBIDO COBRAR CUENTAS ANTERIORES	478821		
DEBIDO DE COBRAR ESTA CUENTA	47486		
DEPOSITOS	1549		
EXTRAORDINARIO DE REAL HACIENDA	2567		
FLETES DE ESTANO	1795		
GASTOS DE ENSAYE Y FUNCION	1290		
REMITIDO A PCTOSI	99395		
SUELDOS Y CONSIG MINISTROS Y R H	3745		
SUELDOS Y GASTOS MILITARES	11374		
TOTAL	725524		

TOTAL COMPUTADO   725522

S 652

1/1799-12/1799

CARGO	OCHO	ENSAYADOS	ORO
ALCABALAS DE TARIFA	1004		
ALCABALAS REALES	34938		
ALCANCES DE CUENTAS	21		
APROVECHAMIENTOS	3		
AZOGUES DEL ALMADEN	57055		
BULAS DE SANTA CRUZADA	2194		
COMPOSICION DE PULPERIAS	23		
DEBIDO COBRAR CUENTAS ANTERIORES	508607		
DEBIDO DE COBRAR ESTA CUENTA	96929		
DEPCSITOS	3788		
DERECHOS DE ENSAYE Y FUNDICION	1901		
ESPOLIOS	135		
EXISTENCIA	142552		
EXTRAORDINARIO DE REAL HACIENDA	14189		
MEDIA ANATA	63		
MONTE PIO DE MINISTROS	166		
NAIPES	234		
OFICIOS VENDIBLES Y RENUNCIABLES	600		
PAPEL SELLADO	564		
SISA DE CARNE DE CASTILLA	50		
SUBSIDIO ECLESIASTICO	3030		
TEMPORALIDADES	3232		
TRIBUTOS REALES DE INDIOS	32020		
TRIGESSIMO CONCILIAR	100		
1.5% Y DIEZMOS DE PLATA	51151		
5% DE SINODOS	196		
TOTAL	954745		

DATA	OCHO	ENSAYADOS	ORO
ALCABALAS REALES	2401		
ALCANCES DE CUENTAS	31		
AZOGUES DE HUANCAVELICA	1330		
BULAS DE SANTA CRUZADA	180		
COBRE	22671		
CONSIGNACIONES SIT ECLESIASTICAS	4110		
DEBIDO COBRAR CUENTAS ANTERIORES	508607		
DEBIDO DE COBRAR ESTA CUENTA	96929		
DEPOSITOS	28700		
ESPOLIOS	135		
ESTANO	4752		
GASTOS DE ENSAYE Y FUNCICN	862		
GASTOS ORD Y EXTRAORDINARICS	7181		
MONTE PIO DE MINISTROS	129		
NAIPES	494		
PAPEL SELLADO	58		
REMITIDO A PCTOSI	84465		
SUELDOS Y CONSIG MINISTRCS Y R H	5693		
SUELDOS Y GASTOS MILITARES	10669		
TEMPORALIDADES	832		
TRIGESSIMO CONCILIAR	200		
4% DE SUELDOS PARA LA GUERRA	132		
TOTAL	780562		

ORURO   1/1799-12/1799

CARGO	OCHO	ENSAYADOS	ORO
TOTAL COMPUTADO	954745		

S 652

	OCHO
ALCABALAS REALES	24656
ALCANCES DE CUENTAS	65
APROVECHAMIENTOS	3
AZOGUES DEL ALMADEN	28835
BULAS DE SANTA CRUZADA	176
COMPOSICION DE PULPERIAS	33
DEBIDO COBRAR CUENTAS ANTERIORES	530979
DEBIDO DE COBRAR ESTA CUENTA	58382
DEPOSITOS	26930
DERECHOS DE ENSAYE Y FUNDICION	2196
DONATIVO	634
EXISTENCIA	174184
MESADAS ECLESIASTICAS	760
MONTE PIO DE MINISTROS	43
PAPEL SELLADO	1685
PENAS DE CAMARA	200
SISA DE CARNE DE CASTILLA	50
TRIGESSIMO CONCILIAR	259
1.5% Y DIEZMOS DE PLATA	55262
5% DE SINODOS	394
TOTAL	904726

TOTAL COMPUTADO	905726

S 652   ENSAYADOS

1/1800-12/1800

DATA	OCHC
TOTAL COMPUTADO	780561
ALCABALAS REALES	1805
AZOGUES DEL ALMADEN	57191
BULAS DE SANTA CRUZADA	9
COBRE	13469
CONSIGNACIONES SIT ECLESIASTICAS	8066
DEBIDO COBRAR CUENTAS ANTERIORES	530979
DEBIDO DE COBRAR ESTA CUENTA	58382
DEPOSITOS	9511
ESTANO	13620
GASTOS DE ENSAYE Y FUNDICION	2794
REAL HACIENDA EN COMUN	22949
REMITIDO A PTOSI	30000
SUELDOS Y CONSIG MINISTROS Y R H	3045
SUELDOS Y GASTOS MILITARES	9995
TRIGESSIMO CONCILIAR	89
TOTAL	761904

TOTAL COMPUTADO	761904

1/1802-12/1802

B 13

DATA	OCHC
ALCABALAS DE TIERRA	1206
ALCABALAS REALES	45
ARRENDAMIENTOS DE CASAS REALES	300
AZOGUES DE HUANCAVELICA	1108
AZOGUES DEL ALMADEN	7917
CORREOS	431
DEBIDO COBRAR CUENTAS ANTERIORES	61473
DEPOSITOS	3417
DONATIVO PARA LA GUERRA	100
ESTANO	1747
EXISTENCIA	139651
GASTOS DE ENSAYE Y FUNDICION	237
GASTOS DEL ESCRITORIO	300
LIMOSNAS DE VINO Y ACEITE	179
MESADAS ECLESIASTICAS	508
MONTE PIO DE MINISTROS	21
NAIPES	193
SUELDOS DE REAL HACIENDA	6925
SUELDOS Y GASTOS MILITARES	780
TESORERIA GENERAL BUENOS AIRES	549
TRIBUTOS REALES DE PARIA	6272
3% PARA EL SEMINARIO	111
5% DE SINODOS	420

1/1802-12/1802

B 13

	OCHO
ALCABALAS DE CASTILLA	925
ALCABALAS DE CONTRATOS PUBLICOS	526
ALCABALAS DE CORTAS EXTRACCIONES	931
ALCABALAS DE REVENTAS	273
ALCABALAS DE TIERRA	19437
ALCANCES DE CUENTAS	151
AZOGUES DE HUANCAVELICA	1108
AZOGUES DEL ALMADEN	31923
BULAS CUADRA EN ESPECIE B CORRTE	265
BULAS CUADRA EN ESPECIE B PASADO	504
BULAS DE SC EN ESPECIE B CORRTE	3865
BULAS DE SC EN ESPECIE B PASADO	3973
COMPOSICION DE PULPERIAS	53
DEBIDO COBRAR CUENTAS ANTERIORES	565689
DEBIDO DE COBRAR ESTA CUENTA	41511
DEPOSITOS	15743
DERECHOS DE ENSAYE Y FUNDICION	708
DONATIVO PARA LA GUERRA	105
EXISTENCIA	138693
MEDIA ANATA	213
MESADAS ECLESIASTICAS	508
MONTE PIO DE MINISTROS	64
NAIPES	256

ORURO   1/1802-12/1802

CARGO	OCHO	ENSAYADOS	ORO
OFICIOS VENDIBLES Y RENUNCIABLES	30		
PAPEL SELLADO EN ESPECIE B PASADO	1834		
REAL HACIENDA EN COMUN	96305		
SISA DE CARNE DE CASTILLA	50		
TESORERIA GENERAL BUENOS AIRES	548		
TRIBUTOS REALES DE PARIA	61372		
1.5% Y DIEZMOS DE PLATA	31016		
3% PARA EL SEMINARIO	138		
5% DE SINODOS	464		
TOTAL	1019179		

TOTAL COMPUTADO   1019181

DATA	OCHO	ENSAYADOS	ORO
TOTAL	233878		

TOTAL COMPUTADO   233890

B   13   1/1803-12/1803

CARGO	OCHO	ENSAYADOS	ORO
ALCABALAS REALES	20748		
ALCANCES DE CUENTAS	3794		
APROVECHAMIENTOS	567		
AZOGUES DEL ALMADEN	166		
BULAS CUADRA EN ESPECIE B CORRTE	265		
BULAS CUADRA EN ESPECIE B PASADO	506		
BULAS CUADRAGESIMALES	455		
BULAS DE SANTA CRUZADA	4		
BULAS DE SC EN ESPECIE B CORRTE	3869		
BULAS DE SC EN ESPECIE B PASADO	4051		
COBRADO VALORES AÑOS ANTERIORES	250664		
COMPOSICION DE PULPERIAS	34		
DEPOSITOS	1616		
EFECTOS DE LOS OFICIALES REALES	23658		
GUIAS	1899		
MEDIA ANATA	45		
MESADAS ECLESIASTICAS	151		
MONTE PIO DE MINISTROS	186		
NAIPES	63		
OFICIOS VENDIBLES Y RENUNCIABLES	715		
PAPEL SELLADO EN ESPECIE B PASADO	1834		
REAL HACIENDA EN COMUN	19494		
SISA DE CARNE DE CASTILLA	50		
SISA DE MULAS	66		
SUBSIDIO ECLESIASTICO	1000		
TRIBUTOS REALES DE INDIOS	19208		
1.5% Y DIEZMOS DE PLATA	10932		
3% PARA EL SEMINARIO	344		
5% DE SINODOS	573		
TOTAL	366957		

TOTAL COMPUTADO   366957

DATA	OCHO	ENSAYADOS	ORO
ALCABALAS REALES	18172		
APROVECHAMIENTOS	60		
AZOGUES DE HUANCAVELICA	2718		
AZOGUES DEL ALMADEN	18616		
BULAS CUADRA EN ESPECIE B CORRTE	155		
BULAS CUADRA EN ESPECIE B PASADO	22		
BULAS CUADRAGESIMALES	3		
BULAS DE SANTA CRUZADA	32		
BULAS DE SC EN ESPECIE B CORRTE	2242		
COMPRAS	19054		
DEPOSITOS	5098		
GUIAS	1472		
MONTE PIO DE MINISTROS	5098		
OTRAS TESORERIAS	14266		
PAPEL SELLADO EN ESPECIE B FUTURO	728		
REAL HACIENDA EN COMUN	109068		
SUELDOS Y GASTOS DE REAL HACIENDA	9224		
SUELDOS Y GASTOS MILITARES	9696		
TRIBUTOS REALES DE INDIOS	12825		
1.5% Y DIEZMOS DE PLATA	73923		
3% PARA EL SEMINARIO	186		
TOTAL	302658		

TOTAL COMPUTADO   302658

B   13   1/1804-12/1804

CARGO	OCHO	ENSAYADOS	ORO
ALCABALAS REALES	19352		
ALCANCES DE CUENTAS	169		
APROVECHAMIENTOS	5282		
AZOGUES DE EUROPA	44685		

DATA	OCHO	ENSAYADOS	ORO
ALCABALAS REALES	30416		
ALCANCES DE CUENTAS	3963		
APROVECHAMIENTOS	3946		
AZOGUES DE EUROPA	59747		

ORURO   1/1804-12/1804

CARGO	OCHO	ENSAYADOS	ORO
BULAS DE SANTA CRUZADA	381		
COBRADO VALORES AÑOS ANTERIORES	217255		
COMPOSICION DE PULPERIAS	66		
DEPOSITOS	18698		
GUIAS	3953		
INVALIDOS	178		
MEDIA ANATA	491		
MESADAS ECLESIASTICAS	789		
MONTE PIO DE MINISTROS	156		
MONTE PIO MILITAR	12		
NAIPES	41		
OFICIOS VENDIBLES Y RENUNCIABLES	15		
PAPEL SELLADO	3		
REAL HACIENDA EN COMUN	43808		
SISA DE CARNE DE CASTILLA	50		
SISA DE MULAS	221		
SUBSIDIO ECLESIASTICO	1434		
TRIBUTOS REALES DE INDIOS	52868		
1.5% Y DIEZMOS DE PLATA	102966		
3% PARA EL SEMINARIO	260		
5% DE SINODOS	432		
TOTAL	513565		

TOTAL COMPUTADO   513565

B   13

CARGO	OCHO	ENSAYADOS	ORO
ALCABALAS REALES	21477		
APROVECHAMIENTOS	1375		
AZOGUES DE EUROPA	18081		
BULAS CUADRAGESIMALES	54		
BULAS DE SANTA CRUZADA	1198		
COBRADO VALORES AÑOS ANTERIORES	165767		
COMPOSICION DE PULPERIAS	68		
DEPOSITOS	6139		
GUIAS	3742		
INVALIDOS	140		
MEDIA ANATA	359		
MONTE PIO DE MINISTROS	117		
MONTE PIO MILITAR	7		
NAIPES	19		
OFICIOS VENDIBLES Y RENUNCIABLES	15		
PAPEL SELLADO	1664		
PENAS DE CAMARA	251		
REAL HACIENDA EN COMUN	25616		
SISA DE CARNE DE CASTILLA	80		
SISA DE MULAS	39		
SUBSIDIO ECLESIASTICO	1264		
TRIBUTOS REALES DE INDIOS	39928		
1.5% Y DIEZMOS DE PLATA	35090		
3% PARA EL SEMINARIO	457		
5% DE SINODOS	740		

DATA	OCHO	ENSAYADOS	ORO
AZOGUES DE HUANCAVELICA	8518		
BULAS CUADRAGESIMALES	596		
BULAS DE SANTA CRUZADA	911		
DEPOSITOS	16466		
DONATIVO	479		
FALTA DE LEY EN BARRAS	716		
GUIAS	9651		
INVALIDOS	116		
MEDIA ANATA	233		
MESADAS ECLESIASTICAS	940		
MONTE PIO DE MINISTROS	383		
MONTE PIO MILITAR	8		
NAIPES	63		
OFICIOS VENDIBLES Y RENUNCIABLES	450		
PAPEL SELLADO	1530		
REAL HACIENDA EN COMUN	90051		
SOBRAS DE SUELDOS	1277		
SUBSIDIO ECLESIASTICO	2434		
SUELDOS Y GASTOS DE REAL HACIENDA	9608		
SUELDOS Y GASTOS MILITARES	7018		
TRIBUTOS REALES DE INDIOS	68190		
VACANTES DE DOCTRINAS	1258		
1.5% Y DIEZMOS DE PLATA	78610		
5% DE SINODOS	776		
TOTAL	398353		

TOTAL COMPUTADO   398354

1/1805-12/1805

DATA	OCHO	ENSAYADOS	ORO
ALCABALAS REALES	26150		
APROVECHAMIENTOS	1375		
AZOGUES DE EUROPA	37043		
AZOGUES DE HUANCAVELICA	404		
BULAS CUADRAGESIMALES	54		
BULAS DE SANTA CRUZADA	1202		
COMPOSICION DE PULPERIAS	107		
DEPOSITOS	5519		
GUIAS	3275		
INVALIDOS	455		
MEDIA ANATA	653		
MONTE PIO DE MINISTROS	190		
MONTE PIO MILITAR	22		
NAIPES	60		
OFICIOS VENDIBLES Y RENUNCIABLES	1057		
PAPEL SELLADO	1664		
PENAS DE CAMARA	251		
REAL HACIENDA EN COMUN	108501		
SISA DE CARNE DE CASTILLA	80		
SISA DE MULAS	326		
SUBSIDIO ECLESIASTICO	1264		
SUELDOS Y GASTOS DE REAL HACIENDA	7824		
SUELDOS Y GASTOS MILITARES	6329		
TRIBUTOS REALES DE INDIOS	53753		
1.5% Y DIEZMOS DE PLATA	35090		

ORURO   1/1805-12/1805

CARGO	OCHO	ENSAYADOS	ORO
TOTAL	323688		
TOTAL COMPUTADO	323687		

DATA	OCHO	ENSAYADOS	ORO
3% PARA EL SEMINARIO	806		
5% DE SINODOS	1191		
TOTAL	294744		
TOTAL COMPUTADO	294745		

S 654

	OCHO	ORO
ALCABALAS REALES	25595	—
ALCANCES DE CUENTAS	3470	—
APROVECHAMIENTOS	1074	—
AZOGUES DE EUROPA	15027	—
AZOGUES DE HUANCAVELICA	548	—
BULAS CUADRAGESIMALES	173	—
BULAS DE SANTA CRUZADA	1683	—
COBRADO VALORES ANOS ANTERIORES	121253	—
COMPOSICION DE PULPERIAS	81	—
DEPOSITOS	15045	—
DONATIVO PARA LA GUERRA	805	—
FALTA DE LEY EN BARRAS	14	—
GUIAS	3410	—
INVALIDOS	91	—
MEDIA ANATA	221	—
MESADAS ECLESIASTICAS	116	—
MONTE PIO DE MINISTROS	145	—
MONTE PIO MILITAR	6	—
NAIPES	30	—
OFICIOS VENDIBLES Y RENUNCIABLES	15	—
PAPEL SELLADO	9	—
REAL HACIENDA EN COMUN	30975	—
SISA DE CARNE DE CASTILLA	50	—
SISA DE MULAS	225	—
SUBSIDIO ECLESIASTICO	164	—
TRIBUTOS REALES DE INDIOS	39958	—
1.5% Y DIEZMOS DE PLATA	38484	—
3% PARA EL SEMINARIO	565	—
5% DE SINODOS	914	—
TOTAL	300144	
TOTAL COMPUTADO	300146	

1/1806-12/1806

DATA	OCHO	ORO
ALCABALAS REALES	19592	—
ALCANCES DE CUENTAS	3828	—
APROVECHAMIENTOS	424	—
AZOGUES DE EUROPA	28400	—
AZOGUES DE HUANCAVELICA	70	—
BULAS CUADRAGESIMALES	173	—
BULAS DE SANTA CRUZADA	1683	—
COMPOSICION DE PULPERIAS	146	—
DEPOSITOS	14625	—
DONATIVO PARA LA GUERRA	805	—
FALTA DE LEY EN BARRAS	621	—
GUIAS	3187	—
INVALIDOS	47	—
MEDIA ANATA	48	—
MESADAS ECLESIASTICAS	116	—
MONTE PIO DE MINISTROS	58	—
MONTE PIO MILITAR	6	—
OFICIOS VENDIBLES Y RENUNCIABLES	1083	—
REAL HACIENDA EN COMUN	39860	—
SISA DE MULAS	225	—
SUBSIDIO ECLESIASTICO	164	—
SUELDOS Y GASTOS DE REAL HACIENDA	12607	—
SUELDOS Y GASTOS MILITARES	3758	—
TRIBUTOS REALES DE INDIOS	58566	—
1.5% Y DIEZMOS DE PLATA	27049	—
3% PARA EL SEMINARIO	579	—
5% DE SINODOS	409	—
TOTAL	218129	—
TOTAL COMPUTADO	218129	

S 654

	OCHO	ORO
ALCABALAS REALES	19642	—
ALCANCES DE CUENTAS	276	—
APROVECHAMIENTOS	333	—
AZOGUES DE EUROPA	16520	—
BULAS CUADRAGESIMALES	18	—
BULAS DE SANTA CRUZADA	132	—
COBRADO VALORES ANOS ANTERIORES	143436	—
COMPOSICION DE PULPERIAS	81	—
DEPOSITOS	14227	—
FALTA DE LEY EN BARRAS	39	—
GUIAS	2443	—

1/1807-12/1807

DATA	OCHO	ORO
ALCABALAS REALES	17002	—
ALCANCES DE CUENTAS	722	—
APROVECHAMIENTOS	325	—
AZOGUES DE EUROPA	59766	—
AZOGUES DE HUANCAVELICA	74	—
BULAS CUADRAGESIMALES	19	—
BULAS DE SANTA CRUZADA	132	—
DEPOSITOS	13817	—
GUIAS	2656	—
INVALIDOS	125	—
MEDIA ANATA	97	—

S 654

ORURO 1/1807-12/1807

CARGO	OCHO	ENSAYADOS	ORO
INVALIDOS	94		
MEDIA ANATA	97		
MONTE PIO DE MINISTROS	117		
NAIPES	61		
OFICIOS VENDIBLES Y RENUNCIABLES	15		
PAPEL SELLADO	1715		
REAL HACIENDA EN COMUN	22670		
SISA DE CARNE DE CASTILLA	50		
SISA DE MULAS	125		
TRIBUTOS REALES DE INDIOS	60040		
1.5% Y DIEZMOS DE PLATA	38954		
3% PARA EL SEMINARIO	417		
5% DE SINODOS	676		
TOTAL	322178		

TOTAL COMPUTADO 322178

DATA	OCHO	ENSAYADOS	ORO
MONTE PIO DE MINISTROS	175		
NAIPES	30		
PAPEL SELLADO	403		
REAL HACIENDA EN COMUN	81878		
SISA DE MULAS	125		
SUELDOS Y GASTOS DE REAL HACIENDA	9677		
SUELDOS Y GASTOS MILITARES	4025		
TRIBUTOS REALES DE INDIOS	65781		
1.5% Y DIEZMOS DE PLATA	25037		
3% PARA EL SEMINARIO	249		
5% DE SINODOS	766		
TOTAL	282881		

TOTAL COMPUTADO 282881

B 13

1/1808-12/1808

CARGO	OCHO	ENSAYADOS	ORO
ALCABALAS REALES	20005		
ALCANCES DE CUENTAS	45		
APROVECHAMIENTOS	881		
AZOGUES DE EUROPA	18049		
COBRADO VALORES ANOS ANTERIORES	67183		
COMPOSICION DE PULPERIAS	80		
DEPOSITOS	4592		
GUIAS	3150		
INVALIDOS	91		
MEDIA ANATA	38		
MONTE PIO DE MINISTROS	116		
NAIPES	268		
OFICIOS VENDIBLES Y RENUNCIABLES	1020		
PENAS DE CAMARA	100		
REAL HACIENDA EN COMUN	463		
SISA DE CARNE DE CASTILLA	50		
SISA DE MULAS	556		
TRIBUTOS REALES DE INDIOS	62021		
1.5% Y DIEZMOS DE PLATA	39154		
3% PARA EL SEMINARIO	348		
5% DE SINODOS	564		
TOTAL	218774		

TOTAL COMPUTADO 218774

DATA	OCHO	ENSAYADOS	ORO
ALCABALAS REALES	2545		
AZOGUES DE EUROPA	26310		
DEPOSITOS	1082		
GUIAS	2676		
INVALIDOS	43		
MONTE PIO DE MINISTROS	87		
NAIPES	61		
OFICIOS VENDIBLES Y RENUNCIABLES	402		
OTRAS TESORERIAS	87220		
PENAS DE CAMARA	100		
REAL HACIENDA EN COMUN	6008		
SUELDOS Y GASTOS DE REAL HACIENDA	8030		
SUELDOS Y GASTOS MILITARES	4473		
TRIBUTOS REALES DE INDIOS	13768		
3% PARA EL SEMINARIO	433		
5% DE SINODOS	634		
TOTAL	153872		

TOTAL COMPUTADO 153872

B 13

1/1809-12/1809

CARGO	OCHO	ENSAYADOS	ORO
ALCABALAS REALES	15642		
APROVECHAMIENTOS	675		
AZOGUES DE EUROPA	19912		
COBRADO VALORES ANOS ANTERIORES	83172		
COMPOSICION DE PULPERIAS	53		
CONTRIBUCION PATRIOTICA	6900		
DEPOSITOS	22271		
GUIAS	1968		

1/1809-12/1809

DATA	OCHO	ENSAYADOS	ORO
ALCABALAS REALES	4446		
AZOGUES DE EUROPA	30906		
CONTRIBUCION PATRIOTICA	4570		
DEPOSITOS	19267		
GUIAS	1837		
INVALIDOS	97		
MESADAS ECLESIASTICAS	433		
MONTE PIO DE MINISTROS	58		

CARGO	OCHO	ENSAYADOS	ORO
INVALIDOS	99		
MEDIA ANATA	908		
MESADAS ECLESIASTICAS	433		
MONTE PIO DE MINISTROS	60		
NAIPES	210		
OFICIOS VENDIBLES Y RENUNCIABLES	1613		
REAL HACIENDA EN COMUN	79		
SISA DE CARNE DE CASTILLA	50		
SUBSIDIO ECLESIASTICO	659		
TRIBUTOS REALES DE INDIOS	60657		
1.5% Y DIEZMOS DE PLATA	43316		
3% PARA EL SEMINARIO	535		
5% DE SINODOS	865		
TOTAL	260077		

TOTAL COMPUTADO   260077

DATA	OCHO	ENSAYADOS	ORO
NAIPES	291		
OFICIOS VENDIBLES Y RENUNCIABLES	1151		
OTRAS TESORERIAS	87769		
REAL HACIENDA EN COMUN	8496		
SISA DE MULAS	556		
SUBSIDIO ECLESIASTICO	91		
SUELDOS Y GASTOS DE REAL HACIENDA	7841		
SUELDOS Y GASTOS MILITARES	4193		
TRIBUTOS REALES DE INDIOS	15947		
3% PARA EL SEMINARIO	515		
5% DE SINODOS	651		
TOTAL	189115		

TOTAL COMPUTADO   189115

SUMARIO GENERAL DE CARTA CUENTA DE POTOSI

CARGO	OCHO	ENSAYADOS	ORO	DATA	CCHO	ENSAYADOS	ORO
S1844				1/1560–12/1560			
TRIBS RLS AULLAGAS Y URUQUILLAS		4828					
TRIBS RLS CARANGAS Y CHUQUICOTA		9559					
TRIBUTOS REALES DE CARACARA		1495					
TRIBUTOS REALES DE CHAYANTA		8957					
TRIBUTOS REALES DE CHICHAS		1620					
TRIBUTOS REALES DE CHUQUITO		4084					
TRIBUTOS REALES DE LIPES Y CONDE		2499					
TRIBUTOS REALES DE POCONA		1983					
TRIBUTOS REALES DE PUNA		2208					
TRIBUTOS REALES DE SACACA		5499					
TRIBUTOS REALES DE SIPESIPE		1082					
TRIBUTOS REALES MACHA Y CHAQUI		17908					
1% Y QUINTO DE PLATA	39838	223488					
TOTAL	39888	285208					
TOTAL COMPUTADO	39888	285210		TOTAL COMPUTADO			
S1844				1/1561–12/1561			
EXTRAORDINARIO DE REAL HACIENDA		500					
PENAS DE CAMARA	1257	100					
TRIBS RLS AULLAGAS Y URUQUILLAS		666					
TRIBUTOS REALES DE CARACARA		623					
TRIBUTOS REALES DE CHAYANTA		3539					
TRIBUTOS REALES DE CHICHAS		2598					
TRIBUTOS REALES DE CHUQUICOTA		3724					
TRIBUTOS REALES DE CHUQUITO		2588					
TRIBUTOS REALES DE LIPES Y CONDE		834					
TRIBUTOS REALES DE POCONA		3704					
TRIBUTOS REALES DE SACACA		5162					
TRIBUTOS REALES DE SIPESIPE		897					
TRIBUTOS REALES DE TOTORA		785					
TRIBUTOS REALES MACHA Y CHAQUI		6169					
TRIBUTOS VACOS		7837					
1% Y QUINTO DE PLATA	53528	209094					
TOTAL	54785	248829					
TOTAL COMPUTADO	54785	248820		TOTAL COMPUTADO			
S1844				1/1562–12/1562			

POTOSI   1/1562-12/1562

CARGO	OCHO	ENSAYADOS		ORO	DATA
PENAS DE CAMARA	305	7303			—
TRIBS RLS AULLAGAS Y URUQUILLAS		6748			—
TRIBS RLS CARANGAS Y CHUQUICOTA		3232			—
TRIBUTOS REALES DE CARACARA		9485			
TRIBUTOS REALES DE CHAYANTA	241	508			—
TRIBUTOS REALES DE CHICHAS		1759			
TRIBUTOS REALES DE CHUQUITO		2492			—
TRIBUTOS REALES DE LIPES Y CONDE		5370			—
TRIBUTOS REALES DE MORCMORO		3343			
TRIBUTOS REALES DE POCCNA		2711			—
TRIBUTOS REALES DE PUNA		9099			
TRIBUTOS REALES DE SACACA		1363			—
TRIBUTOS REALES DE SIPESIPE		17831			
TRIBUTOS REALES MACHA Y CHAQUI					—
1% Y QUINTO DE PLATA	73125	227235			
TOTAL	73672	298479			
					TOTAL COMPUTADO
TOTAL COMPUTADO	73671	298479			

S1844   1/1563-12/1563

CARGO	OCHO	ENSAYADOS		ORO	DATA
BIENES DE HERNANDO PIZARRO		1544			—
PENAS DE CAMARA	2032	50			—
TRIBS RLS AULLAGAS Y URUQUILLAS		5087			—
TRIBS RLS CARANGAS Y CHUQUICOTA		7335			
TRIBUTOS REALES DE CHUQUITO		784			—
TRIBUTOS REALES DE LIPES Y CONDE		3020			
TRIBUTOS REALES DE PUNA		290			—
TRIBUTOS REALES DE SACACA		8812			
TRIBUTOS REALES DE SIPESIPE		1187			—
TRIBUTOS REALES DE TOTCRA		516			
TRIBUTOS REALES MACHA Y CHAQUI		18685			—
1% Y QUINTO DE PLATA	81703	232850			
TOTAL	83735	280161			
					TOTAL COMPUTADO
TOTAL COMPUTADO	83735	280160			

S1844   1/1564-12/1564

CARGO	OCHO	ENSAYADOS		ORO	DATA
PENAS DE CAMARA	2703	50			—
TRIBS RLS AULLAGAS Y URUQUILLAS		3100			—
TRIBS RLS CARANGAS Y CHUQUICOTA		4255			—
TRIBS RLS MCROMORO Y YAMPARAES		4699			
TRIBUTOS REALES DE CHAYANTA		40			—
TRIBUTOS REALES DE CHUQUITO		11883			
TRIBUTOS REALES DE LIPES Y CONDE		3270			—
TRIBUTOS REALES DE SACACA		8445			
TRIBUTOS REALES DE SIPESIPE		2902			—
TRIBUTOS REALES MACHA Y CHAQUI		17198			
1% Y QUINTO DE PLATA	57806	215912			
TOTAL	60507	271753			
					TOTAL COMPUTADO
TOTAL COMPUTADO	60509	271754			

POTOSI   1/1565-12/1565

CARGO	OCHO	ENSAYADOS	ORO	DATA

S1844   1/1565-12/1565

CARGO	OCHO	ENSAYADOS
PENAS DE CAMARA	2500	4749
TRIBS RLS AULLAGAS Y URUQUILLAS		264
TRIBS RLS CARANGAS Y CHUQUICOTA		3178
TRIBUTOS REALES DE CARACARA		3529
TRIBUTOS REALES DE CHAYANTA		17311
TRIBUTOS REALES DE CHUQUITO		13042
TRIBUTOS REALES DE POCCNA		2471
TRIBUTOS REALES DE PUNA		6061
TRIBUTOS REALES DE SACACA		1816
TRIBUTOS REALES DE SIPESIPE		410
TRIBUTOS REALES DE TOTORA		13023
TRIBUTOS REALES MACHA Y CHAQUI		288238
1% Y QUINTO DE PLATA	40674	354192
TOTAL	43174	

TOTAL COMPUTADO   43174   354092   TOTAL COMPUTADO

S1844   1/1566-12/1566

CARGO	OCHO	ENSAYADOS
PENAS DE CAMARA	1803	6957
TRIBS RLS AULLAGAS Y URUQUILLAS		6262
TRIBS RLS CARANGAS Y CHUQUICOTA		1518
TRIBUTOS REALES DE CARACARA		5862
TRIBUTOS REALES DE CHAYANTA		19772
TRIBUTOS REALES DE CHUQUITO		1749
TRIBUTOS REALES DE LIPES Y CONDE		5768
TRIBUTOS REALES DE SACACA		1945
TRIBUTOS REALES DE SIPESIPE		13902
TRIBUTOS REALES MACHA Y CHAQUI		289717
1% Y QUINTO DE PLATA	12184	353093
TOTAL	13987	

TOTAL COMPUTADO   13987   353452   TOTAL COMPUTADO

S1844   1/1567-12/1567

CARGO	OCHO	ENSAYADOS
PENAS DE CAMARA	779	766
TRIBS RLS AULLAGAS Y URUQUILLAS		1589
TRIBS RLS CARANGAS Y CHUQUICOTA		4401
TRIBUTOS REALES DE CHAYANTA		223
TRIBUTOS REALES DE CHUQUITO		8468
TRIBUTOS REALES DE LIPES Y CONDE		2861
TRIBUTOS REALES DE PUNA		2377
TRIBUTOS REALES DE SACACA		2378
TRIBUTOS REALES DE SIPESIPE		626
TRIBUTOS REALES MACHA Y CHAQUI		183
1% Y QUINTO DE PLATA	20753	247465
TOTAL	21531	271340

TOTAL COMPUTADO   21532   271337   TOTAL COMPUTADO

POTOSI   1/1568-12/1568

252
ORO

CARGO

S1844 1/1568-12/1568

CARGO	OCHO	ENSAYADOS
PENAS DE CAMARA	921	952
TRIBUTOS REALES DE CHUQUITO		3871
TRIBUTOS REALES DE PCCCNA		8713
TRIBUTOS REALES DE PORCO		3127
TRIBUTOS REALES DE PUNA		2822
TRIBUTOS REALES DE SIPESIPE		78
TRIBUTOS REALES MACHA Y CHAQUI		169
1% Y QUINTO DE PLATA	14815	232409
TOTAL	15735	252140
TOTAL COMPUTADO	15736	252141

S1844 1/1569-12/1569

CARGO	OCHO	ENSAYADOS
DERECHOS DE ENSAYE Y FUNDICION	8029	1309
EXTRAORDINARIO DE REAL HACIENDA		448
PENAS DE CAMARA	1465	3552
TRIBUTOS REALES DE CHUQUITO		2585
TRIBUTOS REALES DE PCCCNA		2682
TRIBUTOS REALES DE SIPESIPE		
1% Y QUINTO DE PLATA	22194	205308
1% Y QUINTO PLATA DE CHUQUISACA	1116	29950
TOTAL	32806	245832
TOTAL COMPUTADO	32804	245834

S1804 1/1570-12/1570

CARGO	OCHO	ENSAYADOS
ARRENDAMIENTO Y VENTA DE MINAS		228
AZOGUES DE SU MAJESTAD		100
DERECHOS DE ENSAYE Y FUNDICION	4419	20
PENAS DE CAMARA	1206	5442
TRIBUTOS REALES DE CHUQUITO		376
TRIBUTOS REALES DE LIPES		462
TRIBUTOS REALES DE MOYOS		4948
TRIBUTOS REALES DE PARIA		1957
TRIBUTOS REALES DE PCCCNA		719
TRIBUTOS REALES DE PUNA		1971
TRIBUTOS REALES DE SIPESIPE		881
TRIBUTOS RLS CONDES DE ARABATE		
1% Y QUINTO DE PLATA	37166	157707
1% Y QUINTO PLATA DE CHUQUISACA	4235	17079
TOTAL	47026	191889
TOTAL COMPUTADO	47026	191890

S1804 1/1571-12/1571

CARGO	OCHO	ENSAYADOS
DERECHOS DE ENSAYE Y FUNDICION	3820	
PENAS DE CAMARA	395	
TRIBUTOS REALES DE CHUQUITO		5613

DATA

1/1568-12/1568

TOTAL COMPUTADO

1/1569-12/1569

TOTAL COMPUTADO

S1844 1/1570-12/1570

DATA	OCHO	ENSAYADOS
DEUDAS GASTOS Y OTRAS COSAS	224	10711
LIMOSNAS	1958	
REMITIDO A AREQUIPA	41163	155476
SUELDOS		38307
TRIBUTOS REALES DE CHUQUITC	178	1112
TRIBUTOS REALES DE LIPES	471	1479
TRIBUTOS REALES DE PARIA	289	6557
TRIBUTOS REALES DE PCCCNA	3301	5365
TRIBUTOS REALES DE PUNA	410	4784
TRIBUTOS REALES DE SIPESIPE	266	2364
TRIBUTOS RLS CONDES DE ARABATE	606	
TOTAL	48863	226262
TOTAL COMPUTADO	48866	226155

1/1571-12/1571

DATA	OCHO	ENSAYADOS
DEUDAS GASTOS Y OTRAS COSAS	1134	4818
LIMOSNAS	1686	
PENAS DE ESTRADOS GASTOS JUSTICIA	20	5467

POTOSI

1/1571–12/1571

CARGO

CARGO	OCHO	ENSAYADOS	ORO
TRIBUTOS REALES DE LIPES		308	
TRIBUTOS REALES DE MOYOS		500	
TRIBUTOS REALES DE PARIA		5632	
TRIBUTOS REALES DE POCONA		1723	
TRIBUTOS REALES DE PUNA		835	
TRIBUTOS REALES DE SIPESIPE		2008	
TRIBUTOS RLS CONDES DE ARABATE		898	
1% Y QUINTO DE PLATA	19193	143793	
TOTAL	23408	161310	
TOTAL COMPUTADO	23408	161310	

DATA (S1804)

DATA	OCHO	ENSAYADOS
REMITIDO A AREQUIPA	21139	168906
SUELDOS		35983
TRIBS RLS QUILLACAS Y ASANAQUES		921
TRIBUTOS REALES DE CHUQUITO	179	745
TRIBUTOS REALES DE LIPES	205	3585
TRIBUTOS REALES DE PARIA	2813	4859
TRIBUTOS REALES DE POCONA	3421	4730
TRIBUTOS REALES DE PUNA	233	4637
TRIBUTOS REALES DE SIPESIPE	104	1750
TRIBUTOS RLS CONDES DE ARABATE	571	
TOTAL	31503	236401
TOTAL COMPUTADO	31505	236401

1/1572–12/1572

S1804 (CARGO)

CARGO	OCHO	ENSAYADOS	ORO
ARREND DE MINA VILLA RICA CERRO	391		
ARRENDAMIENTO Y VENTA DE MINAS	170	1190	
BIENES DE HERNANDO PIZARRO		8870	
NOVENOS REALES		1700	
PENAS DE CAMARA	438		
QUINTOS DE PLATA	22054	79428	42
REAL HACIENDA	5421	12635	
TRIB RLS LIPES CONDES DE ARABATE		1690	
TRIBUTOS REALES DE CHAYANTA		1514	
TRIBUTOS REALES DE CHICHAS		1351	
TRIBUTOS REALES DE CHUQUITO		5655	
TRIBUTOS REALES DE MOYOS		333	
TRIBUTOS REALES DE PARIA		3519	
TRIBUTOS REALES DE POCONA		6070	
TRIBUTOS REALES DE PUNA		3348	
TRIBUTOS REALES DE SIPESIPE		1235	
1.5% Y QUINTO DE PLATA CHUQUISACA	453	12454	
1% DE PLATA	1746	4012	2
TOTAL	30673	146005	44
TOTAL COMPUTADO	30673	145004	

DATA (S1804)

DATA	OCHO	ENSAYADOS
ARRENDAMIENTO DE LA MINA DE PORCO		715
REAL HACIENDA	32471	103343
REMITIDO A AREQUIPA DE TRIBUTOS		8430
TRIBS RLS LIPES CONDES DE ARABATE	484	1283
TRIBUTOS REALES DE CHAYANTA	301	436
TRIBUTOS REALES DE CHICHAS	349	1187
TRIBUTOS REALES DE CHUQUITO	198	725
TRIBUTOS REALES DE PARIA	24	2908
TRIBUTOS REALES DE POCONA	2886	613
TRIBUTOS REALES DE PUNA	390	3948
TRIBUTOS REALES DE SIPESIFE	255	754
TOTAL	37350	124341
TOTAL COMPUTADO	37358	124342

1/1573–12/1573

S1844 (CARGO)

CARGO	OCHO	ENSAYADOS
AZOGUES	3081	15773
DERECHOS DE ENSAYE Y FUNDICION	3131	
PENAS DE CAMARA	671	1251
TRIBUTOS REALES DE CHAYANTA	275	13569
TRIBUTOS REALES DE CHUQUITO		469
TRIBUTOS REALES DE MOROMORO		581
TRIBUTOS REALES DE PARIA		388
TRIBUTOS REALES DE SIPESIPE		
1% Y QUINTO DE PLATA	71701	110359
TOTAL	78858	142386
TOTAL COMPUTADO	78859	142390

POTOSI 1/1574-12/1574

CARGO — S1804

CARGO	OCHO	ENSAYADOS	ORO
ALMOJARIFAZGOS	119	12	
AZOGUES	168	40149	
CONDENACIONES DEL REAL CONSEJO	4378		
DERECHOS DE ENSAYE Y FUNDICION	583		
PENAS DE CAMARA	3859		
TRIBS YANACONAS LA PLATA Y DISTR		210	
TRIBS YANACONAS MISQUE Y POCONA		1590	
TRIBUTOS REALES DE CHAYANTA		1184	
TRIBUTOS REALES DE CHICHAS		32771	
TRIBUTOS REALES DE CHUQUITO		447	
TRIBUTOS REALES DE LIPES		1397	
TRIBUTOS REALES DE MOROMORO		250	
TRIBUTOS REALES DE MOYOS		2593	
TRIBUTOS REALES DE PARIA		2353	
TRIBUTOS REALES DE POCONA		237	
TRIBUTOS REALES DE PUNA		1719	
TRIBUTOS REALES DE SIPESIPE		1301	
TRIBUTOS REALES DE YAMPARAES		224	
TRIBUTOS RLS CONDES DE ARABATE			
TRIBUTOS YANACONAS DE COCHABAMBA	436	150	
TRIBUTOS YANACONAS DE PITANTORA		417	
TRIBUTOS YANACONAS DE PORCO			
1% Y QUINTO DE PLATA	65813	157613	
TOTAL	75354	244617	
TOTAL COMPUTADO	75356	244617	

DATA — 1/1574-12/1574

(sin valores)

DATA — 1/1575-12/1575 — S1804

	OCHO	ENSAYADOS	ORO
AZOGUES DE SU MAJESTAD	1120	103331	
BIENES DE PARTICULARES		407	
EXISTENCIA	2644	32150	49
GUERRA	1468	3568	
INGENIOS DE TARAPAYA	2125	9431	
OBRA DE LA CASA DE MONEDA	3558	4473	
PENAS DE CAMARA	49	600	
REAL HACIENDA	40254	327277	
SUELDOS	19337	14648	
TRIBUTOS CONSIGNACIONES DE LANZAS		25225	
TRIBUTOS REALES DE CHICHAS	25	619	
TRIBUTOS REALES DE CHUQUITO	25	1293	
TRIBUTOS REALES DE INDIOS		190	
TRIBUTOS REALES DE LIPES		273	
TRIBUTOS REALES DE MOROMORO	37	631	
TRIBUTOS REALES DE PARIA		4953	
TRIBUTOS REALES DE POCONA	1201	931	
TRIBUTOS REALES DE PUNA	30	3063	
TRIBUTOS REALES DE SACACA	126	671	
TRIBUTOS REALES DE SIPESIPE		1627	
TRIBUTOS REALES DE YAMPARAES	22	608	
TRIBUTOS RLS CONDES DE ARABATE	240	347	
TRIBUTOS 1/3 PARTE DE CHAYANTA	38	351	
TRIBUTOS 2/3 PARTE DE CHAYANTA	218	2997	

S1805 — 1/1575-12/1575

CARGO	OCHO	ENSAYADOS	ORO
AZOGUES	163	122625	
CASA DE MONEDA	16619	3513	
CRECIMIENTO DE BARRAS	9	542	
DERECHOS DE ENSAYE Y FUNDICION	730	5303	
DEVOLUCIONES	4111	10795	
EMPRESTITOS	107	7699	49
EXISTENCIA	5517	16587	
EXTRAORDINARIO DE REAL HACIENDA	1309	40254	
INGENIOS DE TARAPAYA		10260	
PENAS DE CAMARA		1375	
QUINTOS DE PLATA CORRIENTE	1502		
REALES LABRADOS DE BARRAS	2905	12152	
TRIBUTOS DE YANACONAS	6392	510	
TRIBUTOS REALES DE CHAYANTA	17	2255	
TRIBUTOS REALES DE CHICHAS		463	
TRIBUTOS REALES DE CHUQUITO		21496	
TRIBUTOS REALES DE LIPES		1250	
TRIBUTOS REALES DE MOROMORO		1012	
TRIBUTOS REALES DE MOYOS		180	
TRIBUTOS REALES DE PARIA	606	5633	
TRIBUTOS REALES DE POCONA		3360	
TRIBUTOS REALES DE PUNA	194	2432	
TRIBUTOS REALES DE SACACA	755	2275	
TRIBUTOS REALES DE SIPESIPE	336	2861	

POTOSI 1/1575-12/1575

CARGO	OCHO	ENSAYADOS	ORO
TRIBUTOS REALES DE TOTORA		1069	
TRIBUTOS REALES DE YAMPARAES		3468	
TRIBUTOS RLS CONDES DE ARABATE		1916	
TRIBUTOS RLS CUALPAROCAS DE GUATA		290	
TRIBUTOS 2/3 PARTE DE CHAYANTA	382	3792	
VACANTES DE DOCTRINAS	491	461	
1.5% Y QUINTO DE PLATA CHUQUISACA	2717		
1% Y QUINTO DE PLATA	15776	247883	
TOTAL	60638	533714	49
TOTAL COMPUTADO	60638	533711	49

S1804   1/1576-12/1576

CARGO	OCHO	ENSAYADOS	ORO
ALCANCES DE CUENTAS		2538	
AZOGUES	302	186869	
CONDENACIONES		12489	
CRECIMIENTO DE BARRAS		452	
CUARTA EPISCOPAL VACANTE		1861	
DERECHOS DE ENSAYE Y FUNDICION		6985	
EMPRESTITOS DE ESPAÑOLES		56111	
EMPRESTITOS DE INDIOS		1350	
ENTERADO EN LA CAJA		250	
EXISTENCIA	2613	31901	49
EXTRAORDINARIO DE REAL HACIENDA	384	19898	
INGENIOS DE TARAPAYA		17527	
PENAS DE CAMARA	303		
PLATA ENSAYADA PROC DE PLATA CORR		5271	
QUINTOS DE PLATA CORRIENTE	523		
SENOREAGE DE LA CASA DE MONEDA	3316		
SERVICIO GRACIOSO	1102		
SERVICIO REAL DE INDIOS	55	14727	
TRIBUTOS REALES DE CHICHAS		24063	
TRIBUTOS REALES DE CHUQUITO		545	
TRIBUTOS REALES DE LIPES		9028	
TRIBUTOS REALES DE MORCMORO		873	
TRIBUTOS REALES DE PARIA		749	
TRIBUTOS REALES DE POCCNA		8222	
TRIBUTOS REALES DE PUNA		3424	
TRIBUTOS REALES DE SACACA		4915	
TRIBUTOS REALES DE SIPESIPE		1757	
TRIBUTOS REALES DE TOTORA		760	
TRIBUTOS REALES DE YAMPARAES		1302	
TRIBUTOS RLS CONDES DE ARABATE		1928	
TRIBUTOS RLS CUALPAROCAS DE GUATA		693	
TRIBUTOS RLS CONDES DE ARABATE DE CHARCAS		265	
TRIBUTOS YANACONAS DE CHARCAS	500	2451	
TRIBUTOS YANACONAS DE LA PLATA		506	
TRIBUTOS YANACONAS DE PORCO		749	
TRIBUTOS YANACONAS DE POTOSI		3591	
TRIBUTOS 1/3 PARTE DE CHAYANTA		1663	
TRIBUTOS 2/3 PARTE DE CHAYANTA		3134	
1% Y QUINTO DE PLATA	13453	328068	
TOTAL	22551	756913	49
TOTAL COMPUTADO	22551	756915	49

DATA	OCHO	ENSAYADOS S1805	ORO
TOTAL	72517	539667	49
TOTAL COMPUTADO	72517	539664	49

1/1576-12/1576

DATA	OCHO	ENSAYADOS	ORO
AZOGUES	80	32880	
CONDENACIONES DE LA VISITA		100	
GUERRA	83	372	
INGENIOS DE TARAPAYA	579	17644	
OBRA DE LA CASA DE MONEDA	346	2560	
REAL HACIENDA	43319	711874	49
TRIBUTOS DE YANACONAS	2669	1205	
TRIBUTOS REALES DE CHUQUITO		1978	
TRIBUTOS REALES DE LIPES		1015	
TRIBUTOS REALES DE PARIA	21	8926	
TRIBUTOS REALES DE POCCNA		846	
TRIBUTOS REALES DE PUNA	624	4726	
TRIBUTOS RLS CONDES DE ARABATE		200	
TRIBUTOS VACCS		300	
TRIBUTOS 2/3 PARTE DE CHAYANTA		5462	
TOTAL	47721	790085	49
TOTAL COMPUTADO	47721	790088	49

POTOSI   1/1577-12/1577

CARGO — S1844 (1/1577-12/1577)

CARGO	OCHO	ENSAYADOS
AZOGUES		79499
CRECIMIENTO DE BARRAS		582
DERECHOS DE ENSAYE Y FUNDICION		5775
EMPRESTITOS		6994
EXTRAORDINARIO DE REAL HACIENDA	671	20344
PENAS DE CAMARA	262	282
SENCREAGE DE LA CASA DE MONEDA		411
SERVICIO GRACIOSO	603	7003
TFIBUTOS DE YANACONAS	506	1723
TRIBUTOS REALES DE CHAYANTA		2437
TRIBUTOS REALES DE CHICHAS		153
TRIBUTOS REALES DE CHUQUITO		39216
TFIBUTOS REALES DE LIPES Y CONDE		2463
TFIBUTOS REALES DE MORCMORO		1207
TRIBUTOS REALES DE PARIA		4208
TRIBUTOS REALES DE POCCNA		3486
TRIBUTOS REALES DE SIPESIPE		759
TRIBUTOS REALES DE YAMPARAES		3430
TFIBUTOS RLS CUALPAFOCAS DE GUATA		579
1% Y QUINTO DE PLATA	38146	423707
TOTAL	40192	604259
TOTAL COMPUTADO	40188	604258

DATA — 1/1577-12/1577

(sin valores)

TOTAL COMPUTADO

CARGO — S1844 (1/1578-12/1578)

CARGO	OCHO	ENSAYADOS	ORO
AZOGUES ADM FACTORES PARTICULARES		40527	
AZOGUES DE SU MAJESTAD		14373	
CRECIMIENTO DE BARRAS		970	
DERECHOS DE ENSAYE Y FUNDICION		8123	
EMPRESTITOS		3594	
EXTRAORDINARIO DE REAL HACIENDA		33286	
PENAS DE CAMARA		1174	
SENCREAGE DE LA CASA DE MONEDA		7864	
SERVICIO GRACIOSO	53	815	
TRIBUTOS DE YANACONAS		3415	
TRIBUTOS REALES DE CHAYANTA		7790	
TRIBUTOS REALES DE CHICHAS		85	
TRIBUTOS REALES DE CHUQUITO		35768	
TRIBUTOS REALES DE LIPES Y CONDE		1409	
TRIBUTOS REALES DE MORCMORO		1190	
TRIBUTOS REALES DE PARIA		3256	
TRIBUTOS REALES DE POCCNA		7033	
TRIBUTOS REALES DE PUNA		759	
TRIBUTOS REALES DE SIPESIPE		2032	
TRIBUTOS REALES DE YAMPARAES		2872	
TRIBUTOS RLS CUALPARCCAS DE GUATA		290	
1% Y QUINTO DE PLATA	16950	502166	69
TOTAL	17003	678791	69
TOTAL COMPUTADO	17003	678791	69

DATA — 1/1578-12/1578

DATA	OCHO	ENSAYADOS	ORO
AZOGUES	405	1526	
GASTOS DE MINAS Y FUNDICION		875	
INGENIOS DE TARAPAYA	6493	13419	
MERCEDES		1333	
ORO			69
REAL HACIENDA	18927	686432	
TRIBUTOS DE YANACONAS	1583	1065	
TRIBUTOS REALES DE CHAYANTA	236	1745	
TRIBUTOS REALES DE CHUQUITO	122	1603	
TRIBUTOS REALES DE LIPES		1015	
TRIBUTOS REALES DE MORCMORO	588	4896	
TRIBUTOS REALES DE PARIA		4000	
TRIBUTOS REALES DE PUNA	200	7366	
TRIBUTOS VACOS			
TOTAL	28576	725275	69
TOTAL COMPUTADO	28554	725275	69

POTOSI 1/1579-12/1579

CARGO	OCHO	ENSAYADOS	ORO
S1804			
ARRENDAMIENTO Y VENTA DE MINAS		1732	
AZOGUES ADM FACTORES PARTICULARES		56999	
AZOGUES DE SU MAJESTAD		69928	
BIENES DE HERNANDO PIZARRO		1165	
CRECIMIENTO DE BARRAS		927	
DERECHOS DE ENSAYE Y FUNDICION		12504	
EMPRESTITOS		750	
EXTRAORDINARIO DE REAL HACIENDA		13190	
INGENIOS DE TARAPAYA		4829	
NOVENOS REALES		3557	
PENAS DE CAMARA		1210	
REDENCION DE CAUTIVOS		343	
SEÑOREAGE DE LA CASA DE MONEDA		7170	
SERVICIO GRACIOSO		683	
TRIBS LANZAS CAQUINA Y PICACHURI		2494	
TRIBS LANZAS CHUQUICOTA Y SABAYA		4705	
TRIBS LANZAS COLQUE Y ANDAMARCA		4249	
TRIBS LANZAS TACOBAMBA POTOBAMBA		2370	
TRIBS YANACONAS DE TOTORA VACOS		1759	
TRIBUTOS LANZAS DE AULLAGAS		500	
TRIBUTOS LANZAS DE CARACARA		549	
TRIBUTOS LANZAS DE MACHA		12071	
TRIBUTOS LANZAS DE TOTCRA		3292	
TRIBUTOS LANZAS DE VISISA		3804	
TRIBUTOS REALES DE CHAYANTA		9963	
TRIBUTOS REALES DE CHUQUITO		37454	
TRIBUTOS REALES DE LIPES		467	
TRIBUTOS REALES DE MORCMORO		1190	
TRIBUTOS REALES DE PARIA		9040	
TRIBUTOS REALES DE POCONA		4748	
TRIBUTOS REALES DE PUNA		4915	
TRIBUTOS REALES DE SIPESIPE		3147	
TRIBUTOS REALES DE YAMPARAES		2595	
TRIBUTOS RECARGADOS		2307	
TRIBUTOS RLS CONDES DE ARABATE		1386	
TRIBUTOS RLS CUALPAROCAS DE GUATA		587	
TRIBUTOS YANACONAS DE CHARCAS		1681	
TRIBUTOS YANACONAS DE LA PLATA		458	
TRIBUTOS YANACONAS DE PORCO		225	
TRIBUTOS YANACONAS DE POTOSI		2667	
1% Y QUINTO DE PLATA		674733	
TOTAL		968340	
TOTAL COMPUTADO		968343	
S1806			
ALCANCES DE CUENTAS		1742	
ARRENDAMIENTO Y VENTA DE MINAS		1137	
AZOGUES ADM FACTORES PARTICULARES		134236	
AZOGUES DE SU MAJESTAD		9300	
BIENES DE HERNANDO PIZARRO		571	
CRECIMIENTO DE BARRAS		1046	

DATA	OCHO	ENSAYADOS	ORO
1/1579-12/1579			
S1804			
ARRENDAMIENTO Y VENTA DE MINAS		125	
BIENES DE HERNANDO PIZARRO		134	
BIENES DE PARTICULARES		4616	
INGENIOS DE TARAPAYA		2294	
REAL HACIENDA		908374	
TRIBUTOS CONSIGNACIONES DE LANZAS		34803	
TRIBUTOS REALES DE CHAYANTA		141	
TRIBUTOS REALES DE CHUQUITO		2521	
TRIBUTOS REALES DE LIPES		507	
TRIBUTOS REALES DE PARIA		4732	
TRIBUTOS REALES DE PUNA		4000	
TRIBUTOS YANACONAS DE POTOSI		3793	
TOTAL		966042	
TOTAL COMPUTADO		966040	
1/1580-12/1580			
ARRENDAMIENTO Y VENTA DE MINAS		292	
NOVENOS REALES		3129	
REAL HACIENDA		978491	
TRIBUTOS CONSIGNACIONES DE LANZAS		32241	
TRIBUTOS REALES DE CHAYANTA		4820	
TRIBUTOS REALES DE CHUQUITO		1356	

POTOSI 1/1580-12/1580

CARGO	OCHO	ENSAYADOS	ORO
DERECHOS DE ENSAYE Y FUNDICION		13043	
EMPRESTITOS		1000	
EXTRAORDINARIO DE REAL HACIENDA		16903	
INGENIOS DE TARAPAYA		5274	
NOVENOS REALES		3129	
PENAS DE CAMARA		1241	
SENOREAGE DE LA CASA DE MONEDA		2127	
SERVICIO GRACIOSO		166	
TRIBS LANZAS CAQUINA Y PICACHURI		2262	
TRIBS LANZAS CHUQUICOTA Y SABAYA		4705	
TRIBS LANZAS COLQUE Y ANDAMARCA		4243	
TRIBS LANZAS TACOBAMBA POTOBAMBA		2370	
TRIBS YANACONAS LA PLATA Y DISTR		3744	
TRIBUTOS LANZAS DE AULLAGAS		500	
TRIBUTOS LANZAS DE CARACARA		549	
TRIBUTOS LANZAS DE CHAQUI		3015	
TRIBUTOS LANZAS DE MACHA		9079	
TRIBUTOS LANZAS DE TOTORA		3300	
TRIBUTOS LANZAS DE VISISA		5459	
TRIBUTOS REALES DE CHAYANTA		9976	
TRIBUTOS REALES DE CHUQUITO		38560	
TRIBUTOS REALES DE LIPES		1888	
TRIBUTOS REALES DE MOROMORO		1116	
TRIBUTOS REALES DE PARIA		8701	
TRIBUTOS REALES DE POCONA		3264	
TRIBUTOS REALES DE PUNA		4915	
TRIBUTOS REALES DE SIPESIPE		602	
TRIBUTOS REALES DE YAMPARAES		4209	
TRIBUTOS RECARGADOS		1127	
TRIBUTOS RLS CONDES DE ARABATE		2283	
TRIBUTOS RLS CUALPAROCAS DE GUATA		410	
TRIBUTOS YANACONAS DE PORCO		235	
TRIBUTOS YANACONAS DE POTOSI		2435	
1% Y QUINTO DE PLATA		735428	
TOTAL		1045286	

TOTAL COMPUTADO 1045290

DATA	OCHO	ENSAYADOS (S1806)	ORO
TRIBUTOS REALES DE LIPES		1165	
TRIBUTOS REALES DE MOROMORO		75	
TRIBUTOS REALES DE PARIA		20369	
TRIBUTOS REALES DE PUNA		4000	
TRIBUTOS YANACONAS DE POTOSI		2532	
TOTAL		1048470	

TOTAL COMPUTADO 1048470

S1807A   1/1581-12/1581

CARGO	OCHO	ENSAYADOS	ORO
ALCANCES DE CUENTAS		3242	
AZOGUES ADM FACTORES PARTICULARES		46153	
AZOGUES DE SU MAJESTAD		1199	
CENSOS		3345	
CRECIMIENTO DE BARRAS		1160	
DEPOSITOS		205	
DERECHOS DE ENSAYE Y FUNDICION		13279	
EXTRAORDINARIO DE REAL HACIENDA		111454	
INGENIOS DE TARAPAYA		7205	
NOVENOS REALES		8864	
PENAS DE CAMARA		1981	
SENOREAGE DE LA CASA DE MONEDA		4244	
TRIBS LANZAS CAQUINA Y PICACHURI		1824	
TRIBS LANZAS CHUQUICOTA Y SABAYA		4711	
TRIBS LANZAS COLQUE Y ANDAMARCA		4239	

DATA	OCHO	ENSAYADOS	ORO
NOVENOS REALES		10895	
REAL HACIENDA		1027813	
TRIBUTOS CONSIGNACIONES DE LANZAS		32119	
TRIBUTOS REALES DE CHAYANTA		2995	
TRIBUTOS REALES DE CHICHAS		158	
TRIBUTOS REALES DE CHUQUITO		2480	
TRIBUTOS REALES DE LIPES		761	
TRIBUTOS REALES DE PARIA		9824	
TRIBUTOS REALES DE POCONA		465	
TRIBUTOS REALES DE PUNA		4162	
TRIBUTOS REALES DE SIPESIPE		369	
TRIBUTOS REALES DE YAMPARAES		365	
TRIBUTOS YANACONAS DE PORCO		54	
TRIBUTOS YANACONAS DE POTOSI		2593	
TOTAL		1095053	

CARGO	OCHO	ENSAYADOS	ORO	DATA	CCHO	ENSAYADOS	ORO
TRIBS LANZAS TACOBAMBA POTOBAMBA		2370					
TRIBS YANACONAS LA PLATA Y DISTR		342					
TRIBUTOS LANZAS DE AULLAGAS		500					
TRIBUTOS LANZAS DE CARACARA		549					
TRIBUTOS LANZAS DE CHAQUI		3015					
TRIBUTOS LANZAS DE MACHA		9553					
TRIBUTOS LANZAS DE TOTORA		3299					
TRIBUTOS LANZAS DE VISISA		2149					
TRIBUTOS REALES DE CHAYANTA		9902					
TRIBUTOS REALES DE CHICHAS		746					
TRIBUTOS REALES DE CHUQUITO		35315					
TRIBUTOS REALES DE LIPES		1352					
TRIBUTOS REALES DE MORCMORO		639					
TRIBUTOS REALES DE PARIA		8595					
TRIBUTOS REALES DE POCCNA		1429					
TRIBUTOS REALES DE PUNA		4915					
TRIBUTOS REALES DE SIPESIPE		588					
TRIBUTOS REALES DE YAMPARAES		2602					
TRIBUTOS RECARGADOS		570					
TRIBUTOS RLS CONDES DE ARABATE		693					
TRIBUTOS FLS CUALPAROCAS DE GUATA		205					
TRIBUTOS YANACONAS DE PORCO		139					
TRIBUTOS YANACONAS DE POTOSI		2283					
1% Y QUINTO DE PLATA		788484					
TOTAL		1093338					

TOTAL COMPUTADO   1093339   TOTAL COMPUTADO   1095053

S1807A

CARGO	OCHO	ENSAYADOS	ORO	DATA	OCHO	ENSAYADOS	ORO
				1/1582-12/1582			
ALCANCES DE CUENTAS		4775		CENSOS		2302	
AZOGUES ADM FACTORES PARTICULARES		174573		EXTRAORDINARIO DE REAL HACIENDA		958	
AZOGUES DE SU MAJESTAD		2323		PENAS DE CAMARA		3688	
BIENES DE DIFUNTOS		1537		REAL HACIENDA		1208125	
CENSOS		3345		TRIBUTOS CONSIGNACIONES DE LANZAS		20240	
CRECIMIENTO DE BARRAS		1315		TRIBUTOS REALES DE CHAYANTA		2090	
DERECHOS DE ENSAYE Y FUNDICION		14158		TRIBUTOS REALES DE CHICHAS		269	
EXTRAORDINARIO DE REAL HACIENDA		77033		TRIBUTOS REALES DE CHUQUITO		1940	
NOVENOS REALES		4143		TRIBUTOS REALES DE PARIA		8061	
PENAS DE CAMARA		4370		TRIBUTOS REALES DE PUNA		4000	
SENOREAGE DE LA CASA DE MONEDA		11824		TRIBUTOS REALES DE YAMPARAES		145	
TERCIOS DE REDUCCIONES DE INDIOS		300		TRIBUTOS RLS CUALPARCCAS DE GUATA		387	
TRIBS LANZAS AULLAGAS URUQUILLAS		500		TRIBUTOS YANACONAS DE POTOSI		905	
TRIBS LANZAS CAQUINA Y PICACHURI		1824		TOTAL		1253109	
TRIBS LANZAS CHUQUICOTA Y SABAYA		2353					
TRIBS LANZAS COLQUE Y ANDAMARCA		4239					
TRIBS LANZAS TACOBAMBA POTOBAMBA		2370					
TRIBS YANACONAS LA PLATA Y DISTR		1950					
TRIBUTOS LANZAS DE CARACARA		443					
TRIBUTOS LANZAS DE CHAQUI		3015					
TRIBUTOS LANZAS DE MACHA		7725					
TRIBUTOS LANZAS DE TOTORA		3306					
TRIBUTOS LANZAS DE VISISA		3804					
TRIBUTOS REALES DE CHAYANTA		9701					
TRIBUTOS REALES DE CHICHAS		2033					

POTOSI   1/1582-12/1582   S1807A   260

CARGO	OCHO	ENSAYADOS	ORO	DATA	OCHO	ENSAYADOS	ORO
TRIBUTOS REALES DE CHUQUITO		39942					
TRIBUTOS REALES DE LIPES		515					
TRIBUTOS REALES DE MORCMORO		632					
TRIBUTOS REALES DE PARIA		7972					
TRIBUTOS REALES DE POCCNA		4468					
TRIBUTOS REALES DE PUNA		4915					
TRIBUTOS REALES DE SIPESIPE		3854					
TRIBUTOS REALES DE YAMPARAES		3903					
TRIBUTOS RLS CONDES DE ARABATE		1286					
TRIBUTOS RLS CUALPAROCAS DE GUATA		510					
TRIBUTOS YANACONAS DE COCHABAMBA		1017					
TRIBUTOS YANACONAS DE POTOSI		2362					
1% Y QUINTO DE PLATA		842931					
TOTAL		1257267					

TOTAL COMPUTADO   1257270   TOTAL COMPUTADO   1253110

S1807A   1/1583-12/1583   1/1583-12/1583

CARGO	OCHO	ENSAYADOS	ORO	DATA	OCHO	ENSAYADOS	ORO
ALCANCES DE CUENTAS		6214		EXTRAORDINARIO DE REAL HACIENDA		300	
AZOGUES ADM FACTORES PARTICULARES		88424		REAL HACIENDA		971293	
CRECIMIENTO DE BARRAS		725		TRIBS YANACCNAS LA PLATA Y CISTR		30	
DEPOSITOS		2537		TRIBUTOS CONSIGNACIONES DE LANZAS		35719	
DERECHOS DE ENSAYE Y FUNDICION		12596		TRIBUTOS REALES DE CHICHAS		12	
EXTRAORDINARIO DE REAL HACIENDA		34734		TRIBUTOS REALES DE CHUQUITO		3082	
PENAS DE CAMARA		1767		TRIBUTOS REALES DE LIPES		1139	
SENCREAGE DE LA CASA DE MONEDA		13006		TRIBUTOS REALES DE PARIA		6602	
TRIBS LANZAS AULLAGAS URUQUILLAS		500		TRIBUTOS REALES DE PUNA		4000	
TRIBS LANZAS CAQUINA Y PICACHURI		1824		TRIBUTOS YANACONAS DE PCTCSI		2410	
TRIBS LANZAS CHUQUICOTA Y SABAYA		7060		TOTAL		1024587	
TRIBS LANZAS COLQUE Y ANDAMARCA		4240					
TRIBS LANZAS TACOBAMBA POTOBAMBA		2350					
TRIBS YANACCNAS LA PLATA Y CISTR		2797					
TRIBUTOS LANZAS DE CARACARA		577					
TRIBUTOS LANZAS DE CHAQUI		2960					
TRIBUTOS LANZAS DE MACHA		9148					
TRIBUTOS LANZAS DE TOTORA		3306					
TRIBUTOS LANZAS DE VISISA		3754					
TRIBUTOS REALES DE CHAYANTA		9755					
TRIBUTOS REALES DE CHUQUITO		36870					
TRIBUTOS REALES DE LIPES		1310					
TRIBUTOS REALES DE MORCMORO		1029					
TRIBUTOS REALES DE PARIA		9315					
TRIBUTOS REALES DE POCCNA		3308					
TRIBUTOS REALES DE PUNA		4915					
TRIBUTOS REALES DE SIPESIPE		2541					
TRIBUTOS RLS CONDES DE ARABATE		1486					
TRIBUTOS RLS CUALPAROCAS DE GUATA		311					
TRIBUTOS YANACONAS DE POTOSI		2410					
1% Y QUINTO DE PLATA		755279					
TOTAL		1027048					

TOTAL COMPUTADO   1027048   TOTAL COMPUTADO   1024587

	OCHO	ENSAYADOS	ORO	DATA
S1807				

S1807

1/1584–12/1584

DATA	OCHO	ENSAYADOS	ORO
EXTRAORDINARIO DE REAL HACIENDA		59247	
REAL HACIENDA		1058975	
TRIBS YANACONAS LA PLATA Y DISTR		45	
TRIBUTOS REALES DE INDIOS		67626	
TRIBUTOS YANACONAS DE POTOSI		2570	
TOTAL		1188463	
TOTAL COMPUTADO		1188463	

1/1585–12/1585

DATA	OCHO	ENSAYADOS	ORO
AZOGUES		82853	
EXTRAORDINARIO DE REAL HACIENDA		8164	
REAL HACIENDA		1450399	
TRIBS YANACONAS LA PLATA Y DISTR		33	
TRIBUTOS CONSIGNACIONES DE LANZAS		30752	
TRIBUTOS REALES DE CHAYANTA		2657	
TRIBUTOS REALES DE CHUQUITO		2613	
TRIBUTOS REALES DE LIPES		664	
TRIBUTOS REALES DE MOROMORO		66	
TRIBUTOS REALES DE PARIA		3195	
TRIBUTOS REALES DE POCCNA		321	
TRIBUTOS REALES DE PUNA		3891	
TRIBUTOS YANACONAS DE POTCSI		632	
TOTAL		1586241	
TOTAL COMPUTADO		1586240	

1/1586–12/1586

POTOSI 1/1584–12/1584

CARGO	OCHO	ENSAYADOS	ORO
S1807			
AZOGUES ADM FACTORES PARTICULARES		257660	
DERECHO DE BARRAS		731	
DERECHOS DE ENSAYE Y FUNDICION		12487	
EXTRAORDINARIO DE REAL HACIENDA		29729	
GASTOS DE JUSTICIA		8	
PENAS DE CAMARA		5618	
SENOREAGE		15366	
TRIBUTOS REALES DE INDIOS		111662	
1% Y QUINTO DE PLATA		751680	
TOTAL		1184941	
TOTAL COMPUTADO		1184941	

S1808

CARGO	OCHO	ENSAYADOS	ORO
AZOGUES ADM FACTORES PARTICULARES		332184	
AZOGUES DE SU MAJESTAD		125611	
CRECIMIENTO DE BARRAS		219	
DERECHOS DE ENSAYE Y FUNDICION		3756	
EXTRAORDINARIO DE REAL HACIENDA		48156	
PENAS DE CAMARA		1406	
REAL DE SENOREAGE		8131	
TRIBS LANZAS CAQUINA Y PICACHURI		1774	
TRIBS LANZAS COLQUE Y ANDAMARCA		4192	
TRIBS LANZAS SABAYA Y SACABAYA		4576	
TRIBS LANZAS TACOBAMBA POTOBAMBA		2286	
TRIBS YANACNNAS LA PLATA Y DISTR		1804	
TRIBUTOS LANZAS DE AULLAGAS		485	
TRIBUTOS LANZAS DE CARACARA		582	
TRIBUTOS LANZAS DE CHAQUI		2892	
TRIBUTOS LANZAS DE MACHA		9018	
TRIBUTOS LANZAS DE TOTORA		3216	
TRIBUTOS LANZAS DE VISISA		3663	
TRIBUTOS REALES DE CHAYANTA		9410	
TRIBUTOS REALES DE CHUQUITO		54843	
TRIBUTOS REALES DE LIPES		768	
TRIBUTOS REALES DE MOROMORO		880	
TRIBUTOS REALES DE PARIA		7172	
TRIBUTOS REALES DE POCCNA		2502	
TRIBUTOS REALES DE PUNA		4781	
TRIBUTOS REALES DE SIPESIPE		3068	
TRIBUTOS REALES DE YAMPARAES		871	
TRIBUTOS RLS CONDES DE ARABATE		832	
TRIBUTOS YANACONAS DE PORCO		262	
TRIBUTOS YANACONAS DE POTCSI		2515	
1% Y QUINTO DE PLATA		943896	
TOTAL		1585754	
TOTAL COMPUTADO		1585751	

S1808

POTOSI 1/1586-12/1586

CARGO	OCHO	ENSAYADOS	ORO
AZOGUES ADM FACTORES PARTICULARES		145037	
AZOGUES DE SU MAJESTAD		195002	
DIEZMOS DE PLATA LABRADA		20128	
EMPRESTITOS		268934	
ESPOLIOS		4866	
EXTRAORDINARIO DE REAL HACIENDA		50744	
NAIPES		5730	
PENAS DE CAMARA		918	
REAL DE SENOREAGE		12336	
TRIBS LANZAS AULLAGAS URUQUILLAS		500	
TRIBS LANZAS CAQUINA Y PICACHURI		1824	
TRIBS LANZAS COLQUE Y ANDAMARCA		4245	
TRIBS LANZAS SABAYA Y SACABAYA		4707	
TRIBS LANZAS TACOBAMBA POTOBAMBA		2345	
TRIBS YANACONAS LA PLATA Y DISTR		3169	
TRIBUTOS LANZAS DE CARACARA		595	
TRIBUTOS LANZAS DE CHAQUI		2963	
TRIBUTOS LANZAS DE MACHA		9272	
TRIBUTOS LANZAS DE TOTORA		3307	
TRIBUTOS LANZAS DE VISISA		3752	
TRIBUTOS REALES DE CHAYANTA		9675	
TRIBUTOS REALES DE CHUQUITO		46207	
TRIBUTOS REALES DE LIPES		768	
TRIBUTOS REALES DE MOROMORO		856	
TRIBUTOS REALES DE PARIA		3500	
TRIBUTOS REALES DE POCCNA		3219	
TRIBUTOS REALES DE PUNA		4915	
TRIBUTOS REALES DE SIPESIPE		4707	
TRIBUTOS REALES DE YAMPARAES		3903	
TRIBUTOS RLS CONDES DE ARABATE		2633	
TRIBUTOS RLS CUALPAROCAS DE GUATA		1124	
TRIBUTOS YANACONAS DE COCHABAMBA		521	
TRIBUTOS YANACONAS DE PORCO		251	
TRIBUTOS YANACONAS DE POTOSI		2928	
1.5% Y QUINTO DE PLATA		880795	
TOTAL		1706374	
TOTAL COMPUTADO		1706380	

S1808

DATA	OCHO	ENSAYADOS	ORO
AZOGUES DE SU MAJESTAD		12252	
DIEZMOS DE PLATA LABRADA		264	
EMPRESTITOS		111487	
ESPOLIOS		2025	
EXTRAORDINARIO DE REAL HACIENDA		2106	
NAIPES		8	
PENAS DE CAMARA		78	
REAL HACIENDA		1549761	
TRIBUTOS CONSIGNACIONES DE LANZAS		1732	
TRIBUTOS REALES DE CHAYANTA		5853	
TRIBUTOS REALES DE CHUQUITO		2408	
TRIBUTOS REALES DE MOROMORO		84	
TRIBUTOS REALES DE PARIA		12845	
TRIBUTOS REALES DE PUNA		4000	
TRIBUTOS YANACONAS DE POTOSI		505	
TOTAL		1705407	
TOTAL COMPUTADO		1705408	

S1809

1/1587-12/1587

DATA	OCHO	ENSAYADOS	ORO
REAL HACIENDA		360591	
REMITIDO A LIMA		762855	
TOTAL		1123446	

CARGO	OCHO	ENSAYADOS	ORO
AZOGUES ADM FACTORES PARTICULARES		95686	
AZOGUES DE SU MAJESTAD		48974	
BIENES DE COMUNIDADES DE INDIOS		2219	
BIENES DE DIFUNTOS		39977	
BREVARIOS		300	
DIEZMOS DE PLATA LABRADA		1523	
EXISTENCIA		360546	
EXTRAORDINARIO DE REAL HACIENDA		17592	
NAIPES		2426	
PENAS DE CAMARA		3456	
REAL DE SENOREAGE		2400	
SOBRAS		823	
TRIBS YANACONAS LA PLATA Y DISTR		2780	
TRIBUTOS CONSIGNACIONES DE LANZAS		27679	

POTOSI 1/1587-12/1587   S1809

CARGO	OCHO	ENSAYADOS	ORO	DATA	OCHO	ENSAYADOS	ORO
TRIBUTOS REALES DE INDIOS		46321					
TRIBUTOS VACOS		1600					
1.5% Y QUINTO DE PLATA		469143					
TOTAL		1123445					
TOTAL COMPUTADO		1123445		TOTAL COMPUTADO		1123446	

S1809   1/1589-12/1589

	OCHO	ENSAYADOS	ORO	DATA	OCHO	ENSAYADOS	ORO
AZOGUES ADM FACTORES PARTICULARES		202159		BIENES DE DIFUNTOS		1443	
AZOGUES DE SU MAJESTAD		13395		CUARTA EPISCOPAL VACANTE		756	
BIENES DE DIFUNTOS		3332		EMPRESTITOS		320176	
BREVARIOS		115		ESPOLIOS		4000	
EMPRESTITOS		204419		EXTRAORDINARIO DE REAL HACIENDA		3332	
ESPOLIOS		4000		REAL HACIENDA		1084935	
EXISTENCIA		486		SUELDOS		99467	
EXTRAORDINARIO DE REAL HACIENDA		46697		TRIBUTOS CONSIGNACIONES DE LANZAS		27206	
NAIPES		10010		TRIBUTOS DE YANACONAS		4516	
NOVENOS REALES		2328		TRIBUTOS REALES DE INDIOS		27873	
PENAS DE CAMARA		1317		TOTAL		1573704	
REAL DE SENOREAGE		15923					
TRIBUTOS CONSIGNACIONES DE LANZAS		27206					
TRIBUTOS DE YANACONAS		4516					
TRIBUTOS REALES DE INDIOS		67715					
1.5% Y QUINTO DE PLATA		970084					
TOTAL		1573704					
TOTAL COMPUTADO		1573702		TOTAL COMPUTADO		1573704	

P 41   1/1590-12/1590

	OCHO	ENSAYADOS	ORO	DATA	OCHO	ENSAYADOS	ORO
AZOGUES ADM FACTORES PARTICULARES		12460		AZOGUES DE SU MAJESTAD		88036	
AZOGUES DE SU MAJESTAD		14649		BIENES DE DIFUNTOS		160	
BIENES DE COMUNIDADES DE INDIOS		9138		EMPRESTITOS		54390	
BIENES DE DIFUNTOS		5067		EXTRAORDINARIO DE REAL HACIENDA		7500	
BREVARIOS		308		NAIPES		46	
DEPOSITOS		3572		PENAS DE CAMARA		2685	
DEPOSITOS DE PLATA		1562		REAL HACIENDA		873199	
DERECHOS DE ESCLAVOS		360		TRIBUTOS CONSIGNACIONES DE LANZAS		13414	
EMPRESTITOS		55890		TRIBUTOS REALES DE CHAYANTA		5308	
ESPOLIOS		245		TRIBUTOS REALES DE CHICHAS		23	
EXTRAORDINARIO DE REAL HACIENDA		125906		TRIBUTOS REALES DE CHUQUITO		1758	
NAIPES		2362		TRIBUTOS REALES DE LIPES		381	
PENAS DE CAMARA		4903		TRIBUTOS REALES DE MCRCMCRC		86	
REAL DE SENOREAGE		5048		TRIBUTOS REALES DE PARIA		23763	
SERVICIO GRACIOSO		4137		TRIBUTOS REALES DE PCCCNA		2304	
TRIB LNZ CHUQUICOTA SABAYA SACABA		1000		TRIBUTOS REALES DE PUNA		4093	
TRIB LNZ CAQUINA Y PICACHURI		812		TRIBUTOS YANACONAS DE PCTCSI		4166	
TRIB LANZAS COLQUE Y ANDAMARCA		519		TOTAL		1081312	
TRIB LANZAS TACOBAMBA POTOBAMBA		1175					
TRIBS YANACONAS LA PLATA Y DISTR		982					
TRIBS YANACONAS MISQUE Y POCONA		1141					
TRIBUTOS LANZAS DE AULLAGAS		500					
TRIBUTOS LANZAS DE CARACARA		300					

OCHO   ENSAYADOS   ORO

POTOSI   1/1590-12/1590

CARGO	OCHO	ENSAYADOS	ORO	DATA	OCHO	ENSAYADOS	ORO
TRIBUTOS LANZAS DE CHAQUI		1488					
TRIBUTOS LANZAS DE MACHA		4636					
TRIBUTOS LANZAS DE TOTORA		1000					
TRIBUTOS LANZAS DE VISISA		1882					
TRIBUTOS LANZAS DE CHAYANTA		4838					
TRIBUTOS REALES DE CHICHAS		144					
TRIBUTOS REALES DE CHUQUITO		12388					
TRIBUTOS REALES DE LIPES		1024					
TRIBUTOS REALES DE MORCMORO		440					
TRIBUTOS REALES DE PARIA		3032					
TRIBUTOS REALES DE POCCNA		16896					
TRIBUTOS REALES DE SIPESIPE		2330					
TRIBUTOS REALES DE YAMPARAES		4376					
TRIBUTOS FLS CONDES DE ARABATE		929					
TRIBUTOS RLS CUALPAROCAS DE GUATA		2618					
TRIBUTOS YANACONAS DE PORCO		920					
TRIBUTOS YANACONAS DE POTOSI		578					
1.5% Y QUINTO DE PLATA		1468					
TOTAL		930376					
		1243399					

TOTAL COMPUTADO   1243399   TOTAL COMPUTADO   1081312

P 494   1/1591-12/1591

	ENSAYADOS		ENSAYADOS
AZOGUES	28912	AZOGUES	175833
AZOGUES ADM FACTORES PARTICULARES	286594	BIENES DE DIFUNTOS	22685
BIENES DE DIFUNTOS	22685	DEPOSITOS	23566
EMPRESTITOS	140727	EMPRESTITOS	135577
EXTRAORDINARIO DE REAL HACIENDA	90041	EXTRAORDINARIO DE REAL HACIENDA	8216
PENAS DE CAMARA	688	PENAS DE CAMARA	3408
REAL DE SENOREAGE	3756	REAL HACIENDA	276264
SERVICIO GRACIOSO	149829	TRIBUTOS CONSIGNACIONES DE LANZAS	48432
TRIB LNZ CHUQUICOTA SABAYA SACABA	10583	TRIBUTOS DE YANACONAS	2476
TRIB LNZ CHUQUICOTA CAQUINA Y PICACHURI	2470	TRIBUTOS REALES DE CHAYANTA	12504
TRIBS LANZAS COLQUE Y ANDAMARCA	6048	TRIBUTOS REALES DE CHICHAS	923
TRIBS LANZAS TACOBAMBA POTOBAMBA	1109	TRIBUTOS REALES DE CHUQUITO	1939
TRIRS YANACONAS LA PLATA Y DISTR	673	TRIBUTOS REALES DE LIPES	914
TRIBUTOS LANZAS DE CARACARA	898	TRIBUTOS REALES DE MORCMORO	40
TRIBUTOS LANZAS DE CHAQUI	1100	TRIBUTOS REALES DE PARIA	9891
TRIBUTOS LANZAS DE MACHA	13527	TRIBUTOS REALES DE POCCNA	1500
TRIBUTOS LANZAS DE TOTORA	7904	TRIBUTOS REALES DE PUNA	1188
TRIBUTOS LANZAS DE VISISA	5064	TOTAL	725356
TRIBUTOS REALES DE CHAYANTA	13425		
TRIBUTOS REALES DE CHICHAS	3093		
TRIBUTOS REALES DE CHUQUITO	50607		
TRIBUTOS REALES DE LIPES	436		
TRIBUTOS REALES DE MORCMORO	1162		
TRIBUTOS REALES DE PARIA	8619		
TRIBUTOS REALES DE POCCNA	26615		
TRIBUTOS REALES DE PUNA	5637		
TRIBUTOS REALES DE SIPESIPE	1518		
TRIBUTOS REALES DE YAMPARAES	4109		
TRIBUTOS RLS CONDES DE ARABATE	1979		
TRIBUTOS RLS CUALPAROCAS DE GUATA	529		

POTOSI   1/1591-12/1591

CARGO	OCHO	ENSAYADOS	ORO
TRIBUTOS YANACONAS DE PORCO		495	
TRIBUTOS YANACONAS DE POTOSI		2561	
1.5% Y QUINTO DE PLATA		966196	
TOTAL		1859589	

TOTAL COMPUTADO   1859589

P 45

	OCHO	ENSAYADOS	ORO
AZOGUES		246055	
BIENES DE DIFUNTOS		11784	
COMPOSICION DE TIERRAS		150	
ESPOLIOS		238	
EXTRAORDINARIO DE REAL HACIENDA		99149	
PENAS DE CAMARA		2134	
PRESTAMOS		12604	
REAL DE SENOREAGE		9576	
SERVICIO GRACIOSO		36312	
TRIBS LANZAS CAQUINA Y PICACHURI		800	
TRIBS LANZAS COLQUE Y ANDAMARCA		6089	
TRIBS LANZAS SABAYA Y SACABAYA		3328	
TRI3S LANZAS TACOBAMBA POTOBAMBA		1500	
TRIBS YANACONAS LA PLATA Y DISTR		3463	
TRIBUTOS LANZAS DE AULLAGAS		134	
TRIBUTOS LANZAS DE CARACARA		299	
TRIBUTOS LANZAS DE CHAQUI		1112	
TRIBUTOS LANZAS DE MACHA		3383	
TRIBUTOS LANZAS DE TOTCRA		1599	
TRIBUTOS LANZAS DE VISISA		1430	
TRIBUTOS REALES DE CHAYANTA		7645	
TRIBUTOS REALES DE CHICHAS		1130	
TRIBUTOS REALES DE CHUQUITO		39205	
TRIBUTOS REALES DE LIPES		330	
TFIBUTOS REALES DE MOROMORO		240	
TRIBUTOS REALES DE PARIA		5905	
TRIBUTOS REALES DE POCCNA		3971	
TRIBUTOS REALES DE PUNA		2218	
TRIBUTOS REALES DE SIPESIPE		1669	
TRIBUTOS REALES DE YAMPARAES		2352	
TRIBUTOS RLS CUALPAROCAS DE GUATA		411	
TRIBUTOS YANACONAS DE PORCO		252	
TRIBUTOS YANACONAS DE POTOSI		2696	
1.5% Y QUINTO DE PLATA		975044	
TOTAL		1484207	

TOTAL COMPUTADO   1484207

P 501

	OCHO	ENSAYADOS	ORO
AZOGUES ADM FACTORES PARTICULARES		62166	
AZOGUES DE SU MAJESTAD		150	
BIENES DE DIFUNTOS		11326	
BIENES DE PARTICULARES		4480	
BREVARIOS		40	

DATA	OCHO	ENSAYADOS	ORO
TOTAL COMPUTADO		725356	

1/1592-12/1592

DATA	OCHO	ENSAYADOS	ORO
AZOGUES		159853	
EMPRESTITOS		129854	
ESPOLIOS		238	
EXTRAORDINARIO DE REAL HACIENDA		2279	
PENAS DE CAMARA		10356	
REAL HACIENDA		1050755	
TRIBUTOS CONSIGNACIONES DE LANZAS		24222	
TRIBUTOS DE YANACONAS		3222	
TRIBUTOS REALES DE CHAYANTA		6393	
TRIBUTOS REALES DE CHICHAS		23	
TRIBUTOS REALES DE CHUQUITO		2310	
TRIBUTOS REALES DE LIPES		784	
TRIBUTOS REALES DE MOROMORO		40	
TRIBUTOS REALES DE PARIA		4119	
TRIBUTOS REALES DE POCCNA		1500	
TRIBUTOS REALES DE PUNA		4000	
TRIBUTOS REALES DE YAMPARAES		184	
TOTAL		1440132	

TOTAL COMPUTADO   1440132

1/1593-12/1593

DATA	OCHO	ENSAYADOS	ORO
AZOGUES		479825	
BIENES DE DIFUNTOS		1327	
EMPRESTITOS		169947	
EXTRAORDINARIO DE REAL HACIENDA		10865	
REAL HACIENDA		885170	

POTOSI 1/1593-12/1593 — P 501

CARGO	OCHO	ENSAYADOS	ORO
COMPOSICION Y VENTA DE TIERRAS		54133	
EMPRESTITOS		162947	
ESCRITURAS		58316	
EXTRAORDINARIO DE REAL HACIENDA		69263	
NAIPES		7140	
PENAS DE CAMARA		577	
REAL DE SENOREAGE		9098	
SERVICIO GRACIOSO		19110	
TRIB LNZ CHUQUICOTA SABAYA SACABA		5498	
TRIBS LANZAS CAQUINA Y PICACHURI		935	
TRIBS LANZAS COLQUE Y ANDAMARCA		5373	
TRIBS LANZAS TACOBAMBA POTOBAMBA		142	
TRIBS YANACONAS LA PLATA Y DISTR		4689	
TRIBUTOS CONSIGNACIONES DE LANZAS		4480	
TRIBUTOS LANZAS DE AULLAGAS		1120	
TRIBUTOS LANZAS DE CARACARA		840	
TRIBUTOS LANZAS DE MACHA		14803	
TRIBUTOS LANZAS DE TOTORA		3384	
TRIBUTOS LANZAS DE VISISA		1242	
TRIBUTOS REALES DE CHAYANTA		5234	
TRIBUTOS REALES DE CHICHAS		2457	
TRIBUTOS REALES DE CHUQUITO		46512	
TRIBUTOS REALES DE LIPES		640	
TRIBUTOS REALES DE MORCMORO		1480	
TRIBUTOS REALES DE PARIA		6437	
TRIBUTOS REALES DE POCONA		4682	
TRIBUTOS REALES DE PUNA		2597	
TRIBUTOS REALES DE SIPESIPE		1600	
TRIBUTOS YANACONAS DE PORCO		330	
1.5% Y QUINTO DE PLATA		976422	
TOTAL		1549643	

TOTAL COMPUTADO 1549643

DATA	OCHO	ENSAYADOS	ORO
SERVICIO GRACIOSO		86	
TRIBUTOS CONSIGNACIONES DE LANZAS		323	
TRIBUTOS DE YANACONAS		17	
TRIBUTOS REALES DE CHAYANTA		1200	
TRIBUTOS REALES DE CHUQUITO		863	
TRIBUTOS REALES DE MORCMCFC		20	
TOTAL		1549643	

TOTAL COMPUTADO 1549643

P 50 — 1/1594-12/1594

CARGO	OCHO	ENSAYADOS	ORO
ALCABALAS REALES		19132	
ARRENDAMIENTO Y VENTA DE MINAS		5545	
AZOGUES		260747	
COMPOSICION Y VENTA DE TIERRAS		14312	
EMPRESTITOS		9079	
ESPOLIOS		175	
EXTRAORDINARIO DE REAL HACIENDA		74758	
NAIPES		4488	
NOVENOS REALES		4556	
PLATA VUELTA A LA CAJA		290	
REAL DE SENOREAGE		1280	
SERVICIO GRACIOSO		3093	
TRIB LNZ CHUQUICOTA SABAYA SACABA		1226	
TRIB YANACONAS COCHABAMBA MISQUE		2538	
TRIBS LANZAS CAQUINA Y PICACHURI		340	
TRIBS LANZAS COLQUE Y ANDAMARCA		4244	
TRIBS LANZAS TACOBAMBA POTOBAMBA		1600	
TRIBS YANACONAS LA PLATA Y DISTR		1378	
TRIBUTOS LANZAS DE AULLAGAS		750	

DATA	OCHO	ENSAYADOS	ORO
AZOGUES		214023	
DEPOSITOS		290	
EMPRESTITOS		9080	
EXTRAORDINARIO DE REAL HACIENDA		24674	
REAL HACIENDA		786901	
TRIBUTOS CONSIGNACIONES DE LANZAS		24132	
TRIBUTOS DE YANACONAS		6677	
TRIBUTOS REALES DE CHAYANTA		3868	
TRIBUTOS REALES DE CHICHAS		23	
TRIBUTOS REALES DE CHUQUITO		2346	
TRIBUTOS REALES DE LIPES		708	
TRIBUTOS REALES DE MORCMCFC		32	
TRIBUTOS REALES DE PARIA		1746	
TRIBUTOS REALES DE PUNA		5404	
TOTAL		1079904	

POTOSI   1/1594-12/1594

CARGO	OCHO	ENSAYADOS	ORO	DATA	OCHO	ENSAYADOS	ORO
TRIBUTOS LANZAS DE CARACARA		299					
TRIBUTOS LANZAS DE CHAQUI		2831					
TRIBUTOS LANZAS DE MACHA		9060					
TRIBUTOS LANZAS DE TOTORA		1429					
TRIBUTOS LANZAS DE VISISA		2688					
TRIBUTOS REALES DE CHAYANTA		10825					
TRIBUTOS REALES DE CHICHAS		745					
TRIBUTOS REALES DE CHUQUITO		17942					
TRIBUTOS REALES DE INDIOS		1787					
TRIBUTOS REALES DE MORCMORO		880					
TRIBUTOS REALES DE PARIA		7874					
TRIBUTOS REALES DE PUNA		5355					
TRIBUTOS REALES DE SIPESIPE		1029					
TRIBUTOS REALES DE YAMPARAES		3906					
TRIBUTOS VACOS		2000					
TRIBUTOS YANACONAS DE PORCO		606					
TRIBUTOS YANACONAS DE POTOSI		4023					
1.5% Y QUINTO DE PLATA		867866					
TOTAL		1350680					
TOTAL COMPUTADO		1350680		TOTAL COMPUTADO		1079904	

S1810

1/1596-12/1596

CARGO	OCHO	ENSAYADOS	ORO	DATA	OCHO	ENSAYADOS	ORO
ALCABALAS REALES		40700		AZOGUES DE SU MAJESTAD		100179	
ARRENDAMIENTO Y VENTA CE MINAS		7389		BIENES DE DIFUNTOS		5293	
AZOGUES ADM FACTORES PARTICULARES		23271		EMPRESTITOS		15150	
AZOGUES DE SU MAJESTAD		286017		EXTRAORDINARIO DE REAL HACIENDA		20920	
BIENES DE COMUNIDADES DE INDIOS		848		PENAS DE CAMARA		5456	
BIENES DE DIFUNTOS		5293		REAL HACIENDA		1362242	
COMPOSICION DE EXTRANJEROS		9549		TRIBUTOS CONSIGNACIONES DE LANZAS		33264	
COMPOSICION DE TIERRAS		34542		TRIBUTOS DE YANACONAS		8393	
DEPOSITOS		13326		TRIBUTOS REALES DE CHAYANTA		6164	
EMPRESTITOS		15000		TRIBUTOS REALES DE CHICHAS		23	
ESPOLIOS		6		TRIBUTOS REALES DE CHUQUITO		2267	
EXTRAORDINARIO DE REAL HACIENDA		67607		TRIBUTOS REALES DE LIPES		993	
GASTOS DE JUSTICIA		500		TRIBUTOS REALES DE MORCMORO		48	
NAIPES		7859		TRIBUTOS REALES DE PARIA		4400	
NOVENOS REALES		2963		TRIBUTOS REALES DE POCCNA		1500	
PENAS DE CAMARA		3489		TRIBUTOS REALES DE PUNA		3755	
REAL DE SENOREAGE		21434		TRIBUTOS VACOS		2978	
RESIDUOS		64		TOTAL		1573024	
SERVICIO GRACIOSO		10365					
TRIB RLS QUILLACAS Y ASANAQUES		7754					
TRIBS YANACONAS COCHABAMBA MISQUE		1508					
TRIBS LANZAS CAQUINA Y PICACHURI		1337					
TRIBS LANZAS CHUQUICOTA Y SABAYA		8693					
TRIBS LANZAS COLQUE Y ANDAMARCA		5880					
TRIBS LANZAS TACOBAMBA POTOBAMBA		1334					
TRIBS YANACONAS LA PLATA Y DISTR		4047					
TRIBUTOS LANZAS DE AULLAGAS		2177					
TRIBUTOS LANZAS DE CARACARA		599					
TRIBUTOS LANZAS DE CHAQUI		1304					
TRIBUTOS LANZAS DE MACHA		5851					
TRIBUTOS LANZAS DE TOTORA		5082					

S1810
ENSAYADOS
OCHO

POTOSI   1/1596-12/1596

CARGO	OCHO	ENSAYADOS
TRIBUTOS LANZAS DE VISISA		1000
TRIBUTOS REALES DE CHAYANTA		4399
TRIBUTOS REALES DE CHICHAS		583
TRIBUTOS REALES DE CHUQUITO		25313
TRIBUTOS REALES DE LIPES		896
TRIBUTOS REALES DE MOROMORO		574
TRIBUTOS REALES DE PARIA		9857
TRIBUTOS REALES DE POCONA		8374
TRIBUTOS REALES DE POTOSI		220
TRIBUTOS REALES DE PUNA		1096
TRIBUTOS REALES DE SIPESIPE		320
TRIBUTOS REALES DE YAMPARAES		2683
TRIBUTOS RLS CONDES DE ARABATE		1216
TRIBUTOS RLS CUALPAROCAS DE GUATA		1025
TRIBUTOS VACOS		3947
TRIBUTOS YANACONAS DE PORCO		1426
TRIBUTOS YANACONAS DE POTOSI		1413
1.5% Y QUINTO DE PLATA		907862
TOTAL		1567992

TOTAL COMPUTADO   1567992

DATA	ORO	OCHO	ENSAYADOS

TOTAL COMPUTADO   1573025

1/1598-12/1598

	ORO	OCHO	ENSAYADOS
ALCABALAS REALES			142
AZOGUES ADM FACTORES PARTICULARES			37200
AZOGUES DE SU MAJESTAD			82343
BIENES DE DIFUNTOS			280
BULAS DE SANTA CRUZADA			138
COMPOSICION DE EXTRANJEROS			1010
COMPOSICION CE TIERRAS			636
DEPOSITOS			7870
EMPRESTITOS			39567
EXTRAORDINARIO DE REAL HACIENDA			9933
PENAS DE CAMARA			725
REAL HACIENDA			1142623
SERVICIO GRACIOSO			140
TRIBS YANACONAS LA PLATA Y CISTR			2589
TRIBUTOS CONSIGNACIONES DE LANZAS			18664
TRIBUTOS REALES DE CHAYANTA			7472
TRIBUTOS REALES DE CHICHAS			23
TRIBUTOS REALES DE CHUQUITO			1878
TRIBUTOS REALES DE LIPES			1202
TRIBUTOS REALES DE PARIA			11151
TRIBUTOS REALES DE POCONA			1580
TRIBUTOS REALES DE PUNA			3700
TOTAL			1370866

S1818A

	OCHO	ENSAYADOS
ALCABALAS REALES		49492
ARRENDAMIENTO Y VENTA DE MINAS		4465
AZOGUES ADM FACTORES PARTICULARES		4000
AZOGUES DE SU MAJESTAD		267196
BIENES DE DIFUNTOS		280
COMPOSICION DE EXTRANJEROS		2020
COMPOSICION DE TIERRAS		11396
DEPOSITOS		9282
EMPRESTITOS		39567
EXTRAORDINARIO DE REAL HACIENDA		61696
NAIPES		4821
NOVENOS REALES		10154
PENAS DE CAMARA		1825
REAL DE SENUREAGE		2224
RESIDUOS		608
SERVICIO GRACIOSO		5135
TERCIOS DE REDUCCIONES DE INDIOS		352
TRIB LNZ CHUQUICOTA SABAYA SACABA		1264
TRIBS LANZAS CAQUINA Y PICACHURI		1622
TRIBS LANZAS COLQUE Y ANDAMARCA		2679
TRIBS LANZAS TACOBAMBA POTOBAMBA		2218
TRIBS YANACNAS LA PLATA Y DISTR		376
TRIBS YANACNAS MISQUE Y POCONA		60
TRIBUTOS LANZAS DE AULLAGAS		1134
TRIBUTOS LANZAS DE CARACARA		824
TRIBUTOS LANZAS DE CHAQUI		3180
TRIBUTOS LANZAS DE MACHA		9930
TRIBUTOS LANZAS DE TOTORA		252
TRIBUTOS LANZAS DE VISISA		4331
TRIBUTOS REALES DE CHAYANTA		8304
TRIBUTOS REALES DE CHICHAS		1046

POTOSI   1/1598–12/1598   S1818A

CARGO	OCHO	ENSAYADOS	ORO		OCHO	ENSAYACCS	ORO
TRIBUTOS REALES DE CHUQUITO		22367					
TRIBUTOS REALES DE LIPES		1056					
TRIBUTOS REALES DE MORCMORO		1145					
TRIBUTOS REALES DE PARIA		8646					
TRIBUTOS REALES DE POCCNA		3267					
TRIBUTOS REALES DE PUNA		4458					
TRIBUTOS REALES DE SIPESIPE		1280					
TRIBUTOS REALES DE YAMPARAES		739					
TRIBUTOS YANACONAS DE PORCO		558					
TRIBUTOS YANACONAS DE POTOSI		1395					
1.5% Y QUINTO DE PLATA		811322					
TOTAL		1367965					
TOTAL COMPUTADO		1367966		DATA TOTAL COMPUTADO		1370866	

S1812   1/1600–12/1600

CARGO	ENSAYADOS	DATA	ENSAYACCS
ALCABALAS REALES	33286	AZOGUES DE SU MAJESTAD	2239
APL A DEFENSORES VEEDORES PROTECT	456	BIENES DE DIFUNTOS	42892
ARRENDAMIENTO Y VENTA DE MINAS	5800	BULAS DE SANTA CRUZADA	9137
AZOGUES DE SU MAJESTAD	274526	DEPOSITOS	3091
BIENES DE COMUNIDADES DE INDIOS	13078	EMPRESTITOS	19464
BIENES DE DIFUNTOS	42806	EXTRAORDINARIO DE REAL HACIENDA	15198
BULAS DE SANTA CRUZADA	9137	NOVENOS REALES	6964
COMPOSICION DE EXTRANJEROS	400	REAL HACIENDA	1238524
COMPOSICION Y VENTA DE TIERRAS	1125	REDENCION DE CAUTIVOS	198
CONDENACIONES	2000	SERVICIO GRACIOSO	2924
DEPOSITOS	8089	SOBRAS DE SUELDOS DE JUSTICIA	608
EMPRESTITOS	17744	TRIBUTOS CONSIGNACIONES DE LANZAS	22692
EXTRAORDINARIO DE REAL HACIENDA	47723	TRIBUTOS DE YANACONAS	2904
NAIPES	18889	TRIBUTOS REALES DE CHAYANTA	9463
NOVENOS REALES	4353	TRIBUTOS REALES DE CHUQUITC	23390
PENAS DE CAMARA	6241	TRIBUTOS REALES DE LIPES	42
REAL DE SENOREAGE	13441	TRIBUTOS REALES DE MORCMORC	64
REDENCION DE CAUTIVOS	198	TRIBUTOS REALES DE PARIA	7966
SERVICIO GRACIOSO	18986	TRIBUTOS REALES DE POCCNA	1500
TERCIOS DE REDUCCIONES DE INDIOS	262	TRIBUTOS REALES DE PUNA	2502
TRIB LNZ CHUQUICOTA SABAYA SACABA	4306	TRIBUTOS VACCS	453
TRIBS LANZAS AULLAGAS URUQUILLAS	700	VACANTES DE CBISPADOS	1065
TRIBS LANZAS COLQUE Y ANDAMARCA	4391	TOTAL	1413289
TRIBS LANZAS TACOBAMBA POTOBAMBA	667		
TRIBS LANZAS TOTORA Y CURAGUERA	2491		
TRIBUTOS LANZAS DE CHAQUI	1116		
TRIBUTOS LANZAS DE MACHA	8011		
TRIBUTOS LANZAS DE VISISA	500		
TRIBUTOS REALES DE CHAYANTA	5656		
TRIBUTOS REALES DE CHICHAS	1702		
TRIBUTOS REALES DE CHUQUITO	34384		
TRIBUTOS REALES DE LIPES	704		
TRIBUTOS REALES DE PARIA	7304		
TRIBUTOS REALES DE PUNA	2500		
TRIBUTOS REALES DE TINGSUPAYA	462		
TRIBUTOS RLS CONDES DE ARABATE	600		
TRIBUTOS RLS CUALPAROCAS DE GUATA	410		
TRIBUTOS RLS YOTALA Y QUILAQUILA	1998		

POTOSI 1/1600-12/1600

CARGO	OCHO	ENSAYADOS	ORO
TRIBUTOS VACOS		853	—
TRIBUTOS YANACONAS DE CHARCAS		1532	—
TRIBUTOS YANACONAS DE LA PLATA		835	—
TRIBUTOS YANACONAS DE POTOSI		1344	—
1.5% Y QUINTO DE PLATA		810268	—
TOTAL		1411273	—
TOTAL COMPUTADO		1411274	

S1810

	OCHO	ENSAYADOS	ORO
ALCABALAS REALES		28839	—
ARRENDAMIENTO Y VENTA DE MINAS		1300	—
AZOGUES ADM FACTORES PARTICULARES		24	—
AZOGUES DE SU MAJESTAD		461785	—
BIENES DE DIFUNTOS		35061	—
BULAS DE SANTA CRUZADA		2285	—
CAPILLA REAL DE LIMA		1795	—
COMPOSICION DE EXTRANJEROS		215	—
COMPOSICION DE TIERRAS		1426	—
DEPOSITOS		8629	—
EMPRESTITOS		18402	—
EXTRAORDINARIO DE REAL HACIENDA		60863	—
NAIPES		26035	—
NOVENOS REALES		2092	—
PENAS DE CAMARA		6708	—
REAL DE SENOREAGE		12508	—
SERVICIO GRACIOSO		22070	—
TRIB LNZ CHUQUICOTA SABAYA SACABA		4130	—
TRIBS LANZAS AULLAGAS URUQUILLAS		1752	—
TRIBS LANZAS CAQUINA Y PICACHURI		825	—
TRIBS LANZAS COLQUE Y ANDAMARCA		2961	—
TRIBS LANZAS TACOBAMBA POTOBAMBA		2186	—
TRIBS LANZAS TOTORA Y CURAGUERA		1900	—
TRIBS RLS SANTIAGO DE MOSCARI		2727	—
TRIBS YANACCNAS MISQUE Y POCONA		2565	—
TRIBUTOS LANZAS DE CARACARA		870	—
TRIBUTOS LANZAS DE CHAQUI		2284	—
TRIBUTOS LANZAS DE MACHA		11335	—
TRIBUTOS LANZAS DE SACACA		348	—
TRIBUTOS LANZAS DE VISISA		2759	—
TRIBUTOS LANZAS SANTIAGO DE CURI		515	—
TRIBUTOS REALES DE CHAYANTA		8912	—
TRIBUTOS REALES DE CHICHAS		506	—
TRIBUTOS REALES DE CHUQUITO		60074	—
TRIBUTOS REALES DE LIPES		384	—
TRIBUTOS REALES DE MORCMORO		1566	—
TRIBUTOS REALES DE PARIA		6772	—
TRIBUTOS REALES DE POCONA		3095	—
TRIBUTOS REALES DE PUNA		5610	—
TRIBUTOS RLS CONDES DE ARABATE		825	—
TRIBUTOS RLS CUALPAROCAS DE GUATA		410	—
TRIBUTOS RLS YOTALA Y QUILAQUILA		1701	—
TRIBUTOS VACOS		606	—
TRIBUTOS YANACONAS DE CHARCAS		5640	—

S1812

DATA	OCHO	ENSAYADOS	ORO
TOTAL COMPUTADO		1413284	

DATA 1/1601-12/1601

	OCHO	ENSAYADOS	ORO
AZOGUES DE SU MAJESTAC		40061	—
BIENES DE COMUNIDADES CE INDIOS		2792	—
BIENES DE DIFUNTOS		35078	—
BULAS DE SANTA CRUZADA		4977	—
CAPILLA REAL DE LIMA		1295	—
DEPOSITOS		172	—
EMPRESTITOS		7248	—
EXTRAORDINARIC DE REAL HACIENDA		16543	—
NOVENOS REALES		2947	—
OBRA DE LA CASA DE MONEDA		2000	—
PENAS DE CAMARA		3448	—
REAL HACIENDA		1556657	—
SERVICIO GRACIOSO		126	—
TRIBS LANZAS AULLAGAS URUQUILLAS		2250	—
TRIBUTOS CONSIGNACICNES DE LANZAS		29999	—
TRIBUTOS DE YANACONAS		11321	—
TRIBUTOS REALES DE CHAYANTA		8755	—
TRIBUTOS REALES DE CHICHAS		34	—
TRIBUTOS REALES DE CHUQUITC		4455	—
TRIBUTOS REALES DE LIPES		466	—
TRIBUTOS REALES DE MORCMORC		32	—
TRIBUTOS REALES DE PARIA		7869	—
TRIBUTOS REALES DE PUNA		4000	—
TRIBUTOS VACCS		660	—
TOTAL		1743175	—

POTOSI 1/1601-12/1601   S1810   ORO

CARGO	OCHO	ENSAYADOS	ORO
TRIBUTOS YANACONAS DE PORCO		1104	
TRIBUTOS YANACONAS DE POTOSI		1465	
1.5% Y QUINTO DE PLATA		913532	
TOTAL		1739387	

	OCHO	ENSAYADOS	ORO
TOTAL COMPUTADO		1739396	

S1812

	OCHO	ENSAYADOS	ORO
ALCABALAS REALES		41324	
ARRENDAMIENTO Y VENTA DE MINAS		5726	
AZOGUES AD1 FACTORES PARTICULARES		128	
AZOGUES DE SU MAJESTAD		499525	
BIENES DE DIFUNTOS		33088	
BULAS DE SANTA CRUZADA		16191	
CAJA DE COMUNIDAD DE ARICA		1670	
CAPILLA REAL DE LIMA		1000	
COMPOSICION DE EXTRANJEROS		85	
COMPOSICION DE TIERRAS		22436	
DEPOSITOS		22412	
EMPRESTITOS		26351	
EXTRAORDINARIO DE REAL HACIENDA		63882	
NAIPES		14990	
NOVENOS REALES		4043	
PENAS DE CAMARA		4308	
REAL DE SENCREAGE		16906	
REDENCION DE CAUTIVOS		1318	
SERVICIO GRACIOSO		12962	
TRIB LNZ CHUQUICCTA SABAYA SACABA		7721	
TRIB YANACONAS COCHABAMBA MISQUE		4431	
TRIBS LANZAS CAQUINA Y PICACHURI		40	
TRIBS LANZAS COLQUE Y ANDAMARCA		5667	
TRIBS LANZAS QUILLACAS ASANAQUES		67	
TRIBS LANZAS TACOBAMBA POTOBAMBA		373	
TRIBS LANZAS TOTORA Y CURAGUERA		2378	
TRIBS YANACCNAS LA PLATA Y DISTR		3591	
TRIBUTOS LANZAS DE AULLAGAS		5395	
TRIBUTOS LANZAS DE CARACARA		946	
TRIBUTOS LANZAS DE CHAQUI		559	
TRIBUTOS LANZAS DE MACHA		7784	
TRIBUTOS LANZAS DE SACACA		26	
TRIBUTOS LANZAS DE TINGUIPAYA		463	
TRIBUTOS LANZAS DE VISISA		1125	
TRIBUTOS LANZAS SANTIAGO DE CURI		344	
TRIBUTOS REALES DE CHAYANTA		6082	
TRIBUTOS REALES DE CHICHAS		283	
TRIBUTOS REALES DE CHUQUITO		15749	
TRIBUTOS REALES DE MORCMORO		747	
TRIBUTOS REALES DE PARIA		9283	
TRIBUTOS REALES DE POCCNA		5784	
TRIBUTOS REALES DE PUNA		2482	
TRIBUTOS REALES DE SIPESIPE		1977	
TRIBUTOS REALES DE YAMPARAES		2055	
TRIBUTOS FLS CONCES DE ARABATE		838	
TRIBUTOS FLS CUALPAROCAS DE GUATA		411	

	OCHO	ENSAYADOS	ORO
TOTAL COMPUTADO		1743185	

1/1602-12/1602

DATA	ORO	OCHO	ENSAYADOS
AZOGUES DE SU MAJESTAD			35416
BIENES DE DIFUNTOS			34706
BULAS DE SANTA CRUZADA			15664
CAJA DE COMUNIDAD DE ARICA			532
CAPILLA REAL DE LIMA			1022
COMPOSICION DE EXTRANJERCS			20
COMPOSICION DE TIERRAS			45
DEPOSITOS			12519
EMPRESTITOS			37505
EXTRAORDINARIO DE REAL HACIENDA			52382
NCVENOS REALES			548
PENAS DE CAMARA			4500
REAL HACIENDA			1553791
REDENCION DE CAUTIVOS			1318
SERVICIO GRACIOSO			144
TRIBUTOS CCNS DE LANZAS AULLAGAS			433
TRIBUTOS CONSIGNACIONES CE LANZAS			32255
TRIBUTOS REALES DE CHAYANTA			4121
TRIBUTOS REALES DE CHICHAS			45
TRIBUTOS REALES DE CHUQUITC			2225
TRIBUTOS REALES DE MORCMORC			32
TRIBUTOS REALES DE PARIA			6095
TRIBUTOS REALES DE POCCNA			538
TRIBUTOS REALES DE PUNA			3729
TRIBUTOS YANACONAS DE PCTCSI			11246
TOTAL			1810835

POTOSI   1/1602-12/1602

CARGO	OCHO	ENSAYADOS	ORO
TRIBUTOS RLS YOTALA Y QUILAQUILA		884	
TRIBUTOS VACOS		503	
TRIBUTOS YANACONAS DE PORCO		1870	
TRIBUTOS YANACONAS DE POTOSI		1327	
1.5% Y QUINTO DE PLATA		940717	
TOTAL		1800248	

TOTAL COMPUTADO   1800247

S1813

	OCHO	ENSAYADOS	ORO
ALCABALAS REALES		38114	
ARRENDAMIENTO Y VENTA DE MINAS		6355	
AZOGUES ADM FACTORES PARTICULARES		128	
AZOGUES DE SU MAJESTAD		344905	
BIENES DE DIFUNTOS		23568	
BULAS DE SANTA CRUZADA		21898	
CAPILLA REAL DE LIMA		754	
COMPOSICION DE EXTRANJEROS		253	
COMPOSICION DE TIERRAS		685	
CONDENACIONES DE LA VISITA		2005	
CONDENACIONES DEL REAL CONSEJO		19394	
DEPOSITOS		11284	
EXTRAORDINARIO DE REAL HACIENDA		62820	
LIMOSNAS A SAN ISIDRO DE MADRID		253	
NAIPES DE ARRENDAMIENTO		4049	
NAIPES DE SU MAJESTAD		14482	
NOVENOS REALES		1280	
PENAS DE CAMARA		346	
PRESTAMOS		108307	
REAL DE SENOREAGE		1426	
SERVICIO GRACIOSO		5610	
TRIBS LANZAS COLQUE Y ANDAMARCA		1272	
TRIBS LANZAS SABAYA Y SACABAYA		1550	
TRIBS LANZAS LA PLATA Y DISTR		4529	
TRIBS YANACONAS MISQUE Y POCONA		1544	
TRIBUTOS LANZAS DE AULLAGAS		4284	
TRIBUTOS LANZAS DE CARACARA		599	
TRIBUTOS LANZAS DE MACHA		5616	
TRIBUTOS LANZAS DE TOTORA		2616	
TRIBUTOS LANZAS SANTIAGO DE CURI		344	
TRIBUTOS REALES DE CHAYANTA		5232	
TRIBUTOS REALES DE CHICHAS		640	
TRIBUTOS REALES DE CHUQUITO		41201	
TRIBUTOS REALES DE MORCMORO		283	
TRIBUTOS REALES DE PARIA		5560	
TRIBUTOS REALES DE POCONA		4184	
TRIBUTOS REALES DE SIPESIPE		2576	
TRIBUTOS RLS CONDES DE ARABATE		824	
TRIBUTOS RLS CUALPAROCAS DE GUATA		205	
TRIBUTOS RLS YOTALA Y QUILAQUILA		2423	
TRIBUTOS VACOS		640	
TRIBUTOS YANACONAS DE POTOSI		1323	
1.5% Y QUINTO DE PLATA		914887	
TOTAL		1688308	

DATA

TOTAL COMPUTADO   1810831

1/1603-12/1603

DATA	OCHO	ENSAYADOS	ORO
AZOGUES DE SU MAJESTAD		39199	
BIENES DE COMUNIDADES DE INDIOS		803	
BIENES DE DIFUNTOS		23297	
BULAS DE SANTA CRUZADA		21897	
CAPILLA REAL DE LIMA		748	
CONDENACIONES DE LA VISITA		5000	
DEPOSITOS		13683	
EXTRAORDINARIO DE REAL HACIENDA		49975	
LIMOSNAS A SAN ISIDRO DE MADRID		252	
PENAS DE CAMARA		3034	
PRESTAMOS		93103	
REAL HACIENDA		1398759	
TRIBS RLS AULLAGAS Y CRUQUILLAS		1646	
TRIBUTOS CONSIGNACIONES DE LANZAS		16125	
TRIBUTOS DE YANACONAS		7584	
TRIBUTOS REALES DE CHAYANTA		9244	
TRIBUTOS REALES DE CHICHAS		23	
TRIBUTOS REALES DE CHUQUITO		2633	
TRIBUTOS REALES DE LIPES		491	
TRIBUTOS REALES DE MORCMORO		32	
TRIBUTOS REALES DE PARIA		5893	
TRIBUTOS REALES DE POCONA		3206	
TRIBUTOS REALES DE PUNA		1546	
TRIBUTOS VACOS		1040	
TOTAL		1699212	

POTOSI   1/1603-12/1603

CARGO	OCHO	ENSAYADOS	ORO	DATA	OCHO	ENSAYADOS	ORO
TOTAL COMPUTADO		1688306		TOTAL COMPUTADO		1699213	

S1844

1/1604-12/1604

CARGO	ENSAYADOS	DATA	ENSAYADOS
ALCABALAS REALES	28690	ARRENDAMIENTO Y VENTA DE MINAS	200
ARRENDAMIENTO Y VENTA DE MINAS	4467	AZOGUES	37945
AZOGUES	289821	BIENES DE DIFUNTOS	13844
BIENES DE DIFUNTOS	13884	BULAS DE SANTA CRUZADA	21466
BULAS DE SANTA CRUZADA	21425	CAPILLA REAL	916
COMPOSICION DE EXTRANJEROS	128	DEPOSITOS	4887
COMPOSICION DE TIERRAS	1518	EXTRAORDINARIO DE REAL HACIENDA	14203
CONDENACIONES DEL REAL CONSEJO	18116	LIMOSNAS A SAN ISIDRO DE MADRID	969
DEPOSITOS	4616	PRESTAMOS	59696
ESPOLIOS	2176	REAL HACIENDA	1292474
EXTRAORDINARIO DE REAL HACIENDA	68176	SERVICIO GRACIOSO	22
LIMOSNAS A SAN ISIDRO DE MADRID	969	TRIBUTOS CONS DE LANZAS AULLAGAS	1300
NAIPES	7883	TRIBUTOS DE YANACONAS	4857
NOVENOS REALES	960	TRIBUTOS REALES DE CHAYANTA	2464
PENAS DE CAMARA	168	TRIBUTOS REALES DE CHICHAS	11
PRESTAMOS	70262	TRIBUTOS REALES DE CHUQUITO	1939
REAL DE SEÑOREAGE	25567	TRIBUTOS REALES DE INDIOS	16901
SERVICIO GRACIOSO	1517	TRIBUTOS REALES DE PARIA	2535
TRIB RLS QUILLACAS Y ASANAQUES	924	TRIBUTOS REALES DE POCONA	1500
TRIBS LANZAS CHUQUICOTA Y SABAYA	3573	TRIBUTOS REALES DE PUNA	712
TRIBS LANZAS COLQUE Y ANDAMARCA	4190	TOTAL	1478881
TRIBS RLS AULLAGAS Y URUQUILLAS	1724		
TRIBS RLS MACHA AYMORA COPOATA	4372		
TRIBUTOS DE YANACONAS	4675		
TRIBUTOS LANZAS DE MACHA	123		
TRIBUTOS REALES DE CHICHAS	3144		
TRIBUTOS REALES DE CHUQUITO	42146		
TRIBUTOS REALES DE MOROMORO	51		
TRIBUTOS REALES DE PARIA	2810		
TRIBUTOS REALES DE POCONA	3344		
TRIBUTOS REALES DE PUNA	3661		
TRIBUTOS REALES DE SACACA	252		
TRIBUTOS REALES DE SIPESIPE	464		
TRIBUTOS REALES DE TOTORA	2464		
TRIBUTOS REALES DE YAMPARAES	2044		
TRIBUTOS RLS CONDES DE ARABATE	533		
TRIBUTOS RLS CUALPAROCAS DE GUATA	205		
TRIBUTOS VACOS	367		
1.5% Y QUINTO DE PLATA	827391		
TOTAL	1475512		

	ENSAYADOS		ENSAYADOS
TOTAL COMPUTADO	1468800	TOTAL COMPUTADO	1478841

S1813

1/1605-12/1605

CARGO	ENSAYADOS	DATA	ENSAYADOS
ALCABALAS REALES	32548	AZOGUES DE SU MAJESTAD	16919
ARRENDAMIENTO Y VENTA DE MINAS	4483	BIENES DE COMUNIDADES DE INDIOS	384
AZOGUES ADM FACTORES PARTICULARES	16193	BIENES DE DIFUNTOS	15714
AZOGUES DE SU MAJESTAD	294041	BULAS DE SANTA CRUZADA	24708

POTOSI   1/1605-12/1605   S1813   ORO

CARGO	OCHO	ENSAYADOS	ORO
BIENES DE COMUNIDADES DE INDIOS		3200	
BIENES DE DIFUNTOS		15815	
BULAS DE SANTA CRUZADA		24741	
COMPOSICION DE EXTRANJEROS		178	
COMPOSICION DE TIERRAS		86	
CONDENACIONES DEL REAL CONSEJO		2295	
CUARTA EPISCOPAL VACANTE		2240	
DEPOSITOS		8541	
EXTRAORDINARIO DE REAL HACIENDA		138732	
LIMOSNAS A SAN ISIDRO DE MADRID		157	
NAIPES DE ARRENDAMIENTO		14185	
NAIPES DE SU MAJESTAD		5120	
NOVENOS REALES		1006	
PENAS DE CAMARA		556	
PRESTAMOS		50401	
REAL DE SENOREAGE		13756	
REDENCION DE CAUTIVOS		1602	
SERVICIO GRACIOSO		1897	
TRIB LNZ CHUQUICOTA SABAYA SACABA		1900	
TRIB RLS QUILLACAS Y ASANAQUES		1063	
TRIBS LANZAS COLQUE Y ANDAMARCA		3052	
TRIBS REALES SANTIAGO DE CURI		342	
TRIBS RLS AULLAGAS Y URUQUILLAS		2257	
TRIBS YANACONAS LA PLATA Y DISTR		5356	
TRIBS YANACONAS MISQUE Y POCONA		1036	
TRIBUTOS LANZAS DE CHAQUI		24	
TRIBUTOS LANZAS DE MACHA		7555	
TRIBUTOS LANZAS DE TOTCRA		3243	
TRIBUTOS REALES DE CHAYANTA		2188	
TRIBUTOS REALES DE CHUQUITO		25991	
TRIBUTOS REALES DE LIPES		1280	
TRIBUTOS REALES DE MORCMORO		832	
TRIBUTOS REALES DE PARIA		6580	
TRIBUTOS REALES DE POCCNA		5250	
TRIBUTOS REALES DE PUNA		2091	
TRIBUTOS REALES DE SACACA		448	
TRIBUTOS RLS CONDES DE ARABATE		820	
TRIBUTOS RLS CUALPAROCAS DE GUATA		409	
TRIBUTOS RLS YOTALA Y QUILAQUILA		255	
TRIBUTOS YANACONAS DE POTOSI		2075	
1.5% Y QUINTO DE PLATA		947723	
TOTAL		1653542	

TOTAL COMPUTADO   1653543

DATA	OCHO	ENSAYADOS	ORO
CAPILLA REAL DE LIMA		1027	
CONDENACIONES DEL REAL CONSEJO		2295	
DEPOSITOS		6982	
ESPOLIOS		762	
EXTRAORDINARIO DE REAL HACIENDA		16235	
LIMOSNAS A SAN ISIDRO DE MADRID		158	
PRESTAMOS		45389	
REAL HACIENDA		1480155	
REDENCION DE CAUTIVOS		1602	
TRIBS RLS AULLAGAS Y URUQUILLAS		600	
TRIBUTOS CONSIGNACIONES DE LANZAS		21024	
TRIBUTOS DE YANACONAS		8682	
TRIBUTOS REALES DE CHAYANTA		5657	
TRIBUTOS REALES DE CHICHAS		23	
TRIBUTOS REALES DE CHUQUITO		3046	
TRIBUTOS REALES DE LIPES		1260	
TRIBUTOS REALES DE MORCMORO		42	
TRIBUTOS REALES DE PARIA		4744	
TRIBUTOS REALES DE POCCNA		1500	
TRIBUTOS REALES DE PUNA		2090	
TOTAL		1661004	

TOTAL COMPUTADO   1660998

P 100

1/1606-12/1606

CARGO	OCHO	ENSAYADOS	ORO
ALCABALAS REALES		29151	
APL A DEFENSORES VEEDCRES PROTECT		918	
ARRENDAMIENTO Y VENTA DE MINAS		6690	
AZOGUES ADM FACTORES PARTICULARES		14235	
AZOGUES DE SU MAJESTAD		334982	
BIENES DE DIFUNTOS		16470	
BULAS DE SANTA CRUZADA		11507	
COMPOSICION DE TIERRAS		189	

DATA	OCHO	ENSAYADOS	ORO
ARRENDAMIENTO Y VENTA DE MINAS		200	
AZOGUES		32166	
BIENES DE DIFUNTOS		16364	
BJENOS EFECTOS Y RESICUOS		1900	
BULAS DE SANTA CRUZADA		1458	
CAPILLA REAL		497	
CAPILLA REAL DE LIMA		497	
CONDENACIONES DEL REAL CONSEJO		648	

POTOSI   1/1606-12/1606

CARGO	OCHO	ENSAYADOS	ORO
CONDENACIONES DEL REAL CONSEJO		2526	
CUARTA EPISCOPAL VACANTE		7118	
DEPOSITOS		11804	
ENTERADO EN LA CAJA		283	
EXTRAORDINARIO DE REAL HACIENDA		119094	
LIMOSNAS A SAN ISIDRO DE MADRID		192	
LIMOSNAS PARA LAS MONJAS DE CHILE		262	
NAIPES DE ARRENDAMIENTO		14109	
NOVENOS REALES		557	
PRESTAMOS		50378	
QUINTOS DE PLATA		11544	
REAL DE SENOREAGE		14961	
REDENCION DE CAUTIVOS		1127	
SERVICIO GRACIOSO		4365	
SOBRAS		232	
TRIB FLS QUILLACAS Y ASANAQUES		500	
TRIBUTOS CONSIGNACIONES DE LANZAS		28207	
TRIBUTOS REALES DE CHAYANTA		3379	
TRIBUTOS REALES DE CHICHAS		1105	
TRIBUTOS REALES DE CHUQUITO		16520	
TRIBUTOS REALES DE LIPES		448	
TRIBUTOS REALES DE MORCMORO		303	
TRIBUTOS REALES DE PARIA		5651	
TRIBUTOS REALES DE PCCCNA		4506	
TRIBUTOS REALES DE PUNA		2373	
TRIBUTOS REALES DE SIPESIPE		3171	
TRIBUTOS REALES DE YAMPARAES		3624	
TRIBUTOS RLS CONDES DE ARABATE		1144	
TRIBUTOS RLS CUALPARCCAS DE GUATA		408	
TRIBUTOS YANACONAS DE POTOSI		6666	
1.5% Y QUINTO DE PLATA		887332	
TOTAL		1622037	

TOTAL COMPUTADO   1618035

P 102

CARGO	OCHO	ENSAYADOS	ORO
ALCABALAS REALES		30004	
ARRENDAMIENTO Y VENTA DE MINAS		7523	
AZOGUES ADM FACTORES PARTICULARES		12817	
AZOGUES DE SU MAJESTAD		409866	
BIENES DE DIFUNTOS		18819	
BUENOS EFECTOS Y RESIDUOS		4906	
BULAS DE SANTA CRUZADA		28377	
COMPOSICION DE TIERRAS		100	
CONDENACIONES DEL REAL CONSEJO		1184	
CUARTA EPISCOPAL VACANTE		1280	
DEPOSITOS		18382	
EMPRESTITOS		69854	
EXTRAORDINARIO DE REAL HACIENDA		99083	
LIMOSNAS A SAN ISIDRO DE MADRID		160	
LIMOSNAS NRA SRA DE GUADALUPE		192	
NAIPES		16039	
NOVENOS REALES		408	
PENAS DE CAMARA		940	

P 100

DATA	OCHO	ENSAYADOS	ORO
CUARTA EPISCOPAL VACANTE		1478	
DEPOSITOS		10291	
EXTRAORDINARIO DE REAL HACIENDA		13256	
LIMOSNAS A SAN ISIDRO DE MADRID		142	
LIMOSNAS PARA LAS MONJAS DE CHILE		261	
PRESTAMOS		51380	
REAL HACIENDA		1456533	
REDENCION DE CAUTIVOS		1128	
SERVICIO GRACIOSO		208	
TRIBUTOS CONSIGNACIONES DE LANZAS		32850	
TRIBUTOS DE YANACONAS		6626	
TRIBUTOS REALES DE CHAYANTA		2759	
TRIBUTOS REALES DE CHICHAS		34	
TRIBUTOS REALES DE CHUQUITO		1958	
TRIBUTOS REALES DE LIPES		320	
TRIBUTOS REALES DE MORCMCFC		32	
TRIBUTOS REALES DE PARIA		3885	
TRIBUTOS REALES DE PCCCNA		1500	
TRIBUTOS REALES DE PUNA		2250	
TOTAL		1640124	

TOTAL COMPUTADO   1640621

1/1607-12/1607

DATA	OCHO	ENSAYADOS	ORO
AZOGUES DE SU MAJESTAC		26343	
BIENES DE COMUNIDADES DE INCIOS		804	
BIENES DE DIFUNTOS		18698	
BUENOS EFECTCS Y RESICUCS		867	
BULAS DE SANTA CRUZADA		28201	
CAPILLA REAL DE LIMA		724	
DEPOSITOS		9653	
EMPRESTITOS		99633	
EXTRAORDINARIC DE REAL HACIENDA		2750	
LIMOSNAS A SAN ISIDRC DE MADRID		160	
LIMOSNAS NRA SRA DE GUACALUPE		192	
NOVENOS REALES		2200	
PENAS DE CAMARA		327	
REAL HACIENDA		1469630	
REDENCION DE CAUTIVOS		1165	
TRIBUTOS CONSIGNACIONES CE LANZAS		21375	
TRIBUTOS DE YANACONAS		9228	
TRIBUTOS REALES DE CHAYANTA		779	

POTOSI 1/1607–12/1607

CARGO	OCHO	ENSAYADOS	ORO
REAL DE SEÑOREAGE		17617	
REDENCION DE CAUTIVOS		1164	
SERVICIO GRACIOSO		1878	
TRIB FLS QUILLACAS Y ASANAQUES		729	
TRIBS RLS SOCONCHA Y MANOGASTA		640	
TRIBUTOS CONSIGNACIONES DE LANZAS		21607	
TRIBUTOS REALES DE CHAYANTA		1154	
TRIBUTOS REALES DE CHICHAS		485	
TRIBUTOS REALES DE CHUQUITO		28396	
TRIBUTOS REALES DE LIPES		1010	
TRIBUTOS REALES DE PARIA		7110	
TRIBUTOS REALES DE POCONA		4317	
TRIBUTOS REALES DE PUNA		300	
TRIBUTOS FLS CONDES DE ARABATE		849	
TRIBUTOS RLS CUALPAROCAS DE GUATA		397	
TRIBUTOS FLS YOTALA Y QUILAQUILA		1891	
TRIBUTOS YANACONAS DE POTOSI		9284	
1.5% Y QUINTO DE PLATA		874765	
TOTAL		1693526	

TOTAL COMPUTADO 1693527

P 102

DATA	OCHO	ENSAYADOS	ORO
TRIBUTOS REALES DE CHICHAS		11	
TRIBUTOS REALES DE CHUQUITO		3566	
TRIBUTOS REALES DE LIPES		1485	
TRIBUTOS REALES DE PARIA		5470	
TRIBUTOS REALES DE POCCNA		750	
TRIBUTOS REALES DE PUNA		700	
TRIBUTOS REALES DE SACACA		472	
TOTAL		1705188	

TOTAL COMPUTADO 1705183

P 109

CARGO	OCHO	ENSAYADOS	ORO
ALCABALAS REALES		28174	
ARRENDAMIENTO Y VENTA DE MINAS		4861	
AZOGUES ADM FACTORES PARTICULARES		5745	
AZOGUES DE SU MAJESTAD		340600	
BIENES DE DIFUNTOS		3948	
BUENOS EFECTOS Y RESIDUOS		2598	
BULAS DE SANTA CRUZADA		11691	
COMP DE TIERRAS Y EXTRANJEROS		8748	
CONDENACIONES DE LA VISITA		2790	
CUARTA EPISCOPAL VACANTE		6571	
DEPOSITOS		14611	
EXTRAORDINARIO DE REAL HACIENDA		76759	
LIMOSNAS A SAN ISIDRO DE MADRID		151	
LIMOSNAS NRA SRA DE GUADALUPE		192	
NAIPES DE ARRENDAMIENTO		16121	
NOVENOS REALES		890	
PENAS DE CAMARA		80	
PRESTAMOS		79221	
REDENCION DE CAUTIVOS		1067	
SERVICIO GRACIOSO		272	
TRIBUTOS CONSIGNACIONES DE LANZAS		14960	
TRIBUTOS DE YANACONAS		7981	
TRIBUTOS REALES DE CHAYANTA		1814	
TRIBUTOS REALES DE CHICHAS		758	
TRIBUTOS REALES DE CHUQUITO		29552	
TRIBUTOS REALES DE LIPES		1011	
TRIBUTOS REALES DE MOROMORO		480	
TRIBUTOS REALES DE PARIA		6948	
TRIBUTOS REALES DE PUNA		5113	
TRIBUTOS FEALES DE SIPESIPE		556	
TRIBUTOS REALES DE YAMPARAES		2011	

1/1608–12/1608

DATA	OCHO	ENSAYADOS	ORO
AZOGUES DE SU MAJESTAD		22375	
BIENES DE DIFUNTOS		3922	
BUENOS EFECTOS Y RESIDUOS		1070	
BULAS DE SANTA CRUZACA		11620	
DEPOSITOS		20715	
EXTRAORDINARIO DE REAL HACIENDA		7586	
LIMOSNAS A SAN ISIDRO DE MADRID		151	
LIMOSNAS NRA SRA DE GUADALUPE		192	
PRESTAMOS		79221	
REAL HACIENDA		1242449	
REDENCION DE CAUTIVOS		1068	
TRIBUTOS CONSIGNACIONES DE LANZAS		14893	
TRIBUTOS DE YANACONAS		7937	
TRIBUTOS REALES DE CHAYANTA		2656	
TRIBUTOS REALES DE CHICHAS		11	
TRIBUTOS REALES DE CHUQUITO		3937	
TRIBUTOS REALES DE LIPES		325	
TRIBUTOS REALES DE POCCNA		2250	
TRIBUTOS REALES DE PUNA		5113	
TOTAL		1428489	

POTOSI   1/1608-12/1608

CARGO	OCHO	ENSAYADOS	ORO
TRIBUTOS RLS CONDES DE ARABATE		873	
TRIBUTOS RLS CUALPAROCAS DE GUATA		410	
1.5% Y QUINTO DE PLATA		742342	
TOTAL		1419895	
TOTAL COMPUTADO		1419899	

DATA	OCHO	ENSAYADOS	ORO
TOTAL COMPUTADO		1427491	

P 114

CARGO	OCHO	ENSAYADOS	ORO
ALCABALAS REALES		46815	
ARRENDAMIENTO Y VENTA DE MINAS		6353	
AZOGUES ADM FACTORES PARTICULARES		2052	
AZOGUES DE SU MAJESTAD		302814	
BIENES DE DIFUNTOS		2000	
BUENOS EFECTOS Y RESIDUOS		2708	
BULAS DE SANTA CRUZADA		18493	
COMP DE TIERRAS Y EXTRANJEROS		149	
CONDENACIONES DE LA VISITA		18489	
CUARTA EPISCOPAL VACANTE		3947	
DEPOSITOS		30383	
EFECTOS DE LA VISITA RL HAC		400	
EXTRAORDINARIO DE REAL HACIENDA		96584	
LIMOSNAS A SAN ISIDRO DE MADRID		20	
LIMOSNAS HOSPITAL SANTIAGO DE GAL		44	
NAIPES		8255	
NOVENOS REALES		247	
PENAS DE CAMARA		812	
PRESTAMOS		88720	
REAL DE SENOREAGE		19278	
REDENCION DE CAUTIVOS		1058	
TRIBUTOS CONSIGNACIONES DE LANZAS		19030	
TRIBUTOS DE YANACONAS		12683	
TRIBUTOS REALES DE CHAYANTA		3943	
TRIBUTOS REALES DE CHICHAS		1430	
TRIBUTOS REALES DE CHUQUITO		43940	
TRIBUTOS REALES DE LIPES		1561	
TRIBUTOS REALES DE MORCMORO		2188	
TRIBUTOS REALES DE PARIA		3750	
TRIBUTOS REALES DE POCCNA		6832	
TRIBUTOS REALES DE PUNA		1200	
TRIBUTOS REALES DE SIPESIPE		1851	
TRIBUTOS REALES DE YAMPARAES		2853	
TRIBUTOS RLS CONDES DE ARABATE		436	
TRIBUTOS RLS CUALPAROCAS DE GUATA		205	
TRIBUTOS VACOS		1270	
1.5% Y QUINTO DE PLATA		700403	
TOTAL		1453295	
TOTAL COMPUTADO		1453196	

1/1609-12/1609

DATA	OCHO	ENSAYADOS	ORO
AZOGUES ADM FACTORES PARTICULARES		97	
AZOGUES DE SU MAJESTAD		15914	
BIENES DE DIFUNTOS		2000	
BUENOS EFECTOS Y RESIDUOS		2261	
BULAS DE SANTA CRUZADA		18495	
CONDENACIONES DE LA VISITA		1373	
CONDENACIONES DEL REAL CONSEJO		7453	
DEPOSITOS		14323	
EXTRAORDINARIO DE REAL HACIENDA		49534	
LIMOSNAS A SAN ISIDRO DE MADRID		20	
LIMOSNAS HOSPITAL SANTIAGO DE GAL		44	
PRESTAMOS		58894	
REAL HACIENDA		1243115	
REDENCION DE CAUTIVOS		1058	
TRIBUTOS CONSIGNACIONES DE LANZAS		19473	
TRIBUTOS REALES DE CHAYANTA		4115	
TRIBUTOS REALES DE CHICHAS		34	
TRIBUTOS REALES DE CHUQUITO		4077	
TRIBUTOS REALES DE LIPES		1541	
TRIBUTOS REALES DE MORCMORO		96	
TRIBUTOS REALES DE PARIA		5725	
TRIBUTOS REALES DE POCCNA		1500	
TRIBUTOS REALES DE PUNA		1200	
TRIBUTOS REALES DE PUNA		12664	
TOTAL		1465006	
TOTAL COMPUTADO		1465006	

P 125

CARGO	OCHO	ENSAYADOS	ORO
ALCABALAS REALES		9851	
ARRENDAMIENTO Y VENTA DE MINAS		3728	

1/1610- 2/1610

DATA	OCHO	ENSAYADOS	ORO
AZOGUES		7953	
BIENES DE DIFUNTOS		19823	

POTOSI 1/1610- 2/1610

CARGO	OCHO	ENSAYADOS	ORO
AZOGUES ADM FACTORES PARTICULARES		142	
AZOGUES DE SU MAJESTAD		173060	
BIENES DE DIFUNTOS		19840	
BUENOS EFECTOS Y RESIDUOS		512	
BULAS DE SANTA CRUZADA		3165	
COMP DE TIERRAS Y EXTRANJEROS		484	
CONDENACIONES DEL REAL CONSEJO		11293	
DEPOSITOS		11336	
EXTRAORDINARIO DE REAL HACIENDA		39099	
LIMOSNAS A SAN ISIDRO DE MADRID		128	
NAIPES		14962	
NOVENOS REALES		320	
PENAS DE CAMARA		70	
PRESTAMOS		70439	
REAL DE SENOREAGE		2205	
TRIB RLS QUILLACAS Y ASANAQUES		360	
TRIBUTOS CONSIGNACIONES DE LANZAS		9718	
TRIBUTOS DE YANACONAS		2664	
TRIBUTOS REALES DE CHUQUITO		29209	
TRIBUTOS REALES DE MORCMORO		420	
TRIBUTOS REALES DE PARIA		3474	
TRIBUTOS REALES DE PUNA		1410	
TRIBUTOS REALES DE YAMPARAES		1820	
1.5% Y QUINTO DE PLATA		163702	
TOTAL		573411	

TOTAL COMPUTADO   573411

P 125

DATA	OCHO	ENSAYADOS	ORO
BUENOS EFECTOS Y RESIDUOS		654	
BULAS DE SANTA CRUZADA		3197	
DEPOSITOS		1344	
EXTRAORDINARIO DE REAL HACIENDA		9852	
PENAS DE CAMARA		128	
PRESTAMOS		4118	
REAL HACIENDA		512950	
TRIBS RLS QUILLACAS Y ASANAQUES		360	
TRIBUTOS DE YANACONAS		2664	
TRIBUTOS REALES DE CHUQUITO		682	
TRIBUTOS REALES DE PARIA		3573	
TOTAL		567298	

TOTAL COMPUTADO   567298

P 120

CARGO	OCHO	ENSAYADOS	ORO
ALCABALAS REALES		24948	
ARRENDAMIENTO Y VENTA DE MINAS		6212	
AZOGUES ADM FACTORES PARTICULARES		565	
AZOGUES DE SU MAJESTAD		344319	
BIENES DE DIFUNTOS		9144	
BUENOS EFECTOS Y RESIDUOS		1490	
BULAS DE SANTA CRUZADA		10865	
COMPOSICION DE TIERRAS		256	
CONDENACIONES DE LA VISITA		12785	
CUARTA EPISCOPAL VACANTE		7639	
DEPOSITOS		22733	
EXTRAORDINARIO DE REAL HACIENDA		147254	
HOSPITAL REAL		640	
NAIPES		15879	
NOVENOS REALES		320	
PENAS DE CAMARA		5881	
PRESTAMOS		37045	
REAL DE SENOREAGE		15276	
REDENCION DE CAUTIVOS		1957	
SERVICIO GRACIOSO		1369	
TRIBUTOS CONSIGNACIONES DE LANZAS		20020	
TRIBUTOS DE YANACONAS		4332	
TRIBUTOS REALES DE CHAYANTA		1892	
TRIBUTOS REALES DE CHICHAS		876	
TRIBUTOS REALES DE CHUQUITO		36130	

3/1610- 2/1611

DATA	OCHO	ENSAYADOS	ORO
AZOGUES		43629	
BIENES DE DIFUNTOS		9144	
BUENOS EFECTOS Y RESIDUOS		629	
BULAS DE SANTA CRUZADA		10866	
DEPOSITOS		16694	
EXTRAORDINARIO DE REAL HACIENDA		39236	
HOSPITAL REAL		640	
NOVENOS REALES		384	
PRESTAMOS		96137	
REAL HACIENDA		1256493	
REDENCION DE CAUTIVOS		1957	
TRIBUTOS CONSIGNACIONES DE LANZAS		21166	
TRIBUTOS DE YANACONAS		4637	
TRIBUTOS REALES DE CHAYANTA		2076	
TRIBUTOS REALES DE CHICHAS		11	
TRIBUTOS REALES DE CHUQUITO		6118	
TRIBUTOS REALES DE LIPES		1866	
TRIBUTOS REALES DE POCCNA		1500	
TRIBUTOS REALES DE PUNA		3891	
TRIBUTOS VACOS		330	
TOTAL		1517392	

POTOSI   3/1610- 2/1611

CARGO	OCHO	ENSAYADOS	ORO
TRIBUTOS REALES DE LIPES		1846	
TRIBUTOS REALES DE MORCMORO		288	
TRIBUTOS REALES DE PARIA		3500	
TRIBUTOS REALES DE POCCNA		660	
TRIBUTOS REALES DE PUNA		4501	
TRIBUTOS REALES DE SIPESIPE		512	
TRIBUTOS RLS CUALPAROCAS DE GUATA		13	
TRIBUTOS VACOS		402	
1.5% Y QUINTO DE PLATA		764349	
TOTAL		1505897	

TOTAL COMPUTADO   1505898

P 134

CARGO	OCHO	ENSAYADOS	ORO
ALCABALAS REALES		23534	
ALMOJARIFAZGOS		1087	
ARRENDAMIENTO Y VENTA CE MINAS		20124	
AZOGUES ADM FACTORES PARTICULARES		1530	
BIENES DE DIFUNTOS		22288	
BUENOS EFECTOS Y RESIDUOS		2599	
BULAS DE SANTA CRUZADA		12013	
CAJA REAL DE HUANCAVELICA		646	
CONDENACIONES DEL REAL CONSEJO		21577	
CUARTA EPISCOPAL VACANTE		4000	
DEPOSITOS		29598	
EXTRAORDINARIO DE REAL HACIENDA		65338	
LIMOSNAS HOSPITAL SANTIAGO DE GAL		35	
NAIPES		19790	
PENAS DE CAMARA		342	
REAL DE SENOREAGE		19899	
REALES LABRADOS DE BARRAS		146490	
REDENCION DE CAUTIVOS		1039	
SERVICIO GRACIOSO		21423	
TRIBUTOS CONSIGNACIONES DE LANZAS		23580	
TRIBUTOS DE YANACONAS		3445	
TRIBUTOS REALES DE CHAYANTA		10426	
TRIBUTOS REALES DE CHICHAS		200	
TRIBUTOS REALES DE CHUQUITO		32234	
TRIBUTOS REALES DE LIPES		1056	
TRIBUTOS REALES DE MORCMORO		512	
TRIBUTOS REALES DE PARIA		5250	
TRIBUTOS REALES DE PUNA		2496	
TRIBUTOS REALES DE SIPESIPE		947	
TRIBUTOS REALES DE YAMPARAES		994	
TRIBUTOS RLS CONDES DE ARABATE		437	
TRIBUTOS RLS CUALPAROCAS DE GUATA		205	
1.5% Y QUINTO DE PLATA		412891	
TOTAL		908025	

TOTAL COMPUTADO   908025

P 139

TOTAL COMPUTADO   1517404

3/1611- 3/1612

DATA	OCHO	ENSAYADOS	ORO
ALMOJARIFAZGOS		1087	
ARRENDAMIENTO Y VENTA CE MINAS		200	
AZOGUES		52457	
BIENES DE DIFUNTOS		22288	
BUENOS EFECTOS Y RESIDUOS		3183	
BULAS DE SANTA CRUZADA		11851	
CAJA REAL DE HUANCAVELICA		646	
CONDENACIONES DEL REAL CONSEJO		21576	
DEPOSITOS		19435	
EXTRAORDINARIO DE REAL HACIENDA		49057	
PRESTAMOS		37044	
REAL HACIENDA		1352979	
REALES LABRADOS DE BARRAS		131094	
SERVICIO GRACIOSO		1470	
TRIBUTOS CONSIGNACIONES DE LANZAS		23580	
TRIBUTOS DE YANACONAS		3445	
TRIBUTOS REALES DE CHAYANTA		4484	
TRIBUTOS REALES DE CHICHAS		46	
TRIBUTOS REALES DE CHUQUITC		3829	
TRIBUTOS REALES DE LIPES		1056	
TRIBUTOS REALES DE MORCMORO		79	
TRIBUTOS REALES DE PARIA		6279	
TRIBUTOS REALES DE POCCNA		750	
TRIBUTOS REALES DE PUNA		983	
TOTAL		1788898	

TOTAL COMPUTADO   1788898

4/1612- 3/1613

POTOSI 4/1612– 3/1613

CARGO	OCHO	ENSAYADOS	ORO
ALCABALAS REALES		26672	
ARRENDAMIENTO Y VENTA DE MINAS		14660	
AZOGUES ADM FACTORES PARTICULARES		192	
AZOGUES DE SU MAJESTAD		422597	
BUENOS EFECTOS Y RESIDUOS		51	
BULAS DE SANTA CRUZADA		15700	
CAJA REAL DE BUENOS AIRES		3840	
CAJA REAL DE HUANCAVELICA		646	
COMPOSICION DE EXTRANJEROS		200	
CONDENACION DE TIERRAS		956	
CONDENACIONES DEL REAL CONSEJO		1988	
CUARTA EPISCOPAL VACANTE		265	
DEPOSITOS		39820	
EXTRAORDINARIO DE REAL HACIENDA		81017	
GASTOS DE JUSTICIA		74	
NAIPES		14358	
PENAS DE CAMARA		1148	
REAL DE SENOREAGE		21469	
REALES LABRADOS DE BARRAS		111607	
REDENCION DE CAUTIVOS		1076	
SERVICIO GRACIOSO		12524	
TRIBUTOS CONSIGNACIONES DE LANZAS		16200	
TRIBUTOS DE YANACONAS		4455	
TRIBUTOS REALES DE CHAYANTA		1410	
TRIBUTOS REALES DE CHICHAS		767	
TRIBUTOS REALES DE CHUCUITO		28012	
TRIBUTOS REALES DE LIPES		373	
TRIBUTOS REALES DE MOROMORO		840	
TRIBUTOS REALES DE PARIA		1750	
TRIBUTOS REALES DE POCONA		1920	
TRIBUTOS REALES DE PUNA		885	
TRIBUTOS REALES DE YAMPARAES		5016	
TRIBUTOS VACOS		48	
1.5% Y QUINTO DE PLATA		812415	
TOTAL		1644952	

TOTAL COMPUTADO   1644951

P 139

DATA	OCHO	ENSAYADOS	ORO
ARRENDAMIENTO Y VENTA DE MINAS		100	
AZOGUES DE SU MAJESTAD		54941	
BUENOS EFECTOS Y RESIDUOS		1861	
BULAS DE SANTA CRUZADA		15700	
CAJA REAL DE HUANCAVELICA		646	
CONDENACIONES DE LA VISITA		4167	
CONDENACIONES DEL REAL CONSEJO		1987	
CUARTA EPISCOPAL VACANTE		832	
DEPOSITOS		4473	
EXTRAORDINARIO DE REAL HACIENDA		29971	
GASTOS DE JUSTICIA		74	
PENAS DE CAMARA		320	
REAL HACIENDA		1402369	
REALES LABRADOS DE BARRAS		103131	
TRIBUTOS CONSIGNACIONES DE LANZAS		16200	
TRIBUTOS DE YANACONAS		4449	
TRIBUTOS REALES DE CHAYANTA		2680	
TRIBUTOS REALES DE CHICHAS		23	
TRIBUTOS REALES DE CHUCUITO		2559	
TRIBUTOS REALES DE LIPES		373	
TRIBUTOS REALES DE PARIA		4320	
TRIBUTOS REALES DE PUNA		2048	
TOTAL		1653255	

TOTAL COMPUTADO   1653224

P 147

	OCHO	ENSAYADOS	ORO
ALCABALAS REALES		17268	
ARRENDAMIENTO Y VENTA DE MINAS		12835	
AZOGUES DE SU MAJESTAD		381536	
BUENOS EFECTOS Y RESIDUOS		2106	
BULAS DE SANTA CRUZADA		6351	
CAJA REAL DE PANAMA		301	
CUARTA EPISCOPAL VACANTE		960	
DEPOSITOS		43067	
EXTRAORDINARIO DE REAL HACIENDA		77867	
NAIPES		11799	
NOVENOS REALES		2880	
PRESTAMOS		12722	
REAL DE SENOREAGE		18742	
REALES LABRADOS DE BARRAS		86057	
REDENCION DE CAUTIVOS		1066	

4/1613– 2/1614

	OCHO	ENSAYADOS	ORO
ARRENDAMIENTO Y VENTA DE MINAS		200	
AZOGUES DE SU MAJESTAD		42973	
BUENOS EFECTOS Y RESIDUOS		2055	
BULAS DE SANTA CRUZADA		6351	
CAJA REAL DE PANAMA		301	
COMPOSICION DE TIERRAS		350	
CUARTA EPISCOPAL VACANTE		2568	
DEPOSITOS		15239	
EXTRAORDINARIO DE REAL HACIENDA		5669	
REAL HACIENDA		1192409	
REALES LABRADOS DE BARRAS		83863	
SERVICIO GRACIOSO		237	
TRIBUTOS CONSIGNACIONES DE LANZAS		7356	
TRIBUTOS DE YANACONAS		3777	
TRIBUTOS REALES DE CHAYANTA		3157	

POTOSI   4/1613- 2/1614

CARGO	OCHO	ENSAYADOS	ORO
SERVICIO GRACIOSO		1061	
TRIBUTOS CONSIGNACIONES DE LANZAS		7243	
TRIBUTOS DE YANACONAS		3777	
TRIBUTOS REALES DE CHAYANTA		1100	
TRIBUTOS REALES DE CHICHAS		172	
TRIBUTOS REALES DE CHUQUITO		28748	
TRIBUTOS REALES DE MOROMORO		938	
TRIBUTOS REALES DE PARIA		4300	
TRIBUTOS REALES DE POCCNA		3430	
TRIBUTOS REALES DE PUNA		3200	
TRIBUTOS REALES DE YAMPARAES		3231	
1.5% Y QUINTO DE PLATA		638220	
TOTAL		1370977	
TOTAL COMPUTADO		1370977	

P 147

DATA	OCHO	ENSAYADOS	ORO
TRIBUTOS REALES DE CHICHAS		23	
TRIBUTOS REALES DE CHUQUITO		2252	
TRIBUTOS REALES DE MOROMORO		45	
TRIBUTOS REALES DE PARIA		2258	
TRIBUTOS REALES DE POCCNA		2000	
TRIBUTOS REALES DE PUNA		3317	
TOTAL		1376399	
TOTAL COMPUTADO		1376400	

P 150

CARGO	OCHO	ENSAYADOS	ORO
ALCABALAS REALES		38817	
ARRENDAMIENTO Y VENTA DE MINAS		10047	
AZOGUES DE SU MAJESTAD		372120	
BULAS DE SANTA CRUZADA		10452	
CAJA REAL DE LIMA		960	
COMPOSICION DE TIERRAS		399	
CONDENACIONES DEL REAL CONSEJO		88	
DEPOSITOS		35823	
EXTRAORDINARIO DE REAL HACIENDA		98483	
NAIPES DE ARRENDAMIENTO		17532	
NOVENOS REALES		3154	
PENAS DE CAMARA		1801	
REAL DE SENOREAGE		22658	
REALES LABRADOS DE BARRAS		144885	
REDENCION DE CAUTIVOS		1192	
SERVICIO GRACIOSO		6995	
SOBRAS DE SUELDOS DE JUSTICIA		852	
TRIBUTOS CONSIGNACIONES DE LANZAS		23127	
TRIBUTOS DE YANACONAS		8504	
TRIBUTOS REALES DE CHAYANTA		1370	
TRIBUTOS REALES DE CHUQUITO		26026	
TRIBUTOS REALES DE LIPES		1805	
TRIBUTOS REALES DE PARIA		4113	
TRIBUTOS REALES DE POCCNA		2880	
TRIBUTOS REALES DE PUNA		5827	
TRIBUTOS REALES DE YAMPARAES		3915	
TRIBUTOS VACOS		47	
1.5% Y QUINTO DE PLATA		852106	
TOTAL		1695976	
TOTAL COMPUTADO		1695978	

P 150   3/1614- 2/1615

DATA	OCHO	ENSAYADOS	ORO
ARRENDAMIENTO Y VENTA DE MINAS		1444	
AZOGUES DE SU MAJESTAD		51764	
BUENOS EFECTOS Y RESIDUOS		476	
BULAS DE SANTA CRUZADA		10451	
CAJA REAL DE LIMA		960	
CONDENACIONES DEL REAL CONSEJO		88	
DEPOSITOS		34896	
EXTRAORDINARIO DE REAL HACIENDA		13601	
NOVENOS REALES		3154	
PENAS DE CAMARA		257	
PRESTAMOS		12722	
REAL HACIENDA		1388272	
REALES LABRADOS DE BARRAS		141308	
REDENCION DE CAUTIVOS		1192	
TRIBUTOS CONSIGNACIONES DE LANZAS		24025	
TRIBUTOS DE YANACONAS		8504	
TRIBUTOS REALES DE CHAYANTA		2687	
TRIBUTOS REALES DE CHICHAS		23	
TRIBUTOS REALES DE CHUQUITO		2061	
TRIBUTOS REALES DE LIPES		1806	
TRIBUTOS REALES DE PARIA		5500	
TRIBUTOS REALES DE POCCNA		3250	
TRIBUTOS REALES DE PUNA		5828	
TOTAL		1714268	
TOTAL COMPUTADO		1714269	

P 160

CARGO	OCHO	ENSAYADOS	ORO
ALCABALAS REALES		17126	
ARRENDAMIENTO Y VENTA DE MINAS		2857	

P 160   3/1615- 3/1616

DATA	OCHO	ENSAYADOS	ORO
AZOGUES DE SU MAJESTAD		71148	
BULAS DE SANTA CRUZADA		12284	

P 160

DATA	OCHO	ENSAYADCS	ORC
CAJA REAL DE LIMA		2705	
CONDENACIONES DEL REAL CONSEJO		1159	
DEPOSITOS		19544	
EXTRAORDINARIC DE REAL HACIENDA		6968	
PRESTAMOS		7680	
REAL HACIENDA		1388589	
REALES LABRADCS DE BARRAS		153273	
TRIBUTOS CONSIGNACIONES CE LANZAS		14536	
TRIBUTOS DE YANACONAS		10962	
TRIBUTOS REALES DE CHICHAS		23	
TRIBUTOS REALES DE CHUQUITC		3442	
TRIBUTOS REALES DE CHUQUITO		1775	
TRIBUTOS REALES DE PARIA		17146	
TRIBUTOS REALES DE PUNA		7140	
TOTAL		1718373	

TOTAL COMPUTADO   1718374

POTOSI   3/1615– 3/1616

CARGO	OCHO	ENSAYADOS	ORO
AZOGUES ADM FACTORES PARTICULARES		750	
AZOGUES DE SU MAJESTAD		363556	
BULAS DE SANTA CRUZADA		12284	
CAJA REAL DE LIMA		2689	
CONDENACIONES DEL REAL CONSEJO		1152	
CUARTA EPISCOPAL VACANTE		255	
DEPOSITOS		27150	
EXTRAORDINARIO DE REAL HACIENDA		63998	
NAIPES DE ARRENDAMIENTO		16219	
NOVENOS REALES		3605	
PRESTAMOS		124367	
REAL DE SENOREAGE		22234	
REALES LABRADOS DE BARRAS		163059	
REDENCION DE CAUTIVOS		2924	
SERVICIO GRACIOSO		1388	
SOBRAS DE SUELDOS DE JUSTICIA		400	
TRIBUTOS CONSIGNACIONES DE LANZAS		14940	
TRIBUTOS DE YANACONAS		10962	
TRIBUTOS REALES DE CHAYANTA		3847	
TRIBUTOS REALES DE MOROMORO		1616	
TRIBUTOS REALES DE PARIA		3800	
TRIBUTOS REALES DE POCCNA		1280	
TRIBUTOS REALES DE PUNA		7140	
TRIBUTOS REALES DE YAMPARAES		2045	
1.5% Y QUINTO DE PLATA		850474	
TOTAL		1722123	

TOTAL COMPUTADO   1722117

P 168   4/1616–12/1616

CARGO	OCHO	ENSAYADOS	ORO
ALCABALAS REALES		640	
ARRENDAMIENTO Y VENTA DE MINAS		961	
AZOGUES ADM FACTORES PARTICULARES		996	
AZOGUES DE SU MAJESTAD		45976	
BULAS DE SANTA CRUZADA		2790	
CAJA REAL DE PANAMA		515	
COMPOSICION DE TIERRAS		384	
DEPCSITOS		636	
EXTRAORDINARIO DE REAL HACIENDA		48533	
PENAS DE CAMARA		326	
REAL DE SENOREAGE		14980	
REALES LABRADOS DE BARRAS		94900	
TRIBUTOS CONSIGNACIONES DE LANZAS		2337	
TRIBUTOS DE YANACONAS		256	
TRIBUTOS REALES DE PARIA		1930	
TRIBUTOS REALES DE YAMPARAES		434	
1.5% Y QUINTO DE PLATA		522148	
TOTAL		738744	

TOTAL COMPUTADO   738742

P 170   1/1617–12/1617

TOTAL COMPUTADO

POTOSI 1/1617-12/1617

CARGO	OCHO	ENSAYADOS	ORO
ALCABALAS REALES		25203	
ARRENDAMIENTO Y VENTA DE MINAS		10041	
AZOGUES ADM FACTORES PARTICULARES		538	
AZOGUES DE SU MAJESTAD		192497	
BUENOS EFECTOS Y RESIDUOS		429	
BULAS DE SANTA CRUZADA		19742	
CAJA REAL DE HUANCAVELICA		640	
COMPOSICION DE TIERRAS		200	
CONDENACIONES DEL REAL CONSEJO		256	
DEPOSITOS		25451	
EXTRAORDINARIO DE REAL HACIENDA		24573	
NAIPES DE ARRENDAMIENTO		5533	
NOVENOS REALES		8290	
PENAS DE CAMARA		25	
REAL DE SENOREAGE		14530	
REALES LABRADOS DE BARRAS		127430	
REDENCION DE CAUTIVOS		1222	
TRIBUTOS CONSIGNACIONES DE LANZAS		15601	
TRIBUTOS DE YANACONAS		5834	
TRIBUTOS REALES DE CHAYANTA		5134	
TRIBUTOS REALES DE CHICHAS		448	
TRIBUTOS REALES DE CHUQUITO		24000	
TRIBUTOS REALES DE MORCMORO		66	
TRIBUTOS REALES DE PARIA		5120	
TRIBUTOS REALES DE POCCNA		1816	
TRIBUTOS REALES DE PUNA		6874	
TRIBUTOS REALES DE YAMPARAES		1208	
TRIBUTOS RLS CONDES DE ARABATE		566	
TRIBUTOS RLS CUALPAROCAS DE GUATA		66	
TRIBUTOS RLS YOTALA Y QUILAQUILA		1988	
TRIBUTOS VACOS		653	
1.5% Y QUINTO DE PLATA		662837	
TOTAL		1188809	

TOTAL COMPUTADO 1188811

P 170

DATA	OCHO	ENSAYADOS	ORO
ARRENDAMIENTO Y VENTA DE MINAS		960	
AZOGUES DE SU MAJESTAD		36760	
BULAS DE SANTA CRUZADA		19567	
CAJA REAL DE HUANCAVELICA		640	
CONDENACIONES DEL REAL CONSEJO		256	
DEPOSITOS		36789	
EXTRAORDINARIO DE REAL HACIENDA		2155	
REAL HACIENDA		921278	
REALES LABRADOS DE BARRAS		142472	
TRIBUTOS CONSIGNACIONES DE LANZAS		15554	
TRIBUTOS DE YANACONAS		5834	
TRIBUTOS REALES DE CHAYANTA		2474	
TRIBUTOS REALES DE CHICHAS		34	
TRIBUTOS REALES DE CHUQUITO		2510	
TRIBUTOS REALES DE MORCMORO		44	
TRIBUTOS REALES DE PARIA		770	
TRIBUTOS REALES DE PUNA		6282	
TOTAL		1194379	

TOTAL COMPUTADO 1194379

P 177

CARGO	OCHO	ENSAYADOS	ORO
ALCABALAS REALES		37383	
ARRENDAMIENTO Y VENTA DE MINAS		4907	
AZOGUES DE SU MAJESTAD		178634	
BUENOS EFECTOS Y RESIDUOS		788	
BULAS DE SANTA CRUZADA		13516	
COMPOSICION DE TIERRAS		2774	
CORREDURIA DE LONJA		1664	
DEPOSITOS		5967	
EXTRAORDINARIO DE REAL HACIENDA		6614	
NOVENOS REALES		3742	
OFICIOS VENDIBLES Y RENUNCIABLES		41658	
PENAS DE CAMARA		185	
REAL DE SENOREAGE		16275	
REALES LABRADOS DE BARRAS		129589	
REDENCION DE CAUTIVOS		1455	
SERVICIO GRACIOSO		256	
TRIBUTOS CONSIGNACIONES DE LANZAS		15312	

1/1618-12/1618

DATA	OCHO	ENSAYADOS	ORO
AZOGUES		37365	
BUENOS EFECTOS Y RESIDUOS		11925	
BULAS DE SANTA CRUZADA		13452	
DEPOSITOS		682	
EXTRAORDINARIO DE REAL HACIENDA		19978	
OFICIOS VENDIBLES Y RENUNCIABLES		13878	
PRESTAMOS		914520	
REAL HACIENDA		119549	
REALES LABRADOS DE BARRAS		1448	
REDENCION DE CAUTIVOS		139	
SERVICIO GRACIOSO		15257	
TRIBUTOS CONSIGNACIONES DE LANZAS		5120	
TRIBUTOS DE YANACONAS		965	
TRIBUTOS REALES DE CHAYANTA		23	
TRIBUTOS REALES DE CHICHAS		2220	
TRIBUTOS REALES DE CHUQUITO		836	
TRIBUTOS REALES DE LIPES			

POTOSI 1/1618–12/1618   P 177

CARGO	OCHO	ENSAYADOS	ORO	DATA	OCHO	ENSAYADOS	ORO
TRIBUTOS DE YANACONAS		5042		TRIBUTOS REALES DE MORCMORO		16	
TRIBUTOS REALES DE CHAYANTA		4024		TRIBUTOS REALES DE PARIA		2005	
TRIBUTOS REALES DE CHUQUITO		17512		TRIBUTOS REALES DE PUNA		1862	
TRIBUTOS REALES DE MORCMORO		755		TOTAL		1166699	
TRIBUTOS REALES DE PARIA		850					
TRIBUTOS REALES DE PUNA		1862					
TRIBUTOS REALES DE SIPESIPE		297					
TRIBUTOS REALES DE YAMPARAES		1821					
1.5% Y QUINTO DE PLATA		646239					
TOTAL		1139100					
TOTAL COMPUTADO		1139121		TOTAL COMPUTADO		1166699	

P 182   1/1619–12/1619

CARGO	OCHO	ENSAYADOS	ORO	DATA	OCHO	ENSAYADOS	ORO
ALCABALAS REALES		19008		AZOGUES		34152	
ARRENDAMIENTO Y VENTA DE MINAS		2449		BIENES DE DIFUNTOS		637	
AZOGUES DE SU MAJESTAD		231511		BUENOS EFECTOS Y RESICUOS		1343	
BIENES DE DIFUNTOS		640		BULAS DE SANTA CRUZADA		14869	
BUENOS EFECTOS Y RESIDUOS		1446		CENSOS		278	
BULAS DE SANTA CRUZADA		14940		CONDENACIONES DEL REAL CONSEJO		1110	
COMPOSICION Y VENTA DE TIERRAS		1797		DEPOSITOS		8454	
CONDENACIONES DEL REAL CONSEJO		1117		LIMOSNAS		6426	
CORREDURIA DE LONJA		768		NAIPES		640	
CUARTA EPISCOPAL VACANTE		7680		OFICIOS VENDIBLES Y RENUNCIABLES		2176	
DEPOSITOS		52		PENAS DE CAMARA		220	
EXTRAORDINARIO DE REAL HACIENDA		1544		REALES LABRADOS DE BARRAS		71734	
NAIPES		23943		REDENCION DE CAUTIVOS		128	
NOVENOS REALES		8070		REMITIDO A LIMA		986670	
OFICIOS VENDIBLES Y RENUNCIABLES		31932		SUELDOS Y GASTOS DE REAL HACIENDA		12139	
PENAS DE CAMARA		575		SUELDOS Y SITUADOS		42622	
REAL DE SENOREAGE		18204		TRIBS RLS AULLAGAS Y CRUQUILLAS		832	
REALES LABRADOS DE BARRAS		78293		TRIBUTOS CONSIGNACIONES DE LANZAS		2766	
REDENCION DE CAUTIVOS		128		TRIBUTOS DE YANACONAS		9196	
TRIBS RLS DE PRESTO Y TARABUCO		2406		TRIBUTOS REALES DE CHAYANTA		4766	
TRIBS RLS MACHA AYMORA COPOATA		1292		TRIBUTOS REALES DE CHICHAS		23	
TRIBUTOS CONSIGNACIONES DE LANZAS		7793		TRIBUTOS REALES DE CHUQUITC		2099	
TRIBUTOS DE YANACONAS		9420		TRIBUTOS REALES DE MORCMORC		32	
TRIBUTOS NEGROS Y MULATOS LIBRES		173		TRIBUTOS REALES DE PARIA		2450	
TRIBUTOS REALES DE CHAYANTA		4480		TRIBUTOS REALES DE POCCNA		92	
TRIBUTOS REALES DE CHICHAS		482		TRIBUTOS REALES DE PUNA		1868	
TRIBUTOS REALES DE CHUQUITO		19744		TRIBUTOS VACCS PRESTO Y TARABUCO		2253	
TRIBUTOS REALES DE LIPES		269		TOTAL		1209976	
TRIBUTOS REALES DE MORCMORO		640					
TRIBUTOS REALES DE PARIA		10114					
TRIBUTOS REALES DE POCONA		1182					
TRIBUTOS REALES DE POCCNA		40					
TRIBUTOS REALES DE PUNA		3789					
TRIBUTOS REALES DE TAPACARI		208					
TRIBUTOS RLS YOTALA Y QUILAQUILA		410					
1.5% Y QUINTO DE PLATA		695706					
TOTAL		1202246					
TOTAL COMPUTADO		1202245		TOTAL COMPUTACO		1209975	

POTOSI   1/1620-12/1620

CARGO

P 183   P 183

	OCHO	ENSAYADOS			OCHO	ENSAYADOS

CARGO   1/1620-12/1620

DATA	ENSAYADOS
ALCABALAS REALES	30901
ARRENDAMIENTO Y VENTA DE MINAS	2574
AZOGUES	178279
BIENES DE DIFUNTOS	1280
BUENOS EFECTOS Y RESIDUOS	321
BULAS DE SANTA CRUZADA	12586
CAJA REAL DE BUENOS AIRES	22132
COMPOSICION DE TIERRAS	960
CONDENACIONES DEL REAL CONSEJO	174
CORREDURIA DE LONJA	640
CUARTA EPISCOPAL VACANTE	4500
DEPOSITOS	7420
EXTRAORDINARIO DE REAL HACIENDA	6166
NAIPES	18113
NOVENOS REALES	5918
OFICIOS VENDIBLES Y RENUNCIABLES	42591
PENAS DE CAMARA	134
REAL DE SEÑOREAGE	10240
REALES LABRADOS DE BARRAS	47462
SERVICIO GRACIOSO	320
TRIBS RLS DE PRESTO Y TARABUCO	2168
TRIBUTOS CONSIGNACIONES DE LANZAS	4351
TRIBUTOS DE YANACONAS	5989
TRIBUTOS REALES DE CHAYANTA	3200
TRIBUTOS REALES DE CHICHAS	2976
TRIBUTOS REALES DE CHUQUITO	14454
TRIBUTOS REALES DE LIPES	64
TRIBUTOS REALES DE PARIA	5057
TRIBUTOS REALES DE POCCNA	2445
TRIBUTOS REALES DE PUNA	5682
TRIBUTOS REALES DE TAPACARI	1658
TRIBUTOS RLS YOTALA Y QUILAQUILA	2486
TRIBUTOS VACOS PRESTO Y TARABUCO	100
1.5% Y QUINTO DE PLATA	662387
TOTAL	1105725

TOTAL COMPUTADO	1105728

DATA   1/1620-12/1620

DATA	ENSAYADOS
AZOGUES	41105
BIENES DE DIFUNTOS	1274
BUENOS EFECTOS Y RESIDUOS	355
BULAS DE SANTA CRUZADA	13124
CAJA REAL DE BUENOS AIRES	423
CENSOS DE INDIOS	347
COMISION DE PASTRANA	3993
CONDENACIONES DEL REAL CONSEJO	173
CUARTA EPISCOPAL VACANTE	4500
DEPOSITOS	5038
EXTRAORDINARIO DE REAL HACIENDA	14190
LIMOSNAS	6616
NAIPES	320
OFICIOS VENDIBLES Y RENUNCIABLES	7400
REAL HACIENDA	47056
REALES LABRADOS DE BARRAS	44478
REMITIDO A LIMA	885387
SERVICIO GRACIOSO	64
TRIBS RLS AULLAGAS Y URUQUILLAS	832
TRIBS RLS DE PRESTO Y TARABUCO	2430
TRIBUTOS CONSIGNACIONES DE LANZAS	574
TRIBUTOS DE YANACONAS	5723
TRIBUTOS REALES DE CHAYANTA	2238
TRIBUTOS REALES DE CHICHAS	23
TRIBUTOS REALES DE CHUQUITO	2333
TRIBUTOS REALES DE MORCMORO	32
TRIBUTOS REALES DE PARIA	8187
TRIBUTOS REALES DE POCCNA	5434
TRIBUTOS REALES DE PUNA	6618
TOTAL	1110265

TOTAL COMPUTADO	1110267

P 191

1/1621-12/1621

CARGO	ENSAYADOS
ALCABALAS REALES	39942
ARRENDAMIENTO Y VENTA DE MINAS	3593
AZOGUES DE SU MAJESTAD	226720
BIENES DE DIFUNTOS	1920
BUENOS EFECTOS Y RESIDUOS	31
BULAS DE SANTA CRUZADA	13311
CAJA REAL DE BUENOS AIRES	43553
CAJA REAL DE LIMA	4230
CAPILLA REAL DE GRANADA	5824
COMPOSICION DE EXTRANJEROS	7626
CONDENACIONES	500
CORREDURIA DE LONJA	1200
CUARTA EPISCOPAL VACANTE	1280

1/1621-12/1621

DATA	ENSAYADOS
AZOGUES	22867
BIENES DE PARTICULARES	1920
BULAS DE SANTA CRUZADA	13311
CAJA REAL DE LIMA	3230
CAPILLA REAL DE GRANADA	5824
CUARTA EPISCOPAL VACANTE	8384
DEPOSITOS	2556
EXTRAORDINARIO DE REAL HACIENDA	1278
LIMOSNAS	4323
NOVENOS REALES	16336
OFICIOS VENDIBLES Y RENUNCIABLES	1152
PENAS DE CAMARA	768
PRESTAMOS	8222

POTOSI   1/1621-12/1621

CARGO	OCHO	ENSAYADOS	ORO
DEPOSITOS		23087	
EXTRAORDINARIO DE REAL HACIENDA		3535	
NAIPES		17439	
NOVENOS REALES		2112	
OFICIOS VENDIBLES Y RENUNCIABLES		70673	
PENAS DE CAMARA		828	
PRESTAMOS		8222	
REAL DE SENOREAGE		8353	
REAL Y SUP CONSEJO DE INDIAS		387	
REALES LABRADOS DE BARRAS		23975	
REDENCION DE CAUTIVOS		3197	
TRIBUTOS CONSIGNACIONES DE LANZAS		8993	
TRIBUTOS DE YANACONAS		8222	
TRIBUTOS REALES DE CHAYANTA		2600	
TRIBUTOS REALES DE CHICHAS		588	
TRIBUTOS REALES DE CHUQUITO		9751	
TRIBUTOS REALES DE MORCMORO		640	
TRIBUTOS REALES DE PARIA		6123	
TRIBUTOS REALES DE POCONA		704	
TRIBUTOS REALES DE PUNA		2624	
TRIBUTOS REALES DE YAMPARAES		1920	
1.5% Y QUINTO DE PLATA		678813	
TOTAL		1232491	

TOTAL COMPUTADO   1232516

P 191

DATA	OCHO	ENSAYADOS	ORO
REAL HACIENDA		46262	
REMITIDO A LIMA		1065687	
TRIBUTOS CONSIGNACIONES DE LANZAS		5107	
TRIBUTOS DE YANACONAS		7612	
TRIBUTOS REALES DE CHAYANTA		6221	
TRIBUTOS REALES DE CHICHAS		23	
TRIBUTOS REALES DE CHUQUITC		2247	
TRIBUTOS REALES DE MORCMORO		57	
TRIBUTOS REALES DE PARIA		9073	
TRIBUTOS REALES DE PUNA		1500	
TOTAL		1233959	

TOTAL COMPUTADO   1233960

P 195

CARGO	OCHO	ENSAYADOS	ORO
ALCABALAS REALES		33404	
ARRENDAMIENTO Y VENTA DE MINAS		2240	
AZOGUES		202490	
BIENES DE DIFUNTOS		1185	
BUENOS EFECTOS Y RESIDUOS		1953	
BULAS DE SANTA CRUZADA		12164	
CAJA REAL DE BUENOS AIRES		88420	
CAPILLA REAL DE LIMA		2000	
CASA DE CONTRATACION		494	
COMPOSICION DE EXTRANJEROS		1912	
COMPOSICION DE TIERRAS		256	
CONDENACIONES DEL CONTRABANDC		640	
CONDENACIONES DEL REAL CONSEJO		2621	
CORRECURIA CE LONJA		400	
CUARTA EPISCOPAL VACANTE		384	
DEPOSITOS		13236	
EXTRAORDINARIO DE REAL HACIENDA		10368	
NAIPES		15912	
NOVENOS REALES		4750	
OFICIOS VENDIBLES Y RENUNCIABLES		47024	
PENAS DE CAMARA		836	
REAL DE SENOREAGE		23410	
REALES LABRADOS DE BARRAS		48122	
REDENCION DE CAUTIVOS		2631	
SITUADO DE CARTAGENA		2778	
TRIBUTOS CONSIGNACIONES DE LANZAS		17622	
TRIBUTOS DE YANACONAS		7750	

1/1622-12/1622

DATA	OCHO	ENSAYADOS	ORO
ARRENDAMIENTC Y VENTA CE MINAS		500	
AZOGUES		45361	
BIENES DE DIFUNTOS		1185	
BUENOS EFECTOS Y RESICLOS		1811	
BULAS DE SANTA CRUZADA		12164	
CAJA REAL DE BUENOS AIRES		1643	
CAPILLA REAL DE LIMA		2000	
CASA DE CONTRATACICN		494	
CENSOS DE INDIOS		10188	
CONDENACIONES DEL REAL CONSEJO		2621	
DEPOSITOS		6626	
EXTRAORDINARIC DE REAL HACIENDA		1372	
LIMOSNAS		5495	
NOVENCS REALES		1280	
OFICIOS VENDIBLES Y RENUNCIABLES		10902	
PENAS DE CAMARA		968	
REALES LABRADCS DE BARRAS		83206	
REMITIDO A LIMA		1004400	
SITUADO DE CARTAGENA		2777	
SUELDOS		34138	
TRIBS RLS AULLAGAS Y URUQUILLAS		582	
TRIBUTOS CONSIGNACIONES DE LANZAS		2974	
TRIBUTOS DE YANACONAS		7953	
TRIBUTOS REALES DE CHAYANTA		3225	
TRIBUTOS REALES DE CHICHAS		23	
TRIBUTOS REALES DE CHUQUITC		2148	
TRIBUTOS REALES DE LIPES		4665	

POTOSI   1/1622-12/1622

CARGO	OCHO	ENSAYADOS	ORO
TRIBUTOS NEGROS Y MULATOS LIBRES		1843	
TRIBUTOS FEALES DE CHAYANTA		5417	
TRIBUTOS REALES DE CHICHAS		1088	
TRIBUTOS REALES DE CHUQUITO		11729	
TRIBUTOS REALES DE MORCMORO		280	
TRIBUTOS REALES DE PARIA		4630	
TRIBUTOS REALES DE POCCNA		1097	
TRIBUTOS FCALES DE PUNA		4305	
TRIBUTOS REALES DE SIPESIPE		357	
TRIBUTOS REALES DE TAPACARI		221	
TRIBUTOS REALES DE YAMPARAES		1869	
1.5% Y QUINTO DE PLATA		675989	
TOTAL		1253867	

TOTAL COMPUTADO   1253831

DATA	OCHO	ENSAYACOS	ORO
TRIBUTOS REALES DE MORCMORO		24	
TRIBUTOS REALES DE PARIA		3065	
TRIBUTOS REALES DE POCCNA		315	
TOTAL		1254103	

TOTAL COMPUTADO   1254105

P 200

1/1623-12/1623

CARGO	OCHO	ENSAYADOS	ORO
ALCABALAS REALES		23046	
ARRENDAMIENTO Y VENTA DE MINAS		64	
BUENOS EFECTOS Y RESICUOS		578	
BULAS DE SANTA CRUZADA		5267	
CAJA REAL DE BUENOS AIRES		22697	
CAJA REAL DE LIMA		5489	
CAPILLA REAL DE LIMA		1140	
CASA DE CONTRATACION		485	
COMPOSICION DE EXTRANJEROS		64	
COMPOSICION DE TIERRAS		342	
CONDENACIONES DEL REAL CONSEJO		1673	
CUARTA EPISCOPAL VACANTE		1727	
DEPOSITOS		30087	
EXTRAORDINARIO DE REAL HACIENDA		5185	
NAIPES		9668	
NOVENCS FEALES		1655	
OFICIOS VENDIBLES Y RENUNCIABLES		19716	
PENAS DE CAMARA		4	
REAL DE SENOREAGE		19587	
REALES LABRADOS DE BARRAS		133896	
REDENCION DE CAUTIVOS		3103	
SERVICIO GRACIOSO		256	
TRIBS RLS AULLAGAS Y URUQUILLAS		1697	
TRIBUTOS CONSIGNACIONES DE LANZAS		8047	
TRIBUTOS DE YANACONAS		5283	
TRIBUTOS NEGROS Y MULATOS LIBRES		2813	
TRIBUTOS REALES DE CHAYANTA		5446	
TRIBUTOS REALES DE CHICHAS		515	
TRIBUTOS REALES DE CHUQUITO		8326	
TRIBUTOS REALES DE MORCMORO		647	
TRIBUTOS FEALES DE PARIA		7500	
TRIBUTOS REALES DE POCCNA		938	
TRIBUTOS REALES DE PUNA		2749	
TRIBUTOS REALES DE SIPESIPE		570	
TRIBUTOS REALES DE TAPACARI		671	
TRIBUTOS REALES DE YAMPARAES		429	
TRIBUTOS VACOS		1500	

POTOSI 1/1623-12/1623

CARGO	OCHO	ENSAYADOS	ORO	DATA	OCHO	ENSAYADOS	ORO
1.5% Y QUINTO DE PLATA		669712	—				
TOTAL		1002568	—				
TOTAL COMPUTADO		1002572	—	TOTAL COMPUTADO			—

P 202 — 1/1624-12/1624

CARGO	ENSAYADOS	ORO	DATA	ENSAYADOS	ORO
ALCABALAS REALES	23919	—	ARRENDAMIENTO Y VENTA DE MINAS	1200	—
ARRENDAMIENTO Y VENTA DE MINAS	224	—	AZOGUES	50494	—
AZOGUES DE SU MAJESTAD	198173	—	BIENES DE DIFUNTOS	1782	—
BIENES DE DIFUNTOS	1782	—	BUENOS EFECTOS Y RESIDUOS	1307	—
BUENOS EFECTOS Y RESIDUOS	1169	—	BULAS DE SANTA CRUZADA	9343	—
BULAS DE SANTA CRUZADA	9136	—	CENSOS DE INDIOS	2684	—
CAJA REAL DE ARICA	1000	—	CONDENACIONES DEL REAL CONSEJO	405	—
CAJA REAL DE BUENOS AIRES	11693	—	DEPOSITOS	2841	—
CONDENACIONES DEL REAL CONSEJO	405	—	EXTRAORDINARIO DE REAL HACIENDA	10202	—
CORREDURIA DE LONJA	256	—	LIMOSNAS	1904	—
CUARTA EPISCOPAL VACANTE	384	—	NOVENOS REALES	1280	—
DEPOSITOS	8097	—	OFICIOS VENDIBLES Y RENUNCIABLES	7732	—
EXTRAORDINARIO DE REAL HACIENDA	23455	—	PRESTAMOS	2443	—
NAIPES DE ARRENDAMIENTO	5993	—	REAL HACIENDA	110831	—
NOVENOS REALES	33125	—	REMITIDO A LIMA	885563	—
OFICIOS VENDIBLES Y RENUNCIABLES	2443	—	SINODOS	612	—
PRESTAMOS	20986	—	SUELDOS	46485	—
REALES DE SENOREAGE	105852	—	TRIBUTOS CONSIGNACIONES DE LANZAS	3198	—
REALES LABRADOS DE BARRAS	9372	—	TRIBUTOS DE YANACONAS	6926	—
TRIBUTOS CONSIGNACIONES DE LANZAS	7964	—	TRIBUTOS REALES DE CHAYANTA	3025	—
TRIBUTOS DE YANACONAS	2740	—	TRIBUTOS REALES DE CHICHAS	23	—
TRIBUTOS REALES DE CHAYANTA	740	—	TRIBUTOS REALES DE CHUQUITO	1728	—
TRIBUTOS REALES DE CHICHAS	5172	—	TRIBUTOS REALES DE MOROMORO	20	—
TRIBUTOS REALES DE CHUQUITO	647	—	TRIBUTOS REALES DE PARIA	2766	—
TRIBUTOS REALES DE MOROMORO	2338	—	TRIBUTOS REALES DE PUNA	7092	—
TRIBUTOS REALES DE PARIA	38	—	TRIBUTOS VACOS	1076	—
TRIBUTOS REALES DE POCONA	1183	—	TOTAL	1162965	—
TRIBUTOS REALES DE PUNA	565	—			
TRIBUTOS REALES DE SIPESIPE	1358	—			
TRIBUTOS REALES DE TAPACARI	1168	—			
TRIBUTOS REALES DE YAMPARAES	1076	—			
TRIBUTOS VACOS		—			
1.5% Y QUINTO DE PLATA	672306	—			
TOTAL	1161662	—			
TOTAL COMPUTADO	1161663	—	TOTAL COMPUTADO	1162962	—

P 211 — 1/1625-12/1625

CARGO	ENSAYADOS	ORO	DATA	ENSAYADOS	ORO
ALCABALAS REALES	48112	—	ARRENDAMIENTO Y VENTA DE MINAS	200	—
ARRENDAMIENTO Y VENTA DE MINAS	3498	—	AZOGUES	25116	—
AZOGUES	206945	—	BUENOS EFECTOS Y RESIDUOS	2024	—
BUENOS EFECTOS Y RESIDUOS	2171	—	BULAS DE SANTA CRUZADA	12454	—
BULAS DE SANTA CRUZADA	11946	—	CAJA REAL DE LIMA	205	—
CAJA REAL DE ARICA	587	—	CAPILLA REAL DE LIMA	672	—
CAJA REAL DE BUENOS AIRES	41620	—	CENSOS DE INDIOS	2684	—
CAJA REAL DE LIMA	205	—	CONDENACIONES	1231	—

P 200 — OCHO — ENSAYADOS — ORO

P 211

POTOSI   1/1625-12/1625

CARGO	OCHO	ENSAYADOS	ORO
CAPILLA REAL DE LIMA		672	
CASA DE CONTRATACION		492	
COMPOSICION DE TIERRAS		320	
CONDENACIONES DEL REAL CONSEJO		3775	
CONSEJO REAL DE INDIAS		353	
CORREDURIA DE LONJA		256	
CUARTA EPISCOPAL VACANTE		7872	
DEPOSITOS		4290	
EXTRAORDINARIO DE REAL HACIENDA		679	
FIADORES DE LOS REALES OFICIALES		2052	
NAIPES DE ARRENDAMIENTO		17354	
NOVENOS REALES		6470	
OFICIOS VENDIBLES Y RENUNCIABLES		29003	
PENAS DE CAMARA		518	
PRESTAMOS		17475	
REAL DE SEÑOREAGE		12090	
REALES LABRADOS DE BARRAS		33343	
SERVICIO GRACIOSO		31098	
TRIBUTOS CONSIGNACIONES DE LANZAS		17116	
TRIBUTOS DE YANACONAS		11030	
TRIBUTOS REALES DE CHAYANTA		8012	
TRIBUTOS REALES DE CHICHAS		1800	
TRIBUTOS REALES DE CHUCUITO		3875	
TRIBUTOS REALES DE MOROMORO		1239	
TRIBUTOS REALES DE PARIA		743	
TRIBUTOS REALES DE POCCNA		422	
TRIBUTOS REALES DE PUNA		2183	
TRIBUTOS REALES DE SIPESIPE		1317	
TRIBUTOS REALES DE TAPACARI		2879	
TRIBUTOS REALES DE YAMPARAES		735	
1.5% Y QUINTO DE PLATA		633689	
TOTAL		1168250	

TOTAL COMPUTADO   1168240

DATA	OCHO	ENSAYADOS	CRC
CONDENACIONES DEL REAL CONSEJO		3775	
DEPOSITOS		3964	
EXTRAORDINARIO DE REAL HACIENDA		21153	
LIMOSNAS		2990	
NOVENOS REALES		1280	
OBISPO DEL PARAGUAY		353	
OFICIOS VENDIBLES Y RENUNCIABLES		6666	
PENAS DE CAMARA		518	
PRESTAMOS		15120	
REALES LABRADOS DE BARRAS		16383	
REMITIDO A LIMA		988812	
SUELDOS		36386	
TRIBS RLS AULLAGAS Y URUQUILLAS		3454	
TRIBUTOS CONSIGNACIONES DE LANZAS		4840	
TRIBUTOS DE YANACONAS		9622	
TRIBUTOS REALES DE CHAYANTA		4253	
TRIBUTOS REALES DE CHICHAS		23	
TRIBUTOS REALES DE CHUQUITO		2240	
TRIBUTOS REALES DE MOROMORO		44	
TRIBUTOS REALES DE PARIA		740	
TRIBUTOS REALES DE POCCNA		455	
TRIBUTOS REALES DE PUNA		2447	
TOTAL		1169103	

TOTAL COMPUTADO   1170104

P 215   1/1626-12/1626

CARGO	OCHO	ENSAYADOS	ORO
ALCABALAS REALES		9482	
ARRENDAMIENTO Y VENTA DE MINAS		924	
AZOGUES DE SU MAJESTAD		144376	
BIENES DE DIFUNTOS		1811	
BUENOS EFECTOS Y RESIDUOS		705	
BULAS DE SANTA CRUZADA		2642	
CAJA REAL DE ARICA		1294	
CAJA REAL DE BUENOS AIRES		7307	
CAJA REAL DE LIMA		128	
CONDENACIONES DEL REAL CONSEJO		266	
CORREDURIA DE LONJA		512	
DEPOSITOS		9189	
EXTRAORDINARIO DE REAL HACIENDA		133	
FIADORES DE LOS REALES OFICIALES		2551	
NAIPES DE ARRENDAMIENTO		3200	
NOVENOS REALES		2051	
OFICIOS VENDIBLES Y RENUNCIABLES		17100	
PENAS DE CAMARA		201	

DATA	OCHO	ENSAYADOS	CRC
ARRENDAMIENTO Y VENTA DE MINAS		289	
AZOGUES		40156	
BIENES DE DIFUNTOS		1812	
BUENOS EFECTOS Y RESIDUOS		1118	
BULAS DE SANTA CRUZADA		2636	
CAJA REAL DE ARICA		714	
CAJA REAL DE LIMA		128	
CENSOS DE INDIOS		2684	
CONDENACIONES		2552	
CONDENACIONES DEL REAL CONSEJO		266	
DEPOSITOS		4480	
EXTRAORDINARIO DE REAL HACIENDA		11451	
LIMOSNAS		5095	
NAIPES		8064	
NOVENOS REALES		1280	
OFICIOS VENDIBLES Y RENUNCIABLES		1840	
PRESTADO PARA REPARO DE LAGUNAS		32000	
PRESTAMOS		11956	

POTOSI 1/1626-12/1626

CARGO	OCHO	ENSAYADOS	ORO
PRESTAMOS		9600	
REAL DE SENOREAGE		14932	
REALES LABRADOS DE BARRAS		30523	
SERVICIO GRACIOSO		42623	
TRIBUTOS CONSIGNACIONES DE LANZAS		7274	
TRIBUTOS DE YANACONAS		5908	
TRIBUTOS REALES DE CHAYANTA		3553	
TRIBUTOS REALES DE CHUQUITO		320	
TRIBUTOS REALES DE MOROMORO		564	
TRIBUTOS REALES DE POCONA		617	
TRIBUTOS REALES DE PUNA		985	
TRIBUTOS REALES DE SIPESIPE		557	
TRIBUTOS REALES DE TAPACARI		1060	
TRIBUTOS REALES DE YAMPARAES		105	
TRIBUTOS VACOS		228	
1.5% Y QUINTO DE PLATA		639301	
TOTAL		961828	

TOTAL COMPUTADO   961830

DATA	OCHO	ENSAYADOS	ORO
REALES LABRADOS DE BARRAS		43593	
REMITIDO A LIMA		723121	
SINODOS		1246	
SUELDOS		55442	
TRIBUTOS CONSIGNACIONES DE LANZAS		2018	
TRIBUTOS DE YANACONAS		5152	
TRIBUTOS REALES DE CHAYANTA		1185	
TRIBUTOS REALES DE CHUQUITO		11	
TRIBUTOS REALES DE MOROMORO		2131	
TRIBUTOS REALES DE PARIA		19	
TRIBUTOS REALES DE POCONA		1118	
TRIBUTOS REALES DE POCONA		579	
TRIBUTOS VACOS		228	
TOTAL		964365	

TOTAL COMPUTADO   964364

P 223   1/1627-12/1627

CARGO	OCHO	ENSAYADOS	ORO
ALCABALAS REALES		23592	
ARRENDAMIENTO Y VENTA DE MINAS		3108	
AZOGUES DE SU MAJESTAD		174691	
BUENOS EFECTOS Y RESIDUOS		863	
BULAS DE SANTA CRUZADA		7167	
CAJA REAL DE ARICA		1172	
CAJA REAL DE BUENOS AIRES		3789	
COMPOSICION DE EXTRANJEROS		300	
DEPOSITOS		7829	
EXTRAORDINARIO DE REAL HACIENDA		64	
NAIPES DE ARRENDAMIENTO		6578	
NOVENOS REALES		2995	
OFICIOS VENDIBLES Y RENUNCIABLES		36401	
PRESTAMOS		76941	
REAL DE SENOREAGE		24351	
REALES LABRADOS DE BARRAS		77938	
SERVICIO GRACIOSO		9426	
TRIBUTOS CONSIGNACIONES DE LANZAS		5919	
TRIBUTOS DE YANACONAS		8244	
TRIBUTOS REALES DE CHAYANTA		6692	
TRIBUTOS REALES DE CHICHAS		692	
TRIBUTOS REALES DE CHUQUITO		3648	
TRIBUTOS REALES DE MOROMORO		1550	
TRIBUTOS REALES DE POCONA		51	
TRIBUTOS REALES DE PUNA		1888	
TRIBUTOS REALES DE SIPESIPE		684	
TRIBUTOS REALES DE TAPACARI		460	
TRIBUTOS REALES DE YAMPARAES		768	
TRIBUTOS VACOS		1280	
1.5% Y QUINTO DE PLATA		666784	
4P CADA QUINTAL AZOGUE REP LAGUNA		17489	
TOTAL		1171357	

DATA	OCHO	ENSAYADOS	ORO
AZOGUES		62965	
BUENOS EFECTOS Y RESIDUOS		517	
BULAS DE SANTA CRUZADA		7417	
CAJA REAL DE ARICA		4	
CUARTA EPISCOPAL VACANTE		5824	
EXTRAORDINARIO DE REAL HACIENDA		2176	
LIMOSNAS		2437	
NOVENOS REALES		1280	
OFICIOS VENDIBLES Y RENUNCIABLES		7238	
PRESTADO PARA REPARO DE LAGUNAS		27879	
PRESTAMOS		70445	
REALES LABRADOS DE BARRAS		78253	
REMITIDO A LIMA		861935	
SINODOS		945	
SUELDOS		25729	
TRIBS RLS AULLAGAS Y URUQUILLAS		950	
TRIBUTOS CONSIGNACIONES DE LANZAS		508	
TRIBUTOS DE YANACONAS		8323	
TRIBUTOS REALES DE CHAYANTA		3227	
TRIBUTOS REALES DE CHICHAS		34	
TRIBUTOS REALES DE CHUQUITO		2192	
TRIBUTOS REALES DE MOROMORO		32	
TRIBUTOS REALES DE PUNA		1974	
TRIBUTOS VACOS		1280	
TOTAL		1173565	

POTCSI   1/1627-12/1627

CARGO	OCHO	ENSAYADOS	ORO	DATA	OCHO	ENSAYADOS	ORO
TOTAL COMPUTADO		1173354		TOTAL COMPUTADO		1173564	P 223

1/1628-12/1628

DATA	ENSAYADOS
ALCABALAS REALES	92
ARRENDAMIENTO Y VENTA CE MINAS	1472
AZOGUES	34948
BUENOS EFECTOS Y RESIDUOS	769
BULAS DE SANTA CRUZADA	11510
CAJA REAL DE ARICA	184
CAJA REAL DE LIMA	512
CAJA REAL DE PANAMA	336
CENSOS	6709
CONDENACIONES	887
CONDENACIONES DEL REAL CONSEJO	294
CUARTA EPISCOPAL VACANTE	448
DEPOSITOS	576
EXTRAORDINARIO DE REAL HACIENDA	3655
LIMOSNAS	5958
NOVENOS REALES	1280
OFICIOS VENDIBLES Y RENUNCIABLES	2560
PRESTAMOS	90007
REALES LABRADOS DE BARRAS	90934
REMITIDO A LIMA	1043561
SINODOS	1328
SUELDOS	45865
TRIBS RLS AULLAGAS Y URUQUILLAS	914
TRIBUTOS CONSIGNACIONES CE LANZAS	3656
TRIBUTOS DE YANACONAS	4537
TRIBUTOS REALES DE CHAYANTA	1120
TRIBUTOS REALES DE CHICHAS	23
TRIBUTOS REALES DE CHUQUITO	2370
TRIBUTOS REALES DE MORCMORC	37
TRIBUTOS REALES DE POCCNA	1148
TRIBUTOS REALES DE PUNA	3026
TOTAL	1360824

TOTAL CCMPUTADO	1360716

1/1629-12/1629

DATA	ENSAYADOS
AZOGUES	39188
BUENOS EFECTOS Y RESIDUOS	1338
BULAS DE SANTA CRUZADA	13505
CAJA REAL DE ARICA	1685
CAJA REAL DE BUENOS AIRES	7014
CONDENACIONES	746
DEPOSITOS	8215
EXTRAORDINARIO DE REAL HACIENDA	683
LIMOSNAS	15927

P 226

CARGO	ENSAYADOS
ALCABALAS REALES	19707
ARRENDAMIENTO Y VENTA DE MINAS	4299
AZOGUES DE SU MAJESTAD	269732
BUENOS EFECTOS Y RESIDUOS	1029
BULAS DE SANTA CRUZADA	11757
CAJA REAL DE ARICA	1258
CAJA REAL DE BUENOS AIRES	371
CAJA REAL DE LIMA	512
CAJA REAL DE OFURO	64
CAJA REAL DE PANAMA	336
CONDENACIONES	1221
CONDENACIONES DEL REAL CONSEJO	295
DEPOSITOS	8166
EXTRAORDINARIO DE REAL HACIENDA	1597
MESADAS ECLESIASTICAS	600
NAIPES DE ARRENDAMIENTO	6118
NOVENOS REALES	7232
OFICIOS VENDIBLES Y RENUNCIABLES	41210
PRESTAMOS	97146
REAL DE SENOREAGE	20930
REALES LABRADOS DE BARRAS	88165
REDENCION DE CAUTIVOS	4998
SERVICIO GRACIOSO	2632
TRIBS RLS AULLAGAS Y URUQUILLAS	4243
TRIBUTOS CONSIGNACIONES DE LANZAS	9039
TRIBUTOS DE YANACONAS	5604
TRIBUTOS REALES DE CHAYANTA	283
TRIBUTOS REALES DE CHUQUITO	3583
TRIBUTOS REALES DE MORCMORO	18
TRIBUTOS REALES DE POCCNA	1501
TRIBUTOS REALES DE PUNA	3661
TRIBUTOS REALES DE YAMPARAES	1680
TRIBUTOS VACOS	2
1.5% Y QUINTO DE PLATA	724933
4P CADA QUINTAL AZOGUE REP LAGUNA	15628
TOTAL	1359560

TOTAL COMPUTADO	1359550

P 232

CARGO	ENSAYADOS
ALCABALAS REALES	33061
ARRENDAMIENTO Y VENTA DE MINAS	1041
AZOGUES DE SU MAJESTAD	192757
BUENOS EFECTOS Y RESIDUOS	918
BULAS DE SANTA CRUZADA	13528
CAJA REAL DE ARICA	1685
CAJA REAL DE BUENCS AIRES	7486
CONDENACIONES	742
CONDENACIONES DEL REAL CONSEJO	64

POTOSI   1/1629-12/1629

CARGO	OCHO	ENSAYADOS	ORO
CONSEJO REAL DE INDIAS		353	
CORREDURIA DE LONJA		308	
DEPCSITOS		7547	
EXTRAORDINARIO DE REAL HACIENDA		251	
MESADAS ECLESIASTICAS		45	
NAIPES DE ARRENDAMIENTO		8010	
NOVENOS REALES		11144	
OFICIOS VENDIBLES Y RENUNCIABLES		48175	
PENAS DE CAMARA		234	
PRESTAMOS		71137	
REAL DE SENOREAGE		29043	
REALES LABRADOS DE BARRAS		172123	
SERVICIO GRACIOSO		1216	
TRIBUTOS CONSIGNACIONES DE LANZAS		5541	
TRIBUTOS DE YANACONAS		6470	
TRIBUTOS REALES DE CHAYANTA		4069	
TRIBUTOS REALES DE CHICHAS		685	
TRIBUTOS REALES DE MORCMORO		1266	
TRIBUTOS REALES DE PARIA		2912	
TRIBUTOS REALES DE POCCNA		64	
TRIBUTOS REALES DE PUNA		70	
TRIBUTOS FEALES DE SIPESIPE		1110	
TRIBUTOS REALES DE TAPACARI		1007	
TRIBUTOS REALES DE YAMPARAES		1440	
1.5% Y QUINTO DE PLATA		601517	
4P. CADA QUINTAL AZOGUE REP LAGUNA		14664	
TOTAL		1241683	

TOTAL COMPUTADO   1241683

P 238

CARGO	OCHO	ENSAYADOS	ORO
ALCABALAS REALES		44155	
ARRENDAMIENTO Y VENTA DE MINAS		2170	
AZOGUES DE SU MAJESTAD		275081	
BUENOS EFECTOS Y RESIDUOS		1658	
BULAS DE SANTA CRUZADA		17518	
CAJA REAL DE ARICA		2331	
CAJA REAL DE BUENOS AIRES		4176	
CAJA REAL DE CUZCO		1934	
CAJA REAL DE ORURO		210	
CONDENACIONES DE TRIBUNAL CUENTAS		250	
CONDENACIONES DEL REAL CONSEJO		2952	
CORREDURIA DE LONJA		128	
CUARTA EPISCOPAL VACANTE		1340	
DEPOSITOS		2792	
EXTRAORDINARIO DE REAL HACIENDA		12094	
MESADAS ECLESIASTICAS		333	
NAIPES DE ARRENDAMIENTO		7829	
NCVENOS REALES		4829	
OFICIOS VENDIBLES Y RENUNCIABLES		39502	
PRESTAMOS		76115	
REAL DE SENOREAGE		33280	
REALES LABRADOS DE BARRAS		368469	
SERVICIO GRACIOSO		1389	

P 232

DATA	OCHO	ENSAYACCS	ORO
NOVENOS REALES		1280	
OFICIOS VENDIBLES Y RENUNCIABLES		8667	
PENAS DE CAMARA		234	
PRESTAMCS		78510	
REAL Y SUP CONSEJO DE INDIAS		355	
REALES LABRADCS DE BARRAS		252483	
REMITIDO A LIMA		735205	
SUELDOS		59459	
TRIBS RLS AULLAGAS Y URUQUILLAS		752	
TRIBUTOS CONSIGNACIONES CE LANZAS		3932	
TRIBUTOS DE YANACONAS		7133	
TRIBUTOS REALES DE CHAYANTA		2435	
TRIBUTOS REALES DE CHICHAS		23	
TRIBUTOS REALES DE CHUQUITC		2166	
TRIBUTOS REALES DE MCRCMRC		27	
TRIBUTOS REALES DE PUNA		1265	
TOTAL		1242223	

TOTAL COMPUTADO   1242227

1/1630-12/1630

DATA	OCHO	ENSAYACCS	ORO
ALCABALAS REALES		768	
AZOGUES		45742	
BUENOS EFECTOS Y RESICLOS		1472	
BULAS DE SANTA CRUZADA		17546	
CAJA REAL DE ARICA		2332	
CAJA REAL DE BUENOS AIRES		12807	
CAJA REAL DE CUZCO		1935	
CAJA REAL DE CRURO		210	
CENSOS		5367	
CONDENACIONES		250	
CONDENACIONES DEL REAL CONSEJO		2952	
DEPOSITOS		2215	
EXTRAORDINARIC DE REAL HACIENDA		2593	
LIMCSNAS		6996	
NCVENOS REALES		1280	
OFICIOS VENDIBLES Y RENUNCIABLES		4485	
PRESTAMOS		79527	
REALES LABRACCS DE BARRAS		283855	
REMITIDO A LIMA		996156	
SUELDOS		52275	
TRIBS RLS AULLAGAS Y LRUQUILLAS		273	
TRIBUTOS CONSIGNACIONES CE LANZAS		1218	
TRIBUTOS DE YANACONAS		13218	

POTOSI   1/1630-12/1630

CARGO	OCHO	ENSAYADOS	ORO	DATA	OCHO	ENSAYADOS	ORO
TRIBUTOS CONSIGNACIONES DE LANZAS		7856		TRIBUTOS REALES DE CHAYANTA		2920	
TRIBUTOS DE YANACONAS		13213		TRIBUTOS REALES DE CHICHAS		23	
TRIBUTOS REALES DE CHAYANTA		2715		TRIBUTOS REALES DE CHUQUITO		2519	
TRIBUTOS REALES DE CHICHAS		576		TRIBUTOS REALES DE MOROMORO		32	
TRIBUTOS REALES DE CHUQUITO		2778		TRIBUTOS REALES DE PARIA		5595	
TRIBUTOS REALES DE COCHABAMBA		340		TRIBUTOS REALES DE PUNA		1722	
TRIBUTOS REALES DE MOROMORO		335		TOTAL		1548284	
TRIBUTOS REALES DE PARIA		2683					
TRIBUTOS REALES DE POCONA		434					
TRIBUTOS REALES DE PUNA		2580					
TRIBUTOS REALES DE SIPESIPE		791					
TRIBUTOS REALES DE TAPACARI		1304					
TRIBUTOS REALES DE YAMPARAES		767					
VENTA DE TIERRAS		640					
1.5% Y QUINTO DE PLATA		595015					
4P CADA QUINTAL AZOGUE REP LAGUNA		14332					
TOTAL		1547919					

| TOTAL COMPUTADO | | 1546917 | | TOTAL COMPUTADO | | 1548283 | |

P 249

1/1631-12/1631

	OCHO	ENSAYADOS	ORO
ALCABALAS REALES		31499	
ARRENDAMIENTO Y VENTA DE MINAS		9421	
AZOGUES DE SU MAJESTAD		374494	
BUENOS EFECTOS Y RESIDUOS		1988	
BULAS DE SANTA CRUZADA		16768	
CAJA REAL DE ARICA		83	
CAJA REAL DE BUENOS AIRES		10735	
CONDENACIONES		8460	
CONDENACIONES DEL REAL CONSEJO		256	
CORREDURIA DE LONJA		2718	
DEPOSITOS		17087	
DERECHOS DE ESCLAVOS		51	
ESPOLIOS		4470	
EXTRAORDINARIO DE REAL HACIENDA		2722	
FALTA DE AZOGUES		28	
MESADAS ECLESIASTICAS		250	
NAIPES DE ARRENDAMIENTO		3724	
NOVENOS REALES		7104	
OFICIOS VENDIBLES Y RENUNCIABLES		30550	
PENAS DE CAMARA		61	
PRESTAMOS		77388	
REAL DE SENOREAGE		28355	
REALES LABRADOS DE BARRAS		284542	
REDENCION DE CAUTIVOS		3710	
SERVICIO GRACIOSO		1009	
TRIBS RLS AULLAGAS Y URUQUILLAS		1697	
TRIBS RLS CAQUINA Y PICACHURI		13	
TRIBS RLS CARACOSA O ARECHACHA		260	
TRIBS RLS TACOBAMBA Y POTABAMBA		64	
TRIBUTOS DE YANACONAS		9649	
TRIBUTOS REALES DE AYMAYA		1982	
TRIBUTOS REALES DE CHAQUI		1343	
TRIBUTOS REALES DE CHAYANTA		6885	

POTOSI   1/1631-12/1631

CARGO	OCHO	ENSAYADOS	ORO	DATA	ENSAYADOS	OCHO	ORO
TRIBUTOS REALES DE CHICHAS		1781					
TRIBUTOS REALES DE CHUQUITO		2710					
TRIBUTOS REALES DE COPOATA		966					
TRIBUTOS REALES DE MACHA		4350					
TRIBUTOS REALES DE MORCMORO		1411					
TRIBUTOS REALES DE POCONA		501					
TRIBUTOS REALES DE PUNA		1914					
TRIBUTOS REALES DE SACACA		960					
TRIBUTOS REALES DE SIPESIPE		744					
TRIBUTOS REALES DE TAPACARI		1718					
TRIBUTOS REALES DE VISISA		76					
1.5% Y QUINTO DE PLATA		659789					
TOTAL		161628€					

TOTAL COMPUTADO   161628€   TOTAL COMPUTADO

P 252   1/1632-12/1632

CARGO	ENSAYADOS	ORO
ALCABALAS REALES	29690	
ARRENDAMIENTO Y VENTA DE MINAS	3804	
AZOGUES	261293	
BIENES DE DIFUNTOS	39333	
BUENOS EFECTOS Y RESIDUOS	1604	
BULAS DE SANTA CRUZADA	17222	
CAJA REAL DE ARICA	206	
CAJA REAL DE BUENOS AIRES	4904	
CAJA REAL DE ORURO	1364	
COMPOSICION DE EXTRANJEROS	256	
COMPOSICION PASAR 3 VIDA ENCOM	3731	
CONDENACIONES	1920	
CONDENACIONES DEL REAL CONSEJO	1354	
CORREDURIA DE LONJA	628	
CUARTA EPISCOPAL VACANTE	2740	
DEPOSITOS	12786	
ESPOLIOS	1920	
EXTRAORDINARIO DE REAL HACIENDA	8181	
FALTA DE AZOGUES	84	
MESADAS ECLESIASTICAS	64	
MULTAS	140	
NAIPES	12986	
NOVENOS REALES	4962	
OFICIOS VENDIBLES Y RENUNCIABLES	51263	
PRESTAMOS	59424	
REAL DE SENOREAGE	26889	
REALES LABRADOS DE BARRAS	288146	
SERVICIO GRACIOSO	981	
TRIBUTOS DE YANACONAS	8177	
TRIBUTOS REALES DE AYMAYA	320	
TRIBUTOS REALES DE CHAQUI	200	
TRIBUTOS REALES DE CHAYANTA	3375	
TRIBUTOS REALES DE CHICHAS	480	
TRIBUTOS REALES DE CHUQUITO	1769	
TRIBUTOS REALES DE COPOATA	1280	
TRIBUTOS REALES DE MACHA	1280	
TRIBUTOS REALES DE MORCMORO	580	

POTOSI 1/1632-12/1632

CARGO	OCHO	ENSAYADOS	ORO	DATA	OCHO	ENSAYADOS	ORO
TRIBUTOS REALES DE POCCNA		256					
TRIBUTOS REALES DE PUNA		1780					
TRIBUTOS REALES DE SACACA		832					
TRIBUTOS REALES DE SIPESIPE		320					
TRIBUTOS REALES DE TAPACARI		320					
TRIBUTOS VACOS		106					
1.5% Y QUINTO DE PLATA		596326					
TOTAL		1455276					

TOTAL COMPUTADO 1455276   TOTAL COMPUTADO

P 253   1/1633-12/1633   P 252 ENSAYADOS ORO

	OCHO	ENSAYADOS	ORO
ALCABALAS REALES		27996	
ARRENDAMIENTO Y VENTA DE MINAS		4206	
AZOGUES DE SU MAJESTAD		309786	
BUENOS EFECTOS Y RESIDUOS		1027	
BULAS DE SANTA CRUZADA		9419	
CAJA REAL DE ARICA		249	
CAJA REAL DE BUENOS AIRES		1816	
CAJA REAL DE LIMA		1677	
CAJA REAL DE ORURO		827	
CASA DE CONTRATACION		2310	
CONDENACIONES DE LA AUDIENCIA		224	
CONDENACIONES DE TRIBUNAL CUENTAS		3208	
CONDENACIONES DEL REAL CONSEJO		716	
CORREDURIA DE LONJA		691	
CUARTA EPISCOPAL VACANTE		5120	
DEPOSITOS		20666	
ENTERADO EN LA CAJA		3367	
ESPOLIOS		1978	
EXTRAORDINARIO DE REAL HACIENDA		3843	
FALTA DE AZOGUES		160	
HIERROS		840	
MESADAS ECLESIASTICAS		195	
NAIPES		8450	
NOVENOS REALES		3904	
OFICIOS VENDIBLES Y RENUNCIABLES		35050	
PENAS DE CAMARA		7514	
PRESTAMOS		79058	
REAL DE SENOREAGE		27662	
REALES LABRADOS DE BARRAS		186268	
SERVICIO GRACIOSO		10051	
SISA		2696	
TRIBS RLS TACOBAMBA Y POTABAMBA		1216	
TRIBJTOS DE YANACONAS		10029	
TRIBUTOS REALES DE CHAQUI		1248	
TRIBUTOS REALES DE CHAYANTA		9796	
TRIBUTOS REALES DE CHICHAS		2000	
TRIBUTOS REALES DE CHUQUITO		2747	
TRIBUTOS REALES DE COCHABAMBA		553	
TRIBUTOS REALES DE POCCNA		127	
TRIBUTOS REALES DE PUNA		3776	
TRIBUTOS REALES DE SIPESIPE		640	
TRIBUTOS REALES DE TAPACARI		640	

POTOSI   1/1633-12/1633

CARGO	OCHO	ENSAYADOS	ORO	DATA	OCHO	ENSAYADOS	ORO
TRIBUTOS REALES DE TINGSUPAYA		640					
TRIBUTOS REALES DE TOTORA		16					
TRIBUTOS REALES DE VISISA		1888					
TRIBUTOS REALES DE YAMPARAES		1920					
1.5% Y QUINTO DE PLATA		620800					
TOTAL		1419012					
TOTAL COMPUTADO		1419010		TOTAL COMPUTADO			

P 261   1/1634-12/1634   P 253

	OCHO	ENSAYADOS	ORO			ENSAYADOS	ORO
ALCABALAS REALES		30403					
APLA DEFENSORES VEEDORES PROTECT		3065					
ARRENDAMIENTO Y VENTA DE MINAS		24057					
AZOGUES DE SU MAJESTAD		362537					
BOLSILLO DEL RL CONSEJO DE INDIAS		434					
BUENOS EFECTOS Y RESIDUOS		1450					
BULAS DE SANTA CRUZADA		11342					
CAJA REAL DE ARICA		1650					
CAJA REAL DE BUENOS AIRES		333					
CAJA REAL DE LIMA		1333					
CASA DE CONTRATACION		1611					
COMPOSICION DE PULPERIAS		2670					
CONDENACIONES DE LA VISITA		128					
CONDENACIONES DE TRIBUNAL CUENTAS		640					
CONDENACIONES DEL REAL CONSEJO		7361					
CONSEJO REAL DE INDIAS		152					
CORREDURIA DE LONJA		404					
CUARTA EPISCOPAL VACANTE		19200					
DEPOSITOS		29489					
DESCAMINOS DE ESCLAVOS SIN LIC		1280					
ESPOLIOS		2841					
EXTRAORDINARIO DE REAL HACIENDA		30158					
MEDIA ANATA		3429					
MESADAS ECLESIASTICAS		559					
MULTAS		1118					
NAIPES		4499					
NOVENOS REALES		7309					
OFICIOS VENDIBLES Y RENUNCIABLES		32123					
PRESTAMOS		69539					
QUINTOS A DIEZMOS DE PLATA LABR		4224					
REAL DE SENOREAGE		20691					
REALES LABRADOS DE BARRAS		124265					
REDENCION DE CAUTIVOS		512					
SERVICIO GRACIOSO		29881					
TERCIOS DE ENCOMIENDAS		242					
TRIBS RLS AULLAGAS Y URUQUILLAS		5092					
TRIBUTOS CONSIGNACIONES DE LANZAS		6367					
TRIBUTOS DE YANACONAS		11621					
TRIBUTOS REALES DE CHAYANTA		1139					
TRIBUTOS REALES DE CHUQUITO		1222					
TRIBUTOS REALES DE CCCHABAMBA		1010					
TRIBUTOS REALES DE MORCMORO		208					
TRIBUTOS REALES DE POCCNA		320					
TRIBUTOS REALES DE PUNA		4030					

POTOSI   1/1634-12/1634

CARGO	OCHO	ENSAYADOS	ORO	DATA	OCHO	ENSAYADOS	ORO
TRIBUTOS REALES DE SACACA		323					
TRIBUTOS REALES DE SIPESIPE		1505					
TRIBUTOS REALES DE TAPACARI		3576					
TRIBUTOS REALES DE TARIJA		832					
TRIBUTOS VACOS		160					
1.5% Y QUINTO DE PLATA		608745					
TOTAL		1477083					

TOTAL COMPUTADO   1477083   TOTAL COMPUTADO

P 263

1/1635-12/1635

ALCABALAS REALES		37484					
APL A DEFENSORES VEEDCRES PROTECT		3288					
ARRENDAMIENTO Y VENTA CE MINAS		1083					
AZOGUES		178607					
AZOGUES DEBIDO DE COBRAR		66120					
BIENES DE FRANCESES		24861					
BIENES DE PARTICULARES		2196					
BUENOS EFECTOS Y RESIDUOS		542					
BULAS DE SANTA CRUZADA		6654					
CAJA REAL DE ARICA		1029					
CAJA REAL DE BUENOS AIRES		156					
CAJA REAL DE LIMA		3159					
CAJA REAL DE ORURO		288					
COMPOSICION DE PULPERIAS		2086					
CONDENACIONES APL A RL CAMARA		830					
CONDENACIONES DE TRIBUNAL CUENTAS		960					
CONDENACIONES DEL REAL CONSEJO		1657					
CUARTA EPISCOPAL VACANTE		13285					
DEPCSITOS		8688					
ENTERADO EN LA CAJA		1357					
ESPCLICS		1344					
EXTRAORDINARIO DE REAL HACIENDA		17581					
FLETES DE MEDIA ANATA		59					
MEDIA ANATA		5641					
MESADAS ECLESIASTICAS		2759					
MULTAS		253					
NAIPES		6630					
NOVENOS REALES		7547					
OFICIOS VENDIBLES Y RENUNCIABLES		30882					
PLATA VUELTA A LA CAJA		160					
PRESTAMOS		65624					
QUINTOS A DIEZMOS DE PLATA LABR		712					
REAL DE SENOREAGE		29007					
REALES LABRADOS DE BARRAS		202396					
REDENCION DE CAUTIVOS		1512					
SERVICIO GRACIOSO		4428					
TRIBS RLS DE PRESTO Y TARABUCO		101					
TRIBUTOS CONSIGNACIONES DE LANZAS		7559					
TRIBUTOS DE YANACONAS		14571					
TRIBUTOS REALES DE CHAYANTA		7610					
TRIBUTOS REALES DE CHUQUITO		1144					
TRIBUTOS REALES DE COCHABAMBA		2274					
TRIBUTOS REALES DE MORCMORO		647					

POTOSI   1/1635-12/1635

CARGO	OCHO	ENSAYADOS	ORO	DATA	OCHO	ENSAYADOS	ORO
TRIBUTOS REALES DE POCONA		419					
TRIBUTOS REALES DE PUNA		2729					
TRIBUTOS REALES DE SACACA		3639					
TRIBUTOS REALES DE YAMPARAES		1514					
TRIBUTOS VACOS		44					
1.5% Y QUINTO DE PLATA		584737					
TOTAL		1357853					

TOTAL COMPUTADO   1357853   TOTAL COMPUTADO

P 269   1/1636-12/1636

ALCABALAS REALES		39477					
APL A DEFENSORES VEEDORES PROTECT		4955					
ARRENDAMIENTO Y VENTA DE MINAS		2183					
AZOGUES		323356					
AZOGUES DEBIDO DE COBRAR		51563					
BIENES DE FRANCESES		1677					
BUENOS EFECTOS Y RESIDUOS		474					
BULAS DE SANTA CRUZADA		15372					
CAJA REAL DE ARICA		1646					
CAJA REAL DE BUENOS AIRES		995					
CAJA REAL DE LIMA		8250					
COMPOSICION DE PULPERIAS		2816					
CONDENACIONES DE TRIBUNAL CUENTAS		4608					
CONDENACIONES DEL REAL CONSEJO		1035					
CORREDURIA DE LONJA		272					
CUARTA EPISCOPAL VACANTE		13972					
DEPOSITOS		8301					
DERECHOS DE ENSAYE Y FUNDICION		2619					
ESPOLIOS		83					
EXTRAORDINARIO DE REAL HACIENDA		5016					
MEDIA ANATA		3895					
MESADAS ECLESIASTICAS		2818					
MULTAS		32					
NAIPES		13474					
NOVENOS REALES		12664					
OFICIO DE CHANCILLERIA		320					
OFICIOS VENDIBLES Y RENUNCIABLES		41378					
PENAS DE CAMARA		928					
PRESTAMOS		119362					
REAL DE SENOREAGE		26266					
REALES LABRADOS DE BARRAS		222790					
SERVICIO GRACIOSO		1028					
TRIBS RLS CHICHAS Y TARIJA		902					
TRIBS RLS DE PRESTO Y TARABUCO		194					
TRIBS RLS TACOBAMBA Y POTABAMBA		1504					
TRIBUTOS CONSIGNACIONES DE LANZAS		5404					
TRIBUTOS DE YANACONAS		13227					
TRIBUTOS REALES DE CHAQUI		1280					
TRIBUTOS REALES DE CHAYANTA		4647					
TRIBUTOS REALES DE CHUQUITO		1054					
TRIBUTOS REALES DE MOROMORO		1011					
TRIBUTOS REALES DE POCONA		466					
TRIBUTOS REALES DE PUNA		1962					

POTOSI   1/1636-12/1636

CARGO	OCHO	ENSAYADOS	ORO	DATA
TRIBUTOS REALES DE SACACA		957		
TRIBUTOS REALES DE TINGUIPAYA		640		
TRIBUTOS REALES DE VISISA		1280		
TRIBUTOS REALES DE YAMPARAES		3173		
TRIBUTOS VACOS		47		
1.5% Y QUINTO DE PLATA		889815		
TOTAL		1861188		

TOTAL COMPUTADO   1861188   TOTAL COMPUTADO

P 274   1/1637-12/1637

	OCHO	ENSAYADOS	ORO	DATA
ALCABALAS REALES		32071		
APL A DEFENSORES VEEDORES PROTECT		4074		
ARRENDAMIENTO Y VENTA DE MINAS		8832		
AZOGUES		197874		
AZOGUES DEBIDO DE COBRAR		40537		
BUENOS EFECTOS Y RESIDUOS		2689		
BULAS DE SANTA CRUZADA		19617		
CAJA REAL DE ARICA		660		
CAJA REAL DE BUENOS AIRES		1344		
CAJA REAL DE LIMA		2523		
CAJA REAL DE ORURO		734		
COMPOSICION DE PULPERIAS		2481		
CONDENACIONES DE TRIBUNAL CUENTAS		1408		
CORREDURIA DE LONJA		288		
CUARTA EPISCOPAL VACANTE		12800		
DEPOSITOS		29601		
ESPOLIOS		329		
EXTRAORDINARIO DE REAL HACIENDA		1942		
LIMOSNAS CONVENTO SRA DEL CARMEN		32		
LIMOSNAS SAN GERONIMO DE ESPEJA		60		
MEDIA ANATA		4215		
MESADAS ECLESIASTICAS		1331		
NAIPES		15319		
NOVENOS REALES		14165		
OFICIOS VENDIBLES Y RENUNCIABLES		27338		
PRESTAMOS		95138		
REAL DE SENOREAGE		29934		
REALES LABRADOS DE BARRAS		317124		
SANTOS LUGARES DE JERUSALEM		1152		
SERVICIO GRACIOSO		1751		
TRIBUTOS CONSIGNACIONES DE LANZAS		8529		
TRIBUTOS DE YANACONAS		11560		
TRIBUTOS REALES DE CHAYANTA		4421		
TRIBUTOS REALES DE CHICHAS		1565		
TRIBUTOS REALES DE CHUQUITO		520		
TRIBUTOS REALES DE COCHABAMBA		365		
TRIBUTOS REALES DE MORCMORO		839		
TRIBUTOS REALES DE PUNA		1920		
TRIBUTOS REALES DE SACACA		2102		
TRIBUTOS REALES DE YAMPARAES		120		
1.5% Y QUINTO DE PLATA		735954		
TOTAL		1635258		

P 274

	OCHO	ENSAYADOS	ORO

POTOSI   1/1637-12/1637

CARGO	OCHO	ENSAYADOS	ORO	DATA
TOTAL COMPUTADO		1635258		TOTAL COMPUTADO

1/1638-12/1638

P 278

CARGO	ENSAYADOS
ALCABALAS REALES	25531
APL A DEFENSORES VEEDORES PROTECT	4083
ARRENDAMIENTO Y VENTA DE MINAS	740
AZOGUES	223786
AZOGUES DEBIDO DE COBRAR	37277
BUENOS EFECTOS Y RESIDUOS	913
BULAS DE SANTA CRUZADA	13473
CAJA REAL DE ARICA	169
CAJA REAL DE BUENOS AIRES	1848
CAJA REAL DE ORURO	704
COMPOSICION DE PULPERIAS	1740
CONDENACIONES DE TRIBUNAL CUENTAS	2560
CONDENACIONES DEL REAL CONSEJO	45
CORREDURIA DE LONJA	288
DEPOSITOS	20511
DEPOSITOS DE BULAS DE S CRUZADA	2418
EXTRAORDINARIO DE REAL HACIENDA	2003
LIMOSNAS SAN GERONIMO DE ESPEJA	104
MEDIA ANATA	5839
MESADAS ECLESIASTICAS	2653
NAIPES	12525
NOVENOS REALES	4404
OFICIOS VENDIBLES Y RENUNCIABLES	41306
PRESTAMOS	125120
REAL DE SENOREAGE	32434
REALES LABRADOS DE BARRAS	255404
SANTOS LUGARES DE JERUSALEM	904
SERVICIO GRACIOSO	46066
TRIBUTOS CONSIGNACIONES DE LANZAS	3921
TRIBUTOS DE YANACONAS	11703
TRIBUTOS REALES DE CHAYANTA	113
TRIBUTOS REALES DE CHICHAS	1787
TRIBUTOS REALES DE CHUQUITO	822
TRIBUTOS REALES DE COCHABAMBA	442
TRIBUTOS REALES DE CORCMA	448
TRIBUTOS REALES DE MORCMORO	7
TRIBUTOS REALES DE PANACACHE	182
TRIBUTOS REALES DE POCCNA	38
TRIBUTOS REALES DE PUNA	2176
TRIBUTOS REALES DE YAMPARAES	1049
TRIBUTOS VACOS	1081
VACANTES DE OBISPADOS	160
1.5% Y QUINTO DE PLATA	726195
TOTAL	1614972

TOTAL COMPUTADO   1614972   TOTAL COMPUTADO

1/1639-12/1639

P 282

ALCABALAS REALES   28769

POTOSI   1/1639-12/1639

CARGO	OCHO	ENSAYADOS	ORO	DATA	OCHO	ENSAYADOS	ORO
APL A DEFENSORES VEEDORES PROTECT		3922					
ARRENDAMIENTO Y VENTA DE MINAS		2977					
AZOGUES		230866					
AZOGUES DEBIDO DE COBRAR		49484					
BIENES DE DIFUNTOS		8960					
BIENES DE FRANCESES		51					
BUENOS EFECTOS Y RESIDUOS		840					
BULAS DE SANTA CRUZADA		18434					
CAJA REAL DE ARICA		494					
CAJA REAL DE NUEVA GRANADA		640					
CAJA REAL DE ORURO		640					
COMPOSICION DE PULPERIAS		2367					
CONDENACIONES DE TRIBUNAL CUENTAS		2400					
CONDENACIONES DEL REAL CONSEJO		309					
CORREDURIA DE LONJA		272					
DEPOSITOS		70232					
ESPOLIOS		256					
EXTRAORDINARIO DE REAL HACIENDA		8896					
LIM CANONIZACION DEL REY FERNANDO		588					
MEDIA ANATA		7798					
MESADAS ECLESIASTICAS		414					
NAIPES		13305					
NOVENOS REALES		7141					
OFICIO DE CHANCILLERIA		416					
OFICIOS VENDIBLES Y RENUNCIABLES		36800					
PENAS DE CAMARA		500					
PRESTAMOS		151046					
REAL DE SENOREAGE		33154					
REALES LABRADOS DE BARRAS		223403					
REDENCION DE CAUTIVOS		5149					
SANTOS LUGARES DE JERUSALEM		1923					
SERVICIO GRACIOSO		9089					
TRIBUTOS CONSIGNACIONES DE LANZAS		3754					
TRIBUTOS DE YANACONAS		10842					
TRIBUTOS REALES DE CHAYANTA		113					
TRIBUTOS REALES DE CHICHAS		1701					
TRIBUTOS REALES DE CHUQUITO		897					
TRIBUTOS REALES DE COCHABAMBA		1360					
TRIBUTOS REALES DE MORCMORO		7					
TRIBUTOS REALES DE POCCNA		38					
TRIBUTOS REALES DE PUNA		2026					
TRIBUTOS REALES DE SACACA		182					
TRIBUTOS REALES DE YAMPARAES		120					
TRIBUTOS VACOS		121					
UNION DE ARMAS		1124					
VACANTES DE OBISPADOS		320					
1.5% Y QUINTO DE PLATA		690881					
TOTAL		1635021					

TOTAL COMPUTADO   1635021   TOTAL COMPUTADO

P 289   1/1640-12/1640

| ALCABALAS REALES | | 18617 | | | | | |
| APL A DEFENSORES VEEDORES PROTECT | | 3905 | | | | | |

POTOSI   1/1640-12/1640   P 289

CARGO	OCHO	ENSAYADOS	ORO	DATA	OCHO	ENSAYADOS	ORO
ARRENDAMIENTO Y VENTA DE MINAS		4664					
AZOGUES		221184					
AZOGUES DEBIDO DE COBRAR		39635					
BIENES DE DIFUNTOS		12001					
BUENOS EFECTOS Y RESIDUOS		2067					
BULAS DE SANTA CRUZADA		19071					
CAJA REAL DE ARICA		1915					
CAJA REAL DE BUENOS AIRES		18492					
CAJA REAL DE LIMA		39					
CAJA REAL DE ORURO		511					
CAJA REAL DE PARAGUAY		245					
COMPOSICION DE EXTRANJEROS		384					
COMPOSICION DE PULPERIAS		2316					
CONDENACIONES DEL REAL CONSEJO		88					
CONSEJO REAL DE INDIAS		143					
CORREDURIA DE LONJA		272					
DEPCSITOS		27852					
EXTRAORDINARIO DE REAL HACIENDA		9122					
LIM CANONIZACION DEL REY FERNANDO		349					
MEDIA ANATA		10696					
MESADAS ECLESIASTICAS		2491					
NAIPES		13129					
NOVENOS REALES		2242					
OFICIO DE CHANCILLERIA		320					
OFICIOS VENDIBLES Y RENUNCIABLES		40236					
PAPEL SELLADO		221					
PENAS DE CAMARA		567					
PRESTAMOS		110196					
REAL DE SENOREAGE		37348					
REALES LABRADOS DE BARRAS		183377					
SANTOS LUGARES DE JERUSALEM		397					
SERVICIO GRACIOSO		804					
TRIBUTOS CONSIGNACIONES DE LANZAS		1138					
TRIBUTOS DE YANACONAS		8932					
TRIBUTOS REALES DE ATACAMA		1253					
TRIBUTOS REALES DE CHICHAS		693					
TRIBUTOS REALES DE CHUQUITO		640					
TRIBUTOS REALES DE COCHABAMBA		2416					
TRIBUTOS REALES DE PORCO		2176					
TRIBUTOS REALES DE SACACA		675					
UNION DE ARMAS		15079					
VACANTES DE OBISPADOS		794					
1.5% Y QUINTO DE PLATA		605211					
TOTAL		1423903					

TOTAL COMPUTADO   1423903   TOTAL COMPUTADO

P 290   1/1641-12/1641

ALCABALAS REALES		23847					
APL A DEFENSORES VEEDCRES PROTECT		3288					
ARRENDAMIENTO Y VENTA DE MINAS		1676					
AZOGUES		194753					
AZOGUES DEBIDO DE COBRAR		36626					
BUENOS EFECTOS Y RESIDUOS		1147					

POTOSI   1/1641-12/1641

CARGO	OCHO	ENSAYADOS	ORO	DATA	OCHO	ENSAYADOS	ORO
BULAS DE SANTA CRUZADA		22661					
CAJA REAL DE ARICA		651					
CAJA REAL DE BUENOS AIRES		14056					
CAJA REAL DE LIMA		275					
COMPOSICION DE PULPERIAS		2911					
CONSEJO REAL DE INDIAS		77					
CORREDURIA DE LONJA		272					
DEPOSITOS		34802					
EXTRAORDINARIO DE REAL HACIENDA		82349					
FABRICA DEL FUERTE DEL CALLAO		593					
LIM CANONIZACION DEL REY FERNANDO		32					
MEDIA ANATA		7889					
MESADAS ECLESIASTICAS		660					
NAIPES		15008					
NOVENOS REALES		3135					
OFICIO DE CHANCILLERIA		320					
OFICIOS VENDIBLES Y RENUNCIABLES		34344					
PAPEL SELLADO		6836					
PRESTAMOS		190080					
QUINTOS A DIEZMOS DE PLATA LABR		287					
REAL DE SEÑOREAGE		34871					
REALES LABRADOS DE BARRAS		25940					
REDENCION DE CAUTIVOS		3271					
SANTOS LUGARES DE JERUSALEM		2061					
SELLOS BIENIO CORRIENTE		116					
SERVICIO GRACIOSO		7945					
TRIB RLS DE PRESTO Y TARABUCO		101					
TRIBUTOS CONSIGNACIONES DE LANZAS		9405					
TRIBUTOS DE YANACUNAS		12625					
TRIBUTOS REALES DE CHAYANTA		5355					
TRIBUTOS REALES DE CHICHAS		484					
TRIBUTOS REALES DE COCHABAMBA		2376					
TRIBUTOS REALES DE MORCMORO		7					
TRIBUTOS REALES DE POCCNA		840					
TRIBUTOS REALES DE PUNA		2505					
TRIBUTOS REALES DE SACACA		671					
TRIBUTOS REALES DE YAMPARAES		436					
TRIBUTOS VACOS		2846					
UNION DE ARMAS		20704					
1.5% Y QUINTO DE PLATA		581484					
TOTAL		1392618					

TOTAL COMPUTADO   1392618

TOTAL COMPUTADO

P 294   1/1642-12/1642

	OCHO	ENSAYADOS	ORO
ALCABALAS REALES		33189	
APL A DEFENSORES VEEDORES PROTECT		3141	
ARRENDAMIENTO Y VENTA DE MINAS		3258	
AZOGUES		260618	
AZOGUES DEBIDO DE COBRAR		38571	
BUENOS EFECTOS Y RESIDUOS		2601	
BULAS DE SANTA CRUZADA		10356	
CAJA REAL DE ARICA		2236	
CAJA REAL DE BUENOS AIRES		1869	

POTOSI   1/1642-12/1642

CARGO	OCHO	ENSAYADOS	ORO	DATA
CAJA REAL DE CUZCO		640		
CAJA REAL DE LA PAZ		36		
CAJA REAL DE ORURO		1280		
COMPOSICION DE EXTRANJEROS		1280		
COMPOSICION DE PULPERIAS		2242		
CONDENACIONES DE TRIBUNAL CUENTAS		2400		
CONDENACIONES DEL REAL CONSEJO		365		
CORREDURIA DE LONJA		240		
DEPOSITOS		18182		
EXTRAORDINARIO DE REAL HACIENDA		5705		
FABRICA DEL FUERTE DEL CALLAO		126		
LIM CANONIZACION DEL REY FERNANDO		768		
MEDIA ANATA		8155		
MESADAS ECLESIASTICAS		51		
NAIPES		13425		
NOVENOS REALES		2304		
OFICIO DE CHANCILLERIA		256		
OFICIOS VENDIBLES Y RENUNCIABLES		21421		
PAPEL SELLADO		6104		
PENAS DE CAMARA		32		
PRESTAMOS		238355		
REAL DE SENOREAGE		37169		
REALES LABRADOS DE BARRAS		37305		
REDENCION DE CAUTIVOS		101		
SANTOS LUGARES DE JERUSALEM		896		
SELLOS BIENIO CORRIENTE		116		
SERVICIO GRACIOSO		19544		
TRIBUTOS CONSIGNACIONES DE LANZAS		11810		
TRIBUTOS DE YANACONAS		11825		
TRIBUTOS REALES DE CHAYANTA		5124		
TRIBUTOS REALES DE CHICHAS		1191		
TRIBUTOS REALES DE COCHABAMBA		1531		
TRIBUTOS REALES DE MORCMORO		499		
TRIBUTOS REALES DE POCONA		365		
TRIBUTOS REALES DE PUNA		4478		
TRIBUTOS REALES DE SACACA		806		
TRIBUTOS REALES DE YAMPARAES		3677		
TRIBUTOS VACOS		1438		
UNION DE ARMAS		27262		
VACANTES DE OBISPADOS		1280		
1.5% Y QUINTO DE PLATA		560273		
TOTAL		1405896		

TOTAL COMPUTADO   1405896

TOTAL COMPUTADO

P 295

1/1643-12/1643

	OCHO	ENSAYADOS	ORO
ALCABALAS REALES		32519	
ARRENDAMIENTO Y VENTA DE MINAS		2064	
AZOGUES		263656	
BIENES DE DIFUNTOS		640	
BUENOS EFECTOS Y RESIDUOS		1012	
BULAS DE SANTA CRUZADA		19176	
CAJA REAL DE ARICA		2003	
CAJA REAL DE BUENOS AIRES		190	

POTOSI   1/1643-12/1643

CARGO	OCHO	ENSAYADOS	ORO	DATA
CAJA REAL DE CUZCO		1111		
CAJA REAL DE LIMA		1383		
CAJA REAL DE NUEVA GRANADA		320		
COMPOSICION DE PULPERIAS		1496		
CONDENACIONES		2614		
CORREDURIA CE LONJA		240		
DEPOSITOS		25979		
ENTERADO EN LA CAJA		256		
EXTRAORDINARIO DE REAL HACIENDA		11893		
FABRICA DEL FUERTE DEL CALLAO		320		
INTERESES		2017		
MEDIA ANATA		1463		
MESADAS ECLESIASTICAS		113		
NAIPES		12524		
NOVENOS REALES		2716		
OFICIO DE CHANCILLERIA		288		
OFICIOS VENDIBLES Y RENUNCIABLES		27626		
PAPEL SELLADO		1002		
PRESTAMOS		50823		
REAL DE SENOREAGE		52271		
REALES LABRADOS DE BARRAS		104328		
SANTOS LUGARES DE JERUSALEM		294		
SERVICIO GRACIOSO		10684		
TRIBUTOS DE YANACONAS		11824		
TRIBUTOS REALES DE INDIOS		49133		
UNION DE ARMAS		25704		
VACANTES DE OBISPADOS		2109		
TOTAL		761792		
TOTAL COMPUTADO		761791		

P 296

	OCHO	ENSAYADOS	ORO	TOTAL COMPUTADO
			1/1644-12/1644	
ALCABALAS REALES		29542		
APL A DEFENSORES VEEDCRES PROTECT		3082		
ARRENDAMIENTO Y VENTA DE MINAS		1652		
AZOGUES		210002		
AZOGUES DEBIDO DE COBRAR		24301		
BUENOS EFECTOS Y RESIDUOS		1458		
BULAS DE SANTA CRUZADA		12532		
CABALLERIAS DE ORDENES MILITARES		1323		
CAJA REAL DE CUZCO		10240		
COMPOSICION DE PULPERIAS		1957		
COMPOSICION DE TIERRAS		2645		
CORREDURIA DE LONJA		240		
DEPOSITOS		18963		
EXTRAORDINARIO DE REAL HACIENDA		6289		
FABRICA DEL FUERTE DEL CALLAO		28		
FLETES DE AZOGUES REINTEGROS		1248		
MEDIA ANATA		7237		
MESADAS ECLESIASTICAS		37		
MULTAS		456		
NAIPES		14300		
NOVENOS REALES		4233		
OFICIO DE CHANCILLERIA		256		

POTOSI   1/1644-12/1644

CARGO	OCHO	ENSAYADOS	ORO	DATA
OFICIOS VENDIBLES Y RENUNCIABLES		32494		
PAPEL SELLADO		6161		
PRESTAMOS		145961		
REAL DE SENOREAGE		42884		
REAL DE SENOREAGE		42884		
REAL DEL DUCADO		4125		
REALES LABRADOS DE BARRAS		1281		
REPRESALIA DE LOS PORTUGUESES		13350		
SANTOS LUGARES DE JERUSALEM		1787		
SERVICIO GRACIOSO		5196		
TRIBUTOS CONSIGNACIONES DE LANZAS		9024		
TRIBUTOS DE YANACONAS		14720		
TRIBUTOS REALES DE CHAYANTA		1443		
TRIBUTOS REALES DE CHICHAS		560		
TRIBUTOS REALES DE CHUQUITO		640		
TRIBUTOS REALES DE INDIOS		6450		
TRIBUTOS REALES DE MORCMORO		7		
TRIBUTOS REALES DE POCCNA		38		
TRIBUTOS REALES DE PUNA		5657		
TRIBUTOS REALES DE SACACA		1238		
TRIBUTOS REALES DE YAMPARAES		120		
TRIBUTOS VACOS		2058		
UNION DE ARMAS		25709		
VACANTES DE OBISPADOS		1669		
1.5% Y QUINTO DE PLATA		532742		
TOTAL		1207335		

TOTAL COMPUTADO   1250219

P 302

1/1645-12/1645

ALCABALAS REALES		32490	
APL A DEFENSORES VEEDORES PROTECT		3395	
ARRENDAMIENTO Y VENTA DE MINAS		1152	
AZOGUES		173024	
AZOGUES DEBIDO DE COBRAR		30895	
BUENOS EFECTOS Y RESIDUOS		1710	
BULAS DE SANTA CRUZADA		16141	
COMPOSICION DE PULPERIAS		3487	
COMPOSICION DE TIERRAS		47148	
CONDENACIONES DEL REAL CONSEJO		13	
CORREDURIA CE LONJA		240	
DEPOSITOS		30892	
ESPOLIOS		687	
EXTRAORDINARIO DE REAL HACIENDA		6721	
FABRICA DEL FUERTE DEL CALLAO		48	
FALTA DE AZOGUES		1440	
FLETES DE AZOGUES REINTEGROS		129	
MEDIA ANATA		11835	
MESADAS ECLESIASTICAS		104	
NAIPES		15902	
NOVENOS REALES		9390	
OFICIO DE CHANCILLERIA		320	
OFICIOS VENDIBLES Y RENUNCIABLES		30276	
PAPEL SELLADO		6135	

POTOSI 1/1645-12/1645

CARGO	OCHO	ENSAYADOS	ORO	DATA	OCHO	ENSAYADOS	ORO
PRESTAMOS		116480					
REAL DE SENOREAGE		50150					
REAL DEL DUCADO		5486					
SANTOS LUGARES DE JERUSALEM		822					
SERVICIO GRACIOSO		2445					
TRIBUTOS CONSIGNACIONES DE LANZAS		7375					
TRIBUTOS DE YANACONAS		9029					
TRIBUTOS REALES DE CHAYANTA		1408					
TRIBUTOS REALES DE CHICHAS		2480					
TRIBUTOS REALES DE CHUQUITO		4641					
TRIBUTOS REALES DE COCHABAMBA		1193					
TRIBUTOS REALES DE POCCNA		91					
TRIBUTOS REALES DE PUNA		7634					
TRIBUTOS VACOS		1134					
UNION DE ARMAS		30247					
VACANTES DE OBISPADOS		1343					
1.5% Y QUINTO DE PLATA		561622					
TOTAL		1227154					

TOTAL COMPUTADO   1227154

P 320   1/1646-12/1646

CARGO	ENSAYADOS
ALCABALAS REALES	26518
APL A DEFENSORES VEEDORES PROTECT	3366
ARRENDAMIENTO Y VENTA DE MINAS	1922
AZOGUES	270257
AZOGUES DEBIDO DE COBRAR	24369
BUENOS EFECTOS Y RESIDUOS	686
BULAS DE SANTA CRUZADA	12838
CAJA REAL DE LIMA	569
COMPOSICION DE PULPERIAS	2328
COMPOSICION DE TIERRAS	32334
CORREDURIA DE LONJA	496
DEPOSITOS	8171
DONATIVO	1098
ESCRIBANO DEL REAL CONSEJO	125
EXTRAORDINARIO DE REAL HACIENDA	3351
FABRICA DEL FUERTE DEL CALLAO	384
GASTOS DE JUSTICIA	64
MEDIA ANATA	6556
NAIPES	10102
NOVENOS REALES	3065
OFICIOS VENDIBLES Y RENUNCIABLES	43637
PAPEL SELLADO	7472
PENAS DE CAMARA	256
PRESTAMOS	103605
REAL DE SENOREAGE	47121
SANTOS LUGARES DE JERUSALEM	2176
TRIBS RLS AULLAGAS Y URUQUILLAS	3395
TRIBS RLS DE PRESTO Y TARABUCO	202
TRIBUTOS CONSIGNACIONES DE LANZAS	4929
TRIBUTOS DE YANACONAS	8194
TRIBUTOS REALES DE ATACAMA	1583
TRIBUTOS REALES DE CHAYANTA	3179

POTOSI 1/1646-12/1646

CARGO	OCHO	ENSAYADOS	ORO	DATA	OCHO	ENSAYADOS	ORO
TRIBUTOS REALES DE CHICHAS		417					
TRIBUTOS REALES DE COCHABAMBA		1497					
TRIBUTOS REALES DE COPABILQUE		22					
TRIBUTOS REALES DE MORCMORO		1695					
TRIBUTOS REALES DE POCCNA		240					
TRIBUTOS REALES DE PERCO		1543					
TRIBUTOS REALES DE SACACA		365					
TRIBUTOS RLS CONDES DE ARABATE		21					
TRIBUTOS RLS YOTALA Y QUILAQUILA		197					
TRIBUTOS VACOS		123					
UNICN DE ARMAS		23611					
VACANTES DE OBISPADOS		4140					
1.5% Y QUINTO DE PLATA		520032					
TOTAL		1188251					

TOTAL COMPUTADO 1188251

P 308

POTOSI 1/1647-12/1647 TOTAL COMPUTADO

CARGO	OCHO	ENSAYADOS	ORO	DATA	OCHO	ENSAYADOS	ORO
ALCABALAS REALES		26572					
APL A DEFENSORES VEEDORES PROTECT		3905					
ARRENDAMIENTO Y VENTA DE MINAS		4198					
AZOGUES		272921					
AZOGUES DEBIDO DE COBRAR		3435					
BIENES DE DIFUNTOS		13787					
BUENOS EFECTOS Y RESIDUOS		907					
BULAS DE SANTA CRUZADA		11073					
COMPOSICION DE INDIOS DE TUCUMAN		256					
COMPOSICION DE PULPERIAS		1626					
COMPOSICION Y VENTA DE TIERRAS		20911					
DEPOSITOS		23777					
ESCRIBANO DEL REAL CONSEJO		49					
ESPOLIOS		90					
EXTRAORDINARIO DE REAL HACIENDA		2292					
FABRICA DEL FUERTE DEL CALLAO		2347					
MEDIA ANATA		9624					
MESADAS ECLESIASTICAS		381					
NAIPES		8031					
NOVENOS REALES		5764					
OFICIOS VENDIBLES Y RENUNCIABLES		24899					
PAPEL SELLADO		8315					
PRESTAMOS		118985					
REAL DE SENOREAGE		44764					
REAL DEL DUCADO		242					
REDENCION DE CAUTIVOS		3648					
SANTOS LUGARES DE JERUSALEM		691					
TRIBUTOS CONSIGNACIONES DE LANZAS		10158					
TRIBUTOS DE YANACONAS		11334					
TRIBUTOS REALES DE CHAYANTA		7841					
TRIBUTOS REALES DE CHICHAS		911					
TRIBUTOS REALES DE COCHABAMBA		2153					
TRIBUTOS REALES DE MORCMORO		1680					
TRIBUTOS REALES DE PUNA		3734					
TRIBUTOS REALES DE SACACA		3018					
UNION DE ARMAS		22844					

POTOSI   1/1647-12/1647

CARGO	OCHO	ENSAYADOS	ORO	DATA
VACANTES DE OBISPADOS		4795		
1.5% Y QUINTO DE PLATA		551034		
TOTAL		1232992		
TOTAL COMPUTADO		1232992		TOTAL COMPUTADO

P 310

1/1648-12/1648

	OCHO	ENSAYADOS	ORO	DATA
ALCABALAS REALES		27322		
APL A DEFENSORES VEEDORES PROTECT		4907		
ARRENDAMIENTO Y VENTA DE MINAS		7104		
AZOGUES		286563		
AZOGUES DEBIDO DE COBRAR		10394		
BIENES DE DIFUNTOS		4285		
BUENOS EFECTOS Y RESIDUOS		541		
BULAS DE SANTA CRUZADA		10824		
COMPOSICION DE INDIOS DE TUCUMAN		256		
COMPOSICION DE PULPERIAS		1718		
COMPOSICION Y VENTA DE TIERRAS		15597		
CORREDURIA DE LONJA		256		
DEPOSITOS		64787		
EXTRAORDINARIO DE REAL HACIENDA		1490		
FABRICA DEL FUERTE DEL CALLAO		2248		
INTERESES		314		
LIMOSNAS		2305		
MEDIA ANATA		12748		
MESADAS ECLESIASTICAS		935		
NAIPES		8654		
NOVENOS REALES		3801		
OFICIOS VENDIBLES Y RENUNCIABLES		32116		
PAPEL SELLADO		4619		
REAL DE SENOREAGE		46789		
REDENCION DE CAUTIVOS		2830		
SANTOS LUGARES DE JERUSALEM		5684		
SERVICIO GRACIOSO		512		
TRIBS RLS AULLAGAS Y URUQUILLAS		2561		
TRIBS RLS DE PRESTO Y TARABUCO		202		
TRIBUTOS CONSIGNACIONES DE LANZAS		7262		
TRIBUTOS DE YANACONAS		12153		
TRIBUTOS REALES DE CHAYANTA		226		
TRIBUTOS REALES DE CHICHAS		2542		
TRIBUTOS REALES DE COCHABAMBA		1254		
TRIBUTOS REALES DE MISQUE		40		
TRIBUTOS REALES DE MORCMORO		15		
TRIBUTOS REALES DE POCCNA		77		
TRIBUTOS REALES DE PUNA		8834		
TRIBUTOS REALES DE PUNA		1878		
TRIBUTOS REALES DE SACACA		365		
TRIBUTOS REALES DE TARIJA		575		
TRIBUTOS REALES DE YAMPARAES		240		
UNION DE ARMAS		27145		
VACANTES DE OBISPADOS		507		
1.5% Y QUINTO DE PLATA		694659		
TOTAL		1320138		

POTOSI   1/1648-12/1648

CARGO	OCHO	ENSAYADOS	ORO	DATA
TOTAL COMPUTADO		1320138		TOTAL COMPUTADO

P 314

1/1649-12/1649

CARGO	ENSAYADOS
ALCABALAS REALES	24237
APL A DEFENSORES VEEDORES PROTECT	4678
ARRENDAMIENTO Y VENTA DE MINAS	3085
AZOGUES	445702
AZOGUES DEBIDO DE COBRAR	14135
BUENOS EFECTOS Y RESIDUOS	1850
BULAS DE SANTA CRUZADA	7828
COMPOSICION DE INDIOS DE TUCUMAN	256
COMPOSICION DE PULPERIAS	1498
COMPOSICION DE TIERRAS	10763
CORREDURIA DE LONJA	256
DEPOSITOS	288089
ESPOLIOS	5824
EXTRAORDINARIO DE REAL HACIENDA	18123
FABRICA DEL FUERTE DEL CALLAO	1920
MEDIA ANATA	5831
MESADAS ECLESIASTICAS	330
NAIPES	10058
NOVENOS REALES	1871
OFICIOS VENDIBLES Y RENUNCIABLES	26149
PAPEL SELLADO	11231
PRESTAMOS	306794
REAL DE SENOREAGE	51945
REDENCION DE CAUTIVOS	2751
SANTOS LUGARES DE JERUSALEM	589
SERVICIO GRACIOSO	32125
TRIBS RLS AULLAGAS Y URUQUILLAS	1697
TRIBS RLS DE PRESTO Y TARABUCO	101
TRIBUTOS CONSIGNACIONES DE LANZAS	11875
TRIBUTOS DE YANACONAS	10857
TRIBUTOS REALES DE ATACAMA	1238
TRIBUTOS REALES DE CHAYANTA	8966
TRIBUTOS REALES DE COCHABAMBA	3088
TRIBUTOS REALES DE COPABILQUE	11
TRIBUTOS REALES DE MORCMORO	429
TRIBUTOS REALES DE PUNA	42
TRIBUTOS REALES DE SACACA	1312
TRIBUTOS REALES DE TOTCRA	123
TRIBUTOS RLS CONDES DE ARABATE	203
TRIBUTOS RLS YOTALA Y QUILAQUILA	1788
UNION DE ARMAS	23029
1.5% Y QUINTO DE PLATA	661200
TOTAL	2003877

| TOTAL COMPUTADO | 2003877 |

P 325

1/1650-12/1650

CARGO	ENSAYADOS
ALCABALAS REALES	39765
APL A DEFENSORES VEEDORES PROTECT	3957

POTOSI   1/1650-12/1650

CARGO	OCHO	ENSAYADOS	ORO	DATA	OCHO	ENSAYADOS	ORO
ARRENDAMIENTO Y VENTA DE MINAS		317					
AZOGUES		160443					
AZOGUES ATRASADOS		742					
BUENOS EFECTOS Y RESIDUOS		1212					
BULAS DE SANTA CRUZADA		11580					
CAJA REAL DE LIMA		1280					
CENSOS		668					
COMPOSICION DE PULPERIAS		1637					
COMPOSICION Y VENTA DE TIERRAS		7081					
CONDENACIONES		640					
CONDENACIONES DEL REAL CONSEJO		77					
CORREDURIA DE LONJA		256					
CUARTA EPISCOPAL VACANTE		35					
DEPOSITOS		68332					
DONATIVO		6502					
EXTRAORDINARIO DE REAL HACIENDA		35551					
LIMOSNAS		734					
MEDIA ANATA		7321					
MESADAS ECLESIASTICAS		606					
MULTAS		64					
NAIPES		16740					
NOVENOS REALES		7180					
OFICIOS VENDIBLES Y RENUNCIABLES		30095					
PAPEL SELLADO		10565					
PRESTAMOS		32000					
REAL DE SENOREAGE		40717					
REAL DEL DUCADO		533					
TRIBS RLS DE PRESTO Y TARABUCO		100					
TRIBUTOS CONSIGNACIONES DE LANZAS		14201					
TRIBUTOS DE YANACONAS		4850					
TRIBUTOS REALES DE CHAYANTA		9429					
TRIBUTOS REALES DE CHUQUITO		1125					
TRIBUTOS REALES DE COPABILQUE		11					
TRIBUTOS REALES DE MISQUE		20					
TRIBUTOS REALES DE MORCMORO		632					
TRIBUTOS REALES DE POCCNA		38					
TRIBUTOS REALES DE PUNA		42					
TRIBUTOS REALES DE SACACA		3430					
TRIBUTOS RLS CONDES DE ARABATE		111					
TRIBUTOS RLS YOTALA Y QUILAQUILA		432					
UNION DE ARMAS		32062					
VACANTES DE OBISPADOS		1920					
1.5% Y QUINTO DE PLATA		567490					
TOTAL		1122523					

TOTAL COMPUTADO   1122523   TOTAL COMPUTADO

P 328   1/1651-12/1651

CARGO	ENSAYADOS
ALCABALAS REALES	17004
APL A DEFENSORES VEEDORES PROTECT	3342
ARRENDAMIENTO Y VENTA DE MINAS	2144
AZOGUES	146813
AZOGUES ATRASADOS	1264
BUENOS EFECTOS Y RESIDUOS	996

POTOSI   1/1651-12/1651

CARGO	OCHO	ENSAYADOS	ORO	DATA	OCHO	ENSAYADOS	ORO
BULAS DE SANTA CRUZADA		37334					
COMPOSICION DE PULPERIAS		716					
COMPOSICION Y VENTA DE TIERRAS		3413					
DEPOSITOS		35713					
EXTRAORDINARIO DE REAL HACIENDA		33020					
FABRICA DEL FUERTE DEL CALLAO		1324					
MEDIA ANATA		5037					
MESADAS ECLESIASTICAS		263					
NAIPES		7264					
NOVENOS REALES		576					
OFICIOS VENDIBLES Y RENUNCIABLES		16876					
PAPEL SELLADO		3807					
REAL DE SENOREAGE		32817					
REDENCION DE CAUTIVOS		2561					
SANTOS LUGARES DE JERUSALEM		1920					
SERVICIO GRACIOSO		1419					
TRIBS RLS AULLAGAS Y URUQUILLAS		292					
TRIBS RLS DE PRESTO Y TARABUCO		101					
TRIBS RLS DE SAN PEDRO DE B VISTA		32					
TRIBS RLS SANTIAGO DE MOSCARI		21					
TRIBUTOS CONSIGNACIONES DE LANZAS		362					
TRIBUTOS DE YANACONAS		16130					
TRIBUTOS REALES DE CHAYANTA		3261					
TRIBUTOS REALES DE CHICHAS		46					
TRIBUTOS REALES DE CHUQUITO		5926					
TRIBUTOS REALES DE COCHABAMBA		693					
TRIBUTOS REALES DE MISQUE		188					
TRIBUTOS REALES DE MORCMORO		7					
TRIBUTOS REALES DE POCONA		130					
TRIBUTOS REALES DE PUNA		42					
TRIBUTOS REALES DE SACACA		182					
TRIBUTOS REALES DE YAMPARAES		2180					
UNIUN DE ARMAS		14217					
1.5% Y QUINTO DE PLATA		476243					
TOTAL		875676					

TOTAL COMPUTADO   875676   TOTAL COMPUTADO

1/1652-12/1652

	OCHO	ENSAYADOS	ORO	DATA	OCHO	ENSAYADOS	ORO
ALCABALAS Y UNION DE ARMAS		55526					
APL A DEFENSORES VEEDORES PROTECT		2272					
ARRENDAMIENTO Y VENTA DE MINAS		557					
AZOGUES		347709					
BUENOS EFECTOS Y RESIDUOS		1853					
BULAS DE SANTA CRUZADA		28641					
COMPOSICION DE PULPERIAS		4631					
COMPOSICION Y VENTA DE TIERRAS		7034					
CONDENACIONES DE LA VISITA		32000					
CORREDURIA DE LONJA		256					
DEPOSITOS		18925					
EXTRAORDINARIO DE REAL HACIENDA		26913					
LIMOSNAS		2088					
MEDIA ANATA		8073					
MESADAS ECLESIASTICAS		986					

POTOSI   1/1652-12/1652

CARGO	OCHO	ENSAYADOS	ORO	DATA	ORO	ENSAYADOS	OCHO
NAIPES		8064					
NOVENOS REALES		37714					
OFICIOS VENDIBLES Y RENUNCIABLES		23877					
PAPEL SELLADO		9392					
REAL DE SENOREAGE		18870					
SANTOS LUGARES DE JERUSALEM		1555					
SERVICIO GRACIOSO		1759					
TRIBS RLS AULLAGAS Y URUQUILLAS		1185					
TRIBS RLS DE SAN PEDRO DE B VISTA		418					
TRIBS RLS SANTIAGO DE MOSCARI		217					
TRIBUTOS CONSIGNACIONES DE LANZAS		41377					
TRIBUTOS DE YANACUNAS		19795					
TRIBUTOS REALES DE CHAYANTA		4782					
TRIBUTOS REALES DE CHICHAS		768					
TRIBUTOS REALES DE CHUQUITO		1108					
TRIBUTOS REALES DE COCHABAMBA		4500					
TRIBUTOS REALES DE MISQUE		20					
TRIBUTOS REALES DE MORCMORO		272					
TRIBUTOS REALES DE POCCNA		38					
TRIBUTOS REALES DE PUNA		20725					
TRIBUTOS REALES DE SACACA		3400					
TRIBUTOS REALES DE YAMPARAES		984					
VACANTES DE OBISPADOS		26341					
1.5% Y QUINTO DE PLATA		495520					
TOTAL		1260145					

TOTAL COMPUTADO   1260145

TOTAL COMPUTADO

P 341   1/1653-12/1653

CARGO	OCHO	ENSAYADOS	ORO
ALCABALAS Y UNION DE ARMAS		42630	
APL A DEFENSORES VEEDORES PROTECT		443	
ARRENDAMIENTO Y VENTA CE MINAS		1396	
AZOGUES		296049	
BIENES DE FRANCESES		1418	
BUENOS EFECTOS Y RESIDUOS		763	
BULAS DE SANTA CRUZADA		21880	
CASA DE CONTRATACION		955	
COMPOSICION DE PULPERIAS		3122	
COMPOSICION Y VENTA DE TIERRAS		1696	
CONDENACIONES DEL REAL CONSEJO		1800	
CORREDURIA DE LONJA		43	
DEPOSITOS		21476	
EXTRAORDINARIO DE REAL HACIENDA		12176	
LIMOSNAS		1920	
MEDIA ANATA		4727	
MESADAS ECLESIASTICAS		1406	
NAIPES		3258	
NOVENOS REALES		15041	
OFICIOS VENDIBLES Y RENUNCIABLES		28661	
PAPEL SELLADO		5582	
PRESTAMOS		62856	
REAL DE SENOREAGE		28130	
SERVICIO GRACIOSO		1927	
SOBRAS		876	

POTOSI   1/1653-12/1653

CARGO	OCHO	ENSAYADOS	ORO	DATA
TRIBS RLS AULLAGAS Y URUQUILLAS		849		
TRIBS RLS DE PRESTO Y TARABUCO		50		
TRIBS RLS DE SAN PEDRO DE B VISTA		125		
TRIBS RLS SANTIAGO DE MOSCARI		71		
TRIBUTOS CONSIGNACIONES DE LANZAS		5538		
TRIBUTOS DE YANACONAS		8089		
TRIBUTOS REALES DE CHAYANTA		3095		
TRIBUTOS REALES DE CHICHAS		1155		
TRIBUTOS REALES DE CHUQUITO		1002		
TRIBUTOS REALES DE COCHABAMBA		1530		
TRIBUTOS REALES DE MISQUE		10		
TRIBUTOS REALES DE MOROMORO		148		
TRIBUTOS REALES DE POCONA		19		
TRIBUTOS REALES DE PUNA		4655		
TRIBUTOS REALES DE SACACA		847		
TRIBUTOS REALES DE YAMPARAES		60		
TRIBUTOS VACOS		873		
1.5% Y QUINTO DE PLATA		471373		
TOTAL		1059720		

TOTAL COMPUTADO   1059720   TOTAL COMPUTADO

P 349

1/1654-12/1654

ALCABALAS Y UNION DE ARMAS	42120
ARRENDAMIENTO Y VENTA DE MINAS	384
AZOGUES	295454
BUENOS EFECTOS Y RESIDUOS	829
BULAS DE SANTA CRUZADA	17810
COMPOSICION DE INDIOS DE TUCUMAN	781
COMPOSICION DE PULPERIAS	2937
COMPOSICION Y VENTA DE TIERRAS	1800
CONDENACIONES DE LA VISITA	20074
CONDENACIONES DEL REAL CONSEJO	1786
CORREDURIA DE LONJA	43
DEPCSITOS	32992
EXTRAORDINARIO DE REAL HACIENDA	10520
IMPOSICION DE BARRAS	475
INTERESES DE BARRAS	80
MEDIA ANATA	8670
MESADAS ECLESIASTICAS	2998
NAIPES	360
NOVENOS REALES	6365
OFICIOS VENDIBLES Y RENUNCIABLES	34585
PAPEL SELLADO	7192
PRESTAMOS	2560
REAL DE SENOREAGE	30605
SANTOS LUGARES DE JERUSALEM	3393
SERVICIO GRACIOSO	602
TRIBS RLS AULLAGAS Y URUQUILLAS	1697
TRIBS RLS DE PRESTO Y TARABUCO	101
TRIBS RLS DE SAN PEDRO DE B VISTA	224
TRIBS RLS SANTIAGO DE MOSCARI	21
TRIBUTOS CONSIGNACIONES DE LANZAS	9834
TRIBUTOS DE YANACONAS	9774

POTOSI   1/1654-12/1654

CARGO	OCHO	ENSAYADOS	ORO	DATA	OCHO	ENSAYADOS	ORO
TRIBUTOS REALES DE CHAYANTA		3581					
TRIBUTOS REALES DE CHUQUITO		762					
TRIBUTOS REALES DE MISQUE		20					
TRIBUTOS REALES DE MORCMORO		195					
TRIBUTOS REALES DE POCCNA		38					
TRIBUTOS REALES DE PUNA		6917					
TRIBUTOS REALES DE SACACA		3062					
TRIBUTOS REALES DE YAMPARAES		120					
1.5% Y QUINTO DE PLATA		516397					
TOTAL		1078162					

TOTAL COMPUTADO   1078162   TOTAL COMPUTADO

P 353   1/1655-12/1655

CARGO	OCHO	ENSAYADOS	ORO	DATA
ALCABALAS Y UNION DE ARMAS		42670		
ARRENDAMIENTO Y VENTA DE MINAS		14676		
AZOGUES		260979		
BUENOS EFECTOS Y RESIDUOS		320		
BULAS DE SANTA CRUZADA		17526		
CAJA REAL DE BUENOS AIRES		6400		
COMPOSICION DE PULPERIAS		1525		
COMPOSICION Y VENTA DE TIERRAS		3843		
CONDENACIONES DE LA VISITA		24320		
CONDENACIONES DEL REAL CONSEJO		237		
CORREDURIA DE LONJA		137		
DEPOSITOS		3200		
EXTRAORDINARIO DE REAL HACIENDA		6682		
IMPOSICION DE BARRAS		366		
INTERESES DE BARRAS		48		
MEDIA ANATA		6058		
MERCEDES		4096		
MESADAS ECLESIASTICAS		928		
NAIPES		4619		
NOVENOS REALES		5877		
OFICIOS VENDIBLES Y RENUNCIABLES		27283		
PAPEL SELLADO		7078		
PRESTAMOS		85905		
REAL DE SEÑOREAGE		25367		
SERVICIO GRACIOSO		1290		
TRIBS RLS AULLAGAS Y URUQUILLAS		2546		
TRIBS RLS DE PRESTO Y TARABUCO		297		
TRIBS RLS DE SAN PEDRO DE B VISTA		369		
TRIBS RLS SANTIAGO DE MOSCARI		31		
TRIBUTOS CONSIGNACIONES DE LANZAS		9224		
TRIBUTOS DE YANACONAS		10528		
TRIBUTOS REALES DE CHAYANTA		2267		
TRIBUTOS REALES DE CHICHAS		512		
TRIBUTOS REALES DE CHUQUITO		568		
TRIBUTOS REALES DE COCHABAMBA		607		
TRIBUTOS REALES DE MISQUE		94		
TRIBUTOS REALES DE MORCMORO		331		
TRIBUTOS REALES DE POCCNA		49		
TRIBUTOS REALES DE PUNA		4735		
TRIBUTOS REALES DE SACACA		1553		

POTOSI   1/1655-12/1655

CARGO	OCHO	ENSAYADOS	ORO	DATA

TRIBUTOS REALES DE YAMPARAES   820
TRIBUTOS VACOS   370
VACANTES DE OBISPADOS   751
1.5% Y QUINTO DE PLATA   467727
TOTAL   1054809

TOTAL COMPUTADO   1054809   TOTAL COMPUTADO

P 361   1/1656-12/1656

ALCABALAS Y UNION DE ARMAS   40349
ARRENDAMIENTO Y VENTA DE MINAS   2131
AZOGUES   217452
BENEFICIOS DE OFICIOS   18350
BUENOS EFECTOS Y RESIDUOS   2116
BULAS DE SANTA CRUZADA   12954
CENSOS   14784
COMPOSICION DE PULPERIAS   2477
COMPOSICION Y VENTA DE TIERRAS   262
CONDENACIONES DE LA VISITA   50726
CONSEJO REAL DE INDIAS   576
CORREDURIA DE LONJA   1498
DEPOSITOS   115
ENTERADO EN LA CAJA   7909
EXTRAORDINARIO DE REAL HACIENDA   128
FABRICA DEL REAL PALACIO   5724
IMPOSICION DE BARRAS   53
MEDIA ANATA   291
MESADAS ECLESIASTICAS   4064
NAIPES   174
NOVENOS REALES   6817
OFICIOS VENDIBLES Y RENUNCIABLES   8349
PAPEL SELLADO   24107
PENAS DE CAMARA   6291
PRESTAMOS   32
REAL DE SENOREAGE   36219
REALES LABRADOS DE BARRAS   34878
SANTOS LUGARES DE JERUSALEM   132623
SERVICIO GRACIOSO   224
TRIBS RLS AULLAGAS Y URUQUILLAS   18503
TRIBS RLS DE PRESTO Y TARABUCO   1697
TRIBS RLS DE SAN PEDRO DE 3 VISTA   101
TRIBS RLS SANTIAGO DE MOSCARI   32
TRIBUTOS CONSIGNACIONES DE LANZAS   21
TRIBUTOS DE YANACONAS   9357
TRIBUTOS REALES DE AYQUILE   8020
TRIBUTOS REALES DE CHAYANTA   71
TRIBUTOS REALES DE CHICHAS   1981
TRIBUTOS REALES DE CHUQUITO   3435
TRIBUTOS REALES DE MISQUE   1160
TRIBUTOS REALES DE MORCMORO   20
TRIBUTOS REALES DE POCCNA   7
TRIBUTOS REALES DE PUNA   38
TRIBUTOS REALES DE SACACA   13992
                                             182

POTOSI   1/1656-12/1656

CARGO	OCHO	ENSAYADOS	ORO	DATA
TRIBUTOS REALES DE TOTORA		3	—	—
TRIBUTOS REALES DE YAMPARAES		440	—	—
1.5% Y QUINTO DE PLATA		497203	—	—
TOTAL		1187940	—	—
TOTAL COMPUTADO		1187940	—	TOTAL COMPUTADO

P 369

1/1657-12/1657

CARGO	ENSAYADOS	ORO
ALCABALAS Y UNION DE ARMAS	48020	—
ARRENDAMIENTO Y VENTA DE MINAS	2048	—
AZOGUES	212192	—
BENEFICIOS DE OFICIOS	29875	—
BUENOS EFECTOS Y RESIDUOS	982	—
BULAS DE SANTA CRUZADA	14073	—
COMPOSICION DE PULPERIAS	3576	—
COMPOSICION Y VENTA DE TIERRAS	154	—
CONDENACIONES DE LA VISITA	14651	—
CONDENACIONES DEL REAL CONSEJO	64	—
CORREDURIA DE LONJA	131	—
CUARTA EPISCOPAL VACANTE	4287	—
DEPCSITOS	1520	—
ESPOLIOS	782	—
EXTRAORDINARIO DE REAL HACIENDA	4210	—
IMPOSICION DE BARRAS	292	—
INTERESES	466	—
LIMOSNAS	1537	—
LIMOSNAS SAN GINES DE MADRID	148	—
MEDIA ANATA	6341	—
MESADAS ECLESIASTICAS	336	—
MULTAS	2560	—
NAIPES	11367	—
NOVENOS REALES	10541	—
OFICIOS VENDIBLES Y RENUNCIABLES	16307	—
PAPEL SELLADO	12089	—
PLATA PRESTADA	10880	—
PRESTAMOS	17408	—
REAL DE SENOREAGE	34136	—
REALES LABRADOS DE BARRAS	112366	—
SANTOS LUGARES DE JERUSALEM	56	—
SERVICIO GRACIOSO	1578	—
TRIBS RLS DE PRESTO Y TARABUCO	146	—
TRIBS RLS DE SAN PEDRO DE B VISTA	193	—
TRIBS RLS SANTIAGO DE MOSCARI	147	—
TRIBUTOS CONSIGNACIONES DE LANZAS	8104	—
TRIBUTOS DE YANACONAS	11213	—
TRIBUTOS REALES DE AYQUILE	68	—
TRIBUTOS REALES DE CHAYANTA	3520	—
TRIBUTOS REALES DE CHICHAS	320	—
TRIBUTOS REALES DE CHUQUITO	659	—
TRIBUTOS REALES DE COCHABAMBA	3254	—
TRIBUTOS REALES DE MISQUE	264	—
TRIBUTOS REALES DE MORCMORO	320	—
TRIBUTOS REALES DE POCCNA	211	—
TRIBUTOS REALES DE PUNA	6139	—

POTOSI   1/1657-12/1657   P 369

CARGO   OCHO   ENSAYADOS   OCHO   ENSAYADOS

TRIBUTOS REALES DE SACACA   960
TRIBUTOS REALES DE TOTORA   4
TRIBUTOS REALES DE YAMPARAES   1462
TRIBUTOS VACOS   380
1.5% Y QUINTO DE PLATA   576011
TOTAL   1188348

TOTAL COMPUTADO   1188348   TOTAL COMPUTADO

P 374   1/1658-12/1658

ALCABALAS Y UNION DE ARMAS   43136
ARRENDAMIENTO Y VENTA DE MINAS   1920
AZOGUES   203037
BENEFICIOS DE OFICIOS   12807
BUENOS EFECTOS Y RESIDUOS   1222
BULAS DE SANTA CRUZADA   7417
CAJA REAL DE BUENOS AIRES   9600
CENSOS   7616
COMPOSICION DE PULPERIAS   1434
COMPOSICION Y VENTA DE TIERRAS   736
CONDENACIONES DE LA VISITA   13803
CORREDURIA DE LONJA   37
DEPOSITOS   3520
ESPOLIOS   806
EXTRAORDINARIO DE REAL HACIENDA   6013
IMPOSICION DE BARRAS   200
MEDIA ANATA   5566
MESADAS ECLESIASTICAS   391
NAIPES   7961
NOVENOS REALES   9089
OFICIOS VENDIBLES Y RENUNCIABLES   24066
PAPEL SELLADO   7325
PRESTAMOS   8705
REAL DE SENOREAGE   37799
REALES LABRADOS DE BARRAS   156060
SERVICIO GRACIOSO   3406
SISA   32
TRIBS RLS AULLAGAS Y URUQUILLAS   1697
TRIBS RLS DE PRESTO Y TARABUCO   129
TRIBS RLS DE SAN PEDRO DE B VISTA   32
TRIBS RLS SANTIAGO DE MOSCARI   21
TRIBUTOS CONSIGNACIONES DE LANZAS   7281
TRIBUTOS DE YANACONAS   13047
TRIBUTOS REALES DE AYQUILE   94
TRIBUTOS REALES DE CHAYANTA   6115
TRIBUTOS REALES DE CHICHAS   378
TRIBUTOS REALES DE COCHABAMBA   1914
TRIBUTOS REALES DE MISQUE   20
TRIBUTOS REALES DE MORCMORO   7
TRIBUTOS REALES DE POCONA   38
TRIBUTOS REALES DE PUNA   3247
TRIBUTOS REALES DE SACACA   1789
TRIBUTOS REALES DE YAMPARAES   824
TRIBUTOS VACOS   570

CARGO	OCHO ENSAYADOS	ORO	DATA

VACANTES DE OBISPADOS
1.5% Y QUINTO DE PLATA
TOTAL

	OCHO ENSAYADOS	ORO	DATA
	7864		
	542850		
	1161621		

TOTAL COMPUTADO   1161621

P 376

CARGO	OCHO ENSAYADOS
ALCABALAS Y UNION DE ARMAS	35277
ARRENDAMIENTO Y VENTA DE MINAS	1248
AZOGUES	214218
BENEFICIOS DE OFICIOS	26826
BUENOS EFECTOS Y RESIDUOS	360
BULAS DE SANTA CRUZADA	9112
CASA DE CONTRATACION	338
CENSOS	5120
COMPOSICION DE PULPERIAS	1941
CONDENACIONES DE LA VISITA	2976
CONDENACIONES DEL REAL CONSEJO	654
CORREDURIA DE LONJA	112
DEPOSITOS	1992
EXTRAORDINARIO DE REAL HACIENDA	2554
IMPOSICION DE BARRAS	242
INTERESES DE BARRAS	151
MEDIA ANATA	9448
NAIPES	8516
NOVENOS REALES	11219
OFICIOS VENDIBLES Y RENUNCIABLES	33446
PAPEL SELLADO	6592
PLEITOS CONTRA LOS CULPADOS	640
REAL DE SENOREAGE	38757
SERVICIO GRACIOSO	14076
SISA	32
TRIRS RLS DE SAN PEDRO DE B VISTA	384
TRIBUTOS CONSIGNACIONES DE LANZAS	20116
TRIBUTOS DE YANACONAS	14869
TRIBUTOS REALES DE ATACAMA	588
TRIBUTOS REALES DE CHAYANTA	2656
TRIBUTOS REALES DE CHICHAS	1606
TRIBUTOS REALES DE CHUQUITO	544
TRIBUTOS REALES DE COCHABAMBA	154
TRIBUTOS REALES DE MORCMORO	384
TRIBUTOS REALES DE PUNA	4032
TRIBUTOS REALES DE SACACA	4540
TRIBUTOS REALES DE YAMPARAES	768
VACANTES DE OBISPADOS	12442
1.5% Y QUINTO DE PLATA	494445
TOTAL	983375

TOTAL COMPUTADO   983375

S1816   33193
ALCABALAS REALES

1/1659-12/1659   DATA   OCHO   ENSAYADOS   ORO

TOTAL COMPUTADO

1/1660-12/1660

TOTAL COMPUTADO   I

ALCABALAS REALES

POTOSI 1/1660-12/1660

CARGO

	OCHO	ENSAYADOS	ORO
ARRENDAMIENTO Y VENTA DE MINAS		256	
AZOGUES		198043	
BUENOS EFECTOS Y RESIDUOS		1354	
BULAS DE SANTA CRUZADA		10822	
COLEGIO DE SAN FELIPE DE LIMA		379	
COMPOSICION DE PULPERIAS		2425	
COMPOSICION DE TIERRAS		128	
CONDENACIONES DE LA VISITA		1352	
CONDENACIONES DEL REAL CONSEJO		130	
CORREDURIA DE LONJA		128	
DEPOSITOS		1131	
EXTRAORDINARIO DE REAL HACIENDA		4974	
FIADOR DEL ESCRIBANO		128	
IMPOSICION DE BARRAS		105	
INDULTOS		27188	
INTERESES DE BARRAS		38	
MEDIA ANATA		7084	
MESADAS ECLESIASTICAS		1585	
NAIPES		6488	
NOVENOS REALES		7299	
OFICIO DEL FACTOR		1530	
OFICIOS VENDIBLES Y RENUNCIABLES		15167	
PAPEL SELLADO		4944	
PRESTAMOS		90551	
REAL DE SENOREAGE		34492	
REALES LABRADOS DE BARRAS		179535	
SERVICIO GRACIOSO		2210	
SISA		32	
TRIBS RLS DE SAN PEDRO DE B VISTA		492	
TRIBUTOS CONSIGNACIONES DE LANZAS		9221	
TRIBUTOS DE YANACONAS		10418	
TRIBUTOS REALES DE AYQUILE		121	
TRIBUTOS REALES DE CHAYANTA		2816	
TRIBUTOS REALES DE CHICHAS		640	
TRIBUTOS REALES DE CHUQUITO		320	
TRIBUTOS REALES DE COCHABAMBA		1613	
TRIBUTOS REALES DE MORCMORO		253	
TRIBUTOS REALES DE PUNA		8035	
TRIBUTOS REALES DE SACACA		2240	
TRIBUTOS REALES DE TCMINA		42	
TRIBUTOS REALES DE TOTORA		29	
TRIBUTOS VACOS		27	
VACANTES DE OBISPADOS		15383	
1.5% Y QUINTO DE PLATA		403620	
TOTAL		1087941	

TOTAL COMPUTADO 1087942

DATA

	OCHO	ENSAYADOS	ORO
AZOGUES		25223	
BUENOS EFECTOS Y RESIDUOS		554	
BULAS DE SANTA CRUZADA		10990	
COLEGIO DE SAN FELIPE DE LIMA		374	
COMPOSICION DE PULPERIAS		29	
COMPOSICION DE TIERRAS		11	
CONDENACIONES DEL REAL CONSEJO		130	
DEPOSITOS		1261	
ESTIPENDIOS ESPIRITUALES		3632	
EXTRAORDINARIO DE REAL HACIENDA		2184	
FABRICA DEL REAL PALACIO		32	
FIADOR DEL ESCRIBANO		95	
IMPOSICION DE BARRAS		50	
INDULTOS		3077.	
MEDIA ANATA		7108	
NAIPES		59	
NOVENOS REALES		27188	
OFICIO DEL FACTOR		1530	
OFICIOS VENDIBLES Y RENUNCIABLES		619	
PAPEL SELLADO		462	
PRESTAMOS		90551	
REMITIDO A LIMA		633726	
SUELDOS		215952	
SUELDOS DE LA VISITA		1991	
TRIBS RLS AULLAGAS Y URUQUILLAS		2816	
TRIBS RLS DE PRESTO Y TARABUCO		202	
TRIBUTOS CONSIGNACIONES DE LANZAS		1333	
TRIBUTOS DE YANACONAS		10418	
TRIBUTOS REALES DE CHAYANTA		3337	
TRIBUTOS REALES DE CHICHAS		36	
TRIBUTOS REALES DE CHUQUITC		1996	
TRIBUTOS REALES DE COCHABAMBA		14	
TRIBUTOS REALES DE MORCMCRO		11	
TRIBUTOS REALES DE PUNA		2999	
TRIBUTOS REALES DE SACACA		5898	
VACANTES DE OBISPADOS		30618	
VISITA DE LA REAL HACIENDA		1352	
TOTAL		1088148	

TOTAL COMPUTADO 1088149

1/1661-12/1661

S1816

	OCHO	ENSAYADOS	ORO
ALCABALAS REALES		38380	
ARRENDAMIENTO Y VENTA DE MINAS		1146	
AZOGUES		179227	
BUENOS EFECTOS Y RESIDUOS		901	
BULAS DE SANTA CRUZADA		8681	

S1816

	OCHO	ENSAYADOS	ORO
ALCABALAS REALES		1117	
AZOGUES		27612	
BUENOS EFECTOS Y RESIDUOS		500	
BULAS DE SANTA CRUZADA		8758	
COLEGIO DE SAN FELIPE DE LIMA		150	

CARGO

	OCHO ENSAYADOS	ORO
COLEGIO DE SAN FELIPE DE LIMA	152	—
COMPOSICION DE PULPERIAS	3313	—
COMPOSICION DE TIERRAS	294	—
CONDENACIONES DEL REAL CONSEJO	169	—
CORREDURIA DE LONJA	117	—
DEPCSITOS	926	—
DONATIVO	5955	—
EFECTOS DE LA VISITA RL HAC	224	—
ENTERADO EN LA CAJA	2894	—
EXTRAORDINARIO DE REAL HACIENDA	1572	—
FIADOR DEL ESCRIBANO	1532	—
IMPOSICION DE BARRAS	233	—
INDULTOS	28	—
MEDIA ANATA	3149	—
NOVENOS REALES	14438	—
NAIPES	5826	—
OFICIOS VENDIBLES Y RENUNCIABLES	8303	—
PAPEL SELLADO	20749	—
REAL DE SENOREAGE	5902	—
TRIBS RLS DE SAN PEDRO DE B VISTA	34297	—
TRIBUTOS CONSIGNACIONES DE LANZAS	320	—
TRIBUTOS DE YANACONAS	12211	—
TRIBUTOS REALES DE CHAYANTA	14492	—
TRIBUTOS REALES DE CHICHAS	5120	—
TRIBUTOS REALES DE CHUQUITO	1280	—
TRIBUTOS REALES DE COCHABAMBA	165	—
TRIBUTOS REALES DE PUNA	2364	—
TRIBUTOS REALES DE SACACA	6010	—
TRIBUTOS REALES DE YAMPARAES	640	—
VACANTES DE OBISPADOS	800	—
1.5% Y QUINTO DE PLATA	6836	—
TOTAL	385392	—
TOTAL	771145	—
TOTAL COMPUTADO	771148	—

DATA

	S1816 321 OCHO ENSAYADOS	ORO
COMPOSICION DE PULPERIAS	326	—
CONDENACIONES	1548	—
CONDENACIONES DE LA VISITA	224	—
CONDENACIONES DEL REAL CONSEJO	169	—
DEPCSITOS	6	—
DONATIVO	1	—
ESPOLIOS	156	—
EXTRAORDINARIO DE REAL HACIENDA	2894	—
FIADOR DEL ESCRIBANO	230	—
IMPOSICION DE BARRAS	100	—
INDULTOS	3149	—
LIMOSNAS	4355	—
MEDIA ANATA	14426	—
NOVENOS REALES	5706	—
OFICIOS VENDIBLES Y RENUNCIABLES	3440	—
REMITIDO A LIMA	609947	—
SUELDOS	51931	—
TRIBS RLS AULLAGAS Y URUQUILLAS	1768	—
TRIBUTOS CONSIGNACIONES DE LANZAS	3233	—
TRIBUTOS DE YANACONAS	14492	—
TRIBUTOS REALES DE CHAYANTA	2447	—
TRIBUTOS REALES DE CHICHAS	23	—
TRIBUTOS REALES DE CHUQUITO	2348	—
TRIBUTOS REALES DE COCHABAMBA	455	—
TRIBUTOS REALES DE MORCMCFC	32	—
TRIBUTOS REALES DE PUNA	2305	—
TRIBUTOS REALES DE SACACA	1988	—
TRIBUTOS REALES DE TOMINA	38	—
VACANTES DE OBISPADOS	5032	—
TOTAL	770910	—
TOTAL COMPUTADO	770910	—

S1816   1/1662-12/1662

CARGO	OCHO ENSAYADOS	ORO
ALCABALAS REALES	46671	—
ARRENDAMIENTO Y VENTA DE MINAS	1728	—
AZOGUES	178128	—
BUENOS EFECTOS Y RESIDUOS	768	—
BULAS DE SANTA CRUZADA	5673	—
COLEGIO DE SAN FELIPE DE LIMA	158	—
COMPOSICION DE PULPERIAS	2148	—
COMPOSICION DE TIERRAS	41	—
CONDENACIONES DE LA VISITA	3936	—
CONDENACIONES DEL REAL CONSEJO	235	—
CORREDURIA DE LONJA	214	—
DEPCSITOS	2243	—
DONATIVO	8293	—
ESPOLIOS	760	—
EXTRAORDINARIO DE REAL HACIENDA	9110	—
IMPOSICION DE BARRAS	49	—
INDULTOS	1261	—
INTERESES	644	—

DATA   1/1662-12/1662

	OCHO ENSAYADOS	ORO
ALCABALAS REALES	477	—
AZOGUES	374490	—
BUENOS EFECTOS Y RESIDUOS	171	—
BULAS DE SANTA CRUZADA	5673	—
COLEGIO DE SAN FELIPE DE LIMA	156	—
COMPOSICION DE PULPERIAS	17	—
CONDENACIONES DE LA VISITA	18194	—
DEPCSITOS	235	—
ESPOLIOS	8167	—
EXTRAORDINARIO DE REAL HACIENDA	112	—
INDULTOS	2008	—
INTERESES	1901	—
MEDIA ANATA	624	—
NAIPES	8148	—
NOVENOS REALES	3275	—
OFICIOS VENDIBLES Y RENUNCIABLES	15591	—
PAPEL SELLADO	147	—

POTOSI 1/1662–12/1662

CARGO	OCHO	ENSAYADOS	ORO
MEDIA ANATA		7948	—
NAIPES		5713	—
NOVENOS REALES		8349	—
OFICIOS VENDIBLES Y RENUNCIABLES		30630	—
PAPEL SELLADO		3431	—
PRESTAMOS		87252	—
REAL DE SENOREAGE		28745	—
TRIBS RLS DE SAN PEDRO DE B VISTA		1256	—
TRIBUTOS CONSIGNACIONES DE LANZAS		16015	—
TRIBUTOS DE YANACONAS		7948	—
TRIBUTOS REALES DE CHAYANTA		5383	—
TRIBUTOS REALES DE CHICHAS		295	—
TRIBUTOS REALES DE COCHABAMBA		1904	—
TRIBUTOS REALES DE LIPES		440	—
TRIBUTOS REALES DE MORCMORO		640	—
TRIBUTOS REALES DE PUNA		3680	—
TRIBUTOS REALES DE SACACA		2518	—
TRIBUTOS REALES DE YAMPARAES		384	—
VACANTES DE OBISPADOS		4439	—
VENTA DE BARRAS		11302	—
1.5% Y QUINTO DE PLATA		394615	—
TOTAL		884947	—
TOTAL COMPUTADO		884951	—

S1816

	OCHO	ENSAYADOS	ORO
ALCABALAS REALES		34485	—
ARRENDAMIENTO Y VENTA DE MINAS		1568	—
AZOGUES		165189	—
BUENOS EFECTOS Y RESIDUOS		2565	—
BULAS DE SANTA CRUZADA		12434	—
COLEGIO DE SAN FELIPE DE LIMA		221	—
COMPOSICION DE PULPERIAS		2652	—
CONDENACIONES DE LA VISITA		3846	—
CONDENACIONES DEL REAL CONSEJO		77	—
CORREDURIA DE LONJA		107	—
DEPOSITOS		576	—
DONATIVO		260	—
EFECTOS DE RESIDENCIA		19152	—
EXTRAORDINARIO DE REAL HACIENDA		106	—
FIADOR DEL ESCRIBANO		771	—
IMPOSICION DE BARRAS		12	—
INDULTOS		576	—
INTERESES		640	—
MEDIA ANATA		7240	—
NAIPES		3516	—
NOVENOS REALES		12265	—
OFICIOS VENDIBLES Y RENUNCIABLES		28919	—
PAPEL SELLADO		5745	—
REAL DE SENOREAGE		30504	—
SANTOS LUGARES DE JERUSALEM		5376	—
SOBRAS		1123	—
TRIBS RLS AULLAGAS Y URUQUILLAS		8487	—
TRIBS RLS DE SAN PEDRO DE B VISTA		159	—

S1816

DATA	OCHO	ENSAYADOS	ORO
PRESTAMOS		85791	—
REMITIDO A LIMA		601738	—
SUELDOS		68342	—
TRIBS RLS AULLAGAS Y URUQUILLAS		500	—
TRIBS RLS DE PRESTO Y TARABUCO		201	—
TRIBS RLS DE SAN PEDRO DE B VISTA		159	—
TRIBUTOS CONSIGNACIONES DE LANZAS		2897	—
TRIBUTOS DE YANACONAS		7948	—
TRIBUTOS REALES DE CARACARA		334	—
TRIBUTOS REALES DE CHAYANTA		2675	—
TRIBUTOS REALES DE CHICHAS		23	—
TRIBUTOS REALES DE CHUQUIC		2054	—
TRIBUTOS REALES DE MORCMORO		37	—
TRIBUTOS REALES DE PUNA		84	—
TRIBUTOS REALES DE SACACA		1677	—
VACANTES DE OBISPADOS		224	—
VENTA DE BARRAS		11026	—
TOTAL		888175	—
TOTAL COMPUTADO		888176	—

1/1663–12/1663 — S1816

	OCHO	ENSAYADOS	ORO
ARRENDAMIENTO Y VENTA DE MINAS		320	—
AZOGUES		29136	—
BUENOS EFECTOS Y RESIDUOS		1644	—
BULAS DE SANTA CRUZADA		12434	—
CENSOS		13417	—
COLEGIO DE SAN FELIPE DE LIMA		217	—
CONDENACIONES DE LA VISITA		7509	—
CONDENACIONES DEL REAL CONSEJO		77	—
DEPOSITOS		53	—
EFECTOS DE LA RESIDENCIA		256	—
ESPOLIOS		443	—
EXTRAORDINARIO DE REAL HACIENDA		953	—
FIADOR DEL ESCRIBANO		106	—
IMPOSICION DE BARRAS		50	—
INDULTOS		576	—
INTERESES		640	—
MEDIA ANATA		7200	—
NAIPES		1856	—
NOVENOS REALES		5294	—
OFICIOS VENDIBLES Y RENUNCIABLES		4341	—
PAPEL SELLADO		115	—
REMITIDO A LIMA		542294	—
SANTOS LUGARES DE JERUSALEM		5376	—
SUELDOS		245777	—
TRIBS RLS AULLAGAS Y URUQUILLAS		13202	—
TRIBUTOS CONSIGNACIONES DE LANZAS		3582	—
TRIBUTOS DE YANACONAS		12873	—
TRIBUTOS REALES DE CHAYANTA		2523	—

CARGO — 1/1663-12/1663

	OCHO ENSAYADOS	ORO
TRIBUTOS CONSIGNACIONES DE LANZAS	13680	—
TRIBUTOS DE YANACONAS	12873	—
TRIBUTOS REALES DE CHAYANTA	2443	—
TRIBUTOS REALES DE CHICHAS	960	—
TRIBUTOS REALES DE CHUQUITO	165	—
TRIBUTOS REALES DE COCHABAMBA	2438	—
TRIBUTOS REALES DE MISQUE	291	—
TRIBUTOS REALES DE MORCMORO	37	—
TRIBUTOS REALES DE PUNA	4476	—
TRIBUTOS REALES DE SACACA	2443	—
TRIBUTOS REALES DE TOMINA	618	—
TRIBUTOS REALES DE YAMPARAES	1200	—
TRIBUTOS VACOS	2424	—
VACANTES DE OBISPADOS	294	—
VENTA DE BARRAS	178965	—
1.5% Y QUINTO DE PLATA	358107	—
TOTAL	929990	—

TOTAL COMPUTADO 929993

S1816

	OCHO ENSAYADOS	ORO
ALCABALAS REALES	42581	—
ARRENDAMIENTO Y VENTA DE MINAS	832	—
AZOGUES	150380	—
BUENOS EFECTOS Y RESIDUOS	911	—
BULAS DE SANTA CRUZADA	9974	—
COLEGIO DE SAN FELIPE DE LIMA	91	—
COMPOSICION DE PULPERIAS	1997	—
CONDENACIONES DE LA VISITA	1056	—
CONDENACIONES DEL REAL CONSEJO	83	—
CORREDURIA DE LONJA	160	—
DEPOSITOS	891	—
DONATIVO	426	—
EXTRAORDINARIO DE REAL HACIENDA	1079	—
FIADOR DEL ESCRIBANO	212	—
IMPOSICION DE BARRAS	39	—
INDULTOS	2304	—
INTERESES	501	—
MEDIA ANATA	6000	—
MESADAS ECLESIASTICAS	63	—
NAIPES	4207	—
NOVENOS REALES	7277	—
OFICIO DEL ALGUACIL MAYOR	4589	—
OFICIOS VENDIBLES Y RENUNCIABLES	22326	—
PAPEL SELLADO	3389	—
PRESTAMOS	158085	—
REAL DE SENOREAGE	27134	—
SANTOS LUGARES DE JERUSALEM	1024	—
TRIBS RLS AULLAGAS Y URUQUILLAS	3395	—
TRIBS RLS DE SAN PEDRO DE B VISTA	64	—
TRIBUTOS CONSIGNACIONES DE LANZAS	7651	—
TRIBUTOS DE YANACONAS	9710	—
TRIBUTOS REALES DE CHAYANTA	5542	—
TRIBUTOS REALES DE CHICHAS	1024	—

DATA — 1/1664-12/1664

	OCHO ENSAYADOS	ORO
TRIBUTOS REALES DE CHICHAS	23	—
TRIBUTOS REALES DE CHUQUITO	2323	—
TRIBUTOS REALES DE MORCMORO	64	—
TRIBUTOS REALES DE PUNA	1134	—
TRIBUTOS REALES DE TOMINA	106	—
TRIBUTOS REALES DE YAMPARAES	328	—
TRIBUTOS VACOS	2424	—
TOTAL	929706	—

TOTAL COMPUTADO 929706

	OCHO ENSAYADOS	ORO
ALCABALAS REALES	289	—
AZOGUES	25067	—
BUENOS EFECTOS Y RESIDUOS	800	—
BULAS DE SANTA CRUZADA	8622	—
CENSOS	5367	—
COLEGIO DE SAN FELIPE DE LIMA	89	—
COMPOSICION DE PULPERIAS	39	—
CONDENACIONES DE LA VISITA	1056	—
CONDENACIONES DEL REAL CONSEJO	83	—
DEPOSITOS	8	—
DONATIVO	24	—
ESPOLIOS	111	—
EXTRAORDINARIO DE REAL HACIENDA	1175	—
FIADOR DEL ESCRIBANO	208	—
INDULTOS	5504	—
INTERESES	501	—
MEDIA ANATA	5923	—
MESADAS ECLESIASTICAS	63	—
NAIPES	438	—
NOVENOS REALES	939	—
OFICIOS BENEFICIADOS	4589	—
OFICIOS VENDIBLES Y RENUNCIABLES	6764	—
PAPEL SELLADO	130	—
PRESTAMOS	101005	—
REMITIDO A LIMA	613155	—
SANTOS LUGARES DE JERUSALEM	1024	—
SUELDOS	55843	—
TRIBS RLS AULLAGAS Y URUQUILLAS	512	—
TRIBS RLS DE SAN PEDRO DE B VISTA	64	—
TRIBUTOS CONSIGNACIONES DE LANZAS	1980	—
TRIBUTOS DE YANACONAS	9716	—
TRIBUTOS REALES DE CHAYANTA	2569	—
TRIBUTOS REALES DE CHICHAS	23	—

CARGO 1/1664-12/1664

CARGO	OCHO ENSAYADOS	ORO
TRIBUTOS REALES DE CHUQUITO	192	
TRIBUTOS REALES DE COCHABAMBA	2108	
TRIBUTOS REALES DE LIPES	152	
TRIBUTOS REALES DE MISQUE	116	
TRIBUTOS REALES DE MORCMORO	271	
TRIBUTOS REALES DE PUNA	3603	
TRIBUTOS REALES DE SACACA	2317	
TRIBUTOS REALES DE TOMINA	1046	
TRIBUTOS REALES DE YAMPARAES	240	
VACANTES DE OBISPADOS	415	
1.5% Y QUINTO DE PLATA	374385	
TOTAL	859842	
TOTAL COMPUTADO	859842	

S1816

	OCHO ENSAYADOS	ORO
ALCABALAS REALES	48812	
ARRENDAMIENTO Y VENTA DE MINAS	3458	
AZOGUES	190568	
BUENOS EFECTOS Y RESIDUOS	541	
BULAS DE SANTA CRUZADA	9913	
COLEGIO DE SAN FELIPE DE LIMA	152	
CONDENACIONES	146	
CONDENACIONES DE LA VISITA	2464	
CONDENACIONES DEL REAL CONSEJO	14334	
CORREDURIA DE LONJA	320	
DEPOSITOS	576	
DONATIVO	1922	
EFECTOS DE RESIDENCIA	192	
ESPOLIOS	754	
EXTRAORDINARIO DE REAL HACIENDA	3508	
IMPOSICION DE BARRAS	12	
INTERESES	943	
MEDIA ANATA	23492	
MESADAS ECLESIASTICAS	6616	
NAIPES	6046	
NOVENOS REALES	9003	
OFICIO DEL ALGUACIL MAYOR	4589	
OFICIOS VENDIBLES Y RENUNCIABLES	8194	
PAPEL SELLADO	5956	
REAL DE SEÑOREAGE	33314	
SISA	96	
TRIBUTOS CONSIGNACIONES DE LANZAS	10064	
TRIBUTOS DE YANACONAS	11420	
TRIBUTOS REALES DE CHAYANTA	3822	
TRIBUTOS REALES DE CHICHAS	1280	
TRIBUTOS REALES DE CHUQUITO	242	
TRIBUTOS REALES DE COCHABAMBA	2270	
TRIBUTOS REALES DE LIPES	152	
TRIBUTOS REALES DE MISQUE	135	
TRIBUTOS REALES DE PUNA	4561	
TRIBUTOS REALES DE SACACA	1152	
TRIBUTOS REALES DE TOMINA	1082	
TRIBUTOS REALES DE YAMPARAES	42	

DATA 1/1665-12/1665

DATA	OCHO ENSAYADOS	ORO
TRIBUTOS REALES DE CHUQUITO	2188	
TRIBUTOS REALES DE COCHABAMBA	159	
TRIBUTOS REALES DE MORCMORO	47	
TRIBUTOS REALES DE PUNA	3370	
TRIBUTOS REALES DE SACACA	365	
TRIBUTOS REALES DE TOMINA	114	
VACANTES DE OBISPADOS	210	
TOTAL	860124	
TOTAL COMPUTADO	860133	

S1816   1/1665-12/1665

	OCHO ENSAYADOS	ORO
ALCABALAS REALES	544	
AZOGUES	24863	
BUENOS EFECTOS Y RESIDUOS	1550	
BULAS DE SANTA CRUZADA	10341	
COLEGIO DE SAN FELIPE DE LIMA	150	
COMPOSICION DE PULPERIAS	30	
COMPOSICION DE TIERRAS	4	
CONDENACIONES	146	
CONDENACIONES DE LA VISITA	2608	
CONDENACIONES DEL REAL CONSEJO	14334	
DEPOSITOS	17045	
DONATIVO	20	
EFECTOS DE LA RESIDENCIA	192	
EXTRAORDINARIO DE REAL HACIENDA	1700	
FABRICA DEL REAL PALACIO	96	
INDULTOS	10560	
INTERESES	3320	
MEDIA ANATA	23393	
MESADAS ECLESIASTICAS	6616	
NOVENOS REALES	5728	
OFICIOS BENEFICIADOS	4589	
OFICIOS VENDIBLES Y RENUNCIABLES	959	
PAPEL SELLADO	129	
PRESTAMOS	53733	
REMITIDO A LIMA	496313	
SUELDOS	110525	
TRIBS RLS AULLAGAS Y URUQUILLAS	649	
TRIBUTOS CONSIGNACIONES DE LANZAS	6395	
TRIBUTOS DE YANACONAS	11420	
TRIBUTOS REALES DE CHAYANTA	2447	
TRIBUTOS REALES DE CHICHAS	23	
TRIBUTOS REALES DE CHUQUITO	2388	
TRIBUTOS REALES DE COCHABAMBA	187	
TRIBUTOS REALES DE MORCMORO	32	
TRIBUTOS REALES DE PUNA	376	
TRIBUTOS REALES DE SACACA	5911	
TRIBUTOS REALES DE TOMINA	1588	
TRIBUTOS REALES DE YAMPARAES	180	

1/1665-12/1665

CARGO	OCHO	ENSAYADOS	ORO
VACANTES DE OBISPADOS		490	—
1.5% Y QUINTO DE PLATA		405373	—
70% DE ENCOMIENDAS		590	—
TOTAL		818599	
TOTAL COMPUTADO		818600	

S1816

CARGO	OCHO	ENSAYADOS	ORO
ALCABALAS REALES		38382	
ARRENDAMIENTO Y VENTA DE MINAS		192	
AZOGUES		201856	
BUENOS EFECTOS Y RESIDUOS		588	
BULAS DE SANTA CRUZADA		7006	
COLEGIO DE SAN FELIPE DE LIMA		216	
COMPOSICION DE PULPERIAS		2362	
CONDENACIONES DE LA VISITA		2505	
CONDENACIONES DEL REAL CONSEJO		1350	
DEPOSITOS		3086	
DONATIVO		441	
ESPOLIOS		422	
EXTRAORDINARIO DE REAL HACIENDA		6132	
IMPOSICION DE BARRAS		5	
INTERESES		391	
MEDIA ANATA		10409	
MESADAS ECLESIASTICAS		3665	
NAIPES		9447	
NOVENOS REALES		9485	
OFICIOS VENDIBLES Y RENUNCIABLES		12514	
PAPEL SELLADO		4173	
PRESTAMOS		28175	
REAL DE SEÑOREAGE		31605	
TRIBS RLS AULLAGAS Y URUQUILLAS		1697	
TRIBS RLS DE SAN PEDRO DE B VISTA		32	
TRIBUTOS CONSIGNACIONES DE LANZAS		5208	
TRIBUTOS DE YANACONAS		11833	
TRIBUTOS REALES DE ATACAMA		64	
TRIBUTOS REALES DE CHAYANTA		3197	
TRIBUTOS REALES DE CHICHAS		1418	
TRIBUTOS REALES DE CHUQUITO		72	
TRIBUTOS REALES DE COCHABAMBA		2250	
TRIBUTOS REALES DE MISQUE		58	
TRIBUTOS REALES DE MORCMORO		7	
TRIBUTOS REALES DE PUNA		6549	
TRIBUTOS REALES DE SACACA		1618	
TRIBUTOS REALES DE TOMINA		481	
TRIBUTOS REALES DE YAMPARAES		701	
TRIBUTOS VACOS		588	
VACANTES DE OBISPADOS		721	
1.5% Y QUINTO DE PLATA		417842	
70% DE ENCOMIENDAS		1436	
TOTAL		830188	
TOTAL COMPUTADO		830187	

1/1666-12/1666

DATA	ORO
70% DE ENCOMIENDAS	—
TOTAL	—
TOTAL COMPUTADO	818674

S1816

DATA	OCHO	ENSAYADOS	ORO
70% DE ENCOMIENDAS		590	
TOTAL		818677	
TOTAL COMPUTADO		818674	

DATA	OCHO	ENSAYADOS	ORO
ALCABALAS REALES		934	
AZOGUES		12045	
BUENOS EFECTOS Y RESIDUOS		1349	
BULAS DE SANTA CRUZADA		7006	
CENSOS		2683	
COLEGIO DE SAN FELIPE DE LIMA		215	
COMPOSICION DE PULPERIAS		29	
CONDENACIONES DE LA VISITA		2380	
CONDENACIONES DEL REAL CONSEJO		1350	
DEPOSITOS		474	
DONATIVO		8	
ESPOLIOS		525	
EXTRAORDINARIO DE REAL HACIENDA		1210	
INTERESES		320	
MEDIA ANATA		10351	
MESADAS ECLESIASTICAS		3665	
NAIPES		316	
NOVENOS REALES		461	
OFICIOS VENDIBLES Y RENUNCIABLES		10614	
PAPEL SELLADO		277	
PRESTAMOS		27452	
REMITIDO A LIMA		621431	
SUELDOS		100188	
TRIBUTOS CONSIGNACIONES DE LANZAS		1567	
TRIBUTOS DE YANACONAS		11933	
TRIBUTOS REALES DE ATACAMA		64	
TRIBUTOS REALES DE CHAYANTA		2435	
TRIBUTOS REALES DE CHICHAS		23	
TRIBUTOS REALES DE CHUQUITO		1895	
TRIBUTOS REALES DE COCHABAMBA		49	
TRIBUTOS REALES DE MORCMORO		27	
TRIBUTOS REALES DE PUNA		4907	
TRIBUTOS REALES DE TOMINA		167	
TRIBUTOS REALES DE YAMPARAES		113	
TRIBUTOS VACOS		588	
VACANTES DE OBISPADOS		43	
70% DE ENCOMIENDAS		1436	
TOTAL		830532	
TOTAL COMPUTADO		830534	

CARGO   OCHO ENSAYADOS ORO   1/1667-12/1667

S1816

	OCHO ENSAYADOS ORO
ALCABALAS REALES	43602
ARRENDAMIENTO Y VENTA DE MINAS	4976
AZOGUES	211177
BUENOS EFECTOS Y RESIDUOS	260
BULAS DE SANTA CRUZADA	12200
CAJA REAL DE BUENOS AIRES	5822
COLEGIO DE SAN FELIPE DE LIMA	140
COMPOSICION DE PULPERIAS	2225
CONDENACIONES DE LA VISITA	3460
CONDENACIONES DEL REAL CONSEJO	942
DEPOSITOS	1024
DONATIVO	7547
ESPOLIOS	232
EXTRAORDINARIO DE REAL HACIENDA	2044
IMPOSICION DE BARRAS	12
INTERESES	478
MEDIA ANATA	4223
MESADAS ECLESIASTICAS	551
NAIPES	6256
NOVENOS REALES	4024
OFICIOS VENDIBLES Y RENUNCIABLES	17855
PAPEL SELLADO	5972
REAL DE SENOREAGE	34899
TRIBUTOS CONSIGNACIONES DE LANZAS	10580
TRIBUTOS DE YANACONAS	13646
TRIBUTOS REALES DE ATACAMA	510
TRIBUTOS REALES DE CHAYANTA	3712
TRIBUTOS REALES DE CHICHAS	992
TRIBUTOS REALES DE COCHABAMBA	1208
TRIBUTOS REALES DE LIPES	440
TRIBUTOS REALES DE PUNA	5824
TRIBUTOS REALES DE SACACA	896
TRIBUTOS REALES DE TOMINA	134
VACANTES DE OBISPADOS	3531
VENTA DE BARRAS	28164
1.5% Y QUINTO DE PLATA	438341
TOTAL	877900

TOTAL COMPUTADO   877899

S1816   1/1668-12/1668

ALCABALAS REALES	39764
ARRENDAMIENTO Y VENTA DE MINAS	870
AZOGUES	161957
BUENOS EFECTOS Y RESIDUOS	1044
BULAS DE SANTA CRUZADA	7514
COLEGIO DE SAN FELIPE DE LIMA	216
COMPOSICION DE PULPERIAS	2875
CONDENACIONES DE LA VISITA	8366
CONDENACIONES DE RESIDENCIA	697
CONDENACIONES DEL REAL CONSEJO	490
CORREDURIA DE LONJA	320

DATA   OCHO ENSAYADOS ORO   1/1667-12/1667

S1816

	OCHO ENSAYADOS ORO
ALCABALAS REALES	160
AZOGUES	5405
BUENOS EFECTOS Y RESIDUOS	80
BULAS DE SANTA CRUZADA	12200
CAJA REAL DE BUENOS AIRES	5822
COLEGIO DE SAN FELIPE DE LIMA	138
COMPOSICION DE PULPERIAS	11
CONDENACIONES DE LA VISITA	4672
CONDENACIONES DEL REAL CONSEJO	1384
DEPOSITOS	3064
DONATIVO	27
ESPOLIOS	320
EXTRAORDINARIO DE REAL HACIENDA	1185
INTERESES	328
MEDIA ANATA	4223
MESADAS ECLESIASTICAS	551
NOVENOS REALES	2774
OFICIOS VENDIBLES Y RENUNCIABLES	1046
PAPEL SELLADO	372
REMITIDO A LIMA	668931
SUELDOS	136319
SUELDOS DE LA VISITA	4889
TRIBUTOS CONSIGNACIONES DE LANZAS	4681
TRIBUTOS DE YANACONAS	13646
TRIBUTOS REALES DE ATACAMA	510
TRIBUTOS REALES DE CHAYANTA	2485
TRIBUTOS REALES DE CHICHAS	241
TRIBUTOS REALES DE CHUQUITO	1856
TRIBUTOS REALES DE MORCMOFO	48
TRIBUTOS REALES DE PUNA	36
TRIBUTOS REALES DE TOMINA	44
VACANTES DE OBISPADOS	194
TOTAL	877643

TOTAL COMPUTADO   877642

S1816   1/1668-12/1668

ALCABALAS REALES	404
ARRENDAMIENTO Y VENTA DE MINAS	65
AZOGUES	474431
BUENOS EFECTOS Y RESIDUOS	147
BULAS DE SANTA CRUZADA	7514
COLEGIO DE SAN FELIPE DE LIMA	213
COMPOSICION DE PULPERIAS	25
CONDENACIONES DE LA VISITA	12274
CONDENACIONES DE RESIDENCIA	697
CONDENACIONES DEL REAL CONSEJO	490
DEPOSITOS	3529

CARGO	OCHO ENSAYADOS	ORO
DEPOSITOS	2695	—
DONATIVO	14104	—
EXTRAORDINARIO DE REAL HACIENDA	10123	—
INTERESES	260	—
MEDIA ANATA	7117	—
MESADAS ECLESIASTICAS	457	—
NAIPES	5498	—
NOVENOS REALES	7464	—
OFICIOS VENDIBLES Y RENUNCIABLES	24537	—
PAPEL SELLADO	4866	—
PENAS DE CAMARA	1280	—
PRESTAMOS	3450	—
REAL DE SEÑOREAGE	35053	—
SANTOS LUGARES DE JERUSALEM	5120	—
TRIBS RLS DE SAN PEDRO DE B VISTA	588	—
TRIBUTOS CONSIGNACIONES DE LANZAS	12390	—
TRIBUTOS REALES DE YANACONAS	10964	—
TRIBUTOS REALES DE ATACAMA	576	—
TRIBUTOS REALES DE CHAYANTA	7316	—
TRIBUTOS REALES DE CHICHAS	1370	—
TRIBUTOS REALES DE COCHABAMBA	2041	—
TRIBUTOS REALES DE MISQUE	412	—
TRIBUTOS REALES DE MURCMORO	256	—
TRIBUTOS REALES DE PUNA	8419	—
TRIBUTOS REALES DE SACACA	1280	—
TRIBUTOS REALES DE TOMINA	456	—
VACANTES DE OBISPADOS	13196	—
1.5% Y QUINTO DE PLATA	427390	—
70% DE ENCOMIENDAS	1174	—
TOTAL	833972	—

TOTAL COMPUTADO   833973

S1816	OCHO ENSAYADOS	ORO
ALCABALAS REALES	32787	—
ARRENDAMIENTO Y VENTA DE MINAS	1184	—
AZOGUES	171203	—
BIENES DE PARTICULARES	960	—
BUENOS EFECTOS Y RESIDUOS	1768	—
BULAS DE SANTA CRUZADA	8453	—
COLEGIO DE SAN FELIPE DE LIMA	185	—
COMPOSICION DE PULPERIAS	1966	—
COMPOSICION DE TIERRAS	38	—
CONDENACIONES	765	—
CONDENACIONES DE LA VISITA	6145	—
CONDENACIONES DE RESIDENCIA	448	—
CONDENACIONES DE TRIBUNAL CUENTAS	352	—
CONDENACIONES DEL REAL CONSEJO	704	—
CORREDURIA DE LONJA	64	—
DEPOSITOS	1322	—
DONATIVO	2867	—
ESPOLIOS	1418	—
EXTRAORDINARIO DE REAL HACIENDA	3696	—
INTERESES	182	—

DATA	OCHO ENSAYADOS	ORO
DONATIVO	46	—
ESPOLIOS	237	—
EXTRAORDINARIO DE REAL HACIENDA	1847	—
MEDIA ANATA	6959	—
MESADAS ECLESIASTICAS	466	—
NAIPES	60	—
NOVENOS REALES	5573	—
OFICIOS VENDIBLES Y RENUNCIABLES	2476	—
PAPEL SELLADO	682	—
PENAS DE CAMARA	1280	—
PRESTAMOS	3450	—
REMITIDO A LIMA	598600	—
SANTOS LUGARES DE JERUSALEM	5120	—
SUELDOS DE LA VISITA	98944	—
SUELDOS	7171	—
TRIBS RLS DE SAN PEDRO DE B VISTA	80	—
TRIBUTOS CONSIGNACIONES DE LANZAS	2033	—
TRIBUTOS REALES DE YANACONAS	10964	—
TRIBUTOS REALES DE ATACAMA	192	—
TRIBUTOS REALES DE CHAYANTA	3385	—
TRIBUTOS REALES DE CHICHAS	23	—
TRIBUTOS REALES DE COCHABAMBA	2188	—
TRIBUTOS REALES DE CHUQUITO	92	—
TRIBUTOS REALES DE MORCMORO	50	—
TRIBUTOS REALES DE PUNA	2831	—
TRIBUTOS REALES DE SACACA	4445	—
TRIBUTOS REALES DE TOMINA	272	—
VACANTES DE OBISPADOS	689	—
70% DE ENCOMIENDAS	1174	—
TOTAL	834120	—

TOTAL COMPUTADO   834118

1/1669-12/1669

S1816	OCHO ENSAYADOS	ORO
ALCABALAS REALES	1358	—
ARRENDAMIENTO Y VENTA DE MINAS	64	—
AZOGUES	32556	—
BIENES DE PARTICULARES	960	—
BULAS DE SANTA CRUZADA	8695	—
COLEGIO DE SAN FELIPE DE LIMA	183	—
COMPOSICION DE PULPERIAS	12	—
CONDENACIONES	1117	—
CONDENACIONES DE LA VISITA	7438	—
CONDENACIONES DE RESIDENCIA	448	—
CONDENACIONES DEL REAL CONSEJO	704	—
DEPOSITOS	1000	—
DONATIVO	19	—
ESPOLIOS	1452	—
EXTRAORDINARIO DE REAL HACIENDA	1694	—
FABRICA DEL REAL PALACIO	96	—
MEDIA ANATA	4882	—
MESADAS ECLESIASTICAS	1161	—
NAIPES	78	—
NOVENOS REALES	3598	—

POTOSI 1/1669–12/1669

CARGO

	S1816	OCHO	ENSAYADOS	ORO
MEDIA ANATA			4936	
MESADAS ECLESIASTICAS			1161	
NAIPES			3528	
NOVENOS REALES			6980	
OFICIOS VENDIBLES Y RENUNCIABLES			12158	
PAPEL SELLADO			2624	
REAL DE SENOREAGE			27928	
SISA			96	
TRES RLS DE SAN PEDRO DE B VISTA			127	
TRIBUTOS CONSIGNACIONES DE LANZAS			24518	
TRIBUTOS DE YANACONAS			8788	
TRIBUTOS REALES DE CHAYANTA			3922	
TRIBUTOS REALES DE CHICHAS			1078	
TRIBUTOS REALES DE COCHABAMBA			1308	
TRIBUTOS REALES DE LIPES			118	
TRIBUTOS REALES DE MISQUE			645	
TRIBUTOS REALES DE MORCMORO			29	
TRIBUTOS REALES DE PUNA			6992	
TRIBUTOS REALES DE SACACA			1676	
TRIBUTOS REALES DE TOMINA			576	
TRIBUTOS REALES DE YAMPARAES			480	
VACANTES DE OBISPADOS			10484	
VENTA DE BARRAS			64881	
I.5% Y QUINTO DE PLATA			385937	
TOTAL			807477	

TOTAL COMPUTADO 807477

DATA

	S1816	OCHO	ENSAYADOS	ORO
OFICIOS VENDIBLES Y RENUNCIABLES			43	
PAPEL SELLADO			295	
REMITIDO A LIMA		526894	183277	
SUELDOS			945	
SUELDOS DE LA VISITA			8297	
TRIBUTOS CONSIGNACIONES DE LANZAS			9476	
TRIBUTOS DE YANACONAS			300	
TRIBUTOS REALES DE ATACAMA			2447	
TRIBUTOS REALES DE CHAYANTA			23	
TRIBUTOS REALES DE CHICHAS			2188	
TRIBUTOS REALES DE CHUQUIC			46	
TRIBUTOS REALES DE COCHABAMBA			424	
TRIBUTOS REALES DE MORCMORO			787	
TRIBUTOS REALES DE PUNA			2230	
TRIBUTOS REALES DE SACACA			1706	
TRIBUTOS REALES DE TOMINA			533	
VACANTES DE OBISPADOS				
TOTAL			807426	

1/1670–12/1670

	S1816	OCHO	ENSAYADOS	ORO
ALCABALAS REALES			44818	
ARRENDAMIENTO Y VENTA DE MINAS			1216	
AZOGUES			174351	
BIENES DE DIFUNTOS			320	
BIENES EFECTOS Y RESIDUOS			1946	
BULAS DE SANTA CRUZADA			12210	
COLEGIO DE SAN FELIPE DE LIMA			152	
COMISOS			320	
COMPOSICION DE PULPERIAS			2510	
COMPOSICION DE LA VISITA			7105	
CONDENACIONES DEL REAL CONSEJO			1824	
CORREDURIA DE LONJA			96	
DEPOSITOS			1444	
DONATIVO			1938	
EXTRAORDINARIO DE REAL HACIENDA			7476	
MEDIA ANATA			5520	
MESADAS ECLESIASTICAS			1914	
MULTAS			4275	
NAIPES			3570	
NOVENOS REALES			7122	
OFICIO DEL TESORERO CASA MONEDA			1600	
OFICIOS VENDIBLES Y RENUNCIABLES			1022	
PAPEL SELLADO			4098	
REAL DE SENOREAGE			27364	
TRIBUTOS CONSIGNACIONES DE LANZAS			10076	

TOTAL COMPUTADO 807426

	S1816	OCHO	ENSAYADOS	ORO
ALCABALAS REALES			22	
AZOGUES			31594	
BIENES DE DIFUNTOS			320	
BULAS DE SANTA CRUZADA			12210	
COLEGIO DE SAN FELIPE DE LIMA			149	
COMPOSICION DE PULPERIAS			19	
CONDENACIONES DE LA VISITA			32671	
CONDENACIONES DEL REAL CONSEJO			1824	
DEPOSITOS			51	
DONATIVO			1	
EXTRAORDINARIO DE REAL HACIENDA			1398	
MEDIA ANATA			5520	
MESADAS ECLESIASTICAS			1914	
MULTAS			5192	
NAIPES			553	
NOVENOS REALES			1250	
OFICIO DEL TESORERO CASA MONEDA			1600	
OFICIOS VENDIBLES Y RENUNCIABLES			1125	
PAPEL SELLADO			294	
REMITIDO A LIMA			452810	
SUELDOS			146976	
SUELDOS DE LA VISITA			1346	
SUELDOS DE PROTECTORES VEEDORES			320	
TRIBUTOS CONSIGNACIONES DE LANZAS			1921	
TRIBUTOS DE YANACONAS			12057	

CARGO	OCHO ENSAYADOS	ORO
TRIBUTOS DE YANACONAS	12057	
TRIBUTOS REALES DE ATACAMA	138	
TRIBUTOS REALES DE CHAYANTA	4279	
TRIBUTOS REALES DE CHICHAS	932	
TRIBUTOS REALES DE CHUQUITO	403	
TRIBUTOS REALES DE COCHABAMBA	2061	
TRIBUTOS REALES DE MISQUE	737	
TRIBUTOS REALES DE MORCMORO	2724	
TRIBUTOS REALES DE PUNA	5542	
TRIBUTOS REALES DE SACACA	2532	
TRIBUTOS REALES DE YAMPARAES	1164	
VACANTES DE OBISPADOS	12715	
1.5% Y QUINTO DE PLATA	342950	
TOTAL	721762	
TOTAL COMPUTADO	721765	

S1816

	OCHO ENSAYADOS	ORO
ALCABALAS REALES	4971	
ARRENDAMIENTO Y VENTA DE MINAS	1472	
AZOGUES	162205	
BARRAS DE PLATA	42040	
BUENOS EFECTOS Y RESIDUOS	1063	
BULAS DE SANTA CRUZADA	8398	
COLEGIO DE SAN FELIPE DE LIMA	76	
COMPOSICION DE PULPERIAS	2442	
CONDENACIONES DE LA VISITA	5470	
CONDENACIONES DEL REAL CONSEJO	1576	
CORREDURIA DE LONJA	371	
DEPOSITOS	3674	
DONATIVO	1751	
ESPOLIOS	1117	
EXTRAORDINARIO DE REAL HACIENDA	3273	
IMPOSICION DE BARRAS	159	
MEDIA ANATA	5482	
MEDIA ANATA PARA BUENOS AIRES	4327	
MESADAS ECLESIASTICAS	1876	
NAIPES	2047	
NOVENOS REALES	2963	
OFICIOS VENDIBLES Y RENUNCIABLES	14729	
PAPEL SELLADO	1484	
PAPEL SELLADO	4746	
PENAS DE CAMARA	64	
REAL DE SENOREAGE	25983	
TRIBS RLS DE SAN PEDRO DE B VISTA	840	
TRIBUTOS CONSIGNACIONES DE LANZAS	11787	
TRIBUTOS DE YANACONAS	8254	
TRIBUTOS REALES DE ATACAMA	138	
TRIBUTOS REALES DE CHAYANTA	3510	
TRIBUTOS REALES DE CHICHAS	1183	
TRIBUTOS REALES DE COCHABAMBA	2122	
TRIBUTOS REALES DE MORCMORO	1483	
TRIBUTOS REALES DE PUNA	4736	
TRIBUTOS REALES DE SACACA	2747	

DATA

	OCHO ENSAYADOS	ORO
TRIBUTOS REALES DE ATACAMA	64	
TRIBUTOS REALES DE CHAYANTA	1898	
TRIBUTOS REALES DE CHICHAS	579	
TRIBUTOS REALES DE CHUQUITO	2188	
TRIBUTOS REALES DE COCHABAMBA	92	
TRIBUTOS REALES DE MORCMORO	32	
TRIBUTOS REALES DE PUNA	254	
TRIBUTOS REALES DE TOMINA	160	
VACANTES DE CHISPADOS	852	
VACANTES DE YAMPARAES	708	
70% DE ENCOMIENDAS	1853	
TOTAL	721816	
TOTAL COMPUTADO	721817	

	OCHO ENSAYADOS	ORO
ALCABALAS REALES	681	
AZOGUES	30707	
BUENOS EFECTOS Y RESIDUOS	2203	
BULAS DE SANTA CRUZADA	8398	
COLEGIO DE SAN FELIPE DE LIMA	75	
COMPOSICION DE PULPERIAS	17	
CONDENACIONES DEL REAL CONSEJO	1576	
DEPOSITOS	4346	
DONATIVO	40	
ESPOLIOS	61	
EXTRAORDINARIO DE REAL HACIENDA	1347	
IMPOSICION DE BARRAS	95	
MEDIA ANATA	5482	
MEDIA ANATA PARA BUENOS AIRES	4327	
MESADAS ECLESIASTICAS	1866	
NOVENOS REALES	34	
OFICIOS VENDIBLES Y RENUNCIABLES	17	
PAPEL SELLADO	85	
PAPEL SELLADO DE BUENOS AIRES	1484	
PENAS DE CAMARA	128	
REMITIDO A LIMA	614076	
SJELDOS	148902	
SJELDOS	5950	
SJELDOS DE LA VISITA	386	
TRIBUTOS CONSIGNACIONES DE LANZAS	8254	
TRIBUTOS DE YANACONAS	2976	
TRIBUTOS REALES DE ATACAMA	11	
TRIBUTOS REALES DE CHAYANTA	522	
TRIBUTOS REALES DE CHICHAS	51	
TRIBUTOS REALES DE CHUQUITO	32	
TRIBUTOS REALES DE COCHABAMBA	5618	
TRIBUTOS REALES DE MORCMORO	3625	
TRIBUTOS REALES DE PUNA	267	
TRIBUTOS REALES DE SACACA	120	
TRIBUTOS REALES DE TOMINA	4309	
TRIBUTOS REALES DE YAMPARAES	618	
VACANTE DEL OBISPADO DE TUCUMAN		
VACANTES DE CHISPADOS		

POTOSI 1/1671-12/1671

CARGO	OCHO ENSAYADOS	ORO
TRIBUTOS REALES DE TOMINA	703	—
VACANTE DEL OBISPADO DE TUCUMAN	4309	—
VACANTES DE OBISPADOS	8876	—
VENTA DE BARRAS	43301	—
1.5% Y QUINTO DE PLATA	416150	—
10% DE ENCOMIENDAS	269	—
TOTAL	858912	—
TOTAL COMPUTADO	858915	—

S1816

	OCHO ENSAYADOS	ORO
ALCABALAS REALES	39687	—
ARRENDAMIENTO Y VENTA DE MINAS	1280	—
AZOGUES	154375	—
BUENOS EFECTOS Y RESIDUOS	963	—
BULAS DE SANTA CRUZADA	8003	—
COLEGIO DE SAN FELIPE DE LIMA	152	—
COMPOSICION DE PULPERIAS	2326	—
CONDENACIONES DE LA VISITA	5761	—
CONDENACIONES DE TRIBUNAL CUENTAS	284	—
CONDENACIONES DEL REAL CONSEJO	2619	—
CORREDURIA DE LONJA	109	—
DEPOSITOS	2175	—
DONATIVO	464	—
EXTRAORDINARIO DE REAL HACIENDA	4644	—
IMPOSICION DE BARRAS	3	—
INTERESES	483	—
MEDIA ANATA	4283	—
MESADAS ECLESIASTICAS	2482	—
MITAD DE ENCOMIENDAS	1039	—
NAIPES	4005	—
NOVENOS REALES	5795	—
OFICIOS VENDIBLES Y RENUNCIABLES	12546	—
PAPEL SELLADO	5461	—
REAL DE SEÑOREAGE	29399	—
TRIBS RLS DE SAN PEDRO DE B VISTA	96	—
TRIBUTOS CONSIGNACIONES DE LANZAS	18293	—
TRIBUTOS DE YANACONAS	11561	—
TRIBUTOS REALES DE ATACAMA	276	—
TRIBUTOS REALES DE CHAYANTA	5360	—
TRIBUTOS REALES DE CHICHAS	1482	—
TRIBUTOS REALES DE COCHABAMBA	2198	—
TRIBUTOS REALES DE MISQUE	959	—
TRIBUTOS REALES DE MORCMORO	406	—
TRIBUTOS REALES DE PUNA	6154	—
TRIBUTOS REALES DE SACACA	2147	—
TRIBUTOS REALES DE TOMINA	777	—
TRIBUTOS REALES DE YAMPARAES	360	—
TRIBUTOS VACOS	82	—
VACANTE DEL OBISPADO DE TUCUMAN	4480	—
VACANTES DE OBISPADOS	14664	—
VENTA DE BARRAS	37402	—
1.5% Y QUINTO DE PLATA	385878	—
10% DE ENCOMIENDAS	152	—

1/1672-12/1672

DATA	OCHO ENSAYADOS	ORO
10% DE ENCOMIENDAS	269	—
TOTAL	858955	—
TOTAL COMPUTADO	858955	—

S1816

	OCHO ENSAYADOS	ORO
ALCABALAS REALES	1677	—
AZOGUES	29360	—
BUENOS EFECTOS Y RESIDUOS	289	—
BULAS DE SANTA CRUZADA	8003	—
CENSOS	8050	—
COLEGIO DE SAN FELIPE DE LIMA	149	—
CONDENACIONES DE LA VISITA	44576	—
CONDENACIONES DE TRIBUNAL CUENTAS	284	—
CONDENACIONES DEL REAL CONSEJO	2619	—
DEPOSITOS	3620	—
EXTRAORDINARIO DE REAL HACIENDA	4617	—
IMPOSICION DE BARRAS	50	—
MEDIA ANATA	3003	—
MEDIA ANATA PARA BUENOS AIRES	1280	—
MESADAS ECLESIASTICAS	2482	—
MITAD DE ENCOMIENDAS	1039	—
NAIPES	154	—
NOVENOS REALES	5301	—
OFICIOS VENDIBLES Y RENUNCIABLES	1696	—
PAPEL SELLADO	354	—
PENAS DE CAMARA	495033	—
REMITIDO A LIMA	102128	—
SUELDOS	640	—
TRIBS RLS DE SAN PEDRO DE B VISTA	111	—
TRIBUTOS CONSIGNACIONES DE LANZAS	7522	—
TRIBUTOS DE YANACONAS	11561	—
TRIBUTOS REALES DE CHAYANTA	3346	—
TRIBUTOS REALES DE CHICHAS	393	—
TRIBUTOS REALES DE COCHABAMBA	9	—
TRIBUTOS REALES DE MORCMORO	16	—
TRIBUTOS REALES DE SACACA	729	—
TRIBUTOS REALES DE TOMINA	253	—
VACANTE DEL OBISPADO DE TUCUMAN	4480	—
VACANTES DE OBISPADOS	26	—
VENTA DE BARRAS	36137	—
10% DE ENCOMIENDAS	152	—
TOTAL	781140	—

POTOSI   1/1672-12/1672

	OCHO ENSAYADOS	ORO	DATA
CARGO			
TOTAL	781063		
TOTAL COMPUTADO	781065		

S1816

	OCHO ENSAYADOS	ORO	DATA
ALCABALAS REALES	44311		
ARRENDAMIENTO Y VENTA DE MINAS	1434		
AZOGUES	180838		
BUENOS EFECTOS Y RESIDUOS	735		
BULAS DE SANTA CRUZADA	6195		
COLEGIO DE SAN FELIPE DE LIMA	152		
COMPOSICION DE PULPERIAS	2275		
CONDENACIONES DE LA VISITA	3376		
CONDENACIONES DE LA RESIDENCIA	31		
CONDENACIONES DEL REAL CONSEJO	1023		
CORREDURIA DE LONJA	128		
DEPOSITOS	2976		
EXTRAORDINARIO DE REAL HACIENDA	2165		
IMPOSICION DE BARRAS	15		
MEDIA ANATA	4630		
MEDIA ANATA DE TUCUMAN	960		
MESADAS ECLESIASTICAS	1771		
MITAD DE ENCOMIENDAS	964		
NAIPES	5310		
NOVENOS REALES	8240		
OFICIOS VENDIBLES Y RENUNCIABLES	26995		
PAPEL SELLADO	4918		
PENAS DE CAMARA	10		
REAL DE SEÑOREAGE	28872		
SANTOS LUGARES DE JERUSALEM	7680		
TRIBS RLS DE SAN PEDRO DE B VISTA	224		
TRIBUTOS CONSIGNACIONES DE LANZAS	13682		
TRIBUTOS DE YANACONAS	10955		
TRIBUTOS REALES DE ATACAMA	138		
TRIBUTOS REALES DE CHAYANTA	3747		
TRIBUTOS REALES DE CHICHAS	933		
TRIBUTOS REALES DE COCHABAMBA	1056		
TRIBUTOS REALES DE LIPES	152		
TRIBUTOS REALES DE MISQUE	48		
TRIBUTOS REALES DE MOROMORO	828		
TRIBUTOS REALES DE POCONA	38		
TRIBUTOS REALES DE PUNA	5661		
TRIBUTOS REALES DE SACACA	1577		
TRIBUTOS REALES DE TOMINA	854		
TRIBUTOS REALES DE YAMPARAES	120		
VACANTES DE OBISPADOS	10050		
1.5% Y QUINTO DE PLATA	418511		
10% DE ENCOMIENDAS	31		
TOTAL	804614		

S1816

TOTAL COMPUTADO   804614

1/1673-12/1673

DATA

TOTAL COMPUTADO

S1816   331

TOTAL COMPUTADO   781139

	OCHO ENSAYADOS	ORO
ALCABALAS REALES	1280	
AZOGUES	11565	
BUENOS EFECTOS Y RESIDUOS	600	
BULAS DE SANTA CRUZADA	6195	
COLEGIO DE SAN FELIPE DE LIMA	149	
CONDENACIONES DEL REAL CONSEJO	1023	
EFECTOS DE LA RESIDENCIA	31	
EXTRAORDINARIO DE REAL HACIENDA	1288	
MEDIA ANATA	4630	
MEDIA ANATA DE TUCUMAN	960	
MESADAS ECLESIASTICAS	1495	
MITAD DE ENCOMIENDAS	964	
MULTAS	320	
NAIPES	64	
NOVENOS REALES	2647	
PAPEL SELLADO	202	
REMITIDO A LIMA	650661	
SANTOS LUGARES DE JERUSALEM	7680	
SUELDOS DE LA VISITA	45946	
SUELDOS	44141	
TRIBUTOS CONSIGNACIONES DE LANZAS	2720	
TRIBUTOS DE YANACONAS	10955	
TRIBUTOS REALES DE CHAYANTA	2435	
TRIBUTOS REALES DE CHICHAS	23	
TRIBUTOS REALES DE MOROMORO	16	
TRIBUTOS REALES DE PUNA	1596	
TRIBUTOS REALES DE TOMINA	1084	
10% DE ENCOMIENDAS	31	
TOTAL	804701	

1/1674-12/1674

TOTAL COMPUTADO   804701

CARGO

	OCHO ENSAYADOS	ORO
ALCABALAS REALES	17910	
ARRENDAMIENTO Y VENTA DE MINAS	1472	
AZOGUES	183812	
BUENOS EFECTOS Y RESIDUOS	2227	
BULAS DE SANTA CRUZADA	8529	
CIUDAD DE ANCON	7040	
COLEGIO DE SAN FELIPE DE LIMA	228	
COMPOSICION DE PULPERIAS	1216	
CONDENACIONES DE LA VISITA	2414	
CONDENACIONES DEL REAL CONSEJO	23	
CORREDURIA DE LONJA	128	
DEPOSITOS	2592	
DONATIVO	256	
EFECTOS DE RESIDENCIA	77	
ESPOLIOS	320	
EXTRAORDINARIO DE REAL HACIENDA	6384	
IMPOSICION DE BARRAS	378	
MEDIA ANATA	3296	
MESADAS ECLESIASTICAS	638	
NAIPES	3425	
NOVENOS REALES	3732	
OFICIOS VENDIBLES Y RENUNCIABLES	10677	
PAPEL SELLADO	5115	
PENAS DE CAMARA	18	
REAL DE SENOREAGE	24269	
TRES RLS DE SENOREAGE	294	
TRIBUTOS CONSIGNACIONES DE LANZAS	10939	
TRIBUTOS REALES DE YANACONAS	7571	
TRIBUTOS REALES DE ATACAMA	138	
TRIBUTOS REALES DE CHAYANTA	4020	
TRIBUTOS REALES DE CHICHAS	1481	
TRIBUTOS REALES DE COCHABAMBA	2956	
TRIBUTOS REALES DE MORCMORO	452	
TRIBUTOS REALES DE PUNA	5619	
TRIBUTOS REALES DE SACACA	2955	
TRIBUTOS REALES DE TOMINA	1394	
TRIBUTOS REALES DE YAMPARAES	777	
TRIBUTOS VACOS	31	
VACANTES DE OBISPADOS	14403	
VENTA DE BARRAS	72583	
1.5% Y QUINTO DE PLATA	416584	
TOTAL	828371	
TOTAL COMPUTADO	828373	

S1816

ALCABALAS REALES	27277	
ARRENDAMIENTO Y VENTA DE MINAS	1478	
AZOGUES	19922	
BUENOS EFECTOS Y RESIDUOS	666	
BULAS DE SANTA CRUZADA	2047	
COLEGIO DE SANTA CRUZADA	228	
COLEGIO DE SAN FELIPE DE LIMA	704	
COMPOSICION DE PULPERIAS	523	
CONDENACIONES DE LA VISITA		

DATA

	OCHO ENSAYADOS	ORO
ALCABALAS REALES	4984	
AZOGUES	21544	
BUENOS EFECTOS Y RESIDUOS	600	
BULAS DE SANTA CRUZADA	8529	
CIUDAD DE ANCON	7040	
COLEGIO DE SAN FELIPE DE LIMA	224	
COMPOSICION DE PULPERIAS	13	
CONDENACIONES DEL REAL CONSEJO	23	
DEPOSITOS	896	
DONATIVO	256	
EFECTOS DE LA RESIDENCIA	77	
EXTRAORDINARIO DE REAL HACIENDA	1208	
IMPOSICION DE BARRAS	265	
MEDIA ANATA	3297	
MESADAS ECLESIASTICAS	639	
MITAD DE ENCOMIENDAS	1078	
NAIPES	192	
NOVENOS REALES	42	
OFICIOS VENDIBLES Y RENUNCIABLES	636	
PAPEL SELLADO	66	
REMITIDO A LIMA	559963	
SUELDOS	183686	
SUELDOS DE LA VISITA	2414	
TRIBUTOS CONSIGNACIONES DE LANZAS	3694	
TRIBUTOS REALES DE YANACONAS	7571	
TRIBUTOS REALES DE ATACAMA	138	
TRIBUTOS REALES DE CHAYANTA	3597	
TRIBUTOS REALES DE CHICHAS	478	
TRIBUTOS REALES DE COCHABAMBA	168	
TRIBUTOS REALES DE MORCMORO	69	
TRIBUTOS REALES DE PUNA	4980	
TRIBUTOS REALES DE SACACA	5158	
TRIBUTOS REALES DE TOMINA	1150	
VACANTES DE OBISPADOS	3401	
10% DE ENCOMIENDAS	369	
TOTAL	828443	
TOTAL COMPUTADO	828445	

	OCHO	ENSAYADOS ORO
ALCABALAS REALES		420
AZOGUES		20860
BULAS DE SANTA CRUZADA		2047
COLEGIO DE SAN FELIPE DE LIMA		224
CONDENACIONES DEL REAL CONSEJO		256
DONATIVO		192
EXTRAORDINARIO DE REAL HACIENDA		1503
FABRICA DEL REAL PALACIO		13

CARGO	OCHO ENSAYADOS	ORO
CONDENACIONES DEL REAL CONSEJO	256	—
DEPOSITOS	384	—
DONATIVO	192	—
ESPOLIOS	128	—
EXTRAORDINARIO DE REAL HACIENDA	2399	—
IMPOSICION DE BARRAS	15	—
MEDIA ANATA	6432	—
MEDIA ANATA DE TUCUMAN	1313	—
MESADAS ECLESIASTICAS	412	—
NAIPES	1849	—
NOVENOS REALES	1187	—
OFICIO DEL ALGUACIL MAYOR	12800	—
OFICIOS VENDIBLES Y RENUNCIABLES	6558	—
PAPEL SELLADO	2244	—
REAL DE SENOREAGE	25286	—
SISA	13	—
SOBRAS	70	—
TRIBS RLS DE SAN PEDRO DE B VISTA	160	—
TRIBUTOS CONSIGNACIONES DE LANZAS	12800	—
TRIBUTOS DE YANACONAS	5782	—
TRIBUTOS REALES DE ATACAMA	2046	—
TRIBUTOS REALES DE CHAYANTA	138	—
TRIBUTOS REALES DE COCHABAMBA	1408	—
TRIBUTOS REALES DE LIPES	534	—
TRIBUTOS REALES DE MISQUE	226	—
TRIBUTOS REALES DE MORCMORO	1164	—
TRIBUTOS REALES DE PUNA	1157	—
TRIBUTOS REALES DE SACACA	4659	—
TRIBUTOS REALES DE TOMINA	803	—
VACANTE DEL OBISPADO DE TUCUMAN	352	—
VACANTES DE OBISPADOS	320	—
VENTA DE BARRAS	8734	—
1.5% Y QUINTO DE PLATA	74432	—
TOTAL	351121	—
	567422	

TOTAL COMPUTADO   567423

DATA	OCHO ENSAYADOS	ORO
MEDIA ANATA	6432	—
MEDIA ANATA DE TUCUMAN	1313	—
MESADAS ECLESIASTICAS	412	—
NAIPES	2176	—
NOVENOS REALES	12	—
OFICIOS BENEFICIADOS	12800	—
OFICIOS VENDIBLES Y RENUNCIABLES	632	—
PAPEL SELLADO	214	—
REMITIDO A LIMA	2486674	—
SUELDOS	210593	—
SUELDOS DE LA VISITA	9951	—
TRIBUTOS CONSIGNACIONES DE LANZAS	4213	—
TRIBUTOS DE YANACONAS	3388	—
TRIBUTOS REALES DE CHAYANTA	567	—
TRIBUTOS REALES DE CHICHAS	1863	—
TRIBUTOS REALES DE COCHABAMBA	407	—
TRIBUTOS REALES DE MISQUE	120	—
TRIBUTOS REALES DE MORCMORO	170	—
TRIBUTOS REALES DE PUNA	592	—
TRIBUTOS REALES DE SACACA	1075	—
TRIBUTOS REALES DE TOMINA	381	—
TRIBUTOS REALES DE YAMPARAES	320	—
VACANTE DEL OBISPADO DE TUCUMAN	33608	—
VACANTES DE OBISPADOS	320	—
TOTAL	567473	—

TOTAL COMPUTADO   567474

S1816

ALCABALAS REALES	41986
ARRENDAMIENTO Y VENTA DE MINAS	1248
AZOGUES	144404
BUENOS EFECTOS Y RESIDUOS	1330
BULAS DE SANTA CRUZADA	10650
CAJA REAL DE BUENOS AIRES	5972
CAJA REAL DE TUCUMAN	6674
COLEGIO DE SAN FELIPE DE LIMA	76
COMPOSICION DE PULPERIAS	3545
CONDENACIONES DE LA VISITA	4116
CONDENACIONES DEL REAL CONSEJO	128
CORREDURIA DE LONJA	85
DEPOSITOS	6282
DONATIVO	6729
EXTRAORDINARIO DE REAL HACIENDA	6217
IMPOSICION DE BARRAS	138

1/1676-12/1676

ALCABALAS REALES	2066
AZOGUES	28074
BUENOS EFECTOS Y RESIDUOS	1043
BULAS DE SANTA CRUZADA	10650
CAJA REAL DE BUENOS AIRES	5972
CAJA REAL DE TUCUMAN	6674
CENSOS	6709
COLEGIO DE SAN FELIPE DE LIMA	76
COMISOS	5294
COMPOSICION DE PULPERIAS	36
CONDENACIONES DE LA VISITA	4697
CONDENACIONES DEL REAL CONSEJO	128
DONATIVO	5919
DEPOSITOS	6729
EXTRAORDINARIO DE REAL HACIENDA	1574
MEDIA ANATA	5729

POTOSI 1/1676-12/1676 — CARGO

	OCHO ENSAYADOS	ORO
MEDIA ANATA	5729	
MESADAS ECLESIASTICAS	1965	
NAIPES	2002	
NOVENOS REALES	9851	
OFICIOS VENDIBLES Y RENUNCIABLES	20027	
ORNAMENTOS DE IGLESIA DE B AIRES	1538	
PAPEL SELLADO	8540	
REAL DE SENOREAGE	21257	
SANTOS LUGARES DE JERUSALEM	7964	
TRIBS RLS DE SAN PEDRO DE B VISTA	80	
TRIBUTOS CONSIGNACIONES DE LANZAS	11771	
TRIBUTOS DE YANACONAS	14220	
TRIBUTOS REALES DE CHAYANTA	1830	
TRIBUTOS REALES DE CHICHAS	1866	
TRIBUTOS REALES DE CHUQUITO	127	
TRIBUTOS REALES DE COCHABAMBA	1815	
TRIBUTOS REALES DE MISQUE	762	
TRIBUTOS REALES DE MORCMORO	306	
TRIBUTOS REALES DE PUNA	5724	
TRIBUTOS REALES DE SACACA	1251	
TRIBUTOS REALES DE TOMINA	1108	
TRIBUTOS REALES DE YAMPARAES	824	
VACANTES DE OBISPADOS	8146	
VENTA DE BARRAS	76477	
1.5% Y QUINTO DE PLATA	318164	
TOTAL	762927	
TOTAL COMPUTADO	762924	

DATA

	OCHO ENSAYADOS	ORO
MESADAS ECLESIASTICAS	1966	
NAIPES	4	
NOVENOS REALES	6521	
OFICIOS VENDIBLES Y RENUNCIABLES	762	
ORNAMENTOS DE IGLESIA DE B AIRES	1538	
PAPEL SELLADO	28	
REMITIDO A LIMA	364531	
SANTOS LUGARES DE JERUSALEM	7964	
SUELDOS	244949	
TRIBUTOS CONSIGNACIONES DE LANZAS	3146	
TRIBUTOS DE YANACONAS	14220	
TRIBUTOS REALES DE CHAYANTA	2447	
TRIBUTOS REALES DE CHICHAS	23	
TRIBUTOS REALES DE COCHABAMEA	61	
TRIBUTOS REALES DE MISQUE	1521	
TRIBUTOS REALES DE SACACA	894	
TRIBUTOS REALES DE TOMINA	335	
TRIBUTOS REALES DE YAMPARAES	54	
TRIBUTOS VACCS	165	
VACANTES DE OBISPADOS	20674	
TOTAL	763176	
TOTAL COMPUTADO	763177	

S1816 — 1/1677-12/1677

	OCHO ENSAYADOS	ORO
ALCABALAS REALES	31764	
ARRENDAMIENTO Y VENTA DE MINAS	1760	
AZOGUES	159828	
BIENES DE FRANCESES	4800	
BUENOS EFECTOS Y RESIDUOS	1449	
BULAS DE SANTA CRUZADA	9572	
CAJA REAL DE BUENOS AIRES	794	
CAJA REAL DE URURO	119	
CAJA REAL DE TUCUMAN	1253	
COLEGIO DE SAN FELIPE DE LIMA	152	
COMPOSICION DE PULPERIAS	1645	
COMPOSICION DE TIERRAS	64	
CONDENACIONES DE LA VISITA	2608	
CONDENACIONES DEL REAL CONSEJO	288	
CORREDURIA DE LONJA	128	
DEPOSITOS	2653	
ESPOLIOS	920	
EXTRAORDINARIO DE REAL HACIENDA	2404	
IMPOSICION DE BARRAS	276	
MEDIA ANATA	5689	
MESADAS ECLESIASTICAS	4107	
NAIPES	2377	
NOVENOS REALES	7376	
OFICIOS VENDIBLES Y RENUNCIABLES	12758	

1/1677-12/1677

	OCHO ENSAYADOS	ORO
AZOGUES	22213	
BULAS DE SANTA CRUZADA	5879	
CAJA REAL DE BUENOS AIRES	794	
CAJA REAL DE ORURO	119	
CAJA REAL DE TUCUMAN	1253	
COLEGIO DE SAN FELIPE DE LIMA	149	
COMPOSICION DE PULPERIAS	7	
CONDENACIONES DE LA VISITA	2608	
CONDENACIONES DEL REAL CONSEJO	288	
DEPOSITOS	1420	
EXTRAORDINARIO DE REAL HACIENDA	2747	
MEDIA ANATA	5689	
MESADAS ECLESIASTICAS	4107	
NAIPES	364	
NOVENOS REALES	2976	
OFICIOS BENEFICIADOS	2334	
OFICIOS VENDIBLES Y RENUNCIABLES	741	
PAPEL SELLADO	311	
REMITIDO A LIMA	433029	
REPRESALIA DE LOS FRANCESES	4800	
SUELDOS	230790	
TRIBS RLS DE SAN PEDRO DE B VISTA	349	
TRIBUTOS CONSIGNACIONES DE LANZAS	2273	
TRIBUTOS DE YANACONAS	8254	
TOTAL COMPUTADO	763177	

CARGO	OCHO ENSAYADOS	ORO
PAPEL SELLADO	7289	—
REAL DE SENOREAGE	20770	—
SOBRAS	74	—
TRIBUTOS CONSIGNACIONES DE LANZAS	15946	—
TRIBUTOS REALES DE YANACONAS	8254	—
TRIBUTOS REALES DE ATACAMA	173	—
TRIBUTOS REALES DE CHAYANTA	7080	—
TRIBUTOS REALES DE COCHABAMBA	2124	—
TRIBUTOS REALES DE LIPES	147	—
TRIBUTOS REALES DE MISQUE	152	—
TRIBUTOS REALES DE MOROMORO	875	—
TRIBUTOS REALES DE PUNA	1175	—
TRIBUTOS REALES DE SACACA	4814	—
TRIBUTOS REALES DE TOMINA	2622	—
TRIBUTOS REALES DE YAMPARAES	1058	—
TRIBUTOS VACOS	186	—
VACANTES DE OBISPADOS	54	—
VENTA DE BARRAS	2458	—
1.5% Y QUINTO DE PLATA	81988	—
TOTAL	340158	—
	750060	—

TOTAL COMPUTADO 750061

DATA	OCHO ENSAYADOS	ORO	S1816
TRIBUTOS REALES DE CHAYANTA	2875		
TRIBUTOS REALES DE CHICHAS	23		
TRIBUTOS REALES DE MISQUE	889		
TRIBUTOS REALES DE MOROMORO	236		
TRIBUTOS REALES DE PUNA	2949		
TRIBUTOS REALES DE SACACA	927		
TRIBUTOS REALES DE TOMINA	45		
TRIBUTOS VACOS	924		
VACANTES DE OBISPADOS	3803		
TOTAL	750174		

TOTAL COMPUTADO 750169

S1816	OCHO ENSAYADOS	OCHO ENSAYADOS (1/1678-12/1678)
ALCABALAS REALES	39546	874
ARRENDAMIENTO Y VENTA DE MINAS	659	2
AZOGUES	153138	27174
BUENOS EFECTOS Y RESIDUOS	1509	118
BULAS DE SANTA CRUZADA	6369	6369
CAJA REAL DE BUENOS AIRES	1965	1965
CAJA REAL DE LIMA	1044	1044
CAJA REAL DE TUCUMAN	2124	2124
COLEGIO DE SAN FELIPE DE LIMA	64	64
COMISOS	26140	26140
COMPOSICION DE PULPERIAS	2323	17
CONDENACIONES DE LA VISITA	2893	4096
CONDENACIONES DEL REAL CONSEJO	755	766
CORREDURIA DE LONJA	128	
DEPOSITOS	5604	5492
ESPOLIOS	143	1513
EXTRAORDINARIO DE REAL HACIENDA	6222	1001
IMPOSICION DE BARRAS		6553
MEDIA ANATA	448	4340
MESADAS ECLESIASTICAS	6553	4
NAIPES	4340	
NOVENOS REALES	2490	2837
OFICIOS VENDIBLES Y RENUNCIABLES	4691	1552
PAPEL SELLADO	23403	23
PENAS DE CAMARA	3684	
REAL DE SENOREAGE	128	
REDENCION DE CAUTIVOS	23339	1705
REMITIDO A LIMA		482904
SANTOS LUGARES DE JERUSALEM	1705	161901
SUELDOS		2560
TRIBUTOS CONSIGNACIONES DE LANZAS	2560	5274
TRIBUTOS CONSIGNACIONES DE YANACONAS	11431	12667
TRIBUTOS REALES DE ATACAMA	12667	395
TRIBUTOS REALES DE CHAYANTA		4594

CARGO	OCHO ENSAYADOS	ORO
TRIBUTOS REALES DE ATACAMA	138	
TRIBUTOS REALES DE CHAYANTA	3469	
TRIBUTOS REALES DE CHICHAS	2266	
TRIBUTOS REALES DE CHUQUITO	64	
TRIBUTOS REALES DE COCHABAMBA	1385	
TRIBUTOS REALES DE MISQUE	97	
TRIBUTOS REALES DE MORCMORO	1668	
TRIBUTOS REALES DE PUNA	5555	
TRIBUTOS REALES DE SACACA	866	
TRIBUTOS REALES DE TOMINA	932	
TRIBUTOS REALES DE YAMPARAES	653	
TRIBUTOS VACOS	12	
VACANTES DE OBISPADOS	1688	
VENTA DE BARRAS	74428	
1.5% Y QUINTO DE PLATA	403829	
TOTAL	845118	

TOTAL COMPUTADO   845115

S18:6   S1816

	OCHO ENSAYADOS	ORO
ALCABALAS REALES	41044	
ARRENDAMIENTO Y VENTA DE MINAS	1542	
AZOGUES	159205	
BUENOS EFECTOS Y RESIDUOS	1206	
BULAS DE SANTA CRUZADA	6702	
CAJA REAL DE TUCUMAN	219	
COLEGIO DE SAN FELIPE DE LIMA	72	
COMPOSICION DE PULPERIAS	768	
CONDENACIONES DE LA VISITA	2722	
CONDENACIONES DEL TRIBUNAL CUENTAS	3959	
CONDENACIONES DEL REAL CONSEJO	310	
CORREDURIA DE LONJA	177	
DEPOSITOS	2016	
EXTRAORDINARIO DE REAL HACIENDA	2449	
IMPOSICION DE BARRAS	125	
MEDIA ANATA	2669	
MESADAS ECLESIASTICAS	3454	
NAIPES	2945	
NOVENOS REALES	8200	
OFICIOS VENDIBLES Y RENUNCIABLES	12716	
PAPEL SELLADO	2801	
QUINTOS DEL ORO	181	
REAL DE SENCREAGE	27904	
REDENCION DE CAUTIVOS	2713	
SOBRAS	102	
TRIBUTOS CONSIGNACIONES DE LANZAS	9516	
TRIBUTOS DE YANACONAS	7748	
TRIBUTOS REALES DE ATACAMA	138	
TRIBUTOS REALES DE CHAYANTA	3619	
TRIBUTOS REALES DE COCHABAMBA	2506	
TRIBUTOS REALES DE LIPES	152	
TRIBUTOS REALES DE MISQUE	698	
TRIBUTOS REALES DE MORCMORO	840	
TRIBUTOS REALES DE PUNA	5491	

DATA	OCHO ENSAYADOS	ORO
TRIBUTOS REALES DE CHICHAS	23	
TRIBUTOS REALES DE COCHABAMBA	14	
TRIBUTOS REALES DE PUNA	2824	
TRIBUTOS REALES DE SACACA	2193	
TRIBUTOS REALES DE TOMINA	927	
TRIBUTOS REALES DE YAMPARAES	522	
VACANTES DE OBISPADOS	508	
VENTA DE BARRAS	72097	
TOTAL	845180	

TOTAL COMPUTADO   845176

S1816   336

	OCHO ENSAYADOS	ORO
ALCABALAS REALES	268	
ARRENDAMIENTO Y VENTA DE MINAS	5	
AZOGUES	28377	
BUENOS EFECTOS Y RESIDUOS	1401	
BULAS DE SANTA CRUZADA	6701	
CAJA REAL DE CORDOBA DE TUCUMAN	218	
COLEGIO DE SAN FELIPE DE LIMA	71	
COMPOSICION DE PULPERIAS	3	
CONDENACIONES DE LA VISITA	2722	
CONDENACIONES DE TRIBUNAL CUENTAS	3959	
CONDENACIONES DEL REAL CONSEJO	311	
DEPOSITOS	3853	
ESPOLIOS	320	
EXTRAORDINARIO DE REAL HACIENDA	2644	
MEDIA ANATA	2560	
MESADAS ECLESIASTICAS	3454	
NOVENOS PARA EL CAPELLAN MAYOR	2647	
NOVENOS REALES	4636	
OFICIOS VENDIBLES Y RENUNCIABLES	5180	
PAPEL SELLADO	259	
REDENCION DE CAUTIVOS	2713	
REMITIDO A LIMA	476885	
SUELDOS	126219	
TRIBUTOS	3823	
TRIBUTOS CONSIGNACIONES DE LANZAS	7706	
TRIBUTOS DE YANACONAS	138	
TRIBUTOS REALES DE ATACAMA	1623	
TRIBUTOS REALES DE CHAYANTA	512	
TRIBUTOS REALES DE CHAYANTA	252	
TRIBUTOS REALES DE MISQUE	595	
TRIBUTOS REALES DE MORCMORO	264	
TRIBUTOS REALES DE SACACA	15444	
TRIBUTOS REALES DE MISQUE		
TRIBUTOS REALES DE TOMINA		
VACANTES DE CHISPADOS		
TOTAL	705759	

	OCHO	ENSAYADOS	ORO	DATA		OCHO	ENSAYADOS	ORO

CARGO

	ENSAYADOS
TRIBUTOS REALES DE SACACA	1109
TRIBUTOS REALES DE TOMINA	382
VACANTES DE OBISPADOS	2142
1.5% Y QUINTO DE PLATA	385225
TOTAL	705765

TOTAL COMPUTADO   705767

S1816

	ENSAYADOS
ALCABALAS ANTIGUAS	700
ALCABALAS REALES	35178
ARRENDAMIENTO Y VENTA DE MINAS	1248
AZOGUES	155253
BUENOS EFECTOS Y RESIDUOS	727
BULAS DE SANTA CRUZADA	9445
CAJA REAL DE BUENOS AIRES	11559
CAJA REAL DE CORDOBA DE TUCUMAN	538
COLEGIO DE SAN FELIPE DE LIMA	367
COMPOSICION DE PULPERIAS	3513
CONDENACIONES DE LA VISITA	2240
CONDENACIONES DEL REAL CONSEJO	501
CORREDURIA DE LONJA	128
DEPOSITOS	3593
EXTRAORDINARIO DE REAL HACIENDA	4224
IMPOSICION DE BARRAS	372
LIMOSNAS DE VINO Y ACEITE 6% ENCO	814
MEDIA ANATA	3794
MESADAS ECLESIASTICAS	4851
NAIPES	4643
NOVENOS REALES	7228
OFICIOS VENDIBLES Y RENUNCIABLES	14685
PAPEL SELLADO	4068
REAL DE SENOREAGE	24312
SANTOS LUGARES DE JERUSALEM	2560
TRIBS RLS DE SAN PEDRO DE B VISTA	127
TRIBUTOS CONSIGNACIONES DE LANZAS	15063
TRIBUTOS DE YANACONAS	8635
TRIBUTOS REALES DE ATACAMA	138
TRIBUTOS REALES DE CHAYANTA	1921
TRIBUTOS REALES DE CHICHAS	1402
TRIBUTOS REALES DE CHUCUITO	520
TRIBUTOS REALES DE COCHABAMBA	4204
TRIBUTOS REALES DE MISQUE	445
TRIBUTOS REALES DE MORCMORO	298
TRIBUTOS REALES DE PUNA	4827
TRIBUTOS REALES DE SACACA	1283
TRIBUTOS REALES DE TOMINA	1815
TRIBUTOS REALES DE YAMPARAES	660
TRIBUTOS VACOS	39
VACANTES DE OBISPADOS	3066
VEINTAVO DEL ORO	178
VENTA DE BARRAS	165582
1.5% Y QUINTO DE PLATA	389114
TOTAL	895862

1/1680-12/1680

TOTAL COMPUTADO   705763

	ENSAYADOS
ALCABALAS REALES	214
AZOGUES	4163
BUENOS EFECTOS Y RESIDUOS	1452
BULAS DE SANTA CRUZADA	9444
CAJA REAL DE BUENOS AIRES	11559
CAJA REAL DE CORDOBA DE TUCUMAN	858
COLEGIO DE SAN FELIPE DE LIMA	262
COMPOSICION DE PULPERIAS	33
CONDENACIONES DE LA VISITA	2240
CONDENACIONES DEL REAL CONSEJO	501
DEPOSITOS	4941
EXTRAORDINARIO DE REAL HACIENDA	2359
MEDIA ANATA	3474
MESADAS ECLESIASTICAS	4851
NAIPES	396
NOVENOS REALES	2647
NOVENOS PARA EL CAPELLAN MAYOR	309
OFICIOS VENDIBLES Y RENUNCIABLES	1325
PAPEL SELLADO	38
REMITIDO A LIMA	481491
SANTOS LUGARES DE JERUSALEM	2560
SUELDOS	343698
TRIBUTOS CONSIGNACIONES DE LANZAS	2852
TRIBUTOS DE YANACONAS	8655
TRIBUTOS REALES DE CHAYANTA	410
TRIBUTOS REALES DE CHICHAS	456
TRIBUTOS REALES DE CHUCUITO	64
TRIBUTOS REALES DE COCHABAMBA	978
TRIBUTOS REALES DE PUNA	2660
TRIBUTOS REALES DE TOMINA	318
TRIBUTOS REALES DE YAMPARAES	20
TRIBUTOS VACOS	51
VACANTES DE OBISPADOS	587
TOTAL	895867

POTOSI   1/1680-12/1680

CARGO

TOTAL COMPUTADO	OCHO ENSAYADOS	ORO
	895862	—

S1816	OCHO ENSAYADOS	ORO
ALCABALAS REALES	39062	
ARRENDAMIENTO Y VENTA DE MINAS	1408	
AZOGUES	170982	
BUENOS EFECTOS Y RESIDUOS	1175	
BULAS DE SANTA CRUZADA	9115	
CAJA REAL DE LA PAZ	537	
COLEGIO DE SAN FELIPE DE LIMA	135	
COMPOSICION DE PULPERIAS	2349	
CONDENACIONES DE LA VISITA	2016	
CONDENACIONES DEL REAL CONSEJO	409	
CORREDURIA DE LONJA	128	
DEPCSITOS	1792	
DONATIVO GRACIOSO	11186	
EFECTOS DE RESIDENCIA	7	
EXTRAORDINARIO DE REAL HACIENDA	465	
IMPOSICION DE BARRAS	671	
LIMOSNAS DE VINO Y ACEITE 6% ENCO	375	
MEDIA ANATA	4816	
MESADAS ECLESIASTICAS	1172	
NAIPES	3933	
NOVENOS REALES	6723	
OFICIOS VENDIBLES Y RENUNCIABLES	11446	
PAPEL SELLADO	4052	
PRESTAMOS	3094	
QUINTOS DEL ORO	577	
REAL DE SENOREAGE	23106	
REDENCION DE CAUTIVOS	2974	
SANTOS LUGARES DE JERUSALEM	2560	
TRIBUTOS CONSIGNACIONES DE LANZAS	13416	
TRIBUTOS DE YANACONAS	10789	
TRIBUTOS REALES DE INDIOS	18952	
TRIBUTOS VACOS	50	
VACANTES DE OBISPADOS	3346	
VENTA DE BARRAS	124324	
1.5% Y QUINTO DE PLATA	424064	
TOTAL	901211	

TOTAL COMPUTADO   901210

1/1681-12/1681

DATA

TOTAL COMPUTADO	OCHO ENSAYADOS	ORO
	895866	—

S1816	OCHO ENSAYADOS	ORO
ALCABALAS REALES	281	
ARRENDAMIENTO Y VENTA DE MINAS	2	
AZOGUES	26647	
BUENOS EFECTOS Y RESIDUOS	367	
BULAS DE SANTA CRUZADA	326	
CAJA REAL DE LA PAZ	32	
COMISOS	12800	
COMPOSICION DE PULPERIAS	13	
DEPOSITOS	77	
DONATIVO	36	
ESPOLIOS	3158	
EXTRAORDINARIO DE REAL HACIENDA	1168	
IMPOSICION DE BARRAS	665	
MEDIA ANATA	15	
MESADAS ECLESIASTICAS	30	
NAIPES	1	
NOVENOS REALES	362	
OFICIOS VENDIBLES Y RENUNCIABLES	275	
PAPEL SELLADO	23	
REMITIDO A LIMA	545360	
SUELDOS	257150	
TRIBUTOS CONSIGNACIONES DE LANZAS	3918	
TRIBUTOS DE YANACONAS	562	
TRIBUTOS REALES DE INDIOS	3868	
VACANTES DE OBISPADOS	4077	
TOTAL	901219	

TOTAL COMPUTADO   901217

S1816   1/1682-12/1682

S1816	OCHO ENSAYADOS	ORO
ALCABALAS REALES	47717	
ARRENDAMIENTO Y VENTA DE MINAS	774	
AZOGUES	193135	
BUENOS EFECTOS Y RESIDUOS	794	
BULAS DE SANTA CRUZADA	8129	
CAJA REAL DE TUCUMAN	1577	
COLEGIO DE SAN FELIPE DE LIMA	72	
COMPOSICION DE PULPERIAS	1094	

1/1682-12/1682	OCHO ENSAYADOS	ORO
ALCABALAS REALES	186	
AZOGUES	40606	
BUENOS EFECTOS Y RESIDUOS	604	
BULAS DE SANTA CRUZADA	8129	
CAJA REAL DE TUCUMAN	5363	
COLEGIO DE SAN FELIPE DE LIMA	71	
COMISOS	13340	
COMPOSICION DE PULPERIAS	13	

CARGO	OCHO ENSAYADOS	ORO
CONDENACIONES DE LA VISITA	2016	—
CONDENACIONES DE RESIDENCIA	32	—
CONDENACIONES DEL REAL CONSEJO	284	—
CORREDURIA DE LONJA	128	—
DEPOSITOS	4595	—
DONATIVO	448	—
EXTRAORDINARIO DE REAL HACIENDA	11	—
IMPOSICION DE BARRAS	1530	—
MEDIA ANATA	63	—
MESADAS ECLESIASTICAS	4933	—
NAIPES	1966	—
NOVENOS REALES	3678	—
OFICIOS VENDIBLES Y RENUNCIABLES	8273	—
PAPEL SELLADO	11703	—
PENAS DE CAMARA	6302	—
QUINTOS DEL ORO	64	—
REAL DE SEÑOREAGE	683	—
TRIBUTOS CONSIGNACIONES DE LANZAS	28943	—
TRIBUTOS REALES DE YANACONAS	7411	—
TRIBUTOS REALES DE ATACAMA	11637	—
TRIBUTOS REALES DE CHAYANTA	207	—
TRIBUTOS REALES DE CHICHAS	3786	—
TRIBUTOS REALES DE CHUQUITO	467	—
TRIBUTOS REALES DE COCHABAMBA	292	—
TRIBUTOS REALES DE LIPES	2749	—
TRIBUTOS REALES DE LIPES	1016	—
TRIBUTOS REALES DE MISQUE	196	—
TRIBUTOS REALES DE MORCMORO	868	—
TRIBUTOS REALES DE PUNA	4659	—
TRIBUTOS REALES DE SACACA	1201	—
TRIBUTOS REALES DE TCMINA	544	—
TRIBUTOS REALES DE YAMPARAES	224	—
VACANTES DE OBISPADOS	1314	—
VENTA DE BARRAS	233323	—
1.5% Y QUINTO DE PLATA	407708	—
TOTAL	1006935	—

TOTAL COMPUTADO   1006935

S1816	OCHO ENSAYADOS	ORO
ALCABALAS REALES	21221	—
ARRENDAMIENTO Y VENTA DE MINAS	4678	—
AZOGUES	214043	—
BIENES DE PARTICULARES	1271	—
BUENOS EFECTOS Y RESIDUOS	1165	—
BULAS DE SANTA CRUZADA	3666	—
CAJA REAL DE ORURO	554	—
COLEGIO DE SAN FELIPE DE LIMA	143	—
COMPOSICION DE PULPERIAS	462	—
CONDENACIONES DE LA VISITA	1600	—
CONDENACIONES DEL REAL CONSEJO	12	—
CORREDURIA DE LONJA	171	—
DEPOSITOS	10604	—
EFECTOS DE RESIDENCIA	76	—
EXTRAORDINARIO DE REAL HACIENDA	724	—

DATA	OCHO ENSAYADOS	ORO
CONDENACIONES DE LA VISITA	11471	—
CONDENACIONES DE RESIDENCIA	32	—
CONDENACIONES DEL REAL CONSEJO	285	—
DEPOSITOS	5983	—
DONATIVO	11	—
EXTRAORDINARIO DE REAL HACIENDA	2031	—
MEDIA ANATA	6898	—
NAIPES	4	—
NOVENOS REALES	3066	—
OFICIOS VENDIBLES Y RENUNCIABLES	428	—
PAPEL SELLADO	376	—
REMITIDO A LIMA	438380	—
SUELDOS	452742	—
TRIBUTOS CONSIGNACIONES DE LANZAS	116256	—
TRIBUTOS REALES DE YANACONAS	2905	—
TRIBUTOS REALES DE CHAYANTA	447	—
TRIBUTOS REALES DE COCHABAMBA	91	—
TRIBUTOS REALES DE MISQUE	253	—
TRIBUTOS REALES DE PUNA	205	—
TRIBUTOS REALES DE TCMINA	339	—
TRIBUTOS REALES DE YAMPARAES	346	—
VACANTES DE OBISPADOS	697	—
TOTAL	1006940	—

TOTAL COMPUTADO   1006938

	OCHO ENSAYADOS	ORO
ALCABALAS REALES	342	—
AZOGUES	12945	—
BIENES DE PARTICULARES	1303	—
BUENOS EFECTOS Y RESIDUOS	787	—
BULAS DE SANTA CRUZADA	3666	—
CAJA REAL DE ORURO	554	—
COLEGIO DE SAN FELIPE DE LIMA	141	—
COMPOSICION DE PULPERIAS	11	—
CONDENACIONES DE LA VISITA	21330	—
CONDENACIONES DE LA VISITA	13	—
CONDENACIONES DEL REAL CONSEJO	2219	—
DEPOSITOS	76	—
EFECTOS DE LA RESIDENCIA	1179	—
EXTRAORDINARIO DE REAL HACIENDA	7493	—
MEDIA ANATA	1660	—
MESADAS ECLESIASTICAS		

CARGO — OCHO ENSAYADOS ORO

IMPOSICION DE BARRAS	91
LIMOSNAS DE VINO Y ACEITE 6% ENCO	21
MEDIA ANATA	7494
MESADAS ECLESIASTICAS	1621
NAIPES	2788
NOVENOS REALES	6621
OFICIOS VENDIBLES Y RENUNCIABLES	16108
PAPEL SELLADO	3042
QUINTOS DEL ORO	65
REAL DE SEÑOREAGE	43808
REDENCION DE CAUTIVOS	2511
TRIBUTOS CONSIGNACIONES DE LANZAS	10914
TRIBUTOS REALES DE YANACONAS	9999
TRIBUTOS REALES DE ATACAMA	138
TRIBUTOS REALES DE CHAYANTA	3340
TRIBUTOS REALES DE CHICHAS	1400
TRIBUTOS REALES DE CHUQUITO	685
TRIBUTOS REALES DE COCHABAMBA	837
TRIBUTOS REALES DE LIPES	76
TRIBUTOS REALES DE MISQUE	467
TRIBUTOS REALES DE MOROMORO	812
TRIBUTOS REALES DE PUNA	465
TRIBUTOS REALES DE SACACA	1105
TRIBUTOS REALES DE TOMINA	835
TRIBUTOS VACOS	96
VACANTES DE OBISPADOS	62
VENTA DE BARRAS	599836
1.5% Y QUINTO DE PLATA	452390
TOTAL	1432220
TOTAL COMPUTADO	1432219

DATA — OCHO ENSAYADOS ORO

NAIPES	570
NOVENOS REALES	2995
OFICIOS VENDIBLES Y RENUNCIABLES	363
PAPEL SELLADO	2178
PENAS DE CAMARA	64
REDENCION DE CAUTIVOS	2511
REMITIDO A LIMA	552163
SUELDOS	172555
TRIBUTOS CONSIGNACIONES DE LANZAS	2729
TRIBUTOS DE YANACONAS	10100
TRIBUTOS REALES DE ATACAMA	345
TRIBUTOS REALES DE CHAYANTA	447
TRIBUTOS REALES DE CHICHAS	57
TRIBUTOS REALES DE CHUQUITO	1068
TRIBUTOS REALES DE COCHABAMBA	33
TRIBUTOS REALES DE MISQUE	117
TRIBUTOS REALES DE SACACA	9107
TRIBUTOS REALES DE TOMINA	641
VACANTES DE OBISPADOS	1123
VENTA DE BARRAS	575551
TOTAL	1432435
TOTAL COMPUTADO	1432436

S1816   1/1683-12/1683

ALCABALAS REALES	33845
ARRENDAMIENTO Y VENTA DE MINAS	1632
AZOGUES	198835
BIENES DE PARTICULARES	320
BIENES EFECTOS Y RESIDUOS	1308
CAJA REAL DE CORDOBA DE TUCUMAN	7762
COMPOSICION DE PULPERIAS	1106
CONDENACIONES DE LA VISITA	4206
CONDENACIONES DE RESIDENCIA	80
CONDENACIONES DEL REAL CONSEJO	96
CORREDURIA DE LONJA	3652
DEPOSITOS	96
EFECTOS DE RESIDENCIA	4278
EXTRAORDINARIO DE REAL HACIENDA	95
IMPOSICION DE BARRAS	117
LIMOSNAS DE VINO Y ACEITE 6% ENCO	1181
MEDIA ANATA	5588
MESADAS ECLESIASTICAS	1150
NAIPES	3684
NOVENOS REALES	7214
OFICIOS VENDIBLES Y RENUNCIABLES	20322
PAPEL SELLADO	2892

S1816   1/1684-12/1684 — OCHO ENSAYADOS ORO

ALCABALAS REALES	95
AZOGUES	34167
BIENES DE PARTICULARES	328
BUENOS EFECTOS Y RESIDUOS	1214
CAJA REAL DE CORDOBA DE TUCUMAN	7792
COMPOSICION DE PULPERIAS	9
CONDENACIONES DE LA VISITA	6853
CONDENACIONES DE RESIDENCIA	95
CONDENACIONES DEL REAL CONSEJO	80
DEPOSITOS	15241
EXTRAORDINARIO DE REAL HACIENDA	2396
MEDIA ANATA	5588
MESADAS ECLESIASTICAS	1179
NOVENOS REALES	4697
OFICIOS VENDIBLES Y RENUNCIABLES	325
PAPEL SELLADO	325
OFICIOS VENDIBLES Y RENUNCIABLES	430
PAPEL SELLADO	3267
REDENCION DE CAUTIVOS	543568
REMITIDO A LIMA	16320
SANTOS LUGARES DE JERUSALEM	186849
SUELDOS	

S1816   341

POTOSI   1/1684-12/1684

CARGO	OCHO ENSAYADOS	ORO
QUINTOS DEL ORO		
REAL DE SEÑOREAGE	525	
REDENCION DE CAUTIVOS	36382	
SANTOS LUGARES DE JERUSALEM	3267	
TRIBS RLS DE SAN PEDRO DE B VISTA	16320	
TRIBUTOS CONSIGNACIONES DE LANZAS	65	
TRIBUTOS DE YANACONAS	11292	
TRIBUTOS REALES DE ATACAMA	10523	
TRIBUTOS REALES DE CHAYANTA	138	
TRIBUTOS REALES DE CHICHAS	3771	
TRIBUTOS REALES DE CHUQUITO	5	
TRIBUTOS REALES DE COCHABAMBA	2688	
TRIBUTOS REALES DE MISQUE	186	
TRIBUTOS REALES DE MORCMORO	840	
TRIBUTOS REALES DE PUNA	4655	
TRIBUTOS REALES DE SACACA	1311	
TRIBUTOS REALES DE TOMINA	208	
VACANTES DE OBISPADOS	378	
VENTA DE BARRAS	581815	
1.5% Y QUINTO DE PLATA	444650	
TOTAL	1418852	

TOTAL COMPUTADO   1418852

DATA

DATA	OCHO ENSAYADOS	ORO
TRIBUTOS CONSIGNACIONES DE LANZAS	3319	
TRIBUTOS DE YANACONAS	10523	
TRIBUTOS REALES DE CHAYANTA	847	
TRIBUTOS REALES DE CHICHAS	23	
TRIBUTOS REALES DE CHUQUITO	207	
TRIBUTOS REALES DE COCHABAMBA	156	
TRIBUTOS REALES DE PUNA	5030	
TRIBUTOS REALES DE SACACA	1332	
TRIBUTOS REALES DE TOMINA	263	
VACANTE DEL OBISPADO DE TUCUMAN	2265	
VACANTES DE OBISPADOS	2104	
VENTA DE BARRAS	562141	
TOTAL	1418670	

TOTAL COMPUTADO   1418958

S1816   1/1685-12/1685

CARGO	OCHO ENSAYADOS	ORO
ALCABALAS REALES	36735	
ARRENDAMIENTO Y VENTA DE MINAS	1190	
AZOGUES	203540	
BIENES DE PARTICULARES	320	
BUENOS EFECTOS Y RESIDUOS	1298	
CAJA REAL DE CORDOBA DE TUCUMAN	3827	
COLEGIO DE SAN FELIPE DE LIMA	63	
COMPOSICION DE PULPERIAS	461	
CONDENACIONES DE LA VISITA	1632	
CORREDURIA DE LONJA	96	
DEPOSITOS	1792	
DONATIVO	371	
EFECTOS DE RESIDENCIA	972	
EXTRAORDINARIO DE REAL HACIENDA	3385	
IMPOSICION DE BARRAS	247	
LIMOSNAS DE VINO Y ACEITE 6% ENCO	292	
MEDIA ANATA	4337	
MESADAS ECLESIASTICAS	2317	
NAIPES	3328	
NOVENOS REALES	7718	
OFICIOS VENDIBLES Y RENUNCIABLES	14009	
PAPEL SELLADO	4072	
REAL DE SEÑOREAGE	35745	
TRIBUTOS CONSIGNACIONES DE LANZAS	7400	
TRIBUTOS DE YANACONAS	14195	
TRIBUTOS REALES DE ATACAMA	138	
TRIBUTOS REALES DE CHAYANTA	2679	
TRIBUTOS REALES DE CHICHAS	1400	
TRIBUTOS REALES DE COCHABAMBA	2612	

1/1685-12/1685

DATA	OCHO ENSAYADOS	ORO
ALCABALAS REALES	227	
AZOGUES	14248	
BIENES DE PARTICULARES	328	
BUENOS EFECTOS Y RESIDUOS	1298	
CAJA REAL DE CORDOBA DE TUCUMAN	3385	
CENSOS	3655	
COLEGIO DE SAN FELIPE DE LIMA	62	
COMPOSICION DE PULPERIAS	17	
CONDENACIONES DE LA VISITA	1632	
DEPOSITOS	4105	
DONATIVO	371	
EFECTOS DE LA RESIDENCIA	977	
EXTRAORDINARIO DE REAL HACIENDA	5080	
MEDIA ANATA	4337	
MESADAS ECLESIASTICAS	2317	
NOVENOS REALES	3081	
OFICIOS VENDIBLES Y RENUNCIABLES	453	
PAPEL SELLADO	85	
REMITIDO A LIMA	544898	
SUELDOS	738776	
TRIBUTOS CONSIGNACIONES DE LANZAS	1439	
TRIBUTOS DE YANACONAS	14194	
TRIBUTOS REALES DE ATACAMA	276	
TRIBUTOS REALES DE CHAYANTA	410	
TRIBUTOS REALES DE CHICHAS	23	
TRIBUTOS REALES DE COCHABAMBA	185	
TRIBUTOS REALES DE MISQUE	416	
TRIBUTOS REALES DE PUNA	3148	
TRIBUTOS REALES DE SACACA	1965	

POTOSI

1/1685-12/1685

CARGO	OCHO ENSAYADOS	ORO
TRIBUTOS REALES DE LIPES	152	—
TRIBUTOS REALES DE MISQUE	306	—
TRIBUTOS REALES DE MORCMORO	840	—
TRIBUTOS REALES DE PUNA	4659	—
TRIBUTOS REALES DE SACACA	1112	—
TRIBUTOS REALES DE TOMINA	921	—
TRIBUTOS VACOS	62	—
VACANTES DE OBISPADOS	3782	—
VENTA DE BARRAS	579183	—
1.5% Y QUINTO DE PLATA	405183	—
TOTAL	1352371	—
TOTAL COMPUTADO	1352371	—

S1816

	OCHO ENSAYADOS	ORO
ALCABALAS ANTIGUAS	448	—
ALCABALAS REALES	35869	—
ARRENDAMIENTO Y VENTA DE MINAS	1312	—
AZOGUES	191746	—
BIENES DE PARTICULARES	320	—
BIENES EFECTOS Y RESIDUOS	460	—
CAJA REAL DE CORDOBA DE TUCUMAN	1536	—
COLEGIO DE SAN FELIPE DE LIMA	324	—
COMPOSICION DE PULPERIAS	1633	—
CONDENACIONES DE LA VISITA	866	—
CONDENACIONES DE TRIBUNAL CUENTAS	234	—
CONDENACIONES DEL REAL CONSEJO	51	—
CORREDURIA DE LONJA	96	—
DEPOSITOS	4256	—
DEPOSITOS EXTRAORDINARIOS	28128	—
EXTRAORDINARIO DE REAL HACIENDA	2891	—
IMPOSICION DE BARRAS	164	—
MEDIA ANATA	4925	—
MESADAS ECLESIASTICAS	1562	—
NAIPES	2698	—
NOVENOS REALES	6690	—
OFICIOS VENDIBLES Y RENUNCIABLES	15730	—
PAPEL SELLADO	3434	—
QUINTOS DEL ORO	435	—
REAL DE SEÑOREAGE	30334	—
TRIBUTOS CONSIGNACIONES DE LANZAS	5697	—
TRIBUTOS REALES DE YANACONAS	12088	—
TRIBUTOS REALES DE ATACAMA	138	—
TRIBUTOS REALES DE CHAYANTA	2357	—
TRIBUTOS REALES DE CHICHAS	933	—
TRIBUTOS REALES DE COCHABAMBA	256	—
TRIBUTOS REALES DE MISQUE	512	—
TRIBUTOS REALES DE MORCMORO	4829	—
TRIBUTOS REALES DE PUNA	843	—
TRIBUTOS REALES DE SACACA	1619	—
TRIBUTOS REALES DE TOMINA	192	—
TRIBUTOS REALES DE YAMPARAES	6724	—
VACANTES DE OBISPADOS	518387	—
VENTA DE BARRAS		—

DATA	OCHO ENSAYADOS	ORO
TRIBUTOS REALES DE TOMINA	352	—
VACANTES DE OBISPADOS	625	—
TOTAL	1352374	—
TOTAL COMPUTADO	1352373	—

1/1686-12/1686

	OCHO ENSAYADOS	ORO
ALCABALAS REALES	110	—
AZOGUES	53236	—
BIENES DE PARTICULARES	328	—
BIENES EFECTOS Y RESIDUOS	459	—
CAJA REAL DE TUCUMAN	1536	—
COLEGIO DE SAN FELIPE DE LIMA	319	—
COMPOSICION DE PULPERIAS	4	—
CONDENACIONES DE LA VISITA	866	—
CONDENACIONES DE TRIBUNAL CUENTAS	234	—
CONDENACIONES DEL REAL CONSEJO	52	—
DEPOSITOS	2015	—
DEPOSITOS EXTRAORDINARIOS	18752	—
EXTRAORDINARIO DE REAL HACIENDA	905	—
MEDIA ANATA	4925	—
MESADAS ECLESIASTICAS	1562	—
NAIPES	221	—
NOVENOS REALES	2993	—
OFICIOS VENDIBLES Y RENUNCIABLES	602	—
PAPEL SELLADO	153	—
REMITIDO A LIMA	451389	—
SUELDOS	656815	—
TRIBUTOS CONSIGNACIONES DE LANZAS	1989	—
TRIBUTOS DE YANACONAS	12087	—
TRIBUTOS REALES DE CHAYANTA	485	—
TRIBUTOS REALES DE CHICHAS	23	—
TRIBUTOS REALES DE COCHABAMBA	392	—
TRIBUTOS REALES DE TOMINA	200	—
TRIBUTOS REALES DE YAMPARAES	5	—
TRIBUTOS VACCS	2664	—
VACANTES DE OBISPADOS	744	—
TOTAL	1256065	—

POTOSI   1/1686-12/1686

CARGO

	OCHO ENSAYADOS	ORO
1.5% Y QUINTO DE PLATA		
TOTAL	362874	
TOTAL	1256051	
TOTAL COMPUTADO	1256052	

S1816

	OCHO ENSAYADOS	ORO
ALCABALAS REALES	32706	
ARRENDAMIENTO Y VENTA DE MINAS	1248	
AZOGUES	185343	
BIENES DE PARTICULARES	320	
BUENOS EFECTOS Y RESIDUOS	983	
COLEGIO DE SAN FELIPE DE LIMA	152	
COMPOSICION DE PULPERIAS	1645	
CONDENACIONES DE LIMA	416	
CONDENACIONES DE LA VISITA	96	
CORREDURIA DE LONJA	2432	
DEPOSITOS	7261	
EXTRAORDINARIO DE REAL HACIENDA	181	
IMPOSICION DE BARRAS	9140	
MEDIA ANATA	2480	
MESADAS ECLESIASTICAS	882	
MURALLA DE LIMA	2021	
NAIPES	6726	
NOVENOS REALES	28319	
OFICIOS VENDIBLES Y RENUNCIABLES	3963	
PAPEL SELLADO	88320	
PRESTAMOS	31362	
REAL DE SENOREAGE	3628	
REDENCION DE CAUTIVOS	411	
TRIBS RLS DE SAN PEDRO DE B VISTA	7935	
TRIBUTOS CONSIGNACIONES DE LANZAS	10931	
TRIBUTOS DE YANACONAS	138	
TRIBUTOS REALES DE ATACAMA	2016	
TRIBUTOS REALES DE CHAYANTA	933	
TRIBUTOS REALES DE CHICHAS	364	
TRIBUTOS REALES DE COCHABAMBA	5359	
TRIBUTOS REALES DE LIPES	1606	
TRIBUTOS REALES DE PUNA	656	
TRIBUTOS REALES DE SACACA	317	
TRIBUTOS REALES DE TOMINA	640	
TRIBUTOS REALES DE YAMPARAES	3268	
TRIPUTOS VACOS	484654	
VACANTES DE OBISPADOS	399037	
VENTA DE BARRAS	399037	
1.5% Y QUINTO DE PLATA	1330730	
TOTAL	1330730	
TOTAL COMPUTADO	1330732	

S1816

	OCHO ENSAYADOS	ORO
ALCABALAS REALES	31472	
ARRENDAMIENTO Y VENTA DE MINAS	1312	
AZOGUES	182434	

1/1687-12/1687

DATA

	OCHO ENSAYADOS	ORO
TOTAL COMPUTADO	1256065	

	OCHO ENSAYADOS	ORO
AZOGUES	22942	
BIENES DE PARTICULARES	320	
BUENOS EFECTOS Y RESIDUOS	983	
CENSOS	630	
COLEGIO DE SAN FELIPE DE LIMA	149	
CONDENACIONES DE LA VISITA	6176	
DEPOSITOS	9376	
EXTRAORDINARIO DE REAL HACIENDA	773	
MEDIA ANATA	9139	
MESADAS ECLESIASTICAS	2480	
MURALLA DE LIMA	882	
NOVENOS REALES	2647	
OFICIOS VENDIBLES Y RENUNCIABLES	2155	
PAPEL SELLADO	160	
PRESTAMOS	86506	
REAL DE SENOREAGE	5876	
REDENCION DE CAUTIVOS	3628	
REMITIDO A LIMA	532961	
SUELDOS	625709	
TRIBUTOS CONSIGNACIONES DE LANZAS	1766	
TRIBUTOS DE YANACONAS	10930	
TRIBUTOS REALES DE ATACAMA	138	
TRIBUTOS REALES DE CHAYANTA	410	
TRIBUTOS REALES DE CHICHAS	23	
TRIBUTOS REALES DE PUNA	614	
VACANTES DE OBISPADOS	3474	
TOTAL	1330846	
TOTAL COMPUTADO	1330847	

1/1688-12/1688

	OCHO ENSAYADOS	ORO
TOTAL COMPUTADO		
ALCABALAS REALES	185	
AZOGUES	35330	
BIENES DE PARTICULARES	320	

POTOSI 1/1688-12/1688

CARGO	OCHO ENSAYADOS	ORO
BIENES DE PARTICULARES	320	—
BIENES EFECTOS Y RESIDUOS	940	—
CAJA REAL DE BUENOS AIRES	1019	—
CAJA REAL DE CORDOBA DE TUCUMAN	1927	—
COLEGIO DE SAN FELIPE DE LIMA	152	—
COMPOSICION DE PULPERIAS	2029	—
CONDENACIONES DE LA VISITA	1536	—
CONDENACIONES DEL REAL CONSEJO	776	—
CORREDURIA DE LONJA	96	—
DEPOSITOS	11808	—
EXTRAORDINARIO DE REAL HACIENDA	12609	—
IMPOSICION DE BARRAS	214	—
LIMOSNAS DE VINO Y ACEITE 6% ENCO	245	—
MEDIA ANATA	8295	—
MESADAS ECLESIASTICAS	1151	—
NAIPES	1456	—
NOVENOS REALES	5453	—
OFICIOS VENDIBLES Y RENUNCIABLES	14164	—
PAPEL SELLADO	3519	—
PRESTAMOS	24818	—
REAL DE SENOREAGE	33837	—
TRIBUTOS CONSIGNACIONES DE LANZAS	10984	—
TRIBUTOS DE YANACONAS	13690	—
TRIBUTOS REALES DE ATACAMA	345	—
TRIBUTOS REALES DE CHAYANTA	7396	—
TRIBUTOS REALES DE CHICHAS	467	—
TRIBUTOS REALES DE COCHABAMBA	2452	—
TRIBUTOS REALES DE LIPES	152	—
TRIBUTOS REALES DE MISQUE	891	—
TRIBUTOS REALES DE MORCMORO	840	—
TRIBUTOS REALES DE PUNA	4659	—
TRIBUTOS REALES DE SACACA	2042	—
TRIBUTOS REALES DE TOMINA	656	—
TRIBUTOS REALES DE YAMPARAES	263	—
TRIBUTOS VACOS	267	—
VACANTES DE OBISPADOS	1226	—
VENTA DE BARRAS	518455	—
1.5% Y QUINTO DE PLATA	399507	—
TOTAL	1305875	—

TOTAL COMPUTADO 1305878

DATA	OCHO ENSAYADOS S1816	ORO 344
BUENOS EFECTOS Y RESIDUOS	699	—
CAJA REAL DE BUENOS AIRES	1019	—
CAJA REAL DE TUCUMAN	1999	—
CENSOS	2580	—
COLEGIO DE SAN FELIPE DE LIMA	149	—
COMPOSICION DE PULPERIAS	9	—
CONDENACIONES DE LA VISITA	1536	—
CONDENACIONES DEL REAL CONSEJO	776	—
DEPOSITOS	11936	—
EXTRAORDINARIO DE REAL HACIENDA	937	—
MEDIA ANATA	8282	—
MESADAS ECLESIASTICAS	1139	—
NOVENOS REALES	3005	—
OFICIOS VENDIBLES Y RENUNCIABLES	420	—
PAPEL SELLADO	185	—
PRESTAMOS	24818	—
REAL DE SENOREAGE	3261	—
REMITIDO A LIMA	423053	—
SUELDOS	758877	—
TRIBUTOS CONSIGNACIONES DE LANZAS	2061	—
TRIBUTOS DE YANACONAS	13690	—
TRIBUTOS REALES DE ATACAMA	138	—
TRIBUTOS REALES DE CHAYANTA	485	—
TRIBUTOS REALES DE CHICHAS	23	—
TRIBUTOS REALES DE COCHABAMBA	208	—
TRIBUTOS REALES DE PUNA	4016	—
TRIBUTOS REALES DE SACACA	1365	—
TRIBUTOS REALES DE TOMINA	214	—
TRIBUTOS REALES DE YAMPARAES	75	—
VACANTES DE OBISPADOS	3088	—
TOTAL	1305874	—

TOTAL COMPUTADO 1305878

S1816

CARGO	OCHO ENSAYADOS	ORO
ALCABALAS REALES	29888	—
ARRENDAMIENTO Y VENTA DE MINAS	1536	—
AZOGUES	154694	—
BIENES DE PARTICULARES	320	—
BIENES EFECTOS Y RESIDUOS	1435	—
CAJA REAL DE LIMA	833	—
CAJA REAL DE BUENOS AIRES	152	—
COMPOSICION DE PULPERIAS	1773	—
CONDENACIONES DE LA VISITA	871	—
CORREDURIA DE LONJA	96	—
DEPOSITOS	1952	—

1/1689-12/1689

DATA	OCHO ENSAYADOS	ORO
ALCABALAS REALES	209	—
AZOGUES	26357	—
BIENES DE PARTICULARES	320	—
BIENES EFECTOS Y RESIDUOS	640	—
CAJA REAL DE BUENOS AIRES	833	—
CENSOS	164	—
COLEGIO DE SAN FELIPE DE LIMA	149	—
COMPOSICION DE PULPERIAS	14	—
CONDENACION DE PULPERIAS	4304	—
CONDENACIONES DE LA VISITA	127	—
DEPOSITOS	18	—
EFECTOS DE LA RESIDENCIA		—

POTOSI

1/1689-12/1689

CARGO	OCHO	ENSAYADOS	ORO
DONATIVO		77	—
EFECTOS DE RESIDENCIA		18	—
EXTRAORDINARIO DE REAL HACIENDA		6348	—
IMPOSICION DE BARRAS		218	—
LIMOSNAS DE VINO Y ACEITE 6% ENCO		330	—
MEDIA ANATA		2571	—
MESADAS ECLESIASTICAS		1615	—
NAIPES		2019	—
NOVENOS REALES		5039	—
OFICIOS VENDIBLES Y RENUNCIABLES		14222	—
PAPEL SELLADO		3603	—
QUINTOS DEL ORO		246	—
REAL DE SENOREAGE		30570	—
REFUERZO DE NAVIOS MAR DEL SUR		2272	—
SITUADO DE CHILE		13733	—
TRIBUTOS CONSIGNACIONES DE LANZAS		14868	—
TRIBUTOS DE YANACONAS		69	—
TRIBUTOS REALES DE ATACAMA		3524	—
TRIBUTOS REALES DE CHAYANTA		1398	—
TRIBUTOS REALES DE CHICHAS		800	—
TRIBUTOS REALES DE CHUQUITO		320	—
TRIBUTOS REALES DE COCHABAMBA		840	—
TRIBUTOS REALES DE MISQUE		4659	—
TRIBUTOS REALES DE MOROMORO		1400	—
TRIBUTOS REALES DE PUNA		910	—
TRIBUTOS REALES DE SACACA		86	—
TRIBUTOS REALES DE TOMINA		50	—
TRIBUTOS VACOS		3437	—
VACANTES DE OBISPADOS			—
VENTA DE BARRAS		510506	—
1.5% Y QUINTO DE PLATA		400194	—
TOTAL		1367876	—

| TOTAL COMPUTADO | | 1367877 | — |

S1816

	OCHO	ENSAYADOS	ORO
ALCABALAS REALES		31199	—
ARRENDAMIENTO Y VENTA DE MINAS		7056	—
AZOGUES		151148	—
BIENES DE PARTICULARES		320	—
BUENOS EFECTOS Y RESIDUOS		794	—
CAJA REAL DE BUENOS AIRES		209	—
COLEGIO DE SAN FELIPE DE LIMA		152	—
COMPOSICION DE PULPERIAS		1782	—
CONDENACIONES DE LA VISITA		864	—
CORREDURIA DE LONJA		96	—
DEPOSITOS		2272	—
DONATIVO		1920	—
EXTRAORDINARIO DE REAL HACIENDA		2553	—
IMPOSICION DE BARRAS		247	—
LIMOSNAS DE VINO Y ACEITE 6% ENCO		313	—
MEDIA ANATA		5278	—
MESADAS ECLESIASTICAS		1609	—

DATA	S1816	345 OCHO	ENSAYADOS	ORO
EXTRAORDINARIO DE REAL HACIENDA			959	—
MEDIA ANATA			2571	—
MESADAS ECLESIASTICAS			1617	—
NOVENOS REALES			2987	—
OFICIOS VENDIBLES Y RENUNCIABLES			95	—
PAPEL SELLADO			169	—
REAL DE SENOREAGE			1956	—
REFUERZO DE NAVIOS MAR DEL SUR			2272	—
REMITIDO A LIMA			244210	—
SITUADO DE CHILE			10101	—
SUELDOS			535232	—
TRIBUTOS CONSIGNACIONES DE LANZAS			2781	—
TRIBUTOS DE YANACONAS			14859	—
TRIBUTOS REALES DE ATACAMA			65	—
TRIBUTOS REALES DE CHAYANTA			236	—
TRIBUTOS REALES DE CHICHAS			23	—
TRIBUTOS REALES DE COCHABAMBA			113	—
TRIBUTOS REALES DE MISQUE			22	—
TRIBUTOS REALES DE PUNA			1810	—
TRIBUTOS REALES DE SACACA			1128	—
TRIBUTOS REALES DE TOMINA			1652	—
TRIBUTOS VACOS			11672	—
VACANTES DE OBISPADOS			5996	—
VENTA DE BARRAS			453242	—
TOTAL			1367908	—

| TOTAL COMPUTADO | | | 1367907 | — |

1/1690-12/1690

CARGO	OCHO	ENSAYADOS	ORO
ALCABALAS REALES		224	—
AZOGUES		22526	—
BIENES DE PARTICULARES		336	—
BUENOS EFECTOS Y RESIDUOS		85	—
COLEGIO DE SAN FELIPE DE LIMA		149	—
COMPOSICION DE PULPERIAS		40	—
CONDENACIONES DE LA VISITA		2629	—
DEPOSITOS		6726	—
DONATIVO		1600	—
EXTRAORDINARIO DE REAL HACIENDA		1272	—
MEDIA ANATA		5278	—
MESADAS ECLESIASTICAS		1609	—
NOVENOS REALES		3289	—
OFICIOS VENDIBLES Y RENUNCIABLES		395	—
PAPEL SELLADO		264	—
REAL DE SENOREAGE		5568	—
REFUERZO DE NAVIOS MAR DEL SUR		2209	—

POTOSI 1/1690-12/1690

CARGO	OCHO ENSAYADOS	ORO
NAIPES	1776	—
NOVENOS REALES	8273	—
OFICIOS VENDIBLES Y RENUNCIABLES	10005	—
PAPEL SELLADO	2440	—
QUINTOS DEL ORO	578	—
REAL DE SENOREAGE	35362	—
REFUERZO DE NAVIOS MAR DEL SUR	2000	—
TRIBUTOS CONSIGNACIONES DE LANZAS	14767	—
TRIBUTOS DE YANACONAS	7019	—
TRIBUTOS REALES DE ATACAMA	276	—
TRIBUTOS REALES DE CHAYANTA	5992	—
TRIBUTOS REALES DE CHICHAS	1892	—
TRIBUTOS REALES DE COCHABAMBA	3816	—
TRIBUTOS REALES DE MISQUE	337	—
TRIBUTOS REALES DE MORCMORO	1739	—
TRIBUTOS REALES DE PILAYA	1884	—
TRIBUTOS REALES DE PUNA	6848	—
TRIBUTOS REALES DE SACACA	2260	—
TRIBUTOS REALES DE TOMINA	968	—
TRIBUTOS REALES DE YAMPARAES	58	—
VACANTES DE OBISPADOS	1096	—
VENTA DE BARRAS	535064	—
1.5% Y QUINTO DE PLATA	4162215	—
TOTAL	1268475	—

TOTAL COMPUTADO   1268477

DATA	OCHO ENSAYADOS	ORO	S1816
REMITIDO A LIMA	502868	—	
SUELDOS	486935	—	
TRIBUTOS CONSIGNACIONES DE LANZAS	1455	—	
TRIBUTOS DE YANACONAS	6884	—	
TRIBUTOS REALES DE CHAYANTA	1083	—	
TRIBUTOS REALES DE CHICHAS	23	—	
TRIBUTOS REALES DE COCHABAMEA	1268	—	
TRIBUTOS REALES DE MISQUE	13	—	
TRIBUTOS REALES DE PUNA	448	—	
TRIBUTOS REALES DE SACACA	3845	—	
TRIBUTOS REALES DE YAMPARAES	4	—	
VACANTES DE OBISPADOS	1000	—	
VACCS	6739	—	
VENTA DE BARRAS	201754	—	
TOTAL	1268486	—	

TOTAL COMPUTADO   1268488

S1816   1/1691-12/1691

CARGO	OCHO ENSAYADOS	ORO
ALCABALAS ANTIGUAS	384	—
ALCABALAS REALES	45096	—
ARRENDAMIENTO Y VENTA DE MINAS	4896	—
AZOGUES	153683	—
BUENOS EFECTOS Y RESIDUOS	575	—
CAJA REAL DE CORDOBA DE TUCUMAN	8960	—
CAJA REAL DE LIMA	1579	—
COLEGIO DE SAN FELIPE DE LIMA	152	—
COMPOSICION DE PULPERIAS	1937	—
CONDENACIONES DE LA VISITA	737	—
CORREDURIA DE LONJA	96	—
DEPCSITOS	134	—
DONATIVO	16593	—
EXTRAORDINARIO DE REAL HACIENDA	2103	—
IMPOSICION DE BARRAS	188	—
LIMCSNAS DE VINO Y ACEITE 6% ENCO	228	—
MEDIA ANATA	5650	—
MESADAS ECLESIASTICAS	2541	—
NAIPES	2415	—
NOVENO Y MEDIO HOSPITAL LA PLATA	843	—
NOVENOS REALES	8583	—
OFICIOS VENDIBLES Y RENUNCIABLES	7780	—
PAPEL SELLADO	3557	—
PINAS DEL EXTRAVIO	11030	—
REAL DE SENOREAGE	28915	—
REFUERZO DE NAVIOS MAR DEL SUR	2809	—

DATA	OCHC ENSAYADCS	ORO	S1816
ALCABALAS REALES	222	—	
AZOGUES	16547	—	
BIENES DE PARTICULARES	855	—	
CAJA REAL DE CORDOBA DE TUCUMAN	8960	—	
CAJA REAL DE LIMA	1579	—	
CENSOS	6740	—	
COLEGIO DE SAN FELIPE DE LIMA	149	—	
COMPOSICION DE PULPERIAS	10	—	
CONDENACIONES	1920	—	
CONDENACIONES DE LA VISITA	2501	—	
DEPOSITOS	4139	—	
DONATIVO	115	—	
EXTRAORDINARIC DE REAL HACIENDA	3102	—	
MEDIA ANATA	5650	—	
MESADAS ECLESIASTICAS	2604	—	
NOVENO Y MEDIC HOSPITAL LA PLATA	843	—	
NOVENOS PARA EL CAPELLAN MAYOR	5294	—	
NOVENOS REALES	3573	—	
OFICIOS VENDIBLES Y RENUNCIABLES	399	—	
PAPEL SELLADO	253	—	
PINAS DE EXTRAVIO	44	—	
REALES LABRADCS DE BARRAS	2789	—	
REFUERZO DE NAVIOS MAR DEL SUR	21	—	
REMITIDO A LIMA	448296	—	
SITUADO DE CHILE	7904	—	
SITUADO DE LA CONCEPCION	5779	—	

TOTAL COMPUTADO   1268488

PUTOSI

1/1691-12/1691

S1816

CARGO

	OCHO ENSAYADOS	ORO
SITUADO DE CHILE		
TRIBS RLS DE SAN PEDRO DE B VISTA	15603	
TRIBUTOS CONSIGNACIONES DE LANZAS	1063	
TRIBUTOS DE YANACONAS	13813	
TRIBUTOS REALES DE CHAYANTA	4101	
TRIBUTOS REALES DE CHICHAS	5002	
TRIBUTOS REALES DE COCHABAMBA	4352	
TRIBUTOS REALES DE LIPES	11237	
TRIBUTOS REALES DE MISQUE	4476	
TRIBUTOS REALES DE MORCMORO	674	
TRIBUTOS REALES DE PILAYA	2832	
TRIBUTOS REALES DE PORCO	6153	
TRIBUTOS REALES DE PUNA	3563	
TRIBUTOS REALES DE SACACA	4250	
TRIBUTOS REALES DE TCMINA	3042	
TRIBUTOS REALES DE YAMPARAES	5375	
TRIBUTOS REALES POMABAMBA GRANDE	4019	
VACANTES DE OBISPADOS	64	
VENTA DE BARRAS	158	
1.5% Y QUINTO DE PLATA	466713	
TOTAL	367290	
TOTAL	1235257	
TOTAL COMPUTADO	1235256	

DATA

	OCHO ENSAYADOS	ORO
SUELDOS	650889	
TRIBUTOS CONSIGNACIONES DE LANZAS	2449	
TRIBUTOS DE YANACONAS	4102	
TRIBUTOS REALES DE ATACAMA	276	
TRIBUTOS REALES DE CHAYANTA	384	
TRIBUTOS REALES DE CHICHAS	23	
TRIBUTOS REALES DE COCHABAMBA	480	
TRIBUTOS REALES DE MISQUE	12	
TRIBUTOS REALES DE PORCO	939	
TRIBUTOS REALES DE PUNA	4856	
TRIBUTOS REALES DE TCMINA	323	
VACANTES DE OBISPADOS	225	
TOTAL	1235247	
TOTAL COMPUTADO	1235246	

1/1692-12/1692

S1816

CARGO

	OCHO ENSAYADOS	ORO
ALCABALAS REALES	28816	
ARRENDAMIENTO Y MEDIO VENTA DE MINAS	4480	
AZOGUES	135803	
BUENOS EFECTOS Y RESIDUOS	2752	
CAJA REAL DE LIMA	1280	
COLEGIO DE SAN FELIPE DE LIMA	152	
COMPULSION DE PULPERIAS	2096	
CONDENACIONES DE LA VISITA	736	
CONDENACIONES DE LONJA	96	
CORREDURIA DE LONJA	2469	
DONATIVO GRACIOSO	3115	
EXTRAORDINARIO DE REAL HACIENDA	172	
IMPOSICION DE BARRAS	7578	
MEDIA ANATA	643	
MEDIA ANATA	3545	
MESADAS ECLESIASTICAS	6556	
NAIPES	6881	
NOVENO Y MEDIO HOSPITAL LA PLATA	2297	
NOVENOS REALES	401	
OFICIOS VENCIBLES Y RENUNCIABLES	22953	
PAPEL SELLADO	2752	
QUINTOS DEL ORO	216	
REAL DE SENOREAGE	6930	
REDENCION DE CAUTIVOS	367	
REFUERZO DE NAVIOS MAR DEL SUR	1091	
SITUADO DE CHILE	7133	
TRIBS RLS DE SAN PEDRO DE B VISTA	138	
TRIBUTOS CONSIGNACIONES DE LANZAS	3925	
TRIBUTOS DE YANACONAS		
TRIBUTOS REALES DE ATACAMA		
TRIBUTOS REALES DE CHAYANTA		

DATA

	OCHO ENSAYADOS	ORO
AZOGUES	18771	
BUENOS EFECTOS Y RESIDUOS	1000	
CENSOS	1280	
CAJA REAL DE LIMA	1373	
COLEGIO DE SAN FELIPE DE LIMA	149	
CONDENACIONES DE LA VISITA	736	
EXTRAORDINARIO DE REAL HACIENDA	773	
MEDIA ANATA	7578	
MESADAS ECLESIASTICAS	643	
NOVENO Y MEDIO HOSPITAL LA PLATA	3728	
NOVENOS REALES	6556	
PAPEL SELLADO	185	
REAL DE SENOREAGE	3478	
REDENCION DE CAUTIVOS	2752	
REFUERZO DE NAVIOS MAR DEL SUR	216	
REMITIDO A LIMA	674416	
SUELDOS	751470	
TRIBUTOS CONSIGNACIONES DE LANZAS	1572	
TRIBUTOS DE YANACONAS	6102	
TRIBUTOS REALES DE ATACAMA	138	
TRIBUTOS REALES DE CHAYANTA	1746	
TRIBUTOS REALES DE CHICHAS	23	
TRIBUTOS REALES DE CHUCUITO	750	
TRIBUTOS REALES DE MISQUE	368	
TRIBUTOS REALES DE MORCMORO	98	
TRIBUTOS REALES DE PORCO	704	
TRIBUTOS REALES DE SACACA	282	
TRIBUTOS REALES DE YAMPARAES	2511	
TRIBUTOS REALES VACCS	2000	

POTOSI   1/1692-12/1692

CARGO	OCHO ENSAYADOS	ORO
TRIBUTOS REALES DE CHICHAS	3511	
TRIBUTOS REALES DE CHUQUITO	750	
TRIBUTOS REALES DE CCCHABAMBA	7956	
TRIBUTOS REALES DE LIPES	1491	
TRIBUTOS REALES DE MISQUE	1087	
TRIBUTOS REALES DE MORCMORO	1377	
TRIBUTOS REALES DE PILAYA	3922	
TRIBUTOS REALES DE PORCO	1056	
TRIBUTOS REALES DE PUNA	4760	
TRIBUTOS REALES DE SACACA	2316	
TRIBUTOS REALES DE TOMINA	1262	
TRIBUTOS REALES DE YAMPARAES	5638	
VACANTES DE OBISPADOS	192	
VENTA DE BARRAS	322311	
1.5% Y QUINTO DE PLATA	262655	
TOTAL	887547	

TOTAL COMPUTADO   887549

DATA	OCHO ENSAYADOS	ORO
VACANTES DE CBISPADOS	3094	
TOTAL	887493	

S1816

CARGO	OCHO ENSAYADOS	ORO
ALCABALAS REALES	29834	
ARRENDAMIENTO Y VENTA DE MINAS	1056	
AZOGUES	139510	
BUENOS EFECTOS Y RESIDUOS	2	
COLEGIO DE SAN FELIPE DE LIMA	152	
COMPOSICION DE PULPERIAS	1890	
CONDENACIONES DE LA VISITA	384	
CORREDURIA DE LONJA	96	
DEPOSITOS	640	
DONATIVO	1426	
EXTRAORDINARIO DE REAL HACIENDA	2138	
IMPOSICION DE BARRAS	160	
LIMOSNAS DE VINO Y ACEITE 6% ENCO	14906	
MEDIA ANATA	8	
MESADAS ECLESIASTICAS	229	
NAIPES	1072	
NOVENOS REALES	5477	
OFICIOS VENDIBLES Y RENUNCIABLES	3411	
PAPEL SELLADO	2080	
REAL DE SENOREAGE	27822	
REFUERZO DE NAVIOS MAR DEL SUR	418	
TRIBUTOS CONSIGNACIONES DE LANZAS	8288	
TRIBUTOS DE YANACONAS	7854	
TRIBUTOS REALES DE ATACAMA	138	
TRIBUTOS REALES DE CHAYANTA	7102	
TRIBUTOS REALES DE CHICHAS	1631	
TRIBUTOS REALES DE CHUQUITO	750	
TRIBUTOS REALES DE COCHABAMBA	14542	
TRIBUTOS REALES DE LIPES	1472	
TRIBUTOS REALES DE MISQUE	1749	
TRIBUTOS REALES DE PILAYA	4590	
TRIBUTOS REALES DE PORCO	6240	
TRIBUTOS REALES DE TOMINA	1582	
TRIBUTOS REALES DE YAMPARAES	3305	

1/1693-12/1693

CARGO	OCHO ENSAYADOS	ORO
ALCABALAS REALES	316	
ARRENDAMIENTO Y VENTA DE MINAS	1	
AZOGUES	14019	
BUENOS EFECTOS Y RESIDUOS	385	
CENSOS	1480	
COLEGIO DE SAN FELIPE DE LIMA	1270	
COMPOSICION DE PULPERIAS	25	
CONDENACIONES DE LA VISITA	384	
DEPOSITOS	32	
DESCUENTO DE 6% DE ENCOMIENDAS	313	
DONATIVO	18	
EXTRAORDINARIO DE REAL HACIENDA	1411	
LIMOSNAS DE VINO Y ACEITE 6% ENCO	8	
MEDIA ANATA	14906	
MESADAS ECLESIASTICAS	235	
NOVENOS PARA EL CAPELLAN MAYOR	2647	
NOVENOS REALES	708	
NOVENOS Y HOSPITAL DE LA PLATA	217	
OFICIOS VENDIBLES Y RENUNCIABLES	75	
PAPEL SELLADO	275	
REAL DE SENOREAGE	4566	
REFUERZO DE NAVIOS MAR DEL SUR	1536	
REMITIDO A LIMA	3214454	
SUELDOS	678221	
TRIBUTOS CONSIGNACIONES DE LANZAS	1374	
TRIBUTOS DE YANACONAS	7854	
TRIBUTOS REALES DE ATACAMA	138	
TRIBUTOS REALES DE CHAYANTA	6629	
TRIBUTOS REALES DE CHICHAS	1171	
TRIBUTOS REALES DE CHUQUITO	750	
TRIBUTOS REALES DE COCHABAMBA	7327	
TRIBUTOS REALES DE LIPES	7327	
TRIBUTOS REALES DE MISQUE	225	
TRIBUTOS REALES DE PILAYA	106	
TRIBUTOS REALES DE PILAYA	2982	

TOTAL COMPUTADO   887492

POTOSI 1/1693-12/1653

CARGO	OCHO ENSAYADOS	ORO
TRIBUTOS VACOS	50	—
VACANTES DE OBISPADOS	352	—
VENTA DE BARRAS	431068	—
1.5% Y QUINTO DE PLATA	353002	—
TOTAL	1076425	—
TOTAL COMPUTADO	1076430	—

S1816	OCHO ENSAYADOS	ORO
ALCABALAS REALES	26731	
ARRENDAMIENTO Y VENTA DE MINAS	1088	
AZOGUES	130905	
BUENOS EFECTOS Y RESIDUOS	208	
COLEGIO DE SAN FELIPE DE LIMA	525	
COMPOSICION DE PULPERIAS	2019	
CONDENACIONES DE LA VISITA	2278	
CORREDURIA DE LONJA	96	
DONATIVO	384	
EFECTOS DE RESIDENCIA	106	
EXTRAORDINARIO DE REAL HACIENDA	484	
IMPOSICION DE BARRAS	144	
LIMOSNAS DE VINO Y ACEITE 6% ENCO	8	
MEDIA ANATA	4452	
MESADAS ECLESIASTICAS	2245	
NAIPES	112	
NOVENOS REALES	9165	
OFICIOS VENDIBLES Y RENUNCIABLES	6640	
PAPEL SELLADO	2105	
REAL DE SEÑOREAGE	24352	
TRIBUTOS CONSIGNACIONES DE LANZAS	16524	
TRIBUTOS REALES DE YANACONAS	4528	
TRIBUTOS REALES DE ATACAMA	276	
TRIBUTOS REALES DE CHAYANTA	7232	
TRIBUTOS REALES DE CHICHAS	2135	
TRIBUTOS REALES DE COCHABAMBA	5642	
TRIBUTOS REALES DE LIPES	569	
TRIBUTOS REALES DE MISQUE	1130	
TRIBUTOS REALES DE PILAYA	3060	
TRIBUTOS REALES DE PUNA	5288	
TRIBUTOS REALES DE TOMINA	1878	
TRIBUTOS REALES DE YAMPARAES	2508	
VACANTES DE OBISPADOS	256	
VACANTES DE OBISPADOS POMABAMBA GRANDE	5357	
VENTA DE BARRAS	379855	
1.5% Y QUINTO DE PLATA	338197	
TOTAL	988499	
TOTAL COMPUTADO	988498	

S1816	OCHO ENSAYADOS	ORO
ALCABALAS REALES	22717	
ARRENDAMIENTO Y VENTA DE MINAS	2017	

S1816	OCHO ENSAYADOS	ORO
349	1076437	

DATA	OCHO ENSAYADOS	ORO
TRIBUTOS REALES DE PORCO	700	—
TRIBUTOS REALES DE YAMPARAES	1759	—
TRIBUTOS VACOS	471	—
VACANTES DE OBISPADOS	449	—
TOTAL	1076437	—
TOTAL COMPUTADO	1076437	—

1/1694-12/1694

DATA	OCHO ENSAYADOS	ORO
ALCABALAS REALES	314	
AZOGUES	18832	
CENSOS	1720	
COLEGIO DE SAN FELIPE DE LIMA	145	
COMPOSICION DE PULPERIAS	8	
CONDENACIONES DE LA VISITA	2278	
DEPOSITOS	7227	
EFECTOS DE LA RESIDENCIA	106	
EXTRAORDINARIO DE REAL HACIENDA	880	
MEDIA ANATA	4452	
MESADAS ECLESIASTICAS	4452	
NOVENOS REALES	2148	
OFICIOS VENDIBLES Y RENUNCIABLES	3149	
PAPEL SELLADO	23	
REAL DE SEÑOREAGE	57	
REMITIDO A LIMA	3603	
SUELDOS	3823355	
TRIBUTOS CONSIGNACIONES DE LANZAS	550768	
TRIBUTOS REALES DE YANACONAS	1279	
TRIBUTOS REALES DE ATACAMA	4528	
TRIBUTOS REALES DE CHAYANTA	138	
TRIBUTOS REALES DE CHICHAS	1070	
TRIBUTOS REALES DE COCHABAMBA	23	
TRIBUTOS REALES DE PORCO	252	
TRIBUTOS REALES DE PILAYA	1125	
TRIBUTOS REALES DE PORCO	1194	
TRIBUTOS REALES DE YAMPARAES	36	
VACANTES DE OBISPADOS	661	
TOTAL	988374	
TOTAL COMPUTADO	988375	

1/1695-12/1695

	OCHO ENSAYADOS	ORO
ALCABALAS REALES	64	
AZOGUES	17738	

CARGO — 1/1695-12/1695

CARGO	OCHO ENSAYADOS	ORO
AZOGUES	153979	—
BEATERIO DE JESUS MARIA Y JOSEPH	371	—
COLEGIO DE SAN FELIPE DE LIMA	152	—
COMPOSICION DE PULPERIAS	1840	—
CONDENACIONES	353	—
CONDENACIONES DE LA VISITA	480	—
CORREDURIA DE LONJA	96	—
DEPOSITOS	192	—
DONATIVO	2756	—
EXTRAORDINARIO DE REAL HACIENDA	52638	—
GASTOS DE LA MONARQUIA DONATIVO	1654	—
IMPOSICION DE BARRAS	167	—
LIMOSNAS DE VINO Y ACEITE 6% ENCO	483	—
MEDIA ANATA	3956	—
MESADAS ECLESIASTICAS	851	—
NAIPES	112	—
NOVENOS REALES	3197	—
OFICIOS VENDIBLES Y RENUNCIABLES	21931	—
PAPEL SELLADO	1183	—
QUINTOS DEL ORO	184	—
REAL DE SENOREAGE	29382	—
REFUERZO DE NAVIOS MAR DEL SUR	1157	—
TERCIOS DE SUELDOS	15783	—
TRIBUTOS CONSIGNACIONES DE LANZAS	7830	—
TRIBUTOS REALES DE YANACONAS	3690	—
TRIBUTOS REALES DE CHAYANTA	6221	—
TRIBUTOS REALES DE CHICHAS	1856	—
TRIBUTOS REALES DE COCHABAMBA	6592	—
TRIBUTOS REALES DE LIPES	1608	—
TRIBUTOS REALES DE MISQUE	324	—
TRIBUTOS REALES DE PORCO	5258	—
TRIBUTOS REALES DE TOMINA	3849	—
TRIBUTOS REALES DE YAMPARAES	1184	—
TRIBUTOS REALES POMABAMBA GRANDE	352	—
VACANTES DE OBISPADOS	7829	—
VENTA DE BARRAS	414787	—
1.5% Y QUINTO DE PLATA	344515	—
TOTAL	1123530	—
TOTAL COMPUTADO	1123526	—

S1816

CARGO	OCHO ENSAYADOS	ORO
ALCABALAS REALES	14909	—
ARRENDAMIENTO Y VENTA DE MINAS	640	—
AZOGUES	148840	—
AZOGUES	1984	—
CAJA REAL DE LIMA	38	—
COLEGIO DE SAN FELIPE DE LIMA	1807	—
COMPOSICION DE PULPERIAS	64	—
CONDENACIONES DE LA VISITA	97	—
CORREDURIA DE LONJA	13008	—
DEPOSITOS	1859	—
DONATIVO GRACIOSO	509	—
EXTRAORDINARIO DE REAL HACIENDA	140	—
IMPOSICION DE BARRAS		—

DATA

DATA	OCHO ENSAYADOS	ORO
BEATERIO DE JESUS MARIA Y JOSEPH	366	—
CENSOS	737	—
COLEGIO DE SAN FELIPE DE LIMA	149	—
COMPOSICION DE PULPERIAS	5	—
CONDENACIONES	339	—
CONDENACIONES DE LA VISITA	5774	—
CONDENACIONES DE RESIDENCIA	14	—
DONATIVO	3076	—
EXTRAORDINARIO DE REAL HACIENDA	774	—
GASTOS DE LA MONARQUIA	1654	—
MEDIA ANATA	3956	—
MESADAS ECLESIASTICAS	872	—
NOVENOS REALES	323	—
OFICIOS VENDIBLES Y RENUNCIABLES	34	—
PAPEL SELLADO	232	—
REFUERZO DE NAVIOS MAR DEL SUR	1157	—
REMITIDO A LIMA	541617	—
SUELDOS	504531	—
TERCIOS DE SUELDOS	1157	—
TRIBUTOS CONSIGNACIONES DE LANZAS	16207	—
TRIBUTOS REALES DE ATACAMA	286	—
TRIBUTOS REALES DE CHAYANTA	3690	—
TRIBUTOS REALES DE CHICHAS	5215	—
TRIBUTOS REALES DE COCHABAMBA	138	—
TRIBUTOS REALES DE LIPES	2671	—
TRIBUTOS REALES DE PILAYA	975	—
TRIBUTOS REALES DE PORCO	350	—
TRIBUTOS REALES DE TOMINA	8048	—
TRIBUTOS REALES DE YAMPARAES	94	—
TRIBUTOS REALES DE YAMPARAES	2015	—
VACANTES DE OBISPADOS	411	—
TOTAL	1123535	—
TOTAL COMPUTADO	1123535	—

1/1696- 4/1696

DATA	OCHO ENSAYADOS	ORO
AZOGUES	5165	—
CAJA REAL DE LIMA	1984	—
CENSOS	1328	—
COLEGIO DE SAN FELIPE DE LIMA	37	—
CONDENACIONES DE LA VISITA	64	—
DEPOSITOS	515	—
EXTRAORDINARIO DE REAL HACIENDA	64	—
MEDIA ANATA	2455	—
MESADAS ECLESIASTICAS	2653	—
NOVENOS REALES	5294	—
PAPEL SELLADO	58	—
REAL DE SENOREAGE	339	—

POTOSI   1/1696- 4/1696

CARGO	OCHO ENSAYADOS	ORO
INTERESES DE BARRAS	7554	
MEDIA ANATA	2455	
MESADAS ECLESIASTICAS	733	
NAIPES	48	
NOVENOS REALES	6268	
OFICIOS VENDIBLES Y RENUNCIABLES	8240	
PAPEL SELLADO	1044	
QUINTOS DEL ORO	160	
REAL DE SENOREAGE	11397	
TERCIOS DE SUELDOS	681	
TRIBUTOS DE YANACONAS	5274	
TRIBUTOS REALES DE ATACAMA	138	
TRIBUTOS REALES DE CHAYANTA	3400	
TRIBUTOS REALES DE CHICHAS	928	
TRIBUTOS REALES DE COCHABAMBA	4877	
TRIBUTOS REALES DE MISQUE	192	
TRIBUTOS REALES DE PORCO	4288	
TRIBUTOS REALES DE TOMINA	1933	
VACANTES DE OBISPADOS	5514	
VENTA DE BARRAS	215832	
1.5% Y QUINTO DE PLATA	153126	
TOTAL	617576	
TOTAL COMPUTADO	617977	

DATA	OCHO ENSAYADOS 51816	ORO 351
REMITIDO A LIMA	1379	
SUELDOS	292995	
TERCIOS DE SUELDOS	2540	
TRIBUTOS CONSIGNACIONES DE LANZAS	3000	
TRIBUTOS DE YANACONAS	5194	
TRIBUTOS REALES DE CHAYANTA	2760	
TRIBUTOS REALES DE COCHABAMBA	640	
TRIBUTOS REALES DE LIPES	250	
TRIBUTOS REALES DE PORCO	1040	
VACANTES DE OBISPADOS	417	
TOTAL	330172	
TOTAL COMPUTADO	330171	

P 508

5/1696- 4/1697

CARGO	OCHO ENSAYADOS	ORO
ALCABALAS REALES	49859	
ARRENDAMIENTO Y VENTA DE MINAS	640	
AZOGUES	144185	
COLEGIO DE SAN FELIPE DE LIMA	152	
COMPOSICION DE PULPERIAS	1585	
CONDENACIONES DE LA VISITA	64	
CONDENACIONES DE RESIDENCIA	349	
CORREDURIA DE LONJA	100	
DEPOSITOS	1054	
DONATIVO ANTIGUO	5225	
ENTERADO EN LA CAJA	512	
EXTRAORDINARIO DE REAL HACIENDA	949	
GASTOS DE LA MONARQUIA DONATIVO	8000	
IMPOSICION DE BARRAS	157	
MEDIA ANATA	4473	
MESADAS ECLESIASTICAS	2134	
NOVENOS REALES	6143	
OFICIOS VENDIBLES Y RENUNCIABLES	5037	
PAPEL SELLADO	1815	
QUINTOS DEL ORO	28	
REAL DE SENOREAGE	26465	
TERCIOS DE SUELDOS	1000	
TRIBUTOS CONSIGNACIONES DE LANZAS	6305	
TRIBUTOS DE YANACONAS	4707	
TRIBUTOS REALES DE ATACAMA	138	
TRIBUTOS REALES DE CHAYANTA	5168	
TRIBUTOS REALES DE CHICHAS	2139	
TRIBUTOS REALES DE CHUQUITO	2250	

DATA	OCHO ENSAYADOS	ORO
CASA DE MONEDA	664	
REAL HACIENDA	562595	
REMITIDO A LIMA	300557	
TOTAL	863816	

CARGO	OCHO	ENSAYADOS	ORO	DATA
TRIBUTOS REALES DE COCHABAMBA		4842		
TRIBUTOS REALES DE MISQUE		542		
TRIBUTOS REALES DE PILAYA		5261		
TRIBUTOS REALES DE PORCO		5312		
TRIBUTOS REALES DE TOMINA		1920		
TRIBUTOS REALES DE YAMPARAES		1309		
TRIBUTOS REALES POMABAMBA GRANDE		384		
VACANTES DE OBISPADOS		7953		
VENTA DE BARRAS		335701		
1.5% Y QUINTO DE PLATA		323147		
TOTAL		967008		

TOTAL COMPUTADO 967008

P 510

	OCHO	ENSAYADOS	ORO
ALCABALAS REALES		22867	
ARRENDAMIENTO Y VENTA DE MINAS		896	
AZOGUES		121588	
BUENOS EFECTOS Y RESIDUOS		1700	
CAJA REAL DE TUCUMAN		7680	
COLEGIO DE SAN FELIPE DE LIMA		153	
COMPOSICION DE PULPERIAS		2302	
CONDENACIONES DE LA VISITA		384	
CORREDURIA DE LONJA		96	
DONATIVO PARA DEFENSA DEL REINO		33075	
EXTRAORDINARIO DE REAL HACIENDA		4465	
IMPOSICION DE BARRAS		108	
LIMOSNAS DE VINO Y ACEITE 6% ENCO		326	
MEDIA ANATA		3924	
MESADAS ECLESIASTICAS		2120	
NOVENOS REALES		8078	
OFICIOS VENDIBLES Y RENUNCIABLES		6233	
PAPEL SELLADO		2251	
REAL DE SENOREAGE		19986	
TERCIOS DE SUELDOS		953	
TRIBUTOS CONSIGNACIONES DE LANZAS		11723	
TRIBUTOS DE YANACONAS		4438	
TRIBUTOS REALES DE CHAYANTA		10614	
TRIBUTOS REALES DE COCHABAMBA		9670	
TRIBUTOS REALES DE MISQUE		680	
TRIBUTOS REALES DE PILAYA		2560	
TRIBUTOS REALES DE PORCO		4032	
TRIBUTOS REALES DE TOMINA		2058	
TRIBUTOS REALES DE YAMPARAES		1336	
VACANTES DE OBISPADOS		2274	
VENTA DE BARRAS		274277	
1.5% Y QUINTO DE PLATA		242691	
TOTAL		805538	

P 517

TOTAL COMPUTADO 805538

DATA	OCHO	ENSAYADOS	ORO
ALCABALAS REALES		224	
AZOGUES		6817	
AZOGUES DE CARANGAS		768	
BUENOS EFECTOS Y RESIDUOS		2	
CAJA REAL DE TUCUMAN		7680	
COLEGIO DE SAN FELIPE DE LIMA		149	
COMPOSICION DE PULPERIAS		17	
CONDENACIONES DE LA VISITA		384	
CONDENACIONES DEL REAL CONSEJO		1	
DEPOSITOS		1054	
DONATIVO PARA DEFENSA DEL REINO		33287	
EXTRAORDINARIO DE REAL HACIENDA		2024	
MEDIA ANATA		3926	
MESADAS ECLESIASTICAS		2120	
NOVENOS REALES		8078	
OFICIOS VENDIBLES Y RENUNCIABLES		5233	
PAPEL SELLADO		135	
REAL DE SENOREAGE		1720	
REMITIDO A LIMA		616709	
TERCIOS DE SUELDOS		341389	
TRIBUTOS CONSIGNACIONES DE LANZAS		954	
TRIBUTOS DE YANACONAS		5935	
TRIBUTOS REALES DE CHAYANTA		4365	
TRIBUTOS REALES DE CHICHAS		6475	
TRIBUTOS REALES DE COCHABAMBA		23	
TRIBUTOS REALES DE PILAYA		8979	
TRIBUTOS REALES DE PORCO		413	
TRIBUTOS REALES DE YAMPARAES		93	
VACANTES DE OBISPADOS		962	
TOTAL		1059920	

TOTAL COMPUTADO 863816

P 508 352

	OCHO	ENSAYADOS	ORO

TOTAL COMPUTADO 1059920

CARGO

	OCHO ENSAYADOS	ORO
ALCABALAS ANTIGUAS	90	—
ALCABALAS REALES	33193	—
ARRENDAMIENTO Y VENTA DE MINAS	1088	—
AZOGUES	188608	—
BUENOS EFECTOS Y RESIDUOS	353	—
COLEGIO DE SAN FELIPE DE LIMA	152	—
COMPOSICION DE PULPERIAS	1925	—
CONDENACIONES DE LA AUDIENCIA	128	—
CONDENACIONES DE LA VISITA	384	—
CONDENACIONES DE RESIDENCIA	210	—
CORREDURIA DE LONJA	96	—
DEPOSITOS	5120	—
DONATIVO PARA DEFENSA DEL REINO	1586	—
EXTRAORDINARIO DE REAL HACIENDA	1018	—
GASTOS DE LA MONARQUIA DONATIVO	195	—
IMPOSICION DE BARRAS	93	—
MEDIA ANATA	4465	—
MESADAS ECLESIASTICAS	1839	—
NOVENOS REALES	6428	—
OFICIOS VENDIBLES Y RENUNCIABLES	2988	—
PAPEL SELLADO	2214	—
PLATA VUELTA A LA CAJA	2882	—
REAL DE SENOREAGE	22154	—
TERCIOS DE SUELDOS	47	—
TRIBUTOS CONSIGNACIONES DE LANZAS	8580	—
TRIBUTOS DE YANACONAS	6172	—
TRIBUTOS REALES DE ATACAMA	276	—
TRIBUTOS REALES DE CHAYANTA	5608	—
TRIBUTOS REALES DE CHICHAS	1920	—
TRIBUTOS REALES DE CHUQUITO	640	—
TRIBUTOS REALES DE COCHABAMBA	11882	—
TRIBUTOS REALES DE LIPES	441	—
TRIBUTOS REALES DE MISQUE	508	—
TRIBUTOS REALES DE PILAYA	1081	—
TRIBUTOS REALES DE PORCO	5504	—
TRIBUTOS REALES DE TOMINA	1216	—
TRIBUTOS REALES DE YAMPARAES	1491	—
VACANTES DE OBISPADOS	128	—
VENTA DE BARRAS	47396	—
1.5% Y QUINTO DE PLATA	264704	—
TOTAL	634811	—

TOTAL COMPUTADO 634811

P 524

	OCHO ENSAYADOS	ORO
ALCABALAS REALES	20619	—
ARRENDAMIENTO Y VENTA DE MINAS	576	—
AZOGUES	141364	—
CAJA REAL DE CORDOBA DE TUCUMAN	307	—
COLEGIO DE SAN FELIPE DE LIMA	153	—
COMPOSICION DE PULPERIAS	797	—
CONDENACIONES DE LA VISITA	384	—
CORREDURIA DE LONJA	96	—
DONATIVO PARA DEFENSA DEL REINO	728	—

DATA

	OCHO ENSAYADOS	ORO
ALCABALAS REALES	337	—
AZOGUES	14344	—
COLEGIO DE SAN FELIPE DE LIMA	149	—
COMPOSICION DE PULPERIAS	9	—
CONDENACIONES DE LA AUDIENCIA	338	—
CONDENACIONES DE LA VISITA	384	—
DEPOSITOS	5120	—
DONATIVO	7	—
DONATIVO PARA DEFENSA DEL REINO	1580	—
ENTERADO EN LA CAJA	2882	—
EXTRAORDINARIO DE REAL HACIENDA	1339	—
MEDIA ANATA	4569	—
MESADAS ECLESIASTICAS	1839	—
NOVENOS REALES	2791	—
OFICIOS VENDIBLES Y RENUNCIABLES	24	—
PAPEL SELLADO	59	—
REAL DE SENOREAGE	2325	—
REAL HACIENDA	436082	—
REMITIDO A LIMA	348896	—
TERCIOS DE SUELDOS	142	—
TRIBUTOS CONSIGNACIONES DE LANZAS	1369	—
TRIBUTOS DE YANACONAS	6142	—
TRIBUTOS REALES DE CHAYANTA	2946	—
TRIBUTOS REALES DE CHICHAS	23	—
TRIBUTOS REALES DE CHUQUITO	575	—
TRIBUTOS REALES DE COCHABAMBA	2900	—
TRIBUTOS REALES DE MISQUE	245	—
TRIBUTOS REALES DE PORCO	338	—
TRIBUTOS REALES DE PUNA	331	—
TRIBUTOS REALES DE YAMPARAES	662	—
VACANTES DE OBISPADOS	7051	—
TOTAL	845836	—

TOTAL COMPUTADO 845836

P 517   353

	OCHO ENSAYADOS	ORO
AZOGUES	15250	—
CAJA REAL DE CORDOBA DE TUCUMAN	307	—
CENSOS	678	—
COLEGIO DE SAN FELIPE DE LIMA	149	—
CONDENACIONES DE LA VISITA	384	—
DONATIVO PARA DEFENSA DEL REINO	728	—
DONATIVO REEDIFICACION CARTAGENA	3264	—
EXTRAORDINARIO DE REAL HACIENDA	2049	—
GASTOS DE LA MONARQUIA DONATIVO	267	—

POTOSI 5/1699- 4/1700

CARGO	OCHO ENSAYADOS	ORO
DONATIVO REEDIFICACION CARTAGENA	64	
EXTRAORDINARIO DE REAL HACIENDA	8425	
GASTOS DE LA MONARQUIA DONATIVO	267	
IMPOSICION DE BARRAS	64	
MEDIA ANATA	6238	
MESADAS ECLESIASTICAS	2711	
NOVENOS REALES	4539	
OFICIOS VENDIBLES Y RENUNCIABLES	3806	
PAPEL SELLADO	1184	
QUINTOS DEL ORO		20
REAL DE SENOREAGE	23347	
TRIBUTOS CONSIGNACIONES DE LANZAS	4436	
TRIBUTOS DE YANACONAS	12991	
TRIBUTOS REALES DE ATACAMA	138	
TRIBUTOS REALES DE CHICHAS	5487	
TRIBUTOS REALES DE LIPES	441	
TRIBUTOS REALES DE MISQUE	1037	
TRIBUTOS REALES DE PILAYA	2058	
TRIBUTOS REALES DE PORCO	5376	
TRIBUTOS REALES DE TOMINA	1672	
TRIBUTOS REALES DE YAMPARAES	776	
VACANTES	515	
VENTA DE BARRAS	226418	
1.5% Y QUINTO DE PLATA	259221	
TOTAL	736255	
TOTAL COMPUTADO	736255	

DATA	OCHO ENSAYADOS	ORO	P 524	354
MEDIA ANATA	6238			
NAIPES	810			
NOVENOS REALES	4539			
PAPEL SELLADO	1183			
REAL DE SENOREAGE	893			
REAL HACIENDA	404081			
TRIBUTOS DE YANACONAS	12991			
TRIBUTOS REALES DE CHAYANTA	2847			
TRIBUTOS REALES DE CHICHAS	3541			
TRIBUTOS REALES DE COCHAₐAMBA	35			
VACANTES	650			
VACANTES MAYORES	1696			
TOTAL	462580			
TOTAL COMPUTADO	462580			

P 528   5/1700- 4/1701

CARGO	OCHO ENSAYADOS	ORO
ALCABALAS ANTIGUAS	231	
ALCABALAS REALES	15703	
ARRENDAMIENTO Y VENTA DE MINAS	832	
AZOGUES	140037	
BUENOS EFECTOS Y RESIDUOS	320	
COLEGIO DE SAN FELIPE DE LIMA	152	
COMPOSICION DE PULPERIAS	1570	
CORREDURIA DE LONJA	96	
DESCONTADO	2992	
DONATIVO REEDIFICACION CARTAGENA	1654	
EXTRAORDINARIO DE REAL HACIENDA	1787	
IMPOSICION DE BARRAS	1264	
LIMOSNAS DE VINO Y ACEITE 6% ENCO	87	
MEDIA ANATA	450	
MESADAS ECLESIASTICAS	2992	
NOVENOS REALES	5288	
OFICIOS VENDIBLES Y RENUNCIABLES	6495	
PAPEL SELLADO	4507	
REAL DE SENOREAGE	1342	
TRIBUTOS CONSIGNACIONES DE LANZAS	20837	
TRIBUTOS DE YANACONAS	8559	
TRIBUTOS REALES DE CHAYANTA	7405	
TRIBUTOS REALES DE CHICHAS	6264	
TRIBUTOS REALES DE COCHABAMBA	2816	
TRIBUTOS REALES DE CHICHAS	8415	
TRIBUTOS REALES DE LIPES	640	

POTOSI 5/1700- 4/1701

P 528 355

CARGO	OCHO ENSAYADOS	ORO	DATA	OCHO ENSAYADOS	ORO
TRIBUTOS REALES DE MISQUE	640	—			
TRIBUTOS REALES DE PILAYA	2345	—			
TRIBUTOS REALES DE PORCO	5120	—			
TRIBUTOS REALES DE TOMINA	1568	—			
TRIBUTOS REALES DE YAMPARAES	1600	—			
TRIBUTOS REALES POMABAMBA GRANDE	192	—			
VACANTES DE OBISPADOS	1756	—			
VENTA DE BARRAS	253488	—			
1.5% Y QUINTO DE PLATA	188152	—			
TOTAL	694608	—			
TOTAL COMPUTADO	694608	—			

P 531

	OCHO ENSAYADOS	ORO
ALCABALAS REALES	34413	—
AZOGUES	144413	—
OFICIOS VENDIBLES Y RENUNCIABLES	2699	—
QUINTOS DE PLATA LABRADA	264	—
QUINTOS DEL ORO	1308	—
REAL DE SENOREAGE	17175	—
1.5% Y QUINTO DE PLATA	131521	—
TOTAL COMPUTADO	331793	—

5/1701- 4/1702   TOTAL COMPUTADO

P 550

	OCHO ENSAYADOS	ORO
ALCABALAS REALES	26343	—
ARRENDAMIENTO Y VENTA DE MINAS	402	—
AZOGUES	83659	—
BUENOS EFECTOS Y RESIDUOS	320	—
COMPOSICION DE PULPERIAS	1632	—
CONDENACIONES DE LA VISITA	384	—
DEPOSITOS	282	—
DONATIVO	320	—
DONATIVO PARA CONF DE OFICIOS	64	—
DONATIVO REEDIFICACION CARTAGENA	45	—
EXTRAORDINARIO DE REAL HACIENDA	3644	—
IMPOSICION DE BARRAS	106	—
IMPOSICION DE BARRAS	106	—
MEDIA ANATA	2121	—
MESADAS ECLESIASTICAS	2020	—
NOVENOS REALES	4295	—
OFICIOS VENDIBLES Y RENUNCIABLES	11191	—
PAPEL SELLADO	1679	—
REAL DE SENOREAGE	23016	—
TRIBUTOS CONSIGNACIONES DE LANZAS	7811	—
TRIBUTOS REALES DE YANACONAS	7555	—
TRIBUTOS REALES DE ATACAMA	477	—
TRIBUTOS REALES DE CHAYANTA	6264	—
TRIBUTOS REALES DE CHICHAS	1280	—
TRIBUTOS REALES DE COCHABAMBA	5291	—
TRIBUTOS REALES DE MISQUE	512	—
TRIBUTOS REALES DE PILAYA	3056	—

5/1705- 4/1706

	OCHO ENSAYADOS	ORO
AZOGUES	9980	—
CENSOS	2985	—
CONDENACIONES DE LA VISITA	384	—
DEPOSITOS	282	—
DONATIVO	327	—
DONATIVO PARA CONF DE OFICIOS	64	—
DONATIVO REEDIFICACION CARTAGENA	45	—
EXTRAORDINARIO DE REAL HACIENDA	865	—
MEDIA ANATA	2164	—
MESADAS ECLESIASTICAS	2020	—
NOVENOS REALES	4296	—
OFICIOS VENDIBLES Y RENUNCIABLES	12197	—
PAPEL SELLADO	363	—
PENAS DE CAMARA	320	—
REAL DE SENOREAGE	2244	—
REAL DE SENOREAGE	487864	—
REMITIDO A LIMA	238962	—
TRIBUTOS CONSIGNACIONES DE LANZAS	1000	—
TRIBUTOS DE YANACONAS	7560	—
TRIBUTOS REALES DE CHAYANTA	2946	—
TRIBUTOS REALES DE CHICHAS	23	—
TRIBUTOS REALES DE COCHABAMBA	616	—
TRIBUTOS REALES DE PILAYA	3479	—
TRIBUTOS REALES DE PORCO	656	—
TRIBUTOS REALES DE YAMPARAES	2094	—
VACANTES DE OBISPADOS	416	—
TOTAL	784152	

POTOSI 5/1705- 4/1706

(CARGO)   OCHO ENSAYADOS   ORO   DATA

	OCHO ENSAYADOS
TRIBUTOS REALES DE PORCO	4723
TRIBUTOS REALES DE TOMINA	860
TRIBUTOS REALES DE YAMPARAES	275
VACANTES DE OBISPADOS	160
VENTA DE BARRAS	209758
1.5% Y QUINTO DE PLATA	183676
TOTAL	593225

TOTAL COMPUTADO   593331

P 560

	OCHO ENSAYADOS
ALCABALAS REALES	15515
ARRENDAMIENTO Y VENTA DE MINAS	1056
AZOGUES	135538
BUENOS EFECTOS Y RESIDUOS	320
COLEGIO DE SAN FELIPE DE LIMA	76
COMPOSICION DE PULPERIAS	1376
CONDENACIONES DE LA VISITA	384
DONATIVO	1760
DONATIVO PARA CONF DE OFICIOS	921
EXTRAORDINARIO DE REAL HACIENDA	1080
GASTOS DE LA MONARQUIA DONATIVO	19037
IMPOSICION DE BARRAS	183
LIMOSNAS DE VINO Y ACEITE 6% ENCO	487
MEDIA ANATA	1188
MESADAS ECLESIASTICAS	888
NOVENOS REALES	8230
OFICIOS VENDIBLES Y RENUNCIABLES	5222
PAPEL SELLADO	2219
QUINTOS DEL ORO	395
REAL DE SENOREAGE	23823
REPRESALIA DE LOS PORTUGUESES	3302
TRIBUTOS CONSIGNACIONES DE LANZAS	6968
TRIBUTOS DE YANACONAS	5887
TRIBUTOS REALES DE CHAYANTA	6264
TRIBUTOS REALES DE COCHABAMBA	4846
TRIBUTOS REALES DE MISQUE	224
TRIBUTOS REALES DE PILAYA	1536
TRIBUTOS REALES DE PORCO	5120
TRIBUTOS REALES DE TOMINA	3608
TRIBUTOS REALES DE YAMPARAES	239
VACANTES DE OBISPADOS	2443
VALIMIENTOS DE 5% DE SUELDOS	2425
VENTA DE BARRAS	299682
1.5% Y QUINTO DE PLATA	245344
TOTAL	807590

TOTAL COMPUTADO   807590

S1817

	OCHO ENSAYADOS
ALCABALAS REALES	23198
ARRENDAMIENTO Y VENTA DE MINAS	384

POTOSI 5/1706- 4/1707

TOTAL COMPUTADO   784152

	OCHO ENSAYADOS
ALCABALAS REALES	526
AZOGUES	14826
CENSOS	1179
COLEGIO DE SAN FELIPE DE LIMA	75
COMPOSICION DE PULPERIAS	19
CONDENACIONES DE LA VISITA	384
DEPOSITOS	18
DONATIVO	1760
EXTRAORDINARIO DE REAL HACIENDA	2300
GASTOS DE LA MONARQUIA DONATIVO	19037
MEDIA ANATA	1187
MESADAS ECLESIASTICAS	890
NOVENOS REALES	7613
OFICIOS VENDIBLES Y RENUNCIABLES	5508
PAPEL SELLADO	474
REAL DE SENOREAGE	1979
REAL HACIENDA REMITIDO A LIMA	388038
REPRESALIA DE LOS PORTUGESES	327034
TRIBUTOS CONSIGNACIONES DE LANZAS	3302
TRIBUTOS DE YANACONAS	1896
TRIBUTOS REALES DE ATACAMA	5946
TRIBUTOS REALES DE CHAYANTA	413
TRIBUTOS REALES DE CHICHAS	410
TRIBUTOS REALES DE COCHABAMBA	23
TRIBUTOS REALES DE MISQUE	1959
TRIBUTOS REALES DE PORCO	45
TRIBUTOS REALES DE TOMINA	8396
TRIBUTOS REALES DE YAMPARAES	737
VACANTES DE OBISPADOS	71
VALIMIENTOS DE 5% DE SUELDOS	855
TOTAL	2355

TOTAL COMPUTADO   799255

POTOSI 5/1707- 4/1708

CARGO	OCHO ENSAYADOS ORO	DATA	OCHO ENSAYADOS ORO
AZOGUES	131094		
AZOGUES DE CONTADO	4405		
BUENOS EFECTOS Y RESIDUOS	321		
BULAS DE SANTA CRUZADA	17596		
COMPOSICION DE PULPERIAS	38		
CONDENACIONES DE LA VISITA	384		
DONATIVO PARA CONF DE OFICIOS	282		
EXTRAORDINARIO DE REAL HACIENDA	3116		
FALTA DE FRAGINEROS			
IMPOSICION DE BARRAS	105		
INTERESES DE BARRAS	202		
LIMOSNAS DE VINO Y ACEITE 6% ENCO	10575		
MEDIA ANATA	24		
MESADAS ECLESIASTICAS	11167		
NOVENOS PARA EL CAPELLAN MAYOR	1676		
NOVENOS REALES	2647		
OFICIOS VENDIBLES Y RENUNCIABLES	5467		
PAPEL SELLADO	11227		
PRESTAMOS	588		
REAL DE SENOREAGE	76800		
SERVICIO GRACIOSO	19915		
TRIBUTOS CONSIGNACIONES DE LANZAS	1668		
TRIBUTOS DE YANACONAS	6691		
TRIBUTOS REALES DE INDIOS	7005		
VALIMIENTOS DE 5% DE SUELDOS	25566		
1.5% Y QUINTO DE PLATA	221		
6% DEL SUBSIDIO ECLESIASTICO	227415		
TOTAL	35584		
	625765		
TOTAL COMPUTADO	625765		

S1817	OCHO ENSAYADOS ORO		
ALCABALAS REALES	23940		
ALCANCES DE AZOGUE	63		
ARRENDAMIENTO Y VENTA DE MINAS	1101		
AZOGUES	89927		
AZOGUES DE CONTADO	9475		
BUENOS EFECTOS Y RESIDUOS	2399		
BULAS DE SANTA CRUZADA	6575		
COLEGIO DE SAN FELIPE DE LIMA	152		
COMPOSICION DE PULPERIAS	1736		
CONDENACIONES DE LA VISITA	384		
DONATIVO PARA CONF DE OFICIOS	257		
DONATIVO REEDIFICACION CARTAGENA	35010		
EXTRAORDINARIO DE REAL HACIENDA	333		
FALTA DE FRAGINEROS	1338		
GASTOS DE LA MONARQUIA DONATIVO	3546		
IMPOSICION DE BARRAS	176		
INTERESES DE BARRAS	9858		
LIMOSNAS DE VINO Y ACEITE 6% ENCO	580		
MEDIA ANATA	15853		
MESADAS ECLESIASTICAS	2202		
NOVENOS PARA EL CAPELLAN MAYOR	2647		
NOVENOS REALES	7445		

5/1708- 4/1709   TOTAL COMPUTADO

POTOSI   5/1708- 4/1709

CARGO	OCHO ENSAYADOS	ORO	DATA
OFICIOS VENDIBLES Y RENUNCIABLES	5939		
PAPEL SELLADO	1392		
QUINTOS DEL ORO	1519		
REAL DE SENOREAGE	22940		
SUBSIDIO ECLESIASTICO	936		
TRIBUTOS DE YANACONAS	7945		
TRIBUTOS REALES DE INDIOS	28722		
VALIMIENTOS DE 5% DE SUELDOS	1548		
1.5% Y QUINTO DE PLATA	231442		
TOTAL	517784		
TOTAL COMPUTADO	517784		

S1817

	OCHO ENSAYADOS	ORO	DATA
ALCABALAS REALES	19933		
ALCANCES DE CUENTAS	9966		
ARRENDAMIENTO Y VENTA DE MINAS	192		
AZOGUES	104032		
AZOGUES DE CONTADO	934		
BUENOS EFECTOS Y RESIDUOS	2497		
CAJA REAL DE BUENOS AIRES	13556		
COLEGIO DE SAN FELIPE DE LIMA	152		
COMPOSICION DE PULPERIAS	40		
DONATIVO PARA CONF DE OFICIOS	344		
DONATIVO PARA DEFENSA DEL REINO	5706		
EXTRAORDINARIO DE REAL HACIENDA	9593		
FALTA DE FRAGINEROS	351		
GASTOS DE LA MONARQUIA DONATIVO	3418		
IMPOSICION DE BARRAS	115		
INTERESES DE BARRAS	7760		
LIMOSNAS DE VINO Y ACEITE 6% ENCO	328		
MEDIA ANATA	18009		
MESADAS ECLESIASTICAS	1137		
NOVENOS PARA EL CAPELLAN MAYOR	2647		
NOVENOS REALES	6842		
OFICIOS VENDIBLES Y RENUNCIABLES	8688		
PAPEL SELLADO	950		
REAL DE SENOREAGE	18004		
TRIBUTOS CONSIGNACIONES DE LANZAS	4336		
TRIBUTOS DE YANACONAS	6943		
TRIBUTOS REALES DE INDIOS	50641		
VALIMIENTOS DE 5% DE SUELDOS	1306		
1.5% Y QUINTO DE PLATA	178890		
TOTAL	477310		
TOTAL COMPUTADO	477310		

5/1709- 4/1710   TOTAL COMPUTADO

5/1710- 4/1711   TOTAL COMPUTADO

S1817

	OCHO ENSAYADOS	CRC
ALCABALAS REALES	28350	
AZOGUES	99754	
AZOGUES DE CONTADO	3294	
COLEGIO DE SAN FELIPE DE LIMA	152	

CARGO — 5/1710- 4/1711

CARGO	OCHO ENSAYADOS	ORO
COMPOSICION DE PULPERIAS	614	
CONDENACIONES DE LA VISITA	384	
DONATIVO PARA CONF DE OFICIOS	429	
EXTRAORDINARIO DE REAL HACIENDA	38532	
FALTA DE FRAGINEROS	753	
REAL DE SENOREAGE	92	
IMPOSICION DE BARRAS	8125	
INTERESES DE BARRAS	40	
LIMOSNAS DE VINO Y ACEITE 6% ENCO	7012	
MEDIA ANATA	1124	
MESADAS ECLESIASTICAS	3648	
NOVENOS REALES	6425	
OFICIOS VENDIBLES Y RENUNCIABLES	1891	
PAPEL SELLADO	16101	
REAL DE SENOREAGE	5560	
TRIBUTOS CONSIGNACIONES DE LANZAS	4059	
TRIBUTOS DE YANACONAS	36920	
TRIBUTOS REALES DE INDIOS	209	
VALIMIENTOS DE 5% DE SUELDOS	198677	
1.5% Y DIEZMOS DE PLATA	462148	
TOTAL		

TOTAL COMPUTADO   462149

P 584

DATA — 5/1710- 4/1711

DATA	OCHO ENSAYADOS	ORO
ALCABALAS REALES	21742	
ARRENDAMIENTO Y VENTA DE MINAS	326	
AZOGUES	69460	
BUENOS EFECTOS Y RESIDUOS	320	
COMPOSICION DE PULPERIAS	928	
CONDENACIONES DE LA VISITA	584	
DONATIVO PARA CONF DE OFICIOS	93	
DONATIVO PARA DEFENSA DEL REINO	288	
EXTRAORDINARIO DE REAL HACIENDA	1676	
IMPOSICION DE BARRAS	79	
LIMOSNAS DE VINO Y ACEITE 6% ENCO	11	
MEDIA ANATA	2520	
MESADAS ECLESIASTICAS	567	
NOVENOS REALES	1909	
OFICIOS VENDIBLES Y RENUNCIABLES	12365	
PAPEL SELLADO	1475	
QUINTOS DEL ORO	504	
REAL DE SENOREAGE	13584	
TRIBUTOS CONSIGNACIONES DE LANZAS	6328	
TRIBUTOS DE YANACONAS	6963	
TRIBUTOS REALES DE CHAYANTA	6264	
TRIBUTOS REALES DE COCHABAMBA	6266	
TRIBUTOS REALES DE MISQUE	384	
TRIBUTOS REALES DE PILAYA	2304	
TRIBUTOS REALES DE PORCO	5080	
TRIBUTOS REALES DE YAMPARAES	242	
VACANTES MAYORES	7947	
VALIMIENTOS DE 5% DE SUELDOS	147	
VENTA DE BARRAS	115119	
1.5% Y QUINTO DE PLATA	108740	

5/1711- 4/1712

TOTAL COMPUTADO

	OCHO ENSAYADOS	ORO
AZOGUES	6443	
BUENOS EFECTOS Y RESIDUOS	321	
CENSOS	1432	
EXTRAORDINARIO DE REAL HACIENDA	19003	
NOVENOS REALES	1280	
REAL DE SENOREAGE	1340	
REAL HACIENDA	300484	
REMITIDO A LIMA	73036	
TRIBUTOS CONSIGNACIONES DE LANZAS	2720	
TRIBUTOS DE YANACONAS	1078	
TRIBUTOS REALES DE CHAYANTA	61	
TRIBUTOS REALES DE COCHABAMBA	1122	
TRIBUTOS REALES DE PORCO	576	
TRIBUTOS VACOS	679	
VACANTES MAYORES	2108	
TOTAL	411683	

POTOSI 5/1711- 4/1712

	OCHO ENSAYADOS	ORO	DATA
CARGO			
TOTAL	394215	—	
TOTAL COMPUTADO	394215		

P 617

	OCHO ENSAYADOS
ALCABALAS REALES	17721
ARRENDAMIENTO Y VENTA DE MINAS	32
AZOGUES	101961
BUENOS EFECTOS Y RESIDUOS	178
CAJA REAL DE TUCUMAN	763
COMPOSICION DE PULPERIAS	784
DEPOSITOS	13999
DONATIVO PARA CONF DE OFICIOS	269
ENTERADO EN LA CAJA	4480
EXISTENCIA	37826
EXTRAORDINARIO DE REAL HACIENDA	2192
MEDIA ANATA	8202
NOVENOS REALES	4467
OFICIOS VENDIBLES Y RENUNCIABLES	7209
PAPEL SELLADO	846
QUINTOS DEL ORO	70
REAL DE SENOREAGE	15715
TRIBUTOS CONSIGNACIONES DE LANZAS	4825
TRIBUTOS DE YANACONAS	5953
TRIBUTOS REALES DE CHAYANTA	2861
TRIBUTOS REALES DE COCHABAMBA	14282
TRIBUTOS REALES DE MISQUE	2106
TRIBUTOS REALES DE PILAYA	1037
TRIBUTOS REALES DE PORCO	5440
TRIBUTOS REALES DE TOMINA	3200
VALIMIENTOS DE 10% DE SUELDOS	881
VENTA DE BARRAS	228284
1.5% Y QUINTO DE PLATA	218739
TOTAL	704322
TOTAL COMPUTADO	704322

P 618

	OCHO ENSAYADOS
ALCABALAS REALES	21824
ARRENDAMIENTO Y VENTA DE MINAS	355
AZOGUES	94398
BUENOS EFECTOS Y RESIDUOS	404
COMISOS	826
COMPOSICION DE PULPERIAS	800
DEPOSITOS	1458
DONATIVO PARA CONF DE OFICIOS	723
DONATIVO PARA MERCED DEL OFICIO	320
ESPOLIOS	143
EXTRAORDINARIO DE REAL HACIENDA	2364
FABRICA DE BAJELES	3785
MEDIA ANATA	109
MESADAS ECLESIASTICAS	

5/1716- 4/1717

	OCHO ENSAYADOS	ORO
TOTAL COMPUTADO	411683	—

	OCHO ENSAYADOS
ALCABALAS REALES	145
ARRENDAMIENTO Y VENTA DE MINAS	1
AZOGUES	167843
COMPOSICION DE PULPERIAS	2
DEPOSITOS	1876
DONATIVO PARA CONF DE OFICIOS	8
EXTRAORDINARIO DE REAL HACIENDA	1216
MEDIA ANATA	241
NOVENOS REALES	1687
OFICIOS VENDIBLES Y RENUNCIABLES	5444
PAPEL SELLADO	473
PENAS DE CAMARA	64
REAL DE SENOREAGE	3481
TRIBUTOS CONSIGNACIONES DE LANZAS	225582
TRIBUTOS DE YANACONAS	2106
TRIBUTOS REALES DE CHAYANTA	2802
TRIBUTOS REALES DE COCHABAMBA	372
TRIBUTOS REALES DE MISQUE	23
TRIBUTOS REALES DE PORCO	1751
VACANTES MAYORES	33
VALIMIENTOS DE 10% DE SUELDOS	809
VENTA DE BARRAS	917
	11
	228284
TOTAL COMPUTADO	645171

5/1717- 4/1718

	OCHO ENSAYADOS
AZOGUES	18384
COMISOS	582
DEPOSITOS	655
EXTRAORDINARIO DE REAL HACIENDA	2
MEDIA ANATA	5890
NOVENOS REALES	10
OFICIOS VENDIBLES Y RENUNCIABLES	1616
REAL DE SENOREAGE	256206
REAL HACIENDA	40320
REINTEGROS A LA REAL HACIENDA	1287
TRIBUTOS CONSIGNACIONES DE LANZAS	2245
TRIBUTOS DE YANACONAS	1477
TRIBUTOS REALES DE CHAYANTA	23
TRIBUTOS REALES DE CHICHAS	

CARGO	OCHO ENSAYADOS	ORO
NOVENOS REALES	8581	
OFICIOS VENDIBLES Y RENUNCIABLES	3736	
PAPEL SELLADO	2712	
REAL DE SENOREAGE	21239	
REINTEGROS A LA REAL HACIENDA	41975	
TRIBUTOS CONSIGNACIONES DE LANZAS	1280	
TRIBUTOS DE YANACONAS	6707	
TRIBUTOS REALES DE CHAYANTA	10788	
TRIBUTOS REALES DE CHICHAS	6400	
TRIBUTOS REALES DE COCHABAMBA	28510	
TRIBUTOS REALES DE MISQUE	865	
TRIBUTOS REALES DE PORCO	8561	
VALIMIENTOS DE 10% DE SUELDOS	4769	
VENTA DE BARRAS	212119	
1.5% Y QUINTO DE PLATA	213671	
TOTAL	659815	

TOTAL COMPUTADO 699815

P 629

CARGO	ENSAYADOS
ALCABALAS REALES	25139
ARRENDAMIENTO Y VENTA DE MINAS	224
AZOGUES	95795
BUENOS EFECTOS Y RESIDUOS	356
COMISOS	4074
COMPOSICION DE PULPERIAS	800
DEPOSITOS	3776
DONATIVO PARA CONF DE OFICIOS	545
DONATIVO PARA MERCED DEL OFICIO	2240
EXISTENCIA	90482
EXTRAORDINARIO DE REAL HACIENDA	1809
FABRICA DE BAJELES	1
LIMOSNAS DE VINO Y ACEITE 6% ENCO	673
MEDIA ANATA	10267
MESADAS ECLESIASTICAS	3915
NOVENOS REALES	8080
OFICIOS VENDIBLES Y RENUNCIABLES	6875
PAPEL SELLADO	3984
POLVORA	96
REAL DE SENOREAGE	16935
TRIBUTOS CONSIGNACIONES DE LANZAS	7925
TRIBUTOS DE YANACONAS	2447
TRIBUTOS REALES DE CHAYANTA	5722
TRIBUTOS REALES DE COCHABAMBA	52292
TRIBUTOS REALES DE MISQUE	2003
TRIBUTOS REALES DE PILAYA	1081
TRIBUTOS REALES DE PORCO	6400
VALIMIENTOS DE 10% DE SUELDOS	4753
VENTA DE BARRAS	190268
1.5% Y QUINTO DE PLATA	192090
TOTAL	741055

TOTAL COMPUTADO 741055

DATA	OCHO ENSAYADOS	ORC
TRIBUTOS REALES DE COCHABAMBA	1025	
TRIBUTOS REALES DE PORCO	576	
VENTA DE BARRAS	212119	
TOTAL	542419	

TOTAL COMPUTADO 542419

CARGO	ENSAYADOS
ALCABALAS REALES	210
AZOGUES	26535
COMISOS	997
DONATIVO PARA CONF DE OFICIOS	18
EXTRAORDINARIO DE REAL HACIENDA	1203
MEDIA ANATA	14
NOVENOS REALES	1619
OFICIOS VENDIBLES Y RENUNCIABLES	2152
PAPEL SELLADO	226
REAL DE SENOREAGE	767
REMITIDO A HUANCAVELICA	189749
TRIBUTOS CONSIGNACIONES DE LANZAS	28226
TRIBUTOS DE YANACONAS	1000
TRIBUTOS REALES DE CHAYANTA	20998
TRIBUTOS REALES DE COCHABAMBA	16641
TRIBUTOS REALES DE COCHABAMBA	25804
TRIBUTOS REALES DE MISQUE	22
TRIBUTOS REALES DE PORCO	326
VENTA DE BARRAS	190272
TOTAL	506779

TOTAL COMPUTADO 506779

CARGO

P 636

	OCHO ENSAYADOS	ORO
ALCABALAS REALES	17223	
ARRENDAMIENTO DE OFICIOS	735	
ARRENDAMIENTO Y VENTA DE MINAS	512	
AZOGUES	60035	
BUENOS EFECTOS Y RESIDUOS	356	
CAJA REAL DE TUCUMAN	763	
CASA DE CONTRATACION	13	
COMPOSICION DE PULPERIAS	1563	
DEPOSITOS	3382	
DONATIVO PARA CONF DE OFICIOS	192	
DONATIVO PARA MERCED DEL OFICIO	640	
EXISTENCIA	57254	
EXTRAORDINARIO DE REAL HACIENDA	3781	
MEDIA ANATA	7590	
MESADAS ECLESIASTICAS	3458	
NOVENOS REALES	5929	
OFICIOS VENDIBLES Y RENUNCIABLES	8510	
PAPEL SELLADO	1843	
QUINTOS DEL ORO	189	
REAL DE SENOREAGE	18287	
TERCIOS DE SUELDOS	173	
TRIBUTOS CONSIGNACIONES DE LANZAS	5746	
TRIBUTOS DE YANACONAS	3606	
TRIBUTOS REALES DE CHAYANTA	5547	
TRIBUTOS REALES DE COCHABAMBA	17645	
TRIBUTOS REALES DE MISQUE	262	
TRIBUTOS REALES DE PILAYA	2393	
TRIBUTOS REALES DE PORCO	5184	
TRIBUTOS REALES DE TOMINA	3174	
TRIBUTOS REALES DE YAMPARAES	1681	
VALIMIENTOS DE 10% DE SUELDOS	19233	
VALIMIENTOS DE 5% DE SUELDOS	1030	
VENTA DE BARRAS	153227	
1.5% Y QUINTO DE PLATA	144975	
TOTAL	556131	
TOTAL COMPUTADO	556131	

P 657

	OCHO ENSAYADOS	ORO
ALCABALAS REALES	28369	
ARRENDAMIENTO DE OFICIOS	2294	
ARRENDAMIENTO Y VENTA DE MINAS	300	
AZOGUES	63342	
BUENOS EFECTOS Y RESIDUOS	4585	
DEPOSITOS	104	
DONATIVO PARA CONF DE OFICIOS	612	
DONATIVO PARA MERCED DEL OFICIO	2400	
EXTRAORDINARIO DE REAL HACIENDA	8304	
INDULTO DEL COMERCIO	43084	
MEDIA ANATA	12668	
MESADAS ECLESIASTICAS	2651	
NOVENOS REALES	7828	

P 636 362

DATA

	OCHO ENSAYADOS	ORO
ALCABALAS REALES	36	
AZOGUES	13808	
DEPOSITOS	32	
DONATIVO PARA CONF DE OFICIOS	12	
EXISTENCIA	147370	
EXTRAORDINARIO DE REAL HACIENDA	7442	
MEDIA ANATA	36	
MESADAS ECLESIASTICAS	219	
NOVENOS REALES	1595	
OFICIOS VENDIBLES Y RENUNCIABLES	71	
PAPEL SELLADO	53	
REAL DE SENOREAGE	3177	
REAL HACIENDA	167127	
TRIBUTOS CONSIGNACIONES DE LANZAS	1492	
TRIBUTOS DE YANACONAS	2700	
TRIBUTOS REALES DE CHAYANTA	4694	
TRIBUTOS REALES DE COCHABAMBA	4759	
TRIBUTOS REALES DE PORCO	500	
TRIBUTOS REALES DE YAMPARAES	356	
VENTA DE BARRAS	144227	
TOTAL	499706	
TOTAL COMPUTADO	499706	

	OCHO ENSAYADOS	ORO
ALCABALAS REALES	612	
ARRENDAMIENTO Y VENTA DE MINAS	2	
AZOGUES	40683	
BUENOS EFECTOS Y RESIDUOS	1563	
COMPOSICION DE PULPERIAS	5	
DEPOSITOS	7845	
DONATIVO PARA CONF DE OFICIOS	20	
EXTRAORDINARIO DE REAL HACIENDA	1986	
INDULTO DEL COMERCIO	83	
MEDIA ANATA	90	
MESADAS ECLESIASTICAS	126	
NOVENOS REALES	3027	
OFICIOS VENDIBLES Y RENUNCIABLES	312	

POTOSI 5/1720- 4/1721

CARGO	OCHO	ENSAYADOS	ORO
OFICIOS VENDIBLES Y RENUNCIABLES	6158		—
PAPEL SELLADO	14731		—
REAL DE SENOREAGE	19224		—
REINTEGROS A LA REAL HACIENDA	1562		—
TERCIOS DE SUELDOS	391		—
TRIBUTOS CONSIGNACIONES DE LANZAS		9740	—
TRIBUTOS REALES DE YANACONAS		8509	—
TRIBUTOS REALES DE ATACAMA		207	—
TRIBUTOS REALES DE CHAYANTA		5473	—
TRIBUTOS REALES DE COCHABAMBA		7961	—
TRIBUTOS REALES DE LIPES		88	—
TRIBUTOS REALES DE MISQUE		512	—
TRIBUTOS REALES DE PILAYA		864	—
TRIBUTOS REALES DE PORCO		10437	—
TRIBUTOS REALES DE TOMINA		2670	—
TRIBUTOS REALES DE YAMPARAES		1948	—
VALIMIENTOS DE 10% DE SUELDOS	26128		—
VALIMIENTOS DE 5% DE SUELDOS	2208		—
VENTA DE BARRAS	108795		—
1.5% Y QUINTO DE PLATA	211465		—
TOTAL	567203	48409	—
TOTAL COMPUTADO	567203	48409	—

S1817

ALCABALAS REALES	32999		
ARRENDAMIENTO Y VENTA DE MINAS	533		
AZOGUES	94653		
BUENOS EFECTOS Y RESIDUOS	1689		
COMPOSICION DE PULPERIAS	1145		
DONACION PARA CONF DE OFICIOS	500		
DONATIVO	1635		
EXTRAORDINARIO DE REAL HACIENDA	6407		
MEDIA ANATA	3892		
MESADAS ECLESIASTICAS	1678		
NOVENOS REALES	7752		
OFICIOS VENDIBLES Y RENUNCIABLES	13416		
PAPEL SELLADO	3726		
REAL DE SENOREAGE	18200		
REINTEGROS A LA REAL HACIENDA	3000		
REPRESALIA DE LOS FRANCESES	8226		
TRIBUTOS CONSIGNACIONES DE LANZAS	139		
TRIBUTOS DE YANACONAS	4435		
TRIBUTOS REALES DE INDIOS	22371		
VALIMIENTOS DE SUELDOS	52312		
VALIMIENTOS DE 10% DE SUELDOS	19276		
1.2% Y QUINTOS DE PLATA	1874		
TOTAL	244762		
TOTAL COMPUTADO	544620		
	544620		

5/1721- 4/1722

DATA	OCHO	ENSAYADOS	ORO
PAPEL SELLADO	570		—
REAL DE SENOREAGE	1995		—
REAL HACIENDA	251451		—
TRIBUTOS CONSIGNACIONES DE LANZAS		6579	—
TRIBUTOS REALES DE YANACONAS		784	—
TRIBUTOS REALES DE CHAYANTA		1131	—
TRIBUTOS REALES DE COCHABAMBA		3261	—
TRIBUTOS REALES DE MISQUE		47	—
TRIBUTOS REALES DE PORCO		11889	—
TRIBUTOS REALES DE YAMPARAES		3132	—
VALIMIENTOS DE 10% DE SUELDOS	2648		—
VALIMIENTOS DE 5% DE SUELDOS	1038		—
TOTAL	314051	26823	—
TOTAL COMPUTADO	314056	26823	—

5/1722- 4/1723

ALCABALAS REALES	199		
AZOGUES	12123		
BUENOS EFECTOS Y RESIDUOS	521		
COMPOSICION DE PULPERIAS	5		
DONATIVO PARA CONF DE OFICIOS	41		
DONATIVO PARA MERCED DEL OFICIO	13		
EXTRAORDINARIO DE REAL HACIENDA	4566		
MEDIA ANATA	862		
MESADAS ECLESIASTICAS	39		
NOVENOS REALES	2440		
OFICIOS VENDIBLES Y RENUNCIABLES	195		
PAPEL SELLADO	65		
REAL DE SENOREAGE	2007		
REAL HACIENDA	227057		
SUELDO DEL ALCALDE MAYOR	3000		
SUELDO DEL ALCALDE MAYOR	3000		
TRIBUTOS CONSIGNACIONES DE LANZAS	3264		
TRIBUTOS DE YANACONAS	9203		
TRIBUTOS REALES DE INDIOS	22289		
VALIMIENTOS DE 10% DE SUELDOS	482		
VALIMIENTOS DE 5% DE SUELDOS	752		
TOTAL	289123		
TOTAL COMPUTADO	292123		

CARGO — 5/1722- 4/1723 (S1817)

CARGO	OCHO ENSAYADOS	ORO
ALCABALAS REALES	26843	—
ARRENDAMIENTO Y VENTA DE MINAS	400	—
AZOGUES	117418	—
BUENOS EFECTOS Y RESIDUOS	763	—
COMPOSICION DE PULPERIAS	138	—
DEPOSITOS	5000	—
DONATIVO PARA CONF DE OFICIOS	1810	—
EXTRAORDINARIO DE REAL HACIENDA	8008	—
LIMOSNAS DE VINO Y ACEITE 6% ENCO	87	—
MEDIA ANATA	40	—
MESADAS ECLESIASTICAS	3889	—
NOVENOS REALES	8608	—
OFICIO DEL ALGUACIL MAYOR	64	—
OFICIOS VENDIBLES Y RENUNCIABLES	11149	—
PAPEL SELLADO	4287	—
REAL DE SEÑOREAGE	19600	—
TRIBUTOS CONSIGNACIONES DE LANZAS	10595	—
TRIBUTOS DE YANACONAS	4707	—
TRIBUTOS REALES DE INDIOS	42687	—
VALIMIENTOS DE RENTAS DE OFICIOS	1303	—
VALIMIENTOS DE 10% DE SUELDOS	233	—
VALIMIENTOS DE 5% DE SUELDOS	12090	—
1.2% Y QUINTOS DE PLATA	214501	—
TOTAL	494218	—
TOTAL COMPUTADO	494220	—

DATA — 5/1722- 4/1723 (S1817, ORO 364)

DATA	OCHO ENSAYADOS	ORO
ALCABALAS REALES	617	—
ARRENDAMIENTO Y VENTA DE MINAS	4	—
AZOGUES	30810	—
BUENOS EFECTOS Y RESIDUOS	2545	—
COMPOSICION DE PULPERIAS	3	—
DEPOSITOS	5050	—
DONATIVO PARA CONF DE OFICIOS	45	—
EXTRAORDINARIO DE REAL HACIENDA	1643	—
MEDIA ANATA	1100	—
MESADAS ECLESIASTICAS	77	—
NOVENOS REALES	3156	—
OFICIOS VENDIBLES Y RENUNCIABLES	169	—
PAPEL SELLADO	396	—
REAL DE SEÑOREAGE	2127	—
REAL HACIENDA	197148	—
TRIBUTOS CONSIGNACIONES DE LANZAS	2216	—
TRIBUTOS DE YANACONAS	6194	—
TRIBUTOS REALES DE INDIOS	11243	—
VALIMIENTOS DE RENTAS DE OFICIOS	1000	—
VALIMIENTOS DE 10% DE SUELDOS	1276	—
VALIMIENTOS DE 5% DE SUELDOS	125	—
TOTAL	266944	—
TOTAL COMPUTADO	266944	—

CARGO — 5/1723- 4/1724

CARGO	OCHO ENSAYADOS	ORO
ALCABALAS REALES	31500	—
ARRENDAMIENTO Y VENTA DE MINAS	420	—
ARRENDAMIENTO Y VENTA DE TIERRAS	2076	—
AZOGUES	128820	—
BUENOS EFECTOS Y RESIDUOS	508	—
COMPOSICION DE PULPERIAS	691	—
DEPOSITOS	5137	—
DONATIVO	100	—
DONATIVO PARA CONF DE OFICIOS	555	—
DONATIVO PARA MERCED DEL OFICIO	500	—
EXTRAORDINARIO DE REAL HACIENDA	1388	—
INDULTO DE COMERCIANTES	4000	—
MEDIA ANATA	6126	—
MESADAS ECLESIASTICAS	2886	—
MITAD DE SUELDOS DE CORREGIDORES	446	—
NOVENOS REALES	7831	—
OFICIOS VENDIBLES Y RENUNCIABLES	10998	—
PAPEL SELLADO	3610	—
REAL DE SEÑOREAGE	19223	—
REINTEGROS A LA REAL HACIENDA	1250	—
TRIBUTOS CONSIGNACIONES DE LANZAS	6527	—
TRIBUTOS DE YANACONAS	2867	—
TRIBUTOS REALES DE INDIOS	30527	—
VALIMIENTOS DE RENTAS DE OFICIOS	8291	—
VALIMIENTOS DE 10% DE SUELDOS	875	—
1.2% Y QUINTOS DE PLATA	232127	—

DATA — 5/1723- 4/1724

DATA	OCHO ENSAYADOS	ORO
ALCABALAS REALES	201	—
ARRENDAMIENTO Y VENTA DE TIERRAS	73	—
AZOGUES	20084	—
BUENOS EFECTOS Y RESIDUOS	508	—
COMPOSICION DE PULPERIAS	3	—
DEPOSITOS	5137	—
DONATIVO	14	—
DONATIVO PARA CONF DE OFICIOS	3	—
EXTRAORDINARIO DE REAL HACIENDA	9018	—
MEDIA ANATA	44	—
MESADAS ECLESIASTICAS	64	—
MITAD DE SUELDOS DE CORREGIDORES	16	—
NOVENOS REALES	448	—
OFICIOS VENDIBLES Y RENUNCIABLES	178	—
PAPEL SELLADO	326	—
REAL DE SEÑOREAGE	2341	—
REAL HACIENDA	255165	—
TRIBUTOS CONSIGNACIONES DE LANZAS	1699	—
TRIBUTOS DE YANACONAS	2867	—
TRIBUTOS REALES DE INDIOS	8796	—
VALIMIENTOS DE 10% DE SUELDOS	5789	—
TOTAL	312772	—

POTOSI   5/1723- 4/1724

	OCHO ENSAYADOS	ORO	DATA
CARGO			
TOTAL	509280	—	
TOTAL COMPUTADO	509279	—	TOTAL COMPUTADO 312774

S1817

ALCABALAS REALES	26904
ARRENDAMIENTO Y VENTA DE MINAS	100
ARRENDAMIENTO Y VENTA DE TIERRAS	370
AZOGUES	134027
BARRAS DE PLATA	12
BUENOS EFECTOS Y RESIDUOS	254
COMPOSICION DE PULPERIAS	798
CONDENACIONES DEL REAL CONSEJO	5000
DEPOSITOS	1442
DONATIVO	2000
DONATIVO PARA CONF DE OFICIOS	1052
EXTRAORDINARIO DE REAL HACIENDA	1345
MEDIA ANATA	16084
MESADAS ECLESIASTICAS	4466
NOVENOS REALES	9866
OFICIOS VENDIBLES Y RENUNCIABLES	12426
PAPEL SELLADO	2599
REINTEGROS A LA REAL HACIENDA	23415
REAL DE SENOREAGE	2169
TRIBUTOS CONSIGNACIONES DE LANZAS	3384
TRIBUTOS DE YANACONAS	6780
TRIBUTOS REALES DE INDIOS	30736
VALIMIENTOS DE RENTAS DE OFICIOS	750
VALIMIENTOS DE 10% DE SUELDOS	17930
1.2% Y QUINTOS DE PLATA	236772
1.5% Y VEINTAVO DEL ORO	392
TOTAL	541071

TOTAL COMPUTADO   541073

S1817

ALCABALAS REALES	42075
ARRENDAMIENTO Y VENTA DE MINAS	300
ARRENDAMIENTO Y VENTA DE TIERRAS	370
AZOGUES	142883
BARRAS DE PLATA	19
BUENOS EFECTOS Y RESIDUOS	5072
COMPOSICION DE PULPERIAS	1025
CONDENACIONES DEL REAL CONSEJO	975
DONATIVO PARA CONF DE OFICIOS	500
DONATIVO PARA MERCED DEL OFICIO	8000
EXTRAORDINARIO DE REAL HACIENDA	4284
MEDIA ANATA	13086
MESADAS ECLESIASTICAS	2059
NOVENOS REALES	8290
OFICIOS VENDIBLES Y RENUNCIABLES	7941
PAPEL SELLADO	6173

TOTAL COMPUTADO   541072

S1817   365

	OCHO ENSAYADOS	ORO

5/1724- 4/1725

ALCABALAS REALES	123
ARRENDAMIENTO Y VENTA DE TIERRAS	13
AZOGUES	96641
COMPOSICION DE PULPERIAS	3
DEPOSITOS	1442
DONATIVO	50
DONATIVO PARA CONF DE OFICIOS	26
EXTRAORDINARIO DE REAL HACIENDA	1299
MEDIA ANATA	126
MESADAS ECLESIASTICAS	114
NOVENOS REALES	553
OFICIOS VENDIBLES Y RENUNCIABLES	410
PAPEL SELLADO	477
REAL DE SENOREAGE	2225
REAL HACIENDA	421833
TRIBUTOS CONSIGNACIONES DE LANZAS	4524
TRIBUTOS DE YANACONAS	21139
TRIBUTOS REALES DE INDIOS	7855
VALIMIENTOS DE 10% DE SUELDOS	1179
TOTAL	541072

TOTAL COMPUTADO   541072

5/1725- 4/1726

ALCABALAS REALES	215
ARRENDAMIENTO Y VENTA DE TIERRAS	13
AZOGUES	30425
BUENOS EFECTOS Y RESIDUOS	5025
COMPOSICION DE PULPERIAS	3
DONATIVO PARA CONF DE OFICIOS	13
EXTRAORDINARIO DE REAL HACIENDA	2095
MEDIA ANATA	707
MESADAS ECLESIASTICAS	56
NOVENOS REALES	6462
OFICIOS VENDIBLES Y RENUNCIABLES	100
PAPEL SELLADO	339
REAL DE SENOREAGE	2344
REAL HACIENDA	337613
TRIBUTOS CONSIGNACIONES DE LANZAS	9286
TRIBUTOS DE YANACONAS	2966

CARGO

	OCHO ENSAYADOS	ORO
REAL DE SENOREAGE	21462	
REINTEGROS A LA REAL HACIENDA	2762	
TRIBUTOS CONSIGNACIONES DE LANZAS	20559	
TRIBUTOS DE YANACONAS	6344	
TRIBUTOS REALES DE INDIOS	34288	
VALIMIENTOS DE RENTAS DE OFICIOS	605	
VALIMIENTOS DE 10% DE SUELDOS	13171	
1.2% Y QUINTOS DE PLATA	248517	
TOTAL	590757	
TOTAL COMPUTADO	590760	

S1817

	OCHO ENSAYADOS	ORO
ALCABALAS REALES	29948	
ARRENDAMIENTO Y VENTA DE MINAS	300	
ARRENDAMIENTO Y VENTA DE TIERRAS	370	
AZOGUES	131027	
BUENOS EFECTOS Y RESIDUOS	2562	
COMISOS	87	
COMPOSICION DE PULPERIAS	343	
CONDENACIONES DEL REAL CONSEJO	2550	
DONATIVO PARA CONF DE OFICIOS	1363	
EXTRAORDINARIO DE REAL HACIENDA	5582	
LIMOSNAS DE VINO Y ACEITE 6% ENCO	766	
MEDIA ANATA	12220	
MESADAS ECLESIASTICAS	1687	
NOVENOS REALES	6799	
OFICIOS VENDIBLES Y RENUNCIABLES	15384	
PAPEL SELLADO	3370	
REAL DE SENOREAGE	25292	
REINTEGROS A LA REAL HACIENDA	500	
TRIBUTOS CONSIGNACIONES DE LANZAS	7491	
TRIBUTOS DE YANACONAS	3891	
TRIBUTOS REALES DE INDIOS	60681	
VALIMIENTOS DE RENTAS DE OFICIOS	750	
VALIMIENTOS DE 10% DE SUELDOS	8038	
1.2% Y QUINTOS DE PLATA	265067	
TOTAL	586071	
TOTAL COMPUTADO	586068	

S1817

	OCHO ENSAYADOS	ORO
ALCABALAS REALES	38840	
ARRENDAMIENTO Y VENTA DE MINAS	300	
ARRENDAMIENTO Y VENTA DE TIERRAS	250	
AZOGUES	133496	
BUENOS EFECTOS Y RESIDUOS	501	
COMISOS	113	
COMPOSICION DE PULPERIAS	100	
DEPOSITOS	1654	
DONATIVO PARA CONF DE OFICIOS	1000	
EXTRAORDINARIO DE REAL HACIENDA	3108	

DATA   5/1726- 4/1727

	OCHO ENSAYADOS	ORO
TRIBUTOS REALES DE INDIOS	35668	—
TOTAL	433328	—
TOTAL COMPUTADO	433330	—

5/1726- 4/1727

	OCHO ENSAYADOS	ORO
ALCABALAS REALES	95	—
ARRENDAMIENTO Y VENTA DE TIERRAS	13	—
AZOGUES	16614	—
BUENOS EFECTOS Y RESIDUOS	1563	—
COMPOSICION DE PULPERIAS	3	—
DONATIVO PARA CONF DE OFICIOS	34	—
EXTRAORDINARIO DE REAL HACIENDA	1304	—
MEDIA ANATA	238	—
MESADAS ECLESIASTICAS	42	—
NOVENOS REALES	2375	—
OFICIOS VENDIBLES Y RENUNCIABLES	147	—
PAPEL SELLADO	244	—
REAL DE SENOREAGE	2500	—
TRIBUTOS CONSIGNACIONES DE LANZAS	282979	—
TRIBUTOS DE YANACONAS	1563	—
TRIBUTOS REALES DE INDIOS	4566	—
TRIBUTOS REALES DE INDIOS	48162	—
VALIMIENTOS DE 10% DE SUELDOS	136	—
TOTAL	362582	—
TOTAL COMPUTADO	362562	—

5/1727- 4/1728

	OCHO ENSAYADOS	ORO
ALCABALAS REALES	176	
ARRENDAMIENTO Y VENTA DE TIERRAS	9	
AZOGUES	24415	
BUENOS EFECTOS Y RESIDUOS	501	
COMPOSICION DE PULPERIAS	3	
DEPOSITOS	1664	
DONATIVO PARA CONF DE OFICIOS	25	
EXTRAORDINARIO DE REAL HACIENDA	2513	
MEDIA ANATA	138	
MESADAS ECLESIASTICAS	44	

POTOSI 5/1727- 4/1728

CARGO	OCHO	ENSAYADOS	ORO
MEDIA ANATA	4692		
MESADAS ECLESIASTICAS	1924		
NOVENOS REALES	8556		
OFICIOS VENDIBLES Y RENUNCIABLES	6695		
PAPEL SELLADO	3474		
REAL DE SENOREAGE	24913		
REINTEGROS A LA REAL HACIENDA	456		
TRIBUTOS CONSIGNACIONES DE LANZAS	7801		
TRIBUTOS DE YANACONAS	13770		
TRIBUTOS REALES DE INDIOS	42502		
VALIMIENTOS DE RENTAS DE OFICIOS	3138		
VALIMIENTOS DE 10% DE SUELDOS	6032		
1.2% Y QUINTOS DE PLATA	309749		
TOTAL	613076		

TOTAL COMPUTADO 613064

S1817

	OCHO	ENSAYADOS	ORO
ALCABALAS REALES	25584		
ARRENDAMIENTO Y VENTA DE TIERRAS	250		
AZOGUES	150498		
BUENOS EFECTOS Y RESIDUOS	603		
COMISOS	44229		
COMPOSICION DE PULPERIAS	1150		
DEPOSITOS	3669		
DONATIVO PARA CONF DE OFICIOS	523		
ESPOLIOS	1000		
EXTRAORDINARIO DE REAL HACIENDA	2909		
LIMOSNAS DE VINO Y ACEITE 6% ENCO	122		
MEDIA ANATA	8390		
MESADAS ECLESIASTICAS	6293		
MULTAS Y CONDENACIONES	500		
NOVENOS REALES	13807		
OFICIOS VENDIBLES Y RENUNCIABLES	8730		
PAPEL SELLADO	5248		
REAL DE SENOREAGE	28593		
REINTEGROS A LA REAL HACIENDA	2103		
TRIBUTOS CONSIGNACIONES DE LANZAS	7661		
TRIBUTOS DE YANACONAS	7807		
TRIBUTOS REALES DE INDIOS	40664		
VALIMIENTOS DE RENTAS DE OFICIOS	4746		
VALIMIENTOS DE 10% DE SUELDOS	5829		
1.2% Y QUINTOS DE PLATA	351811		
1.5% Y VEINTAVO DEL ORO	112		
TOTAL	722833		

TOTAL COMPUTADO 722831

S1817

	OCHO	ENSAYADOS	ORO
ALCABALAS REALES	20352		
ARRENDAMIENTO Y VENTA DE MINAS	100		
ARRENDAMIENTO Y VENTA DE TIERRAS	250		

5/1728- 4/1729

DATA	OCHO	ENSAYADOS	ORO
NOVENOS REALES	486		
OFICIOS VENDIBLES Y RENUNCIABLES	54		
PAPEL SELLADO	151		
REAL DE SENOREAGE	2902		
REAL HACIENDA	353733		
TRIBUTOS CONSIGNACIONES DE LANZAS	576		
TRIBUTOS DE YANACONAS	2668		
TRIBUTOS REALES DE INDIOS	27134		
VALIMIENTOS DE 10% DE SUELDOS	1641		
TOTAL	418838		

TOTAL COMPUTADO 418837

5/1728- 4/1729

	OCHO	ENSAYADOS	ORO
ALCABALAS REALES	151		
ARRENDAMIENTO Y VENTA DE TIERRAS	9		
AZOGUES	28337		
BUENOS EFECTOS Y RESIDUOS	603		
COMISOS	44229		
COMPOSICION DE PULPERIAS	3		
DEPOSITOS	1313		
DONATIVO PARA CONF DE OFICIOS	13		
ESPOLIOS	55		
EXTRAORDINARIO DE REAL HACIENDA	1969		
MEDIA ANATA	69		
MESADAS ECLESIASTICAS	118		
NOVENOS REALES	4778		
OFICIOS VENDIBLES Y RENUNCIABLES	152		
PAPEL SELLADO	347		
REAL DE SENOREAGE	3206		
REAL HACIENDA	248706		
TRIBUTOS CONSIGNACIONES DE LANZAS	3016		
TRIBUTOS DE YANACONAS	3977		
TRIBUTOS REALES DE INDIOS	13320		
VALIMIENTOS DE 10% DE SUELDOS	127		
TOTAL	354498		

TOTAL COMPUTADO 354458

5/1729- 4/1730

	OCHO	ENSAYADOS	ORO
ALCABALAS REALES	256		
ARRENDAMIENTO Y VENTA DE TIERRAS	9		
AZOGUES	27714		

POTOSI 5/1729- 4/1730

CARGO

	OCHO	ENSAYADOS	ORO
AZOGUES	131912		
BUENOS EFECTOS Y RESIDUOS	2856		
COMPOSICION DE PULPERIAS	100		
CONDENACIONES DEL REAL CONSEJO	2318		
DEPOSITOS	12509		
DONATIVO PARA CONF DE OFICIOS	892		
EXTRAORDINARIO DE REAL HACIENDA	4003		
LIMOSNAS DE VINO Y ACEITE 6% ENCO	157		
MEDIA ANATA	2096		
MESADAS ECLESIASTICAS	1656		
NOVENOS REALES	6063		
OFICIOS VENDIBLES Y RENUNCIABLES	6919		
PAPEL SELLADO	2826		
REAL DE SENOREAGE	25169		
REINTEGROS A LA REAL HACIENDA	500		
TRIBUTOS CONSIGNACIONES DE LANZAS	9671		
TRIBUTOS DE YANACONAS	3921		
TRIBUTOS REALES DE INDIOS	41458		
VALIMIENTOS DE RENTAS DE SUELDOS	4007		
VALIMIENTOS DE 10% DE OFICIOS	3571		
1.2% Y QUINTOS DE PLATA	318403		
1.5% Y VEINTAVO DEL ORO	1086		
TOTAL	602794		

TOTAL COMPUTADO 602795

S1817

	OCHO	ENSAYADOS	ORO
ALCABALAS REALES	21436		
ARRENDAMIENTO Y VENTA DE MINAS	500		
ARRENDAMIENTO Y VENTA DE TIERRAS	903		
AZOGUES	101604		
BUENOS EFECTOS Y RESIDUOS	501		
COMISOS	5040		
COMPOSICION DE PULPERIAS	1802		
DEPOSITOS	270		
DONATIVO PARA CONF DE OFICIOS	560		
ESPOLIOS	5982		
EXTRAORDINARIO DE REAL HACIENDA	1739		
MEDIA ANATA	10784		
MESADAS ECLESIASTICAS	748		
MULTAS Y CONDENACIONES	500		
NOVENOS REALES	5523		
OFICIOS VENDIBLES Y RENUNCIABLES	3452		
PAPEL SELLADO	2168		
REAL DE SENOREAGE	24633		
REINTEGROS A LA REAL HACIENDA	1588		
SISA	2813		
TRIBUTOS CONSIGNACIONES DE LANZAS	13399		
TRIBUTOS DE YANACONAS	7192		
TRIBUTOS REALES DE CHIRIGUANES	307		
TRIBUTOS REALES DE INDIOS	36809		
VALIMIENTOS DE RENTAS DE OFICIOS	3738		
VALIMIENTOS DE 10% DE SUELDOS	7537		
1.2% Y QUINTOS DE PLATA	299177		

5/1730- 4/1731

DATA

	OCHO	ENSAYADOS	ORO
BUENOS EFECTOS Y RESIDUOS	1042		
COMPOSICION DE PULPERIAS	3		
DEPOSITOS	1417		
DONATIVO PARA CONF DE PULPERIAS	22		
EXTRAORDINARIO DE REAL HACIENDA	1474		
MEDIA ANATA	17		
MESADAS ECLESIASTICAS	37		
NOVENOS REALES	2341		
OFICIOS VENDIBLES Y RENUNCIABLES	2100		
PAPEL SELLADO	112		
REAL DE SENOREAGE	2950		
TRIBUTOS CONSIGNACIONES DE LANZAS	285911		
TRIBUTOS DE YANACONAS	2758		
TRIBUTOS REALES DE INDIOS	22012		
VALIMIENTOS DE 10% DE SUELDOS	588		
TOTAL	353677		

TOTAL COMPUTADO 353676

S1817

	OCHO	ENSAYADOS	ORO
ALCABALAS REALES	129		
ARRENDAMIENTO Y VENTA DE TIERRAS	24		
AZOGUES	33782		
BUENOS EFECTOS Y RESIDUOS	325		
COMISOS	582		
COMPOSICION DE PULPERIAS	1		
DONATIVO	14		
ESPOLIOS	277		
EXTRAORDINARIO DE REAL HACIENDA	26186		
MEDIA ANATA	2096		
MESADAS ECLESIASTICAS	19		
MULTAS Y CONDENACIONES	11		
NOVENOS REALES	2304		
OFICIOS VENDIBLES Y RENUNCIABLES	520		
PAPEL SELLADO	99		
REAL DE SENOREAGE	2814		
REAL HACIENDA	282863		
SISA	2813		
TRIBUTOS CONSIGNACIONES DE LANZAS	2771		
TRIBUTOS DE YANACONAS	11114		
TRIBUTOS REALES DE INDIOS	11133		
VALIMIENTOS DE RENTAS DE OFICIOS	767		
VALIMIENTOS DE 10% DE SUELDOS	50		
TOTAL	370690		

POTOSI 5/1730- 4/1731

CARGO	OCHO ENSAYADOS	ORO	DATA
TOTAL	560703		
TOTAL COMPUTADO	560705		

S1817

	OCHO ENSAYADOS
ALCABALAS REALES	29375
ARRENDAMIENTO Y VENTA DE MINAS	150
ARRENDAMIENTO Y VENTA DE TIERRAS	59
AZOGUES	152832
BUENOS EFECTOS Y RESIDUOS	605
COMISOS	1086
COMPOSICION DE PULPERIAS	527
DEPOSITOS	1170
DONATIVO	122
DONATIVO PARA CONF DE OFICIOS	542
EXTRAORDINARIO DE REAL HACIENDA	6354
LIMOSNAS DE VINO Y ACEITE 6% ENCO	320
MEDIA ANATA	5450
MESADAS ECLESIASTICAS	2090
NOVENOS REALES	7600
OFICIOS VENDIBLES Y RENUNCIABLES	2286
PAPEL SELLADO	1845
REAL DE SENOREAGE	25714
TRIBUTOS CONSIGNACIONES DE LANZAS	19144
TRIBUTOS DE YANACONAS	5738
TRIBUTOS REALES DE CHIRIGUANES	225
TRIBUTOS REALES DE INDIOS	45976
VALIMENTOS DE RENTAS DE OFICIOS	2480
VALIMENTOS DE 10% DE SUELDOS	2373
1.2% Y QUINTOS DE PLATA	302134
TOTAL	616195
TOTAL COMPUTADO	616197

5/1731- 4/1732

DATA	OCHO ENSAYADOS	ORO
TOTAL COMPUTADO	370694	—

S1817

	OCHO ENSAYADOS
ALCABALAS REALES	187
ARRENDAMIENTO Y VENTA DE TIERRAS	2
AZOGUES	26294
BUENOS EFECTOS Y RESIDUOS	1748
COMISOS	109
COMPOSICION DE PULPERIAS	1
DONATIVO PARA CONF DE OFICIOS	8
EXTRAORDINARIO DE REAL HACIENDA	2676
MEDIA ANATA	1420
MESADAS ECLESIASTICAS	52
NOVENOS REALES	2419
OFICIOS VENDIBLES Y RENUNCIABLES	10
PAPEL SELLADO	385
REAL DE SENOREAGE	2850
REAL HACIENDA	267797
TRIBUTOS CONSIGNACIONES DE LANZAS	5423
TRIBUTOS DE YANACONAS	2469
TRIBUTOS REALES DE INDIOS	15110
TOTAL	357961

5/1732- 4/1733

	OCHO ENSAYADOS
TOTAL COMPUTADO	357960

S1817 (CARGO)

	OCHO ENSAYADOS
ALCABALAS REALES	25119
ARRENDAMIENTO Y VENTA DE MINAS	100
ARRENDAMIENTO Y VENTA DE TIERRAS	275
AZOGUES	137113
BUENOS EFECTOS Y RESIDUOS	1019
COMISOS	6634
COMPOSICION DE PULPERIAS	543
DEPOSITOS	2833
DONATIVO	300
EXTRAORDINARIO DE REAL HACIENDA	1698
LIMOSNAS DE VINO Y ACEITE 6% ENCO	1885
MEDIA ANATA	11012
MESADAS ECLESIASTICAS	4828
NOVENOS REALES	4434
OFICIOS VENDIBLES Y RENUNCIABLES	4475
PAPEL SELLADO	1908
PLATA DE RESCATE	16000

S1817 (DATA)

	OCHO ENSAYADOS
ALCABALAS REALES	168
ARRENDAMIENTO Y VENTA DE TIERRAS	10
AZOGUES	30530
COMISOS	540
COMPOSICION DE PULPERIAS	3
DEPOSITOS	38
DONATIVO PARA CONF DE OFICIOS	8
EXTRAORDINARIO DE REAL HACIENDA	7724
MEDIA ANATA	77
MESADAS ECLESIASTICAS	121
NOVENOS REALES	2248
OFICIOS VENDIBLES Y RENUNCIABLES	63
PAPEL SELLADO	527
REAL DE SENOREAGE	2848
TRIBUTOS CONSIGNACIONES DE LANZAS	319615
TRIBUTOS DE YANACONAS	2139
TRIBUTOS DE YANACONAS	1875

CARGO	OCHO ENSAYADOS	ORO
REAL DE SENOREAGE	23379	—
SISA	1000	—
TRIBUTOS CONSIGNACIONES DE LANZAS	10180	—
TRIBUTOS DE YANACONAS	5847	—
TRIBUTOS REALES DE INDIOS	53817	—
TRIBUTOS REALES DE OFICIOS	2412	—
VALIMIENTOS DE RENTAS DE OFICIOS	4665	—
VALIMIENTOS DE 10% DE SUELDOS	46739	—
VENTA DE FIERRO	304414	—
1.2% Y QUINTOS DE PLATA	672629	—
TOTAL	672629	—
TOTAL COMPUTADO	672629	

S1817

	OCHO ENSAYADOS	ORO
ALCABALAS REALES	24854	—
ARRENDAMIENTO Y VENTA DE TIERRAS	441	—
AZOGUES	133754	—
BUENOS EFECTOS Y RESIDUOS	732	—
COMPOSICION DE PULPERIAS	403	—
DEPOSITOS	2601	—
DONATIVO PARA CONF DE OFICIOS	1281	—
EXTRAORDINARIO DE REAL HACIENDA	3223	—
LIMOSNAS DE VINO Y ACEITE 6% ENCO	19	—
MEDIA ANATA	9493	—
MESADAS ECLESIASTICAS	1519	—
NOVENOS REALES	8130	—
OFICIOS VENDIBLES Y RENUNCIABLES	5011	—
PAPEL SELLADO	2098	—
PLATA DE RESCATE	16000	—
REAL DE SENOREAGE	23314	—
REINTEGROS A LA REAL HACIENDA	1200	—
TRIBUTOS CONSIGNACIONES DE LANZAS	21830	—
TRIBUTOS DE YANACONAS	5596	—
TRIBUTOS REALES DE INDIOS	74692	—
TRIBUTOS REALES DE OFICIOS	1630	—
VALIMIENTOS DE RENTAS DE OFICIOS	6476	—
VALIMIENTOS DE 10% DE SUELDOS	305395	—
1.2% Y QUINTOS DE PLATA	649692	—
TOTAL	649692	—
TOTAL COMPUTADO	649692	

S1817

	OCHO ENSAYADOS	ORO
ALCABALAS REALES	28255	
ARRENDAMIENTO Y VENTA DE TIERRAS	125	
AZOGUES	128493	
BUENOS EFECTOS Y RESIDUOS	501	
COMISOS	3765	
COMPOSICION DE PULPERIAS	345	
DEPOSITOS	2170	
DONATIVO PARA CONF DE OFICIOS	1127	
ENTERADO EN LA CAJA	20000	
EXTRAORDINARIO DE REAL HACIENDA	2149	

5/1733- 4/1734

DATA	OCHO ENSAYADOS	ORO
TRIBUTOS REALES DE INDIOS	42390	—
VALIMIENTOS DE 10% DE SUELDOS	4025	—
TOTAL	414948	—
TOTAL COMPUTADO	414949	

5/1733- 4/1734

S1817

	OCHO ENSAYADOS	ORO
ALCABALAS REALES	681	—
ARRENDAMIENTO Y VENTA DE TIERRAS	15	—
AZOGUES	48714	—
BUENOS EFECTOS Y RESIDUOS	8023	—
COMISOS	35	—
COMPOSICION DE PULPERIAS	5	—
DEPOSITOS	3171	—
DONATIVO PARA CONF DE OFICIOS	32	—
ESPOLIOS	83	—
EXTRAORDINARIO DE REAL HACIENDA	1488	—
MEDIA ANATA	85	—
MESADAS ECLESIASTICAS	30	—
NOVENOS REALES	2454	—
OFICIOS VENDIBLES Y RENUNCIABLES	39	—
PAPEL SELLADO	2170	—
REAL DE SENOREAGE	2881	—
REAL HACIENDA	294508	—
TRIBUTOS CONSIGNACIONES DE LANZAS	6014	—
TRIBUTOS DE YANACONAS	3106	—
TRIBUTOS REALES DE INDIOS	312255	—
VALIMIENTOS DE 10% DE SUELDOS	3864	—
VENTA DE FIERRO	5743	—
TOTAL	414799	—
TOTAL COMPUTADO	414756	

5/1734- 4/1735

	OCHO ENSAYADOS	ORO
ALCABALAS REALES	715	
ARRENDAMIENTO Y VENTA DE TIERRAS	4	
AZOGUES	33802	
BUENOS EFECTOS Y RESIDUOS	7226	
COMISOS	2872	
COMPOSICION DE PULPERIAS	2	
DEPOSITOS	5646	
DONATIVO PARA CONF DE OFICIOS	28	
EXTRAORDINARIO DE REAL HACIENDA	2248	
MEDIA ANATA	63	

POTOSI 5/1734- 4/1735

CARGO

	OCHO ENSAYADOS	ORO
LIMOSNAS DE VINO Y ACEITE 6% ENCO	87	—
MEDIA ANATA	6709	—
MESADAS ECLESIASTICAS	990	—
NOVENOS REALES	11907	—
OFICIOS VENDIBLES Y RENUNCIABLES	4952	—
PAPEL SELLADO	2897	—
REAL DE SENOREAGE	23447	—
TRIBUTOS CONSIGNACIONES DE LANZAS	19935	—
TRIBUTOS DE YANACONAS	2411	—
TRIBUTOS REALES DE INDIOS	76832	—
VALIMIENTOS DE 10% DE SUELDOS	1632	—
1.2% Y QUINTOS DE PLATA	287596	—
TOTAL	626326	—
TOTAL COMPUTADO	626325	—

S1827

	OCHO ENSAYADOS	ORO
ALCABALAS REALES	20334	—
ARRENDAMIENTO Y VENTA DE TIERRAS	500	—
AZOGUES	148019	—
BUENOS EFECTOS Y RESIDUOS	813	—
COMISOS	2290	—
COMPOSICION DE PULPERIAS	160	—
DEPCSITOS	14781	—
DONATIVO PARA CONF DE OFICIOS	460	—
EXTRAORDINARIO DE REAL HACIENDA	3590	—
LIMOSNAS DE VINO Y ACEITE 6% ENCO	20	—
MEDIA ANATA	9759	—
MESADAS ECLESIASTICAS	4051	—
NOVENOS REALES	5135	—
OFICIOS VENDIBLES Y RENUNCIABLES	4941	—
PAPEL SELLADO	1857	—
REAL DE SENOREAGE	21782	—
REINTEGROS A LA REAL HACIENDA	18800	—
SOLARES	60	—
TRIBUTOS CONSIGNACIONES DE LANZAS	18642	—
TRIBUTOS DE YANACONAS	12447	—
TRIBUTOS REALES DE INDIOS	70509	—
VALIMIENTOS DE RENTAS DE OFICIOS	2850	—
VALIMIENTOS DE 10% DE SUELDOS	447	—
1.2% Y QUINTOS DE PLATA	2334437	—
TOTAL	595723	—
TOTAL COMPUTADO	595724	—

S 231

	OCHO ENSAYADOS	ORO
ALCABALAS REALES	34273	
AZOGUES	160766	
BUENOS EFECTOS Y RESIDUOS	2430	
COMISCS	14822	
COMPOSICION DE PULPERIAS	255	
DEPCSITOS	21962	

5/1735- 4/1736

DATA

	OCHO ENSAYADOS	ORO
MESADAS ECLESIASTICAS	23	—
NOVENOS REALES	4128	—
OFICIOS VENDIBLES Y RENUNCIABLES	228	—
PAPEL SELLADO	778	—
REAL DE SENOREAGE	2686	—
REAL HACIENDA	251324	—
TRIBUTOS CONSIGNACIONES DE LANZAS	6926	—
TRIBUTOS DE YANACONAS	1875	—
TRIBUTOS REALES DE INDIOS	30738	—
VALIMIENTOS DE RENTAS DE OFICIOS	2113	—
VALIMIENTOS DE 10% DE SUELDOS	1774	—
TOTAL	355198	—
TOTAL COMPUTADO	355199	—

	OCHO ENSAYADOS	ORO
ALCABALAS REALES	153	—
ARRENDAMIENTO Y VENTA DE TIERRAS	18	—
AZOGUES	23900	—
BUENOS EFECTOS Y RESIDUOS	1392	—
COMISOS	664	—
COMPOSICION DE PULPERIAS	1	—
DONATIVO PARA CONF DE OFICIOS	12	—
EXTRAORDINARIO DE REAL HACIENDA	2362	—
MEDIA ANATA	45	—
MESADAS ECLESIASTICAS	96	—
NOVENOS REALES	2288	—
OFICIOS VENDIBLES Y RENUNCIABLES	929	—
PAPEL SELLADO	426	—
REAL HACIENDA	330617	—
TRIBUTOS CONSIGNACIONES DE LANZAS	4759	—
TRIBUTOS DE YANACONAS	2007	—
TRIBUTOS REALES DE INDICS	22033	—
VALIMIENTOS DE OFICIOS	8130	—
VALIMIENTOS CE 10% CE SUELCCS	3772	—
TOTAL	405186	—
TOTAL COMPUTACO	403604	—

5/1736- 4/1737

	OCHO ENSAYADOS	ORO
ALCABALAS REALES	98	
AZCGUES	20561	
COMISOS	10586	
COMPOSICION DE PULPERIAS	2	
EXTRAORDINARIC DE REAL HACIENDA	3489	
MEDIA ANATA	3168	

CARGO	OCHO ENSAYADOS ORO
EFECTOS DE RESIDENCIA	20
EXTRAORDINARIO DE REAL HACIENDA	4500
MEDIA ANATA	9875
MESADAS ECLESIASTICAS	298
NOVENOS REALES	1599
OFICIOS VENDIBLES Y RENUNCIABLES	4646
PAPEL SELLADO	1983
PRESTAMOS	106731
REAL DE SENOREAGE	28147
REINTEGROS A LA REAL HACIENDA	7263
TRIBUTOS CONSIGNACIONES DE LANZAS	14123
TRIBUTOS DE YANACONAS	3898
TRIBUTOS REALES DE INDIOS	72363
VALIMIENTOS DE RENTAS DE OFICIOS	569
VALIMIENTOS DE 10% DE SUELDOS	471
1.2% Y DIEZMOS DE PLATA	207626
10% DE COMISOS	1482
TOTAL	700100
TOTAL COMPUTADO	700102

S 231

CARGO	OCHO ENSAYADOS ORO
ALCABALAS REALES	43330
ARRENDAMIENTO Y VENTA DE MINAS	1100
ARRENDAMIENTO Y VENTA DE TIERRAS	375
AZOGUES	142917
BUENOS EFECTOS Y RESIDUOS	2191
COMISOS	5823
COMPOSICION DE PULPERIAS	414
DEPOSITOS	22712
DIEZMOS DE PLATA LABRADA	2211
DONATIVO PARA CONF DE OFICIOS	625
DONATIVO	814
EXISTENCIA	300
EXTRAORDINARIO DE REAL HACIENDA	3719
MEDIA ANATA	8849
MESADAS ECLESIASTICAS	8351
NOVENOS REALES	24172
OFICIOS VENDIBLES Y RENUNCIABLES	7337
PAPEL SELLADO	7974
PENAS DE CAMARA	50
REAL DE SENOREAGE	28410
REINTEGROS A LA REAL HACIENDA	3100
SUPLEMENTO A LA REAL HACIENDA	15479
TRIBUTOS CONSIGNACIONES DE LANZAS	24119
TRIBUTOS DE YANACONAS	6694
TRIBUTOS REALES DE INDIOS	74445
VALIMIENTOS DE INDIOS	7720
VALIMIENTOS DE RENTAS DE OFICIOS	1790
VEINTAVO DEL ORO	33
1.2% Y DIEZMOS DE PLATA	181276
10% DE COMISOS	635
TOTAL	626964

DATA	CCHO ENSAYADOS ORO
NOVENOS REALES	5865
OFICIOS VENDIBLES Y RENUNCIABLES	1149
PAPEL SELLADO	218
REAL DE SENOREAGE	3198
REAL HACIENDA	372936
TRIBUTOS DE YANACONAS	2598
TRIBUTOS REALES DE INDIOS	11827
TOTAL	435654
TOTAL COMPUTADO	435655

ALCABALAS REALES	CCHO ENSAYADOS ORO
ALCABALAS REALES	80
ARRENDAMIENTO Y VENTA DE MINAS	150
ARRENDAMIENTO Y VENTA DE TIERRAS	13
AZOGUES	45550
COMISOS	3412
COMPOSICION DE PULPERIAS	2
DEPOSITOS	31707
EXTRAORDINARIO DE REAL HACIENDA	617
MESADAS ECLESIASTICAS	4
NOVENOS REALES	4091
OFICIOS VENDIBLES Y RENUNCIABLES	191
PAPEL SELLADO	160
REAL DE SENOREAGE	3242
REAL HACIENDA	382095
SUPLEMENTO A LA REAL HACIENDA	15479
TRIBUTOS CONSIGNACIONES DE LANZAS	13396
TRIBUTOS DE YANACONAS	1875
TRIBUTOS REALES DE INDIOS	19832
TOTAL	521538

CARGO	OCHO ENSAYADOS	ORO
TOTAL COMPUTADO	626965	—

S 231

	OCHO ENSAYADOS	ORO
ALCABALAS REALES	28582	—
ARRENDAMIENTO Y VENTA DE TIERRAS	125	—
BUENOS EFECTOS Y RESIDUOS	572	—
COMISOS	5144	—
COMPOSICION DE PULPERIAS	335	—
DEPOSITOS	3860	—
DIEZMOS DE PLATA LABRADA	824	—
DONATIVO PARA CONF DE OFICIOS	1031	—
EFECTOS DE RESIDENCIA	20	—
EXTRAORDINARIO DE REAL HACIENDA	3810	—
MESADAS ECLESIASTICAS	1151	—
NOVENOS REALES	9529	—
OFICIOS VENDIBLES Y RENUNCIABLES	7519	—
PAPEL SELLADO	2980	—
REAL DE SENOREAGE	27682	—
REINTEGROS A LA REAL HACIENDA	4545	—
TRIBUTOS CONSIGNACIONES DE LANZAS	9049	—
TRIBUTOS DE YANACONAS	9526	—
TRIBUTOS REALES DE INDIOS	142291	—
VALIMIENTOS DE RENTAS DE OFICIOS	2250	—
VALIMIENTOS DE 10% DE SUELDOS	686	—
1.2% Y DIEZMOS DE 10% DE PLATA	164764	—
10% DE COMISOS	673	—
TOTAL	426947	—

L 17

	OCHO ENSAYADOS	ORO
TOTAL COMPUTADO	426948	—

5/1738- 4/1739   DATA   S 231

	OCHO ENSAYADOS	ORO
TOTAL COMPUTADO	521936	—

	OCHO ENSAYADOS	ORO
ALCABALAS REALES	434	—
BUENOS EFECTOS Y RESIDUOS	912	—
COMISOS	5722	—
COMPOSICION DE PULPERIAS	2	—
DEPOSITOS	1307	—
EXTRAORDINARIO DE REAL HACIENDA	5526	—
NOVENOS REALES	2193	—
OFICIOS VENDIBLES Y RENUNCIABLES	866	—
PAPEL SELLADO	131	—
REAL DE SENOREAGE	2856	—
REAL HACIENDA	308041	—
TRIBUTOS CONSIGNACIONES DE LANZAS	2942	—
TRIBUTOS DE YANACONAS	1914	—
TRIBUTOS REALES DE INDIOS	94056	—
VALIMIENTOS DE 10% DE SUELDOS	6	—
TOTAL	426947	—

5/1739- 4/1740

	OCHO ENSAYADOS	ORO
ALCABALAS REALES	26987	—
ARRENDAMIENTO Y VENTA DE MINAS	500	—
ARRENDAMIENTO Y VENTA DE TIERRAS	125	—
AZOGUES	121435	—
BUENOS EFECTOS Y RESIDUOS	308	—
COMISOS	60	—
COMPOSICION DE PULPERIAS	240	—
DEPOSITOS	2600	—
DIEZMOS DE PLATA LABRADA	225	—
DONATIVO PARA CONF DE OFICIOS	200	—
ESPOLIOS	104	—
EXTRAORDINARIO DE REAL HACIENDA	2092	—
MEDIA ANATA	8391	—
MESADAS ECLESIASTICAS	2568	—
NOVENOS REALES	9862	—
OFICIOS VENDIBLES Y RENUNCIABLES	6018	—
PAPEL SELLADO	1971	—
PENAS DE CAMARA	200	—
REAL DE CAMARA	31937	—
REINTEGROS A LA REAL HACIENDA	4557	—
SUPLEMENTO A LA REAL HACIENDA	51250	—

	OCHO ENSAYADOS	ORO
TOTAL COMPUTADO	426948	—

	OCHO ENSAYADOS	ORO
ALCABALAS REALES	316	—
ARRENDAMIENTO Y VENTA DE MINAS	100	—
ARRENDAMIENTO Y VENTA DE TIERRAS	4	—
AZOGUES	34250	—
COMPOSICION DE PULPERIAS	1	—
DEPOSITOS	1507	—
ESPOLIOS	132	—
EXTRAORDINARIO DE REAL HACIENDA	2850	—
MEDIA ANATA	8351	—
NOVENOS REALES	2210	—
OFICIOS VENDIBLES Y RENUNCIABLES	637	—
PAPEL SELLADO	259	—
REAL DE SENOREAGE	3208	—
REAL HACIENDA	345232	—
TRIBUTOS CONSIGNACIONES DE LANZAS	2331	—
TRIBUTOS DE YANACONAS	1879	—
TRIBUTOS REALES DE ATACAMA	1635	—
TRIBUTOS REALES DE CHAYANTA	582	—
TRIBUTOS REALES DE CHICHAS	814	—
TRIBUTOS REALES DE COCHABAMBA	33963	—
TRIBUTOS REALES DE INDIOS	1054	—

POTOSI 5/1739- 4/1740

CARGO	OCHO ENSAYADOS ORO
TRIBUTOS CONSIGNACIONES DE LANZAS	9278
TRIBUTOS DE YANACONAS	3227
TRIBUTOS REALES DE ATACAMA	1352
TRIBUTOS REALES DE CHAYANTA	2413
TRIBUTOS REALES DE CHICHAS	4255
TRIBUTOS REALES DE CHIRIGUANES	55
TRIBUTOS REALES DE COCHABAMBA	26674
TRIBUTOS REALES DE LIPES	1624
TRIBUTOS REALES DE MISQUE	725
TRIBUTOS REALES DE PILAYA	3761
TRIBUTOS REALES DE PORCO	16589
TRIBUTOS REALES DE POTOSI	2359
TRIBUTOS REALES DE TOMINA	3568
TRIBUTOS REALES DE YAMPARAES	1836
VALIMIENTOS DE RENTAS DE OFICIOS	600
VALIMIENTOS DE 10% DE SUELDOS	1707
1.5% Y DIEZMOS DE PLATA	182102
10% DE COMISOS	20
TOTAL	533774
TOTAL COMPUTADO	533775

P 755

	OCHO ENSAYADOS ORO
ALCABALAS REALES	18687
ARRENDAMIENTO Y VENTA DE MINAS	100
AZOGUES	149870
CAJA REAL DE JUJUI	355
COMPOSICION DE PULPERIAS	268
DEPOSITOS	7290
DIEZMOS DE PLATA LABRADA	207
DONATIVO PARA CONF DE OFICIOS	400
ESPOLIOS	585
EXTRAORDINARIO DE REAL HACIENDA	692
MEDIA ANATA	13396
MESADAS ECLESIASTICAS	3462
NOVENOS REALES	9734
OFICIOS VENDIBLES Y RENUNCIABLES	10219
PAPEL SELLADO	2594
PENAS DE CAMARA	200
REAL DE SENOREAGE	30432
REINTEGROS A LA REAL HACIENDA	1600
TRIBUTOS DE YANACONAS	8418
TRIBUTOS REALES DE ATACAMA	325
TRIBUTOS REALES DE CHAYANTA	15530
TRIBUTOS REALES DE CHICHAS	14036
TRIBUTOS REALES DE CHIRIGUANES	15
TRIBUTOS REALES DE COCHABAMBA	110528
TRIBUTOS REALES DE LIPES	445
TRIBUTOS REALES DE MISQUE	2900
TRIBUTOS REALES DE PILAYA	2000
TRIBUTOS REALES DE PORCO	13789
TRIBUTOS REALES DE POTOSI	1419
TRIBUTOS REALES DE TOMINA	5076
TRIBUTOS REALES DE YAMPARAES	2191

5/1740- 4/1741

DATA	OCHO ENSAYADOS ORO
TRIBUTOS REALES DE INDIOS	1094
TRIBUTOS REALES DE PILAYA	1319
TRIBUTOS REALES DE PORCO	3128
TRIBUTOS REALES DE POTOSI	67
VALIMIENTOS DE 10% DE SUELDOS	710
TOTAL	447717
TOTAL COMPUTADO	447713

	OCHO ENSAYADOS ORO
ALCABALAS REALES	221
AZOGUES	36042
COMPOSICION DE PULPERIAS	2
DEPOSITOS	5523
EXTRAORDINARIO DE REAL HACIENDA	2057
MEDIA ANATA	7
NOVENOS REALES	2127
OFICIOS VENDIBLES Y RENUNCIABLES	1358
PAPEL SELLADO	1357
REAL DE SENOREAGE	2980
REAL HACIENDA	262652
TRIBUTOS DE YANACONAS	469
TRIBUTOS REALES DE CHAYANTA	1363
TRIBUTOS REALES DE CHICHAS	9209
TRIBUTOS REALES DE COCHABAMBA	125108
TRIBUTOS REALES DE INDIOS	1094
TRIBUTOS REALES DE LIPES	313
TRIBUTOS REALES DE PORCO	1909
TRIBUTOS REALES DE POTOSI	1174
TRIBUTOS REALES DE TOMINA	685
TRIBUTOS REALES DE YAMPARAES	45
VACANTES MAYORES Y MENORES	12631
VALIMIENTOS DE 10% DE SUELDOS	3
TOTAL	468729

CARGO	OCHO ENSAYADOS	ORO
VALIMIENTOS DE 10% DE SUELDOS	88	
1.5% Y DIEZMOS DE PLATA	169677	
TOTAL	556528	
TOTAL COMPUTADO	596528	

P 760

	OCHO ENSAYADOS	ORO
ALCABALAS REALES	28521	
ARRENDAMIENTO Y VENTA DE TIERRAS	125	
AZOGUES	130345	
BOCAS DE FUEGO	569	
BUENOS EFECTOS Y RESIDUOS	634	
CAJA REAL DE JUJUI	746	
COMISOS	783	
COMPOSICION DE PULPERIAS	324	
DEPOSITOS	3089	
DIEZMOS DE PLATA LABRADA	102	
DONATIVO PARA CONF DE OFICIOS	500	
EXTRAORDINARIO DE REAL HACIENDA	3412	
MEDIA ANATA	9069	
MESADAS ECLESIASTICAS	2170	
NOVENOS REALES	10303	
OFICIOS VENDIBLES Y RENUNCIABLES	11270	
PAPEL SELLADO	2290	
PENAS DE CAMARA	239	
PRESTAMOS	123000	
REAL DE SENOREAGE	29272	
REINTEGROS A LA REAL HACIENDA	3393	
TRIBUTOS CONSIGNACIONES DE LANZAS	234	
TRIBUTOS DE YANACONAS	4532	
TRIBUTOS REALES DE ATACAMA	330	
TRIBUTOS REALES DE CHAYANTA	11970	
TRIBUTOS REALES DE CHICHAS	2000	
TRIBUTOS REALES DE COCHABAMBA	25466	
TRIBUTOS REALES DE LIPES	221	
TRIBUTOS REALES DE MISQUE	2324	
TRIBUTOS REALES DE PILAYA	1851	
TRIBUTOS REALES DE PORCO	12298	
TRIBUTOS REALES DE POTOSI	1296	
TRIBUTOS REALES DE TOMINA	2282	
TRIBUTOS REALES DE YAMPARAES	1785	
1.5% Y DIEZMOS DE PLATA	172004	
10% DE COMISOS	87	
TOTAL	598836	
TOTAL COMPUTADO	598836	

S 231

	OCHO ENSAYADOS	ORO
ALCABALAS REALES	25845	
ARRENDAMIENTO Y VENTA DE TIERRAS	125	
AZOGUES	167074	
COMPOSICION DE PULPERIAS	205	

5/1741- 4/1742

DATA	OCHO ENSAYADOS	ORO
TOTAL COMPUTADO	468729	

	OCHO ENSAYADOS	ORO
ALCABALAS REALES	1244	
ARRENDAMIENTO Y VENTA DE TIERRAS	4	
AZOGUES	26011	
COMISOS	867	
COMPOSICION DE PULPERIAS	1	
DEPOSITOS	1717	
ESPOLIOS	2283	
EXTRAORDINARIO DE REAL HACIENDA	2658	
MEDIA ANATA	85	
NOVENOS REALES	2316	
OFICIOS VENDIBLES Y RENUNCIABLES	4675	
PAPEL SELLADO	411	
REAL DE SENOREAGE	3028	
REAL HACIENDA	416385	
TRIBUTOS CONSIGNACIONES DE LANZAS	2973	
TRIBUTOS DE YANACONAS	1094	
TRIBUTOS REALES DE CHAYANTA	2215	
TRIBUTOS REALES DE CHICHAS	469	
TRIBUTOS REALES DE COCHABAMBA	10020	
TRIBUTOS REALES DE INDIOS	1094	
TRIBUTOS REALES DE PORCO	3276	
TRIBUTOS REALES DE POTOSI	973	
TRIBUTOS REALES DE TOMINA	3662	
TRIBUTOS REALES DE YAMPARAES	300	
TOTAL	487801	
TOTAL COMPUTADO	487801	

5/1743- 4/1744

	OCHO ENSAYADOS	ORO
ALCABALAS REALES	182	
ARRENDAMIENTO Y VENTA DE TIERRAS	4	
AZOGUES	20750	
COMPOSICION DE PULPERIAS	2	

POTOSI   5/1743- 4/1744

CARGO

	OCHO ENSAYADOS	ORO
DEPOSITOS DE PLATA LABRADA	1884	
DIEZMOS DE CONF DE OFICIOS	53	
DONATIVO PARA CONF DE OFICIOS	500	
EXTRAORDINARIO DE REAL HACIENDA	709	
MEDIA ANATA	11736	
MESADAS ECLESIASTICAS	4794	
NOVENOS REALES	8866	
OFICIOS VENDIBLES Y RENUNCIABLES	10778	
PAPEL SELLADO	3465	
PRESTAMOS	87611	
REINTEGROS A LA REAL HACIENDA	3606	
RESCATES DEL ORO	2564	
TRIBUTOS CONSIGNACIONES DE LANZAS	2148	
TRIBUTOS DE YANACONAS	2969	
TRIBUTOS REALES DE ATACAMA	330	
TRIBUTOS REALES DE CHAYANTA	19944	
TRIBUTOS REALES DE CHICHAS	4000	
TRIBUTOS REALES DE CHIRIGUANES	60	
TRIBUTOS REALES DE COCHABAMBA	23387	
TRIBUTOS REALES DE LIPES	435	
TRIBUTOS REALES DE MISQUE	891	
TRIBUTOS REALES DE PILAYA	2000	
TRIBUTOS REALES DE PORCO	12168	
TRIBUTOS REALES DE POTOSI	2506	
TRIBUTOS REALES DE YAMPARAES	2322	
TRIBUTOS REALES DE YAMPARAES	2322	
VALIMIENTOS DE RENTAS DE OFICIOS	600	
1.5% Y DIEZMOS DE PLATA	145508	
TOTAL	574076	

TOTAL COMPUTADO   551405

P 773

	OCHO	ENSAYADOS ORO
ALCABALAS REALES	26900	
ARRENDAMIENTO Y VENTA DE MINAS	100	
ARRENDAMIENTO Y VENTA DE TIERRAS	800	
AZOGUES	116985	
BUENOS EFECTOS Y RESIDUOS	1206	
COMISOS	5217	
COMPOSICION DE PULPERIAS	300	
DEPOSITOS	9695	
DIEZMOS DE PLATA LABRADA	158	
COMPOSICION DE PLATA LABRADA	1271	
EXTRAORDINARIO DE REAL HACIENDA	1685	
MESADAS ECLESIASTICAS	18392	
NOVENOS REALES	8502	
OFICIOS VENDIBLES Y RENUNCIABLES	5868	
PAPEL SELLADO	1132	
PENAS DE CAMARA	106113	
PRESTAMOS	29720	
REAL DE SENOREAGE	2180	
REINTEGROS A LA REAL HACIENDA	6588	
TRIBUTOS DE YANACONAS	300	
TRIBUTOS REALES DE ATACAMA	16194	
TRIBUTOS REALES DE CHAYANTA		

S 231   376

DATA

	OCHO ENSAYADOS	ORO
DEPOSITOS	1868	
DONATIVO PARA CONF DE OFICIOS	8	
EXTRAORDINARIO DE REAL HACIENDA	4560	
MEDIA ANATA	7012	
MESADAS ECLESIASTICAS	111	
NOVENOS REALES	2210	
OFICIOS VENDIBLES Y RENUNCIABLES	66	
PAPEL SELLADO	238	
PENAS DE CAMARA	50	
REAL HACIENDA	364065	
TRIBUTOS DE YANACONAS	1392	
TRIBUTOS REALES DE COCHABAMBA	2761	
TRIBUTOS REALES DE INDIOS	1094	
TRIBUTOS REALES DE LIPES	2273	
TRIBUTOS REALES DE PILAYA	570	
TRIBUTOS REALES DE POTOSI	2861	
TRIBUTOS REALES DE PORCO	1061	
TRIBUTOS REALES DE YAMPARAES	3670	
TOTAL	420880	

TOTAL COMPUTADO   416808

5/1744- 4/1745

	OCHO	ENSAYADOS ORO
ALCABALAS REALES	584	
ARRENDAMIENTO Y VENTA DE TIERRAS	16	
AZOGUES	27526	
COMISOS	3123	
COMPOSICION DE PULPERIAS	2	
DEPOSITOS	11	
EXTRAORDINARIO DE REAL HACIENDA	2591	
MESADAS ECLESIASTICAS	41	
NOVENOS REALES	1297	
OFICIOS VENDIBLES Y RENUNCIABLES	422	
PAPEL SELLADO	533	
PENAS DE CAMARA	100	
REAL DE SENOREAGE	2790	
REAL HACIENDA	430965	
TRIBUTOS CONSIGNACIONES DE LANZAS	506	
TRIBUTOS DE YANACONAS	1257	
TRIBUTOS REALES DE COCHABAMBA	738	
TRIBUTOS REALES DE MISQUE	10955	
TRIBUTOS REALES DE PORCO	2575	
TRIBUTOS REALES DE POTOSI	864	
TRIBUTOS REALES DE YAMPARAES	97	

POTOSI   5/1744— 4/1745

CARGO

	OCHO ENSAYADOS	ORO
TRIBUTOS REALES DE CHICHAS	4000	
TRIBUTOS REALES DE COCHABAMBA	21090	
TRIBUTOS REALES DE LIPES	342	
TRIBUTOS REALES DE MISQUE	9130	
TRIBUTOS REALES DE PILAYA	1890	
TRIBUTOS REALES DE PORCO	16200	
TRIBUTOS REALES DE POTOSI	2503	
TRIBUTOS REALES DE TOMINA	1000	
TPIBUTOS REALES DE YAMPARAES	1567	
VALIMIENTOS DE RENTAS DE OFICIOS	600	
1.5% Y DIEZMOS DE PLATA	158303	
10% DE COMISOS	601	
TOTAL	576452	

TOTAL COMPUTADO   576452

S1819

	OCHO ENSAYADOS	ORO
ALCABALAS REALES	26868	
ARRENDAMIENTO Y VENTA DE MINAS	460	
ARRENDAMIENTO Y VENTA DE TIERRAS	568	
AZOGUES	148235	
COMPOSICION DE PULPERIAS	300	
DEPOSITOS	1330	
DONATIVO PARA CONF DE OFICIOS	734	
EXTRACRDINARIO DE REAL HACIENDA	3819	
MESADAS ECLESIASTICAS	4420	
NOVENOS REALES	12816	
OFICIOS VENDIBLES Y RENUNCIABLES	7897	
PAPEL SELLADO	2551	
PENAS DE CAMARA	404	
REAL DE SENOREAGE	33911	
REINTEGROS A LA REAL HACIENDA	2600	
TRIBUTOS DE YANACONAS	3505	
TRIBUTOS REALES DE ATACAMA	162	
TRIBUTOS REALES DE CHAYANTA	15993	
TRIBUTOS REALES DE CHICHAS	6901	
TRIBUTOS REALES DE COCHABAMBA	22240	
TRIBUTOS REALES DE LIPES	434	
TRIBUTOS REALES DE MISQUE	2200	
TRIBUTOS REALES DE PILAYA	4187	
TRIBUTOS REALES DE PORCO	12039	
TRIBUTOS REALES DE YAMPARAES	1205	
VALIMIENTOS DE RENTAS DE OFICIOS	600	
1.5% Y DIEZMOS DE PLATA	166357	
TOTAL	482736	

TOTAL COMPUTADO   482736

S1819

	OCHO ENSAYADOS	ORO
ALCABALAS REALES	25869	
ARRENDAMIENTO Y VENTA DE MINAS	50	
ARRENDAMIENTO Y VENTA DE TIERRAS	2207	

5/1745— 4/1746

DATA

	OCHO ENSAYADOS	ORO
ALCABALAS REALES	183	
ARRENDAMIENTO Y VENTA DE TIERRAS	20	
AZOGUES	19340	
COMPOSICION DE PULPERIAS	2	
DEPOSITOS	400	
DONATIVO PARA CONF DE OFICIOS	52	
EXTRACRDINARIO DE REAL HACIENDA	2234	
MESADAS ECLESIASTICAS	111	
NOVENOS REALES	4326	
OFICIOS VENDIBLES Y RENUNCIABLES	499	
PAPEL SELLADO	226	
PENAS DE CAMARA	1	
REAL DE SENOREAGE	2919	
REAL HACIENDA	229414	
TRIBUTOS CONSIGNACIONES DE LANZAS	1279	
TRIBUTOS REALES DE CHAYANTA	1180	
TRIBUTOS REALES DE CHICHAS	3803	
TRIBUTOS REALES DE COCHABAMBA	1928	
TRIBUTOS REALES DE MISQUE	3049	
TRIBUTOS REALES DE PILAYA	33	
TRIBUTOS REALES DE PORCO	6215	
TRIBUTOS REALES DE YAMPARAES	4122	
	30	
TOTAL	281366	

TOTAL   486993

TOTAL COMPUTADO   486993

TOTAL COMPUTADO   281366

5/1746— 4/1747

	OCHO ENSAYADOS	ORO
ALCABALAS REALES	185	
ARRENDAMIENTO Y VENTA DE TIERRAS	9	
COMPOSICION DE PULPERIAS	2	

POTOSI 5/1746- 4/1747

CARGO	OCHO ENSAYADOS	ORO
BUENOS EFECTOS Y RESIDUOS	1165	
COMPOSICION DE PULPERIAS	350	
DEPOSITOS	1810	
DIEZMOS DE PLATA LABRADA	373	
DONATIVO PARA CONF DE OFICIOS	155	
EXTRAORDINARIO DE REAL HACIENDA	5461	
MESADAS ECLESIASTICAS	4396	
MULTAS Y CONDENACIONES	25	
NOVENOS REALES	8127	
OFICIOS VENDIBLES Y RENUNCIABLES	9129	
PAPEL SELLADO	1947	
REAL DE SENOREAGE	35039	
REINTEGROS A LA REAL HACIENDA	2400	
RESIDUOS	72477	
TRIBUTOS DE YANACONAS	8911	
TRIBUTOS REALES DE INDIOS	79437	
VALIMIENTOS DE RENTAS DE OFICIOS	600	
1.5% Y DIEZMOS DE PLATA	190374	
TOTAL	450307	

TOTAL COMPUTADO 450302

S1819

ALCABALAS REALES	27873	
ARRENDAMIENTO Y VENTA DE MINAS	200	
ARRENDAMIENTO Y VENTA DE TIERRAS	60	
AVERIA	3035	
BUENOS EFECTOS Y RESIDUOS	5608	
COMISOS	2237	
COMPOSICION DE PULPERIAS	150	
DEPOSITOS	1582	
DIEZMOS DE PLATA LABRADA	531	
DEPOSITOS	1100	
DONATIVO PARA CONF DE OFICIOS	500	
ENTERADO EN LA CAJA	72	
EXTRAORDINARIO DE REAL HACIENDA	8211	
MESADAS ECLESIASTICAS	1789	
MULTAS Y CONDENACIONES	2246	
NOVENOS REALES	8179	
OFICIOS VENDIBLES Y RENUNCIABLES	11765	
PAPEL SELLADO	4426	
REAL DE SENOREAGE	33832	
REINTEGROS A LA REAL HACIENDA	120256	
TRIBUTOS DE YANACONAS	8944	
TRIBUTOS REALES DE INDIOS	290873	
VALIMIENTOS DE RENTAS DE OFICIOS	600	
1.5% Y DIEZMOS DE PLATA	184520	
10% DE COMISOS	256	
TOTAL	718853	

TOTAL COMPUTADO 718845

S 661

5/1747- 4/1748

DATA	OCHO ENSAYADOS	ORO
DEPOSITOS	35	
DONATIVO PARA CONF DE OFICIOS	3	
EXTRAORDINARIO DE REAL HACIENDA	3083	
MESADAS ECLESIASTICAS	68	
MULTAS Y CONDENACIONES	28	
NOVENOS REALES	376	
OFICIOS VENDIBLES Y RENUNCIABLES	804	
PAPEL SELLADO	204	
REAL DE SENOREAGE	3312	
REAL HACIENDA	401830	
TRIBUTOS CONSIGNACIONES DE LANZAS	4876	
TRIBUTOS DE YANACONAS	1094	
TRIBUTOS REALES DE INDIOS	34399	
TOTAL	450307	

TOTAL COMPUTADO 450308

S1819 378

	OCHO ENSAYADOS	ORO
ALCABALAS REALES	191	
COMISOS	1118	
DONATIVO PARA CONF DE OFICIOS	13	
EXTRAORDINARIO DE REAL HACIENDA	1392	
MESADAS ECLESIASTICAS	42	
MULTAS Y CONDENACIONES	1036	
NOVENOS REALES	2459	
OFICIOS VENDIBLES Y RENUNCIABLES	2033	
PAPEL SELLADO	277	
REAL DE SENOREAGE	3260	
REAL HACIENDA	448423	
TRIBUTOS CONSIGNACIONES DE LANZAS	2465	
TRIBUTOS DE YANACONAS	4219	
TRIBUTOS REALES DE INDIOS	233092	
TOTAL	700018	

TOTAL COMPUTADO 700020

5/1748- 4/1749

TOTAL COMPUTADO 700020

CARGO

	OCHO ENSAYADOS	ORO
ALCABALAS REALES	29626	—
ARRENDAMIENTO Y VENTA DE MINAS	100	
ARRENDAMIENTO Y VENTA DE TIERRAS	300	
AVERIA	450	
AZOGUES	145169	
BIENES DE DIFUNTOS	1539	
BIENES EFECTOS Y RESIDUOS	1186	
BULAS DE SANTA CRUZADA	1136	
CENSOS DE INDIOS Y 16%	3680	
COMISOS	453	
COMPOSICION DE PULPERIAS	350	
DEPOSITOS	3264	
DIEZMOS DE PLATA LABRADA	492	
DONATIVO PARA CONF DE OFICIOS	130	
ESPOLIOS	5518	
EXISTENCIA	198371	
EXTRAORDINARIO DE REAL HACIENDA	1286	
MEDIA ANATA Y LANZAS	7528	
MESADAS ECLESIASTICAS	3222	
NOVENOS REALES	8899	
OFICIOS VENDIBLES Y RENUNCIABLES	5009	
PAPEL SELLADO	2703	
PENAS DE CAMARA	753	
REAL DE SEÑOREAGE	37506	
REINTEGROS A LA REAL HACIENDA	18009	
TRIBUTOS DE YANACONAS	2603	
TRIBUTOS REALES DE INDIOS	131936	
VACANTES MAYORES	26179	
VACANTES MENORES	8921	
VEINTAVO DEL ORO	200	
1.5% Y DIEZMOS DE ORO	202980	
TOTAL	849500	

TOTAL COMPUTADO   849498

S 662   5/1749- 4/1750

	OCHO ENSAYADOS	ORO
ALCABALAS REALES	25081	—
ARRENDAMIENTO Y VENTA DE MINAS	1375	
AZOGUES	183720	
BIENES DE DIFUNTOS	3167	
BULAS DE SANTA CRUZADA	11165	
CENSOS DE INDIOS Y 16%	1847	
COMPOSICION DE PULPERIAS	250	
DEPOSITOS	4620	
DONATIVO PARA CONF DE OFICIOS	200	
ESPOLIOS	1138	
EXISTENCIA	3124460	
EXTRAORDINARIO DE REAL HACIENDA	3630	
MEDIA ANATA	12314	
MESADAS ECLESIASTICAS	1434	
MITAD DE TERCIOS DE SINODOS	5389	
NOVENOS REALES	13748	
OFICIOS VENDIBLES Y RENUNCIABLES	10763	
PAPEL SELLADO	3645	

DATA

	OCHO ENSAYADOS	ORO
ALCABALAS REALES	144	—
ARRENDAMIENTO Y VENTA DE TIERRAS	10	
AZOGUES	38	
AZOGUES	115915	
BIENES DE DIFUNTOS	526	
BULAS DE SANTA CRUZADA	4150	
CENSOS DE INDIOS Y 16%	10558	
DEPOSITOS	3	
DONATIVO PARA CONF DE OFICIOS	1406	
ESPOLIOS	1567	
EXTRAORDINARIO DE REAL HACIENDA	18361	
MEDIA ANATA	32	
MESADAS ECLESIASTICAS	4489	
NOVENOS REALES	2926	
OFICIOS VENDIBLES Y RENUNCIABLES	1752	
PAPEL SELLADO	3604	
PENAS DE CAMARA	3451	
REAL HACIENDA	256172	
REAL DE SEÑOREAGE	6368	
TRIBUTOS CONSIGNACIONES DE LANZAS	1563	
TRIBUTOS DE YANACONAS	66011	
TRIBUTOS REALES DE INDIOS	23028	
VACANTES MAYORES	14933	
VACANTES MENORES		
TOTAL	537039	

TOTAL COMPUTADO   537037

5/1749- 4/1750

	OCHO ENSAYADOS	ORO
ALCABALAS REALES	177	—
ARRENDAMIENTO Y VENTA DE MINAS	45	
AZOGUES	142170	
BIENES DE DIFUNTOS	11687	
BULAS DE SANTA CRUZADA	8761	
CENSOS DE INDIOS Y 16%	2199	
DEBIDO DE COBRAR	8269	
DEPOSITOS	335	
DONATIVO PARA CONF DE OFICIOS	5	
ESPOLIOS	1685	
EXTRAORDINARIO DE REAL HACIENDA	7532	
MEDIA ANATA	565	
MESADAS ECLESIASTICAS	5	
MITAD DE TERCIOS DE SINODOS	36	
NOVENOS REALES	1269	
OFICIOS VENDIBLES Y RENUNCIABLES	2779	
PAPEL SELLADO	1060	
PENAS DE CAMARA	240	
PENAS DE CAMARA	945	

CARGO

	OCHO ENSAYADOS	ORO	DATA
PENAS DE CAMARA	1200		
REAL DE SENOREAGE	38462		
REINTEGROS A LA REAL HACIENDA	500		
TRIBUTOS DE YANACONAS	3120		
TRIBUTOS REALES DE INDIOS	77389		
VACANTES MAYORES	4185		
VACANTES MENORES	9906		
1.5% Y DIEZMOS DE PLATA	226664		
TOTAL	957373		

TOTAL COMPUTADO   957372

S 661

	OCHO ENSAYADOS	ORO	DATA
ALCABALAS REALES	38685		
ARRENDAMIENTO Y VENTA DE MINAS	975		
ARRENDAMIENTO Y VENTA DE TIERRAS	8189		
AZOGUES	166189		
BIENES DE DIFUNTOS	4400		
CENSOS DE INDIOS Y 16%	2355		
COMISOS	225		
COMPOSICION DE PULPERIAS	192		
DEPOSITOS	27146		
DIEZMOS DE PLATA LABRADA	626		
ESPOLIOS	566		
EXISTENCIA	506647		
EXTRAORDINARIO DE REAL HACIENDA	534		
MEDIA ANATA Y LANZAS	14042		
MESADAS ECLESIASTICAS	2782		
NOVENOS REALES	8424		
OFICIOS VENDIBLES Y RENUNCIABLES	22006		
PAPEL SELLADO	3329		
PENAS DE CAMARA	1820		
REAL DE SENOREAGE	43675		
REINTEGROS A LA REAL HACIENDA	300		
TRIBUTOS REALES DE INDIOS	79678		
VACANTES MAYORES	690		
VACANTES MENORES	7836		
1.5% Y DIEZMOS DE PLATA	231196		
TOTAL	1172507		

TOTAL COMPUTADO   1172507

S 661

ALCABALAS REALES	35279	
ARRENDAMIENTO Y VENTA DE MINAS	300	
ARRENDAMIENTO Y VENTA DE TIERRAS	130	
AVERIA	50	
AZOGUES	146645	
COMPOSICION DE PULPERIAS	350	
DEPOSITOS	21795	
DIEZMOS DE PLATA LABRADA	494	
DONATIVO PARA CONF DE OFICIOS	370	

DATA

	OCHO ENSAYADOS	ORO
REAL DE SENOREAGE	3958	
REAL HACIENDA	238657	
TRIBUTOS CONSIGNACIONES DE LANZAS	1337	
TRIBUTOS DE YANACONAS	3059	
TRIBUTOS REALES DE INDIOS	9155	
VACANTES MAYORES	7688	
VACANTES MENORES	5332	
TOTAL	458989	

TOTAL COMPUTADO   458985

S 661

	OCHO ENSAYADOS	ORO
ALCABALAS REALES	189	
ARRENDAMIENTO Y VENTA DE MINAS	6	
ARRENDAMIENTO Y VENTA DE TIERRAS	38	
AZOGUES	174328	
BIENES DE DIFUNTOS	5753	
BULAS DE SANTA CRUZADA	3540	
CENSOS DE INDIOS Y 16%	1656	
COMISOS	8	
ESPOLIOS	6029	
EXTRAORDINARIO DE REAL HACIENDA	1655	
MEDIA ANATA Y LANZAS	12304	
MESADAS ECLESIASTICAS	70	
MITAD DE TERCIOS DE SINODOS	4121	
NOVENOS REALES	2478	
OFICIOS VENDIBLES Y RENUNCIABLES	3513	
PAPEL SELLADO	269	
PENAS DE CAMARA	54	
REAL DE SENOREAGE	4018	
REAL HACIENDA	370013	
TRIBUTOS REALES DE INDIOS	13457	
VACANTES MAYORES	45	
VACANTES MENORES	9822	
TOTAL	613412	

TOTAL COMPUTADO   613410

TOTAL COMPUTADO

POTOSI 5/1751- 4/1752

	OCHO	ENSAYADOS	ORO	DATA
CARGO				
EXISTENCIA	556902			
EXTRAORDINARIO DE REAL HACIENDA	1440			
LIMOSNAS	100			
MESADAS ECLESIASTICAS	2838			
NOVENOS REALES	9812			
OFICIOS VENDIBLES Y RENUNCIABLES	4005			
PAPEL SELLADO	3279			
PENAS DE CAMARA	11456			
REAL DE SENOREAGE	44833			
REINTEGROS A LA REAL HACIENDA	1050			
SUPLEMENTO A LA REAL HACIENDA	6096			
TRIBUTOS REALES DE INDIOS	75182			
VEINTAVO DEL ORO	2824			
1.5% Y DIEZMOS DE PLATA	230386			
TOTAL	1155616			

TOTAL COMPUTADO 1155617

S 661

	OCHO
ALCABALAS REALES	68485
AVERIA	775
AZOGUES	160724
BUENOS EFECTOS Y RESIDUOS	3006
COMPOSICION DE PULPERIAS	150
DEPOSITOS	6977
DIEZMOS DE PLATA LABRADA	1641
DONATIVO PARA CONF DE OFICIOS	455
EXISTENCIA	259380
EXTRAORDINARIO DE REAL HACIENDA	79
MESADAS ECLESIASTICAS	5290
NOVENOS REALES	13346
OFICIOS VENDIBLES Y RENUNCIABLES	4434
PAPEL SELLADO	2954
PENAS DE CAMARA	750
REAL DE SENOREAGE	43111
REAL HACIENDA	10000
REINTEGROS A LA REAL HACIENDA	2050
SISA	4000
SUPLEMENTO A LA REAL HACIENDA	8451
TRIBUTOS REALES DE INDIOS	53028
VEINTAVO DEL ORO	32
1.5% Y DIEZMOS DE PLATA	236589
TOTAL	885706

TOTAL COMPUTADO 885707

S 662

	OCHO
ALCABALAS REALES	59628
ARRENDAMIENTO Y VENTA DE MINAS	100
AVERIA	11155
AZOGUES	153487
COMPOSICION DE PULPERIAS	510

5/1752- 4/1753

TOTAL COMPUTADO

	OCHO
ALCABALAS REALES	1472
AZOGUES DE HUANCAVELICA	18720
DEPOSITOS	17655
DONATIVO PARA CONF DE OFICIOS	20
EXTRAORDINARIO DE REAL HACIENDA	2335
MESADAS ECLESIASTICAS	189
NOVENOS REALES	3184
OFICIOS VENDIBLES Y RENUNCIABLES	742
PAPEL SELLADO	584
PENAS DE CAMARA	655
REAL DE SENOREAGE	4112
REAL HACIENDA	459580
REMITIDO A OTRAS TESRERIAS	45618
REMITIDO POR AZOGUES	133761
TRIBUTOS REALES DE INDIOS	19160
TOTAL	708227
TOTAL	708226

TOTAL COMPUTADO 708227

5/1753- 4/1754

S 661   OCHO   ENSAYADOS   ORO
         381

	OCHO
ALCABALAS REALES	13832
AZOGUES	168760
COMPOSICION DE PULPERIAS	9
DEPOSITOS	3288
DONATIVO PARA CONF DE OFICIOS	3

CARGO	OCHO ENSAYADOS	ORO
DEPOSITOS	1800	
DERECHO DE LOS CUATRO GRANOS	5000	
DIEZMOS DE PLATA LABRADA	152	
DONATIVO PARA CONF DE OFICIOS	122	
EXISTENCIA	177481	
EXTRAORDINARIO DE REAL HACIENDA	1719	
MESADAS ECLESIASTICAS	1324	
NOVENOS REALES	18960	
OFICIOS VENDIBLES Y RENUNCIABLES	6023	
PAPEL SELLADO	4207	
PENAS DE CAMARA	290	
REAL DE SENOREAGE	42381	
REAL HACIENDA	13578	
REINTEGROS A LA REAL HACIENDA	11591	
SISA	1500	
TRIBUTOS REALES DE INDIOS	77853	
1.5% Y DIEZMOS DE PLATA	248354	
TOTAL	839016	

	OCHO ENSAYADOS	ORO
TOTAL COMPUTADO	837215	

S 662

	OCHO ENSAYADOS	ORO
ALCABALAS REALES	40529	
ARRENDAMIENTO Y VENTA DE TIERRAS	20	
AVERIA	7351	
AZOGUES DE HUANCAVELICA	152600	
COMISOS	18797	
COMPOSICION DE PULPERIAS	184	
DEPOSITOS	9368	
DIEZMOS DE PLATA LABRADA	406	
DONATIVO PARA CONF DE OFICIOS	500	
EXISTENCIA	51899	
EXTRAORDINARIO DE REAL HACIENDA	658	
MESADAS ECLESIASTICAS	3645	
NOVENOS REALES	15499	
OFICIOS VENDIBLES Y RENUNCIABLES	4491	
PAPEL SELLADO	3208	
PENAS DE CAMARA	1025	
REAL DE SENOREAGE	41718	
REAL Y SUP CONSEJO DE INDIAS	110	
REINTEGROS A LA REAL HACIENDA	550	
SISA	3921	
TRIBUTOS REALES DE INDIOS	55082	
1.5% Y DIEZMOS DE PLATA	238720	
TOTAL	650281	

	OCHO ENSAYADOS	ORO
TOTAL COMPUTADO	650281	

S 662

	OCHO ENSAYADOS	ORO
ALCABALAS REALES	45203	
ARRENDAMIENTO Y VENTA DE MINAS	150	
AZOGUES	163520	

DATA	OCHO ENSAYADOS	ORO
EXTRAORDINARIO DE REAL HACIENDA	2206	
MESADAS ECLESIASTICAS	33	
NOVENOS REALES	3123	
OFICIOS VENDIBLES Y RENUNCIABLES	27	
PAPEL SELLADO	305	
REAL HACIENDA	456902	
TRIBUTOS REALES DE INDIOS	11896	
TOTAL	660386	

	OCHO ENSAYADOS	ORO
TOTAL COMPUTADO	660384	

	OCHO ENSAYADOS	ORO
ALCABALAS REALES	2565	
AZOGUES	35650	
COMISOS	263	
DEPOSITOS	3050	
EXTRAORDINARIO DE REAL HACIENDA	1954	
MESADAS ECLESIASTICAS	9	
NOVENOS REALES	2103	
OFICIOS VENDIBLES Y RENUNCIABLES	6406	
PAPEL SELLADO	243	
PENAS DE CAMARA	3090	
REAL HACIENDA	327104	
REAL Y SUP CONSEJO DE INDIAS	4	
TRIBUTOS REALES DE INDIOS	15907	
TOTAL	358746	

	OCHO ENSAYADOS	ORO
TOTAL COMPUTADO	358748	

S 662 382

	OCHO ENSAYADOS	ORO
ALCABALAS REALES	2141	
AZOGUES	100544	
COMPOSICION DE PULPERIAS	1	

CARGO

	OCHO ENSAYADOS	ORO
COMPOSICION DE PULPERIAS	106	—
DEPOSITOS	6202	—
DEVOLUCIONES	6170	—
DIEZMOS DE PLATA LABRADA	100	—
DONATIVO PARA CONF DE OFICICS	1140	—
EXISTENCIA	159891	—
MESADAS ECLESIASTICAS	1201	—
NOVENOS REALES	15067	—
OFICIOS VENDIBLES Y RENUNCIABLES	5654	—
PAPEL SELLADO	5075	—
REAL DE SEÑOREAGE	43211	—
REAL Y SUP CONSEJO DE INDIAS	16	—
REINTEGROS A LA REAL HACIENDA	300	—
TRIBUTOS REALES DE INDIOS	87913	—
1.5% Y DIEZMOS DE PLATA	223920	—
TOTAL	819843	—

TOTAL COMPUTADO 819839

S 662

	OCHO ENSAYADOS	ORO
ALCABALAS REALES	45168	—
ARRENDAMIENTO Y VENTA DE MINAS	100	—
AZOGUES	163166	—
COMISOS	7	—
COMPOSICION DE PULPERIAS	73	—
DEPOSITOS	4641	—
DERECHO DE LOS CUATRO GRANOS	1000	—
DIEZMOS DE PLATA LABRADA	271	—
DONATIVO PARA CONF DE OFICICS	853	—
EXISTENCIA	169869	—
MESADAS ECLESIASTICAS	152	—
NOVENOS REALES	18031	—
OFICIOS VENDIBLES Y RENUNCIABLES	5458	—
PAPEL SELLADO	3359	—
PENAS DE CAMARA	557	—
REAL DE SEÑOREAGE	48649	—
REINTEGROS A LA REAL HACIENDA	5573	—
REMITIDO DE POTOSI	100000	—
TRIBUTOS REALES DE INDIOS	90436	—
1.5% Y DIEZMOS DE PLATA	249940	—
TOTAL	907303	—

TOTAL COMPUTADO 907303

S 662

	OCHO ENSAYADOS
ALCABALAS REALES	38391
AZOGUES	288682
AZOGUES ANTIGUOS	75000
COMPOSICION DE PULPERIAS	100
DEPOSITOS	19979
DIEZMOS DE PLATA LABRADA	344
DONATIVO	2830

DATA

5/1756- 4/1757

	OCHO ENSAYADOS	ORO
DEPOSITOS	2810	—
DONATIVO PARA CONF DE OFICICS	29	—
EXTRAORDINARIO DE REAL HACIENDA	2188	—
MESADAS ECLESIASTICAS	86	—
NOVENOS REALES	1505	—
OFICIOS VENDIBLES Y RENUNCIABLES	6141	—
PAPEL SELLADO	225	—
REAL HACIENDA	550399	—
TRIBUTOS REALES DE INDIOS	15639	—
TOTAL	681710	—

TOTAL COMPUTADO 681708

5/1757- 4/1758

	OCHO ENSAYADOS
ALCABALAS REALES	2079
AZOGUES	31567
COMPOSICION DE PULPERIAS	4
DEPOSITOS	3331
DONATIVO PARA CONF DE OFICICS	21
EXTRAORDINARIO DE REAL HACIENDA	1969
MESADAS ECLESIASTICAS	4
NOVENOS REALES	5030
OFICIOS VENDIBLES Y RENUNCIABLES	3867
PAPEL SELLADO	352
PENAS DE CAMARA	557
REAL HACIENDA	426817
REINTEGROS A LA REAL HACIENDA	15
TRIBUTOS REALES DE INDIOS	18114
TOTAL	493724

TOTAL COMPUTADO 493727

S 662   383

5/1757- 4/1758

	ENSAYADOS	ORO
ALCABALAS REALES	2679	
AZOGUES	214949	
DEPOSITOS	3600	
DONATIVO PARA CONF DE OFICICS	19	
EXTRAORDINARIO DE REAL HACIENDA	2954	
MESADAS ECLESIASTICAS	67	
NOVENOS REALES	5525	

POTOSI   5/1757- 4/1758

CARGO	OCHO ENSAYADOS	ORO
DONATIVO PARA CONF DE OFICIOS	770	
EXISTENCIA	298003	
MESADAS ECLESIASTICAS	3613	
NOVENOS REALES	9414	
OFICIOS VENDIBLES Y RENUNCIABLES	16121	
PAPEL SELLADO	4478	
PENAS DE CAMARA	2020	
QUINTOS DEL ORO	23	
REAL DE SENOREAGE	45245	
REINTEGROS A LA REAL HACIENDA	2005	
REMITIDO DE ORURO	141000	
TRIBUTOS REALES DE INDIOS	87654	
1.5% Y DIEZMOS DE PLATA	251262	
TOTAL	1286996	
TOTAL COMPUTADO	1286994	

S 662

	OCHO ENSAYADOS	ORO
ALCABALAS REALES	34119	
ARRENDAMIENTO Y VENTA DE MINAS	55	
AZOGUES DE HUANCAVELICA	165642	
COMPOSICION DE PULPERIAS	50	
DEPOSITOS	1032	
EXISTENCIA	55	
DIEZMOS DE PLATA LABRADA	340856	
EXISTENCIA	1939	
MESADAS ECLESIASTICAS	15901	
NOVENOS REALES	9901	
OFICIOS VENDIBLES Y RENUNCIABLES	4219	
PAPEL SELLADO	50515	
REAL DE SENOREAGE	76383	
TRIBUTOS REALES DE INDIOS	266277	
1.5% Y DIEZMOS DE PLATA	966945	
TOTAL COMPUTADO	966944	

5/1758- 4/1759

DATA	OCHO ENSAYADOS	ORO
OFICIOS VENDIBLES Y RENUNCIABLES	2663	
PAPEL SELLADO	1004	
REAL HACIENDA	700077	
TRIBUTOS REALES DE INDIOS	18354	
TOTAL	951893	
TOTAL COMPUTADO	951891	

	OCHO ENSAYADOS	ORO
ALCABALAS REALES	2114	
AZOGUES DE HUANCAVELICA	77780	
DEPOSITOS	10	
MESADAS ECLESIASTICAS	41	
NOVENOS REALES	899	
OFICIOS VENDIBLES Y RENUNCIABLES	5886	
PAPEL SELLADO	514	
REAL HACIENDA	490957	
TRIBUTOS REALES DE INDIOS	11540	
TOTAL	589782	
TOTAL COMPUTADO	589781	

5/1759- 4/1760

	OCHO ENSAYADOS	ORO
ALCABALAS REALES	2116	
ARRENDAMIENTO Y VENTA DE MINAS	4	
AZOGUES	39858	
DEPOSITOS	22	
DONATIVO PARA CONF DE OFICIOS	25	
MESADAS ECLESIASTICAS	91	
MULTAS	75	
NOVENOS REALES	4991	
OFICIOS VENDIBLES Y RENUNCIABLES	1521	
PAPEL SELLADO	310	
REAL HACIENDA	247072	
TRIBUTOS REALES DE INDIOS	13398	
TOTAL	309490	

5/1759- 4/1760

	OCHO ENSAYADOS	ORO
ALCABALAS REALES	37391	
ARRENDAMIENTO Y VENTA DE MINAS	125	
AZOGUES	185182	
COMISOS	9715	
COMPOSICION DE PULPERIAS	653	
DEPOSITOS	645	
DIEZMOS DE PLATA LABRADA	9	
DONATIVO PARA CONF DE OFICIOS	990	
EXISTENCIA	215568	
MESADAS ECLESIASTICAS	3958	
MULTAS	7000	
NOVENOS REALES	17522	
OFICIOS VENDIBLES Y RENUNCIABLES	5958	
PAPEL SELLADO	3525	
REAL DE SENOREAGE	47339	

POTOSI 5/1759- 4/1760

CARGO	OCHO ENSAYADOS	ORO	DATA
REINTEGROS A LA REAL HACIENDA	1008		
TRIBUTOS REALES DE INCIOS	91959		
1.5% Y DIEZMOS DE PLATA	255707		
TOTAL	884256		
TOTAL COMPUTADO	884254	—	

S 663

	OCHO ENSAYADOS	ORO
ALCABALAS REALES	45339	
AZOGUES	192050	
COMPOSICION DE PULPERIAS	17	
DEPOSITOS	23266	
DIEZMOS DE PLATA LABRADA	151	
DONATIVO PARA CONF DE OFICIOS	300	
EXISTENCIA	429441	
MESADAS ECLESIASTICAS	4748	
NOVENOS REALES	11288	
OFICIOS VENDIBLES Y RENUNCIABLES	106600	
PAPEL SELLADO	3899	
PENAS DE CAMARA	200	
REAL DE SENCREAGE	14566	
REINTEGROS A LA REAL HACIENDA	400	
SISA	50	
SOLARES	50	
TRIBUTOS REALES DE INDIOS	88119	
1.5% Y DIEZMOS DE PLATA	278218	
TOTAL	1102703	
TOTAL COMPUTADO	1102702	—

S 663

	OCHO ENSAYADOS	ORO
ALCABALAS REALES	40113	
ARRENDAMIENTO Y VENTA DE MINAS	1160	
AZOGUES	196930	
COMISOS	40	
DEPOSITOS	1042	
DIEZMOS DE PLATA LABRADA	330	
DONATIVO PARA CONF DE OFICIOS	813	
EXISTENCIA	170318	
MESADAS ECLESIASTICAS	15684	
NOVENOS REALES	15612	
OFICIOS VENDIBLES Y RENUNCIABLES	9932	
PAPEL SELLADO	4284	
PENAS DE CAMARA	8400	
REAL DE SENCREAGE	4555	
REINTEGROS A LA REAL HACIENDA	1323	
SOLARES	35	
TRIBUTOS REALES DE INDIOS	115978	
1.5% Y DIEZMOS DE PLATA	255494	
TOTAL	828043	
TOTAL COMPUTADO	828043	—

5/1760- 4/1761

	OCHO ENSAYADOS	ORO
ALCABALAS REALES	2238	—
AZOGUES	64377	—
DEPOSITOS	22843	—
DONATIVO PARA CONF DE OFICIOS	168	—
MESADAS ECLESIASTICAS	119	—
NOVENOS REALES	645	—
OFICIOS VENDIBLES Y RENUNCIABLES	277	—
PAPEL SELLADO	1768	—
REAL HACIENDA	659840	—
SISA	1	—
TRIBUTOS REALES DE INDIOS	12437	—
TOTAL	804712	—
TOTAL COMPUTADO	804713	309483

5/1761- 4/1762

	OCHO ENSAYADOS	ORO
ALCABALAS REALES	2120	—
AZOGUES	90548	—
DEPOSITOS	36	—
DONATIVO PARA CONF DE OFICIOS	11	—
MESADAS ECLESIASTICAS	42	—
NOVENOS REALES	4898	—
OFICIOS VENDIBLES Y RENUNCIABLES	4963	—
PAPEL SELLADO	134	—
REAL HACIENDA	320059	—
TRIBUTOS REALES DE INDIOS	14521	—
TOTAL	437332	—
TOTAL COMPUTADO	437332	4373332

S 662   385

CCHO ENSAYADOS ORO

CARGO

S 663

	OCHO ENSAYADOS
ALCABALAS REALES	26633
ARRENDAMIENTO Y VENTA DE MINAS	200
AZOGUES	213667
BULAS DE SANTA CRUZADA	16656
DIEZMOS DE PLATA LABRADA	148
ENTERADO EN LA CAJA	60
EXISTENCIA	284329
MEDIA ANATA	10594
MESADAS ECLESIASTICAS	3118
MULTAS	1000
NOVENOS REALES	12286
OFICIOS VENDIBLES Y RENUNCIABLES	7159
PAPEL SELLADO	3878
PENAS DE CAMARA	6000
PRESTAMOS	103700
REAL DE SENOREAGE	84621
SISA	60
TRIBUTOS REALES DE INDIOS	93951
1.5% Y DIEZMOS DE PLATA	261599
TOTAL	1129659
TOTAL COMPUTADO	1129659

S 663

	OCHO ENSAYADOS
ALCABALAS REALES	43232
ARRENDAMIENTO Y VENTA DE MINAS	200
AZOGUES	206305
BULAS DE SANTA CRUZADA	8702
CAJA REAL DE BUENOS AIRES	40515
DEPOSITOS	2520
DIEZMOS DE PLATA LABRADA	482
DONATIVO PARA CONF DE OFICIOS	425
ENTERADO EN LA CAJA	3006
EXISTENCIA	310
MESADAS ECLESIASTICAS	1860
MULTAS	1500
NOVENOS REALES	9135
OFICIOS VENDIBLES Y RENUNCIABLES	9795
PAPEL SELLADO	4460
REMITIDO DE CHUQUITO	66269
SISA	648
SOLARES	30
SUELDOS	3000
TRIBUTOS REALES DE INDIOS	110218
VACANTES DE CURATOS	961
1.5% Y DIEZMOS DE PLATA	282369
TOTAL	795942
TOTAL COMPUTADO	795942

DATA

5/1762- 4/1763

	OCHO ENSAYADOS
ALCABALAS REALES	2383
AZOGUES	70185
BULAS DE SANTA CRUZADA	13345
MEDIA ANATA	384
MESADAS ECLESIASTICAS	74
MULTAS	13
NOVENOS REALES	2701
OFICIOS VENDIBLES Y RENUNCIABLES	2
PAPEL SELLADO	560
REAL HACIENDA	866381
SISA	1
TRIBUTOS REALES DE INDIOS	19705
TOTAL	975734
TOTAL COMPUTADO	975734

5/1763- 4/1764

	OCHO ENSAYADOS
ALCABALAS REALES	2481
AZOGUES	22893
BULAS DE SANTA CRUZADA	3802
DEPOSITOS	2520
DONATIVO PARA CONF DE OFICIOS	10
MESADAS ECLESIASTICAS	46
MULTAS	2013
NOVENOS REALES	2534
OFICIOS VENDIBLES Y RENUNCIABLES	3353
PAPEL SELLADO	306
REAL HACIENDA	470150
SISA	1
TRIBUTOS REALES DE INDIOS	15194
VACANTES DE CURATOS	18
TOTAL	525359
TOTAL COMPUTADO	525361

5/1764- 4/1765

POTOSI

5/1764- 4/1765

CARGO	OCHO ENSAYADOS	ORO
ALCABALAS REALES	53929	
ARRENDAMIENTO Y VENTA DE MINAS	100	
ARRENDAMIENTO Y VENTA DE TIERRAS	700	
AZOGUES	189583	
AZOGUES ANTIGUOS	5070	
BULAS DE SANTA CRUZADA	7566	
COMISOS	50	
DEPOSITOS	4016	
DIEZMOS DE PLATA-LABRADA	346	
DONATIVO PARA CONF DE OFICIOS	425	
EXISTENCIA	82519	
MESADAS DE CURATOS	2757	
MESADAS ECLESIASTICAS	2953	
MULTAS	400	
NOVENOS REALES	11212	
OFICIOS VENDIBLES Y RENUNCIABLES	11184	
PAPEL SELLADO	3658	
REAL DE SENOREAGE	50000	
REINTEGROS A LA REAL HACIENDA	3210	
RESIDUOS	766	
RESULTAS DE AZOGUES	6506	
SUELDOS	1500	
TRIBUTOS REALES DE INDIOS	104333	
VACANTES DE CURATOS	500	
1.5% Y DIEZMOS DE PLATA	265934	
TOTAL	809217	
TOTAL COMPUTADO	809217	

DATA	OCHO ENSAYADOS	ORO
ALCABALAS REALES	2480	
ARRENDAMIENTO Y VENTA DE TIERRAS	24	
AZOGUES DE HUANCAVELICA	45504	
BULAS DE SANTA CRUZADA	3686	
DEPOSITOS	4016	
DONATIVO PARA CONF DE OFICIOS	10	
MESADAS ECLESIASTICAS	141	
NOVENOS REALES	2638	
OFICIOS VENDIBLES Y RENUNCIABLES	2123	
PAPEL SELLADO	454	
REAL HACIENDA	529505	
TRIBUTOS REALES DE INDIOS	18101	
VACANTES DE CURATOS	18	
TOTAL	608700	
TOTAL COMPUTADO	608704	

S 663

5/1765- 4/1766

CARGO	OCHO ENSAYADOS	ORO
ALCABALAS REALES	44421	
ARRENDAMIENTO Y VENTA DE MINAS	100	
ARRENDAMIENTO Y VENTA DE TIERRAS	185	
AZOGUES	197120	
BULAS DE SANTA CRUZADA	12949	
CENSOS	10000	
COMISOS	37	
DEPOSITOS	511	
DERECHO DE BARRAS	8460	
DIEZMOS DE PLATA LABRADA	653	
DONATIVO GRACIOSO	200	
DONATIVO PARA CONF DE OFICIOS	300	
EXISTENCIA	40981	
EXTRAORDINARIO DE REAL HACIENDA	356	
INGENIEROS DE MOJOS	4164	
MESADAS DE CURATOS	2308	
MESADAS ECLESIASTICAS	912	
NOVENOS REALES	15469	
OFICIOS VENDIBLES Y RENUNCIABLES	12527	
PAPEL SELLADO	3838	
PENAS DE CAMARA	9	
REMITIDO DE CHUQUITO	30000	
REMITIDO DE ORURO	67638	
RESTITUCIONES	180	

DATA	OCHO ENSAYADOS	ORO
ALCABALAS REALES	1910	
AZOGUES	17399	
DEPOSITOS	2357	
NOVENOS REALES	2000	
OFICIOS VENDIBLES Y RENUNCIABLES	7465	
PAPEL SELLADO	655	
REAL HACIENDA	661118	
TRIBUTOS REALES DE INDIOS	17837	
TOTAL	710741	

POTOSI   5/1765- 4/1766

CARGO	OCHO ENSAYADOS	ORO	DATA
TRIBUTOS REALES DE INDIOS	1284432	—	
VACANTES DE CURATOS	1894	—	
VACANTES MENORES	67838	—	
1.5% Y DIEZMOS DE PLATA	289014	—	
TOTAL	940503	—	
TOTAL COMPUTADO	940496		TOTAL COMPUTADO

S 663

	OCHO ENSAYADOS
ARRENDAMIENTO Y VENTA DE MINAS	200
ARRENDAMIENTO Y VENTA DE TIERRAS	90
AZOGUES DE HUANCAVELICA	185349
DIEZMOS DE PLATA LABRADA	293
DONATIVO GRACIOSO	12096
DONATIVO PARA CONF DE OFICIOS	495
EXISTENCIA	43936
EXISTENCIA	43735
MESADAS ECLESIASTICAS	2458
NOVENOS REALES	24596
OFICIOS VENDIBLES Y RENUNCIABLES	9508
PAPEL SELLADO	5316
SOLARES	112
TRIBUTOS REALES DE INDIOS	104608
VACANTES DE CURATOS	6351
VENIDO DE FUERA	294360
1.5% Y DIEZMOS DE PLATA	283558
TOTAL	1020250
TOTAL COMPUTADO	1017061

S 664

	OCHO ENSAYADOS
ALCABALAS REALES	46754
ARRENDAMIENTO Y VENTA DE MINAS	100
AZOGUES	180352
COMISOS	530
DIEZMOS DE PLATA LABRADA	37
DONATIVO GRACIOSO	1618
DONATIVO PARA CONF DE OFICIOS	500
EXISTENCIA	179840
MESADAS ECLESIASTICAS	3060
MULTAS	400
NOVENOS REALES	16762
OFICIOS VENDIBLES Y RENUNCIABLES	10435
PAPEL SELLADO	3730
REMITIDO DE LA PAZ	131377
REMITIDO DE ORURO	126545
RESULTAS	3663
SOLARES	182
SUELDOS	4164
TRIBUTOS REALES DE INDIOS	102169
1.5% Y DIEZMOS DE PLATA	298277
TOTAL	1110495

S 663

POTOSI   5/1766- 4/1767

	OCHO ENSAYADOS
ALCABALAS REALES	2463
ARRENDAMIENTO Y VENTA DE TIERRAS	6
AZOGUES	30364
COMISOS	265
DONATIVO GRACIOSO	10
DONATIVO PARA CONF DE OFICIOS	140
MESADAS ECLESIASTICAS	4177
NOVENOS REALES	2871
OFICIOS VENDIBLES Y RENUNCIABLES	871
PAPEL SELLADO	699334
REAL HACIENDA	4
RESTITUCIONES	
TRIBUTOS REALES DE INDIOS	17028
VACANTES DE CURATOS	8
TOTAL	757542
TOTAL COMPUTADO	757541
TOTAL COMPUTADO	710741

POTOSI   5/1767- 4/1768

	OCHO ENSAYADOS
ALCABALAS REALES	2145
AZOGUES	17873
COMISOS	162
DONATIVO GRACIOSO	10
DONATIVO PARA CONF DE OFICIOS	13
MESADAS ECLESIASTICAS	76
MULTAS	200
NOVENOS REALES	2950
OFICIOS VENDIBLES Y RENUNCIABLES	27
PAPEL SELLADO	2571
REAL HACIENDA	432
RESULTAS	897422
TRIBUTOS REALES DE INDIOS	15144
	2
TOTAL	936457

CARGO — OCHO ENSAYADOS ORO

CARGO	OCHO ENSAYADOS ORO
ALCABALAS REALES	79843
ARRENDAMIENTO Y VENTA DE MINAS	370
AZOGUES	205535
BULAS DE SANTA CRUZADA	2050
COMISOS	4049
DEPOSITOS	16723
DEVOLUCIONES	150
DIEZMOS DE PLATA LABRADA	38
DONATIVO GRACIOSO	243
DONATIVO PARA CONF DE OFICIOS	300
EXISTENCIA	11559
MESADAS ECLESIASTICAS	3252
NOVENOS REALES	19258
OFICIOS VENDIBLES Y RENUNCIABLES	12647
PAPEL SELLADO	3821
REINTEGROS A LA REAL HACIENDA	1009
REMITIDO DE LA PAZ	160561
REMITIDO DE ORURO	37371
RESTITUCIONES	50
SOLARES	30
SUELDOS	3564
TRIBUTOS REALES DE INDIOS	96531
VACANTES MAYORES	7416
VENTA DE ESCLAVOS NEGROS	1010
1.5% Y DIEZMOS DE PLATA	311064
TOTAL	978437

TOTAL COMPUTADO   978444

DATA

DATA	
ALCABALAS REALES	23766
ARRENDAMIENTO Y VENTA DE MINAS	177
AZOGUES	416682
AZOGUES DE CASTILLA	5587
BIENES DE DIFUNTOS	2346
BULAS DE SANTA CRUZADA	14107
CENSOS DE INDIOS	15613
COMISOS	4049
CORREOS	1461
DEPOSITOS	1877
DERECHO DE BARRAS	26594
DONATIVO GRACIOSO	1200
DONATIVO PARA CONF DE OFICIOS	400
ESPOLIOS	770
EXISTENCIA	204275
MEDIA ANATA	26592
MESADAS ECLESIASTICAS	1177
MONTE PIO DE MINISTROS	5254

TOTAL COMPUTADO   1110495

5/1768- 4/1769 — OCHO ENSAYADOS ORO

	OCHO ENSAYADOS ORO
ALCABALAS REALES	2216
AZOGUES	13273
COMISOS	1192
DONATIVO GRACIOSO	6
DONATIVO PARA CONF DE OFICIOS	8
MESADAS ECLESIASTICAS	81
NOVENOS REALES	3089
OFICIOS VENDIBLES Y RENUNCIABLES	79
PAPEL SELLADO	448
REAL HACIENDA	545055
TRIBUTOS REALES DE INDIOS	12406
TOTAL	577852

TOTAL COMPUTADO   936456

5/1769-12/1769

ALCABALAS REALES	1892
ARRENDAMIENTO Y VENTA DE TIERRAS	6
AZOGUES	47435
BULAS DE SANTA CRUZADA	1890
CURREOS	6
DERECHOS DE BARRAS	9238
DONATIVO PARA CONF DE OFICIOS	10
MEDIA ANATA	29
MESADAS ECLESIASTICAS	3113
MONTE PIO DE MINISTROS	3612
MONTE PIO MILITAR	180
NOVENOS REALES	844
OFICIOS VENDIBLES Y RENUNCIABLES	215
PAPEL SELLADO	370
REAL HACIENDA	647562
REAL Y SUP CONSEJO DE INDIAS	161
TEMPORALIDADES	40176
TRIBUTOS REALES DE INDIOS	7396

TOTAL COMPUTADO   577853

POTOSI   5/1769-12/1769   OCHO ENSAYADOS   ORO   DATA   OCHO ENSAYADOS   ORO

S 664   390

CARGO

	OCHO ENSAYADOS
MONTE PIO MILITAR	467
NOVENOS REALES	14828
OFICIOS VENDIBLES Y RENUNCIABLES	1509
PAPEL SELLADO	3825
REAL Y SUP CONSEJO DE INDIAS	161
RESULTAS	39891
SOLARES	100
TEMPORALIDADES	48114
TRIBUTOS REALES DE INDIOS	52929
VACANTES DE CURATOS	390
VACANTES MAYORES	11036
VACANTES MENORES	11452
VENIDO DE FUERA	350915
1.5% Y DIEZMOS DE PLATA	185440
16% DE CENSOS DE INDIS	4033
TOTAL	1477015

TOTAL COMPUTADO   1477017

DATA

	OCHO ENSAYADOS
VACANTES MAYORES	6025
VACANTES MENORES	692
16% DE CENSOS DE INDIOS	256
TOTAL	771110

TOTAL COMPUTADO   771108

S 664

	OCHO ENSAYADOS
ALCABALAS REALES	63354
AZOGUES	306643
COMISOS	7198
COMPOSICION DE PULPERIAS	20
DERECHO DE BARRAS	26201
DIEZMOS DE PLATA LABRADA	170
DONATIVO PARA CONF DE OFICIOS	1820
ESPOLIOS	11699
ESPOLIOS	11699
EXISTENCIA	263440
MESADAS ECLESIASTICAS	198
MULTAS	100
MULTAS DEL REAL CONSEJO DE INDIOS	500
NOVENOS REALES	14238
OFICIOS VENDIBLES Y RENUNCIABLES	11856
PAPEL SELLADO	5918
REMITIDO DE CHUQUITO	62746
REMITIDO DE LA PAZ	130405
REMITIDO DE ORURO	99424
RESTOS ATRASADOS DE AZOGUES	8405
SOLARES	65
TRIBUTOS REALES DE INDIOS	111845
VACANTES DE CURATOS	390
VACANTES DE FUERA	1571
VENIDO DE FUERA	292203
1.5% Y DIEZMOS DE PLATA	1420410
TOTAL	1432108

TOTAL COMPUTADO   1432108

S 664

	OCHO ENSAYADOS
ALCABALAS REALES	66842
ARRENDAMIENTO Y VENTA DE MINAS	160

1/1770-12/1770   OCHO ENSAYADOS   ORO

	OCHO ENSAYADOS
ALCABALAS REALES	2050
AZOGUES	193854
COMISOS	1710
COMPOSICION DE PULPERIAS	1
DEPOSITOS	6483
DONATIVO PARA CONF DE OFICIOS	43
MESADAS ECLESIASTICAS	5
NOVENOS REALES	2791
OFICIOS VENDIBLES Y RENUNCIABLES	4012
PAPEL SELLADO	668
REAL HACIENDA	929152
REINTEGROS	156
TRIBUTOS REALES DE INDIOS	7656
TOTAL	1148623

TOTAL COMPUTADO   1148621

1/1771-12/1771

	OCHO ENSAYADOS
ALCABALAS REALES	2611
AZOGUES	182876

CARGO — 1/1771-12/1771

CARGO	OCHO	ENSAYADOS	ORO
AZOGUES	317749		
COMISOS	10151		
DERECHO DE BARRAS	29033		
DERECHOS DE ESCLAVOS	700		
DIEZMOS DE PLATA LABRADA	292		
DONATIVO PARA PLATA LABRADA	1200		
DONATIVO PARA CONF DE OFICIOS	132208		
EXISTENCIA	15265		
NOVENOS REALES	15265		
OFICIOS VENDIBLES Y RENUNCIABLES	6468		
PAPEL SELLADO	4779		
REINTEGROS A LA REAL HACIENDA	32729		
RESULTAS DE CORREGIDORES	8622		
SINODOS	198		
SOLARES	318		
TRIBUTOS REALES DE INDIOS	121107		
VACANTES DE CURATOS	15081		
VENIDO DE FUERA	443141		
VENTA DE BARRAS	38		
1.5% Y DIEZMOS DE PLATA	307766		
TOTAL	1513850		
TOTAL COMPUTADO	1513847		

S 664 — CARGO (1/1772-12/1772)

	OCHO	ENSAYADOS	ORO
ALCABALAS REALES	56704		
AZOGUES DE HUANCAVELICA	384927		
BULAS DE SANTA CRUZADA	4863		
CENSOS DE INDIOS	7151		
COLEGIO DE SAN FELIPE DE LIMA	266		
COMISOS	12503		
COSTOS DE RETAZAS	1040		
DEBIDO COBRAR CUENTAS ANTERIORES	880312		
DEBIDO DE COBRAR ESTA CUENTA	11679		
DEPOSITOS	11472		
DERECHO DE BARRAS	8727		
DERECHOS DE ESCLAVOS	400		
DIEZMOS DE PLATA LABRADA	245		
DOCTRINA FORASTERA	938		
DONATIVO	700		
DOS SELLOS DE PLATA	29		
ENTERADO EN LA CAJA	169		
ESPOLIOS	1158		
EXISTENCIA	450017		
LANZAS	1078		
MEDIA ANATA	5467		
MESADAS ECLESIASTICAS	2159		
MONTE PIO DE MINISTROS	1372		
MONTE PIO MILITAR	61		
MULTAS	1275		
NOVENOS REALES	15477		
OFICIOS VENDIBLES Y RENUNCIABLES	6269		
PAPEL SELLADO	6184		
REINTEGROS A LA REAL HACIENDA	4309		
REINTEGROS A LA REAL HACIENDA	226		

DATA — 1/1771-12/1771

DATA	OCHO	ENSAYADOS	ORO
COMISOS	2189		
DERECHOS DE BARRAS	4808		
DONATIVO PARA CONF DE OFICIOS	28		
MESADAS ECLESIASTICAS	321		
NOVENOS REALES	2871		
OFICIOS VENDIBLES Y RENUNCIABLES	97		
PAPEL SELLADO	427		
REAL HACIENDA	922647		
REINTEGROS	5820		
SINODOS DE CUFAS	158		
TRIBUTOS REALES DE INDIOS	15403		
VACANTES DE CURATOS	61		
TOTAL	1140356		
TOTAL COMPUTADO	1140357		

TOTAL COMPUTADO   1140257

DATA — 1/1772-12/1772 (S 664)

	OCHO	ENSAYADOS	ORO
ALCABALAS REALES	4749		
AZOGUES DE HUANCAVELICA	341573		
BULAS DE SANTA CRUZADA	5520		
CENSOS DE INDIOS	4156		
COMISOS	5000		
DEBIDO COBRAR CUENTAS ANTERIORES	880312		
DEBIDO DE COBRAR ESTA CUENTA	11679		
DEBITOS ATRASADOS	5162		
DEPOSITOS	9262		
DERECHOS DE BARRAS	4595		
DONATIVO	18		
ESPOLIOS	64		
GASTOS DE CONTADURIA Y RL HAC	1548		
MEDIA ANATA Y LANZAS	5438		
MESADAS ECLESIASTICAS	54		
NOVENOS REALES	2898		
OFICIOS VENDIBLES Y RENUNCIABLES	42		
PAPEL SELLADO	1018		
REINTEGROS	20		
SINODOS	8237		
SITUADO DE BUENOS AIRES	871750		
SUELDO DEL AGENTE FISCAL	530		
SUELDOS DE MINISTROS	38235		
SUELDOS DE REAL HACIENDA	60933		
TEMPORALIDADES	12355		
TRIBUTOS REALES DE INDIOS	16546		
VACANTES DE DOCTRINAS	27		
VACANTES MENORES	790		
16% DE CENSOS DE INDIOS	620		
TOTAL	2293169		

POTOSI 1/1772-12/1772

CARGO	OCHO ENSAYADOS	ORO
RESTITUCIONES	50	
RESULTAS DE CORREGIDORES	3569	
SOBRAS DE SUELDOS DE JUSTICIA	1008	
SUELDO DEL AGENTE FISCAL	790	
TEMPORALIDADES	55779	
TRIBUTOS REALES DE INDIOS	110365	
VACANTES DE DOCTRINAS	1326	
VACANTES MENORES	6777	
VENIDO DE FUERA	311029	
1.5% Y DIEZMOS DE PLATA	298983	
16% DE CENSOS DE INDIS	671	
TOTAL	2667526	
TOTAL COMPUTADO	2667524	

S 665

	OCHO ENSAYADOS	ORO
ALCABALAS DE CABEZON Y VIENTO	1263	
ALCABALAS DE EFECTOS DE CASTILLA	3526	
ALCABALAS DE TARIFA	2503	
ALCABALAS DE TIERRA	27771	
ARRENDAMIENTO Y VENTA DE MINAS	100	
AZOGUES	204170	
AZOGUES ANTIGUOS	8193	
AZOGUES DEBIDO DE COBRAR	4788	
BULAS DE SANTA CRUZADA	7592	
CENSOS DE INDIOS	5554	
COSTOS DE RETAZAS	575	
DEBIDO COBRAR CUENTAS ANTERIORES	783615	
DEBIDO DE COBRAR ESTA CUENTA	53582	
DEPOSITOS	1799	
DERECHO DE BARRAS	8764	
DERECHOS DE ESCLAVOS	300	
DOCTRINA FORASTERA	601	
EXISTENCIA	366827	
LANZAS DE TITULOS	1078	
MEDIA ANATA	5309	
MONTE PIO DE MINISTROS	1393	
MONTE PIO MILITAR	873	
MULTAS	500	
OFICIOS VENDIBLES Y RENUNCIABLES	1183	
PAPEL SELLADO	2628	
REINTEGROS A LA REAL HACIENDA	61	
RESULTAS DE CORREGIDORES	3831	
SINODOS	5245	
SOBRAS DE SUELDOS DE JUSTICIA	730	
SOLARES	55	
SUELDO DEL AGENTE FISCAL	950	
TEMPORALIDADES	27812	
TRIBUTOS REALES DE INDIOS	59310	
VACANTES DE DOCTRINAS	1354	
VENIDO DE FUERA	270322	
1.5% Y DIEZMOS DE PLATA	306925	
16% DE CENSOS DE INDIOS	1334	
TOTAL	2171417	

1/1773-12/1773

S 664

DATA	OCHO ENSAYADOS	ORO
TOTAL COMPUTADO	2293171	
ALCABALAS DE EFECTOS DE CASTILLA	1768	
ALCABALAS DE TIERRA	2543	
AZOGUES DE HUANCAVELICA	209716	
BIENES DE DIFUNTOS	2346	
BULAS DE SANTA CRUZADA	5117	
CENSOS DE INDIOS	13417	
DEBIDO COBRAR CUENTAS ANTERIORES	783616	
DEBIDO DE COBRAR ESTA CUENTA	53582	
DEPOSITOS	12577	
DERECHOS DE BARRAS	4548	
EXTRAORDINARIO DE REAL HACIENDA	21733	
FLETES	213	
GASTOS DE CONTADURIA Y RL HAC	1500	
LANZAS DE TITULOS	1078	
MEDIA ANATA	10468	
MONTE PIO DE MINISTROS	300	
MONTE PIO MILITAR	176	
MULTAS	638	
PAPEL SELLADO	441	
REDITOS DE CENSOS	4381	
REMITIDO A LIMA	1040	
SINODOS	9031	
SITUADO DE BUENOS AIRES	538125	
SUELDO DEL AGENTE FISCAL	1206	
SUELDOS	87360	
TEMPORALIDADES	21600	
TRIBUTOS DE YANACONAS	2084	
TRIBUTOS DE CHICHAS	3780	
TRIBUTOS REALES DE FORASTEROS	597	
TRIBUTOS REALES DE PORCO	8315	
VACANTES MAYORES	16	
16% DE CENSOS DE INDIOS	3148	
6% DE SUELDOS ATRASADOS	3152	
TOTAL	1809611	

CARGO

OCHO ENSAYADOS   ORO

TOTAL COMPUTADO — 2172416

S 665

Concepto	OCHO ENSAYADOS	ORO
ALCABALAS DE EFECTOS DE CASTILLA	3142	—
ALCABALAS DE PULPERIAS	467	—
ALCABALAS DE TARIFA	1690	—
ALCABALAS DE TIERRA	42708	—
ALCABALAS DE VIENTO	1777	—
ALCABALAS ENCABEZADAS	509	—
ALCANCES DE CUENTAS	3929	—
ARRENDAMIENTO Y VENTA CE MINAS	212	—
AZOGUES	399630	—
AZOGUES ANTIGUOS	9926	—
AZOGUES DEBIDO DE COBRAR	4892	—
BIENES DE DIFUNTOS	252	—
BULAS DE SANTA CRUZADA	6374	—
CENSOS DE INDIOS	5450	—
COMISOS	877	—
COSTOS DE RETAZAS	814	—
DEPOSITOS	131629	—
DIEZMOS DE PLATA	275733	—
DIEZMOS DE PLATA LABRADA	772	—
DOCTRINA FORASTERA	1667	—
EXISTENCIA	48216	—
MEDIA ANATA Y LANZAS	9346	—
MONTE PIO DE MINISTROS	6170	—
MONTE PIO MILITAR	5409	—
MULTAS	62	—
OFICIOS VENDIBLES Y RENUNCIABLES	4598	—
PAPEL SELLADO	1835	—
REINTEGROS A LA REAL HACIENDA	257	—
SINODOS	663	—
SOBRAS DE SUELDOS DE JUSTICIA	2282	—
SUELDO DEL AGENTE FISCAL	1084	—
TEMPORALIDADES	79650	—
TRIBUTOS REALES DE INDIOS	64812	—
VACANTES DE CACIQUES	24	—
VACANTES DE CURATOS	175	—
VACANTES DE DOCTRINAS	1616	—
VACANTES DE SUELDOS DE JUSTICIA	2269	—
VEINTAVO DEL ORO	1248	—
VENIDO DE FUERA	249169	—
1.5% DE PLATA	41970	—
16% DE CENSCS DE INDICS	2722	—
TOTAL	1416028	—

TOTAL COMPUTADO — 1416027

S 665

Concepto	OCHO ENSAYADOS	ORO
ALCABALAS DE EFECTOS DE CASTILLA	5697	—
ALCABALAS DE TARIFA	2184	—

1/1774-12/1774   DATA

1809612

Concepto	OCHO ENSAYADOS	ORO
ALCABALAS DE EFECTOS DE CASTILLA	1793	—
ALCABALAS DE TIERRA	4265	—
AZOGUES	851	—
AZOGUES DE HUANCAVELICA	205875	—
BULAS DE SANTA CRUZADA	5984	—
CENSOS DE INDIOS	712	—
COMISOS	469	—
CORREOS	58	—
COSTOS DE RETAZAS	70	—
DEPOSITOS	5684	—
DERECHOS DE BARRAS	4630	—
DEVOLUCIONES	2709	—
EFECTOS DE LA VISITA	267	—
ENTERADO EN LA CAJA	200	—
FLETES DE AZOGUES	1500	—
GASTOS DE AZOGUES	620	—
GASTOS DE CONTADURIA Y RL HAC	2426	—
GASTOS DEL ESCRITORIO	4332	—
LIMOSNAS	525	—
LIMOSNAS DE VINO ACEITE MEDICINA	6673	—
MEDIA ANATA Y LANZAS	3977	—
MONTE PIO DE MINISTROS	1197	—
MONTE PIC MILITAR	271	—
PAPEL SELLADO	8676	—
REDITOS DE CENSOS	600	—
REINTEGROS A LA REAL HACIENDA	654	—
REMITIDO A LIMA	400	—
SINODOS	558625	—
SITUADO DE BUENOS AIRES	1084	—
SUELDO DEL AGENTE FISCAL	78826	—
SUELDOS	312	—
SUELDOS DE REAL HACIENDA	36358	—
TEMPORALIDADES	14075	—
TRIBUTOS REALES DE INDIOS	3304	—
VACANTES MENORES	1334	—
1.6% DE CENSCS DE INDICS	3084	—
6% DE SUELDOS ATRASADOS		—
TOTAL	562501	—

TOTAL COMPUTADO — 562500

1/1775-12/1775

Concepto	OCHO ENSAYADOS	ORO
ALCABALAS DE EFECTOS DE CASTILLA	4317	—
ALCABALAS DE TIERRA	4153	—

POTOSI 1/1775-12/1775

CARGO	OCHO	ENSAYADOS	ORO
ALCABALAS DE TIERRA	36163		
ALCABALAS REZAGOS	1124		
ALCANCES DE CUENTAS	3706		
ARRENDAMIENTO Y VENTA DE MINAS	440		
AZOGUES	359012		
AZOGUES ANTIGUOS	4788		
AZOGUES DEBIDO DE COBRAR	391		
BIENES DE DIFUNTOS	252		
BULAS DE SANTA CRUZADA	12228		
CENSOS DE INDIOS	6062		
COSTOS DE RETAZAS	120		
DEPCSITOS	136287		
DEPOSITOS	902		
DEVOLUCIONES	288410		
DIEZMOS DE PLATA	330		
DIEZMOS DE PLATA LABRADA	1667		
DOCTRINA FORASTERA	66775		
EXISTENCIA	3804		
MEDIA ANATA Y LANZAS	6121		
MONTE PIO DE MINISTROS	7901		
MONTE PIO MILITAR	1688		
OFICIOS VENDIBLES Y RENUNCIABLES	2033		
PAPEL SELLADO	559		
RESULTAS	1111		
SOBRAS DE SUELDOS DE JUSTICIA	45		
SOLARES	360		
SUELDO DEL AGENTE FISCAL	70527		
TEMPORALIDADES	43920		
TRIBUTOS REALES DE INDIOS	13015		
VACANTES DE CACIQUES	66089		
VACANTES DE CURATOS	1620		
VACANTES DE DOCTRINAS	350		
VACANTES DE SUELDOS DE JUSTICIA	2263		
VEINTAVO DEL ORO	2859		
VENIDO DE FUERA	672		
1.5% DE PLATA	684327		
16% DE CENSOS DE INDIOS	43920		
5% DE SINODOS	13015		
5% DE SINODOS	2372		
5% DE SINODOS	2372		
TOTAL	1840546		
TOTAL	1840546		

TOTAL COMPUTADO 1840546

S 665

	OCHO	ENSAYADOS	ORO
ALCABALAS DE EFECTOS DE CASTILLA	18894		
ALCABALAS DE TARIFA	3310		
ALCABALAS DE TIERRA	41377		
ARRENDAMIENTO Y VENTA DE MINAS	100		
AZOGUES ANTIGUOS	5983		
AZOGUES DE CASTILLA	58267		
AZOGUES DE HUANCAVELICA	303097		
AZOGUES DEBIDO DE COBRAR	373		
BULAS DE SANTA CRUZADA	20625		
CASA DE MONEDA	177915		
DEPOSITOS	93988		

DATA	OCHO	ENSAYADOS	ORO
ALCANCES DE CUENTAS	27		
AZOGUES DE HUANCAVELICA	249645		
BIENES DE DIFUNTOS	252		
BULAS DE SANTA CRUZADA	1146		
CENSOS	44000		
CENSOS DE INDIOS	6062		
COSTOS DE RETAZAS	120		
DEPOSITOS	50556		
DEPOSITOS PROVISIONALES	2237		
DEVOLUCIONES	5602		
FLETES	134		
GASTOS DE CONTADURIA Y RL HAC	1720		
LIMOSNAS	3502		
LIMOSNAS DE VINO ACEITE MEDICINA	510		
MEDIA ANATA Y LANZAS	3053		
MONTE PIO DE MINISTROS	3475		
MONTE PIO MILITAR	3330		
PAGADO DE LA REAL CAJA	2227		
PAPEL SELLADO	103		
SINODOS DE CURAS	8169		
SITUADO DE BUENOS AIRES	948125		
SUELDO DEL AGENTE FISCAL	320		
SUELDOS	67271		
TEMPORALIDADES	46228		
TRIBUTOS DE YANACONAS	1536		
TRIBUTOS REALES DE CHICHAS	1000		
TRIBUTOS REALES DE FORASTEROS	634		
TRIBUTOS REALES DE PORCO	1367		
VACANTES DE CURATOS	538		
6% DE CENSOS DE INDIOS	13015		
6% DE SUELDOS ATRASADOS	4431		
TOTAL	1479604		

TOTAL COMPUTADO 1479605

1/1776-12/1776

S 665   394

	OCHC	ENSAYACCS	ORC
ALCABALAS DE EFECTOS DE CASTILLA	2115		
ALCABALAS DE TIERRA	4051		
AZOGUES	158148		
AZOGUES DE CASTILLA	54000		
AZOGUES DE HUANCAVELICA	136250		
BULAS DE SANTA CRUZADA	20625		
CENSOS DE INDIOS	7258		
DEPOSITOS	7912		
DEVOLUCIONES	167		
DEVOLUCIONES	14981		
EXISTENCIA	51091		

CARGO	OCHO ENSAYADOS	ORO
DIEZMOS DE PLATA	300551	
DIEZMOS DE PLATA LABRADA	149	
EXISTENCIA	1144052	
INVALIDOS	518	
MEDIA ANATA Y LANZAS	2718	
MONTE PIO DE MINISTROS	7520	
MONTE PIO MILITAR	3831	
OFICIOS VENDIBLES Y RENUNCIABLES	1740	
PAPEL SELLADO	1727	
SOLARES	113	
SUELDO DEL AGENTE FISCAL	830	
SUPLIDO DE RAMOS PARTICULARES	249239	
SUPLIDO DEL BANCO	452000	
TEMPORALIDADES	62771	
TRIBUTOS REALES DE INDIOS	72328	
VACANTES DE DOCTRINAS	1682	
VENIDO DE FUERA	567156	
1.5% DE PLATA	45769	
1.6% DE CENSOS DE INDIS	224	
5% DE SINODOS	5305	
TOTAL	2614156	
TOTAL COMPUTADO	2614152	

S 665

	OCHO ENSAYADOS	ORO
ALCABALAS DE EFECTOS DE CASTILLA	6766	
ALCABALAS DE TARIFA	1750	
ALCABALAS DE TIERRA	34691	
ARRENDAMIENTO Y VENTA DE MINAS	230	
AZOGUES DE CASTILLA	41403	
AZOGUES DE HUANCAVELICA	157406	
DEBIDO COBRAR CUENTAS ANTERIORES	945348	
DEBIDO DE COBRAR ESTA CUENTA	63383	
DEPOSITOS	12332	
DIEZMOS DE PLATA LABRADA	31	
INCORPORADO DE RAMOS PARTICULARES	11394	
INVALIDOS	333	
MEDIA ANATA Y LANZAS	4673	
MONTE PIO DE MINISTROS	1577	
MONTE PIO MILITAR	1402	
NUEVO IMPUESTO DE AGUARDIENTE	1017	
OFICIOS VENDIBLES Y RENUNCIABLES	1342	
PAPEL SELLADO	2640	
REAL FISCO	339	
SINODOS	3088	
SOLARES	25	
TEMPORALIDADES	11067	
TRIBUTOS REALES DE INDIOS	79806	
VACANTES DE DOCTRINAS	3490	
VEINTAVO DEL ORO	19	
VENIDO DE FUERA	714340	
1.5% Y DIEZMOS DE PLATA	390677	
TOTAL	2490566	

DATA	OCHO ENSAYADOS	ORO
FLETES DE AZOGUES	466	
FLETES DE AZOGUES	74	
GASTOS DEL ESCRITORIO	898	
MEDIA ANATA Y LANZAS	2718	
MONTE PIO DE MINISTROS	4426	
MONTE PIO MILITAR	3264	
PAPEL SELLADO	134	
SITUADO DE BUENOS AIRES	1924576	
SUELDO DEL AGENTE FISCAL	830	
SUELDOS	54241	
TEMPORALIDADES	62771	
TRIBUTOS DE YANACONAS	2500	
TRIBUTOS REALES DE CHAYANTA	200	
TRIBUTOS REALES DE CHICHAS	46	
TRIBUTOS REALES DE FORASTEROS	397	
TRIBUTOS REALES DE LIPES	220	
TRIBUTOS REALES DE PORCO	13	
TRIBUTOS REALES DE POTOSI	7985	
5% DE SINODOS	5415	
6% DE SUELDOS ATRASADOS	6378	
TOTAL	2614155	
TOTAL COMPUTADO	2614150	

S 665

	OCHO ENSAYADOS	ORO
AZOGUES DE HUANCAVELICA	337769	
CONSIGNACIONES SIT ECLESIASTICAS	18749	
DEBIDO COBRAR CUENTAS ANTERIORES	945348	
DEBIDO DE COBRAR ESTA CUENTA	63383	
DEBITOS ATRASADOS	4132	
DEPOSITOS	12332	
EXTRAORDINARIO DE REAL HACIENDA	4969	
INVALIDOS	333	
MEDIA ANATA Y LANZAS	4673	
MONTE PIO DE MINISTROS	1577	
MONTE PIO MILITAR	1402	
REAL FISCO	339	
SINODOS	3088	
SITUADO DE BUENOS AIRES	1186558	
SUELDOS Y CONSIGNACIONES	75210	
TEMPORALIDADES	11067	
TOTAL	2366930	

CARGO

TOTAL COMPUTADO   2490569

S 666

ALCABALAS DE EFECTOS DE CASTILLA	6902
ALCABALAS DE TARIFA	1587
ALCABALAS DE TIERRA	32377
AZOGUES DE CASTILLA	74524
AZOGUES DE HUANCAVELICA	176587
BULAS DE SANTA CRUZADA	2000
COLEGIO SEMINARIO DE LA PLATA	48
COMISOS	16
DEBIDO COBRAR CUENTAS ANTERIORES	1008601
DEBIDO DE COBRAR ESTA CUENTA	19383
DEPOSITOS	14758
DIEZMOS DE PLATA LABRADA	69
EXISTENCIA	123637
FRASCOS DE FIERRO	16
INCORPORADO DE RAMOS PARTICULARES	12726
INVALIDOS	150
MEDIA ANATA Y LANZAS	4617
MONTE PIO DE MINISTROS	4587
MONTE PIO MILITAR	273
NUEVO IMPUESTO DE AGUARDIENTE	1527
OFICIOS VENDIBLES Y RENUNCIABLES	1722
PAPEL SELLADO	1680
REAL FISCO	561
REINTEGROS	1720
REINTEGROS A LA REAL HACIENDA	8130
RESULTAS	5562
TEMPORALIDADES	10601
TRIBUTOS REALES DE INDIOS	75809
VACANTES DE DOCTRINAS	3773
VEINTAVO DEL ORO	1301
VENIDO DE FUERA	771693
1.5% Y DIEZMOS DE PLATA	351995
5% DE SINODOS	2470
TOTAL	2721401

TOTAL COMPUTADO   2721402

TOTAL COMPUTADO   2366929

AZOGUES DE HUANCAVELICA	62719
BULAS DE SANTA CRUZADA	2000
COLEGIO SEMINARIO DE LA PLATA	48
CONSIGNACIONES SIT ECLESIASTICAS	16522
DEBIDO COBRAR CUENTAS ANTERIORES	1008601
DEBIDO DE COBRAR ESTA CUENTA	19383
DEBITOS ATRASADOS	3195
DEPOSITOS	14758
EXISTENCIA	123637
EXISTENCIA AZOGUES HUANCAVELICA	73335
EXTRAORDINARIO DE REAL HACIENDA	150
INVALIDOS	4617
MEDIA ANATA Y LANZAS	2574
MONTE PIO DE MINISTROS	273
MONTE PIO MILITAR	561
REAL FISCO	1133959
SITUADO DE BUENOS AIRES	51193
SUELDOS Y CONSIGNACIONES	10601
TEMPORALIDADES	2470
5% DE SINODOS	2530996
TOTAL	2530996

TOTAL COMPUTADO   2530996

S 666

ADUANA	16036
ALCABALAS DE EFECTOS DE CASTILLA	12269
ALCABALAS DE TARIFA	1587
ALCABALAS DE TIERRA	32617
AZOGUES DE CASTILLA	146284
AZOGUES DE CASTILLA	124494
COSTOS DE RETAZAS	525
DEBIDO COBRAR CUENTAS ANTERIORES	146216
DEBIDO DE COBRAR ESTA CUENTA	8878
DEPOSITOS	39607
DEPOSITOS EXTRAORDINARIOS	580

AZOGUES DE CASTILLA	135
AZOGUES DE HUANCAVELICA	66727
CONSIGNACIONES SIT ECLESIASTICAS	65457
DEBIDO COBRAR CUENTAS ANTERIORES	146216
DEBIDO DE COBRAR ESTA CUENTA	8877
DEBITOS ATRASADOS	3542
DEPOSITOS	34305
DEPOSITOS	580
DEPOSITOS EXTRAORDINARIOS	190406
EXISTENCIA	144555
EXTRAORDINARIO DE REAL HACIENDA	13740
MEDIA ANATA Y LANZAS	

CARGO	OCHO ENSAYADOS	ORO
DIEZMOS DE PLATA LABRADA	786	
ENTERADO EN LA CAJA	475	
EXISTENCIA	190406	
INVALIDOS	65	
MEDIA ANATA Y LANZAS	14639	
MONTE PIO DE MINISTROS	2013	
MONTE PIO MILITAR	2504	
NUEVO IMPUESTO DE AGUARDIENTE	1148	
OFICIOS VENDIBLES Y RENUNCIABLES	1230	
PAPEL SELLADO	2632	
REAL FISCO	1644	
REINTEGROS	22085	
RESULTAS	170	
SOLARES	413	
TEMPORALIDADES	7959	
TRIBUTOS REALES DE INDIOS	127968	
VEINTAVO DEL ORO	4276	
VENIDO DE FUERA	745490	
1-5% Y DIEZMOS DE PLATA	348036	
5% DE SINODOS	2464	
TOTAL	2005496	
TOTAL COMPUTADO	2005497	

S 666

	OCHO ENSAYADOS	ORO
ALCABALAS REALES	62427	
ALCANCES DE CUENTAS	439	
ARRENDAMIENTO Y VENTA DE MINAS	50	
AZOGUES DE CASTILLA	117657	
AZOGUES DE HUANCAVELICA	84433	
CASA DE MONEDA	255966	
DEBIDO COBRAR CUENTAS ANTERIORES	138850	
DEBIDO DE COBRAR ESTA CUENTA	33324	
DEPOSITOS	26609	
DIEZMOS DE PLATA LABRADA	800	
EXISTENCIA	227995	
MEDIA ANATA Y LANZAS	6255	
MONTE PIO DE MINISTROS	1491	
MONTE PIO MILITAR	78	
NUEVO IMPUESTO DE AGUARDIENTE	2541	
OFICIOS VENDIBLES Y RENUNCIABLES	799	
PAPEL SELLADO	1735	
REJA DE FIERRO	21	
SOLARES	196	
TEMPORALIDADES	9766	
TRIBUTOS REALES DE INDIOS	88852	
VENIDO DE FUERA	663972	
1-5% Y DIEZMOS DE PLATA	400062	
3% DEL ORO	7618	
5% DE SINODOS	2182	
TOTAL	2134121	
TOTAL COMPUTADO	2134118	

DATA	OCHO ENSAYADOS	ORO
MONTE PIO DE MINISTROS	1944	
MONTE PIO MILITAR	2504	
REAL FISCO	1644	
SITUADO DE BUENOS AIRES	1051850	
SUELDOS Y CONSIGNACIONES	34154	
TEMPORALIDADES	7960	
5% DE SINODOS	2464	
TOTAL	1777501	
TOTAL COMPUTADO	1777500	

1/1780-12/1780

ALCABALAS REALES	OCHO ENSAYADOS	ORO
ALCABALAS REALES	59723	
ALCANCES DE CUENTAS	439	
ARRENDAMIENTO Y VENTA DE MINAS	50	
AZOGUES DE CASTILLA	2554463	
AZOGUES DE HUANCAVELICA	88633	
CASA DE MONEDA	255566	
DEBIDO COBRAR CUENTAS ANTERIORES	138850	
DEBIDO DE COBRAR ESTA CUENTA	33324	
DEPOSITOS	19172	
DIEZMOS DE PLATA LABRADA	800	
EXISTENCIA	17283	
MEDIA ANATA Y LANZAS	5529	
MONTE PIO DE MINISTROS	754	
MONTE PIO MILITAR	78	
NUEVO IMPUESTO DE AGUARDIENTE	2541	
PAPEL SELLADO	110	
REJA DE FIERRO	21	
SITUADO DE BUENOS AIRES	663972	
TEMPORALIDADES	1149	
TRIBUTOS REALES DE INDIOS	85586	
1-5% Y DIEZMOS DE PLATA	374142	
3% DEL ORO	7282	
TOTAL	2010872	
TOTAL COMPUTADO	2010867	

CARGO

S 666

	OCHO ENSAYADOS	ORO
ALCABALAS REALES	48541	—
ALCANCES DE CUENTAS	223	—
ARRENDAMIENTO Y VENTA DE MINAS	550	—
AZOGUES	9227	—
AZOGUES DE CASTILLA	71172	—
BANCO REAL	23545	—
BARRAS DE PLATA	1626	—
BULAS DE SANTA CRUZADA	3296	—
CASA DE MONEDA	208881	—
DEBIDO COBRAR CUENTAS ANTERIORES	135692	—
DEBIDO DE COBRAR ESTA CUENTA	11714	—
DEPOSITOS	138434	—
DIEZMOS DE PLATA LABRADA	44	—
DONATIVO GRACIOSO	2000	—
EXISTENCIA	123249	—
IMPOSICIONES Y RENDICIONES PRINC	21680	—
MEDIA ANATA Y LANZAS	2757	—
MONTE PIO DE MINISTROS	455	—
MONTE PIO MILITAR	45	—
OFICIOS VENDIBLES Y RENUNCIABLES	758	—
PAPEL SELLADO	3383	—
TEMPORALIDADES	9599	—
TRIBUTOS REALES DE INDIOS	123032	—
VENIDO DE FUERA	266724	—
1.5% Y DIEZMOS DE PLATA	329109	—
3% DEL ORO	5379	—
5% DE SINODOS	2540	—
TOTAL	1543658	—
TOTAL COMPUTADO	1543655	—

S 666

	OCHO ENSAYADOS
ALCABALAS REALES	55322
ALCANCES DE CUENTAS	228
ARRENDAMIENTO Y VENTA DE MINAS	850
AZOGUES	3075
AZOGUES DE CASTILLA	134192
BANCO REAL	11095
CASA DE MONEDA	69052
DEBIDO COBRAR CUENTAS ANTERIORES	132155
DEBIDO DE COBRAR CUENTAS ANTERIORES	689
DEPOSITOS	188882
DIEZMOS DE PLATA LABRADA	782
EXISTENCIA	173808
IMPOSICIONES Y RENDICIONES PRINC	6000
MEDIA ANATA Y LANZAS	1791
MONTE PIO DE MINISTROS	427
MONTE PIO MILITAR	45
OFICIOS VENDIBLES Y RENUNCIABLES	648
PAPEL SELLADO	1262
TEMPORALIDADES	9397
TRIBUTOS REALES DE INDIOS	159366

1/1782-12/1782

S 666

	OCHO ENSAYADOS
ALCABALAS REALES	22566
ARRENDAMIENTO Y VENTA DE MINAS	50
AZOGUES DE CASTILLA	134192
AZOGUES DE HUANCAVELICA	2675
BANCO REAL	11095
CASA DE MONEDA	69052
COSTOS DE RETAZAS	525
DEBIDO COBRAR CUENTAS ANTERIORES	132155
DEBIDO DE COBRAR	639
DEBIDO DE COBRAR ESTA CUENTA	50
DEPOSITOS	252786
DIEZMOS DE PLATA LABRADA	644
EXISTENCIA	69896
IMPOSICION DE CAPITALES	6000
MEDIA ANATA Y LANZAS	2268
MONTE PIO DE MINISTROS	427
MONTE PIO MILITAR	45
TEMPORALIDADES	12605
TRIBUTOS REALES DE INDIOS	116930
1.5% Y DIEZMOS DE PLATA	283088

DATA — 1/1781-12/1781

	OCHO ENSAYADOS	ORO
ALCABALAS REALES	316636	—
ALCANCES DE CUENTAS	135	—
AZOGUES DE CASTILLA	71172	—
AZOGUES DE HUANCAVELICA	69138	—
BANCO REAL	23545	—
BARRAS DE PLATA	1626	—
BULAS DE SANTA CRUZADA	3296	—
CASA DE MONEDA	208881	—
DEBIDO COBRAR CUENTAS ANTERIORES	135692	—
DEBIDO DE COBRAR ESTA CUENTA	11714	—
DEPOSITOS	64398	—
DIEZMOS DE PLATA LABRADA	23	—
DONATIVO GRACIOSO	2000	—
EXISTENCIA	34844	—
IMPOSICION DE CAPITALES	21680	—
MEDIA ANATA Y LANZAS	2658	—
MONTE PIO DE MINISTROS	837	—
MONTE PIO MILITAR	45	—
OFICIOS VENDIBLES Y RENUNCIABLES	50	—
PAPEL SELLADO	2016	—
REMITIDO DE CAJAS DE FUERA	266724	—
TEMPORALIDADES	8255	—
TRIBUTOS REALES DE INDIOS	111284	—
1.5% Y DIEZMOS DE PLATA	292664	—
3% DEL ORO	3314	—
5% DE SINODOS	2182	—
TOTAL	1369850	—
TOTAL COMPUTADO	1369849	—

CARGO

CARGO	OCHO ENSAYADOS	ORO
1.5% Y DIEZMOS DE PLATA	350199	—
3% DEL ORO	6104	—
5% DE SINODOS	2858	—
TOTAL		—
TOTAL		—
TOTAL COMPUTADO	1308227	—
	1308227	—

S 666

	OCHO ENSAYADOS	ORO
ALCABALAS REALES	64865	—
ALCANCES DE CUENTAS	303	—
ARRENDAMIENTO Y VENTA DE MINAS	95	—
AZOGUES DE CASTILLA	146319	—
AZOGUES DE HUANCAVELICA	2875	—
BANCO REAL	8360	—
CASA DE MONEDA	86736	—
BIENES DE INDIOS REBELDES	148596	—
DEBIDO COBRAR CUENTAS ANTERIORES	614	—
DEBIDO DE COBRAR	25436	—
DEBIDO DE COBRAR ESTA CUENTA	18055	—
DEPOSITOS	272	—
DIEZMOS DE PLATA LABRADA		—
EXISTENCIA	183476	—
MEDIA ANATA Y LANZAS	3157	—
MONTE PIO DE MINISTRCS	1175	—
MONTE PIO MILITAR	49	—
MULAS PERT A SU MAJESTAD	84	—
OFICIOS VENDIBLES Y RENUNCIABLES	153	—
PAPEL SELLADO	1626	—
PAVELLONES PERT A SU MAJESTAD	56	—
TEMPORALIDADES	6961	—
TRIBUTOS REALES DE INDIOS	128681	—
VENIDO DE FUERA	166410	—
1.5% Y DIEZMOS DE PLATA	400238	—
3% DEL ORO	5132	—
5% DE SINODOS	2361	—
TOTAL	1402104	—
TOTAL COMPUTADO	1402105	—

DATA

DATA	OCHO ENSAYADOS	ORO
3% DEL ORO	4175	—
5% DE SINODOS	2888	—
TOTAL	1124752	—
TOTAL COMPUTADO	1124751	—

S 666

	OCHO ENSAYADOS	ORO
ALCABALAS REALES	17648	—
ALCANCES DE CUENTAS	153	—
ARRENDAMIENTO Y VENTA DE MINAS	95	—
AZOGUES DE CASTILLA	129687	—
AZOGUES DE HUANCAVELICA	2600	—
BANCO REAL	8380	—
CASA DE MONEDA	86736	—
BIENES DE INDIOS REBELDES	148596	—
DEBIDO COBRAR CUENTAS ANTERIORES	614	—
DEBIDO DE COBRAR	25436	—
DEBIDO DE COBRAR ESTA CUENTA	34887	—
DEPOSITOS	80	—
DIEZMOS DE PLATA LABRADA	148943	—
EXISTENCIA	1556	—
MEDIA ANATA Y LANZAS	522	—
MONTE PIO DE MINISTRCS	44	—
MULAS PERT A SU MAJESTAD	100	—
OFICIOS VENDIBLES Y RENUNCIABLES	254	—
PAPEL SELLADO	56	—
PAVELLONES PERT A SU MAJESTAD	15760	—
REMITIDO DE CAJAS DE FUERA	6150	—
TEMPORALIDADES	97737	—
TRIBUTOS REALES DE INDICS	287950	—
1.5% Y DIEZMOS DE PLATA	2587	—
3% DEL ORO	2510	—
5% DE SINODOS		—
TOTAL	1019119	—
TOTAL COMPUTADO	1019121	—

S 666   OCHO ENSAYADOS   ORO

	(S 666)	(S 666 399)
ALCABALAS REALES	66105	29285
ALCANCES DE CUENTAS	535	31
ARRENDAMIENTO Y VENTA DE MINAS	400	400
AZOGUES DE CASTILLA	132061	132001
AZOGUES DE HUANCAVELICA	2675	2750
BANCO REAL	14932	14932
BIENES DE INDIOS REBELDES	618	618
CASA DE MONEDA	282057	282057
DEBIDO COBRAR CUENTAS ANTERIORES	132983	132983
DEBIDO DE COBRAR CUENTAS ANTERIORES	5067	5067
DEBIDO DE COBRAR ESTA CUENTA	19728	5281
DEPOSITOS	2470	2030
DIEZMOS DE PLATA LABRADA		
DONATIVO PARA CONF DE OFICIOS	250	250

CARGO	OCHO ENSAYADOS	ORO
EXISTENCIA	382985	—
MEDIA ANATA Y LANZAS	3259	
MONTE PIO DE MINISTROS	1037	
MONTE PIO MILITAR	53	
NAIPES	1465	
OFICIOS VENDIBLES Y RENUNCIABLES	84	
PAPEL SELLADO	1393	
SOLARES	170	
TEMPORALIDADES	10541	
TRIBUTOS REALES DE INDIOS	159733	
VENIDO DE FUERA	361	
1.5% Y DIEZMOS DE PLATA	371686	
3% DEL ORO	4643	
5% DE SINODOS	2578	
TOTAL	1599866	
TOTAL COMPUTADO	1599869	

S 667		
ADUANA	67073	
ALCANCES DE CUENTAS	500	
ARRENDAMIENTO Y VENTA DE MINAS	108087	
BANCO REAL	111	
BIENES DE INDIOS REBELDES	163949	
CASA DE MONEDA	9398	
COBRADO VALORES AÑOS ANTERIORES	127464	
DEBIDO COBRAR CUENTAS ANTERIORES	14114	
DEBIDO DE COBRAR ESTA CUENTA	52917	
DEPOSITOS	1110	
DIEZMOS DE PLATA LABRADA	165996	
EXISTENCIA	52	
LANA DE VICUNA EN ESPECIE	1899	
MEDIA ANATA Y LANZAS	525	
MONTE PIO DE MINISTROS	56	
MONTE PIO MILITAR	80	
MULAS PERT A SU MAJESTAD	1339	
NAIPES	241	
OFICIOS VENDIBLES Y RENUNCIABLES	1796	
PAPEL SELLADO	61	
REINTEGROS A LA REAL HACIENDA	2306	
RESULTAS DE AZOGUES	25	
SOLARES	8834	
TEMPORALIDADES	1333055	
TRIBUTOS REALES DE INDIOS	363377	
VENIDO DE FUERA	351778	
1.5% Y DIEZMOS DE PLATA	4450	
3% DEL ORO	2489	
5% DE SINODOS	1583580	
TOTAL	1583580	
TOTAL COMPUTADO	1583582	

S 667

DATA	OCHO ENSAYADOS	ORO
EXISTENCIA	362084	—
MEDIA ANATA Y LANZAS	4023	
MONTE PIO DE MINISTROS	1164	
MONTE PIO MILITAR	101	
PAPEL SELLADO	502	
REMITIDO DE CAJAS DE FUERA	361	
SOLARES	170	
TEMPORALIDADES	8158	
TRIBUTOS REALES DE INDIOS	135543	
1.5% Y DIEZMOS DE PLATA	303652	
3% DEL ORO	4006	
5% DE SINODOS	2361	
TOTAL	1433870	
TOTAL COMPUTADO	1433870	

S 666 400	OCHO ENSAYADOS	ORO
ALCABALAS REALES	31866	
ALCANCES DE CUENTAS	500	
AZOGUES DE HUANCAVELICA	4906	
BANCO REAL	108087	
BIENES DE INDIOS REBELDES	111	
CASA DE MONEDA	163949	
COBRADO VALORES AÑOS ANTERIORES	6552	
DEBIDO COBRAR CUENTAS ANTERIORES	127464	
DEBIDO DE COBRAR ESTA CUENTA	14114	
DEPOSITOS	54051	
DIEZMOS DE PLATA LABRADA	210	
EXISTENCIA	133126	
LANA DE VICUNA EN ESPECIE	52	
MEDIA ANATA Y LANZAS	1599	
MONTE PIO DE MINISTROS	525	
MONTE PIO MILITAR	56	
MULAS PERT A SU MAJESTAD	80	
PAPEL SELLADO	258	
REMITIDO DE CAJAS DE FUERA	329756	
TEMPORALIDADES	13734	
TRIBUTOS REALES DE INDIOS	92761	
1.5% Y DIEZMOS DE PLATA	246925	
3% DEL ORO	2880	
5% DE SINODOS	2578	
TOTAL	1336137	
TOTAL COMPUTADO	1336140	

CARGO

	OCHO ENSAYADOS	ORO
ADUANA	68796	—
ALCANCES DE CUENTAS	2075	—
BANCO REAL	123413	—
BULAS DE SANTA CRUZADA	6273	—
CASA DE MONEDA	80000	—
COBRADO VALORES AÑOS ANTERIORES	12828	—
DEBIDO COBRAR CUENTAS ANTERIORES	1274464	—
DEBIDO DE COBRAR CUENTAS ANTERIORES	14114	—
DEPOSITOS DE COBRAR ESTA CUENTA	486242	—
DIEZMOS DE PLATA LABRADA	884	—
DONATIVO	900	—
EXISTENCIA	247443	—
INVALIDOS	170	—
MEDIA ANATA	1034	—
MEDIA ANATA ECLESIASTICA	7149	—
MESADAS ECLESIASTICAS	22109	—
MONTE PIO DE MINISTROS	1299	—
MONTE PIO MILITAR	6659	—
NAIPES	4201	—
NOVENOS REALES	14484	—
OFICIOS VENDIBLES Y RENUNCIABLES	39	—
PAPEL SELLADO	500	—
PENAS DE CAMARA	19	—
REAL ORDEN DE CARLOS III	3000	—
REINTEGROS A LA REAL HACIENDA	551	—
SUPLEMENTO A LA REAL HACIENDA	201854	—
TEMPORALIDADES	96891	—
TRIBUTOS REALES DE INDIOS	128889	—
VACANTES MAYORES	22168	—
VACANTES MENORES	27769	—
VENIDO DE FUERA	52412	—
1.5% Y DIEZMOS DE PLATA	332507	—
3% DEL ORO	6249	—
5% DE SINODOS	2409	—
TOTAL	2102792	—

TOTAL COMPUTADO 2102794

S 667

	OCHO ENSAYADOS	ORO
ADUANA	85160	—
ALCANCES DE CUENTAS	212	—
AZOGUES DE POTOSI Y CAJAS FUERAS	156233	—
BANCO REAL	12536	—
BULAS DE SANTA CRUZADA	2848	—
CASA DE MONEDA	20000	—
COBRADO VALORES AÑOS ANTERIORES	26500	—
DEBIDO COBRAR CUENTAS ANTERIORES	124730	—
DEBIDO DE COBRAR CUENTAS ANTERIORES	38299	—
DEPOSITOS	36122	—
DEBIDO DE COBRAR ESTA CUENTA	1712	—
DEPOSITOS	305	—
DEVOLUCIONES		—
DIEZMOS DE PLATA LABRADA	263566	—
DONATIVO	50	—
EXISTENCIA		—
INVALIDOS	114	—

DATA

	OCHO ENSAYADOS	ORO
ADUANA	1527	—
ALCANCES DE CUENTAS	893	—
BULAS DE SANTA CRUZADA	3981	—
CASA DE MONEDA	80000	—
DEBIDO COBRAR CUENTAS ANTERIORES	1274464	—
DEBIDO DE COBRAR CUENTAS ANTERIORES	14114	—
DEPOSITOS	388833	—
DONATIVO	800	—
GASTOS GENERALES	982	—
INVALIDOS	127	—
MEDIA ANATA ECLESIASTICA	6828	—
MEDIA ANATA Y LANZAS	421	—
MESADAS ECLESIASTICAS	21981	—
MONTE PIO DE MINISTROS	1073	—
MONTE PIO MILITAR	6190	—
NOVENOS REALES	5743	—
PAPEL SELLADO	526	—
PENAS DE CAMARA	19	—
REAL ORDEN DE CARLOS III	3000	—
REINTEGROS A LA REAL HACIENDA	81683	—
SITUADO DE BUENOS AIRES	68	—
SUELDOS DE LA REAL AUDIENCIA	717886	—
SUELDOS Y GASTOS DE REAL HACIENDA	82861	—
SUPLEMENTO A LA REAL HACIENDA	11381	—
TEMPORALIDADES	136706	—
TRIBUTOS REALES DE INDIOS	48201	—
VACANTES MAYORES	22168	—
VACANTES MENORES	23534	—
5% DE SINODOS	3415	—
TOTAL	1839225	—

TOTAL COMPUTADO 1839225

OCHO ENSAYADOS ORO

1/1787-12/1787

	OCHO ENSAYADOS	ORO
ALCANCES DE CUENTAS	1388	—
AZOGUES DE POTOSI Y CAJAS FUERAS	156330	—
BULAS DE SANTA CRUZADA	5140	—
DEBIDO COBRAR CUENTAS ANTERIORES	124730	—
DEBIDO DE COBRAR CUENTAS ANTERIORES	38299	—
DEPOSITOS	36403	—
DEVOLUCIONES	2264	—
DONATIVO	100	—
GASTOS GENERALES	979	—
INVALIDOS	157	—
LANA DE VICUÑA EN ESPECIE	511	—
MEDIA ANATA ECLESIASTICA	644	—
MESADAS ECLESIASTICAS	4412	—
MONTE PIO DE MINISTROS	810	—
MONTE PIO MILITAR	3913	—

CARGO	OCHO ENSAYADOS	ORO
MEDIA ANATA ECLESIASTICA	323	
MEDIA ANATA Y LANZAS	4954	
MESADAS ECLESIASTICAS	4283	
MONTE PIO DE MINISTROS	1312	
MONTE PIO MILITAR	3445	
NAIPES	2165	
NOVENOS REALES	4259	
OFICIOS VENDIBLES Y RENUNCIABLES	36	
REAL ORDEN DE CARLOS III	1950	
REINTEGROS A LA REAL HACIENDA	240	
SUBSIDIO ECLESIASTICO	3685	
SUELDOS MILITARES	304	
TEMPORALIDADES	5688	
TRIBUTOS REALES DE INDIOS	157121	
VACANTES MAYORES	596	
VACANTES MENORES	10796	
VENIDO DE FUERA	500356	
1.5% Y DIEZMOS DE PLATA	390837	
3% DEL ORO	5988	
5% DE SINODOS	9559	
TOTAL	1876284	
TOTAL COMPUTADO	1876284	

S 667

	OCHO ENSAYADOS	ORO
AZOGUES DE POTOSI Y CAJAS FUERAS	87565	
BULAS DE SANTA CRUZADA	2226	
COBRADO VALORES AÑOS ANTERIORES	15663	
DEBIDO COBRAR CUENTAS ANTERIORES	122579	
DEBIDO DE COBRAR ESTA CUENTA	24178	
DEPOSITOS	15301	
DIEZMOS DE PLATA LABRADA	1427	
EXISTENCIA	324710	
EXTRAORDINARIO DE REAL HACIENDA	35	
INVALIDOS	17	
MEDIA ANATA	3601	
MONTE PIO DE MINISTROS	1472	
MONTE PIO MILITAR	246	
NAIPES	2405	
PAPEL SELLADO	251	
REAL ORDEN DE CARLOS III	4050	
REINTEGROS A LA REAL HACIENDA	2737	
RESUELTAS	664	
SUPLEMENTO A LA REAL HACIENDA	125117	
TEMPORALIDADES	20498	
TRIBUTOS REALES DE INDIOS	156703	
VENIDO DE FUERA	993848	
1.5% Y DIEZMOS DE PLATA	382537	
3% DEL ORO	6133	
5% DE SINODOS	5795	
TOTAL	2299758	
TOTAL COMPUTADO	2299758	

DATA	OCHO ENSAYADOS	ORO
NOVENOS REALES	13000	
REAL ORDEN DE CARLOS III	1550	
REINTEGROS A LA REAL HACIENDA	7177	
REMITIDO DE CAJAS DE FUERA	766	
SITUADO DE BUENOS AIRES	918793	
SUBSIDIO ECLESIASTICO	3685	
SUELDOS DE LA REAL AUDIENCIA	4860	
SUELDOS Y GASTOS DE REAL HACIENDA	85651	
SUELDOS Y GASTOS MILITARES	7772	
TEMPORALIDADES	54676	
TRIBUTOS REALES DE INDIOS	54064	
VACANTES MAYORES	596	
VACANTES MENORES	15030	
5% DE SINODOS	7074	
TOTAL	1551573	
TOTAL COMPUTADO	1551574	

	OCHO ENSAYADOS	ORO
ALCANCES DE CUENTAS	10	
AZOGUES	87565	
BULAS DE SANTA CRUZADA	1258	
COBRADO VALORES AÑOS ANTERIORES	28874	
DEBIDO COBRAR CUENTAS ANTERIORES	122579	
DEBIDO DE COBRAR ESTA CUENTA	24178	
DEPOSITOS	126351	
DIEZMOS DE PLATA LABRADA	892	
DONATIVO	50	
INVALIDOS	17	
MEDIA ANATA	1466	
MONTE PIO DE MINISTROS	1789	
MONTE PIO MILITAR	41	
REAL ORDEN DE CARLOS III	8	
REMITIDO DE CAJAS DE FUERA	151942	
SITUADO DE BUENOS AIRES	920246	
SUELDOS Y PENSIONES	123072	
TEMPORALIDADES	17627	
TRIBUTOS REALES DE INDIOS	80244	
3% DEL ORO	1450	
5% DE SINODOS	7287	
TOTAL	1670946	
TOTAL COMPUTADO	1670946	

CARGO

S 667 — OCHO ENSAYADOS / ORO

	OCHO ENSAYADOS	ORO
ALCANCES DE CUENTAS	2223	—
BULAS DE SANTA CRUZADA	431	—
COBRADO VALORES AÑOS ANTERIORES	9583	—
DEBIDO COBRAR CUENTAS ANTERIORES	119879	—
DEBIDO DE COBRAR CUENTAS ANTERIORES	20058	—
DEPOSITOS	58931	—
DEPOSITOS DE COBRAR ESTA CUENTA	553	—
DIEZMOS DE PLATA LABRADA	186	—
DONATIVO	628812	—
EXISTENCIA	35	—
EXTRAORDINARIO DE REAL HACIENDA	1079	—
MEDIA ANATA	651	—
MONTE PIO DE MINISTROS	314	—
MONTE PIO MILITAR	2528	—
NAIPES	1706	—
OFICIOS VENDIBLES Y RENUNCIABLES	1000	—
PAPEL SELLADO	250	—
REINTEGROS A LA REAL HACIENDA	32440	—
TEMPORALIDADES	161129	—
TRIBUTOS REALES DE INDIOS	1073659	—
VENIDO DE FUERA	335469	—
1.5% Y DIEZMOS DE PLATA	6863	—
3% DEL ORO	2583	—
5% DE SINODOS	2460093	—
TOTAL		
TOTAL COMPUTADO	2460362	—

S 667 — 1/1790-12/1790

	OCHO ENSAYADOS	ORO
ALCANCES DE CUENTAS	1360	—
BULAS DE SANTA CRUZADA	7406	—
CASA DE MONEDA	143888	—
COBRADO VALORES AÑOS ANTERIORES	11542	—
DEBIDO COBRAR CUENTAS ANTERIORES	118483	—
DEBIDO DE COBRAR CUENTAS ANTERIORES	22723	—
DEPOSITOS	25079	—
DEPOSITOS DE COBRAR ESTA CUENTA	599	—
DIEZMOS DE PLATA LABRADA	162	—
DONATIVO	600714	—
EXISTENCIA	35	—
EXTRAORDINARIO DE REAL HACIENDA	591	—
MEDIA ANATA	651	—
MONTE PIO DE MINISTROS	368	—
MONTE PIO MILITAR	142	—
NAIPES	1984	—
PAPEL SELLADO	50	—
SOLARES	7196	—
TEMPORALIDADES	154890	—
TRIBUTOS REALES DE INDIOS	558904	—
VENIDO DE FUERA	359800	—
1.5% Y DIEZMOS DE PLATA	7765	—
3% DEL ORO	2396	—
5% DE SINODOS	2026726	—
TOTAL		

DATA   1/1789-12/1789

S 667 — OCHO ENSAYADOS / ORO

	OCHO ENSAYADOS	ORO
ALCANCES DE CUENTAS	141	—
BULAS DE SANTA CRUZADA	1399	—
COBRADO VALORES AÑOS ANTERIORES	6605	—
DEBIDO COBRAR CUENTAS ANTERIORES	119879	—
DEBIDO DE COBRAR CUENTAS ANTERIORES	20058	—
DEPOSITOS	55082	—
DEPOSITOS DE COBRAR ESTA CUENTA	479	—
DIEZMOS DE PLATA LABRADA	25	—
DONATIVO	606706	—
EXISTENCIA	35	—
EXTRAORDINARIO DE REAL HACIENDA	1447	—
MEDIA ANATA	937	—
MONTE PIO DE MINISTROS	205	—
MONTE PIO MILITAR	1531	—
OFICIOS VENDIBLES Y RENUNCIABLES	18	—
PAPEL SELLADO	4042	—
REAL ORDEN DE CARLOS III	748418	—
REMITIDO DE CAJAS DE FUERA	170164	—
SUELDOS Y PENSIONES	39200	—
TEMPORALIDADES	78107	—
TRIBUTOS REALES DE INDIOS	2374	—
3% DEL ORO	2529	—
5% DE SINODOS	1859379	—
TOTAL		
TOTAL COMPUTADO	1859381	—

S 667 — OCHO ENSAYADOS / ORO

	OCHO ENSAYADOS	ORO
ALCANCES DE CUENTAS	1360	—
BULAS DE SANTA CRUZADA	143888	—
CASA DE MONEDA	10516	—
COBRADO VALORES AÑOS ANTERIORES	119879	—
DEBIDO COBRAR CUENTAS ANTERIORES	118483	—
DEBIDO DE COBRAR CUENTAS ANTERIORES	22723	—
DEPOSITOS	27795	—
DEPOSITOS DE COBRAR ESTA CUENTA	561	—
DIEZMOS DE PLATA LABRADA	162	—
DONATIVO	587020	—
EXISTENCIA	35	—
EXTRAORDINARIO DE REAL HACIENDA	583	—
MEDIA ANATA	651	—
MONTE PIO DE MINISTROS	314	—
MONTE PIO MILITAR	142	—
NAIPES	1984	—
PAPEL SELLADO	515747	—
REMITIDO DE CAJAS DE FUERA	317617	—
SUELDOS Y PENSIONES	5314	—
TEMPORALIDADES	126400	—
TRIBUTOS REALES DE INDIOS	5584	—
3% DEL ORO	2529	—
5% DE SINODOS	1889807	—
TOTAL		

1/1790-12/1790 — CARGO

CARGO	OCHO ENSAYADOS	ORO
TOTAL COMPUTADO	2026728	—
COBRADO VALORES AÑOS ANTERIORES	19020	
DEBIDO COBRAR CUENTAS ANTERIORES	124058	
DEBIDO DE COBRAR ESTA CUENTA	30076	
DEPOSITOS	36747	
DIEZMOS DE PLATA LABRADA	304	
EXISTENCIA	136919	
EXTRAORDINARIO DE REAL HACIENDA	35	
MEDIA ANATA	920	
MONTE PIO DE MINISTROS	672	
MONTE PIO MILITAR	366	
NAIPES	2048	
OFICIOS VENDIBLES Y RENUNCIABLES	2562	
PAPEL SELLADO	1384	
REAL ORDEN DE CARLOS III	2545	
REINTEGROS A LA REAL HACIENDA	2893	
TEMPORALIDADES	11348	
TRIBUTOS REALES DE INDIOS	159569	
VENIDO DE FUERA	1120120	
1.5% Y DIEZMOS DE PLATA	370569	
3% DEL ORO	6758	
5% DE SINODOS	20710	
TOTAL	2049623	

TOTAL COMPUTADO   2049623

1/1790-12/1790 — DATA (S 667)

DATA	OCHO ENSAYADOS	ORO
ALCANCES DE CUENTAS	6	
ARRENDAMIENTO Y VENTA DE MINAS	375	
CASA DE MONEDA	154500	
COBRADO VALORES AÑOS ANTERIORES	20631	
DEBIDO COBRAR CUENTAS ANTERIORES	134036	
DEBIDO DE COBRAR ESTA CUENTA	10723	
DEPOSITOS	15744	
DIEZMOS DE PLATA LABRADA	241	
DONATIVO	200	
EXISTENCIA	86311	
EXTRAORDINARIO DE REAL HACIENDA	50	
MEDIA ANATA	1741	
MONTE PIO DE MINISTROS	672	
MONTE PIO MILITAR	340	
NAIPES	1350	
PAPEL SELLADO	2294	
TEMPORALIDADES	2641	
TRIBUTOS REALES DE INDIOS	165706	
VENIDO DE FUERA	589573	
1.5% Y DIEZMOS DE PLATA	378443	
3% DEL ORO	4769	

1/1791-12/1791

	OCHO ENSAYADOS	ORO	DATA
TOTAL COMPUTADO	1889808	—	
BULAS DE SANTA CRUZADA	7406		
COBRADO VALORES AÑOS ANTERIORES	16252		
DEBIDO COBRAR CUENTAS ANTERIORES	124058		
DEBIDO DE COBRAR ESTA CUENTA	30076		
DEPOSITOS	31866		
DIEZMOS DE PLATA LABRADA	304		
EXISTENCIA	117125		
EXTRAORDINARIO DE REAL HACIENDA	35		
MEDIA ANATA	1511		
MONTE PIO DE MINISTROS	651		
MONTE PIO MILITAR	440		
NAIPES	2048		
OFICIOS VENDIBLES Y RENUNCIABLES	2500		
PAPEL SELLADO	1384		
REAL ORDEN DE CARLOS III	2545		
REINTEGROS A LA REAL HACIENDA	2893		
REMITIDO DE CAJAS DE FUERA	1081077		
SUELDOS Y PENSIONES	370569		
TEMPORALIDADES	3732		
TRIBUTOS REALES DE INDIOS	145440		
VENIDO DE FUERA	6225		
3% DEL ORO	15175		
5% DE SINODOS	1563313		
TOTAL	1563313		

TOTAL COMPUTADO   1563312

1/1792-12/1792

	OCHO ENSAYADOS	ORO
ALCANCES DE CUENTAS	6	
ARRENDAMIENTO Y VENTA DE MINAS	375	
CASA DE MONEDA	154500	
COBRADO VALORES AÑOS ANTERIORES	17513	
DEBIDO COBRAR CUENTAS ANTERIORES	134036	
DEBIDO DE COBRAR ESTA CUENTA	10723	
DEPOSITOS	12295	
DIEZMOS DE PLATA LABRADA	236	
DONATIVO	200	
EXISTENCIA	56535	
EXTRAORDINARIO DE REAL HACIENDA	35	
MEDIA ANATA	1741	
MONTE PIO DE MINISTROS	672	
MONTE PIO MILITAR	340	
NAIPES	1350	
REMITIDO DE CAJAS DE FUERA	553651	
SUELDOS Y PENSIONES	301780	
TEMPORALIDADES	10309	
TRIBUTOS REALES DE INDIOS	109348	
3% DEL ORO	3780	
5% DE SINODOS	7930	

POTOSI 1/1792-12/1792

	OCHO ENSAYADOS	ORO
CARGO		
5% DE SINODOS	2623	—
TOTAL	1572967	—
TOTAL	1572967	—
TOTAL COMPUTADO	1572969	—

S 668

	OCHO ENSAYADOS	ORO
BULAS DE SANTA CRUZADA	117	—
COBRADO VALORES AÑOS ANTERIORES	8562	—
DEBIDO COBRAR CUENTAS ANTERIORES	123355	—
DEPSITOS	80758	—
DIEZMOS DE PLATA LABRADA	209	—
DONATIVO	100	—
DONATIVO PARA LA GUERRA	5172	—
EXISTENCIA	195611	—
EXTRAORDINARIO DE REAL HACIENDA	35	—
MEDIA ANATA	1150	—
MONTE PIO DE MINISTROS	607	—
MONTE PIO MILITAR	360	—
NAIPES	1905	—
OFICIOS VENDIBLES Y RENUNCIABLES	100	—
PAPEL SELLADO	2476	—
TEMPORALIDADES	12617	—
TRIBUTOS REALES DE INDIOS	161028	—
VENIDO DE FUERA	371246	—
1.5% Y DIEZMOS DE PLATA	1234494	—
3% DEL ORO	5845	—
5% DE SINODOS	11833	—
TOTAL	2226578	—
TOTAL COMPUTADO	2226580	—

S 668

ALCANCES DE CUENTAS	1861	
COBRADO VALORES AÑOS ANTERIORES	21191	
DEBIDO COBRAR CUENTAS ANTERIORES	116182	
DEBIDO DE COBRAR CUENTAS ANTERIORES	22764	
DEPSITOS	74912	
DIEZMOS DE PLATA LABRADA	114	
DONATIVO PARA LA GUERRA	16374	
EXISTENCIA	474213	
EXTRAORDINARIO DE REAL HACIENDA	35	
MEDIA ANATA	1733	
MONTE PIO DE MINISTROS	595	
MONTE PIO MILITAR	340	
NAIPES	1206	
OFICIOS VENDIBLES Y RENUNCIABLES	57	
PAPEL SELLADO	1256	
REAL ORDEN DE CARLOS III	2481	
TEMPORALIDADES	10665	
TRIBUTOS REALES DE INDIOS	1700050	
VENIDO DE FUERA	1055603	
1.5% Y DIEZMOS DE PLATA	377133	

1/1793-12/1793

	DATA	
TOTAL	1377356	
TOTAL COMPUTADO	1377355	

	OCHO ENSAYADOS	ORO
COBRADO VALORES AÑOS ANTERIORES	7943	—
DEBIDO COBRAR CUENTAS ANTERIORES	123355	—
DEPOSITOS	37286	—
DIEZMOS DE PLATA LABRADA	206	—
EXISTENCIA	175362	—
EXTRAORDINARIO DE REAL HACIENDA	35	—
MONTE PIO DE MINISTROS	684	—
MONTE PIO MILITAR	254	—
NAIPES	1415	—
OFICIOS VENDIBLES Y RENUNCIABLES	49	—
PAPEL SELLADO	2103	—
REMITIDO DE CAJAS DE FUERA	578093	—
SUELDOS Y PENSIONES	301605	—
TEMPORALIDADES	3804	—
TRIBUTOS REALES DE INDIOS	105149	—
3% DEL ORO	2575	—
5% DE SINODOS	11302	—
TOTAL	1752365	—
TOTAL COMPUTADO	1752364	—

S 667

1/1794-12/1794

	OCHO ENSAYADOS	ORO
ALCANCES DE CUENTAS	1487	—
BULAS DE SANTA CRUZADA	117	—
COBRADO VALORES AÑOS ANTERIORES	20691	—
DEBIDO COBRAR CUENTAS ANTERIORES	116182	—
DEBIDO DE COBRAR CUENTAS ESTA CUENTA	22764	—
DEPOSITOS	91555	—
DONATIVO PARA LA GUERRA	12775	—
EXISTENCIA	399994	—
MEDIA ANATA	35	—
EXTRAORDINARIO DE REAL HACIENDA	1492	—
MONTE PIO DE MINISTROS	595	—
MONTE PIO MILITAR	360	—
NAIPES	1000	—
REAL ORDEN DE CARLOS III	2481	—
REMITIDO DE CAJAS DE FUERA	528980	—
SUELDOS Y PENSIONES	259950	—
TEMPORALIDADES	7719	—
TRIBUTOS REALES DE INDIOS	100200	—
3% DEL ORO	3439	—
TOTAL	1571815	—

CARGO	OCHO ENSAYADOS	ORO	DATA
3% DEL ORO	6617	—	
5% DE SINODOS	2529	—	
TOTAL	2357910	—	
TOTAL COMPUTADO	2357911		TOTAL COMPUTADO

S 668

CARGO	OCHO ENSAYADOS	ORO
BULAS DE SANTA CRUZADA	1123	—
COBRADO VALORES AÑOS ANTERIORES	16746	—
DEBIDO COBRAR CUENTAS ANTERIORES	121828	—
DEBIDO DE COBRAR CUENTAS ANTERIORES	14246	—
DEBIDO DE COBRAR ESTA CUENTA	49556	—
DEPOSITOS	29	—
DIEZMOS DE PLATA LABRADA	300	—
DONATIVO	32970	—
DONATIVO PARA LA GUERRA	386095	—
EXISTENCIA	54	—
EXTRAORDINARIO DE REAL HACIENDA	893	—
MEDIA ANATA	595	—
MONTE PIO DE MINISTROS	341	—
MONTE PIO MILITAR	891	—
NAIPES	1292	—
OFICIOS VENDIBLES Y RENUNCIABLES	1411	—
PAPEL SELLADO	4355	—
REAL ORDEN DE CARLOS III	107	—
REINTEGROS A LA REAL HACIENDA	8342	—
TEMPORALIDADES	175179	—
TRIBUTOS REALES DE INDIOS	1195457	—
VENIDO DE FUERA	391010	—
1.5% Y DIEZMOS DE PLATA	6993	—
3% DEL ORO	2049	—
4% DE SUELDOS PARA LA GUERRA	19038	—
5% DE SINODOS		—
TOTAL	2430898	—
TOTAL COMPUTADO	2430900	

S 668

	OCHO ENSAYADOS	ORO
COBRADO VALORES AÑOS ANTERIORES	7860	—
DEBIDO COBRAR CUENTAS ANTERIORES	126925	—
DEBIDO DE COBRAR CUENTAS ANTERIORES	6092	—
DEBIDO DE COBRAR ESTA CUENTA	41002	—
DEPOSITOS	128	—
DIEZMOS DE PLATA LABRADA	100	—
DONATIVO	13718	—
DONATIVO PARA LA GUERRA	320378	—
EXISTENCIA	35	—
EXTRAORDINARIO DE REAL HACIENDA	839	—
MEDIA ANATA	595	—
MONTE PIO DE MINISTROS	340	—
MONTE PIO MILITAR	3571	—
NAIPES	26	—
OFICIOS VENDIBLES Y RENUNCIABLES	4133	—
REAL ORDEN DE CARLOS III		—

	OCHO ENSAYADOS	ORO	DATA
BULAS DE SANTA CRUZADA	1123	—	
COBRADO VALORES AÑOS ANTERIORES	16246	—	
DEBIDO COBRAR CUENTAS ANTERIORES	121829	—	
DEBIDO DE COBRAR CUENTAS ANTERIORES	14246	—	
DEBIDO DE COBRAR ESTA CUENTA	44556	—	
DEPOSITOS	11	—	
DIEZMOS DE PLATA LABRADA	300	—	
DONATIVO	30002	—	
DONATIVO PARA LA GUERRA	322939	—	
EXISTENCIA	2014	—	
MEDIA ANATA	595	—	
MONTE PIO DE MINISTROS	387	—	
MONTE PIO MILITAR	891	—	
NAIPES	1250	—	
OFICIOS VENDIBLES Y RENUNCIABLES	611	—	
PAPEL SELLADO	4355	—	
REAL ORDEN DE CARLOS III	107	—	
REINTEGROS A LA REAL HACIENDA	1117320	—	
REMITIDO DE CAJAS DE FUERA	271003	—	
SUELDOS Y PENSIONES	22749	—	
TEMPORALIDADES	110421	—	
TRIBUTOS REALES DE INDIOS	3296	—	
3% DEL ORO	633	—	
4% DE SUELDOS PARA LA GUERRA	23197	—	
5% DE SINODOS		—	
TOTAL	2110519	—	
TOTAL COMPUTADO	2110520		TOTAL COMPUTADO 1971816

	OCHO ENSAYADOS	ORO
COBRADO VALORES AÑOS ANTERIORES	6492	—
DEBIDO COBRAR CUENTAS ANTERIORES	126525	—
DEBIDO DE COBRAR CUENTAS ANTERIORES	6052	—
DEPOSITOS	40141	—
DIEZMOS DE PLATA LABRADA	89	—
DONATIVO	100	—
DONATIVO PARA LA GUERRA	10239	—
EXISTENCIA	272396	—
MEDIA ANATA	869	—
MONTE PIO DE MINISTROS	595	—
MONTE PIO MILITAR	294	—
NAIPES	2257	—
REAL ORDEN DE CARLOS III	4119	—
REINTEGROS A LA REAL HACIENDA	89	—
REMITIDO DE CAJAS DE FUERA	814549	—

POTOSI 1/1796-12/1796

CARGO

Concepto	OCHO ENSAYADOS	ORO
REINTEGROS A LA REAL HACIENDA	89	—
TEMPORALIDADES	1243	—
TRIBUTOS REALES DE INDIOS	171145	—
VENIDO DE FUERA	1250304	—
1.5% Y DIEZMOS DE PLATA	370296	—
3% DEL ORO	7503	—
4% DE SUELDOS PARA LA GUERRA	2516	—
5% DE SINODOS	5223	—
TOTAL	2334059	—
TOTAL COMPUTADO	2334061	—

S 668

Concepto	OCHO ENSAYADOS	ORO
COBRADO VALORES AÑOS ANTERIORES	12407	—
DEBIDO COBRAR CUENTAS ANTERIORES	122447	—
DEBIDO DE COBRAR ESTA CUENTA	11467	—
DEPOSITOS	26014	—
DIEZMOS DE PLATA LABRADA	34	—
DONATIVO	100	—
DONATIVO PARA LA GUERRA	994	—
EXISTENCIA	693795	—
EXTRAORDINARIO DE REAL HACIENDA	35	—
MEDIA ANATA	750	—
MONTE PIO DE MINISTROS	595	—
MONTE PIO MILITAR	340	—
NAIPES	1506	—
OFICIOS VENDIBLES Y RENUNCIABLES	1262	—
PAPEL SELLADO	4362	—
REAL ORDEN DE CARLOS III	4569	—
RESTITUCIONES	400	—
TABACOS	25715	—
TEMPORALIDADES	7494	—
TRIBUTOS REALES DE INDIOS	173244	—
VENIDO DE FUERA	756283	—
1.5% Y DIEZMOS DE PLATA	357215	—
3% DEL ORO	8589	—
4% DE SUELDOS PARA LA GUERRA	359	—
5% DE SINODOS	2543	—
TOTAL	2212518	—
TOTAL COMPUTADO	2212519	—

S 669

Concepto	OCHO ENSAYADOS	ORO
COBRADO VALORES AÑOS ANTERIORES	12169	
COLEGIO SEMINARIO DE LA PLATA	664	
DEBIDO COBRAR CUENTAS ANTERIORES	115695	
DEBIDO DE COBRAR ESTA CUENTA	8677	
DEPOSITOS	31546	
DONATIVO PARA LA GUERRA	100	
EXISTENCIA	664695	
EXTRAORDINARIO DE REAL HACIENDA	150	
MEDIA ANATA	5082	

DATA

Concepto	OCHO ENSAYADOS	ORO
SUELDOS Y PENSIONES	236508	—
TEMPORALIDADES	1243	—
TRIBUTOS REALES DE INDIOS	107875	—
3% DEL ORO	2900	—
4% DE SUELDOS PARA LA GUERRA	1177	—
5% DE SINODOS	5277	—
TOTAL	1640265	—
TOTAL COMPUTADO	1640266	—

1/1797-12/1797

S 668

Concepto	OCHO ENSAYADOS	ORO
COBRADO VALORES AÑOS ANTERIORES	41107	—
DEBIDO COBRAR CUENTAS ANTERIORES	122447	—
DEBIDO DE COBRAR ESTA CUENTA	11467	—
DEPOSITOS	27594	—
DIEZMOS DE PLATA LABRADA	31	—
DONATIVO PARA LA GUERRA	994	—
EXISTENCIA	644577	—
MEDIA ANATA	239	—
MONTE PIO DE MINISTROS	595	—
MONTE PIO MILITAR	340	—
NAIPES	450	—
OFICIOS VENDIBLES Y RENUNCIABLES	833	—
PAPEL SELLADO	2362	—
REAL ORDEN DE CARLOS III	1633	—
REMITIDO DE CAJAS DE FUERA	4910052	—
SUELDOS Y PENSIONES	102187	—
TABACOS	16715	—
TEMPORALIDADES	7454	—
TRIBUTOS REALES DE INDIOS	58435	—
3% DEL ORO	430	—
4% DE SUELDOS PARA LA GUERRA	174	—
TOTAL	1494595	—
TOTAL COMPUTADO	1494596	—

1/1798-12/1798

Concepto	OCHO ENSAYADOS	ORO
COBRADO VALORES AÑOS ANTERIORES	10961	—
DEBIDO COBRAR CUENTAS ANTERIORES	115695	—
DEBIDO DE COBRAR ESTA CUENTA	8677	—
DEPOSITOS	22986	—
DONATIVO PARA LA GUERRA	100	—
EXISTENCIA	664695	—
EXTRAORDINARIO DE REAL HACIENDA	115	—
MEDIA ANATA	4940	—
NAIPES	6015	—

?/1798-12/1798

CARGO	OCHO ENSAYADOS	ORO
MONTE PIO DE MINISTROS	595	
MONTE PIO MILITAR	294	
NAIPES	6019	
OFICIOS VENDIBLES Y RENUNCIABLES	799	
REAL ORDEN DE CARLOS III	3518	
SUPLEMENTO A LA REAL HACIENDA	68936	
TABACOS	52194	
DEPOSITOS	160016	
TRIBUTOS REALES DE INDIOS	1579311	
VENTO DE FUERA	373676	
1.5% Y DIEZMOS DE PLATA	9247	
3% DEL ORO	12745	
5% DE SINODOS		
TOTAL	3106126	
TOTAL COMPUTADO	3106128	—

DATA	OCHO ENSAYADOS	ORO
OFICIOS VENDIBLES Y RENUNCIABLES	700	
REAL ORDEN DE CARLOS III	3518	
REMITIDO DE CAJAS DE FUERA	1543270	
SUELDOS Y PENSIONES	331846	
SUPLEMENTO A LA REAL HACIENDA	68936	
TABACOS	52194	
TRIBUTOS REALES DE INDIOS	138754	
3% DEL ORO	8081	
5% DE SINODOS	1715	
TOTAL	2983201	
TOTAL COMPUTADO	2983202	—

1/1799-12/1799

CARGO	OCHO ENSAYADOS	ORO
S 669		
BULAS DE SANTA CRUZADA	213366	
COBRADO VALORES AÑOS ANTERIORES	24925	
COLEGIO SEMINARIO DE LA PLATA	1494	
DEBIDO COBRAR CUENTAS ANTERIORES	1224491	
DEBIDO DE COBRAR ESTA CUENTA	32606	
DEPOSITOS	27484	
DIEZMOS DE PLATA LABRADA	68	
DONATIVO PARA LA GUERRA	7084	
EXISTENCIA	122926	
MEDIA ANATA	613	
MONTE PIO DE MINISTROS	815	
MONTE PIO MILITAR	294	
MULTAS	18	
NAIPES	2859	
OFICIOS VENDIBLES Y RENUNCIABLES	650	
PAPEL SELLADO	6013	
REAL ORDEN DE CARLOS III	2037	
REINTEGROS A LA REAL HACIENDA	32	
TABACOS	34850	
TRIBUTOS REALES DE INDIOS	160142	
VENTO DE FUERA	691859	
1.5% Y DIEZMOS DE PLATA	369130	
3% DEL ORO	6599	
5% DE SINODOS	3885	
TOTAL	1640238	
TOTAL COMPUTADO	1640240	—

DATA	OCHO ENSAYADOS	ORO
BULAS DE SANTA CRUZADA	15151	
COBRADO VALORES AÑOS ANTERIORES	20511	
COLEGIO SEMINARIO DE LA PLATA	2158	
DEBIDO COBRAR CUENTAS ANTERIORES	1222491	
DEBIDO DE COBRAR ESTA CUENTA	32606	
DEPOSITOS	20033	
DIEZMOS DE PLATA LABRADA	68	
DONATIVO PARA LA GUERRA	1865	
EXISTENCIA	101641	
MEDIA ANATA	603	
MONTE PIO DE MINISTROS	969	
MONTE PIO MILITAR	294	
MULTAS	18	
NAIPES	2685	
PAPEL SELLADO	3028	
REAL ORDEN DE CARLOS III	2037	
REINTEGROS A LA REAL HACIENDA	32	
SUELDOS Y PENSIONES	637081	
TABACOS	278883	
TRIBUTOS REALES DE INDIOS	115610	
3% DEL ORO	3970	
5% DE SINODOS	11029	
TOTAL	1405520	
TOTAL COMPUTADO	1405521	—

1/1800-12/1800

S 669	OCHO ENSAYADOS	ORO
BULAS DE SANTA CRUZADA	10481	
COBRADO VALORES AÑOS ANTERIORES	29767	
COLEGIO SEMINARIO DE LA PLATA	1414	
DEBIDO COBRAR CUENTAS ANTERIORES	115345	
DEBIDO DE COBRAR CUENTAS ANTERIORES	41463	
DEPOSITOS	53605	
TOTAL COMPUTADO	1640240	—

BULAS DE SANTA CRUZADA	OCHO ENSAYADOS	ORO
BULAS DE SANTA CRUZADA	9760	
COBRADO VALORES AÑOS ANTERIORES	2767	
COLEGIO SEMINARIO DE LA PLATA	1414	
DEBIDO COBRAR CUENTAS ANTERIORES	115345	
DEBIDO DE COBRAR CUENTAS ANTERIORES	41463	
DEPOSITOS	43431	
TOTAL COMPUTADO	1405521	—

POTOSI 1/1800-12/1800

CARGO

S 669

	OCHO ENSAYADOS	ORO
DIEZMOS DE PLATA LABRADA	424	—
DONATIVO PARA LA GUERRA	5219	—
EXISTENCIA	205219	—
EXTRAORDINARIO DE REAL HACIENDA	35	—
MEDIA ANATA	2432	—
MONTE PIO DE MINISTROS	1398	—
MONTE PIO MILITAR	588	—
NAIPES	2340	—
OFICIOS VENDIBLES Y RENUNCIABLES	1853	—
PAPEL SELLADO	1982	—
PENAS DE CAMARA	30	—
REAL ORDEN DE CARLOS III	5144	—
REINTEGROS A LA REAL HACIENDA	23	—
RESTITUCIONES	200	—
TABACOS	48093	—
TRIBUTOS REALES DE INDIOS	157241	—
VENIDO DE FUERA	1087728	—
1.5% Y DIEZMOS DE PLATA	358833	—
15% DE AMORTIZACION	1287	—
3% DEL ORO	8116	—
5% DE SINODOS	10139	—
TOTAL	2150397	—
TOTAL COMPUTADO	2150399	

S 669

	OCHO ENSAYADOS	ORO
ALCANCES DE CUENTAS	2792	—
BULAS DE SANTA CRUZADA	2341	—
COBRADO VALORES AÑOS ANTERIORES	32917	—
COLEGIO SEMINARIO DE LA PLATA	1585	—
DEBIDO COBRAR CUENTAS ANTERIORES	148028	—
DEBIDO DE COBRAR ESTA CUENTA	8825	—
DEPOSITOS	45986	—
DONATIVO PARA LA GUERRA	859	—
EXISTENCIA	80817	—
EXTRAORDINARIO DE REAL HACIENDA	35	—
MEDIA ANATA	969	—
MONTE PIO DE MINISTROS	2364	—
MONTE PIO MILITAR	588	—
NAIPES	2850	—
OFICIOS VENDIBLES Y RENUNCIABLES	2300	—
PAPEL SELLADO	3162	—
REAL ORDEN DE CARLOS III	6499	—
REINTEGROS A LA REAL HACIENDA	160	—
TABACOS	49967	—
TRIBUTOS REALES DE INDIOS	185645	—
VENIDO DE FUERA	975528	—
1.5% Y DIEZMOS DE PLATA	318405	—
3% DEL ORO	5621	—
5% DE SINODOS	10557	—
.TOTAL	1888801	—
TOTAL COMPUTADO	1888800	

1/1801-12/1801

DATA

S 669

	OCHO ENSAYADOS	ORO
DIEZMOS DE PLATA LABRADA	422	—
DONATIVO PARA LA GUERRA	4472	—
EXISTENCIA	205219	—
EXTRAORDINARIO DE REAL HACIENDA	35	—
MEDIA ANATA	2373	—
MONTE PIO DE MINISTROS	815	—
MONTE PIO MILITAR	294	—
NAIPES	2340	—
OFICIOS VENDIBLES Y RENUNCIABLES	1047	—
PAPEL SELLADO	1982	—
PENAS DE CAMARA	30	—
REAL ORDEN DE CARLOS III	5144	—
REINTEGROS A LA REAL HACIENDA	23	—
REMITIDO DE CAJAS DE FUERA	1047738	—
RESTITUCIONES	200	—
TABACOS	322124	—
TRIBUTOS REALES DE INDIOS	46093	—
SUELDOS Y PENSIONES	158062	—
15% DE AMORTIZACION	1287	—
3% DEL ORO	6731	—
5% DE SINODOS	3885	—
TOTAL	2049494	—
TOTAL COMPUTADO	2049496	

1/1801-12/1801

	OCHO ENSAYADOS	ORO
ALCANCES DE CUENTAS	2511	—
BULAS DE SANTA CRUZADA	1801	—
COBRADO VALORES AÑOS ANTERIORES	31157	—
COLEGIO SEMINARIO DE LA PLATA	1526	—
DEBIDO COBRAR CUENTAS ANTERIORES	148028	—
DEBIDO DE COBRAR ESTA CUENTA	8825	—
DEPOSITOS	28435	—
DONATIVO PARA LA GUERRA	620	—
EXISTENCIA	80817	—
EXTRAORDINARIO DE REAL HACIENDA	35	—
MEDIA ANATA	617	—
MONTE PIO DE MINISTROS	1702	—
MONTE PIO MILITAR	294	—
NAIPES	2850	—
OFICIOS VENDIBLES Y RENUNCIABLES	400	—
PAPEL SELLADO	14	—
REAL ORDEN DE CARLOS III	6499	—
REINTEGROS A LA REAL HACIENDA	160	—
REMITIDO DE CAJAS DE FUERA	532895	—
SUELDOS Y PENSIONES	311493	—
TABACOS	49967	—
TRIBUTOS REALES DE INDIOS	165582	—
3% DEL ORO	4599	—
5% DE SINODOS	6254	—
TOTAL	1751481	—
TOTAL COMPUTADO	1751481	

CARGO

S 669	OCHO ENSAYADOS	ORO
ALCANCES DE CUENTAS	1001	—
BULAS DE SANTA CRUZADA	8883	—
COBRADO VALORES ANOS ANTERIORES	9992	—
COLEGIO SEMINARIO DE LA PLATA	1472	—
DEBIDO COBRAR CUENTAS ANTERIORES	156089	—
DEBIDO DE COBRAR ESTA CUENTA	840187	—
DEPOSITOS	57339	—
DIEZMOS DE PLATA LABRADA	243	—
DONATIVO	118	—
DONATIVO PARA LA GUERRA	1250	—
EXISTENCIA	73559	—
EXTRAORDINARIO DE REAL HACIENDA	35	—
INVALIDOS	4	—
MEDIA ANATA	702	—
MONTE PIO DE MINISTROS	3163	—
MONTE PIO MILITAR	592	—
NAIPES	3017	—
OFICIOS VENDIBLES Y RENUNCIABLES	6810	—
REAL ORDEN DE CARLOS III	5947	—
SOLARES	193	—
TABACOS	25877	—
TRIBUTOS REALES DE INDIOS	172395	—
VENIDO DE FUERA	1382708	—
1.5% Y DIEZMOS DE PLATA	186652	—
3% DEL ORO	7241	—
5% DE SINODOS	7077	—
TOTAL	2952548	—
TOTAL COMPUTADO	2952546	—

S 670	OCHO ENSAYADOS	ORO
ALCANCES DE CUENTAS	2241	—
BULAS DE SANTA CRUZADA	3762	—
COBRADO VALORES ANOS ANTERIORES	569852	—
COLEGIO SEMINARIO DE LA PLATA	1243	—
DEPOSITOS	42482	—
DONATIVO	118	—
INVALIDOS	306	—
MEDIA ANATA	2326	—
MONTE PIO DE MINISTROS	3328	—
MONTE PIO MILITAR	345	—
MULTAS	75	—
NAIPES	3819	—
OFICIOS VENDIBLES Y RENUNCIABLES	1743	—
OTRAS TESORERIAS	365536	—
PAPEL SELLADO	3200	—
REAL HACIENDA EN COMUN	2082	—
REAL ORDEN DE CARLOS III	5942	—
REALES LABRADOS DE BARRAS	6666	—
TABACOS	31196	—
TRIBUTOS REALES DE INDIOS	137879	—
1.5% Y DIEZMOS DE PLATA	232986	—

DATA

	OCHO ENSAYADOS	ORO
COBRADO VALORES ANOS ANTERIORES	5079	—
COLEGIO SEMINARIO DE LA PLATA	1472	—
DEBIDO COBRAR CUENTAS ANTERIORES	156089	—
DEBIDO DE COBRAR ESTA CUENTA	840187	—
DEPOSITOS	44617	—
DIEZMOS DE PLATA LABRADA	166	—
EXISTENCIA	73559	—
MONTE PIO DE MINISTROS	330	—
NAIPES	1764	—
OFICIOS VENDIBLES Y RENUNCIABLES	2000	—
REAL ORDEN DE CARLOS III	579270	—
REMITIDO DE CAJAS DE FUERA	4468	—
SUELDOS Y PENSIONES	184578	—
TABACOS	10507	—
TRIBUTOS REALES DE INDIOS	109542	—
3% DEL ORO	1319	—
5% DE SINODOS	4303	—
TOTAL	2419251	—
TOTAL COMPUTADO	2419250	—

	OCHO ENSAYADOS	ORO
BULAS DE SANTA CRUZADA	32	—
COLEGIO SEMINARIO DE LA PLATA	1243	—
CREDITOS PASIVOS	720	—
DEPOSITOS	46244	—
INVALIDOS	206	—
MEDIA ANATA	270	—
MONTE PIO DE MINISTROS	5661	—
MONTE PIO MILITAR	724	—
NAIPES	3599	—
OFICIOS VENDIBLES Y RENUNCIABLES	90	—
OTRAS TESORERIAS	771441	—
PAPEL SELLADO	325	—
REAL HACIENDA EN COMUN	278417	—
REAL ORDEN DE CARLOS III	7422	—
REALES LABRADOS DE BARRAS	6666	—
SUELDOS Y GASTOS DE REAL HACIENDA	22596	—
SUELDOS Y GASTOS DEL ECO POLITICO	27897	—
TABACOS	42366	—
TRIBUTOS REALES DE INDIOS	41322	—
1.5% DE AMORTIZACION	2879	—
3% DEL ORO	8	—

POTOSI   1/1803-12/1803

CARGO	OCHO ENSAYADOS	ORO
15% DE AMORTIZACION	3479	—
3% DEL ORO	5684	—
5% DE SINODOS	2072	—
TOTAL	1428363	—
TOTAL COMPUTADO	1428362	—

S 670

	OCHO ENSAYADOS	ORO
ALCANCES DE CUENTAS	237	—
BULAS CUADRAGESIMALES	1402	—
BULAS DE SANTA CRUZADA	5193	—
COBRADO VALORES AÑOS ANTERIORES	205182	—
COLEGIO SEMINARIO DE LA PLATA	1646	—
DEPOSITOS	343127	—
INVALIDOS	933	—
MEDIA ANATA	680	—
MONTE PIO DE MINISTROS	2362	—
MONTE PIO MILITAR	9343	—
MULTAS	145	—
NAIPES	3483	—
OTRAS TESORERIAS	825177	—
PAPEL SELLADO	1656	—
PRESTAMO PATRIOTICO	2180	—
REAL HACIENDA EN COMUN	1160	—
REAL ORDEN DE CARLOS III	7105	—
REALES LABRADOS DE BARRAS	8883	—
TABACOS	47350	—
TRIBUTOS REALES DE INDIOS	1534476	—
1.5% Y DIEZMOS DE PLATA	311358	—
15% DE AMORTIZACION	2826	—
3% DEL OFC	8173	—
5% DE SINODOS	4960	—
TOTAL	1948035	—
TOTAL COMPUTADO	1948037	—

S 671

	OCHO ENSAYADOS	ORO
ALCANCES DE CUENTAS	53	—
BULAS CUADRAGESIMALES	1472	—
BULAS DE SANTA CRUZADA	1088	—
COBRADO VALORES AÑOS ANTERIORES	527833	—
COLEGIO SEMINARIO DE LA PLATA	1230	—
DEPOSITOS	81937	—
DONATIVO	150	—
HERENCIAS TRANSVERSALES	497	—
INVALIDOS	1293	—
MEDIA ANATA	3204	—
MONTE PIO DE MINISTROS	778	—
MONTE PIO MILITAR	3415	—
NAIPES	2360	—
OFICIOS VENDIBLES Y RENUNCIABLES	1700	—
OTRAS TESORERIAS	259587	—

1/1804-12/1804

DATA	OCHO ENSAYADOS	ORO
5% DE SINODOS	3926	—
TOTAL	1279618	—
TOTAL COMPUTADO	1264054	—

	OCHO ENSAYADOS	ORO
BULAS CUADRAGESIMALES	1277	—
BULAS DE SANTA CRUZADA	447	—
COLEGIO SEMINARIO DE LA PLATA	1646	—
DEPOSITOS	280094	—
INVALIDOS	566	—
MONTE PIO DE MINISTROS	2604	—
MONTE PIO MILITAR	9236	—
NAIPES	2672	—
OFICIOS VENDIBLES Y RENUNCIABLES	400	—
OTRAS TESORERIAS	902334	—
RAMOS MUNICIPALES LA INTENDENCIA	2722	—
REAL HACIENDA EN COMUN	4280	—
REAL ORDEN DE CARLOS III	7105	—
REALES LABRADOS DE BARRAS	5895	—
SUELDOS Y GASTOS DE REAL HACIENDA	101567	—
SUELDOS Y GASTOS DEL ECO POLITICO	27897	—
SUELDOS Y GASTOS MILITARES	11097	—
TABACOS	46450	—
TRIBUTOS REALES DE INDIOS	58313	—
1.5% Y DIEZMOS DE PLATA	567	—
15% DE AMORTIZACION	2681	—
TOTAL	1469850	—
TOTAL COMPUTADO	1469850	—

1/1805-12/1805

	OCHO ENSAYADOS	ORO
BULAS CUADRAGESIMALES	127	—
BULAS DE SANTA CRUZADA	539	—
COLEGIO SEMINARIO DE LA PLATA	1230	—
CONSIGNACIONES SIT ECLESIASTICAS	5857	—
CREDITOS PASIVOS	40516	—
DEPOSITOS	74447	—
INVALIDOS	442	—
MONTE PIO DE MINISTROS	395	—
MONTE PIO MILITAR	449	—
NAIPES	1107	—
OTRAS TESORERIAS	449536	—
PAPEL SELLADO	257	—
PRESTAMO PATRIOTICO	2180	—
REALES LABRADOS DE BARRAS	9854	—
SUELDOS Y GASTOS DE REAL HACIENDA	39204	—

CARGO — POTOSI 1/1805-12/1805

CARGO	OCHO ENSAYADOS	ORO
PAPEL SELLADO	3044	—
REAL HACIENDA EN COMUN	909	—
REALES LABRADOS DE BARRAS	8451	—
TABACOS	42056	—
TRIBUTOS REALES DE INDIOS	133213	—
1.5% Y DIEZMOS DE PLATA	295774	—
15% DE AMORTIZACION	2413	—
3% DEL ORO	11509	
5% DE SINODOS	11673	
TOTAL	1395679	
TOTAL COMPUTADO	1395679	

DATA — POTOSI 1/1805-12/1805

DATA	OCHO ENSAYADOS	ORO
SUELDOS Y GASTOS DEL EDO POLITICO	32751	
SUELDOS Y GASTOS MILITARES	16577	
TABACOS	9073	
TRIBUTOS REALES DE INDIOS	54083	
1.5% Y DIEZMOS DE PLATA	567	
15% DE AMORTIZACION	1214	
3% DEL ORO	14	
5% DE SINODOS	15504	
TOTAL	756361	
TOTAL COMPUTADO	756363	

S 671 412 ORO

S 671 — CARGO 1/1806-12/1806

	OCHO ENSAYADOS
ALCANCES DE CUENTAS	1160
BULAS CUADRAGESIMALES	1728
BULAS DE SANTA CRUZADA	2703
COBRADO VALORES AÑOS ANTERIORES	682202
COLEGIO SEMINARIO DE LA PLATA	1736
DEPOSITOS	125523
HERENCIAS TRANSVERSALES	77
INVALIDOS	1918
MEDIA ANATA	1303
MONTE PIO DE MINISTROS	925
MONTE PIO MILITAR	11618
NAIPES	2544
OTRAS TESORERIAS	1215322
PAPEL SELLADO	1500
REAL HACIENDA EN COMUN	943
REALES LABRADOS DE BARRAS	8126
TABACOS	20856
TRIBUTOS REALES DE INDIOS	151522
1.5% Y DIEZMOS DE PLATA	285105
15% DE AMORTIZACION	2268
3% DEL ORO	12827
5% DE SINODOS	2892
TOTAL	2534838
TOTAL COMPUTADO	2534838

DATA — 1/1806-12/1806

	OCHO ENSAYADOS
BULAS CUADRAGESIMALES	2574
BULAS DE SANTA CRUZADA	498
COLEGIO SEMINARIO DE LA PLATA	1736
CONSIGNACIONES SIT ECLESIASTICAS	3611
CREDITOS PASIVOS	10359
DEPOSITOS	166563
HERENCIAS TRANSVERSALES	497
INVALIDOS	2439
MONTE PIO DE MINISTROS	3363
MONTE PIO MILITAR	14112
NAIPES	3119
OTRAS TESORERIAS	1507205
REALES LABRADOS DE BARRAS	8528
SUELDOS Y GASTOS DE REAL HACIENDA	38090
SUELDOS Y GASTOS DEL EDO POLITICO	27897
SUELDOS Y GASTOS MILITARES	18811
TABACOS	47989
TRIBUTOS REALES DE INDIOS	61484
1.5% Y DIEZMOS DE PLATA	567
15% DE AMORTIZACION	3914
3% DEL ORO	3666
5% DE SINODOS	1947861
TOTAL	1947861
TOTAL COMPUTADO	1947862

P 105 — CARGO 1/1807-12/1807

	OCHO ENSAYADOS
ALCANCES DE CUENTAS	3353
BULAS CUADRAGESIMALES	933
COLEGIO SEMINARIO DE LA PLATA	1496
DEPOSITOS	38265
HERENCIAS TRANSVERSALES	254
INVALIDOS	4265
MEDIA ANATA	297
MONTE PIO DE MINISTROS	1242
MONTE PIO MILITAR	13160
NAIPES	4419
OBRAS PIAS	22600

DATA — 1/1807-12/1807

	OCHO ENSAYADOS
BULAS CUADRAGESIMALES	1156
CONSIGNACIONES SIT ECLESIASTICAS	3611
DEPOSITOS	24271
HERENCIAS TRANSVERSALES	197
INVALIDOS	2767
MONTE PIO DE MINISTROS	2010
MONTE PIO MILITAR	13231
NAIPES	4209
OBRAS PIAS	113
OTRAS TESORERIAS	1618894
PAPEL SELLADO	233

POTOSI 1/1807-12/1807

CARGO	OCHO ENSAYADOS	ORO
OTRAS TESORERIAS	1389278	
PAPEL SELLADO	4043	
REAL HACIENDA EN COMUN	900	
REALES LABRADOS DE BARRAS	8443	
REDENCION DE CAUTIVOS	2246	
TABACOS	9600	
TRIBUTOS REALES DE INDIOS	140488	
1.5% Y DIEZMOS DE PLATA	296010	
15% DE AMORTIZACION	515	
3% DEL ORO	11984	
5% DE SINODOS	2493	
TOTAL	1956284	
TOTAL COMPUTADO	1956284	

P 113

	OCHO ENSAYADOS	ORO
ALCANCES DE CUENTAS	555	
BULAS CUADRAGESIMALES	321	
BULAS DE SANTA CRUZADA	324	
COLEGIO SEMINARIO DE LA PLATA	1424	
DEPOSITOS	61809	
HERENCIAS TRANSVERSALES	727	
INVALIDOS	4498	
MEDIA ANATA	327	
MONTE PIO DE MINISTROS	1173	
MONTE PIO MILITAR	18632	
NAIPES	3249	
OBRAS PIAS	3500	
OTRAS TESORERIAS	912538	
REAL HACIENDA EN COMUN	6920	
REALES LABRADOS DE BARRAS	8152	
REDENCION DE CAUTIVOS	809	
TABACOS	18000	
TRIBUTOS REALES DE INDIOS	134392	
1.5% Y DIEZMOS DE PLATA	285978	
15% DE AMORTIZACION	148	
3% DEL ORO	10861	
5% DE SINODOS	2375	
TOTAL	1476709	
TOTAL COMPUTADO	1476712	

P 119

	OCHO ENSAYADOS	ORO
ALCANCES DE CUENTAS	113	
BULAS DE SANTA CRUZADA	2520	
COLEGIO SEMINARIO DE LA PLATA	1246	
DEPOSITOS	70940	
DONATIVO	236	
HERENCIAS TRANSVERSALES	577	
INVALIDOS	4355	
MEDIA ANATA	1883	

1/1808-12/1808

DATA	OCHO ENSAYADOS	ORO
REALES LABRADOS DE BARRAS	5803	
REDENCION DE CAUTIVOS	1384	
SUELDOS Y GASTOS DE REAL HACIENDA	37412	
SUELDOS Y GASTOS DEL ECC POLITICO	27857	
SUELDOS Y GASTOS MILITARES	156567	
TABACOS	20600	
TRIBUTOS REALES DE INDIOS	63569	
1.5% Y DIEZMOS DE PLATA	567	
15% DE AMORTIZACION	716	
3% DEL ORO	4	
TOTAL	1985213	
TOTAL COMPUTADO	1985211	

P 105 413

	OCHO ENSAYADOS	ORO
BULAS CUADRAGESIMALES	315	
BULAS DE SANTA CRUZADA	44	
COLEGIO SEMINARIO DE LA PLATA	2336	
CONSIGNACIONES SIT ECLESIASTICAS	1741	
DEPOSITOS	65334	
HERENCIAS TRANSVERSALES	788	
INVALIDOS	5452	
MONTE PIO DE MINISTROS	3295	
MONTE PIO MILITAR	18242	
NAIPES	3592	
OBRAS PIAS	22487	
OTRAS TESORERIAS	1667587	
REAL HACIENDA EN COMUN	410	
REALES LABRADOS DE BARRAS	5743	
REDENCION DE CAUTIVOS	1605	
SUELDOS Y GASTOS DE REAL HACIENDA	40016	
SUELDOS Y GASTOS DEL ECC POLITICO	27847	
SUELDOS Y GASTOS MILITARES	30899	
TABACOS	18000	
TRIBUTOS REALES DE INDIOS	63771	
1.5% Y DIEZMOS DE PLATA	584	
15% DE AMORTIZACION	815	
5% DE SINODOS	4054	
TOTAL	1985162	
TOTAL COMPUTADO	1984997	

1/1809-12/1809

	OCHO ENSAYADOS	ORO
BULAS CUADRAGESIMALES	17	
BULAS DE SANTA CRUZADA	70	
COLEGIO SEMINARIO DE LA PLATA	585	
CONSIGNACIONES SIT ECLESIASTICAS	4128	
DEPOSITOS	19214	
HERENCIAS TRANSVERSALES	73	
INVALIDOS	1630	
MONTE PIO DE MINISTROS	1435	

CARGO   OCHO ENSAYADOS ORO

	OCHO ENSAYADOS	ORO
MONTE PIO DE MINISTROS	656	
MONTE PIO MILITAR	8090	
NAIPES	5422	
OTRAS TESORERIAS	584717	
PAPEL SELLADO	3795	
REAL HACIENDA EN COMUN	1161	
REALES LABRADOS DE BARRAS	8377	
REDENCION DE CAUTIVOS	1221	
TABACOS	11500	
TRIBUTOS REALES DE INDIOS	111842	
1.5% Y DIEZMOS DE PLATA	293977	
15% DE AMORTIZACION	107	
3% DEL ORO	8570	
5% DE SINODOS	2077	
TOTAL	1123382	
TOTAL COMPUTADO	1123382	

P 877

	OCHO ENSAYADOS	ORO
ALCANCES DE CUENTAS	101	
BULAS CUADRAGESIMALES	1394	
BULAS DE SANTA CRUZADA	3219	
COBRADO VALORES AÑOS ANTERIORES	3344477	
COLEGIO SEMINARIO DE LA PLATA	1411	
DEPOSITOS	37954	
INVALIDOS	902	
MEDIA ANATA	172	
MONTE PIO DE MINISTROS	206	
MONTE PIO MILITAR	200	
NAIPES	1436	
OBRAS PIAS	4266	
OFICIOS VENDIBLES Y RENUNCIABLES	80	
OTRAS TESORERIAS	416736	
PAPEL SELLADO	2931	
REAL HACIENDA EN COMUN	105526	
REALES LABRADOS DE BARRAS	8538	
REDENCION DE CAUTIVOS	411	
TABACOS	14524	
TRIBUTOS REALES DE INDIOS	101202	
1.5% Y DIEZMOS DE PLATA	299419	
15% DE AMORTIZACION	467	
3% DEL ORO	6174	
5% DE SINODOS	2352	
TOTAL	1344102	
TOTAL COMPUTADO	1344098	

L 186

	OCHO ENSAYADOS	ORO
BULAS CUADRAGESIMALES	494	
BULAS DE SANTA CRUZADA	2863	
COBRADO VALORES AÑOS ANTERIORES	250461	
CONTRIBUCION PATRIOTICA	1238	

P 119   414

DATA   OCHO ENSAYADOS ORO

	OCHO ENSAYADOS	ORO
MONTE PIO MILITAR	1121	
NAIPES	2100	
OTRAS TESORERIAS	705266	
PAPEL SELLADO	204	
REALES LABRADOS DE BARRAS	5751	
REDENCION DE CAUTIVOS	607	
SUELDOS Y GASTOS DE REAL HACIENDA	44163	
SUELDOS Y GASTOS DEL ECO POLITICO	27903	
SUELDOS Y GASTOS MILITARES	136772	
TABACOS	11500	
TRIBUTOS REALES DE INDIOS	44533	
1.5% Y DIEZMOS DE PLATA	567	
3% DEL ORO	35	
5% DE SINODOS	3272	
TOTAL	1010955	
TOTAL COMPUTADO	1010950	

1/1810-12/1810

	OCHO ENSAYADOS	ORO
BULAS CUADRAGESIMALES	715	
BULAS DE SANTA CRUZADA	407	
COLEGIO SEMINARIO DE LA PLATA	2145	
CONSIGNACIONES SIT ECLESIASTICAS	6843	
DEPOSITOS	92078	
HERENCIAS TRANSVERSALES	577	
INVALIDOS	4040	
MONTE PIO DE MINISTROS	556	
MONTE PIO MILITAR	8079	
NAIPES	4858	
OBRAS PIAS	7766	
OTRAS TESORERIAS	307575	
REAL HACIENDA EN COMUN	2000	
REALES LABRADOS DE BARRAS	255554	
SUELDOS Y GASTOS DE REAL HACIENDA	255938	
SUELDOS Y GASTOS DEL ECO POLITICO	15167	
SUELDOS Y GASTOS MILITARES	276557	
TRIBUTOS REALES DE INDIOS	50145	
1.5% Y DIEZMOS DE PLATA	567	
15% DE AMORTIZACION	467	
5% DE SINODOS	2352	
TOTAL	1044824	
TOTAL COMPUTADO	1044826	

	OCHO ENSAYADOS	ORO
BULAS CUADRAGESIMALES	1	
BULAS DE SANTA CRUZADA	55	
CONSIGNACIONES SIT ECLESIASTICAS	1657	
CONTRIBUCION PATRIOTICA	167	

CARGO

	OCHO ENSAYADOS	ORO
DEPOSITOS	49679	—
DONATIVO	6019	—
INVALIDOS	686	—
MONTE PIO DE MINISTROS	1428	—
MONTE PIO MILITAR	299	—
NAIPES	1473	—
OFICIOS VENDIBLES Y RENUNCIABLES	152	—
OTRAS TESORERIAS	85148	—
PAPEL SELLADO	953	—
PRESTAMO PATRIOTICO	2960	—
REAL HACIENDA EN COMUN	599775	—
REALES LABRADOS DE BARRAS	20132	—
REDENCION DE CAUTIVOS	1217	—
TABACOS	22753	—
TRIBUTOS REALES DE INDIOS	742219	—
1.5% Y DIEZMOS DE PLATA	232627	—
3% DEL ORO	1860	—
5% DE SINODOS	2901	—
TOTAL	1359337	—

TOTAL COMPUTADO 1359337

DATA 1/1812-12/1812

	OCHO ENSAYADOS	ORO
CREDITOS PASIVOS	1530	—
DEPOSITOS	1233	—
INVALIDOS	364	—
MONTE PIO DE MINISTROS	10	—
OTRAS TESORERIAS	6150	—
PAPEL SELLADO	30	—
REAL HACIENDA EN COMUN	458187	—
REALES LABRADOS DE BARRAS	5219	—
SUELDOS Y GASTOS DE BARRAS	33124	—
SUELDOS Y GASTOS DEL ECO POLITICO	16460	—
SUELDOS Y GASTOS MILITARES	351182	—
SUELDOS Y GASTOS DEL REAL HACIENDA	11295	—
TRIBUTOS REALES DE INDIOS	567	—
1.5% Y DIEZMOS DE PLATA	2638	—
5% DE SINODOS	567	—
TOTAL	929875	—

TOTAL COMPUTADO 929869

L 187

CARGO

	OCHO ENSAYADOS	ORO
BULAS CUADRAGESIMALES	358	—
BULAS CUADRAGESIMALES	358	—
BULAS DE SANTA CRUZADA	642	—
COBRADO VALORES AÑOS ANTERIORES	262792	—
CONTRIBUCION EXTRAORDINARIA	71597	—
CONTRIBUCION PATRIOTICA	851	—
DEPOSITOS	399942	—
DONATIVO	18366	—
INVALIDOS	352	—
MEDIA ANATA	382	—
MONTE PIO DE MINISTROS	177	—
MONTE PIO MILITAR	280	—
MULTAS	13490	—
OTRAS TESORERIAS	57835	—
PRESTAMO PATRIOTICO	17000	—
REAL HACIENDA EN COMUN	64147	—
REALES LABRADOS DE BARRAS	6501	—
REDENCION DE CAUTIVOS	405	—
TABACOS	2000	—
TRIBUTOS REALES DE INDIOS	88936	—
1.5% Y DIEZMOS DE PLATA	226950	—
3% DEL ORO	252	—
TOTAL	1233255	—

TOTAL COMPUTADO 1233613

DATA 1/1814-12/1814

	OCHO ENSAYADOS	ORO
BULAS CUADRAGESIMALES	2	—
BULAS DE SANTA CRUZADA	76	—
CONSIGNACIONES SIT ECLESIASTICAS	239	—
CREDITOS PASIVOS	6262	—
DEPOSITOS	23358	—
INVALIDOS	352	—
MONTE PIO MILITAR	75	—
PAPEL SELLADO	20	—
REAL HACIENDA EN COMUN	28640	—
REALES LABRADOS DE BARRAS	4604	—
SUELDOS Y GASTOS DE BARRAS	19409	—
SUELDOS Y GASTOS DEL REAL HACIENDA	13491	—
SUELDOS Y GASTOS DEL ECO POLITICO	904418	—
SUELDOS Y GASTOS MILITARES	1672	—
TRIBUTOS REALES DE INDIOS	567	—
1.5% Y DIEZMOS DE PLATA	1003184	—
TOTAL	1003184	—

TOTAL COMPUTADO 1003185

	OCHO ENSAYADOS	ORO
BULAS CUADRAGESIMALES	369	—
BULAS DE SANTA CRUZADA	7797	—

L 186   415   ORO

	OCHO	ENSAYADOS	ORO
	2	27	

1/1820-12/1820

	OCHO ENSAYADOS	ORO
BULAS CUADRAGESIMALES	—	—
BULAS DE SANTA CRUZADA	—	—

TOTAL COMPUTADO 1003185

POTOSI 1/1820-12/1820

CARGO	OCHU ENSAYADOS ORO
COBRADO VALCRES ANOS ANTERIORES	252758
COLEGIO SEMINARIO DE LA PLATA	281
CONTRIBUCION PATRIOTICA	120994
DEPOSITOS	159695
CONTRIBUCION VOLUNTARIA DE INDIOS	37698
INVALIDOS	108
MEDIA ANATA	2695
MONTE PIO DE MINISTROS	761
MONTE PIO MILITAR	507
MULTAS	83
OTRAS TESORERIAS	70681
PAPEL SELLADO	1320
PRESTAMO FORZADO	2232
PRESTAMOS	67500
REAL HACIENDA EN COMUN	5195
REALES LABRADOS DE BARRAS	3641
REDENCION DE CAUTIVOS	310
1.5% Y DIEZMOS DE PLATA	126510
5% DE SINODOS	469
TOTAL	861604
TOTAL COMPUTADO	861604

DATA	OCHO ENSAYADOS ORO	P 884 416
CONTRIBUCION PATRIOTICA	185	
CONTRIBUCION VOLUNTARIA DE INDIOS	33266	
DEPOSITOS	9454	
MONTE PIO MILITAR	507	
OTRAS TESORERIAS	1507	
PAPEL SELLADO	238	
PRESTAMO FORZADO	1138	
PRESTAMOS	15759	
REAL HACIENDA EN COMUN	6152	
REALES LABRADOS DE BARRAS	3582	
SUELDOS Y GASTOS DE REAL HACIENDA	21491	
SUELDOS Y GASTOS DEL EDO POLITICO	7576	
SUELDOS Y GASTOS MILITARES	515966	
TABACOS	101	
1.5% Y DIEZMOS DE PLATA	567	
TOTAL	6617559	
TOTAL COMPUTADO	617558	

P 863

CARGO	OCHU ENSAYADOS ORO
BULAS CUADRAGESIMALES	452
BULAS DE SANTA CRUZADA	1847
COBRADO VALCRES ANOS ANTERIORES	356435
CONTRIBUCION EXTRAORDINARIA	114027
CONTRIBUCION VOLUNTARIA DE INDIOS	148194
DEPOSITOS	21363
DESCUENTO DE SUELDOS	16792
DONATIVO	1492
INVALIDOS	388
MANCAS FORZOSAS	21
MEDIA ANATA	675
MONTE PIO DE MINISTROS	1309
MONTE PIO MILITAR	285
OTRAS TESORERIAS	89554
PAPEL SELLADO	2761
PRESTAMOS	39200
REAL HACIENDA EN COMUN	14203
REALES LABRADOS DE BARRAS	4417
REDENCION DE CAUTIVOS	311
1.5% Y DIEZMOS DE PLATA	153294
3% DEL ORO	5320
TOTAL	972340
TOTAL COMPUTADO	972340

1/1822-12/1822

DATA	OCHO ENSAYADOS ORO
BULAS CUADRAGESIMALES	18
BULAS DE SANTA CRUZADA	74
CONTRIBUCION VOLUNTARIA DE INDIOS	10400
DEPOSITOS	78956
DESCUENTO DE SUELDOS	4965
INVALIDOS	83
MONTE PIO MILITAR	632
OTRAS TESORERIAS	28408
PAPEL SELLADO	431
PRESTAMOS	39200
REAL HACIENDA EN COMUN	17168
REALES LABRADOS DE BARRAS	3631
SUELDOS Y GASTOS DE REAL HACIENDA	14563
SUELDOS Y GASTOS DEL EDO POLITICO	10864
SUELDOS Y GASTOS MILITARES	452331
1.5% Y DIEZMOS DE PLATA	567
TOTAL	702291
TOTAL COMPUTADO	702291

S 899

	OCHU ENSAYADOS ORO
BULAS CUADRAGESIMALES	52
BULAS DE SANTA CRUZADA	461

1/1823-12/1823

	OCHO ENSAYADOS ORO
BULAS CUADRAGESIMALES	52
BULAS DE SANTA CRUZADA	181

POTOSI 1/1823-12/1823 S 899 417

CARGO	OCHO ENSAYADOS	ORO
COBRADO VALORES AÑOS ANTERIORES	314973	—
CONTRIBUCION EXTRAORDINARIA	125709	—
CONTRIBUCION VOLUNTARIA DE INDIOS	163107	—
DEPOSITOS	37672	—
DESCUENTO DE SUELDOS	44186	—
DONATIVO	4711	—
INVALIDOS	1038	—
MEDIA ANATA	1922	—
MONTE PIO DE MINISTROS	1002	—
MONTE PIO MILITAR	1058	—
OTRAS TESORERIAS	139622	—
PAPEL SELLADO	2306	—
PRESTAMO FORZADO	64839	—
PRESTAMOS	4000	—
REAL HACIENDA EN COMUN	12630	—
REALES LABRADOS DE BARRAS	1059	—
1.5% Y DIEZMOS DE PLATA	160281	—
3% DEL ORO	4088	—
TOTAL	1084715	—
TOTAL	1084715	—

TOTAL COMPUTADO 1084715

DATA	OCHO ENSAYADOS	ORO
CONTRIBUCION EXTRAORDINARIA	21217	—
CONTRIBUCION VOLUNTARIA DE INDIOS	26080	—
CREDITOS PASIVOS	1833	—
DEPOSITOS	31371	—
DESCUENTO DE SUELDOS	12924	—
DONATIVO	935	—
INVALIDOS	84	—
MONTE PIO MILITAR	319	—
OTRAS TESORERIAS	70563	—
PAPEL SELLADO	341	—
PRESTAMO FORZADO	43457	—
PRESTAMOS	4000	—
REAL HACIENDA EN COMUN	61	—
REALES LABRADOS DE BARRAS	2606	—
SUELDOS Y GASTOS DE REAL HACIENDA	14712	—
SUELDOS Y GASTOS DEL ECO POLITICO	13852	—
SUELDOS Y GASTOS MILITARES	602216	—
1.5% Y DIEZMOS DE PLATA	378	—
3% DEL ORO	8	—
TOTAL	847186	—
TOTAL	847186	—

TOTAL COMPUTADO 847190

SUMARIO GENERAL DE CARTA CUENTA DE SANTA CRUZ DE LA SIERRA

	CARGO	OCHO		DATA	OCHO

1/1789-12/1789

CARGO	OCHO	DATA	OCHO
B 13			
ALCABALAS REALES	265	ALCABALAS REALES	5
BULAS DE SANTA CRUZADA	107	BULAS DE SANTA CRUZADA	7
DEPCSITOS	1068	GASTOS GENERALES	39
EXISTENCIA	8838	NAIPES	11
NAIPES	565	OFICIOS VENDIBLES Y RENUNCIABLES	9
OFICIOS VENDIBLES Y RENUNCIABLES	450	SUELDOS DE REAL HACIENDA	125
TRIBUTOS REALES DE INDIOS	2940	SUELDOS MILITARES	4532
TOTAL	14234	TRIBUTOS REALES DE INDIOS	174
		TOTAL	4903
TOTAL COMPUTADO	14233	TOTAL COMPUTADO	4902

1/1790-12/1790

CARGO	OCHO	DATA	OCHO
B 13			
ALCABALAS REALES	224	ALCABALAS REALES	48
BULAS DE SANTA CRUZADA	913	BULAS DE SANTA CRUZADA	64
EXISTENCIA	9333	GASTOS GENERALES	7685
NAIPES	261	EXISTENCIA	5
OFICIOS VENDIBLES Y RENUNCIABLES	350	NAIPES	
TRIBUTOS REALES DE INDIOS	2940	OFICIOS VENDIBLES Y RENUNCIABLES	132
TOTAL	14021	TRIBUTOS REALES DE INCIOS	2312
		TOTAL	10245
TOTAL COMPUTADO	14021	TOTAL COMPUTADO	10246

1/1791-12/1791

CARGO	OCHO	DATA	OCHO
B 13			
ALCABALAS REALES	239	ALCABALAS REALES	5
BULAS DE SANTA CRUZADA	451	BULAS DE SANTA CRUZADA	9
EXISTENCIA	3806	GASTOS GENERALES	1
EXTRAORDINARIO DE REAL HACIENDA	12000	INVALIDOS	5
INVALIDOS	264	NAIPES	4
NAIPES	195	OFICIOS VENDIBLES Y RENUNCIABLES	7
OFICIOS VENDIBLES Y RENUNCIABLES	350	SUELDOS DE REAL HACIENDA	125
TRIBUTOS REALES DE INDIOS	2940	SUELDOS MILITARES	3300
TOTAL	20245	TRIBUTOS REALES DE INCIOS	176
		TOTAL	3632
TOTAL COMPUTADO	20245	TOTAL COMPUTADO	3632

CARGO   OCHO

B 13
```
ALCABALAS REALES                    321
BULAS DE SANTA CRUZADA              897
DEPOSITOS                          851
EXISTENCIA                       16613
EXTRAORDINARIO DE REAL HACIENDA    223
INVALIDOS                          120
NAIPES                             296
TRIBUTOS REALES DE INDIOS         2940
TOTAL                            22260

TOTAL COMPUTADO                  22261
```

B 13
```
ALCABALAS REALES                   171
BULAS DE SANTA CRUZADA              11
DONATIVO PARA LA GUERRA            584
EXISTENCIA                        3552
INVALIDOS                          113
NAIPES                             208
TRIBUTOS REALES DE INDIOS         2940
TOTAL                             7580

TOTAL COMPUTADO                   7579
```

B 13
```
ALCABALAS REALES                   262
BULAS DE SANTA CRUZADA             901
DONATIVO PARA LA GUERRA            109
EXISTENCIA                        2531
INVALIDOS                          105
MONTE PIO MILITAR                    6
NAIPES                             189
TRIBUTOS REALES DE INDIOS         3323
TOTAL                             7425

TOTAL COMPUTADO                   7426
```

B 13
```
ALCABALAS REALES                   102
BULAS DE SANTA CRUZADA             264
DONATIVO PARA LA CRUZADA           962
EXISTENCIA                         924
EXTRAORDINARIO DE REAL HACIENDA   2000
INVALIDOS                          105
```

DATA   OCHO

1/1792-12/1792
```
ALCABALAS REALES                     6
BULAS DE SANTA CRUZADA              63
DEPOSITOS                         1088
EXTRAORDINARIO DE REAL HACIENDA  14748
GASTOS GENERALES                    19
INVALIDOS                            2
NAIPES                               6
SUELDOS DE REAL HACIENDA           125
SUELDOS MILITARES                 2475
TRIBUTOS REALES DE INDIOS          176
TOTAL                            18708

TOTAL COMPUTADO                  18708
```

1/1793-12/1793
```
ALCABALAS REALES                     3
DEPOSITOS                          851
GASTOS GENERALES                    36
INVALIDOS                            2
NAIPES                               4
SUELDOS DE REAL HACIENDA           125
SUELDOS MILITARES                 3850
TRIBUTOS REALES DE INDIOS          176
TOTAL                             5048

TOTAL COMPUTADO                   5047
```

1/1794-12/1794
```
ALCABALAS REALES                     5
BULAS DE SANTA CRUZADA              63
EXTRAORDINARIO DE REAL HACIENDA   2116
GASTOS GENERALES                    51
INVALIDOS                            2
NAIPES                               4
SUELDOS DE REAL HACIENDA           125
SUELDOS MILITARES                 3575
TRIBUTOS REALES DE INDIOS          565
TOTAL                             6506

TOTAL COMPUTADO                   6506
```

1/1795-12/1795
```
ALCABALAS REALES                     2
BULAS DE SANTA CRUZADA              18
DONATIVO PARA LA GUERRA             19
GASTOS GENERALES                    54
INVALIDOS                            2
MONTE PIO MILITAR                    2
```

SANTA CRUZ DE LA SIERRA   1/1795-12/1795

CARGO	OCHO
MONTE PIO MILITAR	12
NAIPES	265
TRIBUTOS REALES DE INDIOS	1661
TOTAL	6294
TOTAL COMPUTADO	6295

B   13

ALCABALAS REALES	199
BULAS CUADRA EN ESPECIE B CORRTE	683
BULAS CUADRA EN ESPECIE B CORRTE	552
BULAS CUADRA EN ESPECIE B PASADO	127
BULAS CUADRAGESIMALES	898
BULAS DE SANTA CRUZADA	289
BULAS DE SC EN ESPECIE B CORRTE	7392
BULAS DE SC EN ESPECIE B PASADO	866
DONATIVO	2688
EXISTENCIA	103
INVALIDOS	37
MONTE PIO MILITAR	238
NAIPES	2884
TRIBUTOS REALES DE INDIOS	13197
TOTAL	
TOTAL COMPUTADO	16956

B   13

ALCABALAS REALES	401
BULAS CUADRA EN ESPECIE B CORRTE	680
BULAS CUADRA EN ESPECIE B CORRTE	602
BULAS CUADRA EN ESPECIE B PASADO	3
BULAS DE SANTA CRUZADA	50
BULAS DE SC EN ESPECIE B CORRTE	239
BULAS DE SC EN ESPECIE B CORRTE	1437
BULAS DE SC EN ESPECIE B PASADO	152
DONATIVO	6195
EXISTENCIA	12
EXTRAORDINARIO DE REAL HACIENDA	33
GASTOS DE GUERRA	95
INVALIDOS	27
MONTE PIO MILITAR	39
NAIPES	3323
TRIBUTOS REALES DE INDIOS	13285
TOTAL	
TOTAL COMPUTADO	13288

B   13

ALCABALAS REALES	452
BULAS CUADRAGESIMALES	1301
BULAS DE SANTA CRUZADA	2852

DATA	OCHO
NAIPES	5
SUELDOS DE REAL HACIENDA	125
SUELDOS MILITARES	3281
TRIBUTOS REALES DE INDIOS	100
TOTAL	3606
TOTAL COMPUTADO	3608

1/1796-12/1796

	OCHO
ALCABALAS REALES	4
BULAS CUADRAGESIMALES	5
BULAS DE SANTA CRUZADA	61
DONATIVO	17
EXTRAORDINARIC DE REAL HACIENDA	74
GASTOS GENERALES	54
INVALIDOS	2
MONTE PIO MILITAR	1
NAIPES	5
SUELDOS DE REAL HACIENDA	125
SUELDOS MILITARES	3287
TRIBUTOS REALES DE INCIOS	299
TOTAL	3938
TOTAL COMPUTADO	3938

1/1797-12/1797

ALCABALAS REALES	8
ARMAS	290
BULAS DE SANTA CRUZADA	4
DONATIVO	3
EXTRAORDINARIO DE REAL HACIENDA	2501
GASTOS GENERALES	81
INVALIDOS	10
MEDIA ANATA ECLESIASTICA	4
MONTE PIO MILITAR	1
NAIPES	1
SUBSIDIO ECLESIASTICO	1
SUELDOS DE REAL HACIENDA	125
SUELDOS MILITARES	3300
TRIBUTOS REALES DE INCIOS	159
TOTAL	6528
TOTAL COMPUTADO	6528

1/1798-12/1798

ARMAS	390
BULAS CUADRAGESIMALES	365
BULAS DE SANTA CRUZADA	195

CARGO   OCHO

DONATIVO PARA LA GUERRA	3
EXISTENCIA	3773
INVALIDOS	97
MONTE PIO MILITAR	12
SUBSIDIO ECLESIASTICO	13
TRIBUTOS REALES DE INDIOS	3323
TOTAL	11825

TOTAL COMPUTADO   11826

B 13

ALCABALAS REALES	205
BULAS CUADRA EN ESPECIE B CORRTE	354
BULAS CUADRAGESIMALES	2
BULAS DE SANTA CRUZADA	38
BULAS DE SC EN ESPECIE B CORRTE	85
EXISTENCIA	6111
EXTRAORDINARIO DE REAL HACIENDA	100
INVALIDOS	97
MONTE PIO MILITAR	12
TRIBUTOS REALES DE INDIOS	3323
TOTAL	10325

TOTAL COMPUTADO   10327

B 13

ALCABALAS REALES	161
BULAS CUADRA EN ESPECIE B CORRTE	350
BULAS CUADRA EN ESPECIE B PASADO	354
BULAS CUADRAGESIMALES	1106
BULAS DE SANTA CRUZADA	1289
BULAS DE SC EN ESPECIE B CORRTE	86
BULAS DE SC EN ESPECIE B PASADO	100
DONATIVO PARA LA GUERRA	2983
EXISTENCIA	96
INVALIDOS	12
MONTE PIO MILITAR	3510
TRIBUTOS REALES DE INDIOS	10047
TOTAL	10047

TOTAL COMPUTADO   10047

B 13

ALCABALAS REALES	116
BULAS CUADRAGESIMALES	87
BULAS CUADRAGESIMALES EN ESPECIE	263
BULAS DE S CRUZADA EN ESPECIE	162
BULAS DE SANTA CRUZADA	22
EXISTENCIA	1677
EXTRAORDINARIO DE REAL HACIENDA	31503
INVALIDOS	229

DATA   OCHO

EXTRAORDINARIO DE REAL HACIENDA	1400
GASTOS GENERALES	64
SUELDOS DE REAL HACIENDA	125
SUELDOS MILITARES	3300
TRIBUTOS REALES DE INDIOS	192
TOTAL	6031

TOTAL COMPUTADO   6031

1/1799-12/1799

ALCABALAS REALES	4
ARMAS	50
BULAS DE SANTA CRUZADA	3
EXTRAORDINARIO DE REAL HACIENDA	2
GASTOS GENERALES	37
SUELDOS DE REAL HACIENDA	125
SUELDOS MILITARES	3251
TRIBUTOS REALES DE INDIOS	199
TOTAL	3711

TOTAL COMPUTADO   3711

1/1800-12/1800

ALCABALAS REALES	3
BULAS CUADRA EN ESPECIE B FASADO	1635
BULAS DE SANTA CRUZADA	77
BULAS DE SC EN ESPECIE B CORRTE	1289
BULAS DE SC EN ESPECIE B PASADO	1786
DONATIVO PARA LA GUERRA	2
GASTOS GENERALES	2763
SUELDOS DE REAL HACIENDA	125
SUELDOS MILITARES	3669
TRIBUTOS REALES DE INDIOS	211
TOTAL	11560

TOTAL COMPUTADO   11560

1/1801-12/1801

ALCABALAS REALES	2
BULAS CUADRAGESIMALES	6
BULAS CUADRAGESIMALES EN ESPECIE	350
BULAS DE SANTA CRUZADA	2
GASTOS GENERALES	1872
NAIPES	2
SUELDOS MILITARES	7422
TRIBUTOS REALES DE INDIOS	461

SANTA CRUZ DE LA SIERRA   1/1801-12/1801

CARGO	OCHO
MONTE PIO MILITAR	31
NAIPES	96
TRIBUTOS REALES DE INDIOS	3510
TOTAL	37696
TOTAL	37696
TOTAL COMPUTADO	37696

B 13

ALCABALAS REALES	428
ALCANCES DE CUENTAS	6
APROVECHAMIENTOS	2780
BULAS CUADRA EN ESPECIE B CORRTE	270
BULAS CUADRAGESIMALES	139
BULAS DE SANTA CRUZADA	1212
BULAS DE SC EN ESPECIE B CORRTE	1461
EXISTENCIA	27454
INVALIDOS	614
MONTE PIO MILITAR	113
NAIPES	264
TRIBUTOS REALES DE INDIOS	3510
TOTAL	38251
TOTAL	38251
TOTAL COMPUTADO	38251

1/1802-12/1802

DATA	CCHC
TOTAL	10117
TOTAL COMPUTADO	10117

ALCABALAS REALES	51
BULAS CUADRA EN ESPECIE B CCRRTE	270
BULAS CUADRAGESIMALES	24
BULAS DE SANTA CRUZADA	121
BULAS DE SC EN ESPECIE B CCRRTE	1461
GASTOS GENERALES B CCRRTE	8047
MONTE PIO MILITAR	301
NAIPES	13
SUELDOS DE REAL HACIENDA	125
SUELDOS MILITARES	22098
TRIBUTOS REALES DE INDICS	316
TOTAL	32828
TOTAL	32828
TOTAL COMPUTADO	32827

John J. TePaske is Professor of History, Duke University. He is Coordinating
Editor of *Research Guide to Andean History: Bolivia, Chile, Ecuador, and Peru* and
author of *The Governorship of Spanish Florida, 1700-1763,* both published by Duke
University Press. Herbert S. Klein is Professor of History, Columbia University.
His books include *Bolivia: The Evolution of a Multi-Ethnic Society* and *The Middle
Passage: Comparative Studies in the Atlantic Slave Trade.*

BOOKS OF RELATED INTEREST

Research Guide to Andean History: Bolivia, Chile, Ecuador, and Peru, John F.
  TePaske, Coordinating Editor; Judith R. and Peter J. Bakewell, William F. Sater,
  Jaime S. Rodríguez O., and Leon G. Campbell, Contributing Editors

Guide to the Hispanic American Historical Review, 1956-1975, Stanley R. Ross and
  Wilber R. Chaffee, Editors

Coffee and Conflict in Colombia, 1886-1910, Charles W. Bergquist

Political Brokers in Chile: Local Government in a Centralized Polity, Arturo Valen-
  zuela

The Governorship of Spanish Florida, 1700-1763, John J. TePaske

Duke University Press
Durham, North Carolina 27708